Liberalisierung von Monopolmärkten

Studien zur Wirtschaftspolitik

Herausgegeben vom
Forschungsinstitut für Wirtschaftspolitik
an der Universität Mainz e.V.

Band 80

PETER LANG
Frankfurt am Main · Berlin · Bern · Bruxelles · New York · Oxford · Wien

Clemens Christmann

Liberalisierung von Monopolmärkten

PETER LANG
Europäischer Verlag der Wissenschaften

Bibliografische Information Der Deutschen Bibliothek
Die Deutsche Bibliothek verzeichnet diese Publikation in der Deutschen Nationalbibliografie; detaillierte bibliografische Daten sind im Internet über <http://dnb.ddb.de> abrufbar.

Zugl.: Mainz, Univ., Diss., 2003

D 77
ISSN 1438-7433
ISBN 3-631-51813-7

www.peterlang.de

Vorwort

Die vorliegende Arbeit entstand während meiner Tätigkeit am Forschungsinstitut für Wirtschaftspolitik an der Universität Mainz e.V. (FfW). Die Arbeit wurde als Gutachten im Auftrag des rheinland-pfälzischen Ministeriums für Wirtschaft, Verkehr, Landwirtschaft und Weinbau erstellt und anschließend vom Fachbereich Rechts- und Wirtschaftswissenschaften der Johannes Gutenberg-Universität Mainz als Dissertation angenommen.

Ich danke an dieser Stelle allen, die zum Gelingen der Arbeit beigetragen haben. Mein besonderer Dank gilt Herrn Prof. Dr. Werner Zohlnhöfer, dem Erstgutachter der Dissertation, für die wissenschaftliche Betreuung und die menschliche Begleitung während der Promotionszeit. Ebenso danke ich Herrn Prof. Dr. Hartwig Bartling, dem Zweitgutachter der Dissertation, für seine wertvolle Unterstützung und die zahlreichen inhaltlichen Anregungen. Mein Dank gilt auch Herrn Prof. Dr. Helmut Diederich und Herrn Prof. Dr. Walter Hamm für ihre wissenschaftlichen Hinweise.

Einen ganz besonderen Dank sage ich Herrn Prof. Dr. Frank Fichert, der als Geschäftsführer des FfW durch seine fachliche Kompetenz, seine permanente Bereitschaft zum wissenschaftlichen Gedankenaustausch und nicht zuletzt durch seine alltägliche Freundlichkeit und Hilfsbereitschaft entscheidend zum Gelingen der Arbeit beigetragen hat. Meinen ehemaligen Kolleginnen und Kollegen danke ich für die fruchtbaren Diskussionen am Institut.

Ein herzliches Dankeschön sage ich meiner Frau, die mir während der Zeit der Dissertationserstellung mit viel Geduld und Liebe unterstützend zur Seite stand.

Eltville am Rhein, im April 2004 Clemens Christmann

Inhaltsverzeichnis

Abbildungsverzeichnis

Tabellenverzeichnis

I. Zielsetzung und Aufbau der Arbeit

Die Öffnung zuvor monopolisierter Märkte hat in den vergangenen Jahren die Wachstumskräfte in Deutschland und in der Europäischen Union maßgeblich gestärkt und zu niedrigeren Preisen, einer gestiegenen Angebotsvielfalt, verbesserter Qualität sowie erhöhter Innovationsdynamik geführt. Somit liegt es nahe zu prüfen, ob es vorteilhaft ist, weitere bislang ganz oder teilweise monopolisierte Märkte für mehr Wettbewerb zu öffnen.

Aus ökonomischer Perspektive ist der Trend zur Nutzung wettbewerblicher Selbststeuerungskräfte im allgemeinen positiv zu bewerten. Allerdings wurden monopolisierte Märkte oftmals nur teilweise geöffnet. Nach wie vor sind wesentliche Teile oder Wertschöpfungsstufen von Märkten durch eine ökonomisch nicht zu rechtfertigende staatliche Regulierung dem Wettbewerb entzogen, oder es gelingt in geöffneten Marktsegmenten nicht, Behinderungs- und Verdrängungsstrategien etablierter marktmächtiger Anbieter zu unterbinden. Zudem können unterschiedliche Intensitäten und Geschwindigkeiten der Marktöffnung in den einzelnen EU-Mitgliedstaaten zu Verzerrungen im Wettbewerb führen, wenn (Staats-)Betriebe mit geschütztem Monopolbereich in Konkurrenz zu Unternehmen auf geöffneten Auslandsmärkten treten. Die wohlfahrtssteigernden Effekte der Marktöffnung hängen entscheidend vom regulatorischen Rahmen ab. Bedarf an weiteren Marktöffnungen ist vor allem in solchen Märkten gegeben, die eine Regulierung aufweisen, die über den Kern des nicht-bestreitbaren natürlichen Monopols hinausgeht.

Diese Arbeit dient der Formulierung eines wettbewerbstheoretisch und ordnungspolitisch fundierten Konzepts zur Öffnung monopolisierter Märkte sowie der Analyse und Ableitung von Handlungsempfehlungen für die Öffnung bedeutsamer Einzelmärkte in Deutschland. Eingehend analysiert werden die Märkte für Güter und Dienstleistungen in den Bereichen Postdienstleistungen, Abfallentsorgung, öffentlicher Personennahverkehr sowie Wasserversorgung. Dabei wird an Stelle der Begriffe Liberalisierung und Deregulierung die Bezeichnung Marktöffnung verwendet, um den Prozeßcharakter der Änderungen von Rahmensetzungen und Marktordnungen hervorzuheben und um den Prozeß von dem (End-)Zustand abzugrenzen, auf den sich der Liberalisierungs- und der Deregulierungsbegriff auch beziehen können.

Generell sind drei Typen von marktstrukturellen Gegebenheiten zu unterscheiden. Erstens gibt es einige wenige Märkte, auf denen ein Monopol in eine vollständig wettbewerbliche Marktordnung überführt werden kann. Zweitens existieren zahlreiche Märkte, deren Marktstruktur nach einer Marktöffnung sowohl wettbewerbliche Teilmärkte umfaßt als auch ein - möglichst eng zu begrenzendes - Kernsegment mit einem regulierungsbedürftigen, weil nicht-bestreitbaren natürlichen Monopol. Drittens existieren Märkte, die aus gesamtwirtschaftlicher Sicht wegen eines Wettbewerbsversagens vollständig reguliert bleiben sollten.

Im anschließenden Einleitungsteil werden zentrale Begriffe eingeführt sowie wettbewerbstheoretische und wettbewerbspolitische Grundlagen für die weiteren Teile dieser Arbeit erläutert. Zudem wird auf der Grundlage des wirtschaftstheoretischen Erkenntnisstandes und unter Rückgriff auf bisherige Marktöffnungserfahrungen ein Kriterienkatalog entwickelt, aus dem sich allgemeine Empfehlungen für Marktöffnungen ableiten lassen.

In den darauf folgenden Teilen der Arbeit wird untersucht, welche konkreten Handlungsempfehlungen sich aus dem allgemeinen Konzept für die Öffnung einzelner Monopolmärkte in Deutschland ergeben. Dabei wird stets - unter Beachtung der sektorspezifischen Besonderheiten - dasselbe analytische Raster verwendet, weswegen die Einzelmarktstudien einheitlich aufgebaut sind: Nach einer Einführung in die Besonderheiten des jeweiligen Marktes werden zunächst die aktuellen Marktordnungen und Marktentwicklungen analysiert. Daran schließen sich Auswertungen ausländischer Erfahrungen an. Sodann wird diskutiert, inwieweit auf dem jeweiligen Markt ein Wettbewerbsversagen vorliegt. Daraus werden allgemeine Schlußfolgerungen gezogen, woraus Handlungsempfehlungen für Deutschland abgeleitet werden. Die Einzelmarktstudien können unabhängig voneinander gelesen werden. Ein wettbewerbspolitischer Ausblick bildet den Abschluß dieser Studie.

II. Wettbewerbstheoretische und wettbewerbspolitische Grundlagen für die Öffnung von Monopolmärkten

1. Ziele einer Marktöffnung

Dieser Grundlagenteil gliedert sich wie folgt: Im ersten Kapitel werden zunächst Marktöffnungsziele diskutiert. Für die Erstellung eines allgemeinen Marktöffnungskonzepts werden daran anschließend im zweiten Kapitel potentielle Wettbewerbsbereiche von den Marktsegmenten abgegrenzt, in denen ein Wettbewerbsversagen aufgrund von Tendenzen zum natürlichen Monopol vorliegt. Im dritten Kapitel wird untersucht, mit welchen Instrumenten sich die Ziele einer Regulierung bei fundamentalem Wettbewerbsversagen erreichen lassen. Es geht dabei erstens um den Schutz der Nachfrager vor Ausbeutungsmißbrauch durch einen natürlichen Monopolisten, zweitens um den Schutz der Wettbewerber auf vor- und nachgelagerten sowie sonstigen Märkten vor Behinderungsmißbrauch und drittens um Fragen der Regulierung während der Übergangsphase der Marktöffnung. Drei Formen der Regulierung stehen dabei prinzipiell zur Verfügung: (1) ein rechtlich geschütztes Monopol in öffentlicher Hand, (2) ein dauerreguliertes privates Monopol, das ohne Ausschreibung vergeben wird, und (3) ein temporäres, reguliertes privates Monopol, das per Ausschreibung (Wettbewerb um den Markt) zugeteilt wird.

Allgemein hat die Wettbewerbspolitik die Aufgabe, gemeinsam mit anderen Bereichen der Wirtschaftspolitik zu einer möglichst weitgehenden Verwirklichung gesellschaftlich angestrebter Oberziele beizutragen. Menschenwürde, Freiheit, Gerechtigkeit und soziale Sicherung können als verbindliche Oberziele im Grundgesetz der Bundesrepublik Deutschland identifiziert werden. Dieser Kanon bildet den Rahmen der Wettbewerbspolitik, innerhalb dessen Ziele, Prinzipien und Instrumente einer Öffnung von Monopolmärkten abgeleitet werden. Die Schaffung und Sicherung von Handlungsfreiheit für die Marktteilnehmer und die Aktivierung der gesellschaftlich und wirtschaftlich vorteilhaften Funktionen des Wettbewerbs, die im wesentlichen die materiellen Voraussetzungen zur Verwirklichung der genannten Oberziele gewährleisten, werden speziell als Begründungen für die Öffnung von Monopolmärkten angeführt, wenngleich mit teilweise unterschiedlichen Gewichtungen.

Vier Gruppen von Wettbewerbsfunktionen lassen sich unterscheiden:[1]

(1) Wettbewerb schafft Alternativen und damit die Voraussetzung für die Inanspruchnahme der verfassungsrechtlich garantierten formalen Freiheitsrechte.

(2) Wettbewerb schränkt sowohl den Einfluß des Staates als auch die Macht einzelner privater Anbieter ein (klassisch-politische Wettbewerbsfunktionen) und ermöglicht somit individuelle Freiheitsrechte.

(3) Wettbewerb erfüllt in der Tendenz die drei statischen Funktionen:

- Die zur Bereitstellung von Gütern und Dienstleistungen erforderlichen Produktionsfaktoren werden in ihre produktivste Verwendung gelenkt.
- Die Struktur des Angebots entspricht den Präferenzen der Nachfrager.
- Die Einkommen werden gemäß der Marktleistung verteilt.

(4) Wettbewerb verwirklicht zwei dynamische Funktionen, indem er zu permanenten Innovationsanreizen und zur raschen Anpassung der Produktion an sich verändernde Rahmenbedingungen führt, so daß insbesondere der technische Fortschritt über Imitationen rasch verbreitet wird.

Dem Oberziel Freiheit kommt regelmäßig eine besondere Stellung zu, da Freiheit sowohl eine Voraussetzung für wirksamen Wettbewerb als auch ein angestrebtes Ergebnis wirksamen Wettbewerbs ist.[2] Demgegenüber sind staatliche Eingriffe in das Marktgeschehen begründungsbedürftige Ausnahmen. Sie können dann gerechtfertigt sein, wenn die wettbewerbliche Selbststeuerung auf Märkten nicht die gewünschten Ziele in den Bereichen Allokation, Distribution und Stabilisierung verwirklicht.[3] In dieser Arbeit sind drei verschiedene Begründungen für einen staatlichen Eingriff relevant.

Erstens ist ein staatlicher Eingriff nötig, falls ein Marktversagen existiert, d. h. wenn der Markt als Koordinationsinstrument untauglich ist, so dass bestimmte Güter oder Dienstleistungen von Privaten nicht angeboten werden. Diese Situation ist im Fall eines öffentlichen Gutes gegeben. Hierbei ist zum einen das Ausschlußprinzip nicht anwendbar. Zum anderen sind diese Güter durch die Nicht-Rivalität im Konsum gekennzeichnet. Beispiele sind die Landesverteidigung oder die Rechtspflege. Als Lösung bietet sich eine staatliche Bereitstellung derselben an.

---

1 Vgl. beispielsweise BARTLING, H. (1992), S. 2 ff., ZOHLNHÖFER, W. (1968), S. 6 f.

2 Vgl. ZOHLNHÖFER, W. (1968), S. 6 ff.

3 Vgl. MUSGRAVE, R. A. (1959), S. 5 ff.

Darüber hinaus kann zweitens eine staatliche Intervention geboten sein, wenn zwar ein privates Angebot vorhanden ist, jedoch marktstrukturelle Faktoren eine effiziente Allokation verhindern („Wettbewerbsversagen"). Für diese Arbeit relevant ist zum einen der Fall eines nicht bestreitbaren natürlichen Monopols, bei dem dauerhaft nur ein Unternehmen am Markt anbieten kann, so dass eine spezifische Rahmensetzung notwendig ist. Zum anderen können - negative oder positive - externe Effekte auftreten, die nicht in die Marktpreise eingehen und - sofern sie ein bedeutsames Ausmaß annehmen - eine effiziente Allokation verhindern. Ein Beispiel für negative externe Effekte sind Umweltschädigungen, die durch Produktion oder Konsum verursacht werden und bei denen sich staatliche Eingriffe zur Internalisierung empfehlen.

Drittens gibt es Konstellationen, in denen zwar ein Markt mit wirksamem Wettbewerb besteht und somit eine effiziente Allokation erreicht werden kann, jedoch die wettbewerbliche Selbststeuerung Ergebnisse hervorbringt, die gesellschaftlich abgelehnt werden: Entweder, weil sie gegen politische Vorstellungen über die anzustrebende regionale oder personelle Einkommensverteilung verstoßen (Distribution), oder, weil sie hinsichtlich des Umfangs des Angebots bzw. der Nachfrage als unzureichend eingestuft werden (Meritorik). Statt eines Markt- oder Wettbewerbsversagens liegt eine „Marktergebnisablehnung" vor. In diesen Fällen kann ein staatliches Eingreifen gerechtfertigt sein, was der Korrektur der Marktergebnisse dient und dabei hinnimmt, aber eben nicht anstrebt, daß die Markt- und Wettbewerbsprozesse beeinflußt werden.[4]

Schließlich ist es geboten, den normativen Standpunkt offenzulegen, auf dessen Grundlage in dieser Studie Begriffe und Methoden genutzt werden. In einer der Freiheit verpflichteten marktwirtschaftlichen Ordnung, die sich des Wettbewerbs beim Aktionsparametereinsatz auf Märkten zur Koordinierung des Umgangs mit Knappheiten an Gütern und Ressourcen bedient, ist der Wettbewerb zum einen Ziel und Bewertungsmaßstab für wirtschaftspolitisches Handeln und zum anderen zugleich das entscheidende Mittel zur Erreichung der Wettbewerbsfunktionen. Es ist davon auszugehen, daß in einer durch Freiheit gekennzeichneten Wettbewerbsordnung die Oberziele Menschenwürde, Gerechtigkeit und soziale Sicherung im allgemeinen besser erreicht werden können als in einer durch staatliche Detailvorgaben oder durch private Marktmacht gekennzeichneten Wirtschaftsordnung. Wegen der Grundsatzentscheidung für wettbewerbliche Selbststeuerungsprozesse sind in einer Marktwirtschaft nicht Freiheit und Wettbewerb jeweils neu zu begründen, sondern existierende und geplante Staatseingriffe in die wirtschaftliche Freiheit des Privatsektors müssen regelmäßig kritisch geprüft und sachlich gerechtfertigt werden.

---

4 Vgl. LUCKENBACH, H. (1986), S. 132 f.

2. Identifikation von Wettbewerbsversagen im natürlichen Monopol

2.1 Arten von Wettbewerbsversagen

Grundlage für ein Marktöffnungskonzept und für die Ableitung von Handlungsempfehlungen für Einzelmärkte ist eine allgemeingültige, eindeutige Abgrenzung wettbewerblicher Marktsegmente von solchen Bereichen, in denen ein Wettbewerbsversagen, aber kein Marktversagen vorliegt.

Bei einer Prüfung, ob ein bisher aufgrund staatlicher Vorgaben monopolisierter Markt liberalisiert werden kann, ist zwischen Märkten mit fundamentalem Wettbewerbsversagen und Märkten mit möglichem, aber korrigierbarem Wettbewerbsversagen zu unterscheiden. Ursächlich für die Fallgruppe korrigierbaren Wettbewerbsversagens können gravierende externe Effekte (z. B. Schadstoffemissionen), chronisch branchenruinöse Marktstrukturen (z. B. im Agrarbereich wegen hoher Marktaustrittsbarrieren in Verbindung mit Überkapazitäten) oder eine asymmetrische Informationsverteilung (z. B. im Versicherungsmarkt) sein.[5]

Untersucht werden in dieser Arbeit in erster Linie Märkte, auf denen das Vorliegen fundamentalen Wettbewerbsversagens vermutet wird. Dabei sollen nur Fälle diskutiert werden, in denen verfestigt-vermachtete Marktstrukturen mit Tendenzen zum natürlichen Monopol als Ursachen für fundamentales Wettbewerbsversagen in Betracht kommen, beispielhaft sei der leitungsgebundene Versorgungsbereich genannt. Der folgende Abschnitt beschreibt Erscheinungsformen, Ursachen und Folgen natürlicher Monopole. Daran anschließend wird das Konzept der Marktbestreitbarkeit dargestellt.

2.2 Verfestigt-vermachtete Marktstrukturen und natürliches Monopol

2.2.1 Erscheinungsformen und Ursachen eines natürlichen Monopols

Verfestigt-vermachtete Marktstrukturen unterscheiden sich von wettbewerblichen Märkten durch den Verlauf der Kostenfunktion in Relation zum Ausmaß der Nachfrage. Bei der Produktion der meisten Güter und Dienstleistungen sinken die Durchschnittskosten bei steigender Produktionsmenge bis zum Erreichen der mindestoptimalen technischen Betriebsgröße (MOTB), bleiben im Zuge einer sich weiter erhöhenden Produktionsmenge zunächst konstant und steigen danach eventuell an. Solange die Gesamtnachfragemenge ein Vielfaches der

---

5 Vgl. BARTLING, H. (1983), S. 328 ff. Diese Fälle korrigierbaren Wettbewerbsversagens können in der Studie weitgehend ausgeblendet werden, da sie für die zu betrachtenden Monopolmärkte nicht kennzeichnend sind. Eine Ausnahme bilden ökologische Regulierungen, die mit negativen externen Effekten begründet werden.

MOTB beträgt, ist selbst bei homogenen Gütern Wettbewerb möglich, da mehrere Anbieter in ihrem Stückkostenminimum produzieren können.

Das natürliche Monopol ist demgegenüber durch eine subadditive Kostenfunktion im Bereich der relevanten Nachfragemenge definiert. Subadditivität heißt, daß bei gegebener Technik ein einziges Unternehmen in der Lage ist, die auf einem Markt nachgefragte Menge kostengünstiger bereitzustellen als jede Kombination mehrerer Unternehmen.[6] Subadditivität einer Kostenfunktion K läßt sich dadurch ausdrücken, daß folgende Ungleichung erfüllt ist:

$$K(Y) < K(Y_1) + K(Y_2) + \ldots + K(Y_N)$$

Dabei entspricht jede Menge Y, die ein einziges Unternehmen produziert, der Summe der Einzelmengen Y_n (n = 1, 2, ... N), die N Unternehmen produzieren.[7]

Subadditive Kostenverläufe werden durch technische Unteilbarkeiten hervorgerufen, die daraus resultieren, daß die Kapazität bestimmter Produktionsmittel aus technischen Gründen nur in großen Sprüngen variiert werden kann. In der Mehrzahl der praktisch relevanten Fälle sind sinkende Durchschnittskosten gleichbedeutend mit Subadditivität.[8]

Sinkende Durchschnittskosten beruhen in aller Regel auf einem hohen Fixkostenanteil und einem geringen Anteil variabler Kosten. Bei der Betrachtung sinkender Durchschnittskosten ist zwischen Größen- und Verbundvorteilen zu unterscheiden. Im Ein-Gut-Fall können sinkende Durchschnittskosten einerseits durch steigende Skalenerträge entstehen (proportionale Veränderung der Einsatzmengen sämtlicher Produktionsfaktoren und überproportionale Veränderung des Outputs, ‚economies of scale'), andererseits durch Kostenverläufe, die auch bei einer partiellen Faktorvariation zu sinkenden Durchschnittskosten führen. In beiden Fällen kann man von Größenvorteilen sprechen.

Auch im Mehr-Güter-Fall ist eine subadditive Gesamtkostenfunktion möglich. Formal läßt sich die Subadditivität durch die gleichzeitige Existenz strikt sinkender Strahlendurchschnittskosten[9] und die Konvexität der Gesamtkostenfunktion quer zu jedem Strahl[10] hinreichend nachweisen[11], was sich bei der Durchführung

---

[6] Vgl. WICHERT-NICK, D. von (1999), S. 76.

[7] Vgl. BAUMOL, W./PANZAR, J./WILLIG, R. (1988), S. 17.

[8] In Einzelfällen kann Subadditivität auch ohne sinkende Durchschnittskosten auftreten, wenn z. B. die Kostenfunktion im Ein-Gut-Fall eine Sprungstelle aufweist. Von solchen Ausnahmen soll im Folgenden jedoch abgesehen werden. Vgl. FRITSCH, M./WEIN, T./EWERS, H.-J. (1999), S. 186.

[9] Vgl. BAUMOL, W./PANZAR, J./WILLIG, R. (1988), S. 48 ff.

[10] Vgl. ebenda, S. 79 ff.

[11] Vgl. ebenda, S. 187 ff.

empirischer Tests als sehr hilfreich erweist.[12] Im Mehr-Güter-Fall werden sinkende Durchschnittskosten sowohl durch Größenvorteile als auch durch Kostenvorteile verursacht, die aus Komplementaritäten in der Produktion verschiedener Güter in demselben Betrieb bzw. Unternehmen erwachsen (Verbundvorteile, ‚economies of scope'). Beispiele sind Kuppelproduktion, Portfolioeffekte bei Forschung und Entwicklung oder nicht voll ausgelastete Kapazitäten, welche für die Produktion verschiedener Güter genutzt werden können. Liegen Verbundvorteile vor, so ist es kostengünstiger, die Güter gemeinsam statt jeweils getrennt zu produzieren. Im Gegensatz zu Kostenverläufen mit Größenvorteilen führen Verbundvorteile alleine nicht zu einem natürlichen Monopol. Für eine volkswirtschaftlich effiziente Produktion ist es lediglich erforderlich, daß alle Unternehmen jeweils das gesamte Güterbündel, bei dessen Herstellung economies of scope vorliegen, produzieren. Erst wenn die Kostenfunktion Größenvorteile - unabhängig von der Existenz von Verbundvorteilen - aufweist, können Subadditivität und ein natürliches Monopol vorliegen, in dem ein einzelnes Unternehmen eine Kombination mehrerer Güter zu geringeren Kosten produzieren kann als mehrere Unternehmen.[13]

Die Existenz eines natürlichen Monopols hängt neben dem Verlauf der Kostenfunktion auch vom Verlauf der Nachfragefunktion für das betreffende Gut ab. Je geringer die gesamte Nachfragemenge, desto wahrscheinlicher ist es, daß nur ein Anbieter in der MOTB produzieren kann. Im Fall einer normal verlaufenden Nachfragekurve und stetig sinkender Durchschnittskosten ist die Monopolstellung eines Anbieters - in einer ausschließlich statischen Perspektive - gesamtwirtschaftlich erwünscht, da sie die geringsten Kosten bei der Bereitstellung der Gesamtnachfragemenge verursacht.[14]

Denkbar ist aber auch der Fall, bei dem die Durchschnittskosten ab einem bestimmten Punkt wieder ansteigen,[15] da die Größenvorteile nicht unerschöpflich sind - etwa weil eine unteilbare Ressource vollständig ausgelastet ist und keine weiteren Fixkosten-Degressionseffekte möglich sind oder weil unternehmensinterne Transaktionskosten mit der Betriebsgröße überproportional ansteigen. Bei einem solchen Kostenverlauf kann eine Nachfrageausweitung ein temporäres natürliches Monopol in einen wettbewerblichen Markt überführen, in dem mehrere Anbieter die nachgefragte Menge zu insgesamt geringeren Kosten bereitstellen, als ein einzelner Monopolist dies könnte.[16] Auch technischer Fortschritt

---

[12] Vgl. BÜHLER, S. (1999), S. 25.

[13] Vgl. FRITSCH, M./WEIN, T./EWERS, H.-J. (1999), S. 187 f.

[14] Vgl. FICHERT, F./SEITEL, H. P. (1995), S. 3.

[15] Vgl. WICHERT-NICK, D. von (1999), S. 76.

[16] Vgl. FRITSCH, M./WEIN, T./EWERS, H.-J. (1999), S. 183.

kann ein vormals bestehendes natürliches Monopol obsolet werden lassen, wenn beispielsweise die minimalen Stückkosten bereits bei einer wesentlich geringeren Produktionsmenge im Vergleich zum Zustand vor dem technischen Fortschritt erreicht werden.

2.2.2 Folgen einer natürlichen Monopolstellung

Der Wettbewerb als Selbststeuerungsprinzip führt tendenziell dazu, daß die Preise der auf Märkten gehandelten Güter den Grenzkosten der Produktion entsprechen. Im natürlichen Monopol hingegen entsteht bei Anwendung der „Grenzkosten = Preis"-Regel ein Defizit beim Monopolisten, wenn die Durchschnittskosten im Bereich der relevanten Nachfrage sinken und deshalb oberhalb der Grenzkosten liegen. Solange der Monopolist keinen Marktzutritt potentieller Konkurrenten fürchten muß, wird er den Preis so hoch ansetzen, daß die insgesamt anfallenden Kosten mindestens gedeckt werden. Entsprechend der Cournot-Lösung maximiert er seinen Gewinn bei derjenigen Angebotsmenge, bei der seine Grenzkosten gleich dem Grenzerlös sind. Die Cournot-Preisbildung führt zu einem statischen Wohlfahrtsverlust durch eine niedrigere Angebotsmenge und einen höheren Preis sowie zu einer Umverteilung von Konsumentenrente an die Produzenten, wenn man als Referenzzustand polypolistischen Wettbewerb unterstellt.[17] Daher ist im natürlichen Monopol nicht das vermeintliche Defizit des Monopolisten der Anlaß, einen Staatseingriff zu prüfen, sondern die Gefahr der Ausbeutung der Marktgegenseite erfordert das wettbewerbspolitische Eingreifen.[18]

Die Gefahr einer Ausbeutung der Nachfrager erhöht sich, wenn ein Monopolist die Möglichkeit zu Preisdifferenzierungen besitzt.[19] Darüber hinaus soll verhindert werden, daß Monopolgewinne genutzt werden, um auf wettbewerblichen Märkten zu „Dumpingpreisen" anzubieten und so den Monopolbereich auf andere Märkte auszudehnen.[20] Eine Fehlallokation auf dem Monopolmarkt führt darüber hinaus zu einer Fehlallokation auf den vorgelagerten Faktormärkten, da der Monopolist im Vergleich zu einem wettbewerblichen Markt eine insgesamt niedrigere Menge anbietet und entsprechend weniger Ressourcen als Vorleistungen einsetzt.

---

17 Vgl. NEUMANN, M. (1995), S. 41 f.

18 Vgl. FRITSCH, M./WEIN, T./EWERS, H.-J. (1999), S. 191 ff.

19 Vgl. NEUMANN, M. (1995), S. 44 ff.

20 Vgl. FRITSCH, M./WEIN, T./EWERS, H.-J. (1999), S. 194 ff.

Eine weitere Folge einer vor Konkurrenz geschützten Monopolstellung besteht darin, daß die betriebs- und unternehmensinterne Allokation der Ressourcen häufig suboptimal bleibt (sog. „X-Ineffizienz"), da der Monopolist weniger Anreize zu einer effizienten Leistungserstellung hat. Im Monopol fällt der äußere Druck zur Vermeidung von Ineffizienzen deutlich geringer aus als bei Wettbewerb.[21] Solche Ineffizienzen dürften in staatlichen oder kommunalen Monopolunternehmen häufig noch größer sein, da Leistungsanreize und Kontrollmechanismen innerhalb der Bürokratie relativ gering sind.[22]

Eine Monopolstellung birgt vor allem die Gefahr, daß die dynamischen Funktionen des Wettbewerbs (Anpassung an sich wandelnde Marktbedingungen und Förderung des technischen Fortschritts durch Innovationen) nur unzureichend erfüllt sind. Der Monopolist hat keinen ausreichenden Anreiz, in Forschungs- und Entwicklungsprojekte zu investieren, wenn sie eine Substitution bisheriger Produkte und Prozesse, die für den Erhalt des Monopols wesentlich sind, ermöglichen könnten.[23] Neben dem oben beschriebenen Rückgang der statischen Effizienz ist dieser mögliche Verlust der Innovationsdynamik eine gravierende Folge des Fehlens wettbewerblicher Strukturen. Dies gebietet für die allgemeine Strategie zur Marktöffnung eine möglichst enge Abgrenzung etwaiger wettbewerblicher Ausnahmebereiche aufgrund verfestigt-vermachteter Marktstrukturen.

2.3 Marktbestreitbarkeit

Ein natürliches Monopol bzw. eine subadditive Kostenfunktion eines Anbieters ermöglichen nicht in allen Fällen Marktmacht. [24] Kein Machtmißbrauch des natürlichen Monopolisten ist möglich, falls potentielle Konkurrenz vorhanden ist, d. h. falls ein Marktneuling durch seinen Aktionsparametereinsatz den etablierten Monopolisten verdrängen und alleiniger Anbieter im Monopolmarkt werden kann. Dann ist das Monopol bestreitbar[25]. Wenn ein Monopolist weiß, daß potentielle weitere Anbieter nur geringe Zutrittsschranken überwinden müssen, um auf seinem Markt anbieten zu können, so wird er den Aktionsparametereinsatz verändern und u. a. einen niedrigeren Preis als den Cournot-Preis verlan-

---

21 Vgl. EICKHOF, N. (1986), S. 474.

22 Vgl. BLANKART, C. B. (1994), S. 445 ff.

23 „Auf diese Weise könnte man beispielsweise erklären, warum in der Vergangenheit Energieversorgungsunternehmen mit ihren Innovationstätigkeiten fast ausschließlich auf Großtechnologien wie etwa die Kernenergie gesetzt haben und die Entwicklung dezentraler Energieerzeugungstechniken vernachlässigt haben." FRITSCH, M./WEIN, T./EWERS, H.-J. (1999), S. 199.

24 Vgl. NEUMANN, M. (1995), S. 46.

25 Der eingeführte Fachbegriff ‚Bestreitbarkeit' ist die Übersetzung des englischen Ausdrucks ‚contestability'.

gen. Je geringer die Marktzutrittsschranken sind und je stärker damit die potentielle Konkurrenz wirksam ist, desto eher wird der Preis schon vor einem Marktzutritt neuer Anbieter auf ein Niveau nahe den Durchschnittskosten gesenkt, um die potentielle Konkurrenz fernzuhalten.[26]

Zu unterscheiden sind strukturelle von verhaltensbedingten Marktzutrittsschranken. Fünf Arten struktureller Markteintrittsbarrieren lassen sich unterscheiden:

1. Institutionelle Marktzutrittsschranken:
   Sie bestehen aus legislativen oder administrativen Maßnahmen des Staates oder der kommunalen Gebietskörperschaften.

2. Versunkene Kosten („sunk costs"):
   Versunkene Kosten sind Aufwendungen, die für den Marktzutritt erforderlich sind und bei einem Marktaustritt unwiederbringlich abgeschrieben werden müssen. Die getätigten Investitionen gelten als irreversibel, da sie für eine bestimmte Nutzung festgelegt sind und ein Transfer auf andere Märkte nur unter Inkaufnahme unverhältnismäßig hoher Produktivitäts- und Wertverluste möglich ist.[27] Die Wahrscheinlichkeit für einen Markteintritt neuer Wettbewerber ist um so geringer, je höher die mit einem späteren Marktaustritt verbundenen versunkenen Kosten sind. Da der etablierte Monopolist im Gegensatz zu potentiellen Newcomern nur die reversiblen Kosten ohne den Anteil irreversibler Kosten zu berücksichtigen braucht, kann er den Markteintritt eines Newcomers durch „ruinöses" Preissetzungsverhalten bekämpfen.[28] Denn vor dem Markteintritt muß sich ein Newcomer an den Durchschnittskosten orientieren, da für ihn zunächst alle Aufwendungen - inklusive der späteren versunkenen Kosten - reversible Kosten darstellen („pre-entry-decision"). Demgegenüber bilden die Grenzkosten die kurzfristige Preisuntergrenze des etablierten Monopolisten („post-entry-decision"). Je höher der Anteil der versunkenen Kosten an den Gesamtkosten ist, desto höher ist die Marktzutrittsschranke.[29] Insbesondere wenn versunkene Kosten und Massenproduktionsvorteile gleichzeitig vorliegen, stellen sie hohe Markteintrittsschranken dar. Versunkene Kosten sind als Marktzutrittsschranken von hoher Bedeutung für Netzindustrien, die Netze von erdverbundenen Leitungen für Strom, Gas und Wasser.

---

[26] Vgl. FRITSCH, M./WEIN, T./EWERS, H.-J. (1999), S. 179 ff.

[27] Vgl. KRUSE, J. (1985), S. 41.

[28] Vgl. BAUMOL, W./PANZAR, J./WILLIG, R. (1988), S. 290 f.

[29] Vgl. KRÜGER, R./TETENS, G./VOß, A. (1995), S. 41.

3. Absolute Kostenvorteile:
   Absolute Kostenvorteile können im Zugang zu Absatz- bzw. Beschaffungsmärkten, in der Verfügbarkeit der bestmöglichen Technik und in der Fertigungserfahrung der etablierten Anbieter bestehen und sind von der Produktionsmenge im Prinzip unabhängig.[30] Eine fehlende Produktions- und Markterfahrung bedingt insbesondere bei einem Branchenoutsider Kostennachteile.

4. Kundenpräferenzvorteile:
   Diese begünstigen Unternehmen, die für ihr Angebot einen Markennamen oder besondere, schwer imitierbare Alleinstellungsmerkmale etablieren konnten – etwa durch Produktdifferenzierung.

5. Größenvorteile („economies of scale"):
   Sie sind zunächst ‚lediglich' eine mögliche Ursache für wettbewerbspathologische Tendenzen zum natürlichen Monopol. Für sich genommen entfalten sie keine Wirkung als Marktzutrittsschranke. Jedoch geht ihr Auftreten häufig einher mit versunkenen Kosten und relevanten Kundenpräferenzvorteilen, so daß sie die Wirkung dieser Marktzutrittsschranken verschärfen.

Um den Schutz vor potentiellen Konkurrenten zu erhöhen und um die eigene Position zu stärken, versuchen etablierte Anbieter nicht nur, das Ausmaß struktureller Marktzutrittsschranken zu erhöhen (soweit dies möglich ist), sondern auch zusätzliche verhaltensbedingte Markteintrittsbarrieren zu errichten.[31] Beispielsweise trägt ein eigenes Vertriebsnetz des Produzenten zu einer Umorientierung der Kunden vom Einzelhandel hin zum Direktverkauf bei, so daß neue Konkurrenten nicht nur Produktionsanlagen, sondern auch eine Vertriebsstruktur errichten müssen, was zusätzliche irreversible Investitionen bedeutet. Des weiteren können durch Werbemaßnahmen stabile Kundenpräferenzen zugunsten etablierter Produkte geschaffen werden. Ferner zielen langjährige Verträge und sogenannte „Sperrpatente" auf die dauerhafte Sicherung von absoluten Kostenvorteilen des Monopolisten. Mittels Lobbyaktivitäten wirken Unternehmen schließlich auf die Errichtung oder den Erhalt institutioneller Marktzutrittsschranken hin.

Als Zwischenfazit ist festzuhalten, daß Gefahren für die Funktionsfähigkeit der wettbewerblichen Selbststeuerung von Märkten bei Vorliegen subadditiver Kostenverläufe mit fallenden Durchschnittskosten und im Vergleich zur MOTB geringen Marktnachfrage nur dann zu befürchten sind, wenn gleichzeitig hohe Marktzutrittsschranken, insbesondere in Form hoher versunkener Kosten, bestehen und somit eine geringe oder keine Bestreitbarkeit gegeben ist. Dann liegt ein

---

30 Vgl. FRITSCH, M./WEIN, T./EWERS, H.-J. (1999), S. 202.

31 Vgl. ZOHLNHÖFER, W. (1968), S. 9 ff. und 24 ff.

staatlicher Regulierungsbedarf vor. Regulierung ist grundsätzlich sowohl beim Individualmonopol als auch beim Kollektivmonopol erforderlich.[32]

3. Regulierung im nicht-bestreitbaren natürlichen Monopol

3.1 Ziele und Gestaltungsprinzipien

In diesem dritten Kapitel wird der wettbewerbspolitische Handlungsbedarf in Teilmärkten, die ein nicht-bestreitbares natürliches Monopol und somit ein fundamentales Wettbewerbsversagen aufweisen, eingehend untersucht. Das Kapitel 3.1 beinhaltet einen Überblick über die Ziele und Gestaltungsprinzipien, die den Entscheidungen über Art, Umfang und Instrumente einer Regulierung zugrunde liegen. In den anschließenden Kapiteln werden einzelne Gestaltungsfelder und institutionelle Arrangements der Regulierung diskutiert. So geht es im Kapitel 3.2 um die Frage, mit welchen Vor- und Nachteilen drei mögliche Regulierungsformen für ein nicht-bestreitbares natürliches Monopol behaftet sind. Im anschließenden Kapitel 3.3 werden Erfordernisse der Entgeltregulierung und der Qualitätsregulierung untersucht, die der Verhinderung mißbräuchlichen Ausbeutung der Marktgegenseite durch den Monopolisten dienen. Eine Analyse der Möglichkeiten, einen Behinderungsmißbrauch des Monopolisten gegenüber den Wettbewerbern auf den vor- und nachgelagerten Wertschöpfungsstufen zu unterbinden, enthält Kapitel 3.4. Hier geht es zum einen um Regelungen, die einen diskriminierungsfreien Zugang zu den Leistungsangeboten des Monopols garantieren sollen, und zum anderen um Chancen und Risiken einer vertikalen Separierung, d. h. eines Tätigkeitsverbots auf Wertschöpfungsstufen, die dem Monopol vor- oder nachgelagert sind. Schließlich wird in Kapitel 3.5 kritisch erörtert, ob und gegebenenfalls wie eine Übergangsregulierung auf dem Weg vom Monopol zur wettbewerblichen Selbststeuerung erfolgen sollte.

Um im folgenden Ziele und Gestaltungsprinzipien der Regulierung näher zu beleuchten, sind einige wettbewerbspolitische Vorüberlegungen zum Verhältnis von Wettbewerbsfreiheit und staatlichen Eingriffen erforderlich. Unter Staatseingriffen sind staatlich veranlaßte oder sanktionierte Beschränkungen der ökonomisch relevanten Handlungs- und Verfügungsmöglichkeiten von Wirtschaftssubjekten zu verstehen. Sie werden im politischen Prozeß begründet und können als unumgänglich oder erwünscht betrachtet werden, wenn erstens die Handlungen eines Individuums die schutzwürdigen Interessen von anderen beeinträch-

[32] Ein Kollektivmonopol ist dadurch gekennzeichnet, daß sich die Oligopolisten untereinander keinen Wettbewerb machen, sondern ohne spezifische wettbewerbsbeschränkende Verhaltensweisen ihren Gesamtgewinn durch spontan-solidarisches Parallelverhalten zu vergrößern trachten.

tigen; zweitens die Beschränkung von Verfügungsrechten von Vorteil für alle ist, weil sie z. B. die Arbeitsteilung einer Gesellschaft erleichtert; oder drittens ein dominantes Interesse des Gemeinwesens (Gemeinwohl) sie erfordert.[33] Diese weite Definition beschreibt die staatlich gesetzte Rahmenordnung, in der die Individuen ökonomisch tätig werden dürfen.[34]

Um ein allgemeines Marktöffnungskonzept anschaulich ableiten zu können, wird in dieser Arbeit davon ausgegangen, daß in einem marktwirtschaftlichen Wirtschaftssystem das innerhalb einer staatlichen Rahmenordnung zulässige Wirtschaftsgeschehen entweder auf Märkten stattfindet, die die wettbewerbliche Selbststeuerung als Koordinierungsmechanismus nutzen, oder daß sich im Fall von Wettbewerbsversagen das Wirtschaftsgeschehen auf regulierten Märkten vollzieht, auf denen per definitionem kein wirksamer Wettbewerb besteht. In dieser Studie soll Regulierung eng definiert und nur mit Wettbewerbsversagen begründet werden.

Die Regulierung von Monopolmärkten sollte dem „disaggregierten Regulierungsansatz“[35] folgen, der streng zwischen regulierten und wettbewerblichen Teilmärkten unterscheidet. Danach haben sich regulatorische Eingriffe auf den engen Kern eines nicht-bestreitbaren natürlichen Monopols (Engpaßbereich, bottleneck), der durch hohe Marktzutrittsschranken vor potentiellem Wettbewerb geschützt und durch eine stabile Marktmacht gekennzeichnet ist, zu beschränken.[36]

Für die Marktöffnungspolitik können folglich zwei Ziele genannt werden:

1. In wettbewerblichen Teilmärkten wird die Schaffung hinreichend stabilen Wettbewerbs angestrebt. Hier ist Wettbewerbspolitik auf die Abwehr von Beschränkungen des Wettbewerbs ausgerichtet,[37] weshalb bei Zielerreichung davon auszugehen ist, daß die Wettbewerbsfunktionen erfüllt werden.

---

33 Vgl. DEREGULIERUNGSKOMMISSION (1991), Tz. 3. Die Deregulierungskommission verwendet diese drei Rechtfertigungsgründe zur Definition von Regulierung.

34 Aus ethischen und anderen Gründen werden die Produktion oder der Handel bei Gütern und Dienstleistungen, für die in wettbewerblichen Märkten Angebot und Nachfrage bestehen, teilweise oder ganz verboten. Beispielsweise werden der Verkauf von Schußwaffen und Feuerwerkskörpern, die Aufzucht von Kampfhunden, die Prostitution oder die verbrauchende Forschung an embryonalen Stammzellen verboten oder stark eingeschränkt.

35 KNIEPS, G. (2000a), S. 7.

36 Vgl. ebenda, S. 20. Gleiches meint auch das „Prinzip der minimalistischen Regulierungseingriffe“, vgl. REGULIERUNGSBEHÖRDE FÜR TELEKOMMUNIKATION UND POST (1998).

37 Vgl. MONOPOLKOMMISSION (1996), Tz. 906.

2. In Teilmärkten mit Regulierungsbedarf aufgrund eines nicht-bestreitbaren natürlichen Monopols geht es um

   - die Vermeidung von Ausbeutung der Marktgegenseite innerhalb des nicht-bestreitbaren natürlichen Monopols sowie um

   - die Verhinderung von wettbewerbsverfälschenden Diskriminierungen und sonstigen Behinderungsstrategien durch den Inhaber des natürlichen Monopols in wettbewerblichen Teilmärkten, die dem nicht-bestreitbaren natürlichen Monopol vor- oder nachgelagert sind, sowie auf sonstigen Märkten.

Auf wettbewerblichen Teilmärkten sollte sich die Wettbewerbspolitik generell auf die Durchsetzung des Vertrags- und Wettbewerbsrechts beschränken.

Für die Regulierung im nicht-bestreitbaren natürlichen Monopol lassen sich folgende Gestaltungsprinzipien ableiten:

Effizienz
Regulatorische Eingriffe sollten effizient sein, so daß Regulierungsziele mit den geringstmöglichen gesamtwirtschaftlichen Kosten erreicht werden.[38] Eine spezielle Regulierung ist abzuschaffen oder zu modifizieren, wenn der Regulierungszweck die Kosten nicht rechtfertigt.[39] Damit verbunden ist das Erfordernis der Treffsicherheit von Eingriffen, damit diese ihr Ziel(-niveau) weder über- noch unterschreiten und auch nicht zu (unerwünschten) Nebeneffekten führen.[40] Vor allem sind möglichst Anreize zu dynamischer Effizienz im Rahmen der Regulierung zu setzen.[41] Insgesamt ist ein gesamtwirtschaftlicher Nachteil aufgrund eines Staatsversagens, der aus einem ungerechtfertigten Regulierungseingriff entstehen kann, abzuwägen gegenüber einem Nachteil aufgrund eines ungerechtfertigten Nichteingreifens.[42] Dabei lassen sich jedoch beide Effekt in der Realität weder eindeutig identifizieren noch halbwegs exakt quantifizieren.

Diskriminierungsverbot und technische Neutralität
In regulierten Märkten ist ein allgemeiner Verzicht auf Privilegien für einzelne Unternehmen oder Anbietergruppen zu fordern, insbesondere dürfen private Unternehmen nicht gegenüber staatlichen Unternehmen diskriminiert werden[43], es sei denn, es gäbe eine den Zielen der Wettbewerbspolitik übergeordnete

---

[38] Vgl. FRITSCH, M./WEIN, T./EWERS, H.-J. (1999), S. 112.

[39] Vgl. DEREGULIERUNGSKOMMISSION (1991), Tz. 34.

[40] Vgl. FRITSCH, M./WEIN, T./EWERS, H.-J. (1999), S. 113.

[41] Vgl. KRUSE, J./NEU, W. (1993), S. 26.

[42] Vgl. KNIEPS, G. (1997), S. 41.

[43] Vgl. KNIEPS, G. (1997), S. 32.

Rechtfertigung dafür. Der Staat ist lediglich berechtigt, das Anbieterverhalten insgesamt zu Gunsten der Nachfrager zu beeinflussen.[44] Um den Marktakteuren Raum für Innovation und Anpassung an geänderte technische und marktinterne Rahmenbedingungen zu lassen,[45] empfiehlt sich darüber hinaus eine Regulierungspolitik, die die Neutralität gegenüber verschiedenen technischen Lösungen wahrt.[46]

Transparenz
Schließlich sollte bei allen hoheitlichen Entscheidungen der Regulierungsinstanz ein Höchstmaß an Transparenz angestrebt werden. Dies betrifft sowohl die Entscheidungswege als auch die Wirkungszusammenhänge und die Ergebnisse der Regulierungsmaßnahmen. Es geht um Transparenz in dreifacher Hinsicht: Erstens ist sie zwischen den Politikbereichen erforderlich, womit sich die Trennung von Wettbewerbspolitik und anderen Bereichen der Wirtschaftspolitik[47], z. B. regional- und verteilungspolitisch motivierten Maßnahmen, begründen läßt. Zweitens ist Transparenz in der Verteilungspolitik nötig, um versteckte Privilegien erkennen zu können, weshalb Staatseingriffe zur Korrektur von Marktergebnissen möglichst nach dem Prinzip der direkten Subjektförderung statt der indirekten Objektförderung erfolgen sollten. Drittens ist intertemporale Transparenz anzustreben, um die Auswirkungen und die zukünftigen Korrekturmöglichkeiten einer Regulierungsentscheidung abschätzen zu können. Um eine Verfestigung der Regulierungseingriffe zu vermeiden, empfiehlt es sich, Regulierungen zeitlich zu befristen[48] und sie einem regelmäßigen öffentlichen Rechtfertigungsdruck auszusetzen.[49]

3.2 Vergabe des Exklusivrechts zur Bedienung des natürlichen Monopols

Die Regulierung eines nicht-bestreitbaren natürlichen Monopols erfordert zunächst eine Entscheidung über die Grundform der Regulierung. Dazu bieten sich grundsätzlich drei Optionen an:

---

44 Vgl. FICHERT, F./SEITEL, H. P. (1995), S. 3.

45 Vgl. GRÖNER, H. (1996), S. 54.

46 Vgl. NOAM, E. M. (1994), S. 286 ff.

47 Vgl. MONOPOLKOMMISSION (1991), S. 56 f.

48 Vgl. DEREGULIERUNGSKOMMISSION (1991), Tz. 35.

49 Vgl. HERDZINA, K. (1993), S. 130, sowie BLANKART, C. B./KNIEPS, G. (1996a), S. 493.

1. Temporäres Monopol eines privaten Unternehmens mit regelmäßiger Ausschreibung (Wettbewerb um den Markt).[50]
2. Dauerhaftes Monopol eines privaten Unternehmens ohne Ausschreibung.
3. Staatliches oder kommunales Monopol.

Da beim Konzept des Wettbewerbs um den Markt die effizienzsteigernden Kräfte des Wettbewerbs zumindest in regelmäßigen Abständen genutzt werden, ist vorrangig zu prüfen, ob diese Regulierungsform angesichts der Spezifika eines konkreten Marktes zu empfehlen ist. Diese Frage wird im folgenden eingehend analysiert, bevor am Schluß dieses Kapitels die beiden anderen Optionen gewürdigt werden.

Das Konzept des Wettbewerbs um den Markt sieht vor, daß die potentiellen Anbieter von Monopolleistungen in einem Ausschreibungsverfahren um das zeitlich befristete Recht konkurrieren, einen natürlichen Monopolmarkt bedienen zu dürfen. Es ist für den Staat möglich, eine Monopolleistung nach allgemeinen Zielsetzungen (z. B. sozialen oder regionalen Zielen) im voraus zu definieren, um dann im Ausschreibungswettbewerb nach der besten Umsetzung suchen zu lassen.[51] Je nach Verfahren erhält das Unternehmen den Zuschlag, das das höchste Angebot für das Monopolrecht – z. B. hinsichtlich Preis-Leistungsverhältnis - unterbreitet oder bei defizitären Monopolen den geringsten Ausgleichsbetrag für ein staatlich vorgegebenes Leistungsniveau fordert, woraus im allgemeinen auf eine überlegene Unternehmenseffizienz geschlossen werden kann.

Im Vergleich zur dauerhaften Regulierung des unternehmerischen Aktionsparametereinsatzes liegt der Vorteil einer wiederkehrenden Ausschreibung in der Nutzung des Selbststeuerungspotentials des Wettbewerbs zumindest auf der Anbieterseite. Der Vorteil einer Ausschreibung gegenüber einer Dauerregulierung wird vor allem darin gesehen, daß mit dem Ausschreibungsverfahren die Kostenkalkulation und/oder die Abschätzung der Nachfragefunktion ausschließlich dem privaten Anbieter übertragen sind, der hierfür in der Regel eine höhere fachliche Kompetenz besitzt als staatliche Instanzen.[52]

Neben statischen Zielen tragen Ausschreibungen insbesondere zur Erfüllung dynamischer Funktionen bei. So kann der „Wettbewerb als Entdeckungsverfahren“[53] beispielsweise für die Aufdeckung des von der kaufkräftigen Nachfrage

---

[50] Erstmals wurde das Konzept im Jahr 1859 als „Competition for the field“ von Edwin Chadwick erwähnt. Vgl. DEMSETZ, H. (1968), S. 55 ff.

[51] Vgl. SNETHLAGE, W.-H. (1998), S. 68.

[52] Vgl. FRITSCH, M./WEIN, T./EWERS, H.-J. (1999), S. 232 f.

[53] HAYEK, F. A. von (1969), S. 249 ff.

gewünschten Preis-Leistungs-Verhältnisses genutzt werden. Durch die regelmäßige Neuausschreibung steht der Monopolist unter dem Druck potentieller Konkurrenten, die ihn durch ein überlegenes Angebot im Wettbewerb um den Markt verdrängen können. Wird dem Monopolisten eine freie Preissetzung erlaubt, wird er tendenziell Cournot-Preise verlangen, was mit negativen allokativen und distributiven Effekten verbunden ist. In Folge einer Ausschreibung erhält die versteigernde Instanz jedoch das Gebot des zum Zuge kommenden Anbieters, das dem Gegenwartswert der erwarteten Monopolrente nahekommt und das beispielsweise vom Staat an die Nachfrager verteilt werden kann.[54]

Komplexe Ausschreibungsgegenstände und die Existenz irreversibler Investitionen können die relativen Vorteile wettbewerblicher Versteigerungsverfahren gegenüber einer Vergabe ohne Ausschreibungen schmälern[55]. Ist die zu versteigernde Monopolstellung mit bestimmten Vorgaben, z. B. hinsichtlich Preissetzungsverhalten oder Mindestanforderungen an die Qualität, verbunden, so ergeben sich ähnliche Probleme wie bei der Entgeltregulierung. Je komplexer die Spezifikation der zu erbringenden Leistungen und je spezieller die Vorgaben für das monopolistische Marktverhalten sind, desto geringer werden die dynamischen Vorteile des Wettbewerbs um den Markt, so daß – auch unter Berücksichtigung der Transaktionskosten - abzuwägen ist, ob eine dauerhafte Entgeltregulierung oder die Bereitstellung der Leistungen im staatlichen bzw. kommunalen Monopol nicht vorzuziehen ist.

Besondere Probleme im Zusammenhang mit einer Ausschreibung treten ferner dann auf, wenn im natürlichen Monopol langlebige oder irreversible Investitionsgüter erforderlich sind und auch nach Ablauf einer Ausschreibungsperiode genutzt werden sollen. Ein möglicher Lösungsansatz für eine Marktöffnung kann darin bestehen, die Verwaltung und Finanzierung der Infrastruktur (monopolistisches Sachkapital) vom Betrieb des natürlichen Monopols organisatorisch zu trennen und beide Bereiche separat auszuschreiben. Dabei sind aber Nachteile durch den Verzicht auf Verbundvorteile zwischen den beiden Bereichen zu berücksichtigen. Der Verbleib der Infrastruktur im öffentlichen Eigentum, z. B. im Rahmen eines Betreibermodells, sollte nur angestrebt werden, wenn marktstrukturelle Gründe wie hohe Irreversibilitäten einen Verzicht auf die Vorteile einer vollen Privatisierung rechtfertigen können.

Gegenüber einer Ausschreibung weist die zweite Regulierungsform - ein permanent vergebenes privates Monopol - einige Nachteile auf. Die fundamentalen Interessenkonflikte zwischen dem privaten Monopolunternehmen und der Regu-

---

54 Vgl. FRITSCH, M./WEIN, T./EWERS, H.-J. (1999), S. 231.

55 Vgl. KRUSE, J. (1985), S. 359 ff.

lierungsinstanz können die Erreichung der Regulierungsziele erschweren oder insgesamt in Frage stellen, da die Regulierungsinstanz strukturelle Informationsnachteile gegenüber dem zu regulierenden Unternehmen hat, beispielsweise bei der Ermittlung der Höhe eines effizienten Entgelts. Zudem ist es bei einer umfassenden Regulierung des Aktionsparametereinsatzes unwahrscheinlich, daß das Innovationspotential durch private Unternehmensaktivitäten ausgeschöpft werden kann.

Nur in den – in der Realität wohl sehr seltenen – Fällen, in denen nicht z. B. durch „Wettbewerb um den Markt" ein privates Unternehmen als Monopolist in Frage kommt, sollten Staat oder Kommunen als ultima ratio im nicht-bestreitbaren Monopol unternehmerisch tätig werden, was die dritte Regulierungsform darstellt. Dabei ist zu berücksichtigen, daß mit der Steuerung öffentlicher Unternehmen regelmäßig Bürokratieprobleme einhergehen, beispielsweise in Form von Schwierigkeiten der Durchsetzung von Zielvorgaben innerhalb der staatlichen Hierarchie oder von Ineffizienzen der Leistungserstellung. Ferner ist ein öffentliches Monopol, dessen Einnahmen dem Staat oder den Kommunen zufließen, mit dem Nachteil verbunden, daß Politiker mitunter ein nur geringes Interesse an einer Verhinderung von Ausbeutung der Nachfrager oder einem Abbau der institutionellen Marktzutrittsschranken auf den nicht-wettbewerblichen Teilmarkt haben, da dies die Einnahmen im Monopol vermindern würde.

Somit ist in aller Regel einer Vergabe eines nicht-bestreitbaren Monopols an private Unternehmen in wettbewerblichen Ausschreibungsverfahren der Vorzug vor einer Dauerregulierung privater Monopolisten ohne regelmäßige Ausschreibung oder vor einem öffentlichen Monopolunternehmen zu geben.

3.3 Schutz der Marktgegenseite vor Ausbeutungsmißbrauch

3.3.1 Entgeltregulierung

Sodann geht es in diesem und in den folgenden Kapiteln um einzelne regulierungspolitische Gestaltungsfelder im Monopolbereich.

Um die Nachfrager vor einer Ausbeutung durch den natürlichen Monopolisten zu schützen, müssen die Entgelte und die Qualität der Leistungen reguliert werden. Entgelt- und Qualitätsregulierung sind Bestandteile der Regulierung des Aktionsparametereinsatzes und gehören damit zur Verhaltens- und Parameterregulierung. Außer zum Schutz der Marktgegenseite werden diese Regulierungsinstrumente auch eingesetzt, um eine effiziente Allokation knapper Infrastrukturkapazitäten im Monopolbereich und um die Deckung der Gesamtkosten bei spezifischem Verlauf der Kostenfunktion zu gewährleisten.[56] Die Regulierung soll „übermäßige" Gewinne vermeiden, ohne jedoch die Anreize und Möglichkeiten für einen vorteilhaften Infrastrukturausbau zu zerstören.

Der Umfang der Entgeltregulierung ist auf den engen Bereich des nicht-bestreitbaren natürlichen Monopols zu beschränken. Dabei sind Märkte, die nur auf einzelnen Wertschöpfungsstufen ein nicht-bestreitbares natürliches Monopol aufweisen („Bottleneck") und daher auch einer Zugangsregulierung bedürfen, zu unterscheiden von solchen Märkten, auf denen über alle Wertschöpfungsstufen hinweg ein Wettbewerbsversagen vorliegt. Falls das Wettbewerbsversagen nur auf einen Teilmarkt begrenzt ist (erster Fall), erfaßt die Entgeltregulierung zum einen die Tarife für den Zugang zur monopolistischen Infrastruktur sowie evtl. für die Zusammenschaltung von Netzinfrastrukturen und zum anderen die Entgelte, die der Monopolist der Marktgegenseite in Rechnung stellt. Falls der gesamte Markt ein natürliches Monopol ist (zweiter Fall), betrifft die Entgeltregulierung nur die Tarife, die die Marktgegenseite zahlen muß.

Es existieren verschiedene Verfahren der Entgeltregulierung. Aufgrund unbefriedigender dynamischer Eigenschaften der traditionellen kostenbasierten Regulierung kommen seit einigen Jahren vermehrt Verfahren zum Einsatz, mit denen gezielt Anreize zur Effizienzsteigerung gesetzt werden sollen.[57] Es handelt sich zum einen um die incentive regulation, die in den Vereinigten Staaten verstärkt eingeführt wurde. Ihre Grundidee besteht darin, ein reguliertes Unternehmen für Effizienz- oder Qualitätssteigerungen finanziell zu belohnen. Dabei spricht man von sliding-scale regulation, wenn beispielsweise vorab ein Schlüssel festgelegt wird, wie Effizienzgewinne zwischen dem Unternehmen und den Kunden aufgeteilt werden.[58] Zum anderen gelangte insbesondere im Vereinigten Königreich die Price-cap-Regulierung zum Einsatz. Sie legt die höchstens zulässige Preiserhöhung bzw. die mindestens vorzunehmende Preissenkung für ein Leistungsbündel für mehrere Jahre im voraus fest. Somit stärkt die Price-cap-Regulierung den Anreiz zur Realisierung von Kostensenkungspotentialen, da Effizienzsteigerungen stets gewinnerhöhend wirken. Zusätzliche Vorteile einer summarischen Preisobergrenze - zum Beispiel die Preiskörbe für die Post AG - liegen in ihrer hohen Flexibilität sowie in der Möglichkeit der Preisdifferenzierung, die die statische Effizienz erhöht.

Als Nachteil beider anreizorientierter Verfahren gilt ein Qualitätsregulierungsbedarf, der auftreten kann, wenn Unternehmen versuchen, Kosteneinsparungen

---

56 Vgl. KNIEPS, G. (2000b), S. 1f.

57 Vgl. CREW, M.A./KLEINDORFER, P. R. (1996), S. 211 f.

58 Vgl. LYON, T. P. (1996), S. 227 f.

durch starke Qualitätseinschränkungen zu erzielen. Letztlich nähert sich die Price-cap-Regulierung der kostenbasierten Regulierung an, da bei der turnusmäßigen Neufestlegung der Preisobergrenzen Regulierungsinstanzen einen um so größeren Preissenkungsspielraum vermuten, je höher die Gewinne der regulierten Unternehmen sind. Allerdings haben Gewinne aufgrund von Effizienzsteigerungen bei der Price-cap-Regulierung länger Bestand als bei üblichen Rentabilitätsregulierungen.[59] Im Ergebnis sollte aber die Regulierungsinstanz die beschriebenen anreizorientierten Regulierungsansätze gegenüber traditionellen Ansätzen vorziehen.

Im Rahmen der Entgeltregulierung ist neben der Höhe des Entgelts auch eine Entscheidung über dessen Tarifstruktur zu treffen. Aus dynamischer Sicht sind mehrstufige Tarifkonzepte für die Nutzung von Infrastrukturen, z. B. Schienennetze,[60] vorteilhafter als lineare Tarifverläufe. Sie erlauben eine Effizienzsteigerung durch Preisdifferenzierung, die dazu führt, daß sich Preisunterschiede nicht nur auf unterschiedliche Kosten, sondern auch auf Nachfrageaspekte zurückführen lassen. Im Gegensatz zur klassischen Theorie[61] kann man eine wohlfahrtserhöhende Wirkung der preisdifferenzierten, mehrstufigen Tarife, mit denen typischerweise ein Zuwachs an Verkaufsvolumen einhergeht, erwarten. Soll eine Diskriminierung insbesondere kleinerer Kunden vermieden werden, so läßt sich als Alternative auch das Angebot eines einstufigen Tarifs vorsehen, wie es beispielsweise für die Schienennetznutzung im Jahr 2001 die DB Netz AG unter Aufgabe des vorherigen zweistufigen Trassenpreissystems eingeführt hat.

3.3.2 *Qualitätsregulierung*

Neben den Entgelten sind weitere Aktionsparameter des natürlichen Monopolisten einer Regulierung zu unterwerfen, die zusammenfassend als Qualitätsregulierung bezeichnet wird. Es geht um die Mindestqualität – inklusive des Umfangs - der vom Monopolisten bereitgestellten Güter und Dienstleistungen sowie um geographische und zeitliche Merkmale seines Angebots. Beispiele für Qualitätsregulierungen in ländlichen Gebieten sind Vorschriften zur Anzahl der Leerungen von Mülltonnen pro Monat oder von Briefkästen pro Woche. Ohne eine Qualitätsregulierung könnte der Monopolist unter Wahrung der Auflagen der Entgeltregulierung Monopolgewinne erzielen, indem er die Qualität – insbesondere den Umfang - seines Angebots verringert.

---

59 Vgl. LISTON, C. (1993), S. 25 f.

60 Vgl. KNIEPS, G. (2000b), S. 3 f.

61 Vgl. PIGOU, A. C. (1952), 17. Kap.

Die Gewährleistung eines bestimmten Qualitätsniveaus durch den Staat oder die Kommunen wird ferner mit einer Pflicht der Gebietskörperschaften zur Daseinsvorsorge begründet, wie dies beispielsweise in der Amsterdamer Fassung des EU-Vertrags von 1997 festgelegt wird.[62] Aus wettbewerbspolitischer Sicht ist ein Staatseingriff zur Qualitätsregulierung aber nur so lange zu rechtfertigen, wie ein fundamentales Wettbewerbsversagen vorliegt. In wettbewerblichen Teilmärkten ist eine Qualitätsregulierung nicht erforderlich.

3.4 Schutz der Wettbewerber vor Behinderungsmißbrauch

3.4.1 Zugangsregulierung

Neben dem Schutz der Nachfrager vor Ausbeutung ist es von höchster Bedeutung, daß die Regulierungsinstanz den diskriminierungsfreien Zugang zu einem Netz sicherstellt, das nur von einem einzelnen Anbieter kontrolliert wird und eine für den Wettbewerb auf vor- und nachgelagerten Wertschöpfungsstufen sowie für den Wettbewerb auf der selben Wertschöpfungsstufe in benachbarten Märkten wesentliche Einrichtung repräsentiert. Zusammen mit der Entgelt- und Qualitätsregulierung (siehe Kapitel 3.3) bildet die Zugangsregulierung die Grundlage für eine wirksame Mißbrauchsaufsicht im nicht-bestreitbaren natürlichen Monopol. Die Zugangsregulierung ist entscheidend für den bereits kurzfristig zu aktivierenden Intrasystemwettbewerb. Der diskriminierungsfreie Zugang zu einer wesentlichen Einrichtung ergänzt darüber hinaus die Förderung des Intersystemwettbewerbs[63], der vor allem in Märkten mit hoher Innovationsdynamik, wie etwa dem Telekommunikationsmarkt, effizienzsteigernd wirkt.

Für zwei Gruppen von Wettbewerbern ist der Zugang zu wesentlichen Einrichtungen zu gewährleisten. Zum einen benötigen Unternehmen aus vor- und nachgelagerten Wertschöpfungsstufen die wesentlichen Einrichtungen für das Angebot eigener Dienste, beispielsweise begehren Schienenverkehrsunternehmen Zugang zum vorhandenen Schienennetz. Zum anderen gibt es Unternehmen, die in benachbarten Märkten auf der selben Wertschöpfungsstufe tätig sind und ihre Anlagen, zum Beispiel Telekommunikationsnetze, Versorgungsleitungen oder Verkehrsinfrastrukturen, mit den wesentlichen Einrichtungen eines regionalen

---

[62] Der Amsterdamer Vertrag vom 02.10.2997 spricht im Artikel 16 (ex-Artikel 7d) vom Stellenwert, „den Dienste von allgemeinem wirtschaftlichem Interesse innerhalb der gemeinsamen Werte der Union einnehmen, sowie ihrer Bedeutung bei der Förderung des sozialen und territorialen Zusammenhalts (...).“ Das Grundgesetz verpflichtet den Bund in Artikel 87 f, „im Bereich des Postwesens und der Telekommunikation flächendeckend angemessene und ausreichende Dienstleistungen“ zu gewährleisten.

[63] Vgl. WICHERT-NICK, D. von (1999), S. 198.

natürlichen Monopols verbinden oder zusammenschalten möchten, um Größenvorteile im Netzverbund realisieren zu können.

Eine Regulierung hat sicherzustellen, daß alle Wettbewerber diskriminierungsfreien Zugang zu wesentlichen Einrichtungen eines Marktes haben. Nach der essential facility Doktrin, die der Regelung in § 19 Abs. 4 Nr. 4 GWG zugrunde liegt, ist ein regulatorischer Eingriff geboten, wenn erstens ein Monopolist den Zugang zu einer wesentlichen Anlage kontrollieren und die Inanspruchnahme durch die Wettbewerber verweigern bzw. gezielt behindern kann, wenn zweitens die Wettbewerber nicht fähig sind, eine solche Anlage unter angemessenem Aufwand zu duplizieren und auch keine alternativen Techniken existieren, und wenn drittens für den Monopolisten die technische Möglichkeit besteht, die Nutzung der Anlage auch Wettbewerbern zu gewähren. Die Regulierung des Betreibers der wesentlichen Einrichtung hat unabhängig davon zu erfolgen, ob das Unternehmen als Ganzes als marktbeherrschend eingestuft wird oder nicht.[64]

Es ist empfehlenswert, Unternehmen, die eine für den Wettbewerb wesentliche Netzinfrastruktur besitzen, zu verpflichten, den entbündelten Netzzugang anzubieten, soweit er technisch erforderlich und möglich ist und von den Marktteilnehmern gewünscht wird. Dadurch können neue Wettbewerber einen sukzessiven Markteintritt vornehmen, anstatt ad hoc alle Leistungen des Netzes einkaufen und bereitstellen zu müssen.[65] Die Regulierungsinstanz sollte vorab die mindestens bereitzustellenden Leistungen definieren, um zu verhindern, daß ein Netzanbieter bestimmte Netzelemente zunächst einmal nichtentbündelt anbietet.[66] Dabei hat die Regulierungsinstanz eine im Einzelfall stets konfliktträchtige Abwägung zwischen den erheblichen technischen und organisatorischen Kosten der Entbündelung und deren wettbewerbsfördernden Wirkungen vorzunehmen.

Ferner muß die Regulierung gewährleisten, daß ein nicht-bestreibares natürliches Monopol die Zusammenschaltung mit benachbarten Netzen diskriminierungsfrei zuläßt, soweit dies dem Anbieter möglich und zumutbar und von den Kunden gewünscht ist. Beispiele sind die Zusammenschaltung von Eisenbahn-, Strom- oder Gasnetzen. Eine ausreichend hohe Anzahl an Zusammenschaltungspunkten besitzt trotz ihrer Kosten den Vorteil,[67] daß Marktneulingen die Entscheidungsfreiheit über Art und Umfang der eigenen Infrastrukturen eher überlassen bleibt. Die Anreize für die Entwicklung innovativer Techniken sind um so ausgeprägter, je einfacher ihre Zusammenschaltung mit bestehenden Netzen ist.

---

64 Vgl. KNIEPS, G. (1995), S. 16.

65 Vgl. SCHWANDT, F. (1996), S. 186.

66 Vgl. GERPOTT, T. (1998), S. 78.

67 Vgl. LEIVE, D. M. (1996), S. 18 f.

Um kundenpräferenzbedingte Markteintrittsschranken niedrig zu halten, sind Regulierungsvorschriften über die Betreiberwahl und - speziell im Telekommunikationsbereich - hinsichtlich der Nummernportabilität erforderlich.[68] Dadurch kann sich ein Endkunde ohne unangemessen hohen Aufwand Zugang zu den Netzen verschiedener Betreiber verschaffen, beispielsweise beim Wechsel des Energielieferanten. Wo solch eine Betreiberwahl wirksam praktiziert wird, sind deutliche Verbesserungen des Preis-Leistungs-Verhältnisses der Angebote zu erwarten, wie die Erfahrungen im Telekommunikationsmarkt mit den Optionen Call-by-Call-Selection oder der Preselection lehren.

3.4.2 Strukturregulierung

Es sind Marktkonstellationen denkbar, in denen sich die Zugangsregulierung des Monopolisten als unwirksam herausstellt, um einen diskriminierungsfreien Netzzugang zu garantieren. Beispielsweise könnte ein vertikal integrierter Monopolist versuchen, eine Quersubventionierung zwischen den Unternehmensteilen des Engpaßbereichs und den Unternehmensteilen, die auf wettbewerblichen Teilmärkten agieren, zu praktizieren, um die monopolistische Marktmacht auf vor- oder nachgelagerte Wertschöpfungsstufen zu übertragen. Dann stehen dem Staat Möglichkeiten der Strukturregulierung zur Verfügung, um die Errichtung privater Marktzutrittsschranken außerhalb eines monopolistischen Engpaßbereichs zu verhindern.

Als relativ schwaches Regulierungsinstrument bietet es sich erstens an, dem Monopolisten eine Verpflichtung zur getrennten Rechnungsführung der jeweiligen Unternehmensteile zwischen Monopolmarkt und Wettbewerbsmärkten aufzuerlegen. Doch wegen fortbestehender Möglichkeiten zur „Bilanzverzerrung“ bei der Gemeinkostenzuweisung kann dieses Instrument Quersubventionierungen meistens lediglich teilweise unterbinden. Zudem schafft es auch nur bedingt eine aussagekräftige Basis für die Ermittlung der Netzzugangskosten im Rahmen der Entgeltregulierung.[69]

Die Verpflichtung zur strukturellen Separierung eines vertikal integrierten Monopolunternehmens ist ein zweites, ursachenadäquates Instrument. Der Staat könnte verfügen, daß ein Unternehmen nicht gleichzeitig in wettbewerblichen Teilmärkten und im geschützten monopolistischen Teilmarkt tätig sein darf. Zu unterscheiden sind also Fälle mit integrierten Monopolunternehmen von solchen, in denen der Monopolist nicht im Wettbewerbsbereich agiert.

---

[68] Vgl. FREDEBEUL-KREIN, M. (2000), S. 131.

[69] Vgl. WICHERT-NICK, D. VON (1999), S. 195.

Ein Struktureingriff ist ein drastisches Instrument und in seinen Folgen sehr gravierend. Es kann den verfassungsmäßig garantierten Eigentumsschutz und die Gewerbefreiheit verletzen und bedarf daher einer besonderen Rechtfertigung. Diese kann darin bestehen, daß die Handlungsfreiheit der übrigen Marktteilnehmer eingeschränkt wird, wenn die Freiheit des Wettbewerbs durch nichtmarktleistungsbedingte hohe Integrations- und Konzentrationsgrade behindert wird. Demgegenüber werden als gesamtwirtschaftlich positive Aspekte einer vertikalen Integration Transaktionskostenvorteile und technische Größen- und Verbundvorteile angeführt.[70] Eine Koordinierung über den Markt ist aufgrund hoher Transaktionskosten, opportunistischer Verhaltensweisen und sonstiger Marktbedingungen u. U. nicht möglich bzw. mit erheblichen Nachteilen verbunden.[71]

Bei der Entscheidung, ob und inwieweit eine vertikale Separierung zwischen natürlichem Monopol und vor- bzw. nachgelagertem Markt empfehlenswert ist, muß zwischen statischen und dynamischen Wohlfahrtseffekten unterschieden werden. Wenn außerhalb des natürlichen Monopols Wettbewerb herrscht, was bei Abwesenheit von Marktzutrittsschranken realistisch ist, erreicht die Integration des Monopolisten über verschiedene Wertschöpfungsstufen ein gleich hohes statisches Wohlfahrtsniveau wie eine Separierung zwischen monopolistischen und wettbewerblichen Wertschöpfungsstufen.[72]

In dynamischer Perspektive fällt die Beurteilung anders aus. Denn die vertikale Integration eines natürlichen Monopolisten stellt an sich bereits eine Marktzutrittsschranke für potentielle Konkurrenten in den vor- und nachgelagerten wettbewerblichen Teilmärkten dar, was für eine vertikale Separierung spricht. Vor einer Separierung ist aber zu berücksichtigen, daß sie Entflechtungskosten verursacht und künftig zu u. U. höheren Transaktionskosten für die Koordination zwischen vor- und nachgelagertem Teilmarkt führt. Zudem ist zu prüfen, ob Verbundvorteile innerhalb eines vertikal integrierten Unternehmens vorliegen und ob ihre Höhe bedeutsam ist. Trotz der Schwierigkeiten, statische und dynamische Wirkungen zu kalkulieren, kann tendenziell erwartet werden, daß die vertikale Separierung eine größere dynamische Wohlfahrt als die vertikale Inte-

---

70 Vgl. WILLIAMSON, O. E. (1975), S. 1 ff.

71 Vgl. BICKENBACH, F. (1999), S. 10. ff.

72 Vgl. BLAIR, R./KASERMAN, D. L. (1983), S. 32 f. Falls aber die Wertschöpfungsstufen oder Teilmärkte monopolisiert sind und die Anbieter gleiche Kostenstrukturen aufweisen, führt die vertikale Separation (z. B. zwei unabhängige Monopolisten) zu einem höheren statischen Wohlfahrtsverlust als die vertikale Integration (z. B. ein Anbieter monopolisiert zwei Märkte), da bei vertikaler Integration der Betreiber des natürlichen Monopols dem auf dem nachgelagerten Markt tätigen eigenen Unternehmensteil möglicherweise nur die Grenzkosten, nicht aber einen Monopolpreis für den Zugang zum natürlichen Monopol abverlangt.

gration ermöglicht, da die Separierung den Wettbewerb stärker fördert und Marktschließungseffekte vermeidet.[73]

Insgesamt ist aus wohlfahrtsökonomischen Überlegungen und zum Zwecke der Stärkung des Wettbewerbs eine vertikale Separierung im Zuge einer Marktöffnung zumindest vorzuziehen, sofern nicht erhebliche Verbundvorteile und Transaktionskosten dem entgegenstehen.[74] Um Marktöffnungshemmnisse zu vermeiden, sollte eine vertikale Separierung zumindest vor einer materiellen und möglichst auch vor einer formalen Privatisierung eines öffentlichen Unternehmens erfolgen,[75] zumal da im deutschen und europäischen Wettbewerbsrecht Entflechtungsregeln fehlen.[76]

Wird der Anbieter im natürlichen Monopol zu Beginn der Marktöffnung bereits privatrechtlich geführt und lehnt er eine vertikale Separierung ab, steht die Regulierungsinstanz - wenn sie rechtlich dazu ermächtigt ist - vor einer wettbewerbspolitischen Grundsatzentscheidung, die nur im Einzelfall abschließend beurteilt werden kann. Angesichts der hohen Bedeutung des Wettbewerbs gilt es dabei zu bedenken, daß ein struktureller Eingriff in die unternehmerischen Eigentumsrechte eines natürlichen Monopolisten auch während einer späten Phase der Marktöffnung gesamtwirtschaftlich ratsam - wenn auch politisch schwer durchsetzbar – sein kann, falls ansonsten der Wettbewerb auf vor- oder nachgelagerten Teilmärkten grundsätzlich gefährdet erscheint.[77] Insbesondere in Märk-

---

73 Vgl. KRUSE, J. (1997), S. 251 ff.

74 Transaktionskosten- und Verbundvorteile verlieren in späteren Marktphasen aufgrund der zunehmenden technischen Standardisierung und der sich stabilisierenden Nachfrage an Bedeutung. Vgl. KRUSE, J. (1999), S. 114 f.

75 Vgl. KRUSE, J. (1999), S. 119.

76 Ferner ist die Institutionalisierung einer sektorspezifischen Fusionskontrolle denkbar, ein Beispiel ist das deutsche Telekommunikationsgesetz (§32). Etwa durch Erlaß einer Lizenzbedingung für knappe Ressourcen kann dem im jeweiligen Markt dominierenden Anbieter die Fusion mit einem Lizenznehmer im selben relevanten Markt grundsätzlich, also unabhängig von einer Einzelüberprüfung, versagt werden. Die Notwendigkeit einer solchen Sonderregelung ist jedoch insofern sehr fraglich, als die meisten potentiell in Betracht kommenden Anbieter aufgrund ihrer Unternehmensgröße bereits unter die Aufgreiftatbestände der allgemeinen Zusammenschlußkontrolle im GWB fallen. Vgl. §§ 35 und 36 Gesetz gegen Wettbewerbsbeschränkungen.

77 Bestehen in der Praxis trotz ihrer theoretischen Vorteilhaftigkeit in einem konkreten Einzelmarkt mit Individualinteressen begründete Hemmnisse gegen eine strukturelle Separierung, so sollte eine Regulierungsinstanz nicht zu Second-best-Lösungen greifen und dem natürlichen Monopolisten Gegenleistungen für Entflechtungen anbieten, wie es WICHERT-NICK, D. von (1999), S. 212 ff. vorschlägt. Abzulehnen ist beispielsweise die Idee, als Ausgleich für den Verkauf von Unternehmensteilen Erleichterungen bei der Parameterregulierung oder eine vorzeitige Überführung der Entgeltregulierung in das allgemeine Wettbewerbsrecht in Aussicht zu stellen. Auch sollte eine vertikale Separierung nicht zur Auflage für potentielle Akquisitions- bzw. Zusammenschlußvorhaben des Monopolisten gemacht werden, sondern die Entflechtung sollte im begründeten Fall selbständig angeordnet werden.

ten, die durch Netzwerke geprägt sind, wie beispielsweise im Energie- und Schienenverkehrsmarkt, erscheinen vertikale Separierungen geeignet, Wettbewerb herzustellen.[78]

3.5 Übergangsregulierung

In einigen Märkten ist davon auszugehen, daß kein permanentes, sondern lediglich ein temporäres Wettbewerbsversagen besteht. Dann kann die Regulierung als Übergangslösung verstanden werden. Gleichwohl ist - wie bei einer permanenten Regulierung - eine sektorspezifische Ex-ante-Regulierung des nicht-bestreitbaren natürlichen Monopols empfehlenswert. Sie ist häufig so lange unumgänglich, bis alternative Netze etabliert sind und/oder die regulierten Vorleistungspreise in der wirtschaftlichen und juristischen Praxis von den Wettbewerbern akzeptiert bzw. zumindest nicht mehr in Frage gestellt werden.

Die Regulierung in einem Teilmarkt ist nur so lange wie notwendig beizubehalten. Sie sollte beendet werden, sobald eine unabhängige Instanz, z. B. die Monopolkommission, funktionsfähigen Wettbewerb feststellt. Es ist daher regelmäßig zu prüfen, ob sie - evtl. schrittweise - aufgegeben werden kann, um die wettbewerbliche Selbststeuerung wirksam werden zu lassen. Zu Beginn einer schrittweisen Beendigung der Sektorregulierung könnte die Regulierung der Endkundenpreise aufgehoben werden. Dabei ist zu berücksichtigen, daß Begründungen für eine dauerhafte Ex-ante-Regulierung oftmals die Möglichkeiten der Monopolisten zu Preisaufschlägen oder die Anreize zu wettbewerbsbeschränkenden Preisabschlägen überschätzen, da der langfristige Intersystemwettbewerb bzw. der kurzfristige Intrasystemwettbewerb vernachlässigt werden.[79]

Während des Übergangs vom Monopol zum Wettbewerb kann es zu Ineffizienzen kommen, wenn Marktzutritte von Neulingen zugelassen werden und gleichzeitig der ehemalige Monopolist zu gleichen Tarifen im Raum verpflichtet ist. Marktneulinge könnten sich dann entschließen, nur lukrative Marktsegmente zu bedienen. Das etablierte Unternehmen hätte somit Anreize, sein Angebot in verlustbringenden Marktsegmenten zu reduzieren, da es keine Möglichkeiten zur internen oder produktübergreifenden Quersubventionierung hätte. So bestünde die Gefahr suboptimaler Angebotsmengen aufgrund steigender Durchschnittskosten zur Peripherie von Netzen hin. Diese wird aber dadurch vermindert, daß in der Praxis oft Verbundvorteile zwischen den einzelnen Marktsegmenten bestehen und daß zusätzlich teils steigende Skalenerträge in den einzelnen Teilnetzen

---

78 Vgl. KRUSE, J. (1997), S. 267.

79 Vgl. KRUSE, J. (1999), S. 206 ff.

vorliegen. Unabhängig von diesen Überlegungen sollte die Verpflichtung zur Tarifeinheit im Raum generell aufgegeben werden, da sie sowohl dem Gestaltungsprinzip der Effizienz im Sinne von Treffsicherheit als auch dem Prinzip der Transparenz durch eine Trennung von Wettbewerbspolitik und anderen politischen Zielsetzungen widerspricht.[80]

Während der Übergangsphase vom Monopol zum Wettbewerb sind nicht nur die institutionellen Marktzutrittsschranken und die Entgeltregulierung allmählich abzubauen, sondern es ist auch zu prüfen, ob und wie Qualitätsziele erreicht werden können und welche regulatorischen Vorgaben erforderlich sind. Im Rahmen der temporären Entgelt- und der Qualitätsregulierung wird häufig eine Universaldienstverpflichtung diskutiert. Dabei handelt es sich um ein Instrument, um das politisch gewünschte Niveau und die angestrebte Angebotsstruktur während des Übergangs vom Monopol zum Wettbewerb zu garantieren, wenn bereits der Marktzugang für neue Anbieter zugelassen ist. Zumeist geht es um die Bereitstellung eines Mindestangebots an Gütern oder Dienstleistungen einer bestimmten Qualität zu ‚tragbaren' Preisen innerhalb eines bestimmten Gebiets. Eine Regulierungsinstanz prüft, ob die Universaldienste im Markt erbracht werden. Falls dies nicht zu erwarten ist, kann sie bestimmte Anbieter verpflichten, den gewünschten Leistungsumfang zu erbringen. Beispielsweise finden sich entsprechende Regelungen dazu im Post- und Telekommunikationsmarkt in Deutschland.

Bei der konkreten Ausgestaltung einer Universaldienstverpflichtung für ein - noch nicht oder noch kaum bestreitbares - natürliches Monopol ergeben sich drei Problemkreise: Erstens ist es notwendig, im politischen Prozeß Umfang, Mindestqualität und Entgeltstrukturen festzulegen. Das Zielformulierungsproblem sollte in transparenter Weise und unabhängig davon gelöst werden, wie ein eventuelles Defizit zu finanzieren ist. Zweitens besteht ein Informationsproblem, da den politischen Entscheidungsträgern und der Öffentlichkeit die Kosten der Bereitstellung des Universaldienstes nicht bekannt sind. Drittens ist ein Anreizproblem gegeben, wenn der Anbieter der Universaldienste per Gesetz noch zeitweilig vor potentieller Konkurrenz geschützt ist.[81]

---

80 Unter Berücksichtigung der Transaktionskostenersparnisse von Einheitstarifen im Raum ist es gerade in Ländern, die eine vergleichsweise homogen verteilte und dichte Siedlungsstruktur aufweisen, nicht ausgeschlossen, daß Angebote mit räumlicher Tarifeinheit auch in geöffneten wettbewerblichen Marktsegmenten entstehen. Gerade die dem Wettbewerb ausgesetzten ehemaligen öffentlichen Unternehmen haben aus Marketinggründen (Reputationserhalt) große Anreize, freiwillig in ihren Tarifstrukturen soziale und regionalpolitische Aspekte aufrechtzuerhalten. So bot die Deutsche Telekom AG im Jahr 1998 freiwillig vergünstigte Sozialtarife für 1,9 Millionen Kunden an, die nach Angaben der Telekom jährlich etwa 150 Mio. Euro kosteten. Vgl. DEUTSCHE TELEKOM AG (1998).

81 Vgl. BLANKART, C. B./KNIEPS, G. (1996b), S. 204.

Falls die Universaldienste vom Markt nicht ausreichend erbracht werden, ist weiterhin vor der Auferlegung einer Universaldienstverpflichtung zu prüfen, ob die gesamtwirtschaftlichen Kosten der Durchsetzung einer gesetzlichen Universaldienstverpflichtung nicht ihre erhofften Vorteile übertreffen. Da Defizite aus der Bereitstellung von Universaldiensten entweder aus Überschüssen reservierter lukrativer, nicht-wettbewerblich organisierter Marktsegmente oder aus anderen Teilbereichen einer Volkswirtschaft finanziert werden müssen, sind gesamtwirtschaftliche Kosten in Form von Allokationsverzerrungen unvermeidlich. Darüber hinaus führt jede Defizitfinanzierung zu Transaktionskosten in der Bürokratie mit zusätzlichem Finanzierungsbedarf aus öffentlichen Kassen.

Häufig wird die Ausweisung reservierter Marktsegmente für das zum Universaldienst verpflichtete Unternehmen diskutiert. In diesem Fall sind jedoch die volkswirtschaftlichen Kosten aufgrund von X-Ineffizienzen des Universaldienstanbieters hinzuzurechnen. Eine Alternative besteht darin, die Universaldienstverpflichtung auszuschreiben und ein Defizit mittels Infrastrukturfonds durch die Marktteilnehmer finanzieren zu lassen.[82] Die Ausschreibung der Universaldienste ist ein dynamisch vorteilhafteres und flexibleres Instrument als ein reserviertes Monopol mit Versorgungsauftrag.[83] Der Finanzierungsansatz in Form eines Universaldienstfonds erscheint aber relativ komplex im Vergleich zur Höhe des zu erwartenden Universaldienstdefizits. Das Ausschreibungsverfahren an sich sowie die Ermittlung und Erhebung von Ausgleichszahlungen führen zu erheblichen Transaktionskosten beim Staat und den betroffenen Unternehmen. Daher sollte bei einem Marktöffnungsvorhaben auf das Konstrukt Universaldienstfonds verzichtet werden. Eventuelle Defizite könnten statt dessen eher aus dem allgemeinen Steueraufkommen finanziert werden, wodurch die Allokationsverzerrungen verringert und die steuerliche Leistungsfähigkeit berücksichtigt würden. Außerdem ist bei einer Universaldienstverpflichtung auch zu bedenken, daß ein staatlicher Eingriff in Form von Höchstpreisen die Entwicklung alternativer Netztechniken, die gerade in der Einführungsphase auf kostendeckende Preisstrukturen angewiesen sind, behindern kann.

Im Ergebnis sind Universaldienstverpflichtungen somit negativ zu beurteilen. Auf sie sollte nur in politisch begründeten Ausnahmefällen zurückgegriffen werden.[84] Statt dessen empfiehlt es sich, strikt zwischen regulierungsbedürftigen Teilmärkten mit Wettbewerbsversagen einerseits und wettbewerblich steuerbaren Teilmärkten andererseits zu unterscheiden. Die Ziele der staatlichen Daseinsvorsorge sollten vorrangig durch Leistungen privater Anbieter gewährleistet

---

82 Vgl. BLANKART, C. B./KNIEPS, G. (1996b), S. 205.

83 Vgl. STUMPF, U. (1995), S. 2.

84 Vgl. BLANKART, C. B./KNIEPS, G. (1996b), S. 222.

werden.[85] Ein Verzicht auf spezifische Universaldienstregelungen erleichtert die schnelle Überführung eines temporären Monopols in die allgemeine Wettbewerbsordnung[86] und nutzt den Wettbewerb, um ein der kaufkräftigen Nachfrage entsprechendes Angebot bereitzustellen.

Falls in einzelnen Regionen die Marktergebnisse nach einer Marktöffnung den politischen Entscheidungsgremien als nicht akzeptabel erscheinen, können die Gebietskörperschaften flexibel reagieren, beispielsweise mittels Ausschreibung von Dienstleistungen, deren Subventionierung aus dem allgemeinen Haushalt finanziert wird. Alternativ können nach dem Prinzip der Subjektförderung - und soweit es angesichts des Verwaltungsaufwands überhaupt praktikabel ist - direkte Transfers gezahlt werden.

---

[85] Forderungen kommunaler Unternehmensverbände nach Verknüpfung von staatlicher Daseinsvorsorge und Sicherstellung durch öffentliche Unternehmen sind ordnungspolitisch nicht gerechtfertigt, vgl. SCHÖNEICH, M. (2000).

[86] Vgl. WICHERT-NICK, D. von (1999), S. 212 f.

III. Postdienstleistungen

1. Ökonomische Grundlagen des Postmarktes

Zum Postmarkt zählt die Beförderung von Briefsendungen, Paketen sowie Kleingütern wie Büchern, Katalogen, Zeitungen und Zeitschriften.[87] Er läßt sich damit teilweise dem Kommunikationssektor und teilweise dem Transportsektor zuordnen.[88] Die Wertschöpfungskette im Postmarkt umfaßt die Einsammlung, die Abgangssortierung, den Transport, die Eingangssortierung und die Zustellung von Postsendungen. Da der Kurier-, Expreß- und Paketbereich (KEP) des Postmarktes in Deutschland wie auch in den EU-Mitgliedstaaten in der Regel keiner speziellen Regulierung unterworfen ist, konzentriert sich die Arbeit im weiteren Verlauf auf den Briefmarkt.[89]

Zur Analyse der Entwicklung des Briefmarktes empfiehlt sich eine Abgrenzung von Marktsegmenten. Aus der Perspektive der Anbieter läßt sich die Bandbreite möglicher Briefdienstleistungen entlang dreier Dimensionen in Marktsegmente unterteilen (vgl. Abbildung 1). Erstens kann hinsichtlich des Kundenfokus - und zwar in zweifacher Hinsicht - unterschieden werden. Zum einen kann - der betriebswirtschaftlich üblichen Perspektive folgend - der Versender als Kunde definiert werden. Dann wird unterschieden, ob ein Postunternehmen Briefdienstleistungen für versendende Geschäftskunden (Geschäftspost) oder zusätzlich auch für Privathaushalte (Privatpost) erbringt. Zum anderen könnte beim Kundenfokus eine – später (vgl. S. 58) wettbewerbspolitisch relevante – Perspektive gewählt werden, die den Briefempfänger als Kunden definiert, so daß zwischen Geschäftsadressen und Privatadressen zu unterscheiden wäre. Zweitens bildet die räumliche Ausweitung des Angebots ein Abgrenzungsmerkmal zwischen nur lokal oder regional tätigen Anbietern von Briefdiensten und solchen, die national flächendeckend tätig sind. Drittens können aus Sicht der Anbieter Postunterneh-

[87] Das Postgesetz definiert Postdienstleistungen als die Beförderung von Briefsendungen sowie von adressierten Paketen bis zu einem Einzelgewicht von 20 kg. Zusätzlich erfaßt wird die Beförderung von Büchern, Katalogen, Zeitungen und Zeitschriften, sofern diese durch Postunternehmen erbracht wird. Vgl. POSTGESETZ, § 4, Abs. 1.

[88] Vgl. Begründungen zum Postgesetz, Deutscher Bundestag, 1997, Bundestagsdrucksache 13/7774, S. 17.

[89] Da die DP AG, der weite Teile des Briefmarktes als Monopol zugewiesen sind, auf dem KEP-Markt im Wettbewerb zu privaten Anbietern steht, existiert grundsätzlich die Gefahr einer wettbewerbsbeschränkenden Quersubventionierung, was konkret zu einem Bußgeldverfahren der EU-Kommission gegen die Deutschen Post AG geführt hat. Vgl. NIEDERPRÜM, A. (2001), S. 61 ff. Eine Quersubventionierung innerhalb der Deutschen Post AG zwischen geschütztem Briefdienst und dem KEP-Bereich wäre in einem vollständig geöffneten wettbewerblichen Postmarkt nicht mehr möglich, da im Briefbereich keine Monopolgewinne entstehen können. Die Problematik der großen Finanzkraft des marktbeherrschenden Unternehmens und die Möglichkeiten und Grenzen einer horizontalen Entflechtung werden in Kapitel 5.4 behandelt.

men danach unterschieden werden, ob sie Briefdienstleistungen über die gesamte Wertschöpfungskette anbieten oder nur in Teilbereichen tätig sind..

Abbildung 1: Marktsegmente im Briefdienst: Aus Sicht der Anbieter

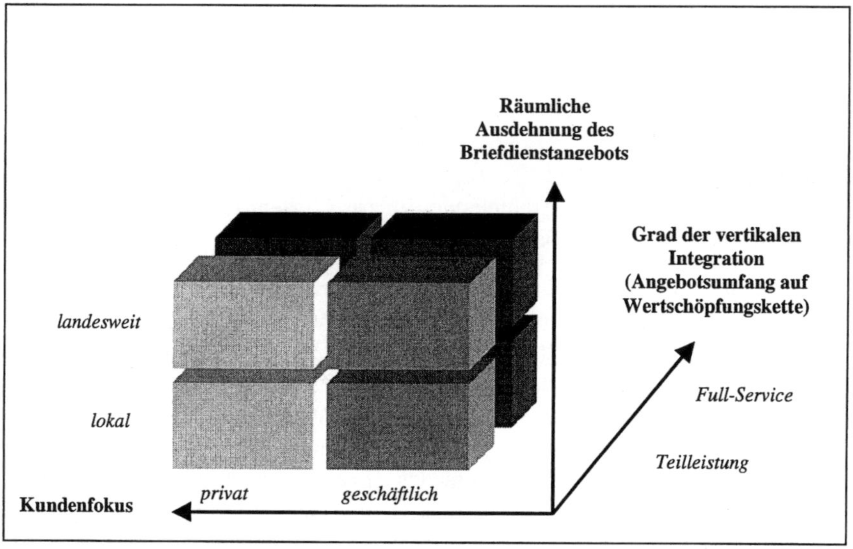

Quelle: Smit, H. (2000), S. 36.

Auch aus Sicht der Nachfrager läßt sich der Briefmarkt in drei Dimensionen segmentieren (vgl. Abbildung 2). Das geographische Gebiet, innerhalb dessen Briefe versendet werden, bildet die erste Kategorie. Während etwa Infopost vorwiegend überregional verschickt wird, versenden beispielsweise örtliche Gewerbetreibende oder Kommunalverwaltungen die Mehrzahl ihrer Briefe im lokalen Bereich. Zweitens ist hinsichtlich der Brieflaufzeiten zu unterscheiden, ob die Versender die Zustellung am nächsten Werktag (E+1) wünschen oder ob sie eine Laufzeitdifferenzierung (taggleiche Zustellung (E+0) oder - bei entsprechenden Preisabschlägen - eine langsamere Beförderung) nachfragen. Drittens können Kunden, die überwiegend Standardbriefdienste in Anspruch nehmen, unterschieden werden von jenen, die zusätzliche Dienstleistungen nachfragen, wie beispielsweise Frankierungstätigkeiten, die Briefabholung beim Versender oder den Brieftransport von Postfachanlagen zum Besitzer.

Abbildung 2: Marktsegmente im Briefdienst: Aus Sicht der Nachfrager

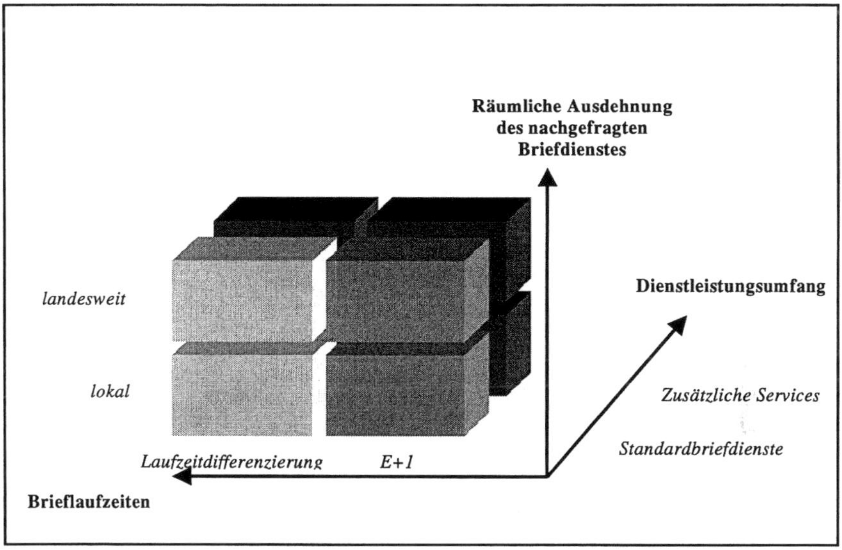

Quelle: Eigene Darstellung in Anlehnung an Smit, H. (2000), S. 36.

2. Marktordnung in Deutschland

2.1 Entwicklung der Regulierung des Postmarktes

Bis vor wenigen Jahren gehörte das Postwesen zu den traditionell staatlichen Monopolbereichen. Das staatliche Postmonopol diente ursprünglich einerseits fiskalischen Zielen, andererseits der Gewährleistung eines flächendeckenden Kommunikationsnetzes, das sowohl aufgrund regionalwirtschaftlicher und distributionspolitischer Ziele als auch aus Gründen der inneren und äußeren Sicherheit des Staates von Bedeutung war.

Im Zuge der Entwicklung alternativer Kommunikations- und Transportmittel und der relativen Bedeutungsabnahme postalischer Dienste wandelte sich die Begründung für das Postmonopol in der zweiten Hälfte des 20. Jahrhunderts. Zum einen wurde im Postnetz ein natürliches Monopol gesehen und daraus gefolgert, daß ein staatliches Postmonopol zu gesamtwirtschaftlich effizienteren Ergebnissen führt als die marktwirtschaftliche Selbststeuerung. Daraus wurde auch die Notwendigkeit des Marktzutrittsverbots für neue Wettbewerber abgeleitet, da man fürchtete, diese könnten ihr Angebot auf kostengünstig zu bedienende Ballungsräume konzentrieren ("Rosinenpicken") und so die Finanzierung des Monopols gefährden. Zum anderen wurde das staatliche Postmonopol mit verteilungspolitischen Überlegungen begründet. Es diente einerseits dem Schutz der Interessen der Arbeitnehmer beim staatlichen Postunternehmen. Andererseits wurde – und dieser Aspekt überwog in den öffentlichen Diskussionen gegenüber dem zuvor genannten Gesichtspunkt - die Bereitstellung von Postdiensten als Aufgabe der staatlichen Daseinsvorsorge verstanden, die zur Einheitlichkeit der Lebensbedingungen beizutragen hatte. Der Postmonopolist wurde daher verpflichtet, die Tarife räumlich einheitlich zu gestalten und flächendeckend gleiche Leistungen anzubieten.[90]

In den achtziger Jahren des 20. Jahrhunderts wurden zum einen die Existenz eines natürlichen Monopols im Postnetz und zum anderen die Berechtigung und die Effektivität des staatlichen Postmonopols zunehmend in Frage gestellt. Darüber hinaus verdeutlichten Marktöffnungserfolge in anderen Märkten und auf Postmärkten im Ausland die Vorteilhaftigkeit wettbewerblicher Selbststeuerung gegenüber einem Staatsmonopol. Dies zeigte sich auf den geöffneten Märkten durch eine gestiegene gesamtwirtschaftliche Effizienz - speziell eine höhere Innovationsdynamik - und eine verbesserte internationale Wettbewerbsfähigkeit. Vor diesem Hintergrund wurde der deutsche Postmarkt ab dem Jahr 1989 schrittweise geöffnet und der ehemalige Monopolist zunächst formal und später auch teilweise materiell privatisiert.[91] Das überkommene Verständnis des Postwesens als staatliche Daseinsvorsorge wurde im Jahre 1995 durch einen grundgesetzlich verankerten Auftrag des Bundes zur Infrastrukturgewährleistung ersetzt.[92] Das am 01.01.1998 in Kraft getretene Postgesetz nennt als gleichrangige Ziele im Bereich des Postwesens die Förderung des Wettbewerbs und die flä-

---

90 Vgl. ELSENBAST, W./SMIT, H. (2000), S. 27 f.

91 Das Bundesministerium für das Post- und Fernmeldewesen leitete jahrzehntelang unternehmerisch das gesamte Postwesen inklusive der durch Monopolrechte geschützten Deutschen Bundespost. Die Postreform I am 01.07.1989 trennte den Unternehmensbereich der Bundespost vom Ministerium ab und spaltete ihn in drei unternehmerische Teilbereiche (DBP Telekom, DBP Postbank und DBP Postdienst) auf. Ferner wurde ein Regulierungsinstrumentarium für den Post- und Telekommunikationssektor geschaffen. Mit der Postreform II des Jahres 1995 wurden die drei DBP-Sondervermögen formal privatisiert. Hoheitsaufgaben wurden in bundeseigener Verwaltung ausgeführt. Das Bundesministerium behielt die Regulierung als hoheitliche Aufgabe mit der Zielsetzung der flächendeckenden Sicherung einer angemessenen und ausreichenden Infrastruktur im Postbereich. Die dritte Stufe der Postreform im Jahre 1998 beinhaltete die teilweise Marktöffnung für neue Wettbewerber im Briefdienst. Das Bundespostministerium wurde aufgelöst und die neugeschaffene Regulierungsbehörde für Telekommunikation und Post übernahm die Aufgaben der sektorspezifischen Regulierung. Im Jahre 2000 erfolgte der Börsengang der Deutschen Post AG, bei der der Bund jedoch die Aktienmehrheit behielt.

92 Der neu geschaffene Art. 87 f GG enthielt schon im Jahr 1995 die Verfassungsentscheidung zugunsten einer formell und materiell liberalisierten Marktordnung im Postwesen. Vgl. MASCHKE, W. (2001), S. 41.

chendeckende Gewährleistung angemessener und ausreichender Dienstleistungen.[93]

2.2 *Regulierung des Briefmarktes durch die Europäische Union*

Parallel zur Neuordnung des Postwesens in Deutschland entwickelten sich die Marktöffnungsbestrebungen auf der Ebene der Europäischen Union. Im Jahre 1991 intensivierte die EG-Kommission mit der Vorlage eines Grünbuchs[94] die Diskussion über die Verwirklichung eines Binnenmarktes für Postdienste. Dies fand ihre für die Mitgliedstaaten verbindliche Konkretisierung in der Postdiensterichtlinie 97/67/EG, die im Jahre 1998 in Kraft trat.[95] Die Richtlinie erlaubte weiterhin eine restriktive Marktzugangsregulierung und schrieb nur eine begrenzte Öffnung der Briefmärkte für Wettbewerber vor. Um die Finanzierung des Universaldienstes sicherzustellen, dürfen die Mitgliedstaaten für Universaldienstanbieter einen Monopolbereich im Briefmarkt reservieren, der auf 350 g Einzelgewicht oder das Fünffache des Standardbrieftarifs begrenzt wurde. Durch diese Vorgabe fiel der Briefmarkt nahezu vollständig (rund 97 Prozent des Umsatzvolumens) in den potentiellen Monopolbereich.[96]

Da somit nur ein sehr kleiner Teil des Briefmarktes, der rund drei Prozent der Einnahmen der etablierten Anbieter ausmachte, für den Wettbewerb zu öffnen waren, schlug die EU-Kommission im Jahr 2000 eine Änderung der Postrichtlinie vor, um durch eine Verkleinerung der Monopolbereiche für Briefe und Infopost einem liberalisierten Binnenmarkt näherzukommen.[97] Die Gewichtsgrenze sollte auf 50 g, die Preisgrenze auf das Zweieinhalbfache des Standardbrieftarifs abgesenkt werden.[98] Die Märkte für ausgehende grenzüberschreitende Post und höherwertige Expreßsendungen sollten vollständig liberalisiert werden.[99] Auch mit diesem Vorschlag der EU-Kommission wäre nur eine recht begrenzte Marktöffnung verbunden gewesen. 85 Prozent des Aufkommens und 77 Prozent der Gesamterträge aus der Beförderung von Briefen und Infopost - bezogen auf den derzeitigen Monopolbereich (bis 350 g Gewicht) - wären im reservierten Bereich verblieben. Dennoch wurde dieser Marktöffnungsschritt vom Ministerrat als zu weitgehend abgelehnt. Das Europäische Parlament, das

---

[93] Vgl. § 1 Postgesetz.

[94] Vgl. EG-KOMMISSION (1991).

[95] Vgl. EUROPÄISCHES PARLAMENT (1997), S. 14 ff.

[96] Vgl. EU-KOMMISSION (2000b), S. 11.

[97] Vgl. ebenda.

[98] Zudem sollten für den reservierten Bereich beide Kriterien gleichzeitig erfüllt sein.

[99] Vgl. EU-KOMMISSION (2000b), S. 30.

bei diesem Gesetzgebungsverfahren mitentscheidet und ein Vetorecht besitzt, forderte eine Gewichtsgrenze von 150 g und als Preisgrenze den vierfachen Standardtarif.[100] Schließlich einigten sich die europäischen Gremien im Jahr 2002 auf die Absenkung der Gewichts- und Preisgrenzen des reservierbaren Bereichs in zwei Schritten - und zwar zum 01.01.2003 auf 100 g bzw. dem dreifachen Standardtarif,[101] wodurch weiterhin 70 Prozent des Sendungsvolumens im Beförderungsmonopol verbleiben[102], sowie zum 01.01.2006 auf 50 g bzw. dem 2,5-fachen Standardtarif.

Der Qualitätsregulierung und insbesondere der Bereitstellung eines Universaldienstes wird in der Postpolitik der Europäischen Union ein hervorgehobener Stellenwert beigemessen. Allen Nutzern innerhalb der EU soll unabhängig von ihrem Standort oder Wohnort in der Gemeinschaft ein Mindestangebot an Postdiensten einer bestimmten Qualität zur Verfügung stehen.[103] Die Preisregulierung der EU gibt keine Einzeltarife vor, sondern fordert „tragbare" Preise. Die Mitgliedstaaten haben nach Artikel 12 der geltenden Richtlinie das Recht, in ihrem Hoheitsgebiet einen Einheitstarif im Raum anzuwenden. Ein Einheitstarif ist aber nicht vorgeschrieben.[104]

Die drei entscheidenden Organe der EU - Rat, Parlament und Kommission - streben zwar eine Fortsetzung der Öffnung des Briefmarktes an, stimmen aber überein, den Wettbewerb vorerst weiterhin zugunsten des Universaldienstes zu beschränken. Unter den Hauptzielen der Entwicklung der Postdienste nannte der Rat der Europäischen Union 1994 die gemeinschaftsweite Sicherstellung eines Universaldienstes an erster Stelle. Das Ziel der „Förderung der stufenweisen und kontrollierten Liberalisierung des Postmarktes" wurde erst danach erwähnt.[105] Bis Ende des Jahres 2007 wollen Parlament und Rat über weitere Marktöffnungsschritte ab dem Jahr 2009 entscheiden. Grundlage hierfür soll ein bis zum Jahr 2006 vorzulegender Vorschlag der Kommission bilden.

---

100 Vgl. EUROPÄISCHES PARLAMENT (2000a), S. 39.

101 Vgl. EUROPÄISCHES PARLAMENT (2002).

102 Vgl. SCHÄFER, M. (2002), S. 9.

103 Die derzeit gültige Postdiensterichtlinie 97/67/EG gibt Mindeststandards für den Universaldienst vor, wobei die Mitgliedstaaten höhere Anforderungen festlegen können. Konkret fordert die Richtlinie beispielsweise, daß Universaldiensteanbieter ihre Leistungen an mindestens fünf Tagen der Woche anbieten. 85 Prozent der grenzüberschreitenden Postsendungen sollen drei Arbeitstage nach dem Einlieferungstag (E+3) ausgehändigt werden. Vgl. EUROPÄISCHES PARLAMENT (1997).

104 Vgl. EU-KOMMISSION (2000b), S. 18.

105 Vgl. RAT DER EUROPÄISCHEN GEMEINSCHAFTEN (1994), S. 3 f.

2.3 Regulierung des Briefmarktes in Deutschland

Postdienstleistungen werden nach Art. 87 f GG als privatwirtschaftliche Tätigkeiten durch die Deutsche Post AG (DP AG) und durch andere private Unternehmen erbracht. Zwei Drittel des deutschen Postmarktes[106] sind für den Wettbewerb geöffnet - im wesentlichen die Kurier-, Expreß- und Paketdienste sowie ein kleiner Teil des Briefmarktes.[107] Briefdienstleistungen werden jedoch weitgehend reguliert bzw. für die DP AG als Monopolanbieter exklusiv reserviert. Die Regulierungsinhalte im Postgesetz konzentrieren sich auf den Briefmarkt und erfassen die Marktzutrittsmöglichkeiten für Wettbewerber, die Entgelte des marktbeherrschenden Unternehmens (DP AG), die Sicherstellung der Universaldienstleistungen und die Regulierung des Netzzugangs bzw. des Angebots von Teilleistungen.

Die Marktzutrittsregulierung gewährt der DP AG ein zeitlich befristetes Exklusivrecht für den überwiegenden Teil des Briefmarktes. Das „(Teil-)Monopol"[108] - als Ausnahme vom grundgesetzlichen Schutz der Berufs- und Gewerbefreiheit - umfaßte nach § 51 Postgesetz die Beförderung von Briefen bis 100 g und bis zu einem Preis in Höhe des Dreifachen des Standardbrieftarifs, sowie von inhaltsgleichen Briefen bis 50 g und inhaltsgleichen Briefen über 50 g bei einer Einlieferungsmenge unter 50 Stück. Ab dem 01.01.2006 umfaßt die gesetzliche Exklusivlizenz der DP AG nur noch Briefsendungen bis 50 g Einzelgewicht und mit einem Preis bis zum Zweieinhalbfachen des Standardtarifs. Das Postgesetz gibt keine ausdrückliche Begründung für diesen Monopolschutz.[109]

---

106 Hier soll von einer engen sachlichen Abgrenzung des Postmarktes ausgegangen werden, die die elektronische Kommunikation nicht zum Postmarkt hinzurechnet. Dadurch können die Marktmacht dominanter Anbieter sowie daraus resultierende Wettbewerbsbeschränkungen leichter verdeutlicht werden. Eine vergleichsweise enge Marktabgrenzung erfolgt auch im Rahmen der kartellrechtlichen Mißbrauchsaufsicht über marktbeherrschende Unternehmen. Vgl. BUSCH, B. (2001), S. 25.

107 Vgl. REGULIERUNGSBEHÖRDE FÜR TELEKOMMUNIKATION UND POST (2001), S. 51. Auch die Beförderung von Zeitungen und Zeitschriften ist uneingeschränkt möglich. Vgl. BUSCH, B. (2001), S. 15.

108 SCHÄFER, M. (2002), S. 1.

109 Das Postgesetz begründet den für die DP AG reservierten Bereich nicht mit Mehrkosten aus der flächendeckenden Versorgung, wie häufig behauptet wird, beispielsweise durch den Direktor Unternehmensverbindungen der DP AG, Walter Maschke, vgl. MASCHKE, W. (2001), S. 46, oder durch die Deutsche Postgewerkschaft, vgl. DEUTSCHE POSTGEWERKSCHAFT (2000), S. 35. Auch wird im Postgesetz der reservierte Bereich nicht mit der Zielsetzung der Finanzierung der Pensionsverpflichtungen gegenüber den Beamten der früheren Deutschen Bundespost begründet, vgl. etwa MONOPOLKOMMISSION (2000), S. 59. Die flächendeckende Versorgung mit Postdienstleistungen und die Übernahme der Versorgungslasten der Deutschen Bundespost sind laut § 20 Postgesetz lediglich bei der Entgeltregulierung zu berücksichtigen. Daraus läßt sich aber keine Rechtfertigung eines völligen Wettbewerbsausschlusses in Form eines reservierten Bereiches ableiten.

Die vom Bundestag beschlossene Verlängerung der Gewährung des reservierten Bereichs bis zum 31.12.2007 wurde mit drohenden Wettbewerbsverzerrungen infolge einer asymmetrischen Marktöffnung in Europa begründet.[110]

Erst bei Sendungen über 1000 g erlaubt das Postgesetz im Briefdienst einen Wettbewerb ohne Lizenzpflicht. Ein lizenzierter Wettbewerb existiert bei besonderen Briefdiensten innerhalb des reservierten Bereichs sowie bei der Beförderung von Briefen über 100 g und bei inhaltsgleichen Sendungen ab 50 g. Hierfür sind acht verschiedene Lizenzen vorgesehen. Mit der Lizenz erhält der Lizenznehmer die Erlaubnis,

A) Briefsendungen gewerbsmäßig zu befördern, deren Einzelgewicht mehr als 100 g (50 g ab dem Jahr 2006) beträgt oder ein Einzelpreis von mindestens dem Dreifachen des (jeweiligen) Preises für entsprechende Postsendungen der untersten Gewichtsklasse (Zweieinhalbfache ab dem Jahr 2006) aufweist (§ 51, Abs. 1, S. 1, Drittes Gesetz zur Änderung des PostG vom 16.08.2002),

B) inhaltsgleiche Briefsendungen mit einem Gewicht von mehr als 50 g, von denen der Absender eine Mindestzahl von 50 Stück einliefert, zu befördern (§ 51 Abs. 1 Satz 2 Nr. 1 PostG),

C) Briefsendungen, die vom Absender in einer Austauschzentrale eingeliefert und vom Empfänger in derselben oder einer anderen Austauschzentrale desselben Diensteanbieters abgeholt werden, wobei Absender und Empfänger diesen Dienst im Rahmen eines Dauerschuldverhältnisses in Anspruch nehmen, zu befördern (Dokumentenaustauschdienst, § 51 Abs. 1 Satz 2 Nr. 2 PostG),

D) Dienstleistungen, die von Universaldienstleistungen trennbar sind, besondere Leistungsmerkmale aufweisen und qualitativ höherwertig sind, zu erbringen (§ 51 Abs. 1 Satz 2 Nr. 4 PostG),

E) Briefsendungen, die im Auftrage des Absenders bei diesem abgeholt und bei der nächsten Annahmestelle der DP AG oder bei einer anderen Annahmestelle der DP AG innerhalb derselben Gemeinde eingeliefert werden, zu befördern (§ 51 Abs. 1 Satz 2 Nr. 5 PostG),

F) Briefsendungen, die im Auftrage des Empfängers aus Postfachanlagen der DP AG abgeholt und an den Empfänger ausgeliefert werden, zu befördern (§ 51 Abs. 1 Satz 2 Nr. 6 PostG),

---

[110] Vgl. die Rede des Bundesministers für Wirtschaft und Technologie, Dr. Werner Müller, am 09.02.2001 beim Besuch der Reg TP in Bonn.

G) abgehende Briefsendungen, die für das Ausland bestimmt sind, zu befördern (§ 51 Abs. 1 Satz 2 Nr. 7 PostG) und

H) Briefsendungen aus dem Ausland bis zu den für internationale Briefsendungen zuständigen Annahmestellen der DP AG zu befördern (§ 51 Abs. 1 Satz 2 Nr. 8 PostG).

Die Preisregulierung im Postgesetz sieht ein Ex-ante-Genehmigungsverfahren der Regulierungsbehörde für Telekommunikation und Post (RegTP) für Entgelte lizenzpflichtiger Postdienstleistungen vor, sofern der Lizenznehmer marktbeherrschend ist. Bisher sind hiervon ausschließlich Entgelte der DP AG berührt. Der Gesetzgeber will damit den dominanten Anbieter daran hindern, "die Nachfrager auf Teilmärkten mit niedriger Nachfragelastizität durch hohe Preise auszubeuten, um auf anderen Teilmärkten durch systematische Preisunterbietung den Wettbewerb zu beeinträchtigen."[111] Orientierungsmaßstab der Preisregulierung sind die Kosten der effizienten Leistungsbereitstellung. Die Preise dürfen weder Aufschläge aufgrund einer marktbeherrschenden Stellung noch Abschläge enthalten, die den Wettbewerb auf den Postmärkten mit anderen Unternehmen in mißbräuchlicher Weise behindern.

Als Regelfall der Preisregulierung gilt das Price-Cap-Verfahren und in Ausnahmefällen findet das Verfahren der Einzelgenehmigung Anwendung. Im Price-Cap-Verfahren darf die durchschnittliche Preissteigerung für die in sogenannten Körben zusammengefaßten Briefdienstleistungen der DP AG die Inflationsrate abzüglich eines Faktors für den erwarteten Produktivitätsfortschritt nicht überschreiten. Liegt die Rate des Produktivitätsfortschritts oberhalb der Inflationsrate, so ist eine entsprechende Preissenkung vorzunehmen. Im Juli 2002 hat die Regulierungsbehörde für das Price-Cap-Verfahren drei Körbe gebildet:

- Postdienstleistungen im Monopol (Korb M),
- Postdienstleistungen im Wettbewerbsumfeld (Korb W),
- Postalische Teilleistungen (Korb T).

Für die drei Körbe wird jeweils ein unterschiedlich hoher Produktivitätsfortschritt unterstellt, so dass sich unterschiedliche Vorgaben für die globale Senkung der Preise der in den einzelnen Körben zusammengefaßten Dienstleistungen ergeben. Dabei fällt die Preissenkungsvorgabe für den Korb M der Postdienstleistungen im Monopol mit nominal 7,2 Prozent (real 4,7 Prozent) am Stärksten aus. Die Entgelte für postalische Teilleistungen (Korb T) müssen im Jahr 2003 um real 4,2 Prozent gesenkt werden. Demgegenüber kann das Preis-

---

[111] Begründungen zum Postgesetz, a.a.O., S. 24.

niveau für die Postdienstleistungen im Wettbewerbsumfeld (Korb W) um real 0,7 Prozent angehoben werden. Für die Jahre 2004 bis 2007 wird für alle Körbe ein einheitlicher Produktivitätsfortschritt von jährlich 1,8 Prozent unterstellt.[112] Nach Bekanntgabe der Price-Cap-Entscheidung mußte die DP AG die Preise für die einzelnen Produkte der RegTP zur Genehmigung vorlegen.[113]

Mit der Price-Cap-Regulierung wird ein hohes Maß an Flexibilität und Planungssicherheit für das etablierte Unternehmen geschaffen. Jedoch ist angesichts der langen Laufzeit und der jeweils umfassend definierten Körbe fraglich, „ob die Price-Cap-Regulierung die doppelte Aufgabe bewältigen kann, Wettbewerber vor Verdrängungsstrategien zu schützen und gleichzeitig eine Ausbeutung der Nachfrager im Monopolbereich zu verhindern."[114]

Neben dem Marktzugang und den Preisen der DP AG im lizenzpflichtigen Bereich unterliegen in Deutschland auch Qualität und Umfang des Angebots auf dem Postmarkt einer staatlichen Regulierung. Die Qualitätsregulierung dient der Grundversorgung mit Postdienstleistungen (Universaldienstleistungen). Solche Universaldienstleistungen sind nach § 11 Postgesetz "flächendeckend in einer bestimmten Qualität und zu einem erschwinglichen Preis" zu erbringen. Die Post-Universaldienstleistungsverordnung (PUDLV) definiert den Umfang der Universaldienstleistungen und erfaßt die Beförderung von Briefen bis 2.000 g, von Paketen bis 20 kg sowie von Zeitungen und Zeitschriften.[115] Sie setzt Mindestqualitätsmerkmale und den sogenannten erschwinglichen Preis fest.[116] Eine Tarifeinheit im Raum wird im Postgesetz nicht vorgegeben,[117] sie ist aber in der Postuniversaldienstverordnung enthalten.[118] Die Zielsetzungen der PUDLV die-

---

112 Vgl. REGULIERUNGSBEHÖRDE FÜR TELEKOMMUNIKATION UND POST (2002a), S. 1.

113 Vgl. REGULIERUNGSBEHÖRDE FÜR TELEKOMMUNIKATION UND POST (2002b), S. 1. Im September 2002 genehmigte die RegTP die Tarife, die die DP AG ab dem 01.01.2003 erheben will, befristet bis zum 31.12.2003. Dies beinhaltete Reduzierungen der Entgelte für Briefdienste, etwa für den Standardbrief um einen Cent auf 0,55 Euro oder für eine Postkarte um sechs Cents auf 0,45 Euro. Vgl. REGULIERUNGSBEHÖRDE FÜR TELEKOMMUNIKATION UND POST (2002c), S. 1.

114 FICHERT, F. (2002), S. 2 ff.

115 Vgl. § 1, Abs. 1 Post-Universaldienstleistungsverordnung (PUDLV) vom 15.12.1999, BGBl. 1999, Teil I, Nr. 65, S. 2.418-2.420 vom 21.12.1999.

116 Für den Universaldienst bei der Brief- und Paketbeförderung ist ein Netz von 12.000 Postfilialen, davon 5.000 mit unternehmenseigenem Personal, erforderlich. 80 Prozent der Briefe sollen nach einem Tag (E+1) zugestellt werden, 95 Prozent sollen E+2 erreichen. Als „erschwinglich" wird derjenige Preis angesehen, der den Ende 1997 geltenden realen Preis nicht übersteigt. Vgl. § 1, Abs. 1 PUDLV, S. 2.419 f.

117 Der Bundesrat schlug vor, „am Grundsatz der Tarifeinheit im Raum sollte aus Gründen der Daseinsvorsorge festgehalten werden." Begründungen zum Postgesetz, a.a.O., S. 37. Dies lehnten Bundesregierung und Bundestag mit der Begründung ab, der Grundsatz der Tarifeinheit im Raum sei mit marktwirtschaftlichen Erfordernissen nicht zu vereinbaren. Vgl. ebenda S. 47.

118 Vgl. § 6 Abs. 3 PUDLV.

nen der Reg TP als Maßstab dafür, ob die Universaldienstleistungen „auf dem Markt ohne Eingriffe der Regulierungsbehörde angeboten werden", wie vom Gesetzgeber für den Regelfall erwartet.[119] Im Jahre 2000 war dies laut Reg TP der Fall,[120] so daß bislang kein Unternehmen, auch nicht die DP AG, verpflichtet wurde, Universaldienstleistungen zu erbringen.

Wäre eine Nichterfüllung der Universaldienstanforderungen festzustellen, könnte die Reg TP ein oder mehrere Unternehmen verpflichten, die Universaldienstleistungen zu erbringen.[121] Zur Finanzierung müßten - ab einem bestimmten Mindestumsatz - alle Lizenznehmer in Form einer Ausgleichsabgabe beitragen. Das Postgesetz erlaubt auch die Ausschreibung der defizitären Pflichtleistungen. Vor diesem Hintergrund kann die der DP AG verliehene Exklusivlizenz nicht, wie oftmals behauptet,[122] mit Universaldienstverpflichtungen begründet werden, „denn zum einen sind der Deutschen Post AG bislang keine Universaldienstverpflichtungen auferlegt worden und zum anderen sieht das Gesetz keine Monopolrechte, sondern eine finanzielle Entschädigung vor"[123].

Das Postgesetz verpflichtet schließlich die DP AG als marktbeherrschenden Lizenznehmer, Wettbewerbern Zugang zu Teilen der eigenen Wertschöpfungskette (Angebot von Teilleistungen) und zu Postfachanlagen zu gewähren sowie Daten über Adreßänderungen der Postkunden mitzuteilen.

2.4 Marktentwicklung in Deutschland seit dem Jahr 1998

Die Struktur des deutschen Postmarktes ist durch die Dominanz des etablierten Monopolisten DP AG gekennzeichnet. Am gesamten Postmarkt mit einem Umsatz von mehr als 22 Milliarden Euro im Jahr 2001 hatte die DP AG laut Reg TP einen Marktanteil von zwei Dritteln, den Rest teilten sich eine Vielzahl von An-

---

[119] Vgl. ebenda S. 22.

[120] Vgl. REGULIERUNGSBEHÖRDE FÜR TELEKOMMUNIKATION UND POST (2001), S. 11 f.

[121] Gemäß § 52 Postgesetz kann bis zum 31.12.2002 die DP AG als einziger Anbieter zu Universaldienstleistungen verpflichtet werden.

[122] Vgl. MASCHKE, W. (2001), S. 46. Der Bundesrat erklärte im Jahre 1997 im Gesetzgebungsverfahren zum Postgesetz, er halte es „zur Sicherstellung der Finanzierung des geforderten hochwertigen Universaldienstes [...] für unerläßlich, zugunsten dieses Unternehmens [DP AG] einen reservierten Bereich (Exklusivlizenz) vorzusehen." Begründungen zum Postgesetz, a.a.O., S. 44.

[123] BUSCH, B. (2001), S. 18. Das Bundeskartellamt hält die Exklusivlizenz ebenfalls nicht für erforderlich, um Kosten aus der Universaldienstverpflichtung auszugleichen, "da hierfür mit § 15 Postgesetz eine eigenständige Ausgleichsregelung geschaffen worden ist." Stellungnahme des Bundeskartellamts anläßlich einer öffentlichen Anhörung des Ausschusses für Wirtschaft und Technologie des Deutschen Bundestages am 15.05.2000, Ausschußdrucksache 188/14., S. 17.

bietern, insbesondere Kurier-, Expreß- und Paketdienste (KEP).[124] Im Markt für lizenzpflichtige Briefsendungen (bis 1.000 g Einzelgewicht) mit einem Gesamtumsatz von 11,2 Mrd. Euro im Jahr 2001 wird der Marktanteil der DP AG auf 97,8 Prozent geschätzt.[125] Allein der für die DP AG reservierte Monopolbereich umfaßte ein Volumen von rund 8,4 Mrd. Euro. Der geöffnete Bereich des lizenzpflichtigen Briefmarktes wies ein Umsatzvolumen von rund 2,8 Mrd. Euro auf, wovon nur rund 273 Mio. Euro auf Umsätze der DP AG-Konkurrenten entfielen[126]. Von 1.070 Lizenznehmern beteiligten sich Ende des Jahres 2001 tatsächlich 698 am Marktgeschehen.[127] Sie konzentrieren ihre Tätigkeit auf die Erbringung höherwertiger Postdienstleistungen (D-Lizenz) mit einem geschätzten Umsatz von 77 Mio. Euro, die Einlieferung von Briefen bei Annahmestellen der DP AG (E-Lizenz) sowie die Abholung von Briefen aus Schließfachanlagen (F-Lizenz).[128] In Anbetracht des hohen Marktanteils der DP AG kann trotz der partiellen Marktöffnung nicht von einem wirksamen Wettbewerb auf dem Briefmarkt gesprochen werden.[129]

Die Entfaltung von Wettbewerb im Briefmarkt wird zusätzlich durch gerichtliche Auseinandersetzungen, die als Marktzutrittsschranke wirken, gehemmt. Mit über 600 Anfechtungsklagen ging die DP AG gegen die Vergabe von D-Lizenzen durch die Reg TP vor, da das etablierte Postunternehmen durch ein sog. „Rosinenpicken" der Wettbewerber seinen Monopolschutz gefährdet sah.[130] Zudem erhob die DP AG zivilrechtliche Unterlassungsklagen gegen Wettbewerber, die Dienstleistungen im Lizenzbereich anboten. Laut Einschätzung der

---

[124] Vgl. SCHÄFER, M. (2002), S. 6 sowie REGULIERUNGSBEHÖRDE FÜR TELEKOMMUNIKATION UND POST (2001), S. 51.

[125] Vgl. ebenda sowie SCHÄFER, M. (2002), S. 8. Die Deutsche Post AG bestritt in den vergangenen Jahren, einen so hohen Anteil am Briefmarkt zu haben. Sie nahm eine weite Marktabgrenzung vor, da sie einen Substitutionswettbewerb zwischen Briefdienst und elektronischen Medien unterstellte. Vgl. Schriftliche Antwort der Deutschen Post AG anläßlich einer öffentlichen Anhörung des Ausschusses für Wirtschaft und Technologie des Deutschen Bundestages am 15.05.2000, Ausschuß-Drucksache 201/14, S. 6.

[126] Vgl. SCHÄFER, M. (2002), S. 6. Zu Angaben für das Jahr 2000 vgl. REGULIERUNGSBEHÖRDE FÜR TELEKOMMUNIKATION UND POST (2001), S. 64.

[127] Von den restlichen 372 nutzten 151 ihre Lizenzrechte nicht oder nicht mehr. 139 Unternehmen hatten ihre Erlaubnis zurückgegeben. 38 Firmen sind erloschen. 15 Lizenznehmer haben ihr Gewerbe abgemeldet, 26 befanden sich im Insolvenzverfahren. Drei Lizenzen wurden widerrufen, weil die erforderliche Leistungsfähigkeit und Zuverlässigkeit nicht mehr gegeben war. Bis Ende des Jahres 2001 gaben 221 private Konkurrenten der DP AG ihre Geschäftstätigkeit auf und die Lizenzen an die RegTP zurück - darunter viele, weil ihr Geschäftsmodell wesentlich davon abhing, daß der Briefmarkt insgesamt ab dem Jahr 2003 geöffnet würde, was der Bundesgesetzgeber im Jahr 2001 jedoch auf das Jahr 2007 verschoben hat. Vgl. SCHÄFER, M. (2002), S. 5.

[128] Vgl. ebenda, S. 6.

[129] Vgl. MONOPOLKOMMISSION (2001), S. 167 ff.

[130] Vgl. MASCHKE, W. (2001), S. 46 sowie SCHÄFER, M. (2002), S. 9.

Reg TP ist für viele der zumeist jungen Unternehmen das mit den Prozessen einhergehende Kostenrisiko existenzbedrohend.[131] „Die Klagepraxis führte ferner dazu, daß die Banken aufgrund der Unsicherheiten im Zusammenhang mit dem Höherwertigkeitserfordernis nicht mehr bereit waren, Kredite zu gewähren. Alternative Finanzquellen kommen seit dem Zusammenbruch des Neuen Marktes ebenfalls kaum noch in Betracht."[132]

Der *Post*markt ist ferner durch zahlreiche Verfahren und Untersuchungen der Europäischen Kommission und der Reg TP zum Verhalten der Deutschen Post AG geprägt.[133] Schließlich wurde die Weisung des Bundeswirtschaftsministers an die Reg TP, das Briefporto der DP AG bis Ende 2002 als genehmigt zu betrachten, kritisiert, da die damals gültigen Preise als (zu) hoch angesehen wurden und solche Regierungseingriffe die Unabhängigkeit der Regulierungsbehörde in Frage stellten.[134] Nach Auffassung der Monopolkommission sollte durch die Festschreibung des Briefportos die erste Tranche des Börsengangs der DP AG im Jahr 2000 gesichert werden.[135]

Insgesamt sind in Deutschland sowohl die Qualität als auch das Preisniveau der Briefdienstleistungen im Vergleich zum Ausland als recht hoch zu bezeichnen. Die Laufzeitziele der PUDLV (80 Prozent E+1 und 95 Prozent E+2) wurden von der DP AG in den ersten drei Jahren nach der Marktöffnung mit über 86 Prozent E+1 und knapp 99 Prozent E+2 übertroffen.[136] Zudem sind in Deutschland nach wie vor flächendeckend über 13 800 stationäre Einrichtungen der DP AG vorhanden, während die PUDLV nur eine Zahl von 12 000 bis zum

---

131 Zum 30.06.2000 waren noch ca. 500 Anfechtungsklagen gegen die Reg TP und 41 Unterlassungsklagen gegen Wettbewerber anhängig. Vgl. REGULIERUNGSBEHÖRDE FÜR TELEKOMMUNIKATION UND POST (2000), S. 71 f. Die DP AG hat nunmehr angekündigt, Klagen gegen die Lizenzerteilung für die taggleiche Zustellung (E+0) zurückzunehmen. Vgl. REGULIERUNGSBEHÖRDE FÜR TELEKOMMUNIKATION UND POST (2001), S. 60.

132 MONOPOLKOMMISSION (2001), S. 169.

133 Inhaltlich geht es gegenüber der DP AG beispielsweise um den Vorwurf der Quersubventionierung des defizitären Paketdienstes durch Überschüsse aus dem Briefdienst, um die Rabattpolitik für Katalogsendungen, um Entgelte für grenzüberschreitende Post sowie um Preise für Teilleistungen. Vgl. BUSCH, B. (2001), S. 26 ff.

134 Vgl. Deutscher Verband für Post und Telekommunikation (DVPT) (2000), S. 5.

135 Vgl. MONOPOLKOMMISSION (2000), Tz. 69.

136 Hier sind die Brieflaufzeiten aus Sicht der Verbraucher maßgebend (Dauer vom Absender bis zum Empfänger). Die von der DP AG benannten Ergebnisse ihrer Laufzeiten werden durch eine Untersuchung eines Verbandes von Postdienstleistern in Frage gestellt, die längere Laufzeiten bei der DP AG ermittelten. Der Studie zufolge wird jeder zweite nach 17 Uhr bei der DP AG abgegebene Brief am nächsten Werktag zugestellt. Vgl. AKTIONSFORUM MEHR FARBE IM POSTMARKT (2001). Die DP AG erklärt ohne Angabe einer Uhrzeit der letzten Briefeinsammlung, daß 95 Prozent der Inlandsbriefe am Folgetag ankommen. Vgl. DEUTSCHE POST AG (2001a).

Jahr 2005 vorschreibt.[137] Zusätzlich zur Grundversorgung durch die DP AG bieten die lizenzierten Wettbewerber neue, an den speziellen Wünschen der Nachfrager orientierte Dienstleistungen an.

Das Preisniveau für die wesentlichen Briefdienstleistungen der DP AG[138] ist für sich betrachtet wenig aussagekräftig. Aussagekraft gewinnt das Preisniveau erst im zeitlichen Vergleich, im Vergleich mit dem Preisniveau anderer Unternehmen oder im internationalen Vergleich. Da die Preise der DP AG seit September 1997 nominal stabil blieben[139], und damit real gesunken sind und die Exklusivlizenz einen Vergleich zwischen inländischen Postunternehmen verhindert, liefert nur ein internationaler Preisvergleich Erkenntnisse über die Preisentwicklung. Dazu vorliegende Untersuchungen weisen jedoch teilweise deutliche methodische Unterschiede auf, die zu differierenden Ergebnissen führen. Sowohl die Reg TP als auch das Wissenschaftliche Institut für Kommunikationsdienste (WIK) ermittelten in einem Vergleich der Preisniveaus, daß Deutschland bei einem Korb von Briefdienstleistungen im internationalen Vergleich das zweit höchste Niveau der Briefporti aufweist.[140] Demgegenüber kam eine Studie im Auftrag des der DP AG nahestehenden Bundesverbands Deutscher Postdienstleister mittels eines fraglichen Gewichtungsverfahrens (u. a. Berücksichtigung der Parameter Faktorkosten und Einkommen sowie Währungsumrechnung mit OECD-Kaufkraftparitäten) zu dem Ergebnis, daß der Preis für den Standardbrief in Deutschland nur im internationalen Mittelfeld der Preise für die unterste Gewichtskategorie bei einem Laufzeitziel E+1 angesiedelt sei.[141]

---

137 Vgl. REGULIERUNGSBEHÖRDE FÜR TELEKOMMUNIKATION UND POST (2000), S. 57 ff.

138 Am 31.12.2000 galten folgende Preise der DP AG: Postkarte 1,00 DM, Standardbrief (bis 20 g) 1,10 DM, Kompaktbrief (bis 50 g) 2,20 DM, Großbrief (bis 200 g) 3,00 DM, Maxibrief 4,40 DM.

139 Künftig sollen die Preise der DP AG aber nach einer Vorgabe der Reg TP vom 10.07.2002 sinken. Dazu wird das Price-Cap-Verfahren angewendet.

140 Vgl. REGULIERUNGSBEHÖRDE FÜR TELEKOMMUNIKATION UND POST (2001), S. 61 ff.

141 Vgl. BUNDESVERBAND DEUTSCHER POSTDIENSTLEISTER (2000), S. 6. Die Methodik der Studie wirft vielerlei Fragen auf, beispielsweise die, ob man den Vergleich nur auf Standardbriefe beschränken sollte oder ob man aufgrund des E+1-Laufzeitziels das Standardbriefporto in Deutschland mit den Tarifen für die jeweils schnellste Beförderung im Ausland vergleichen kann, statt auch dort das Standardporto heranzuziehen ohne Berücksichtigung des Laufzeitziels. Eine Bereinigung um Arbeitskosten erscheint aus Verbrauchersicht für die Bewertung von Postpreisen unerheblich. Es wurden nur Daten für Westdeutschland verwandt. Neuseeland, dessen Postmarkt liberalisiert ist und niedrige Preise aufweist, wurde nicht in den Vergleich miteinbezogen. Unter Berücksichtigung dieser Überlegungen wäre das deutsche Preisniveau relativ zum Ausland erheblich höher.

3. Erfahrungen mit geöffneten Briefmärkten im Ausland

3.1 Gemeinsamkeiten der Wettbewerbsentwicklung geöffneter Briefmärkte

Deutschland gehört zu den Ländern, die ihre Briefmärkte frühzeitig und über die Anforderungen der EU-Richtlinie hinaus geöffnet haben. Doch sind andere Länder innerhalb und außerhalb der EU bei der Marktöffnung weiter vorangegangen. Um auf Deutschland übertragbare Erfahrungen dieser Länder zu identifizieren, werden zunächst Gemeinsamkeiten der Wettbewerbsentwicklung geöffneter Briefmärkte dargestellt und in den folgenden Unterkapiteln die Marktöffnungen in Schweden und Neuseeland näher analysiert.

Während der ersten Phase nach der vollständigen Marktöffnung weisen die Briefmärkte in Neuseeland und Schweden sowie weitere (teilweise) geöffnete Auslandsmärkte Gemeinsamkeiten in der Marktstruktur, im Marktverhalten und in den Marktergebnissen auf, die im folgenden überblicksartig dargestellt werden. Die etablierten, ehemals durch staatliche Monopole geschützten Postunternehmen besitzen weiterhin einen überragenden Marktanteil, was angesichts des absolut geringen Marktvolumens in diesen Ländern und wegen des hohen Zeit- und Kapitalbedarfs des Aufbaus alternativer Netze nachvollziehbar ist. National flächendeckende Briefdienste über die gesamte Wertschöpfungskette hinweg werden von neuen Wettbewerbern nicht bzw. nur unter Nutzung von Teilleistungen des etablierten Postunternehmens angeboten. Der Aufbau alternativer landesweiter Netze ist in diesen Ländern mittelfristig nicht zu erwarten. Lediglich im lokalen Briefmarkt,[142] bei Zusatzdiensten für Geschäftskunden und bei Massensendungen existiert ein - oft nur schwacher - Wettbewerb.

Etablierte Postunternehmen haben - soweit dies von den Regulierungsbehörden erlaubt wurde - die Preisstruktur verändert und dabei auch die Preise für Standardbriefdienstleistungen erhöht. Während die marktbeherrschenden Postdienstleister die Preispolitik als eine effizienzfördernde Anpassung an die realen Kostenstrukturen rechtfertigten, sahen Kritiker hierin eine mißbräuchliche Ausnutzung von Monopolstrukturen.[143] Zudem haben etablierte Postunternehmen in der Vergangenheit gegenüber den Wettbewerbern die gesetzlich vorgeschriebene Gewährung des Zugangs zu ihrem landesweiten Postnetz verzögert

---

142 In Spanien ist der lokale Briefmarkt bereits seit den 60er Jahren geöffnet. Die schätzungsweise 3 000 privaten Wettbewerber kommen zusammen auf einen Anteil im Briefmarkt von rund 25 Prozent. Vgl. BUSCH, B. (2001), S. 12.

143 In Schweden nutzte das etablierte Postunternehmen Posten AB eine Regelungslücke beim Price-Cap-Verfahren, dem es seit 1994 im liberalisierten Briefmarkt unterworfen ist, um das Porto für den Standardbrief um 30 Prozent zu erhöhen. Die Regelungslücke wurde beseitigt und seit 1997 ist die Höhe des Standardbriefportos stabil. Vgl. POST & TELESTYRELSEN (2001), S. 7.

und behindert.[144] Sie zeigten insbesondere gegenüber größeren Konkurrenten ein aktives Wettbewerbsverhalten, was sich sowohl in der Entwicklung neuer Dienstleistungsangebote als auch in gezielter Preissenkung bzw. -unterbietung äußerte.[145] Wettbewerbsbeschränkende Verhaltensweisen wie Diskriminierungen durch selektive Rabattgewährung, Ausschließlichkeitsverträge oder die Verweigerung der Bereitstellung entbündelter Teilleistungen waren und sind bei etablierten Postunternehmen in Ländern mit verbleibenden Monopolbereichen zu beobachten und führten zu Klagen der betroffenen Wettbewerber.[146]

Die Marktergebnisse in Ländern, die ihren Briefmarkt ganz oder teilweise geöffnet und bisherige staatliche Postverwaltungen formal privatisiert haben, sind trotz des geringen Marktanteils der Marktneulinge tendenziell positiv zu bewerten. Die Postreformen führten zu Verbesserungen bei der Profitabilität, der Angebotsqualität, der Produktivität und der Effizienz der etablierten Postunternehmen.[147] Zudem kam es in den meisten Marktsegmenten - teilweise durch die Regulierungspolitik erzwungen - zur Reduzierung des realen Preisniveaus[148] und in einigen Ländern - entgegen häufig geäußerter Befürchtungen - zu Beschäftigungszuwächsen im Postmarkt insgesamt.[149] Universaldienstleistungen werden im Markt - überwiegend bzw. ausschließlich von etablierten Postunternehmen - zu Konditionen erbracht, die die gesetzlichen Vorgaben hinsichtlich Qualität und Preis erfüllen oder übertreffen. Die meisten Postkunden - insbesondere die für die Wettbewerber wichtigen Geschäftskunden - nutzen die Angebote der Marktneulinge oftmals nur zögerlich oder nur in kleinen Marktsegmenten. Die Wechselunwilligkeit läßt sich zum einen durch neue und verbesserte Dienstleistungsangebote sowie Rabatte der etablierten Postunternehmen erklären. Zum anderen repräsentieren die Kosten für das Briefporto nur einen kleinen Anteil an den Gesamtkosten vieler Unternehmen oder an den Gesamtausgaben eines privaten

---

[144] Erst sechs Jahre nach der Marktöffnung in Schweden einigten sich im Juni 1999 das etablierte Postunternehmen Posten AB und der einzige landesweite Wettbewerber CityMail Sweden AB auf die Bedingungen des Wettbewerbs im Briefdienst und legten alle rechtlichen Auseinandersetzungen bei. Vgl. ebenda, S. 10. Für Neuseeland vgl. SMIT, H. (2000), S. 64 ff.

[145] In Neuseeland reduzierte Kiwi Mail, eine 100-prozentige Tochtergesellschaft des etablierten Postunternehmens New Zealand Post, zeitweilig das Briefporto um 5 auf 35 Cents in Reaktion auf den Marktzutritt eines Konkurrenten im Marktsegment für landesweite Briefdienste. Vgl. ebenda, S. 68.

[146] In Ländern mit verbleibenden Monopolbereich wird zusätzlich in liberalisierten Marktsegmenten die Gefahr von wettbewerbsbeschränkenden Quersubventionierungen oder Predatory Pricing gesehen. Vgl. OECD (1999a), S. 11.

[147] Beispielsweise in Neuseeland und Schweden. Vgl. ebenda, S. 10.

[148] Preissenkungen verzeichneten beispielsweise Australien und Neuseeland, vgl. ebenda, sowie Schweden mit Ausnahme des Standardbriefportos, vgl. BUSCH, B. (2001), S. 12.

[149] Beschäftigungszuwächse verzeichneten etwa Australien und die Niederlande. Vgl. OECD (1999a), S. 10.

Haushalts, so daß den Versendern die Einspareffekte und damit die Anreize zum Wechseln gering erscheinen.

3.2 Erfahrungen in Neuseeland

Die Öffnung des neuseeländischen Postmarktes begann in den 80er Jahren im Rahmen eines gesamtwirtschaftlichen Reformprozesses mit dem Ziel, durch eine stärkere wettbewerbliche Organisation des Marktes die Effizienz und das Niveau der Versorgung mit Postdienstleistungen zu verbessern. Nach einer schrittweisen Verkleinerung des Monopolbereichs zwischen 1987 und 1997 bestehen für Wettbewerber seit 1998 keine Marktzutrittsverbote mehr. Das etablierte Postunternehmen, die staatliche New Zealand Post (NZP), wurde verpflichtet, den Wettbewerbern zu nicht-diskriminierenden Konditionen Netzzugang zu gewähren und dazu bilateral Verträge auszuhandeln. Der schlanke Regulierungsansatz („light handed regulation") umfaßt den Abbau aller rechtlich-institutionellen Marktzutrittsbarrieren oder Privilegien, das Verbot wettbewerbswidrigen Verhaltens, Informations- und Offenlegungsvorschriften für das etablierte Postunternehmen NZP, die Spezifikation gemeinwirtschaftlicher Auflagen und die Androhung weitergehender Regulierungseingriffe im Falle gravierender Wettbewerbsbeschränkungen.[150] Eine allgemeine Wettbewerbskommission hat die Aufgabe, das Wettbewerbsrecht, das die wichtigste Sanktionsquelle darstellt, auszulegen und im Rahmen der Mißbrauchsaufsicht durchzusetzen. Eine sektorspezifische Regulierungsbehörde existiert nicht,[151] ihre Einrichtung wird jedoch für den Fall einer ungenügenden Wettbewerbsentwicklung angedroht.

Bislang hat sich ein nur schwacher Wettbewerb entwickelt. Auch zwei Jahre nach der Marktöffnung entfallen fast 99 Prozent des Briefmarktes auf die NZP. Die Mehrheit der neuen Wettbewerber sind Kleinunternehmen, die sich auf die Zustellung von lokal versandten Briefen innerhalb von (Klein-)Städten spezialisiert haben. Ihre Sendungsvolumina sind im allgemeinen gering. Die Wettbewerber bedienen vorwiegend Geschäftskunden und bemühen sich zunehmend, auch private Versender anzusprechen. Ein alternatives landesweites Postnetz wurde von den Wettbewerbern bisher noch nicht aufgebaut.[152] Das börsennotierte Unternehmen National Mail scheiterte mit einer solchen Expansionsstrategie und schied Ende des Jahres 2000 aus dem Markt aus.[153] Auch Unternehmen mit

---

[150] Vgl. KNORR, A. (1998), S. 544 f.

[151] Die mit der Einrichtung einer sektorspezifischen Regulierungsbehörde verbundenen Kosten wurden von den verantwortlichen Entscheidungsträgern als zu hoch angesehen. Vgl. BRUNEKREEFT, G. (1999), S. 5.

[152] Vgl. SMIT, H. (2000), S. 93 f.

[153] Vgl. NATIONAL MAIL (2000).

bestehenden Netzen benachbarter Tätigkeitsfelder (Dokumentenaustauschzentren bzw. Paket- und Kurierdienste) verzichteten bislang auf das Angebot einer landesweiten Briefbeförderung mit eigenem Netz und damit auf einen intensiveren Wettbewerb mit der NZP.[154] Um einen überregionalen Briefdienst dennoch anbieten zu können, nehmen sie Teilleistungen der NZP in Anspruch. Deren Konditionen waren bis zur Klärung in einem langwierigen Beschwerdeverfahren vor der Wettbewerbskommission, die letztlich zugunsten der NZP entschied, umstritten.[155]

Trotz des geringen Marktanteils der Wettbewerber ermöglichte die Marktöffnung - bzw. bereits vorab ihre Ankündigung - hohe Qualitätsstandards und eine gesteigerte Effizienz der NZP sowie den Erhalt von im internationalen Vergleich sehr niedrigen Preisen.[156] Die von der NZP gewährleistete Grundversorgung liegt oberhalb der definierten Mindeststandards, so daß Universaldienstleistungen gesichert sind.[157] Privat- und Geschäftskunden profitieren von der Qualitätsdifferenzierung und der verbesserten Erreichung der Laufzeitziele. Die Tarifeinheit im Raum wurde von der NZP trotz gesetzlicher Zulässigkeit einer Preisdifferenzierung erhalten. Dank eines langen Anpassungszeitraums konnte sich die NZP erfolgreich umstrukturieren, so daß ihre nahezu monopolistische Position durch die Marktöffnung nicht gefährdet wurde.[158] Von einer nachhaltigen Wettbewerbsentwicklung - insbesondere im landesweiten Briefmarkt - kann noch nicht die Rede sein.

3.3 Erfahrungen in Schweden

Bereits im Jahr 1993 und als weltweit erster wurde der schwedische Postmarkt vollständig für den Wettbewerb geöffnet. Das Briefdienstmonopol und alle Marktzutrittsverbote wurden abgeschafft. Die staatliche Postverwaltung wurde im Jahr 1994 formal privatisiert und in eine Aktiengesellschaft, die Posten AB, umgewandelt, die bis heute ein 100-prozentiges Staatsunternehmen ist.[159] Ein

---

154 Vgl. SMIT, H. (2000), S. 48.

155 Vgl. ebenda, S. 64 ff.

156 Bei der NZP fand bereits ein Großteil der Verbesserungen im Vorfeld der Marktöffnung statt. Vgl. ebenda, S. 96 f.

157 Vgl. ebenda, S. V.

158 Die Zahl der Beschäftigten verringerte sich zwischen 1987 und 2000 um 45 Prozent auf rund 6 600 Beschäftigte. Der Umsatz stieg kontinuierlich an, zwischen 1997 und 2000 erhöhte er sich infolge der Diversifizierung der Geschäftsfelder sogar um 36 Prozent. Vgl. ebenda, S. 98. Die Gewinne der NZP reduzierten sich allerdings infolge der Marktöffnung um rund ein Drittel bis zum Jahr 2000. Vgl. NZP (2000), S. 16.

159 Vgl. OECD (1999a), S. 275.

Vertrag mit der Regierung verpflichtet ausschließlich die Posten AB als etabliertes Postunternehmen zu Universaldienstleistungen, die zu kostendeckenden Preisen zu erbringen sind. Die Posten AB erhält hierfür keine finanzielle Kompensation. Der Gesetzgeber in Schweden nimmt an, daß Universaldienstleistungen kommerziell erbracht werden können, da zum einen die marktbeherrschende Stellung in ausreichender Weise die Nutzung von Größen- und Verbundvorteilen erlaubt.[160] Zum anderen gilt die flächendeckende Bindung zu einer großen Anzahl an privaten und geschäftlichen Postkunden als Wettbewerbsvorteil.[161] Mit der Universaldienstverpflichtung ist die Auflage verbunden, räumlich einheitliche Tarife aufrechtzuhalten. Ferner ist die Posten AB beim individuellen Standardbrief einer Preisregulierung nach dem Price-Cap-Verfahren unterworfen, die als Obergrenze eines Portoanstiegs die Steigerungsrate des Verbraucherpreisniveaus vorschreibt.[162] Positiv zu werten ist die Transparenz der direkten staatlichen Finanzierung der Dienstleistungen, die aus einzelwirtschaftlicher Perspektive nicht gewinnträchtig erscheinen und zu denen das etablierte Postunternehmen aus sozial- und regionalpolitischen Gründen verpflichtet wurde.[163]

Neben der allgemeinen Wettbewerbsbehörde wurde eine sektorspezifische Regulierungsbehörde - Post & Telestyrelsen (PTS) - zur Überwachung und Durchsetzung der gesetzlichen Regulierung im Postmarkt eingerichtet.[164] Die Qualitätsregulierung der PTS erfolgt über die Registrierungs- und Lizenzierungspflicht für Unternehmen, die in den Postmarkt eintreten wollen.[165] Als unzureichend erwies sich der Verhandlungsansatz beim gesetzlich verbrieften Recht der Wettbewerber auf Zugang zu wesentlichen Einrichtungen des etablierten Postunternehmens, das seine stärkere Position zu Lasten der neuen Wettbewerber mißbrauchte. Statt dessen ist eine Zugangs- und Entgeltregelung erforderlich, um den Zugang zu Teilleistungen des etablierten Unternehmens und dessen Postfächern sowie die Information über Adreßänderungen sicherzustellen.[166] Nach einer Gesetzesänderung im Jahr 1999 haben Wettbewerber das Recht, eigene

---

160 Die schwedische Postverwaltung bezifferte im Jahr 1992 die Kostenvorteile gegenüber privaten Wettbewerbern aufgrund von Synergieeffekten und Verbundvorteilen mit 1-2 Mrd. Schwedischen Kronen (rund 100-200 Mio. Euro), vgl. SCHÖTTNER, H. (1996), S. 183.

161 Vgl. OECD (1999a), S. 275.

162 Vgl. POST & TELESTYRELSEN (2001), S. 7 sowie OECD (1999a), S. 276 f.

163 Für die Aufrechterhaltung wenig frequentierter Postschalter erhält die Posten AB eine staatliche Subvention von 200 Mio. SEK (23,8 Mio. Euro) im Jahr. Für Dienstleistungen für blinde sowie alte Menschen und für Vorkehrungen für einen Notstand zahlte der Staat im Jahr 2000 eine Kompensation von 89,3 Millionen SEK (9,8 Mio. Euro). Vgl. SCHÖTTNER, H. (1996), S. 185 sowie POST & TELESTYRELSEN (2001), S. 5 f.

164 Vgl. OECD (1999a), S. 273 f.

165 Vgl. BUSCH, B. (2001), S. 10.

166 Vgl. OECD (1999a), S. 282 sowie POST & TELESTYRELSEN (2001), S. 2.

Postleitzahlen für die von ihnen betriebenen Postfächer zu erhalten. Gleichzeitig besteht die Pflicht, allen Wettbewerbern Zugang zu den Postfachanlagen zu gewähren.[167]

Acht Jahre nach der Marktöffnung hat sich nur in wenigen Marktsegmenten ein effektiver Wettbewerb entwickelt. Die Posten AB dominierte den schwedischen Briefmarkt mit einem Marktanteil bei Inlandsbriefen von 95 Prozent im Jahr 2000.[168] Nachdem es unmittelbar nach der Marktöffnung nur zu wenigen Marktzutritten kam, traten im Jahr 1997 vermehrt Konkurrenten in den Briefmarkt ein, nachdem die Posten AB das Standardbriefporto unter Ausnutzung einer Regulierungslücke deutlich erhöht hatte. Gegenwärtig sind 45 Wettbewerber mit rund 1 500 Beschäftigten überwiegend im Segment der Geschäftskunden und im - quantitativ wenig bedeutsamen[169] - lokalen Briefmarkt aktiv. Sie konkurrieren hauptsächlich über den Preis und unterbieten den Inlandstarif der Posten AB um bis zu 30 Prozent. Sie sind meist finanziell schwach und ihr jeweiliger Marktanteil ist gering bzw. nur lokal bedeutsam.[170] In den ersten Jahren nach der Marktöffnung wurde die Posten AB durch die Wettbewerbsbehörde zur Beendigung wettbewerbsbeschränkender Verhaltensweisen gezwungen, wie etwa wettbewerbsbeschränkende Rabatte, Bonussysteme oder Ausschließlichkeitsverträge.

Das zweitgrößte schwedische Postunternehmen, die CityMail Sweden AB, hat einen gesamten Marktanteil von fünf Prozent und einen Anteil von rund zehn Prozent bei Massensendungen. CityMail trat im Jahr 1991 in den Briefmarkt ein und konzentriert sich auf die Beförderung von vorsortierter industrieller Briefpost (adressierte Werbesendungen, Massensendungen) bei hoher Dienstleistungsqualität in den Regionen um die drei Städte Stockholm, Göteborg und Malmö. Inzwischen werden rund 40 Prozent aller schwedischen Haushalte und Unternehmen erreicht.[171] Das Unternehmen expandierte graduell und baute Kooperationen mit lokalen Wettbewerbern aus.[172] Trotz der Kostenvorteile durch die Einsparung der Vorsortierung erzielte CityMail keinen Gewinn im Brief-

---

167 Vgl. ebenda, S. 10.

168 Im Jahr 2000 erzielte der Briefdienst der Posten AB einen Umsatz von 15,1 Mrd. SEK (1,7 Mrd. Euro) und einen operativen Gewinn von 1,1 Mrd. SEK (117 Mio. Euro). Vgl. ebenda, S. 2.

169 Posten AB schätzt, daß der lokale Briefdienst nur 15 Prozent des gesamten Briefmarktes umfaßt. Vgl. ebenda, S. 4.

170 Die meisten Wettbewerber geben eigene Briefmarken heraus und stellen Briefkästen auf. Sie bearbeiten jeweils ein Sendungsvolumen zwischen 150 und 2 500 Briefen täglich. Vgl. OECD (1999a), S. 279.

171 Vgl. POST & TELESTYRELSEN (2001), S. 4.

172 Vgl. ELSENBAST, W./SMIT, H. (2000), S. 96 f.

dienst.[173] Da dem Unternehmen die finanziellen Mittel für eine Expansion fehlten, wurde der schwedische Briefdienst unternehmerisch verselbständigt und von der Konzernmutter CityMail Group AB mehrheitlich an eine Tochtergesellschaft des britischen Briefdienstmonopolisten Royal Mail verkauft.[174]

Als Ergebnis ist festzuhalten, daß die Marktöffnung in Schweden zu niedrigeren Preisen, begrenztem Wettbewerb im lokalen Briefdienst und bei Massensendungen, einem breiteren Leistungsangebot und verbesserter Effizienz führte.[175] Die Marktöffnung beschleunigte den Beschäftigungsrückgang im Postwesen; bereits zuvor ermöglichte die Automatisierung der technischen Prozesse eine Rationalisierung beim etablierten Postunternehmen.[176] Die postalische Leistungsqualität ist hoch, insbesondere bei der Erreichung der Laufzeitziele im Briefdienst ist die Posten AB führend in Europa.[177] Diese positiven Ansätze sind auch ein Ergebnis der im Zuge der Marktöffnung ermöglichten potentiellen Konkurrenz. Gleichwohl ist bisher keine nachhaltige Wettbewerbsentwicklung zu erkennen, wofür ein schleppendes Vorgehen gegen wettbewerbsbeschränkende Verhaltensweisen und das absolut niedrige Marktvolumen in Schweden als wesentliche Ursachen angesehen werden können. Das allgemeine Wettbewerbsrecht erscheint im Vergleich zu einer sektorspezifischen Regulierung als ein zumindest für Schweden unzureichender Rahmen für die Übergangsphase vom Monopol zum Wettbewerb, da wettbewerbsbeschränkende Verhaltensweisen nicht unverzüglich unterbunden, sondern erst nachträglich sanktioniert werden konnten.[178]

---

173 Die CityMail Sweden AB erzielte im Jahr 1999 einen Nettoumsatz von 374,1 Mio. SEK (41 Mio. Euro) mit einem Umsatz von 330 Mio. SEK (36,3 Mio. Euro) im Briefdienst. Der Verlust betrug insgesamt 53,6 Mio. SEK (5,9 Mio. Euro). In den Vorjahren entstanden ebenfalls Verluste, die bis zu 90,3 Mio. SEK (9,9 Mio. Euro) im Jahr 1997 reichten. Vgl. CITYMAIL SWEDEN AB (2000), S. 1 und S. 19 sowie CITYMAIL GROUP AB (2001), S. 14.

174 CityMail Group AB will sich auf die profitablen internationalen Postmärkte konzentrieren. Vgl. ebenda, S. 2.

175 Auf die Aufhebung des Briefmonopols reagierte die schwedische Post mit Preissenkungen für Geschäftskunden um ca. ein Fünftel, der Schließung von 40 der zuvor 56 Sortieranlagen und einer Verringerung der Zahl des Zustellpersonals um ein Fünftel. Vgl. SCHÖTTNER, H. (1996), S. 183.

176 Die Posten AB reduzierte die Zahl der Beschäftigten um rund ein Viertel in den ersten fünf Jahren nach der Marktöffnung. Im Jahr 2 000 beschäftigte sie insgesamt 41 522 Mitarbeiter. Bei den Wettbewerbern entstanden bislang lediglich 1 500 Arbeitsplätze. POST & TELESTYRELSEN (2001), S. 8 f.

177 97 Prozent der Standardbriefe werden am ersten Werktag nach der Einlieferung (E+1) zugestellt. Vgl. Wirtschaftsreform: Bericht über die Funktionsweise der gemeinschaftlichen Güter- und Kapitalmärkte, EU-Kommission KOM(2000)26 endg., 26.01.2000, S. 63.

178 Vgl. POST & TELESTYRELSEN (2001), S. 2.

4. Diskussion eines möglichen Wettbewerbsversagens im Briefmarkt

4.1 Einzelne Wertschöpfungsstufen

Die Erfahrungen auf geöffneten Postmärkten im Ausland legen die Einschätzung nahe, daß die Beseitigung staatlicher Marktzutrittsschranken zwar notwendig, aber nicht hinreichend ist, um Wettbewerb zu ermöglichen. Es ist erforderlich zu prüfen, ob es Marktteile gibt, die durch fundamentales Wettbewerbsversagen gekennzeichnet sind. Dienstleistungsteilmärkte und Wertschöpfungsstufen sind zu identifizieren, auf denen der Wettbewerb versagt, weil sie eine für den Markteintritt von Wettbewerbern wesentliche Einrichtung oder ein nicht-bestreitbares natürliches Monopol darstellen[179], so daß eine Regulierung nötig wird. Diese Überprüfung kann theoretisch erfolgen sowie durch ökonometrische Studien, deren Aussagekraft jedoch eingeschränkt ist.[180]

Im folgenden werden zunächst bestimmte Dienstleistungen des Briefmarktes daraufhin analysiert, ob sie eine wesentliche Einrichtung darstellen. Danach wird untersucht, ob Größen- und Verbundvorteile sowie geographisch bedingte Kostenvorteile (Dichtevorteile) die Existenz eines natürlichen Monopols bedingen und - falls ja - ob dieses bestreitbar ist.[181] Dazu werden die postalischen Wertschöpfungsstufen in diesem Unterkapitel zunächst einzeln betrachtet. Im anschließenden Unterkapitel wird die gesamte Wertschöpfungskette im lokalen sowie im landesweiten Briefdienst auf die Existenz eines nicht-bestreitbaren natürlichen Monopols hin analysiert.

Als *wesentliche Einrichtungen* im Briefmarkt, die einer Regulierung bedürfen, gelten die Postfachanlagen in Einrichtungen eines Konkurrenzunternehmens - meist des etablierten Postanbieters -, das Postleitzahlensystem, die Informationen

---

179 Ein natürliches Monopol ist durch die Subadditivität der Kostenfunktion im relevanten Nachfragebereich gekennzeichnet. Subadditivität bedeutet, daß ein Unternehmen die komplette Nachfrage auf einem Markt alleine zu günstigeren Kosten bedienen kann als dies mehrere Unternehmen gemeinsam könnten. Von einer wesentlichen Einrichtung wird gesprochen, wenn ihre Nutzung notwendig für den Eintritt in einen Markt ist und wenn Wettbewerber sie nicht zu angemessenen Kosten duplizieren können. Wenn ein natürliches Monopol nicht bestreitbar ist, dann ist es stets auch eine wesentliche Einrichtung, sofern das Produkt des „natürlichen“ Monopolisten eine unverzichtbare Vorleistung für ein Angebot auf anderen Märkten ist.

180 Gleichwohl können ökonometrische Studien strenggenommen keine Bestätigung für das Vorliegen der hinreichenden Bedingungen für ein natürliches Monopol liefern. Vgl. JOSKOW, P. R./NOLL, R. G. (1981), S. 1 ff. Erst der Druck potentieller Konkurrenz zwingt ein Monopolunternehmen zur Wahrnehmung von Effizienzsteigerungspotenzialen, so daß sich erst nach einer Marktöffnung empirisch ermitteln ließe, durch welche Produktionsstrukturen ein effizient arbeitendes natürliches Monopolunternehmen gekennzeichnet ist. Vgl. ELSENBAST, W./SMIT, H. (2000), S. 104.

181 Ein Überblick über Untersuchungen zur Existenz von Subadditivitäten sowie Größen-, Verbund- und Dichtevorteilen im Postmarkt bietet BRAUBACH, U. (1996), S. 109.

über Adreßänderungen von Postkunden sowie der Strichcode-Standard (‚Barcode'), der die Basis einer weitgehend automatisierten Sortierung von Postsendungen bildet. Hierzu ist der Zugang für Wettbewerber regulatorisch zu gewährleisten. Alle Postunternehmen sollten eigene Postleitzahlen für die von ihnen betriebenen Postfächer erhalten können. Auch ist zu prüfen, ob der Strichcode-Standard reguliert werden muß - z. B. in Form einer nationalen oder sogar EU-weiten Normierung -, um die Arbeitsteilung zwischen dem etablierten Postunternehmen und Wettbewerbern, die nicht die ganze Wertschöpfungskette bedienen, zu gewährleisten bzw. zu erleichtern.

Des weiteren ist zu fragen, ob *einzelne Wertschöpfungsstufen* für sich genommen ein nicht-bestreitbares natürliches Monopol bilden. Im Bereich der *Einsammlung von Briefen* existieren bei der Schalterannahme sowohl relevante Größenvorteile aufgrund einer Fixkostendegression, insbesondere bei Filialen der DP AG, als auch Verbundvorteile, da zugleich unterschiedliche Sendungsarten eingesammelt werden. Begrenzte Verbundvorteile zwischen verschiedenen Sendungsarten bestehen auch bei öffentlichen Briefkästen.[182] Insgesamt dürfte nur eine leicht subadditive Kostenfunktion bei der Einsammlung von Briefen vorliegen. Da sich keine hohen Marktzutrittsschranken feststellen lassen, ist die Briefeinsammlung im Wettbewerb möglich und ein Regulierungsbedarf zu verneinen.

Für den *Transport von Briefen* wurden in einer Studie für die USA relevante Größenvorteile ermittelt.[183] Ferner existieren Verbundvorteile, da Infopost- und Pressepostsendungen gemeinsam transportiert werden sowie relevante geographische Kostenunterschiede zwischen intra- und interregionalen Sendungsströmen vorliegen.[184] Letztlich ist der Transportanteil an den Gesamtkosten des Briefdienstes aber zu klein, um für die Identifikation eines etwaigen natürlichen Monopols von Belang zu sein. Zudem besteht auf reinen Transportmärkten eine hohe Wettbewerbsintensität.

Bei der *Sortierung* der ein- und ausgehenden Briefsendungen ist zwischen dem lokalen Marktsegment und dem landesweiten Briefdienst zu unterscheiden. Die Sortierung der lokal versandten und zugestellten Briefe mit einem täglichen Sendungsvolumen von mehreren hundert bis zu wenigen tausend Stück erfordert keine oder nur eine vergleichsweise einfache Technik und weist auch keine relevanten Größenvorteile auf. Mit Ausnahme der Sortierung in großen Städten ab etwa 100 000 Einwohnern, in denen ein tägliches Sendungsvolumen mit sechs-

---

182 Vgl. ELSENBAST, W./SMIT, H. (2000), S. 102 f.

183 Vgl. BRADLEY, M. D./COLVIN, J. (1994).

184 Vgl. ELSENBAST, W./SMIT, H. (2000), S. 103 f.

stelliger Stückzahl nur mit Sortieranlagen zu bewältigen ist, die versunkene Kosten verursachen, bestehen keine Marktzutrittsschranken, so daß die Sortierung in lokalen Briefdiensten in Orten mit weniger als 100 000 Einwohnern wettbewerblich organisiert werden kann.

Die Sortierung der überregionalen Briefsendungen - sowie in geringerem Umfang auch der lokalen Briefsendungen in großen Städten - setzt moderne Sortiermaschinen voraus. Der Betrieb eines einzelnen Briefzentrums ist durch relevante Größenvorteile infolge einer Fixkostendegression, die mit der Nutzung moderner, kapitalintensiver Sortiermaschinen verbunden ist, gekennzeichnet.[185] Weiterhin bestehen relevante Verbundvorteile zwischen der Sortierung der Briefpost und der Infopost einerseits und zwischen der Eingangssortierung und der Abgangssortierung andererseits, da für diese Vorgänge die gleichen Sortieranlagen verwendet werden können und der Arbeitsanfall zu unterschiedlichen Zeitpunkten auftritt.

Ob die überregionale Briefsortierung ein natürliches Monopol darstellt oder im Wettbewerb erfolgen kann, hängt erstens von der Marktabgrenzung und zweitens von der mindestoptimalen technischen Betriebsgröße (MOTB) ab. Der relevante Markt umfaßt das Gebiet, aus dem Briefe innerhalb einer bestimmten Zeit angeliefert werden können, um im Regelfall eine Zustellung am Tag nach der Einlieferung gewährleisten zu können. Je nach Besiedlungsstruktur und verkehrsinfrastrukturellen Bedingungen kann der Umfang des relevanten Marktes in etwa auf die Größe eines Regierungsbezirks bzw. auf ein Gebiet mit rund einer Million Einwohnern geschätzt werden.[186]

Über die MOTB von Briefsortieranlagen waren bislang in der Literatur und von der DP AG keine Informationen zu erhalten. Aufgrund der Tatsache, daß die DP AG in der Lage war, in den neunziger Jahren ihr Logistiksystem als Monopolist auszubauen, ist zu unterstellen, daß die einzelnen Sortierzentren in der Größe ihrer MOTB konzipiert wurden und das damit fertiggestellte Netz an Briefzentren dem Kostenminimum nahekommt. Basierend auf dieser Annahme könnte aus der Zahl von 83 Briefzentren der DP AG geschlußfolgert werden, daß die MOTB eines Sortierzentrums in etwa bei einem Sendungsaufkommen läge, das eine Million Briefempfänger verursachen. Damit entspräche die MOTB dem geschätzten relevanten Markt, was hieße, daß ein Sortierzentrum ein regionales

---

185 Eine Studie für die USA aus dem Jahr 1986 zeigt, daß die Durchschnittskosten in der Sortierung zunächst bis zum Erreichen der optimalen Betriebsgröße fallen und danach ansteigen. Vgl. ELSENBAST, W./SMIT, H. (2000), S. 103.

186 Dieser Wert ergibt sich, wenn man unterstellt, daß sich die DP AG bei der Konzeption der 83 bestehenden Briefzentren in Deutschland an einer effizienten Betriebsgröße und einer effizienten regionalen Verteilung der Standorte orientiert hat.

natürliches Monopol darstellt. Falls durch technischen Fortschritt die MOTB deutlich sinken würde, beispielsweise auf ein Sendungsvolumen von nur 100 000 Briefempfänger, und falls die Transportkosten niedrig blieben, wäre eine Situation denkbar, in der die Sortierung überregionaler Briefe nicht länger ein natürliches Monopol, sondern im Wettbewerb zu organisieren wäre – allerdings bei relativ geringer Anbieterzahl und hohen Marktzutrittsschranken. Briefdienstleister einer Region könnten zumindest zwischen einer einstelligen Zahl von Sortierzentren auswählen.

Gegenwärtig ist das natürliche Monopol der Sortierung überregionaler Briefpost aus einem bestimmten Gebiet nicht bestreitbar, da Sortierzentren einen hohen Anteil versunkener Kosten beinhalten. Außerdem ist im Fall eines neuen Sortierzentrums, das ein Marktneuling betreibt, mit einer nur geringen Nachfrage zu rechnen, da nicht erwartet werden kann, daß ein etabliertes Postunternehmen einen Teil seiner Sendungen in fremden statt in eigenen Sortierzentren sortiert. Wettbewerber, die ohne eigenes Logistiknetz im landesweiten Briefdienst agieren, dürften deshalb auch in großen Ländern erst mittel- bis langfristig über ein ausreichend hohes Sendungsvolumen verfügen, um für neue Sortierdienstleister eine ausreichend hohe Nachfrage zu erzeugen. Sortierzentren sind damit nichtbestreitbare natürliche Monopole für eine bestimmte Region. Wenn sie sich im Besitz eines etablierten Postunternehmens befinden, können sie zudem als wesentliche Einrichtungen für solche Marktneulinge im landesweiten Briefdienst bezeichnet werden, die nicht beabsichtigen, die ganze Wertschöpfungskette mit einem eigenen Briefnetz zu bedienen (siehe Überblick in Tabelle 1).

Schließlich ist die Wertschöpfungsstufe der *Zustellung* zu analysieren, die am bedeutsamsten für die Wettbewerbsentwicklung im Briefdienst ist.[187] Sie umfaßt die Vorsortierung der in einer Poststelle eingetroffenen Sendungen auf die jeweiligen Zustellbezirke und anschließend die Gangfolgesortierung in einem Zustellbezirk, die meist vom Zusteller selbst durchgeführt wird. Anschließend werden die Briefe mit Hilfe unterschiedlicher Verkehrsmittel oder zu Fuß ausgetragen.

Die Wertschöpfungsstufe der Zustellung ist durch relevante Größen-, Verbund- und Dichtevorteile gekennzeichnet, die insbesondere bei der individuellen Haus-zu-Haus-Zustellung für private Haushalte auftreten. Erhebliche Größenvorteile zeigen US-amerikanische Studien bei der Zustellung der Einzelbrief- und Massenpost.[188] Dabei ist zwischen den weitgehend fixen Kosten des Basisweges, den variablen Kosten des Stichweges und den variablen Einwurfkosten zu unterscheiden. Verbundvorteile zwischen der Brief- und Paketzustellung gibt es im

[187] Die Zustellung macht rund zwei Drittel der Kosten im Briefdienst der DP AG aus. Vgl. NERA (1998), S. 136.

[188] Vgl. COHEN, R.H./CHU, E.H. (1996), S. 89 ff.

ländlichen Raum, da hierdurch eine Wegstrecke im Umfang des jeweiligen Basisweges vermieden wird.[189] Schließlich existieren relevante geographische Kostenunterschiede, die darauf beruhen, daß die Wegekosten negativ mit der Dichte der Zustellpunkte korrelieren, die in ländlichen Gebieten zu Kostennachteilen von rund einem Drittel führen können.[190] Geographische Kostenunterschiede verlieren ihre Bedeutung, wenn - wie in den USA in bestimmten Gebieten üblich - die Hauszustellung durch die Straßenzustellung ersetzt wird.

Demnach ist ein subadditiver Kostenverlauf und damit ein natürliches Monopol in der Zustellung von Standardbriefen im Haus-zu-Haus-Verfahren, das überwiegend bei Privathaushalten vorkommt, zu vermuten, wie es auch US-amerikanische und französische Studien nachweisen.[191] Daten über den Anteil der an private Haushalte zugestellten Briefe sind öffentlich nicht zugänglich. Er läßt sich nur grob auf die Hälfte bis zwei Drittel aller Briefe schätzen.[192]

Hiervon zu unterscheiden ist das Marktsegment der an Geschäftskunden zugestellten Briefe. Da das Ausmaß der Subadditivität von der Dichte der Zustellpunkte, der Zustellfrequenz und dem Umfang des Sendungsvolumens abhängt, läßt sich bei an Geschäftskunden adressierten Briefen keine hinreichend hohe Subadditivität der Zustellkostenfunktion erkennen, um auf die Existenz eines natürlichen Monopols zu schließen. In der Regel sind geschäftliche Briefempfänger durch große Sendungsvolumina und einen hohen Kostenanteil des Basisweges an den jeweiligen Zustellkosten gekennzeichnet. Auch in reinen Gewer-

---

[189] Dies gilt, wenn Sendungen nicht alleine zu Fuß oder per Fahrrad zugestellt werden. Vgl. RABE, U. (1997), S. 31. Weitere Verbundvorteile bestehen zwischen der Briefzustellung und anderen adressierten Sendungen, zum Beispiel Medikamenten, was nach einer Zulassung des Arzneivertriebs an einzelne private Haushalte in Verbindung mit Internetbestellungen möglich erscheint.

[190] Werden die Stückkosten verglichen und die Kosten der städtischen Zustellung gleich 100 gesetzt, so ergibt sich ein Stückkostendegression um ca. 10 Prozent in Großstädten sowie eine Erhöhung der Stückkosten bei der Zustellung in ländlichen Regionen um ca. 20 Prozent bzw. in dünn besiedelten Gebieten um ca. 40-50 Prozent. Werden die Kosten der Beförderung eines Standardbriefes über die ganze Wertschöpfungskette mittels einer Vollkostenrechnung ermittelt, so weisen ländliche Regionen im Durchschnitt um 55 Prozent höhere Kosten auf. Vgl. ELSENBAST, W. (1994), S. 10 f.

[191] Vgl. BRADLEY, M. D./COLVIN, J. (1994) sowie CAZALS, C./DE RYCKE, M./FLORENS, J.-P./ ROUZAUD, S. (1997), S. 65 ff.

[192] Die Obergrenze von zwei Dritteln läßt sich schätzen, da bereits 20 Prozent aller Briefauslieferungen der DP AG über Postfächer und Abholung erfolgen, was überwiegend bei Geschäftskunden der Fall ist. 80 Prozent der von der DP AG beförderten Briefe sind Geschäftspost, die von Geschäftskunden an Private (B2C) oder an andere Geschäftskunden inkl. Verwaltungen (B2B) versandt werden. 11 Prozent der Briefsendungen der DP AG werden von privaten Haushalten an Geschäftskunden geschickt und 9 Prozent sind Sendungen zwischen Privaten. Vgl. DEUTSCHE POST AG (2001b), S. 2. Weitere Aufgliederungen seien nicht für die Öffentlichkeit bestimmt. (Auskunft der DP AG-Presseabteilung, Herr Schäfer gegenüber dem Autor, Telefonat am 15.08.2001.) Der Anteil der geschäftlich versandten Briefe wird für den Briefmarkt insgesamt mit 85 Prozent angegeben. Vgl. AKTIONSFORUM MEHR FARBE IM POSTMARKT (2001).

begebieten weisen die Kosten der Haus-zu-Haus-Zustellung bei Unternehmen eine geringere Subadditivität auf als in Wohngebieten. Dadurch und unter Berücksichtigung der steigenden Anzahl von Postschließfächern[193], die nur minimale Zustellkosten verursachen, läßt sich für das Marktsegment der Briefe, die nicht an private Haushalte gesendet werden, also Unternehmen, Behörden, Vereine etc., die Existenz eines natürlichen Zustellmonopols tendenziell verneinen.

Vor allem aufgrund des Fehlens relevanter versunkener Kosten bei der Zustellung von Standardbriefen sind keine Marktzutrittsschranken vorhanden, die eine Bestreitbarkeit der Zustellung an sich fraglich erscheinen lassen. Zwar wird mitunter auf absolute Kostenvorteile hingewiesen[194], die sich insbesondere in Großstädten aufgrund von Lernkurveneffekten ergeben. Jedoch dürften diese lediglich für eine kurze Zeit wirksam sein, in der auch - quasi als Gegenposition - absolute Kostennachteile des etablierten Unternehmens - etwa aufgrund von überhöhten Personalkosten - bedeutsam sind. Allerdings ist die Standardbriefzustellung an Privathaushalte so lange nicht bestreitbar, wie ein Zustelldienst lediglich auf seiner Wertschöpfungsstufe agiert und damit auf die Überlassung des Sendungsvolumens durch andere Postunternehmen angewiesen ist, wozu zumindest das marktbeherrschende etablierte Postunternehmen - im Unterschied zu dessen Konkurrenten - keine Veranlassung hat.

Somit ist als Fazit festzuhalten, daß die Einsammlung und der Transport sämtlicher Briefsendungen, die Briefzustellung an Nicht-Privathaushalte sowie in Dörfern und kleinen und mittleren Städten die Sortierung für den lokalen Briefdienst jeweils als einzelne Wertschöpfungsstufe wettbewerblich organisiert werden könnten. Demgegenüber ist die Haus-zu-Haus-Zustellung von Standardbriefen an private Haushalte für sich betrachtet ein bestreitbares natürliches Monopol. Die Sortierung für den landesweiten Briefdienst und die Sortierung für den lokalen Briefdienst in großen Städten stellen in der Betrachtung als eigene Wertschöpfungsstufen jeweils nicht-bestreitbare natürliche Monopole dar (siehe Tabelle 1).

---

193 Im Mai 2001 gab es bei der DP AG 966.500 Postfächer. Vgl. DEUTSCHE POST AG (2001b), S. 2.

194 „Die Betätigung auf dem Briefmarkt setzt voraus, daß die privaten Anbieter zunächst ein Zustellnetz aufbauen. Der Aufbau einer solchen Organisation kann nur schrittweise erfolgen und ist mit ‚Lernkurveneffekten" verbunden, d. h. die Erfahrung ist von großer Bedeutung. Aufgrund ihrer langjährigen Tätigkeit besitzen die Zusteller der DP AG nicht nur exakte Ortskenntnisse, sondern sind oftmals auch mit den Empfängern der Sendungen bekannt. Solche Kenntnisse sind bei den Beschäftigten der neuen Anbieter noch nicht gegeben. Sie werden bei Aufnahme ihrer Tätigkeit daher nicht die gleiche Zustellgeschwindigkeit und Fehlerquote erreichen. (...) Die Zustellkosten der Wettbewerber werden zumindest in der Anfangsphase deutlich höher sein als die der DPAG. Erst mit zunehmender Erfahrung lassen sich Lernkurveneffekte nutzen und damit die Kosten des Betriebsablaufs optimieren. Die entsprechenden Anlaufkosten der Wettbewerber sind ‚versunken', da die erreichte Qualifikation nicht anderweitig einsetzbar ist." MONOPOLKOMMISSION (2001), S. 174 f.

Tabelle 1: Marktstruktur einzelner Wertschöpfungsstufen in separater Sicht

Wettbewerbsmarkt	**Bestreitbares natürliches Monopol**	**Nicht-bestreitbares natürliches Monopol**
Einsammlung in Briefkästen und in stationären Annahmestellen. Abholung beim Versender.		Sammlung und Verwaltung der Daten über Adreßänderungen.
Transport zum Sortierzentrum.		PLZ-System.
Sortierung für den lokalen Briefdienst in Dörfern und Städten mit weniger als 100 000 Einwohnern.		Sortierung für den lokalen Briefdienst in großen Städten. Sortierung für den landesweiten Briefdienst für ein bestimmtes regionales Gebiet.
Transport in den Zustellort.		Strichcode (‚Barcode').
Zustellung bei Empfängern mit hohem Sendungsvolumen. Zustellung am Tag der Briefeinlieferung. Zustellung von Wertbriefen.	Zustellung von Standardbriefen an Privathaushalte im Haus-zu-Haus-Verfahren.	Postfachanlagen.

Quelle: Eigene Darstellung.

Aufgrund der hohen Transaktionskosten ist nicht zu erwarten, daß eine Wettbewerbsentwicklung im geöffneten Briefmarkt dadurch geprägt sein wird, daß zahlreiche Wettbewerber ihre Tätigkeit auf jeweils nur eine oder zwei Wertschöpfungsstufen beschränken. Vielmehr begünstigen die Transaktionskostennachteile einer vertikalen Separierung im Briefdienst die vertikale Integration. Deshalb können Aussagen über ein evtl. Wettbewerbsversagen bzw. einen Regulierungsbedarf erst dann getroffen werden, wenn die Angebote einzelner Wertschöpfungsstufen zusammen als kompletter Briefdienst betrachtet werden. Dies soll im folgenden Kapitel geschehen.

4.2 Wertschöpfungskette im lokalen Briefdienst

Aus den Darlegungen zu den einzelnen Wertschöpfungsstufen läßt sich die Erwartung ableiten, daß es für Postunternehmen vorteilhaft sein kann, in ihrem jeweiligen Marktsegment die Wertschöpfungskette vollständig zu bedienen (vertikal integriertes Postunternehmen) und dabei ganz oder überwiegend eigene Strukturen zu nutzen. Daher ist der Frage nachzugehen, ob die Bedienung aller Wertschöpfungsstufen gemeinsam in einem wettbewerblich organisierten Markt möglich ist oder ob ein (nicht-) bestreitbares natürliches Monopol vorliegt. Dazu wird in diesem Kapitel der lokale Briefdienst und im nächsten Kapitel 4.3 der landesweite Briefdienst untersucht. Dabei ist jeweils zu fragen, ob ein natürliches Monopol vorliegt oder ob Wettbewerb zwischen mehreren aktuellen Anbietern möglich ist. Im Fall eines natürlichen Monopols ist zudem seine Bestreitbarkeit zu untersuchen.

Lokaler Briefdienst heißt, daß ein Brief in der Kommune, in der er versendet wird, auch zugestellt wird. Je nach Marktabgrenzung beträgt der lokale Briefdienst rund ein Siebtel des Briefmarktes.[195] Als Wertschöpfungsstufen sind lediglich die lokale Einsammlung, die lokale Sortierung und die Zustellung notwendig, wobei die Bereitschaft zur Annahme auswärtiger Briefe die entsprechenden Kapazitäten in der lokalen Sortierung und in der Zustellung voraussetzt.

Abbildung 3: Umfang eines lokalen Briefdienstes

Lokaler Briefdienst	Lokale Einsammlung (ggf. plus Annahme auswärtiger Briefe) Verteilung auf Zustellbezirke und Gangfolgesortierung Zustellung der Briefe

Quelle: Eigene Darstellung.

Wie die Analyse der einzelnen Wertschöpfungsstufen gezeigt hat, sind für die Einsammlung, die lokale Sortierung und die Briefzustellung an Nicht-Privathaushalte Wettbewerbsmärkte möglich, während die Zustellung von Stan-

---

195 In Schweden wird für den lokalen Briefdienst ein Marktanteil von 15 Prozent geschätzt. Vgl. POST & TELESTYRELSEN (2001) S. 4. Die DP AG befördert 27 Prozent aller Briefsendungen im sogenannten Ortsverkehr, d. h. innerhalb einer ihrer 83 Briefzentrum-Leitregionen, die jeweils eine Wohnbevölkerung von rund einer Million Menschen umfassen. Weitere 25 Prozent werden im Regionalverkehr (innerhalb eines der fünf regionalen Geschäftsbereiche der DP AG) befördert und der Fernverkehr macht 48 Prozent aus. Vgl. DEUTSCHE POST AG (2001b), S. 2.

dardbriefen an Privathaushalte bei isolierter Betrachtung ein bestreitbares natürliches Monopol darstellt. Entsprechend der Segmentierung des Briefmarktes auf der Angebotsseite (vgl. Abbildung 1, S.32) wäre im Segment des lokalen Briefdienstes mit ausschließlicher Zustellung an Nicht-Privathaushalte Wettbewerb möglich. Demgegenüber ist der lokale Briefdienst mit der Zustellung an Privathaushalte ein natürliches Monopol, da der Kostenanteil der Zustellung die Summe der Kostenanteile der Einsammlung und der lokalen Sortierung deutlich übertrifft und daher die Gesamtdurchschnittskosten sinken. Zudem ist zumindest fraglich, ob bei den Versendern eine Unterscheidung vorgenommen wird, ob die jeweilige Briefsendung privaten oder geschäftlichen Empfängern zugestellt werden soll, so daß es denkbar ist, daß das natürliche Monopol in der Zustellung an private Haushalte auf den gesamten lokalen Briefdienst ‚ausstrahlt'.

Bei der Prüfung, ob der lokale Briefdienst relevante Marktzutrittsschranken aufweist, ist die Bevölkerungszahl im Zustellgebiet entscheidend. In Dörfern sowie in kleinen und mittleren Städten bis zu etwa 100 000 Einwohnern[196] lassen sich keine relevanten Marktzutrittsschranken identifizieren. Bis zur Größenordnung von Kleinstädten mit einer Bevölkerungszahl von weniger als 20 000 Einwohnern sind keine Maschinen für die Ein- und Ausgangssortierung erforderlich, da das gesamte lokale Sendungsvolumen im Durchschnitt 3 000 Briefe werktäglich nicht übersteigt.[197] In mittleren Städten zwischen 20 000 und 100 000 Einwohnern bzw. ab einem entsprechenden Umsatzvolumen wird eine maschinelle Sortiertechnik benötigt. Angesichts eines potentiellen lokalen Sendungsaufkommens von täglich mehreren tausend Briefen bedingt diese Investition aber keine hohen Kapitalkosten, so daß es weder wegen versunkener Kosten noch infolge hoher Kapitalinvestitionen bzw. hoher Fixkosten, die für Marktneulinge abschreckend wirken könnten, zu Marktzutrittsschranken kommt.[198]

---

196 In Deutschland gab es am 31.12.1999 zusammen 6 227 Gemeinden mit einer Bevölkerung von jeweils bis zu 1 000 Einwohnern, in denen knapp 2,9 Mio. Menschen wohnten. Zusätzlich gab es 2 307 Gemeinden mit einer Bevölkerung zwischen 1 000 und 2 000 Einwohnern und einer Bevölkerung von 3,3 Mio. Personen.. Zusammen hatten die kleinsten Orte also eine Bevölkerung von 6,2 Mio. Ferner existierten 13 771 Gemeinden mit einer Bevölkerung von jeweils bis zu 100 000 Einwohnern, die mit 56,7 Mio. Personen die Mehrzahl der Wohnbevölkerung in Deutschland umfaßten. Vgl. STATISTISCHES BUNDESAMT (2001), S. 56.

197 Bei einem von der DP AG beförderten Sendungsvolumen von etwa 22,6 Milliarden Briefen im Jahr 2000 (vgl. DEUTSCHE POST AG (2001b), S. 2), errechnet sich eine Zahl von 275 zugestellten Briefen pro Einwohner und Jahr bzw. von werktäglich durchschnittlich einem Brief pro Einwohner. Bei einem Anteil des lokalen Briefdienstes von rund 15 Prozent am gesamten Sendungsvolumen, der in kleinen Orten wesentlich geringer und in großen Städten deutlich höher sein dürfte, ergibt dies für eine Kleinstadt mit 20 000 Einwohnern ein Marktvolumen im lokalen Briefdienst von mehreren hundert bis zu wenigen tausend Stück werktäglich.

198 Zudem handelt es sich nicht um versunkene Kosten, da diese kleinen Sortieranlagen in einem geöffneten Markt weiterverkauft werden können.

Die lokale Standardbriefzustellung eröffnet Chancen für private Postunternehmen zu einer schrittweisen Expansion aus anderen Marktsegmenten heraus, etwa aus dem lokalen KEP-Bereich oder aus der lokalen Geschäftspost. Auch im überregionalen Postgeschäft tätige Unternehmen könnten sich zum lokalen Markteintritt entschließen. Gerade für Einzelpersonen, die den Schritt in die Selbständigkeit wagen, bietet sich in kleinen Gemeinden die Möglichkeit, mit vergleichsweise geringen Anfangskosten einen lokalen Briefdienst aufzubauen, dessen Kosten im wesentlichen nur aus dem örtlichen Marketingaufwand, den Lohnkosten für weiteres Zustellpersonal, eventuellen Transportkosten und dem Unternehmerlohn bestehen.[199] In Dörfern im ländlichen Raum haben einheimische Unternehmer besondere Startvorteile durch Ortskenntnisse und Kontakte zu potentiellen Versendern.[200]

Selbst in kleinen Dörfern erscheint die Gründung von Ein-Personen-Unternehmen im lokalen Briefdienst rentabel, da hier nicht auszuschließen ist, daß sogar das etablierte Postunternehmen daran interessiert ist, die Zustellung der Briefe aus dem landesweiten Briefdienst per Outsourcing an Dritte zu vergeben.[201] Dadurch könnten sich Marktneulinge nicht nur das lokale Sendungsvolumen erschließen, sondern auch die an ihren Ort adressierten auswärtigen Sendungen zustellen.[202] Bereits ein Sendungsvolumen von durchschnittlich weniger als einen Brief pro Einwohner und Werktag könnte unter Umständen noch einen Arbeitsanreiz für Personen bieten, die an einer - in vielen dünn besiedelten Regionen nur selten angebotenen - Teilzeitbeschäftigung interessiert sind.

---

[199] Vorstellbar ist beispielsweise, daß ein Teil der Zusteller der DP AG kündigt, um selbständig lokale Briefdienste aufzubauen in der Erwartung eines höheren Einkommens.

[200] Beispielsweise könnten Marktneulinge ihre ersten Angebote an lokale Versender mit einem größeren Aufkommen richten und die Tarife der DP AG unterbieten. Aussichtsreich könnte diese Markteinführungsstrategie bei Kirchengemeinden, Kommunalverwaltungen, Schulen, Banken und Sparkassen, Vereinen und Verbänden, Handwerkern, Ärzten, Rechtsanwälten und anderen Freiberuflern sein. Jeder Brief, der von diesen Institutionen, die in der Regel vor Ort über eine hohe Reputation verfügen, versendet wird, dient beim Adressaten als Werbemaßnahme des Marktneulings.

[201] Dies ist ein strategischer Ansatz der DP AG, der bereits beim geplanten Einsatz von privaten Spediteuren beim Posttransport sowie bei der Substitution der Postfilialen durch Post-Agenturen sichtbar wird.

[202] Zwar repräsentiert das Sendungsvolumen, das an die zusammen 6,2 Mio. Bewohner der kleinsten Dörfer (weniger als 2000 Einwohner jeweils) in Deutschland zugestellt wird, nur etwa sieben Prozent des gesamten Briefdienstes in Deutschland. Aber aufgrund der hohen Wettbewerbsintensität in diesem Marktsegment und der davon ausgehenden Preiswirkungen könnte es sein, daß nach einer Marktöffnung die Konkurrenz auf dem dörflichen Briefmarkt einen Beitrag zum Abbau der Monopolrenten der DP AG leistet. Zwar handelt es sich hierbei lediglich um ein mögliches Szenario, doch erscheint es zumindest als so plausibel, daß vor einer etwaigen Behauptung einer Nicht-Bestreitbarkeit des lokalen Briefdienstes, was eine Regulierung zur Folge haben müßte, zunächst in der Praxis der Nachweis erbracht werden sollte, daß der Wettbewerb in diesem Marktsegment tatsächlich versagt.

Im Unterschied zu einem etablierten Postunternehmen müssen Marktneulinge im lokalen Briefdienst, die in Orten mit einer - geschätzten - Bevölkerungszahl von unter 100 000 Einwohnern tätig werden, nahezu keine oder nur verhältnismäßig geringe Fixkosten tragen und können zu Preisen anbieten, die etwas oberhalb der variablen durchschnittlichen Personalkosten liegen. Damit können sie langfristig in Preiskämpfen mit einem etablierten Postunternehmen mithalten, obwohl dessen Grenzkosten - im Unterschied zu den Durchschnittskosten - relativ niedrig sind.

Denn erstens ist zu erwarten, daß Marktneulinge in der Lage wären, die möglichen Mengenrabatte, die ein Etablierter Versendern mit hohem lokalen Sendungsvolumen nach einer Marktöffnung gewähren könnte, zu unterbieten, sofern er Durchschnittskostenvorteile hätte und einen eventuellen Preiskampf zeitlich aushalten könnte - beispielsweise dank der Ausnutzung von Verbundvorteilen.

Zweitens wird der Etablierte aufgrund der hohen Kostenanteile der Zustellung an den Gesamtkosten im lokalen Briefdienst langfristig kaum billiger anbieten können als beim Ferntarif. Dies liegt darin begründet, daß dem Etablierten ohne einen Monopolschutz die Preisdiskriminierung erschwert ist, da zu erwarten ist, daß nach der Marktöffnung die Position des ehemaligen Monopolisten in zahlreichen Orten durch potentielle und aktuelle Konkurrenten bestritten wird. Zudem ist eine Preisdifferenzierung im Raum selbst mit Transaktionskosten verbunden und nicht so einfach und übersichtlich zu vermarkten wie ein Einheitstarif. Ferner ist das etablierte Postunternehmen aufgrund hoher Transaktionskosten, einer eventuellen bürokratischen Inflexibilität und wegen negativer Marketingwirkungen[203] nur schwer in der Lage oder gewillt, die Portopreise je nach lokaler Wettbewerbssituation anzupassen.

In der Graphik in Abbildung 4 werden die Durchschnittskosten der Zustellung von Standardbriefen in der Haus-zu-Haus-Zustellung an private Haushalte eines etablierten Postunternehmens E mit den Durchschnittskosten des gesamten lokalen Briefdienstes (Einsammlung, lokale Sortierung, Zustellung) eines Markt-

---

[203] Falls der etablierte Anbieter auf den Markteintritt eines Konkurrenten im lokalen Briefdienst mit Kampfpreisen reagiert, kann dies erstens unmittelbar zum Unmut der Postkunden im Nachbarort führen, die nicht bereit sind, als überteuert empfundene Tarife zu bezahlen. Zweitens ist mit der Verärgerung der Kunden in dem umstrittenen Briefmarkt zu rechnen, wenn nach einem zu erwartenden Marktaustritt des Konkurrenten der Etablierte seine Preise wieder anheben sollte. Außerdem könnte dies erneut Konkurrenten mit billigeren Tarifen anlocken. Da dieses Muster der Bestreitung eines natürlichen Monopols zu erheblichen Reputationsverlusten des etablierten Anbieters führt, ist es denkbar, daß er sein Preisniveau allgemein deutlich und dauerhaft senkt und so die Monopolrente weitgehend einbüßt, wenn er den Schaden durch den Reputationsverlust als größer einschätzt. Zwar läßt sich diese Hypothese zum Wettbewerbsverhalten nicht vorab belegen oder widerlegen, doch erscheint ihre Plausibilität hoch genug, um eine Bestreitbarkeit annehmen und somit eine Marktöffnung als aussichtsreich rechtfertigen zu können.

neulings N in einer Kleinstadt mit z. B. weniger als 10 000 Einwohnern verglichen. Um die Kostenverläufe einfacher graphisch veranschaulichen zu können, wird unterstellt, daß die fixen und variablen Durchschnittskosten der Zustellung des Etablierten jeweils dreimal so hoch sind wie die des gesamten lokalen Briefdienstes des Marktneulings.[204] Auf der Abszisse werden die Marktanteile am Gesamtaufkommen aller in dieser Kleinstadt zugestellten (lokalen und auswärtigen) Briefe abgebildet.

Abbildung 4: Hypothetischer Verlauf der Durchschnittskosten der Zustellung eines etablierten Postanbieters in einer Kleinstadt im Vergleich zu den Durchschnittskosten des gesamten lokalen Briefdienstes eines Marktneulings

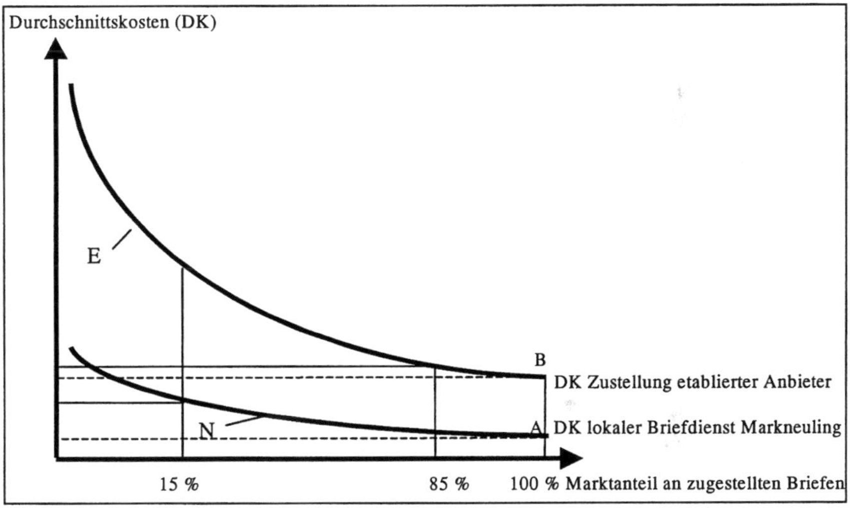

Quelle: Eigene Darstellung.

Der Kurvenverlauf zeigt, daß der Marktneuling - hier unter extremen Bedingungen - die gesamte Zustellung zu niedrigeren Kosten anbieten könnte als der Etablierte (A<B), wobei unterstellt ist, daß eine Expansion keine zusätzlichen

[204] Dies ist eine extreme Annahme für einen speziellen Fall, der veranschaulicht wird. Aufgrund von Expertengesprächen läßt sich vermuten, daß der Kostenvorteil von Marktneulingen tatsächlich eher im Bereich von 50 bis 100 Prozent gegenüber dem Etablierten liegt. Allgemeine Aussagen zu Kostenverläufen zu treffen ist eine Aufgabe der empirischen Forschung. In der obigen Abbildung bezeichnen K die Kosten, x die Menge und a die Fixkosten. Die Kostenstrukturen lassen sich formal wie folgt darstellen: Die Kosten des etablierten Unternehmens betragen $K=3x+3a$ und die Durchschnittskosten sind $DK=3+3a/x$. Die Kosten des Marktneulings betragen $K=x+a$ und die Durchschnittskosten sind $DK=1+a/x$.

Fixkosten bedingt. Da in der Übergangsphase nach der Marktöffnung der Etablierte aufgrund seiner marktbeherrschenden Stellung im landesweiten Briefdienst über nahezu alle auswärts aufgegebenen Briefe verfügt, verbleiben dem Marktneuling aber zunächst nur innerorts versandte Briefe (maximal etwa 15 % des Gesamtaufkommens an Briefen in einer größeren Stadt, weniger in einer Kleinstadt und nur ein Bruchteil dessen in einem einzelnen Dorf).[205]

Falls sich im landesweiten Briefdienst Wettbewerb entwickelt (siehe Kapitel 4.3 unten), ist zu erwarten, daß der lokale Marktneuling zusätzlich Briefe zustellen wird, die ihm von den Konkurrenten des Etablierten, die keine eigenen Zustellnetze besitzen, aus den vorgelagerten Wertschöpfungsstufen übergeben werden. Dadurch bewegt er sich auf der unteren DK-Kurve nach rechts und erzielt bei sinkenden Durchschnittskosten einen höheren Marktanteil. Im günstigsten Fall kann der lokale Marktneuling langfristig dank seiner geringeren Kosten zum natürlichen Monopolisten werden und alle Briefe zustellen, sofern auch der etablierte Anbieter bereit ist, ihm im Rahmen einer Make-or-Buy-Entscheidung seine überregionalen Sendungen zur Zustellung zu überlassen – vergleichbar dem Verfahren, wie heutzutage Postfilialen geschlossen und Postagenturen in bestehenden Geschäften oder Behörden eröffnet werden, die allerdings keine Wettbewerber der DPAG sind. Der Effizienzgewinn der Marktöffnung gegenüber dem geschützten Monopol würde pro Brief durch die Strecke AB ausgedrückt. Wenn ein Anbieter Verbundvorteile, beispielsweise zwischen der Zustellung von Briefen und Zeitungen oder anderen Versandgütern, realisieren könnte, würde die Effizienz weiter steigen. Die DK-Kurve würde dann nach unten verschoben.

Im Gegensatz zum lokalen Briefdienst in kleinen Orten sind in großen Städten ab etwa 100 000 Einwohnern bedeutsame Investitionen in Maschinen für die Briefsortierung nötig. Der dazu benötigte Kapitalbedarf kann für kleine Marktneulinge eine unüberwindbare Marktzutrittsschranke darstellen.[206] Jedoch sind größere Wettbewerber wie Paketdienste, Verlage, Versandhäuser und Logistikunternehmen in der Lage, das nötige Kapital und die zugehörigen Logistik- und Managementkenntnisse aufzubringen. Zwar können diese Investitionen beträchtlich sein und sind auch als versunkene Kosten zu bezeichnen, doch haben sie

---

205 Sofern der Marktneuling höhere Fixkostenanteile als angenommen hätte, z. B. $DK=1+2a/x$, wobei die Kosten $K=x+2a$ betragen, wäre der Fall denkbar, daß seine Durchschnittskosten für die Beförderung des lokalen Sendungsvolumens (15 Prozent aller Briefe) höher sind als die Durchschnittskosten der Zustellung der auswärtigen Briefe durch den Etablierten (85 Prozent aller Briefe). Dann wäre es kostengünstiger, daß der Etablierte alle Briefe zustellt und der Marktneuling aus dem Markt ausscheidet.

206 Telefonische Auskunft des Sprechers des Verbands „Aktionsforum Mehr Farbe im Postmarkt" der Konkurrenten der DP AG, Rudolf Pfeiffer, gegenüber dem Autor am 15.08.2001.

angesichts eines potentiellen Sendungsvolumens von täglich mehreren zehntausend Briefen bis zu mehreren hunderttausend Stück in Ballungsgebieten nur einen kleinen Gesamtkostenanteil und stellen daher keine relevante Marktzutrittsschranke dar.

In großen Städten würde die Ausschöpfung der Fixkostendegression des etablierten Postunternehmens in der Zustellung, die aus dem höheren Sendungsvolumen, das aus dem landesweiten Briefdienst stammt, resultiert, erst dann relevant, wenn der Etablierte Preisdifferenzierung betreiben könnte und das Porto für lokale Briefdienste unter seine landesweiten Durchschnittskosten senken würde. Sofern im landesweiten Briefdienst, der im folgenden Kapitel analysiert wird, Wettbewerb entstehen würde, fehlt dem Etablierten dort mittelfristig jedoch die Marktmacht, um stets kostenorientierte Preise bzw. sogar eine Quersubventionierung des lokalen Briefdienstes durchzusetzen. In einer Übergangsphase nach einer eventuellen Marktöffnung hätte das etablierte Postunternehmen freilich mit einem Marktanteil von weit über 90 Prozent einen bedeutsamen Startchancenvorteil, der die Prüfung eines Regulierungsbedarfs für die Übergangsphase nahelegt (vgl. Kapitel 5.2, S. 72).

Somit ist als Ergebnis festzuhalten, daß der lokale Briefdienst in kleinen Gemeinden sowie in Gemeindeverbänden und Städten gleichermaßen zwar ein lokales natürliches Monopol darstellt, dieses jedoch durch potentielle Konkurrenz bestreitbar ist.

4.3 Wertschöpfungskette im landesweiten Briefdienst

In diesem Kapitel wird der Markt für Standardbriefe untersucht, deren Versendung und Zustellung in zwei unterschiedlichen Gemeinden erfolgt. Die Gesamtleistung der Briefbeförderung umfaßt das Einsammeln inklusive der lokalen Vorsortierung in lokale und landesweite Sendungen, den Transport zu einem überregionalen Sortierzentrum, die Sortierung, den Transport in eine Poststelle der Zielregion sowie die Zustellung.

Da die Zustellung bereits sowohl als separate Wertschöpfungsstufe als auch als Teil des lokalen Briefdienstes als bestreitbares natürliches Monopol identifiziert wurde, muß vor der Definition und der ökonomischen Analyse des landesweiten Briefdienstes gedanklich eine vertikale Separierung in Form einer Abtrennung der letzten Wertschöpfungsstufe Zustellung vorgenommen werden. Denn unabhängig von der in diesem Kapitel zu prüfenden Frage, ob bei der landesweiten Briefbeförderung Wettbewerb herrscht oder wie die wettbewerbspolitische Reaktion auf ein nicht-bestreitbares natürliches Monopol aussähe, führt die Existenz bestreitbarer natürlicher Monopole im lokalen Briefdienst dazu, daß Anbieter des landesweiten Briefdienstes, die nur die der Zustellung vorgelagerten Wertschöpfungsstufen bedienen, die Zustellung der von ihnen beförderten Briefe durch die natürlichen Monopolisten des lokalen Briefdienstes ausführen lassen können. Der landesweite Briefdienst wird deswegen als die gemeinsame Bedienung der drei Wertschöpfungsstufen Einsammlung, Sortierung und überregionale Transporte definiert. Die Zustellung gehört in dieser Studie entgegen dem üblichen Sprachgebrauch nicht zum landesweiten Briefdienst.

Abbildung 5: Umfang eines landesweiten Briefdienstes

Landesweiter Briefdienst	Einsammlung Überregionale Sortierung Überregionaler Transport, Übergabe an lokalen Briefdienst

Quelle: Eigene Darstellung.

Es wird sodann gefragt, ob der landesweite Briefdienst ein natürliches Monopol darstellt, das eventuell nicht-bestreitbar ist, oder ob Wettbewerb möglich ist. Dies hängt sowohl von der Größe des relevanten Marktes als auch von der MOTB eines landesweiten Briefdienstes ab. Wie es der Begriff ‚landesweit' nahelegt, kann das gesamte Bundesgebiet als relevanter Markt gelten, da eine Abgrenzung eines kleineren Gebiets sachlich nicht begründet werden kann. Exakte Aussagen über die Kostenstruktur zur Abschätzung der MOTB können mangels empirischer Daten und mangels Informationen von der DP AG nicht getroffen werden. Jedoch sind Schätzungen zum Kostenverlauf möglich (vgl. Abbildung 6) und auch für die wettbewerbspolitische Beurteilung ausreichend. Bedeutsam für die MOTB sind die Sortierkosten. Einerseits deutet vieles darauf hin, daß die Sortierung als separate Wertschöpfungsstufe für den lokalen Briefdienst in großen Städten sowie im landesweiten Briefdienst ein natürliches Monopol darstellt und damit dazu beiträgt, daß auch der landesweite Briefdienst sinkende Durchschnittskosten aufweist. Andererseits kommen hohe Anteile variabler Kosten, die bei der Einsammlung und dem Transport entstehen, hinzu, so daß im landesweiten Briefdienst die Durchschnittskosten sinken und eine Subadditivität der Kostenfunktion besteht.

Abbildung 6: Verlauf und Zusammensetzung der Durchschnittskosten im landesweiten Briefdienst bis zur mindestoptimalen Betriebsgröße (MOTB)

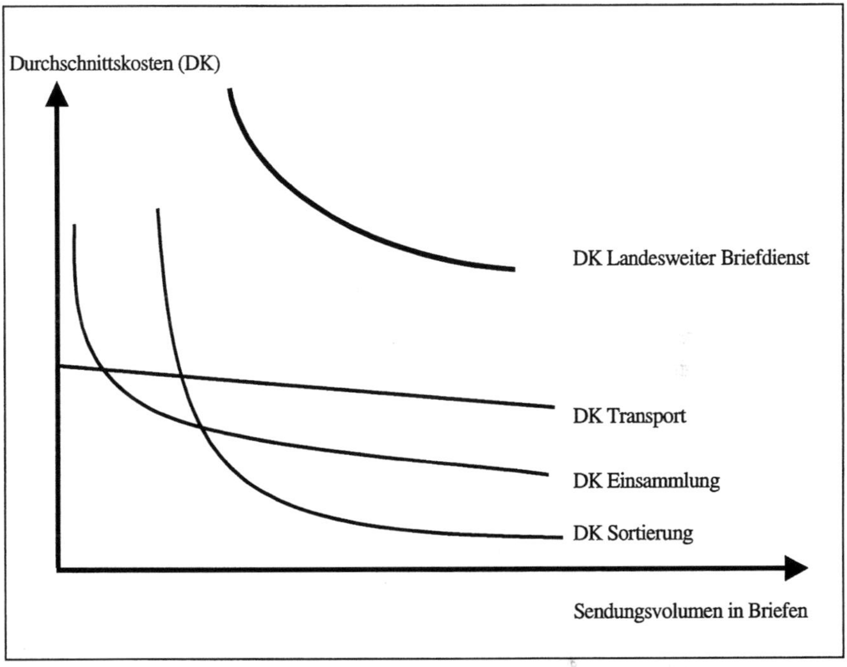

Quelle: Eigene Darstellung.

Darüber hinaus sprechen drei Gründe für eine niedrige bzw. fallende MOTB im landesweiten Briefdienst nach einer Marktöffnung im Vergleich zur MOTB des gegenwärtigen DP AG-Netzes. Erstens gilt die Mustervoraussage, daß eine wettbewerbliche Organisation der Wertschöpfungskette zu einer höheren Effizienz führt als eine Bereitstellung im staatlich geschützten Monopol und daß deshalb mit einem höheren technischen Fortschritt zu rechnen ist, was tendenziell die MOTB senken kann. Da zweitens im Zuge einer Marktöffnung erstmals eine größere Nachfrage nach Sortieranlagen unabhängig von der DP AG zu erwarten ist, dürften sich deren Hersteller um kundenorientierte Angebote bemühen und spezielle Anlagen, die kostengünstig auch kleine Sendungsvolumina bewältigen können, entwickeln. Drittens ist mit dem Marktzutritt neuer Postunternehmen zu rechnen, die bereits aus benachbarten Branchen über Logistiktechnik und -erfahrungen verfügen, so daß sie Verbundvorteile realisieren können, die die MOTB reduzieren können. Vor diesem Hintergrund scheint es durchaus plausibel anzunehmen, daß die MOTB bereits wenige Jahre nach der Marktöffnung niedriger ist als heute.

Der Vergleich zwischen der Größe des relevanten Marktes und der MOTB ist wesentlich für die Prüfung, ob ein natürliches Monopol existiert. In Ländern mit vergleichsweise kleiner Einwohnerzahl und daher einem geringen Briefmarktvolumen, wie etwa Schweden oder Neuseeland, ist ein natürliches Monopol zu vermuten, da ein Unternehmen alleine die gesamte Nachfrage im landesweiten Briefdienst kostengünstiger bedienen kann, als dies mehrere Wettbewerber gemeinsam könnten. Je größer der Briefmarkt ist, desto eher können jedoch mehrere Postunternehmen landesweite Briefdienstleistungen mit der mindestoptimalen Betriebsgröße produzieren und im Wettbewerb anbieten. Dies ist beispielsweise in Deutschland eher zu vermuten, dessen Briefmarkt rund das sechsfache Volumen des schwedischen Briefmarktes ausmacht.[207] Demnach scheint in Deutschland Wettbewerb im landesweiten Briefdienst denkbar, wobei aufgrund der Erfahrungen aus Schweden, dessen Bevölkerungszahl rund ein Siebtel derjenigen Deutschlands entspricht, die Zahl der Konkurrenten schätzungsweise im einstelligen Bereich liegen dürfte.

Auch wenn ein wettbewerblicher Markt strukturell möglich erscheint, ist die Existenz von Marktzutrittsschranken zu prüfen, da bei deren Vorliegen zumindest in einem engen Oligopol, das im landesweiten Briefdienst nicht ausgeschlossen werden kann, die Gefahr spontan-solidarischen Verhaltens zur Ausbeutung der Marktgegenseite und zur Behinderung potentieller Wettbewerber gegeben ist. Mehrere Bedingungen der Marktstruktur und des Marktverhaltens können darauf hin untersucht werden, ob sie als Marktzutrittsschranken wirken. Auf die wohl wichtigste Marktzutrittsschranke zugunsten der etablierten Postunternehmen - Kundenpräferenzvorteile - weisen bereits die ausländischen Beispiele hin. Die Versender, inklusive der Geschäftskunden, zeigen in den ersten Jahren eine geringe Wechselbereitschaft zu den neuen Wettbewerbern. Diese Marktzutrittsschranke dürfte jedoch durch Marketingmaßnahmen der Marktneulinge mittelfristig zu überwinden sein, so daß sie keine Regulierung rechtfertigt.

Zweitens treten Größenvorteile infolge einer Fixkostendegression bei der überregionalen Sortierung und bei der Einsammlung auf, die dazu führen, daß eine geographisch möglichst weite Marktbedienung erforderlich ist, um ein Umsatzvolumen zu erzielen, das es dem Postunternehmen erlaubt, die mindestoptimale

---

[207] Im Jahre 1997 wurden 20,0 Mrd. inländische Briefsendungen in Deutschland verschickt. Vgl. STATISTISCHES BUNDESAMT (1999), S. 328. In Schweden wurden im Jahr 1997 knapp 3,5 Mrd. Postsendungen (Briefe und Pakete) verschickt. Vgl. POST & TELESTYRELSEN (2001), S. 3.

technische Betriebsgröße zu erreichen. Sofern eine für Wettbewerb hinreichend große Zahl an Anbietern jeweils in der MOTB produzieren können, stellen Größenvorteile keine allgemeine Marktzutrittsschranke dar, sondern nur eine wettbewerbspolitisch unbedenkliche Schranke gegenüber kleinen Anbietern.

Drittens stellt der erhebliche Kapitalbedarf, der erforderlich ist, um ein Logistiknetz mit modernen Sortierzentren zu etablieren, zwar keine unerhebliche, aber auch keine unüberwindlich hohe Marktzutrittsschranke dar. Es handelt sich dabei auch um versunkene Kosten, doch dürfte ihr Anteil zu gering sein, um als Marktzutrittsschranke zu wirken. Können einige Marktneulinge die Anfangsverluste finanziell nicht verkraften oder dauert die Markterschließung zu lange, was nach den ausländischen Erfahrungen zu erwarten ist, so laufen sie Gefahr, aus dem landesweiten Marktsegment auszuscheiden. Es kann auch sein, daß sie von einem größeren Unternehmen übernommen werden.[208] Solange dieser Käufer kein bisheriger Wettbewerber ist, wäre das für den Wettbewerb in der Regel von Vorteil.

Viertens ist der hohe Zeitbedarf zu beachten, der beim Neuaufbau eines Sammel-, Transport- und Sortiernetzes und zur Vorbereitung der Kooperation zwischen zahlreichen Zustellnetzen nötig ist. Die Dauer eines Neuaufbaus und einer Kooperation zwischen den Netzen ist eher in wenigen Jahren als in Monaten zu berechnen.[209] Auch dieser Zeitbedarf wirkt - zumindest für große Unternehmen - nur während der Übergangsphase als Marktzutrittsschranke.

Demnach sind bereits mittelfristig keine relevanten Marktzutrittsschranken zu erkennen, die die Funktionsfähigkeit des Wettbewerbs im landesweiten Briefdienst in nennenswerter Weise beeinträchtigen würden. Lediglich in der Übergangsphase nach der Marktöffnung existieren Marktzutrittsschranken, die das Entstehen eines wettbewerblichen Marktes mit einer für stabilen Wettbewerb hinreichend großen Anzahl von Anbietern eventuell erschweren oder sogar verhindern könnten. Da die Marktneulinge ihre Strukturen nur allmählich aufbauen können, aber bereits ab der Marktöffnung einen kompletten landesweiten Dienst anbieten müssen, besitzt das existierende Briefnetz des etablierten Postunternehmens den Charakter einer wesentlichen Einrichtung, zu denen den Wettbewerbern nach §19 Abs. 4 GWB diskriminierungsfreier Zugang gewährt werden muß.

---

[208] Weltweit wurde – wie oben genauer erörtert - bislang zweimal erfolglos versucht, einem etablierten Postunternehmen im landesweiten Briefdienst Konkurrenz zu machen. In Neuseeland scheiterte National Mail und schied im Jahr 2000 aus dem Markt aus. In Schweden verkaufte im Jahr 2000 die CityMail Group AB die Mehrheit an ihrem defizitären inländischen Briefdienst, der CityMail Sweden AB, an eine Tochtergesellschaft der britischen Royal Mail.

[209] Vorteile hätten Wettbewerber, die aus benachbarten Branchen mit Logistikerfahrung in den Briefmarkt treten.

Hieraus ist eine Zugangsregulierung abzuleiten, wonach das marktbeherrschende Unternehmen verpflichtet ist, zu gleichen Konditionen, zu denen es Massensendungen von Großkunden mit Mengenrabatten annimmt, das Sendungsaufkommen von Wettbewerbern gegen Entgelt anzunehmen und zuzustellen. Nicht nur während der Übergangsphase zum Wettbewerb, sondern auch auf Dauer hätten kleine Wettbewerber so in Marktnischen oder in lokalen Postmärkten eine größere Auswahl bei der Nutzung von Teilleistungen der Briefnetze des marktbeherrschenden Postunternehmens, so daß allmählich ein tatsächlicher und potentieller Wettbewerb wirksam werden könnte. Die folgende Tabelle 2 bietet einen Überblick über mögliche Wettbewerbsbereiche sowie Wertschöpfungsstufen mit Wettbewerbsversagen.

Tabelle 2: Marktstruktur ganzer Wertschöpfungsketten sowie einzelner Wertschöpfungsstufen in separater Sicht

Wettbewerbsmarkt	**Bestreitbares natürliches Monopol**	**Nicht-bestreitbares natürliches Monopol**
Einsammlung		
Transporte		
Sortierung lokaler Briefdienst in Orten unter 100 000 Einwohnern		Sortierung lokaler Briefdienst in großen Städten. Sortierung landesweiter Briefdienst für eine bestimmte Region.
Zustellung bei Empfängern hoher Sendungsvolumina. Dienste bisheriger Lizenznehmer.	Zustellung von Standardbriefen an Privathaushalte im Haus-zu-Haus-Verfahren.	
⇩ **Landesweiter Briefdienst**	⇩ **Lokaler Briefdienst**	**Wesentliche Einrichtungen**: PLZ-System, Strichcode, Adreßänderungsdaten, Postfachanlagen

Quelle: Eigene Darstellung.

5. Allgemeine Schlußfolgerungen für eine Marktöffnung

5.1 Gleichstellung aller Wettbewerber

In diesem Kapitel werden allgemeine Schlußfolgerungen für die vollständige Öffnung von Briefmärkten gezogen. Eine Voraussetzung für die Nachhaltigkeit der Wettbewerbsentwicklung nach einer Marktöffnung ist, daß die Konkurrenten in ihren Rechten dem etablierten Postunternehmen gleichgestellt werden. Folglich sind alle Privilegien, wie reservierte Marktbereiche, Besteuerungsvorteile[210] oder Sonderrechte im Straßenverkehr, abzuschaffen. Die Wettbewerber sollten die Erlaubnis erhalten, eigene Wertzeichen auszugeben und öffentliche Briefkästen aufzustellen, um auch im Segment der Privatkunden, in dem die Abholung der Sendungen zu teuer wäre, aktiv werden zu können. Dies trägt insbesondere zur Schaffung von potentieller Konkurrenz im lokalen Briefmarkt bei.

Um dem etablierten Postunternehmen eine Positionierung am Markt zu ermöglichen, ist es ferner erforderlich, historisch gewachsene Hemmnisse, beispielsweise im Arbeitsrecht oder in Form der Verpflichtung zu räumlich einheitlichen Tarifen, aufzuheben.[211] In diesem Zusammenhang sind Regelungen zur Erbringung von Universaldienstleistungen kritisch zu überdenken. Wie das schwedische Modell zeigt, führen Universaldienstverpflichtungen eines etablierten Postunternehmens nicht notwendigerweise zu verlustbringenden Belastungen. Aufgrund der strategischen Bedeutung dauerhafter Kundenbindungen für ein im Wettbewerb stehendes Unternehmen können Universaldienstverpflichtungen sogar einen Wettbewerbsvorteil für das verpflichtete Unternehmen bedeuten. Folglich sind spezielle Kompensationsmechanismen wie ein Universaldienstfonds oder reservierte Bereiche im Briefmarkt zur internen Quersubventionierung entbehrlich.[212] Angesichts der Tatsache, daß die Sicherstellung von Universaldienstleistungen im Interesse des etablierten Unternehmens liegen kann und daher in aller Regel am Markt freiwillig erbracht und sogar übererfüllt wird, ist

---

210 Wenn alle Angebote der DP AG der Mehrwertsteuer unterworfen sind, kann sie nicht länger den Wettbewerbern Sendungen solcher Kunden entziehen, die nicht vorsteuerabzugsberechtigt sind wie etwa kommunale Verwaltungen, Banken, Verbände. In diesen Fällen sind bislang die mehrwertsteuerpflichtigen Wettbewerber der DP AG benachteiligt, denn sie müssen mit dem Bruttopreis gegen ein mehrwertsteuerbefreites Produkt der DP AG konkurrieren. Vgl. AKTIONSFORUM MEHR FARBE IM POSTMARKT (2001).

211 Vgl. SMIT, H. (2000), S. 101 f.

212 Die Universaldienstabgabe, die in Finnland von Wettbewerbern verlangt wird und auch nach dem deutschen Postgesetz möglich wäre, ist daher in zweifacher Hinsicht als problematisch anzusehen. Erstens geht sie von einer zu kompensierenden Universaldienstlast aus, die zumindest im zwar hinsichtlich der Einwohnerzahl kleineren, aber strukturell vergleichbaren Nachbarland Schweden bisher nicht nachzuweisen war. Zweitens ist die Abgabe so hoch, daß sie bislang Wettbewerber vom Markteintritt abgehalten hat. Vgl. BUSCH, B. (2001), S. 12, sowie OECD (1999a), S. 10.

der komplette Verzicht auf eine Universaldienstverpflichtung empfehlenswert. Wird ein im Wettbewerb zustande gekommenes Marktergebnis als unzureichend empfunden, so haben die Kommunen oder der Staat, wie das in Schweden praktiziert wurde, die Möglichkeit, durch Subventionierung, Sozialtransfers oder Ausschreibungsverfahren das Angebot bestimmter (meritorischer) Briefdienstleistungen zu gewährleisten bzw. zu verbilligen.

Wird am Konzept der Universaldienstverpflichtung aus politischen Gründen dennoch festgehalten, so lassen sich aus den neuseeländischen Erfahrungen zwei Anforderungen ableiten. Zum einen ist eine Universaldienstverpflichtung flexibel auszugestalten, indem sie dem marktbeherrschenden Postunternehmen eine Bandbreite bei der Erfüllung der Mindeststandards (Art der Zustellpunkte, Frequenz der Zustellung) erlaubt, wenn dies aufgrund geographischer Bedingungen nötig erscheint. Zum anderen sollten Ziele der Universaldiensterbringung nicht mit beschäftigungspolitischen Zielen vermischt werden. Anstelle einer Verpflichtung zur Beibehaltung von unternehmenseigenen Filialen, was durch das Ziel der Sicherung von Arbeitsplätzen beim ehemaligen Monopolisten motiviert sein kann, sollte einem marktbeherrschenden Unternehmen eine Mindestzahl von Filialen vorgeschrieben werden, in denen die gesamte Produktpalette angeboten wird. Qualitative Aspekte der Versorgung der Postkunden und nicht beschäftigungspolitische Partikularinteressen begründen diese Verpflichtung.[213]

5.2 *Zugangsregulierung für einzelne Wertschöpfungsstufen*

5.2.1 *Regulierung des etablierten Postunternehmens*

Während der Übergangsphase nach der Marktöffnung stellt das landesweite Briefnetz des etablierten Postunternehmens für - schätzungsweise - wenige Jahre eine wesentliche Einrichtung dar, die kurzfristig weder durch vertikal integrierte Anbieter mit eigenem Briefnetz, das erst noch geschaffen werden muß, noch durch Konkurrenten auf einzelnen Stufen der Wertschöpfungskette zu bestreiten ist. Die Wettbewerbspolitik muß darauf im Zuge einer vollständigen Briefmarktöffnung reagieren. Dazu stehen zwei Alternativen zur Auswahl: Zum einen eine Regulierung des Etablierten, die in diesem Unterkapitel 5.2.1 analysiert wird, und zum anderen eine vertikale Separierung verbunden mit der Ausschreibung eines Exklusivrechts zur Zustellung von Standardbriefen in Kommunen, was im Unterkapitel 5.2.2 untersucht wird.

Als erste Möglichkeit ist bei einem marktbeherrschenden Postunternehmen eine Regulierung seines landesweiten Briefnetzes, seiner lokalen Briefdienste

---

213 Vgl. SMIT, H. (2000), S. 103.

sowie der Teilleistungen als wesentliche Einrichtungen vorstellbar, um den diskriminierungsfreien Zugang für Wettbewerber zu regeln, zu überwachen und bei Behinderungen kurzfristig durchzusetzen. Konkret heißt das, daß das etablierte Postunternehmen seinen Konkurrenten Zugang zu Teilleistungen und zu den einzelnen Wertschöpfungsstufen zu den gleichen Konditionen gewähren muß, die es auch Endkunden, z. B. in Form von Mengenrabatten, einräumt.[214]

Im landesweiten Briefdienst könnte sich Wettbewerb entwickeln, indem Marktneulinge landesweite Briefdienste anbieten und dazu nur in den Teilen der Wertschöpfungskette selber aktiv werden müßten, in denen sie über komparative Kostenvorteile oder andere (Qualitäts-)Vorsprünge verfügen. Gerade in den Stufen zu Beginn der Wertschöpfungskette dürfte der Marktzutritt für neue Wettbewerber attraktiv sein, da bei der Einsammlung und beim Transport sowie bei Zusatzdiensten für Geschäftskunden die dominierende Marktstellung des etablierten Postunternehmens nicht marktstrukturell bedingt ist.

Im Fall eines vertikal integrierten natürlichen Monopolisten, der sowohl im landesweiten als auch im lokalen Briefdienst tätig ist, besteht die Gefahr, daß die Diskriminierung der Briefeinlieferung von Konkurrenten durch die Zugangsregulierung alleine nicht hinreichend verhindert werden kann. In einem großen Briefmarkt, in dem es mehrere Jahre bis zur Etablierung eines wirksamen landesweiten Wettbewerbs dauern kann, sprechen mehrere Überlegungen gegen eine bloße Ex-post-Regulierung.

Erstens ist ein offensives Wettbewerbsverhalten des etablierten Postunternehmens angesichts der Größe des drohenden Umsatzverlustes infolge der Marktöffnung zu erwarten. Dies könnte beispielsweise dazu führen, daß das etablierte Postunternehmen die Verhandlungen um den Netzzugang mit kleinen Wettbewerbern verzögert oder diskriminierende Vertragsangebote vorlegt.

Folglich ließen sich zweitens die Transaktionskosten des Aushandelns und der Kontrolle von Vertragsabschlüssen beim Zugang zu Teilleistungen des etablierten Postunternehmens minimieren, wenn die Regulierungsbehörde Entgelte und Konditionen des Zugangs zum landesweiten Briefnetz sowie der Inanspruchnahme weiterer wesentlicher Einrichtungen vorab festsetzen könnte.

Drittens würde eine standardisierte Entgeltregulierung die Kalkulationsgrundlage der Wettbewerber transparenter und berechenbarer machen und den Markt-

[214] Beispielsweise könnte ein lokaler Briefdienst in einer Stadt in seinen Briefkästen sämtliche Briefe annehmen und nur die lokalen Briefe selbst zustellen, während es die auswärts adressierten Briefe unter Erhalt eines Rabatts für die Vorleistungen, z. B. die Einsammlung oder die Vorsortierung, beim etablierten Anbieter einliefert. Dadurch entfiele für den Versender der Splittingaufwand und er würde vom niedrigeren Porto für die lokal zu versendenden Briefe profitieren.

zutritt neuer Wettbewerber - insbesondere ausländischer Postunternehmen - begünstigen.

Viertens zeigt das Beispiel der „light handed regulation", daß kleine Marktneulinge benachteiligt, ja verdrängt werden, wenn ihnen juristisches Fachwissen sowie Zeit und Ressourcen für die Wahrnehmung des Klagerechts gegen Wettbewerbsbeschränkungen, deren Ursachen oft nicht transparent sind, fehlen oder wenn sich Beschwerdeverfahren und Entscheidungen der Wettbewerbsbehörden in Ex-post-Verfahren zeitlich lange hinziehen.

Aus diesen Gründen sollte im Rahmen der Zugangsregulierung eine Ex-ante-Regulierung der Entgelte und Konditionen der Teilleistungen erfolgen. Es empfiehlt sich, ein marktbeherrschendes Postunternehmen zu verpflichten, den Wettbewerbern den Zugang zu allen Teilleistungen des eigenen Netzes - inklusive der Zustellung - zu mindestens solchen Konditionen zu gewähren, die nicht schlechter sind als die günstigsten Konditionen, die eigenen Unternehmensteilen, Tochtergesellschaften oder Großkunden für vergleichbare Dienstleistungen in Rechnung gestellt werden.[215]

Insbesondere muß der diskriminierungsfreie Zugang zur letzten Wertschöpfungsstufe Zustellung garantiert sein, da ansonsten ein vertikal integriertes marktbeherrschendes Postunternehmen, von dem zu erwarten ist, daß es in zahlreichen Orten das natürliche Zustellmonopol behalten dürfte, den Wettbewerb auf den vorgelagerten Wertschöpfungsstufen wirksam beschränken könnte. Zwar lassen sich überteuerte Preise oder diskriminierende Konditionen für die Annahme auswärtiger Sendungsvolumina langfristig nicht durchsetzen, da der Preis für den bestreitbaren lokalen Briefdienst die Preisobergrenze bildet, die durch die potentielle Konkurrenz erzwungen wird. Aber kurzfristig sind relevante Wettbewerbsbeschränkungen denkbar, die in der Übergangsphase eine Zugangsregulierung erfordern.

Die Zugangsregulierung ist zum einen zeitlich zu befristen und regelmäßig einer Überprüfung hinsichtlich der Existenz von Wettbewerb im landesweiten Briefdienst zu unterwerfen. Zum anderen ist sie auf marktbeherrschende Postunternehmen zu begrenzen, da Anbieter im natürlichen Monopol des lokalen Zustelldienstes, die nicht marktbeherrschend und nicht vertikal integriert sind, ökonomische Anreize haben, die Sendungen der Anbieter vorgelagerter Wertschöpfungsstufen in ihrem Gebiet gegen Entgelt diskriminierungsfrei zu befördern.

---

[215] Dies wird in Mexiko und Dänemark praktiziert. In Neuseeland und Australien sind die etablierten Postunternehmen sogar zu noch niedrigeren Preisen verpflichtet. Vgl. OECD (1999a), S. 8 f.

5.2.2 *Regelmäßige Ausschreibung der Zustellung von Standardbriefen*

Sofern der diskriminierungsfreie Zugang regulatorisch nicht zufriedenstellend gewährleistet und dadurch die Entstehung von Wettbewerb nicht stimuliert werden kann oder keine Bestreitbarkeit auf der Wertschöpfungsstufe der Zustellung vorliegt, bietet sich eine zweite Möglichkeit an, die als wettbewerbspolitischer Gestaltungseingriff bezeichnet werden kann und anstelle der Regulierung des Netzzugangs erfolgen sollte. Es wäre zu prüfen, ob das Ziel der Stimulierung von Wettbewerb besser erreicht werden kann, indem die Zuständigkeit für die Zustellung von Standardbriefen den kommunalen Gebietskörperschaften übertragen wird, die sie in einem lokalen „Wettbewerb um den Markt" ausschreiben könnten.[216] Durch diese vertikale Separierung wäre ein diskriminierungsfreier Zugang zu den lokalen Zustellnetzen auf jeden Fall gewährleistet, da die Beförderung eines möglichst großen Sendungsvolumens im Interesse des jeweiligen kommunalen Monopolisten läge. Ferner würden die Marktzutrittsschranken zum landesweiten Briefmarkt aufgrund der Größenvorteile der Zustellung und des hohen Zeit- und Kapitalbedarfs des Aufbaus der Zustellnetze entfallen. Des weiteren würde ein gesamtwirtschaftlich ineffizienter Parallelaufbau lokaler Zustellnetze verhindert, was während der Bestreitung natürlicher Monopole im lokalen Briefdienst denkbar ist.

Da keine relevanten materiellen Investitionen zu tätigen wären, könnten die Zustellmonopole für kurze Zeiträume, z. B. zwei Jahre, ausgeschrieben werden, so daß die dynamischen Funktionen des Wettbewerbs im Vergleich zu anderen Ausschreibungen relativ gut wirksam würden. Allerdings wäre der Wettbewerb in den Marktsegmenten, in denen tatsächlicher und potentieller Wettbewerb möglich erscheint, eingeschränkt, beispielsweise im lokalen Briefdienst bei der Zustellung von Briefen an Nicht-Privathaushalte. Schließlich wäre mit Umsetzungsproblemen in der Startphase sowie mit politischen Widerständen gegen eine vertikale Zerschlagung der DP AG zu rechnen. Die Ausschreibung eines Exklusivrechts zur Zustellung der Standardbriefe stellt eine ‚weiche' Form der vertikalen Separierung dar, die nur dann erfolgen sollte, wenn sich eine Zugangsregulierung alleine als nicht ausreichend zur Verhinderung von Ausbeutungs- und Behinderungsmißbrauch nach der Marktöffnung erweist. Es ist abzuwägen, ob die Einschränkung der Wettbewerbsfreiheit in Form einer solchen Kommunalisierung nicht als schwerwiegenderer Nachteil zu beurteilen ist als der Wohlfahrtsverlust, der durch die - evtl. nur temporäre - Hinnahme eines marktbeherr-

---

[216] Die Eingangssortierung und lokale Zustellung im Standardbriefdienst könnte von den Kommunen für ihre Siedlungsfläche ausgeschrieben und als Exklusivrecht an den günstigsten Bieter vergeben werden. Vgl. den Vorschlag von FICHERT, F./SEITEL, H. P. (1995), S. 7 ff.

schenden etablierten, jedoch zugangsregulierten Postunternehmens und durch eine temporäre Kostenduplizierung verursacht wird.

5.3 Abbau der Preisregulierung

Unabhängig vom Umfang der Zugangsregulierung während der Übergangsphase nach der Marktöffnung ist eine weitere Aufgabe der Regulierung darin zu sehen sicherzustellen, daß ein marktbeherrschendes Postunternehmen nicht durch seinen Aktionsparametereinsatz die Marktgegenseite ausbeutet. Im lokalen Briefdienst ist dies jedoch nicht zu befürchten, da hier ein bestreitbares natürliches Monopol gegeben ist und jeder Versuch der Ausbeutung der Endkunden bereits unmittelbar nach der Marktöffnung Marktzutritte zur Folge hätte.

Im landesweiten Briefdienst hingegen besitzt das etablierte Postunternehmen so lange eine marktbeherrschende Stellung und einen monopolistischen Preissetzungsspielraum, wie die Wettbewerber zum Aufbau konkurrierende Briefnetze benötigen. Das etablierte Postunternehmen kann weiterhin in diesem Teilmarkt monopolistische Gewinne erzielen. Es ist zu prüfen, ob für die wenigen Jahre der Übergangsphase eine Preisregulierung des marktbeherrschenden Postunternehmens im landesweiten Briefdienst vorteilhaft ist.

Eine Preisregulierung müßte regelmäßig überprüft und dann beendet werden, wenn sich Wettbewerb herausgebildet hat. Allerdings hat eine Regulierungsbehörde bei der Preisregulierung, gerade wenn sie nur für kurze Zeit vorgesehen ist, gravierende Informationsdefizite. So erscheint eine Verpflichtung zur getrennten Rechnungslegung des etablierten Postunternehmens für die Aktivitäten im nicht-wettbewerblichen Bereich, wie sie in den meisten EU-Ländern bereits existiert, angesichts der strukturellen Informationsdefizite der Regulierungsinstanzen und erheblicher Rechnungslegungsspielräume als unzureichend. Die Regulierungsinstanz kann so nicht hinreichend Einblick in die Kostenstrukturen nehmen, um damit eine Ausbeutung der Marktgegenseite zu verhindern. Angesichts dieser Schwierigkeiten und wegen des evtl. nur wenige Jahre dauernden Übergangszeitraums empfiehlt sich ein Verzicht auf eine Preisregulierung zur Verhinderung von Ausbeutung.

Eine weitere Zielsetzung könnte darin bestehen zu verhindern, daß das im landesweiten Briefdienst marktbeherrschende Postunternehmen aus diesem oder einem weiteren Teilmarkt seine Marktmacht auf andere wettbewerbliche oder bestreitbare Teilmärkte oder Wertschöpfungsstufen überträgt. Diese Gefahr wird jedoch unterbunden, da das etablierte Postunternehmen nur auf bestreitbaren oder auf Wettbewerbsmärkten, auf denen die Konkurrenz Monopolrenten verhindert, agiert. Lediglich im landesweiten Briefdienst besteht während der Übergangsphase nach der Marktöffnung ein monopolistischer Preissetzungsspielraum, wenn wie oben erörtert eine Preisregulierung als entbehrlich eingestuft werden kann. Dies erscheint als unproblematisch, da das etablierte Postunternehmen ebenfalls berücksichtigen muß, daß es durch erhöhte landesweite Preise die Anreize für neue Markteintritte vergrößert.

5.4 Privatisierung

Im Zuge der Marktöffnung sollte das etablierte Postunternehmen, sofern es sich in staatlichem Eigentum befindet, materiell privatisiert werden, da es keine Rechtfertigung für eine staatliche Tätigkeit bei der Bereitstellung von Postdienstleistungen gibt.

Die Art der Eigentümerschaft des etablierten Postunternehmens kann sich auf das Verhalten und die Strukturen am Briefmarkt auswirken. Solange der Staat Hauptanteilseigner des etablierten Postunternehmens ist, besteht die Gefahr, daß sich zum einen sein fiskalisches Interesse und zum anderen politische Einflußnahmen von Interessenverbänden negativ auf die Unternehmenspolitik und auf die politische Ausgestaltung der Marktordnung im Postbereich auswirken. Auch die in Neuseeland praktizierte Trennung der Zuständigkeiten der Ministerien hinsichtlich Marktüberwachung und Eigentümerfunktion gegenüber dem staatlichen Postunternehmen erscheint als unzureichend. Im Kern vorteilhaft ist einzig die zügige vollständige Privatisierung wie in den Niederlanden. Durch die Privatisierung wird den Wettbewerbskräften mit der erwünschten Steuerungseffizienz in geeigneter Weise zum Durchbruch verholfen, wenn die oben befürwortete Zugangsregulierung bzw. eine vertikale Separierung als spezielle Voraussetzung verwirklicht wäre.

Es wäre zudem zu prüfen, ob das etablierte Postunternehmen vor einer Privatisierung horizontal oder vertikal in mehrere Unternehmen aufgespalten werden sollte. Eine horizontale Entflechtung könnte den Verkauf der Unternehmensteile für Expreß- und Paketdienste beinhalten. Einige Länder schreiben eine horizontale Trennung durch die Bildung selbständiger Tochtergesellschaften des etablierten Postunternehmens für wettbewerbliche Marktsegmente vor. Eine vertikale Separierung, die bisher in keinem Land systematisch erwogen wird, könnte beispielsweise die Abtrennung des Bereichs Zustellung von den übrigen Postdiensten bedeuten.[217] Da langfristig der Wettbewerb bzw. die Bestreitbarkeit bei den Briefdiensten gewährleistet ist und da nicht im voraus zu beurteilen ist, welche Auswirkungen unterschiedlich hohe vertikale und horizontale Integra-

[217] Vgl. OECD (1999a), S. 11, und FICHERT, F./SEITEL, H. P. (1995).

tionsgrade auf das Marktergebnis und das Konkurrenzverhalten haben, sollte den jeweils Verantwortlichen für die Unternehmen in den Märkten die Entscheidung über Größe und Struktur des privatisierten ehemaligen Staatsunternehmens überlassen werden.

Die folgende Tabelle 3 zeigt den verbleibenden Regulierungsbedarf im Briefmarkt nach der Marktöffnung.

Tabelle 3: Verbleibender Regulierungsbedarf nach einer Marktöffnung

Marktsegment	**Eventuelle Gefahr**	**Regelung während der Übergangszeit**	**Langfristige Regelung**
Lokaler Briefdienst	Behinderungsmißbrauch	Zugangsregulierung beim marktbeherrschenden Postunternehmen bzgl. Entgelten und Konditionen	Keine Regulierung im bestreitbaren natürlichen Monopol
	Ausbeutungsmißbrauch	Keine Regulierung im bestreitbaren natürlichen Monopol	
	Übertragung von Marktmacht auf andere Märkte		
Landesweiter Briefdienst	Behinderungsmißbrauch	Zugangsregulierung beim marktbeherrschenden Postunternehmen bzgl. Entgelten und Konditionen	Keine Regulierung im Wettbewerbsmarkt
	Ausbeutungsmißbrauch	Keine Preisregulierung, da wettbewerbliche Selbstheilungskräfte wirksam	
	Übertragung von Marktmacht auf andere Märkte	Keine Preisregulierung, da wettbewerbliche Selbstheilungskräfte wirksam	
Wesentliche Einrichtungen	Wettbewerbsversagen	Sicherung der Zugangsregulierung bei Postfachanlagen, beim Postleitzahlensystem und beim Strichcode. Ausschreibung der Adressenänderungsdatei	

Quelle: Eigene Darstellung.

6. Handlungsempfehlungen zur Öffnung des Briefmarktes in Deutschland

6.1 Schritte zu einer vollständigen Briefmarktöffnung

Aus den vorangehenden Analysen sowie den Erfahrungen liberalisierter ausländischer Briefmärkte lassen sich fünf Schritte für eine vollständige Öffnung des deutschen Briefmarktes ableiten.

Erstens ist der Abbau aller institutionellen Marktzutrittsschranken zum Briefmarkt empfehlenswert. Die Marktöffnung sollte so schnell wie möglich wirksam werden. Das Prinzip der wettbewerblichen Erbringung von Briefdienstleistungen wird somit für den gesamten Briefmarkt zum Regelfall, woraus sich - wie in § 51 der alten Fassung des Postgesetzes vorgesehen - ein Auslaufen der Exklusivlizenz der Deutschen Post AG für den reservierten Bereich im Briefdienst ergibt.[218]

Zweitens ist damit der Wegfall der Lizenzklassen für die Beförderung von Briefen mit einem Einzelgewicht von unter 1 000 g verbunden,[219] so daß Wettbewerber frei in der Gestaltung ihrer postalischen Angebote wären. Statt einer Lizenzierungspflicht, die ebenfalls als Marktzutrittsschranke wirkt, sollten sich Postunternehmen lediglich registrieren lassen müssen. Die derzeit vor einer Lizenzerteilung vorgeschriebene Überprüfung der Wettbewerber auf ihre „Leistungsfähigkeit, Zuverlässigkeit, Fachkunde und Arbeitsbedingungen" durch die Reg TP könnte entfallen.[220]

Drittens sollte die Möglichkeit zur Auferlegung einer Universaldienstverpflichtung aus dem Postgesetz gestrichen werden. Die bisher definierten Universaldienstleistungen können aller Voraussicht nach vollständig und weitgehend kostendeckend am Markt erbracht werden. Soweit der Staat bzw. einzelne Kommunen es aus sozial- oder regionalpolitischen Gründen für erforderlich halten, können sie bestimmte Briefdienstleistungen subventionieren oder am Markt einkaufen und verbilligt bereitstellen. Bei der sozialpolitischen Bewertung ist zu bedenken, daß die Ausgaben für Briefdienstleistungen nur einen sehr ge-

---

[218] Die Verlängerung der Exklusivlizenz bis zum 31.12.2007 war ein „wettbewerbspolitischer Kardinalfehler." (MONOPOLKOMMISSION (2001), S. 176) und widerspricht den Marktöffnungszielen bisheriger Postreformen. Sie stößt zudem auf verfassungsrechtliche Bedenken. Vgl. SCHOLZ, R. (2001), S. 100.

[219] Vgl. § 6 Postgesetz.

[220] Insbesondere die von der Postgewerkschaft geforderte und ordnungspolitisch fragliche Vorschrift in § 6, Abs. 3, Nr. 3 Postgesetz würde gegenstandslos, wonach eine Lizenz zu versagen ist, wenn „Tatsachen die Annahme rechtfertigen, daß der Antragsteller die wesentlichen Arbeitsbedingungen, die im lizenzierten Bereich üblich sind, nicht unerheblich unterschreitet."

ringen Anteil[221] an den durchschnittlichen Ausgaben eines privaten Haushalts haben.[222]

Viertens sollte eine Ex-ante-Regulierung zur Regelung der Konditionen und Entgelte des Zugangs der Wettbewerber zum Briefnetz der DP AG sowie zu Postfachanlagen aller Postunternehmen erfolgen. Ebenfalls ist die Vergabe von Postleitzahlen für Postfachanlagen von Wettbewerbern der DP AG zu ermöglichen. Dazu ist zu prüfen, ob die Verwaltung der Postleitzahlen durch eine staatliche Behörde oder nach einer Ausschreibung („Wettbewerb um den Markt") durch ein privates Unternehmen erfolgen soll. Außerdem ist die Verwaltung und Bereitstellung der Informationen über Adreßänderungen von Postkunden außerhalb der DP AG anzusiedeln, wobei eine Ausschreibung zu prüfen ist. Schließlich empfiehlt es sich, EU-weit eine Standardisierung des Strichcode-Systems (‚Barcode') bei der Briefsortierung anzustreben.

Institutionell könnte die vorgeschlagene Zugangsregulierung in einer Abteilung des Bundeskartellamtes angesiedelt werden. Dies hätte gegenüber der Fortführung der branchenspezifischen Regulierungsbehörde Reg TP den Vorteil, daß die Regulierung nach der Feststellung eines hinreichenden Wettbewerbs im landesweiten Briefdienst leichter beendet werden könnte, ohne daß der Widerstand der von der Schließung einer ganzen Behörde betroffenen Mitarbeiter, wie er in der Theorie der Bürokratie ausführlich diskutiert ist, Verzögerungen bedingen würde. Doch dürfte bereits heute die Übertragung der Zuständigkeiten von der Regulierungsbehörde zum Bundeskartellamt auf große politische Widerstände stoßen. Als zweitbeste Lösung wäre ein Automatismus zum Auslaufen der Regulierungskompetenzen nach z. B. drei bis fünf Jahren empfehlenswert, so daß eine verlängerte Zugangsregulierung erneut ökonomisch begründet und von der Legislative beschlossen werden müßte. Es ist aus Gründen der Bündelung der Sachkompetenz empfehlenswert, daß die Regulierung, die eventuelle Ausschreibung und die Kontrolle der wesentlichen Einrichtungen (Postfachanlagen, Postleitzahlensystem, Strichcode, Adressenänderungsdatei) in der Kompetenz der Institution liegen, die auch für die Zugangsregulierung zuständig ist.

---

221 Im Durchschnitt versendet jeder Bundesbürger privat fünf Briefe im Monat an andere Privathaushalte, Unternehmen oder öffentliche Verwaltungen. Die von privaten Haushalten versandte Briefpost stellt ein Fünftel der von der DP AG im Jahr 2000 beförderten 22,6 Mrd. Briefe. Vgl. DEUTSCHE POST AG (2001b), S. 2.

222 Außerdem ist nicht nachvollziehbar, weshalb der Staat bislang Preise und Qualitäten für Briefe vorschreibt, wenn er dies bei Nahrungsmitteln, Bekleidung u. ä. nicht für nötig erachtet. Am Warenkorb des Preisindex für die Lebenshaltungskosten aller privaten Haushalte in Deutschland haben „Post- und Kurierdienstleistungen" nur einen Anteil von 0,3 Prozent, während „Nahrungsmittel ohne Getränke und Tabak" einen Anteil von 11,3 Prozent und „Bekleidung und Schuhe" einen Anteil von 6,9 Prozent haben. Vgl. STATISTISCHES BUNDESAMT (1999), S. 647 f.

Fünftens sollte der Staat seine restlichen Aktien der DP AG an der Börse verkaufen und die künftige Unternehmensstruktur durch die neuen Eigentümer festlegen lassen.

6.2 *Ökonomische Auswirkungen*

Nach der Marktöffnung ist auf dem deutschen Briefmarkt, wie erörtert, mit Wettbewerb zu rechnen. Im Markt für die landesweiten Briefdienste dürften weitere Briefnetze, die die DP AG unter Konkurrenzdruck setzen, entstehen. Im lokalen Briefdienst ist zu erwarten, daß sich in der Standardbriefzustellung für Privathaushalte bestreitbare natürliche Monopole herausbilden werden, um die von Zeit zu Zeit der etablierte Anbieter und Unternehmen, die neu in die private Haus-zu-Haus-Zustellung einsteigen und den Etablierten durch bessere Preis-Leistungs-Verhältnisse verdrängen wollen, rivalisieren. Diese Marktneulinge können sowohl Einzelpersonen sein, die eine Geschäftsidee verfolgen, als auch Postunternehmen aus anderen Marktsegmenten, z. B. Anbieter von Fernbriefdiensten oder KEP-Diensten.

Bislang ist der Wettbewerb bei Briefdienstleistungen schwach und weitgehend auf die Substitutionskonkurrenz mit Medien der Telekommunikation beschränkt. Durch die vollständige Marktöffnung tritt an dessen Seite der direkte Wettbewerb im Briefmarkt. Das zu erwartende Konkurrenzverhalten der auf dem Briefmarkt agierenden Unternehmen läßt erwarten, daß Innovationspotentiale identifiziert und in neue Produktionsverfahren und Dienstleistungen umgesetzt werden. Die bestehenden Bedürfnisse der Konsumenten werden voraussichtlich umfassender befriedigt und die Wahlmöglichkeiten erhöht, etwa durch eine größere Vielfalt an Qualitäten von Briefdiensten.[223]

Ferner ist ein Kennzeichen wettbewerblicher Prozesse, daß es entsprechend der Elastizität der Nachfrage (bzw. der Nachfragemacht) zu einer Verschiebung der Preisstruktur für Briefdienstleistungen kommt. Allerdings gibt es Indizien dafür, daß zumindest beim etablierten Postunternehmen eine stärkere Preisdifferenzierung beim Standardbriefporto - wegen der Transaktionskosten und wegen der negativen Marketingwirkung nach zu erwartender Kundenkritik - unterbleiben wird. Unwahrscheinlich ist auch eine allmähliche Qualitätsabsenkung in ländlichen Gebieten durch frühere Leerungszeiten bei Briefkästen und eine geringere Erfüllung des E+1-Laufzeitziels, da dies Markteintritte neuer Wettbewerber im lokalen Briefmarkt hervorrufen könnte. Auf jeden Fall werden ge-

---

[223] Vgl. ELSENBAST, W./SMIT, H. (2000), S. 72.

genwärtig gesicherte Produzentenrenten - hauptsächlich die der DP AG[224] - dem Wettbewerb ausgesetzt, was insgesamt zu einer spürbaren Senkung des Preisniveaus bzw. zu einem verbesserten Preis-Leistungs-Verhältnis von Briefdienstleistungen führen dürfte.

Hieraus resultieren einerseits ein Substitutionseffekt und andererseits ein Einkommenseffekt auf die Nachfrage. Der Substitutionseffekt ergibt sich aus der Senkung der Preise einzelner Briefdienstleistungen relativ zu anderen Preisen und induziert ein Nachfragewachstum. Ein negativer Nachfrageeffekt wegen ungünstigerer relativer Preise kann auftreten, wenn sich einige Briefleistungen verteuern. Der Einkommenseffekt ist zwar eindeutig, da ein Bündel Briefdienstleistungen günstiger zu erwerben ist und somit das verfügbare reale Einkommen steigt, so daß der Nachfrageeffekt positiv ist. Jedoch dürfte die Einkommenselastizität der Briefnachfrage nur äußerst gering sein. Insgesamt ist zu erwarten, daß eine leicht gesteigerte Nachfrage nach Briefdienstleistungen entstehen und sich ein höheres Wachstumspotential für den Briefmarkt eröffnen könnte.

Im Fall einer vollständigen Marktöffnung in Deutschland sind die Voraussetzungen für einen vergleichsweise frühzeitigen intensiven Wettbewerb gegeben. Im Gegensatz zu den dargestellten ausländischen Briefmärkten sind in Deutschland mittelfristig keine relevanten marktstrukturellen Wettbewerbshemmnisse zu erkennen. Das Marktvolumen ist als ausreichend hoch einzuschätzen, so daß mehrere Anbieter Skaleneffekte bei Briefdienstleistungen, insbesondere im Geschäftskundensegment, erzielen können. Zudem ist die Bevölkerungsdichte im internationalen Vergleich von Flächenstaaten hoch und geographisch weitgehend gleichmäßig verteilt.

In Deutschland spricht vieles für Marktzutritte im Bereich adressierter Massensendungen, bei lokalen und regionalen Briefdiensten sowie in Marktnischen (z. B. zur Erbringung von Zusatzleistungen für Geschäftskunden). Darüber hinaus ist der Aufbau alternativer landesweiter Briefdienstnetze zu erwarten. Zum einen sind ausländische Postunternehmen sowie große, finanzstarke Unternehmen aus benachbarten Branchen, z. B. Zusammenschlüsse von Zeitungsverlagen, interessiert und in der Lage, eigene landesweite Zustellnetze aufzubauen oder Kooperationen mit lokalen Postunternehmen zu schmieden. Konkrete Vorberei-

---

224 Allein im 1. Halbjahr 2001 erzielte die DP AG im überwiegend monopolgeschützten Briefdienst ein operatives Ergebnis (EBITA) von 1,15 Mrd. Euro bei einem Umsatz von 5,8 Mrd. Euro. Das operative Konzernergebnis (EBITA) kam mit 1,4 Mrd. Euro nicht viel darüber hinaus, so daß der - hohe - operative Gewinn der DP AG weitgehend aus dem Briefmonopol und nicht aus den im Wettbewerb stehenden Unternehmensbereichen Express, Logistik und Finanzdienstleistungen stammt. Vgl. DEUTSCHE POST COM GMBH (2001).

tungen haben bereits begonnen.[225] Zum anderen begünstigt in den meisten Landesteilen Deutschlands die hohe und relativ gleichmäßig strukturierte Bevölkerungsdichte geographische Expansionsstrategien jener Wettbewerber, die zunächst einen Markteintritt im lokalen Postmarkt wählen. Insbesondere bisherige Lizenznehmer können nun ihre Geschäftsfelder ausweiten. Durch Kooperationen zwischen einzelnen Wettbewerbern ist die Bildung eines landesweiten Netzes vorstellbar, sofern ein starkes regionales Postunternehmen mit großem ausgehenden Sendungsvolumen die Koordinationsfunktion übernimmt und dadurch die Transaktionskosten des Schnittstellenmanagements reduziert.

Über die möglichen Beschäftigungswirkungen einer Marktöffnung läßt sich abschließend wenig sagen, da mit gegenläufigen Effekten zu rechnen ist. Auf der einen Seite ist im Zuge des höheren Wettbewerbsdrucks mit einem beschleunigten Beschäftigungsabbau bei der DP AG zu rechnen. Auf der anderen Seite wäre der Erhalt der rund 30.000 Arbeitsplätze, die bislang bei den privaten Postunternehmen, die von der Reg TP Lizenzen erhalten haben, geschaffen wurden, sicherer als im Falle der Verlängerung des Postmonopols bis zum Jahresende 2007. Über den Umfang zusätzlicher Arbeitsplätze bei neuen Postunternehmen sind keine stichhaltigen Aussagen möglich.[226]

Die DP AG wird auf die vollständige Briefmarktöffnung reagieren. Eine kostenorientierte selektive Rabattstrategie, die auf wichtige Geschäftskunden fokussiert sein dürfte, sowie der Erhalt des Einheitstarifs für Privatkunden erscheinen als wahrscheinliche Reaktionen. Langfristig wird der Wettbewerb die DP AG zwingen, sowohl das Preisniveau insgesamt deutlich zu senken als auch die Preise für überregionale Briefe denen für den lokalen Markt stark anzunähern bzw. anzupassen, da auch im landesweiten Briefdienst die Kosten der Zustellung einen dominanten Anteil haben.

Neben einer Preisstrategie bietet sich auch eine Qualitätsstrategie in Form einer Diversifizierung des Dienstleistungsportfolios an. Die DP AG könnte ver-

---

[225] Europaweit bereiten sich die etablierten Postunternehmen auf den grenzüberschreitenden Markteintritt vor. Vgl. CITYMAIL GROUP AB (2001), S. 3. In Deutschland planen verschiedene Verlagshäuser die Expansion aus dem Markt der Zeitungszustellung in den Briefmarkt und haben dazu Tochtergesellschaften gegründet, beispielsweise die Verlagsgruppe Rhein Main in Mainz. Die Verlagsgesellschaft Madsack hat die CITIPOST Gesellschaft für Kurier und Postdienstleistungen mbH in Hannover - einen der ersten Wettbewerber der DP AG - gekauft.

[226] Die von der CDU/CSU-Bundestagsfraktion geschätzten „zusätzlichen 300 000 Arbeitsplätze für die Zeit nach dem Ende der Exklusivlizenz" der DP AG erscheinen zum heutigen Zeitpunkt auch dann als sehr hoch, wenn man sie als Bruttoanstieg der Zahl der Arbeitsplätze bei allen Postunternehmen in Deutschland interpretiert. Vgl. Beschlußempfehlung und Bericht des Ausschusses für Wirtschaft und Technologie (9. Ausschuß des Deutschen Bundestags) zu dem Gesetzentwurf der Bundesregierung (Entwurf eines Ersten Gesetzes zur Änderung des Postgesetzes), 20.06.2001, BT-Drucksache 14/6325, S. 5.

suchen, mit eigenen Angeboten Marktnischen auszufüllen und nach Wegfall einer möglichen Universaldienstverpflichtung das Briefangebot bei den Laufzeiten zu differenzieren.[227] Die DP AG profitiert von den Größenvorteilen ihres Briefnetzes, was einen „first mover advantage" darstellt, und von der Reputation als qualitativ hochstehender, zuverlässiger Dienstleister. Eine Rolle spielt auch die Finanzkraft des Unternehmens, die zur wettbewerblichen Auseinandersetzung eingesetzt werden kann und die die Notwendigkeit der Aufteilung der DP AG in einzelne Unternehmen unterstreicht. Die geringe personalpolitische Flexibilität, die sich zu Beginn der deutschen Postreformen als komparativer Nachteil der DP AG ausgewirkt hat, wurde durch die Umstrukturierung im Rahmen des ersten Börsengangs der DP AG inzwischen weitgehend beseitigt.

6.3 Fragwürdige Einwände gegen die Marktöffnung

Gegen eine vollständige Öffnung des Postmarktes in Deutschland werden im wesentlichen drei Argumente vorgebracht: Erstens wird vor einer Asymmetrie der Marktöffnungsschritte innerhalb der EU gewarnt.[228] Zweitens wird eine Verschlechterung der Arbeitsbedingungen bei den Postdienstleistern befürchtet.[229] Drittens gilt die Gewährleistung einer postalischen Grundversorgung als gefährdet. Aufgrund ausländischer Erfahrungen und nach theoretischen Überlegungen lassen sich diese Positionen als sachlich unbegründet und teils nur durch Partikularinteressen motiviert zurückweisen.

---

[227] Vgl. ELSENBAST, W./SMIT, H. (2000), S. 81 ff.

[228] Die Bundesregierung vertritt die Auffassung, „daß die Öffnung des Postmarktes im Einklang mit der europäischen Entwicklung fortgeführt werden sollte." Es sei zu verhindern, daß „ein vorzeitiges Auslaufen der Exklusivlizenz zu einer einseitigen Öffnung des deutschen Postmarktes führt." Begründung des Entwurfs eines Ersten Gesetzes zur Änderung des Postgesetzes, 28.03.2001, BT-Drucksachen 14/6121 und 14/6261, S. 4. Eine weitere inhaltliche Begründung bietet die Bundesregierung nicht.
Der Ausschuß für Wirtschaft und Technologie des Deutschen Bundestages hält es für erforderlich, „bei der Öffnung der Postmärkte in Europa schrittweise, kontrolliert und harmonisch vorzugehen." Auch im Postsektor bedürfe es „gleicher Wettbewerbschancen für Unternehmen in allen Ländern der Europäischen Union." Beschlußempfehlung und Bericht des Ausschusses für Wirtschaft und Technologie zu dem Gesetzentwurf der Bundesregierung zur Änderung des Postgesetzes, a.a.O., S. 2. Demgegenüber ist aber zu bedenken, daß eine zeitliche Verlängerung des reservierten Briefbereichs weiterhin eine Wettbewerbsgleichheit zwischen der DP AG und inländischen Konkurrenten in Deutschland verhindert.

[229] Der Ausschuß für Wirtschaft und Technologie des Deutschen Bundestages stellt fest, daß sich der Postmarkt „in seinen Arbeitsbedingungen durch große Nähe zu Niedriglohnsektoren und Arbeitsmarktsegmenten mit einem hohen Anteil an prekären Arbeitsverhältnissen" auszeichnet. Der Ausschuß kritisiert, daß „die Mehrheit der neu geschaffenen Arbeitsplätze im lizenzpflichtigen Bereich sich im Bereich der geringfügigen Beschäftigten bewegt." Ebenda, S. 3.

Unterschiedliche Geschwindigkeiten der Marktöffnungen einzelner Mitgliedstaaten der EU würden dazu führen, daß etablierte Postunternehmen, z. B. die DP AG, auf geschlossenen ausländischen Märkten keine Briefdienste anbieten könnten, während sie auf den eigenen geöffneten Heimatmärkten den Marktzutritt ausländischer Konkurrenten, z. B. durch die französische La Poste oder die schwedische CityMail, fürchten müßten. Was aus Sicht der DP AG eine zusätzliche Konkurrenz darstellt, ist für die Nachfrager eine willkommene Bereicherung der Angebotsvielfalt. Die frühzeitige Marktöffnung ist zu begrüßen, da nicht der Schutz einzelner (nationaler) Anbieter, sondern die Stimulierung von in- und ausländischem Wettbewerb das wettbewerbspolitische Ziel ist. Zudem benötigt der Aufbau landesweiter Briefdienste Zeit, die ein etabliertes Postunternehmen zur Rationalisierung und zur Anpassung an den Wettbewerb nutzen kann – wie in Schweden und Neuseeland geschehen.

Eine Verschlechterung der Arbeits- und Entlohnungsbedingungen der im Postmarkt Beschäftigten wird durch eine Marktöffnung nur insoweit verursacht, als künftig keine Monopolgewinne mehr vorhanden sind, mit denen u. a. überdurchschnittlich hohe Löhne für Postbedienstete finanziert werden können.[230] Aus ordnungspolitischer Sicht sind im Briefmarkt keine Lohnaufschläge zu rechtfertigen, beispielsweise im Vergleich zum Logistik- oder Speditionsgewerbe. Darüber hinaus können die Durchschnittslöhne bei den Postdienstleistern sinken, da das Durchschnittsalter - und damit im allgemeinen auch der Lohn - der bei neuen Dienstleistern beschäftigten Mitarbeiter in der Regel niedriger als beim etablierten Postunternehmen ist.[231]

Die Befürchtung einer schlechteren Versorgung der ländlichen Bevölkerung mit Briefdiensten läßt sich nach den Erfahrungen geöffneter Auslandsmärkte nicht aufrechterhalten. Gerade das große Marktvolumen des deutschen Postmarktes scheint eine ausreichende Gewähr für eine Wettbewerbsentwicklung auch im ländlichen Raum zu bieten. Wenn es dennoch zu einer – sich gegenwärtig nicht abzeichnender – erheblichen Preisdifferenzierung und damit einer eventuellen Verteuerung der Briefdienste in dünnbesiedelten Regionen kommen sollte, so wäre dies erst dann wettbewerbspolitisch bedenklich, wenn Preisdifferenzierungen nicht durch Kostenunterschiede begründet wären. Eine Preisdifferenzierung mit Erhöhungen im ländlichen Raum würde eher ein politisches Problem als einen sozialpolitischen Handlungsbedarf hervorrufen.

---

230 Die Postgewerkschaft DPG erwartet, daß „ein Wettbewerb vornehmlich über den Preis und damit durch Lohndumping stattfinden" wird. DEUTSCHE POSTGEWERKSCHAFT (2000), S. 31.

231 In Schweden liegt das durchschnittliche Alter der Mitarbeiter der CityMail Sweden AB deutlich unter dem beim etablierten Postunternehmen Posten AB. Vgl. ELSENBAST, W./SMIT, H. (2000), S. 99 f.

IV. Abfallentsorgung

1. Ökonomische Grundlagen der Abfallwirtschaft

1.1 Begriff

In diesem Teil der Arbeit werden die Möglichkeiten einer Öffnung des deutschen Abfallmarktes untersucht. Daraus ergibt sich die Notwendigkeit, im Eingangskapitel die branchenspezifischen Besonderheiten des Abfallmarktes zu analysieren. Als Grundlegung für die ökonomische Analyse wird in diesem ersten Unterkapitel der verwendete Abfallbegriff definiert und von den Begriffen Emission und Wirtschaftsgut abgegrenzt. Daran schließt sich eine Erläuterung der zentralen abfallpolitischen Begriffe Abfallvermeidung, -verwertung und -beseitigung an. Die folgenden Unterkapitel geben einen Überblick über die unterschiedlichen Modelle der Organisation und Finanzierung von Entsorgungsleistungen und über die Wertschöpfungsstufen im Abfallmarkt.

Auf einem Abfallmarkt werden Gegenstände und Stoffe gehandelt, derer sich ihre Besitzer entledigen wollen oder müssen. Die Definition von Abfall umfaßt drei Elemente. Abfall ist erstens ein transportierbarer Gegenstand oder Stoff. Die weitere Nutzung von Abfall ist zweitens mit einem negativen Nettonutzen verbunden. Drittens ist es nicht möglich, beim Verkauf einen positiven Preis für Abfall zu erzielen, so daß der derzeitige Besitzer bereit ist, den Abfall ohne Kompensation abzugeben oder sogar für die Entsorgung zu bezahlen.

Abfälle und Wirtschaftsgüter unterscheiden sich nicht auf der physischen Ebene, sondern in ihrer subjektiven Bewertung.[232] In der einzelwirtschaftlichen Perspektive erfolgt der Übergang vom Wirtschaftsgut zum Abfall dann, wenn der Grenznutzen (GN) des Besitzes oder der weiteren Nutzung einer Sache geringer ist als die Grenzkosten (GK) der weiteren Nutzung (Abfall, wenn GN < GK). Aus gesamtwirtschaftlicher Perspektive wird ein Gegenstand bzw. Stoff zu Abfall, wenn für die Gesellschaft als Ganzes die Bedingung erfüllt ist, daß der Grenznutzen der weiteren Nutzung geringer ist als die Grenzkosten.[233] Dies schließt die Möglichkeit ein, daß bestimmte Gegenstände auf der einzelwirtschaftlichen Ebene Abfall darstellen, aber gesamtwirtschaftlich als Wirtschaftsgüter zu bewerten sind. Es existieren Gegenstände, die für ihre Besitzer nutzlose Abfälle sind, während sie anderen Personen einen positiven Nettonutzen stiften. Jedoch können Transaktionskosten verhindern, daß es zum Verkauf oder Tausch

---

[232] Ein Gegenstand oder ein Stoff wird von seinem Besitzer negativ bewertet, wenn er unbrauchbar oder unerwünscht ist. Vgl. WEILAND, R. (1993), S. 122.

[233] Vgl. HOLM-MÜLLER, K. (1997), S. 24.

und somit zur Umwandlung solcher einzelwirtschaftlicher Abfälle in Wirtschaftsgüter kommt.[234]

Die bei der Entsorgung von Abfällen anfallenden Kosten spielen für den Abfallbesitzer bei der Entscheidung über die Weiternutzung eines Gegenstandes nur eine untergeordnete Rolle, da sie versunkene Kosten darstellen, die bereits beim Kauf bzw. der Eigenproduktion eines Gutes zu berücksichtigen sind. Liquiditäts- oder Zinseffekte können die Entscheidung über die Weiternutzung eines Gutes beeinflussen. Die verlängerte Nutzung stellt damit eine Maßnahme der Eigenverwertung von Abfall dar. Auch eine kommerzielle Abfallverwertung macht aus einem Gegenstand noch kein Wirtschaftsgut. Dies ist offensichtlich, wenn der Verwerter für die Annahme des zu verwertenden Abfalls Geld erhält. Ein Abfallbesitzer entscheidet sich nur dann für die Verwertung, wenn sie kostengünstiger als die Abfallbeseitigung ist.

Generell handelt es sich bei Abfällen um ‚Ungüter'. Nach einer Definition des Rates der Sachverständigen für Umweltfragen umfaßt der Abfallbegriff im weitesten Sinn einerseits einen „kompakten, festen, pastösen oder flüssigen"[235] Rohabfall und andererseits Emissionen. Beide Abfallarten können entweder als unerwünschte Kuppelprodukte in der Produktion[236] oder während des Konsums („Kuppelkonsum"[237]) entstehen. Sie verursachen in der Regel sowohl einen ökonomischen als auch unmittelbar bzw. mittelbar einen ökologischen Schaden. Dem allgemeinen Sprachgebrauch folgend wird in dieser Studie der Begriff Abfall anstelle des Begriffs Rohabfall verwendet, zumal der Abfallbegriff im weitesten Sinn für diese Untersuchung nicht zielführend ist.

Abfälle und Emissionen lassen sich hinsichtlich ihrer physischen Natur unterscheiden. Abfälle sind - unabhängig vom Aggregatzustand - bewegliche, transportierbare Gegenstände und Stoffe, die nicht mit einem Umweltmedium vermischt sind. Bei isolierter Betrachtung führt die Entstehung von Abfall noch nicht zu Umweltbelastungen. Umweltprobleme, d. h. Schädigungen von bei Mensch oder Natur, können nur durch Emissionen entstehen, die von Lebewesen aufgenommen werden (Immission). Jedoch führt Abfall in der Regel langfristig durch Reaktion oder Vermischung mit Umweltmedien zu Emissionen, die potentiell schädlich sind. Emissionen entstehen, wenn Stoffe - in der Regel Schadstoffe - aus einer Anlage in ein Umweltmedium (z. B. Luft, Grundwasser) ent-

234 Abfallbörsen, Flohmärkte und Auktionen im Internet sind Institutionen, die Transaktionskosten senken und zur Abfallvermeidung beitragen.

235 Rat von Sachverständigen für Umweltfragen (1990), S. 27.

236 Bereits im Jahr 1871 betrachtete W. S. Jevons Umweltprobleme als Ausdruck einer Kuppelproduktion, vgl. JEVONS, W. S. (1965), S. 202.

237 SIEBERT, H. (1982), S. 267 ff.

weichen und sich mit ihm vermischen, so daß sie im Gegensatz zu Abfällen weder physisch faßbar noch transportierbar sind.[238]

Abfälle und Emissionen werfen umweltpolitische Optimierungsprobleme auf. Die Emissionspolitik hat zwischen dem Schädigungspotential durch eine Emission bzw. die resultierende Immission einerseits und den Kosten der Emissionsvermeidung andererseits abzuwägen. Dabei ist zu berücksichtigen, daß eine Emissionsvermeidung oder -minderung meist in einer Erhöhung des Abfallaufkommens resultiert (z. B. durch Filter in Verbrennungsanlagen). Beim Abfall stellt sich ebenfalls ein mehrdimensionales Optimierungskalkül, da Abfall vermieden, verwertet oder – mit oder ohne Vorbehandlung – beseitigt werden kann. Nahezu jede Form der Abfallentsorgung (Verwertung oder Beseitigung) ist mit Emissionen und späteren Immissionen unterschiedlicher Art und Bedeutung verbunden. Auch Abfallvermeidung kann zu einer Zunahme von Emissionen und Immissionen führen (z. B. Pfandsysteme, die einen erhöhten Energie- und Wasserverbrauch verursachen).

Tabelle 4: Unterscheidung zwischen Emissionen, Abfall und Wirtschaftsgut in einzelwirtschaftlicher Perspektive

Emissionen	**Abfall**	**Wirtschaftsgut**
(Schad-)Stoffe, die aus einer Anlage ausgetreten sind	Kuppelprodukt aus Produktion und Konsum (Produktionsabfall und Prolduktabfall)	Physisches Gut
In der Regel nicht transportierbar	Transportierbar	Transportierbar
Ökologisch meist schädlilch durch Vermischung mit Umweltmedien und durch Immissionen	Ökologisch langfristig meist schädlich nach Umwandlung in Emissionen und Immissionen	Ökologisch langfristig meist schädlich nach Umwandlung in Abfall, Emissionen und Immissionen

Quelle: Eigene Darstellung.

Diese Überlegungen verdeutlichen die Notwendigkeit, die zentralen abfallpolitischen Begriffe der Vermeidung, der Verwertung und der Beseitigung von Abfall zu unterscheiden. Abfall, der nicht vermieden oder verwertet wird, muß beseitigt werden, wofür der Abfallbesitzer ein Entgelt für die Übernahme eines

[238] Abwässer in einer Kanalisation sind somit dem Abfall und nicht den Emissionen zuzurechnen.

Ungutes an das Beseitigungsunternehmen bezahlen muß. Beseitigungsabfall hat stets einen negativen Preis.

Die Verwertung umfaßt zum einen das Gewinnen von Stoffen aus Abfällen und die Nutzung der stofflichen Eigenschaften der Abfälle mit Ausnahme der Energierückgewinnung (stoffliche Verwertung). Zum anderen können Abfälle energetisch verwertet werden, um sie zur Energieerzeugung zu nutzen. Allen Verwertungsformen ist gemeinsam, daß sie einen Gegenstand, einen Stoff oder Energie mit einem positiven Wert hervorbringen, der einen Nutzen stiftet, der den Verwertungskosten gegenübergestellt werden kann. Verwertung bedeutet damit Sekundärproduktion. Bei der Verwertung muß zwischen Abfallverwertung und der Verwertung von Wirtschaftsgütern unterschieden werden. Bei der Abfallverwertung ist der zusätzliche Nutzen der Sekundärproduktion kleiner als die zusätzlichen Kosten. Die Verwertung rentiert sich aber für den Abfallbesitzer, wenn er dadurch höhere Beseitigungskosten einspart. Handelt es sich hingegen bei den eingesetzten Altstoffen nicht um Abfälle, sondern um Wirtschaftsgüter, ist eine Sekundärproduktion möglich, die ohne Berücksichtigung vermiedener Beseitigungskosten rentabel ist.[239] Da jede Verwertung mit der Entstehung zusätzlicher Emissionen verbunden ist und ihrerseits Ressourcen und Energie verzehrt, ist ein hundertprozentiges, immerwährendes Recycling nicht möglich.[240]

Die Abfallvermeidung beschränkt sich aufgrund der weiten Definition der Verwertung auf jene Fälle, in denen die Menge an negativ bewerteten Gegenständen und Stoffen tatsächlich verringert wird. Durch Verwertung kann es nur kurzfristig zu einer Verringerung der Abfallmenge kommen. Sobald jedoch die Sekundärprodukte wieder zu Abfall werden, erhöht sich die Abfallmenge so lange, bis alle Stoffe, die aus der Umwelt in den Wirtschaftskreislauf eingebracht wurden, abgelagert oder verbrannt sind. Langfristig sinkt die zu beseitigende Abfallmenge nur dann, wenn die Primärproduktion reduziert wird. Letztlich ist die Entscheidung über die Vermeidung, Verwertung und Beseitigung eine Entscheidung über das Niveau an Primär- und Sekundärproduktion.[241]

---

239 Obwohl Weiterverwendung, Reparatur und ähnliches umgangssprachlich zur Abfallvermeidung gezählt werden, erscheint es für die ökonomische Analyse gerechtfertigt, auch diese Maßnahmen unter Verwertung bzw. zum Recycling von Abfall zu fassen, wobei durch eine – mit Kosten verbundene - Aufbereitung oder Reparatur aus nutzlosem Abfall wieder ein Gut mit positivem Nettonutzen wird. Demnach kann auch die Reinigung von Mehrwegverpackungen als Verwertungsbeispiel gelten. Vgl. HOLM-MÜLLER, K. (1997), S. 28 f.

240 Vgl. STEPHAN, G. (1991), S. 329.

241 Vgl. HOLM-MÜLLER, K. (1997), S. 37 f.

1.2 Wertschöpfungsstufen

Die Wertschöpfungskette im Abfallmarkt umfaßt mehrere Stufen. Zu Beginn steht die Sammlung, die in mehreren Varianten eine intensive Beteiligung der Abfallbesitzer vorsieht, die wesentlich durch die Eigenschaft des Abfalls als Ungut motiviert wird. Da Abfallbesitzer keine Kompensation für die Entsorgung ihres Mülls erwarten können und letztlich die Entsorgungskosten überwiegend selber tragen müssen, fällt es staatlichen und kommunalen Behörden relativ leicht, das Verhalten beim Umgang mit Abfall zu beeinflussen. So ist es möglich, den Abfallbesitzern die Pflicht zur Abfalltrennung zu übertragen und Kosten der nachträglichen Müllsortierung zu sparen. Zudem etablierten sich neben den Holsystemen am oder auf dem Grundstück des Abfallbesitzers auch Bringsysteme, die Abfallbesitzern eine zeitliche – und z. T. auch finanzielle - Eigenleistung abverlangen. Sammelunternehmen transportieren die Abfälle meist zu regionalen Umladestationen oder zu nahegelegenen Entsorgungseinrichtungen.

An die Sammlung kann sich je nach Sammelmodus als zweite Stufe noch eine großtechnische Sortierung als eigenständige Wertschöpfungsstufe anschließen. Die dritte Wertschöpfungsstufe bildet der Ferntransport des Abfalls zu den Entsorgungsanlagen. Die vierte Stufe stellt die Entsorgung dar, die die Verwertung (stofflich oder thermisch) und die Beseitigung (Deponierung oder die Müllverbrennung[242]) als Alternativen umfaßt.

Die Kostenstrukturen der Abfallsammlung und der Entsorgung weisen deutliche Unterschiede auf. Die Sammlung ist durch einen hohen Personalkostenanteil[243] und durch einen hohen variablen Kostenanteil gekennzeichnet. Aufgrund von Dichtevorteilen sind die Kostenverläufe der Abfallsammlung in Ballungsräumen günstiger als in dünn besiedelten ländlichen Regionen (vergleiche Abbildung 7).

---

[242] Bei der Müllverbrennung sind einerseits die thermische Verwertung und andererseits die energetische Beseitigung zu unterscheiden.

[243] Zu den Personalkosten der Sammlung müßten noch die tatsächlichen Kosten sowie die Opportunitätskosten der Abfallbesitzer, die ihren Müll zu den Sammelcontainern transportieren, hinzugerechnet werden.

Abbildung 7: Schematische Darstellung der Durchschnittskosten der Abfallsammlung im Holsystem - Vergleich zwischen ländlicher Region und Agglomeration

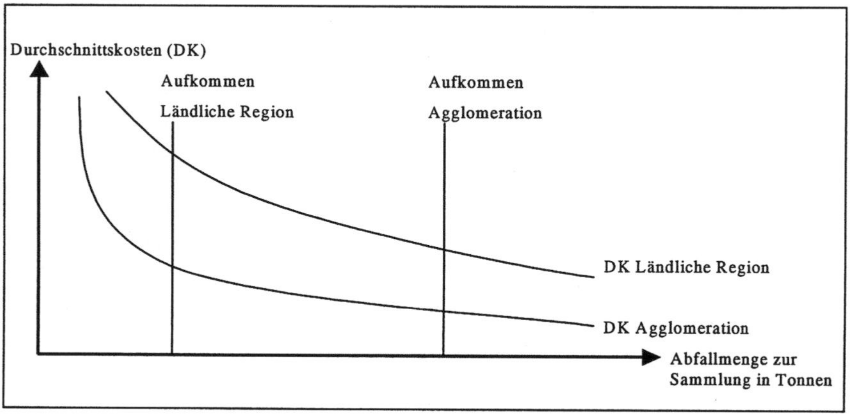

Quelle: Eigene Darstellung.

Die Kostenstruktur des Baus und Betriebs von Entsorgungsanlagen weist einen hohen Fixkostenanteil und eine hohe mindestoptimale technische Betriebsgröße (MOTB) auf, so daß ein Abfallmengenrückgang in steigenden Durchschnittskosten resultiert. Die Besiedelungsdichte bzw. geographische Nähe des Standorts zum Ort der Abfallentstehung hat für die Rentabilität von Entsorgungsanlagen wegen der niedrigen Kosten des Abfalltransports geringe Relevanz. Allerdings ist der Bau von Entsorgungsanlagen in Ballungsräumen aufgrund unterschiedlicher Emissionswirkungen und einer höheren Zahl der Geschädigten komplizierter und teurer als im ländlichen Raum. Die einzelnen Entsorgungsanlagen besitzen unterschiedliche Kapazitäten. Während Sortier-, Recycling- und Müllverbrennungsanlagen durch eine Höchstkapazität an zu behandelndem Abfall pro Zeiteinheit gekennzeichnet sind, weisen Deponien eine Volumenkapazität auf, die nach Verfüllung nicht erweitert werden kann. Deponien haben nur einen geringen Anteil an variablen Kosten, so daß das langfristige Durchschnittskostenminimum realisiert werden kann, wenn über einen langen Nutzungszeitraum Ablagerungen erfolgen können (Optimierung der Nutzung der Volumenkapazität). Die übrigen Entsorgungsanlagen benötigen einen eher gleichbleibenden Abfallstrom in Höhe ihrer Behandlungskapazität, um kosteneffizient zu arbeiten (Optimierung der Zeitkapazität).

1.3 Organisations- und Finanzierungssyteme der Abfallwirtschaft

Wegen des fehlenden Eigeninteresses der Wirtschaftssubjekte am Erwerb des Ungutes Abfall und wegen der ökologischen Zielsetzungen ist eine spezielle Rahmensetzung für den Abfallmarkt notwendig. In Deutschland existieren hierzu zahlreiche Bestimmungen für unterschiedliche Abfallfraktionen und Herkunftsbereiche. Die Systeme der Abfallsammlung und Entsorgung lassen sich zum einen danach unterscheiden, ob die Sammlung und Entsorgung durch öffentliche oder private Entsorger erfolgt.

Abbildung 8: Grundsätzliche Organisations- und Finanzierungssysteme der Abfallwirtschaft - Beispiele von Entsorgungssystemen in Deutschland

<table>
<tr><th colspan="2" rowspan="2"></th><th colspan="4">Durchführung der Sammlung und Entsorgung</th></tr>
<tr><th colspan="2">Öffentliche Entsorger</th><th colspan="2">Private Entsorger</th></tr>
<tr><td rowspan="4">Finanzierung</td><td>Abfallbesitzer durch direkte Kontrahierung</td><td colspan="2">Sonderabfall aus der Industrie</td><td colspan="2">Verwertungsabfall aus der Industrie; Altautos</td></tr>
<tr><td>Endkunden über die Preise der Güter</td><td>Bringsystem:
Verpackungs-wertstoffe im Auftrag der DSDAG, z. B. Glascontainer. geplant: Rücknahme von Elektronikschrott</td><td>Holsystem:
Verpackungsmüll im Auftrag der DSDAG, z. B. Gelber Sack;</td><td>Bringsystem:
Verpackungs-wertstoffe im Auftrag der DSDAG; Rücknahme von Sonderabfall aus Privathaushalten, z. B. Altbatterien</td><td>Holsystem:
Verpackungsmüll im Auftrag der DSDAG, z. B. Gelber Sack</td></tr>
<tr><td>Abfallgebühren</td><td>Bringsystem:
Hausmüll zur Verwertung, z. B. Glascontainer</td><td>Holsystem:
Hausmüll zur Beseitigung und zur Verwertung;
Sondermüll aus Privathaushalten, z.B. derzeit noch Elektronikschrott</td><td>Bringsystem:
Hausmüll zur Verwertung in Drittbeauftragung</td><td>Holsystem:
Hausmüll zur Beseitigung in Drittbeauftragung</td></tr>
<tr><td>Allgemeiner öffentlicher Haushalt</td><td colspan="4">Denkbare Finanzierungsart bei nicht kostendeckenden Abfallgebühren (In manchen Kommunen im angelsächsischen Raum als vollständige Alternative zu Abfallgebühren existent)</td></tr>
</table>

Quelle: Eigene Darstellung.

Des weiteren existieren unterschiedliche Finanzierungssysteme: Erstens ist es möglich, daß der Abfallbesitzer direkt mit dem Entsorger einen Vertrag abschließt und ein spezielles Entsorgungsentgelt entrichtet. Zweitens kann die Entsorgung durch den Produzenten über die Güterpreise finanziert werden. Drittens ist eine Finanzierung über Abfallgebühren und viertens aus Mitteln des öffentlichen Haushalts möglich.

2. Marktordnung in Deutschland

2.1 Entwicklung der abfallpolitischen Regulierung

Von alters her wird in der Abfallsammlung und -entsorgung eine öffentliche Aufgabe zum Schutz der Gesundheit und des Wohlbefindens der Bevölkerung gesehen.[244] Doch bis in das 19. Jahrhundert hinein wurden in Europa Straßen, Flüsse und das Grundwasser durch Abfälle und Fäkalien von Menschen und Tieren verschmutzt.[245] Eine geregelte Abfallentsorgung entstand erst in der zweiten Hälfte des 19. Jahrhunderts, als im Jahre 1876 in London die erste Müllverbrennungsanlage gebaut wurde. Um die vorletzte Jahrhundertwende folgte das Recycling von Wertstoffen aus Hausmüll in Handsortieranlagen.

Bis in die zweite Hälfte des 20. Jahrhunderts beschränkte sich die Abfallentsorgung in Deutschland weitgehend auf das Einsammeln von Abfällen und deren Deponierung, wofür die Gemeinden und Gemeindeverbände zuständig waren. Privaten Unternehmen war der Zugang zum Abfallmarkt nahezu verschlossen,

---

244 Bereits der griechische Gelehrte Hippokrates (um 400 v. Chr.) vermutete einen Zusammenhang zwischen Hygiene, schlechtem Wasser, verdorbenen Lebensmitteln und Seuchen. Doch trotz öffentlicher Hygienevorschriften und Sanitäreinrichtungen – beispielsweise bestand in Athen im vierten Jahrhundert v. Chr. eine Pflicht zur täglichen Straßenreinigung und für die Regierungszeit des römischen Kaisers Vespasian (69-79 n. Chr.) sind entgeltpflichtige öffentliche Bedürfnisanstalten in Rom nachgewiesen („pecunia non olet") - entvölkerten Seuchen immer wieder ganze Landstriche. Mit dem Untergang des Römischen Reiches und den Wirren der Völkerwanderung ging das Wissen um die öffentlichen Hygienetechniken für fast 1000 Jahre verloren. Rund ein Drittel der europäischen Bevölkerung starb während der Pest im 14. Jahrhundert. Noch im 19. Jahrhundert starben 380.000 Menschen in Preußen in Choleraepidemien zwischen den Jahren 1831 und 1873. Vgl. SPIEGEL (1985). Der Zusammenhang zwischen Umwelthygiene und Krankheiten läßt sich bis heute in den ärmsten Ländern der Erde nachvollziehen. Nach Angaben der Weltgesundheitsorganisation WHO leben gegenwärtig über eine Milliarde Menschen ohne Zugang zu sauberem Wasser. Vgl. Weltgesundheitsbericht der WHO, zitiert in WISSENSCHAFTLICHER BEIRAT DER BUNDESREGIERUNG GLOBALE UMWELTVERÄNDERUNGEN (2001), S. 12.

245 Neben dem menschlichen Leid wurden die wirtschaftlichen Folgen zuletzt während der Choleraepidemie in Hamburg im Jahre 1892 deutlich, der 9 000 Menschen zum Opfer fielen. Das Fehlen einer Filteranlage in einem Wasserwerk, die 22 Mio. Goldmark gekostet hätte, begünstigte die Seuchenausbreitung, die zu Kosten in Höhe von rund 430 Mio. Goldmark führte. Vgl. SPIEGEL (1985).

da die Bereitstellung der Entsorgungsleistungen als Teil der staatlichen Daseinsvorsorge verstanden wurde. Ende der sechziger Jahre wurden strukturelle Reformen eingeleitet, als zum einen ein Entsorgungsnotstand infolge steigender Abfallmengen und sinkender Restkapazitäten an Deponieraum vorhergesagt wurde und zum anderen Umweltschädigungen auftraten, die von den Ablagerungsplätzen ausgingen.

Der Bundesgesetzgeber reagierte mit dem ersten bundeseinheitlichen Abfallbeseitigungsgesetz, dem Abfallgesetz aus dem Jahre 1972. Es bestimmt bis heute wesentliche Elemente des ordnungsrechtlichen Rahmens der Abfallwirtschaft. Die Entsorgungszuständigkeit liegt bei den Gemeinden oder Kreisen. Der Abfall aus privaten Haushalten sowie der Abfall zur Beseitigung aus den übrigen Bereichen muß den öffentlichen Entsorgungsträgern überlassen werden. Die Gemeinwohlverträglichkeit der Abfallbeseitigung soll durch präventive Maßnahmen wie Planfeststellungsverfahren und Abfallbeseitigungsplanungen sowie durch Kontrollbefugnisse der Behörden und durch die Verpflichtung der Unternehmen zum Führen von Entsorgungsnachweisen und zum Besitz von Transportgenehmigungen gewährleistet werden.

Im Verlauf des Vollzuges des Abfallgesetzes wurden die mehr als 50 000 meist kleinen Müllkippen geschlossen und große, zentrale Deponien eingerichtet. Das Abfallrecht wurde seitdem mehrfach novelliert. Das Abfallgesetz aus dem Jahre 1986 (AbfG 1986) brachte die Fortentwicklung von der reinen Ordnung der Abfallbeseitigung zu einer umfassenden Rahmensetzung für die Abfallwirtschaft. Es formulierte den Vorrang der Vermeidung vor Wiederverwertung und vor Beseitigung als Zielhierarchie der abfallpolitischen Optionen. Die Abfälle zur Verwertung fielen aber nicht unter den Geltungsbereich dieses Gesetzes, so daß die Relevanz dieser Zielhierarchie bis zur Einführung der Verpackungsverordnung im Jahr 1991 gering blieb.

Insgesamt bestand für die Umweltpolitik ein vergleichsweise großer Gestaltungsspielraum, da die Abfallpolitik ein Betätigungsgebiet ist, auf dem das Umweltministerium nicht unmittelbar an Ressortgrenzen stößt und daher abfallpolitische Grundsätze mitentwickeln und umsetzen kann. Ein Ergebnis dieser Politik ist die Umsetzung des ökologischen Grundsatzes der Produktverantwortung der Hersteller, wonach „die Verlagerung der Verantwortung für Abfälle vom Letztgebraucher auf den Inverkehrbringer von Produkten und Verpackungen“ [246] übergeht.

---

[246] RUTKOWSKY, S. (1998), S. 1. Dieser Grundsatz schlägt sich in der Betonung der Verantwortung der Erzeuger und Besitzer von Abfällen bei deren Vermeidung, Verwertung und Beseitigung nieder. Vgl. § 5, Abs. 2 und § 11, Abs. 1 KrW-/AbfG.

Im Gegensatz zu den einschneidenden ökologisch begründeten Rechtsänderungen kam es bisher nur zu verhaltenen Reformen in der ökonomischen Rahmenordnung, die kleine Marktöffnungsschritte erlaubten. Der Abfallmarkt unterliegt weiterhin systematischen Defekten, die hohe gesamtwirtschaftliche Kosten nach sich ziehen. Die externen Kosten sowie die Opportunitätskosten der Nutzung knapper Umweltgüter werden zum Teil weiterhin ignoriert, und die Preise einer Vielzahl von Entsorgungsleistungen bringen Kapazitätsengpässe und Überkapazitäten nicht zum Ausdruck. Darüber hinaus werden die Leistungen größtenteils in ineffizienten Organisationsformen bereitgestellt.

Das Abfallrecht setzt eine Fülle von Instrumenten ein, die u. a. danach klassifiziert werden können, ob sie die abfallwirtschaftliche Effizienz und/oder den Umwelt- und Gesundheitsschutz zum Ziel haben, ob sie sich an die Nachfrager oder Anbieter von Entsorgungsleistungen richten und ob sie eher als ordnungsrechtliche oder marktwirtschaftliche Instrumente einzustufen sind. Im deutschen Abfallrecht dominieren ordnungsrechtliche über marktwirtschaftliche Instrumente.

2.2 *Regulierung durch die Europäische Union*

Die Abfallpolitik der Europäischen Union ist erstens geprägt durch den Zieldualismus zwischen Effizienzgewinnen durch die Verwirklichung des europäischen Binnenmarktes einerseits und dem Erreichen eines einheitlich hohen Umweltschutzniveaus andererseits. Zweitens ist umstritten, welche konkrete Marktordnung anzustreben ist. Dazu ist u. a. vorab zu entscheiden, ob die Abfallwirtschaft zum Bereich der staatlichen Daseinsvorsorge gezählt wird. Nach Ansicht der EU-Kommission soll auf nationaler Ebene entschieden werden, ob ein Dienst als Leistung der Daseinsvorsorge anzusehen ist und wie er organisiert werden soll. Ein Staatseingriff ist laut EU-Kommission nur gerechtfertigt, wenn „durch die Kräfte des Marktes keine zufriedenstellende Bereitstellung von Leistungen der Daseinsvorsorge erzielt wird.“[247] Staatliche und kommunale Aufgaben betreffen daher zunächst nur die Gewährleistung der Entsorgungsleistungen. Sie liegen nicht automatisch in der direkten Bereitstellung durch Staat oder Kommunen.

Die EU wendet bisher vor allem ordnungsrechtliche Instrumente im Abfallmarkt an und hat überwiegend den Weg des Erlasses von Richtlinien beschritten, die von den Mitgliedstaaten in nationale Vorschriften umzusetzen sind. Im Zentrum des EU-Abfallrechts steht die Abfallrahmenrichtlinie aus dem Jahr 1975 in

---

[247] EU-KOMMISSION (2000a), S. 3.

der Fassung von 1991.[248] Sie ist maßgeblich hinsichtlich des Abfallbegriffs und unterscheidet zwischen Abfällen zur Beseitigung und solchen zur Verwertung.

Die rechtlichen Möglichkeiten und Grenzen einer Öffnung des europäischen Abfallmarktes ergeben sich durch die EG-Abfallverbringungsverordnung[249] aus dem Jahre 1993. Während für den ‚normalen' Waren- und Dienstleistungsverkehr Ländergrenzen, zumal innerhalb der EU, gemeinhin keine Barrieren mehr darstellen dürfen, sind im Bereich der Abfallwirtschaft besondere Verbringungsregeln zu beachten, wenn Abfall die Landesgrenzen – sowohl beim Export und Import als auch beim Transit – überschreiten soll. Dabei wird die grenzüberschreitende Verbringung von Abfällen zur Beseitigung restriktiver gehandhabt als die Verbringung von Verwertungsabfällen.

Die Verbringung von Abfällen zur Beseitigung in einen anderen EU-Mitgliedstaat unterliegt einem Notifizierungsverfahren mit erheblichem Ermessensspielraum der in- und ausländischen Behörden, die eine Verbringung von Abfällen zur Beseitigung untersagen können, wenn eines der folgenden abfallpolitischen Prinzipien nicht beachtet ist:[250]

- Nähe der Abfallentsorgung zum Ort der Abfallentstehung,
- Vorrang für die Verwertung vor der Beseitigung,
- Grundsatz der regionalen Entsorgungsautarkie,
- Vereinbarkeit mit Abfallwirtschaftsplänen.

Weniger streng ist die Verbringung von Abfällen zur Verwertung reglementiert,[251] die entsprechend ihres Schädlichkeitspotentials in drei Klassen („Listen") im Anhang der EG-Abfallverbringungsverordnung eingeordnet werden. Bei der Verbringung von Abfällen zur Verwertung unterliegen nur Stoffe der Gelben

---

[248] Die EG-Abfallrahmenrichtlinie enthält u. a. Ausführungen zu vorrangigen Entsorgungswegen, zur umwelt- und gesundheitsverträglichen Entsorgung und zum Autarkieprinzip. Vgl. EG-KOMMISSION (1975).

[249] Die EG-Abfallverbringungsverordnung wurde mit Wirkung vom 06.05.1994 geltendes Recht in Deutschland. Vgl. RAT DER EUROPÄISCHEN GEMEINSCHAFTEN (1993). Mit der Abfallverbringungsverordnung hat die EG das Basler Übereinkommen über die Kontrolle der grenzüberschreitenden Verbringung gefährlicher Abfälle und ihrer Entsorgung vom 22.03.1989 und die OECD-Ratsentscheidung vom 30.03.1992 über die Überwachung der grenzüberschreitenden Verbringung von Abfällen zur Verwertung umgesetzt.

[250] Vgl. Artikel 3 bis 5 der EG-Abfallverbringungsverordnung. Der Export von Beseitigungsabfällen aus der EU ist nur in EFTA-Länder, die auch Vertragsparteien des Basler Übereinkommens über die Kontrolle der grenzüberschreitenden Verbringung gefährlicher Abfälle und ihrer Entsorgung vom 22.03.1989 sind, zulässig. Vgl. Artikel 14 der EG-Abfallverbringungsverordnung.

[251] Vgl. Artikel 6 bis 10 der EG-Abfallverbringungsverordnung.

und Roten Liste dem Notifizierungsverfahren. Bei Stoffen der Grünen Liste ist ein freier Warenverkehr innerhalb der EU erlaubt.

Da die europäischen Bestimmungen in der EG-Abfallrahmenrichtlinie und in der EG-Abfallverbringungsverordnung „sowohl in der Systematik wie auch in der Wortwahl eine Menge Ungereimtheiten enthalten"[252], kam es vor den Gerichten immer wieder zu Auseinandersetzungen über die grenzüberschreitende Abfallverbringung. Umstritten ist beispielsweise, ob Hausmüll und hausmüllähnlicher Gewerbeabfall der Grünen Liste zuzurechnen ist und damit uneingeschränkt grenzüberschreitend transportiert werden darf, wie es der Europäische Gerichtshof am 25.06.1998 für getrennt gesammelte Abfallfraktionen entschied[253] und wie es private Entsorgungsunternehmen wünschen. Demgegenüber zählt die OECD-Klassifikation Hausmüll und hausmüllähnlichen Gewerbeabfall zur Gelben Liste, was im Interesse kommunaler Entsorger liegt, die aufgrund der Unterauslastungen ihrer Deponien und Verbrennungsanlagen eine Entsorgung vor Ort fordern. Die EU-Kommission hingegen geht von einem relativ weiten Begriff der freien grenzüberschreitenden Abfallverbringung aus.[254]

Daneben gibt es im Rahmen der Qualitätsregulierung Richtlinien zu einzelnen Abfallkategorien oder zu Abfallarten, z. B. die EU-Verpackungsrichtlinie[255] aus dem Jahre 1994. Demnach muß jeder EU-Mitgliedstaat Rücknahme-, Sammel- und Verwertungssysteme für gebrauchte Verpackungen einrichten.[256] Die EU verpflichtete ihre Mitgliedstaaten damit erstmals zu Mindestquoten für die Verwertung eines speziellen Abfalltyps. Ab Juni 2001 müssen mindestens 50 Gewichtsprozent der Verpackungsabfälle verwertet werden. Dabei sind mindestens 25 Gewichtsprozent des gesamten Verpackungsmaterials, das in Verpackungsabfällen enthalten ist, stofflich zu verwerten.[257]

---

[252] CASSON, R. (2000), S. 30.

[253] Vgl. CASSON, R. (2000), S. 31.

[254] Vgl. BUSCH, B./VOSS, G. (2000), S. 15.

[255] Vgl. EUROPÄISCHES PARLAMENT (1994), S. 10.

[256] In allen EU-Mitgliedstaaten sind mittlerweile entsprechende Regelungen in Kraft. Vgl. BDE (2000), S. 153 ff.

[257] Griechenland, Irland und Portugal genießen längere Übergangsfristen bis Ende 2005. Vgl. DSDAG (2001b), S. 6. Das Mindestziel, 50 % der Verpackungsabfälle zu verwerten, wurde von den meisten Mitgliedstaaten vor der ursprünglich gesetzten Frist (Juni 2001) bis Ende des Jahres 1999 erreicht. Insgesamt wird ein Drittel der Getränkeverpackungen wiederverwendet. Vgl. EU-KOMMISSION (1999). Zudem müssen von jedem einzelnen Verpackungsmaterial mindestens 15 Gewichtsprozent stofflich verwertet werden. Dies erreichen bei Kunststoffen bislang nur Deutschland, Finnland und Österreich. Vgl. DSDAG (2001b), S. 8.

Darüber hinaus bestehen eine EG-Altautorichtlinie[258], wonach Hersteller ab dem Jahr 2007 stillgelegte Fahrzeuge unentgeltlich zurücknehmen und verwerten müssen, sowie eine EG-Richtlinie für Elektronikschrott, die ebenfalls unentgeltliche Rücknahmesysteme der Hersteller und ab dem Jahr 2006 eine jährliche Mindestmenge von vier Kilogramm pro Einwohner getrennt gesammelte Elektroaltgeräte aus privaten Haushalten vorschreibt.[259] Ferner existiert eine EG-Batterieverordnung, die u. a. den Quecksilbergehalt in Batterien begrenzt,[260] und eine EG-Klärschlammrichtlinie,[261] die Anforderungen an die Verwendung von Klärschlämmen in der Landwirtschaft formuliert.

2.3 Regulierung in Deutschland

2.3.1 Ziele und Regulierungskompetenzen

Als bundesweit übergeordnete Zielsetzung aller abfallpolitischen Maßnahmen definiert das Kreislaufwirtschafts- und Abfallgesetz (KrW-/AbfG),[262] das am 07.10.1996 in Kraft trat, die Entwicklung einer Kreislaufwirtschaft zur Schonung der natürlichen Ressourcen sowie die Sicherung der umweltverträglichen Beseitigung von Abfällen. Gemäß KrW-/AbfG sind Abfälle in erster Linie zu vermeiden, insbesondere durch die Verminderung ihrer Menge und Schädlichkeit, und in zweiter Linie stofflich zu verwerten oder zur Gewinnung von Energie zu nutzen.[263] Nur wenn Abfälle nicht vermieden oder verwertet werden können, ist laut Gesetz eine dauerhafte Beseitigung, die ohne Beeinträchtigung des Allgemeinwohls erfolgen muß, zulässig.[264]

Das deutsche Abfallrecht ist auf drei föderalen Ebenen normiert. Der Bund hat nach Art. 72 GG die konkurrierende Gesetzgebungskompetenz inne und reguliert die Abfallwirtschaft im wesentlichen durch das KrW-/AbfG und die auf dessen Grundlage erlassenen Verordnungen. Dieses Gesetz unterstellt erstmals neben den Abfällen zur Beseitigung auch die Abfälle zur Verwertung dem Abfall-

---

258 Vgl. EUROPÄISCHES PARLAMENT (2000b).

259 Vgl. EU-KOMMISSION (2000b).

260 Vgl. RAT DER EUROPÄISCHEN GEMEINSCHAFTEN (1998a).

261 Vgl. RAT DER EUROPÄISCHEN GEMEINSCHAFTEN (1986).

262 Vgl. Gesetz zur Förderung der Kreislaufwirtschaft und Sicherung der umweltverträglichen Beseitigung von Abfällen (KrW-/AbfG) vom 27.09.1994, BGBl. I 1994, S. 2705; 1996, S. 1354; 1998, S. 509, 1485 und 2455).

263 Vgl. § 4, Abs. 1 KrW-/AbfG.

264 Vgl. § 10 KrW-/AbfG. Diese Entsorgungshierarchie enthält keine klaren und ökonomisch rationalen Kriterien, weshalb sie im weiteren Verlauf dieses Teils der Studie eingehend kritisch zu hinterfragen sein wird.

recht.[265] Die Länder erlassen im wesentlichen Ausführungsgesetze. Sie verfügen über ein ausgefeiltes Regulierungsinstrumentarium, das tiefgreifende Interventionen zum Regelfall macht. Die kommunalen Gebietskörperschaften[266] sind für die Organisation und Finanzierung der Entsorgung zuständig und regeln diese vor allem durch Satzungen. Sie verfügen über rechtlich geschützte regionale Sammel- und Entsorgungsmonopole für einen Großteil des Siedlungsabfalls und haben somit einen bestimmenden Einfluß auf Preise und Gebühren im Abfallmarkt.

2.3.2 Marktzutrittsregulierung

In einigen Segmenten des deutschen Abfallmarktes sehen sich private Entsorgungsunternehmen hohen Marktzutrittsschranken gegenüber. Dies gilt vor allem für Beseitigungsabfälle und für Verpackungsabfälle. Zwar ist im KrW-/AbfG der Grundgedanke der Verursacherverantwortung enthalten, doch wird die Entsorgungsverantwortung der Erzeuger und Besitzer von Abfall durch zahlreiche Überlassungspflichten an die zuständigen öffentlich-rechtlichen Entsorgungsträger eingeschränkt. Dabei erfolgt eine nach Entsorgungswegen, nach Abfallfraktionen sowie nach Abfallherkunft differenzierte Marktzugangsregulierung. Gemäß europäischen Vorgaben unterscheidet das KrW-/AbfG zwischen Abfällen aus privaten Haushalten und Abfällen aus „anderen Herkunftsbereichen", wozu Gewerbe- und Industrieabfälle sowie Abfälle aus Behörden oder Gaststätten zusammengefaßt sind. Daraus resultiert ein Dualismus zweier Entsorgungsordnungen.[267]

Zum einen existieren überwiegend öffentliche Entsorgungsmonopole im Bereich der Abfälle zur Beseitigung. Haushalte und Unternehmen sind verpflichtet, ihre Beseitigungsabfälle den nach Landesrecht zur Entsorgung verpflichteten juristischen Körperschaften zu überlassen. Ausgenommen von der Überlassungspflicht sind Industrie- und Gewerbeabfälle[268], die in eigenen Anlagen beseitigt

---

265 Nach § 3 Abs. 1 KrW-/AbfG sind alle Gegenstände und Stoffe Abfall, die nicht Produkte sind. Durch diese weite Definition wurde das abfallrechtlich erfaßte Volumen etwa um das drei- bis fünffache erhöht. Vgl. RUTKOWSKY, S. (1998), S. 9 sowie BUSCH, B./VOSS, G. (2000), S. 9.

266 Im weiteren Text wird der Begriff Kommunen als Synonym für Landkreise bzw. kreisfreie Städte verwendet. Auch wird nicht immer zwischen Kreisen bzw. kreisfreien Städten und den öffentlich-rechtlichen Entsorgungsträgern differenziert.

267 Vgl. WEIDEMANN, C. (1997), S. 311.

268 Ausgenommen sind ebenfalls weitere Abfälle „aus anderen Herkunftsbereichen", vgl. § 13 Abs. 1 KrW-/AbfG.

werden oder für die eine Rechtsverordnung für ein Rücknahmesystem[269] besteht. Eine Überlassungspflicht ist stets dann gegeben, wenn eine Kommune „überwiegende öffentliche Interessen" an der kommunalen Abfallbeseitigung geltend macht.[270]

Zum anderen tragen im Bereich der Abfälle zur Verwertung prinzipiell die privaten Abfallerzeuger bzw. -besitzer die Entsorgungsverantwortung. Bei Verwertungsabfällen aus privaten Haushalten oder verwertbaren haushaltsähnlichen Abfällen ist eine Kommune nur dann entsorgungspflichtig, wenn keine privat organisierten Rückführungs- und Verwertungssysteme – auch zum Beispiel Eigenkompostierung - existieren. Für die verwertbaren Abfälle aus Industrie, Gewerbe und Landwirtschaft sind allein die Abfallerzeuger und -besitzer zuständig.[271] Sie müssen einen Entsorger nachweisen, der die Verwertung der Abfallmengen garantiert.

Die Unterscheidung zwischen Beseitigung und Verwertung ist im KrW-/AbfG nicht klar definiert, was wegen der strengeren Regulierung der Beseitigungsabfälle im Vergleich zu den Verwertungsabfällen zu rechtlichen Auseinandersetzungen zwischen Kommunen und privaten Unternehmen führte. Der unbestimmte Rechtsbegriff des „überwiegenden öffentlichen Interesses" verursachte darüber hinaus weitere Streitigkeiten.[272]

Das KrW-/AbfG eröffnet erstmals die Möglichkeit, sämtliche Entsorgungsaufgaben materiell zu privatisieren.[273] Kommunale Entsorgungsträger können nicht nur die Durchführung der Aufgabe, sondern auch die rechtliche Verantwortung auf private Unternehmen sowie Verbände der Selbstverwaltungskörperschaften der Wirtschaft übertragen.[274] Jedoch ist eine solche Aufgabenprivatisierung an

---

269 Beispiele für Rückführungsverpflichtungen sind solche, die aus einer Rechtsverordnung resultieren, etwa der Verpackungsverordnung oder aus den geplanten oder bereits beschlossenen Verordnungen im Bereich Altauto-, Batterie- und Elektronikschrottentsorgung. Vgl. KEUNE, K. (1998), S. 6.

270 Vgl. § 13, Abs. 1-3 KrW-/AbfG.

271 Als Ausnahme ist eine Überlassungspflicht zulässig, wenn Kommunen „überwiegende öffentliche Interessen" an der kommunalen Verwertung gewerblicher Abfälle geltend machen. Vgl. § 13 KrW-/AbfG.

272 Beispielsweise forderten einzelne Kommunen, die private Entsorgungszuständigkeit bereits bei einer ungenügenden Auslastung öffentlicher Deponien oder Müllverbrennungsanlagen aufgrund des „überwiegenden öffentlichen Interesses" aufzuheben. Vgl. QUEITSCH (1996), S. 335.

273 Vgl. § 16 Abs. 2 KrW-/AbfG.

274 Vgl. §§ 17,18 KrW-/AbfG. Die Beauftragten erhalten den Status der „Beliehenen" der öffentlichen Hand, ähnlich wie Notare und Schornsteinfeger. Vgl. SCHINK (1993), S. 207.

die Zustimmung der öffentlich-rechtlichen Entsorgungsträger gebunden,[275] die in der Regel ihr Veto einlegten, um so ihre Kompetenzen zu sichern.

Des weiteren bestehen Sondervorschriften im KrW-AbfG für besonders überwachungsbedürftige Abfälle zur Verwertung und zur Beseitigung. Auch hierzu können die Länder Andienungs- und Überlassungspflichten festsetzen[276] und somit einen Anbieterwettbewerb in der Sondermüllentsorgung unterbinden.

Schließlich kennzeichnen erhebliche Marktzutrittsschranken den Markt für duale Systeme zur Entsorgung gebrauchter Verpackungen, der durch die erste Produktrücknahmeverordnung in Deutschland, die Verpackungsverordnung aus dem Jahre 1991[277], als „künstliches Monopol"[278] geschaffen wurde. Die Verpackungsverordnung zielt darauf ab, den Produzenten die Kosten der Entsorgung gebrauchter Verpackungen anzulasten. Sie verpflichtet Hersteller und Vertreiber, gebrauchte Transport-, Um- und Verkaufsverpackungen zurückzunehmen und einer erneuten Verwendung oder stofflichen Verwertung zuzuführen. Zusätzlich ist auf bestimmte Verkaufsverpackungen[279] ein Pfand zu erheben.[280] Das Pflichtpfand und die individuelle Rücknahme- und Verwertungspflicht entfallen für solche Hersteller und Vertreiber, die sich an einem privaten dualen System beteiligen, das neben der kommunalen Entsorgung flächendeckend errichtet ist und eine haushaltsnahe, regelmäßige Rücknahme und Entsorgung von Verkaufsverpackungen für die Haushalte entgeltfrei[281] gewährleistet.[282] Hersteller und Vertreiber müssen ihre Beteiligung an einem dualen System auf den Verpackungen kenntlich machen.

Ein Anbieter eines dualen Systems schließt gemäß Verpackungsverordnung zum einen mit Entsorgern und Verwertern spezifische Leistungsverträge zur

---

275 Vgl. § 16 Abs. 2 KrW-/AbfG.

276 Vgl. § 13 Abs. 4 KrW-/AbfG.

277 Vgl. BUNDESREGIERUNG (1991).

278 TEGNER, H. (2001), S. 6. Der Markt für die Rücknahme gebrauchter Verpackungen ist durch öffentliches Recht geschaffen worden. Insofern kann er nicht der „privaten Abfallsammlung" zugerechnet werden, zumal er unter dem wesentlichen Einfluß öffentlich-rechtlicher Entsorgungsträger steht. Vgl. EWERS, H.-J./SCHATZ, M./TEGNER, H. (2001), S. 35.

279 Hiervon betroffen sind Getränkeverpackungen, wie Einwegflaschen oder Dosen, sowie Dispersionsfarben und Wasch- und Reinigungsmittel.

280 Vgl. §§ 6-8 VerpackV. Weitere Vorschriften betreffen Um- und Transportverpackungen. Letztere sind aber weniger aufwendig in der Einsammlung. Vgl. EWERS, H.-J./SCHATZ, M./TEGNER, H. (2001), S. 9.

281 Zwar wird den Haushalten kein Entgelt berechnet, doch zahlen sie durchschnittlich rund 23 Euro jährlich über die Warenpreise an die Hersteller, die Lizenzgebühren für den Grünen Punkt an die DSDAG entrichten müssen. Vgl. ebenda, S. 10.

282 Vgl. § 6, Abs. 3 VerpackV.

Sammlung, Sortierung, Verwertung und Beseitigung bestimmter Abfallarten und trifft zusätzlich mit der Kommune eine Abstimmungsvereinbarung für seine Tätigkeit in deren Zuständigkeitsgebiet. Zum anderen garantiert der duale Systemanbieter gegenüber Herstellern und Händlern eine ordnungsgemäße Entsorgung und belegt sie durch Mengenstromnachweise. Die Finanzierung der Rücknahme im dualen System erfolgt durch die Lizenzierung eines Kennzeichens, das die Lizenznehmer auf ihren Produkten anbringen. Die Verbraucher werden von Staat und Kommunen zur Trennung ihrer Abfälle in die entsprechenden Behältnisse für Verpackungen, Wertstoffe und Restmüll aufgerufen. Die Duales System Deutschland AG (DSDAG), die von 600 Industrie- und Handelsunternehmen getragen wird, hat ein solches System bundesweit eingerichtet und als Symbol den Grünen Punkt etabliert. Die Teilnahme am dualen System der DSDAG bewirkt die Freistellung der Lizenznehmer von der individuellen Rücknahmepflicht.

Ein duales System wird nur dann von den Aufsichtsbehörden anerkannt, wenn es bestimmte Mindestanforderungen erfüllt. Diese Vorgaben wirken als hohe Marktzutrittsschranken. Hierzu zählt erstens die Vorschrift, daß ein duales System flächendeckend in mindestens einem Bundesland Verpackungsabfälle erfassen und eine regelmäßige Abholung gewährleisten muß.[283] Kleinere Anbieter werden damit benachteiligt.[284] Zweitens schreiben die Verwertungsanforderungen zum Teil stoffliche Verfahren vor, die wissenschaftlich umstritten sind. Damit werden Unternehmen mit anderen, möglicherweise überlegenen Verfahren ausgegrenzt.[285] Drittens stellt die Vorschrift, wonach sich ein neuer Anbieter eines dualen Systems mit den etablierten öffentlich-rechtlichen Entsorgungsträgern in jedem Landkreis über das geplante Sammelverfahren abstimmen muß, eine Marktzutrittsschranke dar, da die Kommunen fordern können, die kommunalen Sammel- und Verwertungssysteme – sofern möglich – gegen Entgelt vorrangig mitzubenutzen.[286] Viertens muß ein duales System bereits vollständig eingerichtet sein, bevor es von der zuständigen Landesbehörde zugelassen werden kann. Auch dies erhöht den finanziellen Einsatz und das Risiko neuer Wettbewerber.[287]

283 Vgl. § 6, Abs. 3, S. 1 VerpackV. Angesichts der unterschiedlichen Größe und Einwohnerzahl der Bundesländer ist diese Vorschrift nicht ökonomisch begründbar, sondern trägt nur den landesrechtlichen Strukturen der Genehmigungsbehörden Rechnung.

284 Vgl. BAARS, B. (2000a), S. 31.

285 Vgl. EWERS, H.-J./SCHATZ, M./TEGNER, H. (2001), S. 32.

286 Weitgehend unbestimmte Rechtsbegriffe sorgen hierbei für erhebliche Schwierigkeiten.

287 Vgl. EWERS, H.-J./SCHATZ, M./TEGNER, H. (2001), S. 33.

2.3.3 *Qualitätsregulierung*

Die Qualitätsregulierung erfaßt zum einen den Umgang mit den einzelnen Abfallfraktionen, zum anderen den Bau und Betrieb von Entsorgungsanlagen. Im folgenden geht es zunächst um die Regelung des Umgangs mit Abfall, bevor die Aspekte thematisiert werden, die im Zusammenhang mit Entsorgungsanlagen bedeutsam sind.

Für die verschiedenen Abfallarten gelten im Abfallrecht unterschiedliche Grundsätze. Durch den Erlaß einzelner Produktrücknahmeverordnungen oder Verwertungsgebote durch die Bundesregierung und die EU wurde das Abfallrecht zersplittert. In Verbindung mit Selbstverpflichtungen von Unternehmensverbänden hatte dies zur Folge, daß die Bedeutung des KrW-/AbfG für die Entsorgung von Haushaltsabfällen gesunken ist und de jure die institutionell geschützte Marktmacht der öffentlichen Entsorger tendenziell abnahm - was de facto aber nicht unmittelbar mit einer weiteren Marktöffnung verbunden war.

Eine umfassende Qualitätsregulierung stellen die in der Verpackungsverordnung enthaltenen - letztlich willkürlich gewählten[288] - Quoten für die Erfassung und Verwertung von Verkaufsverpackungen innerhalb eines dualen Systems dar.[289] Nur zufällig führen sie zu einem gesamtwirtschaftlichen Optimum und sind daher fast immer mit einer Verschwendung von Ressourcen verbunden.

Weitere produktspezifische Verordnungen regulieren den Umgang mit Stoffen und Gütern, von denen eine Umwelt- oder Gesundheitsgefährdung ausgehen kann. Für die Entsorgung von Bioabfällen aus Biotonnen sowie weiteren Grünabfällen ist die Bioabfallverordnung[290] (BioAbfV) maßgeblich. Danach müssen

---

[288] Vgl. RUTKOWSKY, S. (1998), S. 266 ff.

[289] Seit Anfang des Jahres 1999 betragen die Verwertungsquoten bezogen auf die erfaßte Verpackungsabfallmenge 75 Prozent bei Glas, 70 Prozent bei Pappe, Papier, Karton (PPK) und bei Weißblech und 60 Prozent bei Aluminium und bei Verbundmaterialien. Kunststoffe (Gesamtverwertungsquote 60 Prozent) müssen zu mindestens 36 Prozent werkstofflich und zu weiteren 24 Prozent entweder werkstofflich, rohstofflich oder energetisch verwertet werden. Die Quoten gelten auch für Unternehmen, die sich nicht oder nur teilweise an einem dualen System beteiligen und ihre Verpackungen selbst zurücknehmen müssen („Selbstentsorger").Vgl. DSDAG (2001a), S. 5. „*Werkstofflich* ist eine Verwertung, wenn das Material an sich erhalten bleibt. Zum großen Teil kommt es dabei zum sogenannten Downcycling, d. h. aus ehemals hochwertigen Verpackungskunststoffen entstehen minderwertige Kunststoffe, die nur Beton oder Holz substituieren können. Als *rohstoffliche* Verfahren sind derzeit bei der Kunststoffverwertung die Mitverbrennung im Hochofen und die Methanolgewinnung im Sekundärrohstoff-Verwertungszentrum „Schwarze Pumpe" im Einsatz. *Energetische* Verfahren setzen auf eine Verbrennung der Materialien zur Energiegewinnung. Nicht nur dem Laien mag es schwerfallen, den Unterschied bei der Verbrennung von Kunststoffen im Hochofen und der Verbrennung von Kunststoffen zur Energieerzeugung zu erkennen." EWERS, H.-J./SCHATZ, M./TEGNER, H. (2001), S. 11.

[290] Vgl. BUNDESREGIERUNG (1998a).

Bioabfälle so behandelt werden, daß sie seuchen- und phytohygienisch unbedenklich sind.

Die Altautoverordnung[291] regelt die Entsorgung von Altautos, die bei anerkannten Annahmestellen oder Verwertungsbetrieben abgegeben werden müssen. Der Letztbesitzer erhält einen Verwertungsnachweis, den er bei der Abmeldung des Fahrzeugs der Zulassungsstelle vorlegen muß. In einer Selbstverpflichtung sichern die Automobilhersteller eine flächendeckende Infrastruktur zur Rücknahme und Verwertung von Altautos und eine Verwertungsquote von 85 Prozent ab dem Jahr 2002 und 95 Prozent bis zum Jahr 2015 zu.[292]

Die Entsorgung von Batterien wird durch die Batterieverordnung geregelt.[293] Die Endverbraucher müssen gebrauchte Batterien beim Handel oder bei öffentlich-rechtlichen Entsorgungsträgern zurückgeben. Hersteller und Vertreiber sind verpflichtet, gebrauchte Batterien unentgeltlich zurückzunehmen und zu verwerten bzw. gemeinwohlverträglich zu beseitigen. Dazu müssen die Hersteller ein gemeinsames Rücknahmesystem[294] einrichten, das die Entsorgungsleistungen ausschreibt, um Wettbewerb sicherzustellen.[295]

Auch für Elektronikschrott ist ein Rücknahmesystem der Hersteller vorgesehen, wozu die - seit mehreren Jahren diskutierte und erst im Referentenentwurf vorliegende - Elektronikschrottverordnung Vorschriften enthält, die nach dem Wechsel der Bundesregierung im Jahre 1998 erweitert[296] wurden. Demnach sollen Endverbraucher verpflichtet werden, Elektroaltgeräte zurückzugeben. Hersteller müssen Geräte der eigenen Marke und - dies ist besonders umstritten[297] - gleichartige Geräte anderer Hersteller unentgeltlich zurücknehmen.

---

291 Vgl. BUNDESREGIERUNG (1998b). Die Bundesregierung hat zudem im Jahr 2001 einen Gesetzesentwurf für Altfahrzeuge vorgelegt. Vgl. BUNDESMINISTERIUM FÜR UMWELT, NATURSCHUTZ UND REAKTORSICHERHEIT (2001b).

292 Vgl. BUNDESMINISTERIUM FÜR UMWELT, NATURSCHUTZ UND REAKTORSICHERHEIT (1997).

293 Vgl. BUNDESREGIERUNG (1998c). Die Umsetzung der EG-Batterieverordnung zur Absenkung der Höchstwerte des Quecksilbergehalts in Batterien in nationales Recht erfolgte im Jahr 2001. Vgl. BUNDESREGIERUNG (2001).

294 Für Starterbatterien muß der Verkäufer ein Pfand in Höhe von wenigen Euro erheben, falls beim Kauf einer Starterbatterie keine gebrauchte Starterbatterie zurückgegeben wird.

295 Vgl. DSDAG (2001b), S. 19 f.

296 Die Verordnung umfaßt nunmehr neben IT-Geräten auch Haushaltsgeräte (Weiße Ware), Unterhaltungselektronik (Braune Ware) sowie Kleingeräte.

297 Die im Zentralverband Elektrotechnik- und Elektroindustrie (ZVEI) vertretenen Hersteller äußerten ihre Kritik an der Rücknahmepflicht, insbesondere an der Pflicht der Hersteller, Geräte anderer Hersteller zurücknehmen zu müssen. Die private Entsorgungswirtschaft - vertreten durch den BDE - begrüßt demgegenüber eine allgemeine Rücknahmepflicht, da sie eine höhere Rücknahmemenge herbeiführt. Vgl. ebenda, S. 14.

Die Erfassung soll über öffentlich-rechtliche Entsorger erfolgen, um keine neuen Sammelsysteme aufzubauen.[298]

Für die hausmüllähnlichen Gewerbeabfälle, die der öffentlichen Entsorgung unterliegen, bestehen zumeist Sonderregelungen in den kommunalen Abfallsatzungen. Zudem hat das Bundeskabinett im Jahre 2001 eine Gewerbeabfallverordnung verabschiedet.[299] Der Umgang mit Produktionsabfällen ist im KrW-/AbfG und im Bundesimmissionsschutzgesetz geregelt. Zu Sonderabfällen liefert die Technische Anleitung Abfall (TAA) die maßgeblichen Vorschriften. Für Klärschlämme besteht eine Klärschlammverordnung der Bundesregierung. Ferner hat das Bundesumweltministerium den Entwurf einer Altholzverordnung[300] vorgelegt, der für die Beseitigung ein Gebot zur thermischen Behandlung und damit im Umkehrschluß ein Verbot der Deponierung enthält.[301]

Bauabfälle unterliegen keinem rechtlichen Sonderregime, da sie nur ein geringes Schadstoffpotential bergen. Das KrW-/AbfG bildet die maßgebliche Vorschrift.[302] In einer Selbstverpflichtung hat die Bauwirtschaft im Jahr 1996 angekündigt, bis zum Jahr 2005 die Menge der jährlich abgelagerten verwertbaren Bauabfälle zu halbieren.[303]

Der zweite Bereich der Qualitätsregulierung betrifft die Anlagen zur Behandlung und Beseitigung von Abfällen. Hierfür ist die Artikelverordnung des Bundes über die umweltverträgliche Ablagerung von Siedlungsabfällen und über biologische Abfallbehandlungsanlagen maßgeblich, die am 01.03.2001 in Kraft trat.[304] Artikel I beinhaltet die Abfallablagerungsverordnung (AbfAblV). Sie entwickelt die Technische Anleitung Siedlungsabfall (TASi) aus dem Jahre 1993 weiter, die ein bundesweit gültiges Regelwerk zur Abfallbeseitigung schuf und den „Ausstieg aus der traditionellen Deponiewirtschaft“[305] einleitete.[306] Die AbfAblV verbietet die Deponierung von unbehandelten Abfällen aus Haushalten

---

298 Vgl. BLICKWEDEL, P. (1999), S. 12 ff.

299 Vgl. BDE (2001e).

300 Vgl. BUNDESMINISTERIUM FÜR UMWELT, NATURSCHUTZ UND REAKTORSICHERHEIT (2000c).

301 DSDAG (2001b), S. 28.

302 Auch für Textilien und Teppiche bestehen keine Sondervorschriften neben dem KrW-/AbfG.

303 Vgl. BUNDESMINISTERIUM FÜR UMWELT, NATURSCHUTZ UND REAKTORSICHERHEIT (1996).

304 Vgl. BUNDESMINISTERIUM FÜR UMWELT, NATURSCHUTZ UND REAKTORSICHERHEIT (2001a).

305 BUSCH, B./VOSS, G. (2000), S. 12.

306 Die TASi schreibt ab dem Jahr 2005 eine thermische Vorbehandlung des Abfalls vor. Deponie müssen mit Abdichtungen, Drainagen und Auffangvorrichtungen für Deponiegase ausgerüstet sein. Organische Substanzen müssen bis zum Jahr 2005 separat erfaßt und als Kompost verwertet werden. Vgl. KEUNE, K. (1998), S. 22.

und Gewerbebetrieben ab dem 01.06.2005.[307] Die Abfallablagerung wird als umweltverträglich und damit zulässig angesehen, wenn die abzulagernden Materialien inert sind, d. h. biologische Umsetzungsprozesse oder chemische Reaktionen nicht mehr stattfinden. Neben thermisch vorbehandelten Abfällen dürfen künftig auch mechanisch-biologisch behandelte Abfälle deponiert werden, wozu in Artikel II die Verordnung über Anlagen zur biologischen Behandlung von Abfällen (30. BImSchV) erlassen wurde.

Die hohen technischen Standards für die Vorbehandlung und Abfallablagerung führen dazu, daß die meisten der bestehenden Deponien spätestens im Jahre 2005 geschlossen werden müssen, da eine Nachrüstung zu teuer wäre. Die vorgeschriebene Vorbehandlung bedingt eine drastische Verminderung der Abfallströme, so daß mittelfristig nur noch ein sehr geringer Anteil der heute bestehenden Deponiekapazität erforderlich sein wird. Das Bundesumweltministerium formuliert als Ziel für das Jahr 2020, daß alle Siedlungsabfälle in Deutschland vollständig umweltverträglich verwertet und „damit Deponien überflüssig gemacht werden.“ [308] Der Bau neuer Deponien wird als nicht mehr erforderlich angesehen.

2.4 Marktentwicklung in Deutschland

2.4.1 Marktstruktur

Der regulatorische Rahmen des deutschen Abfallmarktes hat die Marktentwicklung ganz wesentlich bestimmt. In diesem Unterkapitel wird zunächst die Marktstruktur skizziert. Im anschließenden Unterkapitel folgen Aussagen zum Marktverhalten. Sodann werden die Marktergebnisse anhand der Entwicklungen der Abfallströme, der Preise und des technischen Fortschritts untersucht.

Die Struktur des deutschen Abfallmarktes ist durch die kommunalen Sammelmonopole für die meisten Beseitigungsabfälle, durch das Monopol der DSDAG für die Entsorgung von Verpackungen sowie durch Wettbewerb zwischen privaten Unternehmen untereinander - und auch gegenüber kommunalen Anbietern -

---

[307] Die AbfAblV ist eine Rechtsverordnung und ergänzt und verschärft die weiterhin gültige Technische Anleitung Siedlungsabfall (TASi), die lediglich eine Verwaltungsvorschrift darstellt und seit 1993 in Kraft ist. Vgl. BUNDESMINISTERIUM FÜR UMWELT, NATURSCHUTZ UND REAKTORSICHERHEIT (2000b), S. 1. In der Begründung der AbfAblV kritisiert das Bundesumweltministerium die Umsetzung der TASi durch die Kommunen, da „in einem fachlich nicht mehr nachvollziehbaren Umfang“ Ausnahmen bei der Ablagerung unbehandelter Abfälle erteilt worden seien. Vgl. BUNDESMINISTERIUM FÜR UMWELT, NATURSCHUTZ UND REAKTORSICHERHEIT (2000a), S. 44.

[308] BUNDESMINISTERIUM FÜR UMWELT, NATURSCHUTZ UND REAKTORSICHERHEIT (1999).

im Bereich der Entsorgung vor allem gewerblicher und industrieller Verwertungsabfälle gekennzeichnet.

Das Marktvolumen des deutschen Abfallmarktes belief sich im Jahre 1999 auf rund 40 Milliarden Euro.[309] Während sich die Wachstumsraten bis zum Beginn der neunziger Jahre noch im zweistelligen Bereich bewegten, waren in den vergangenen Jahren nur geringe Umsatzzuwächse zu verzeichnen.

Bei der Hausmüllentsorgung halten die kommunalen Entsorgungsunternehmen einen Marktanteil von rund 36 Prozent, weitere neun Prozent entfallen auf kommunale Entsorger mit privater Minderheitsbeteiligung (sog. PPP- oder Public-Private-Partnership-Modelle, die vornehmlich in größeren Städten bestehen). Demnach verbleibt für private Unternehmen in Drittbeauftragung ein Marktanteil bei der Hausmüllentsorgung von 55 Prozent.[310] Kommunale Entsorgungsunternehmen sind überwiegend in den städtischen Verdichtungsräumen tätig, wohingegen vor allem Kommunen im ländlichen Raum Entsorgungsaufträge an private Entsorger vergeben.[311] Insgesamt werden zwei Drittel der Bevölkerung ganz oder teilweise durch private Entsorger bedient.[312]

Im Markt für duale Systeme für die Entsorgung von Verpackungsabfällen ist als Monopolist ausschließlich die DSDAG tätig.[313] Aktiver Wettbewerb zwischen dualen Systemanbietern existiert nicht, da Konkurrenten bislang an den hohen institutionellen Marktzutrittsschranken scheiterten, was der DSDAG erhebliche Monopolrenten bescherte.[314] Allerdings betreiben ca. 30 Entsorgungs-

---

309 Im Jahre 1999 waren 350 000 Personen in der Entsorgungsbranche beschäftigt. Vgl. DIHK (2001), S. 6.

310 Vgl. BDE (2001a), S. 6. Kommunale Entsorger alleine hielten im Jahr 1995 noch einen Marktanteil von rund 50 Prozent, vgl. o. V. (1995), S. 144 f.

311 Auch bei der Einsammlung von Verpackungsabfall sind es überwiegend die Entsorgungsbetriebe kreisfreier Städte, die als Vertragspartner der DSDAG auftreten, während Landkreise diesen Bereich weitgehend an private Unternehmen abgegeben haben. Vgl. KEUNE, K. (1998), S. 35 sowie BARTLING, H. (1995), S. 3.

312 Vgl. BDE (2001d). Der DIHK schätzt, daß die private Entsorgungswirtschaft bereits zu drei Vierteln, teilweise in kommunaler Drittbeauftragung, die Entsorgungsinfrastruktur abdeckt. Vgl. DIHK (2001), S. 5.

313 Die DSDAG erzielte im Jahre 2000 gut zwei Milliarden Euro Umsatz mit 19 150 Lizenznehmern, die Entgelte für die Leistungen der DSDAG (Nutzungsrecht am Grünen Punkt, Verwertungsnachweise, Freistellung von der individuellen Rücknahmepflicht) bezahlten. Vgl. DSDAG (2001a), S. 11.

314 Auf Monopolrenten deuten beispielsweise die ungewöhnlich hohen Rückstellungen der DSDAG hin, die im Jahr 2000 mit 650 Millionen Euro 53 Prozent der Bilanzsumme ausmachten. Vgl. ebenda, S. 16. Ein weiteres Indiz für Monopolrenten bietet die Höhe der Gesamtbezüge des dreiköpfigen Vorstands der DSDAG, die sich im Geschäftsjahr 2000 auf knapp 1,3 Mio. Euro beliefen. Vgl. ebenda, S. 88. In merklichem Kontrast dazu stehen die Ausführungen des Vorstandsvorsitzenden der DSDAG in seiner „Berliner Erklärung zur Entwicklung der DSDAG“: Das „DSD versteht sich als dem Gemeinwohl verpflichtete Einrichtung neuen Typs, die (...)

unternehmen Rücknahmesysteme für Verpackungen im Auftrag solcher Hersteller und Händler, die sich als „Selbstentsorger“ gegen eine Befreiung von der individuellen Rücknahmepflicht und gegen die DSDAG entschieden haben.[315]

Die DSDAG hat mit rund 530 Unternehmen[316] Leistungsverträge zur exklusiven Einsammlung des Verpackungsabfalls[317] in einem bestimmten Gebiet (regionale Monopole) sowie Garantieverträge[318] zur Sortierung, Aufbereitung und Verwertung abgeschlossen.[319] Diese Exklusivverträge wurden von der DSDAG meist ohne Ausschreibung[320] und somit vermutlich nicht zu minimalen Kosten vergeben. Sie laufen nach einer Vertragslaufzeit von zehn Jahren in Kürze aus. Dies kann einen gewissen Spielraum eröffnen, um wettbewerbliche Elemente im Markt für duale Systeme zu nutzen[321] (vgl. Abbildung 9). Ohne eine veränderte politische Rahmensetzung dürfte der Wettbewerb insgesamt jedoch chancenlos bleiben.[322] Ein potentieller Konkurrent der DSDAG, die Landbell AG aus Mainz, besitzt wegen fehlender Abstimmungserklärungen mit den Kommunen auch sechs Jahre nach der Gründung noch immer nicht die bean-

---

staatliche Markteingriffe (Rücknahme- und Pfandpflichten, Abgaben etc.) entbehrlich macht und zum Vorteil der Beitragszahler abwendet.“ BRÜCK, W. (2001), S. 9.

315 Vgl. BDE (2000), S. 167 ff.

316 Vgl. BRÜCK, W. (2001), S. 3.

317 Die Sammlung von Verkaufsverpackungen im Auftrag der DSDAG erfolgt nicht bundesweit einheitlich. Am meisten verbreitet dürfte folgende Trennung sein: Leichte Verkaufsverpackungen werden über den gelben Sack/die gelbe Tonne gesammelt (Holsystem). Sammelcontainer stehen dezentral für Glas zur Verfügung (Bringsystem), Papier-, Pappe- und Kartonverpackungen (PPK) werden entweder im Bringsystem über dezentrale Container oder im Holsystem über Papiertonnen erfaßt. Die PPK-Fraktion wird zusammen mit Altpapier aus Nicht-Verkaufsverpackungen (z. B. Zeitungen) erfaßt, wobei sich DSDAG und kommunale Entsorger die Kosten gemäß dem Aufkommen der Fraktionen teilen. Vgl. EWERS, H.-J./SCHATZ, M./ TEGNER, H. (2001), S. 37.

318 In der Regel wurden für das Recycling spezielle Verwertungsgesellschaften auf Branchenebene unter wesentlicher Beteiligung der Hersteller der Verpackungsmaterialien gegründet, mit denen die DSDAG pauschale Abnahme- und Verwertungsgarantien für die gesammelten Wertstoffe vereinbart. Vgl. BARTLING (1995), S. 3. Ein Beispiel für Wettbewerbsbeschränkungen infolge von Branchenlösungen ist die Interseroh AG, die Aufträge zur Entsorgung von Transportverpackungen vorwiegend an den Kreis ihrer ca. 170 Gesellschafter aus der Entsorgungsbranche vergab und zugleich DSDAG-Garantiegeber und Verwertungsgesellschaft für PPK-Verkaufsverpackungen war. Vgl. ebenda, S. 6.

319 Vgl. VELTE (1999), S. 103 f. Die DSDAG bezog im Jahr 2000 Entsorgungsleistungen in Wert von 1,7 Mrd. Euro. Vgl. DSDAG (2001c), S. 1

320 Vgl. BARTLING, H. (1995), S. 3.

321 „Daß sich (...) erste Ansätze von Wettbewerb entwickeln, geschieht nicht wegen, sondern trotz der Verpackungsverordnung.“ TEGNER, H. (2001), S. 7.

322 Die Vorteile des Wettbewerbs kommen nur schwer zur Geltung, wenn - wie in der Verpackungsverordnung vorgesehen - „die Wahrnehmung der Produktverantwortung nicht individuell durch die einzelnen Unternehmen erfolgt, sondern durch kooperative Lösungen für eine größere Zahl von Unternehmen oder ganze Branchen angestrebt wird.“ Vgl. BARTLING (1995), S. 21.

tragte Zulassung als dualer Systembetreiber für Hessen,[323] obwohl Kosteneinsparungen von bis zu 50 Prozent in Aussicht gestellt sind.[324]

Die Kommunen dominieren die Sammlung von Wertstoffen in den Bereichen der graphischen Altpapiere, der Altmetalle sowie der kompostierbaren Abfälle.[325] Alttextilien werden sowohl durch gewerbliche Entsorger wie auch durch karitative Organisationen eingesammelt.

Die Aufarbeitung und Verwertung von Wertstoffen erfolgt überwiegend in privaten Unternehmen. Mit der Aufarbeitung von Elektronikschrott sind beispielsweise etwa 500 Unternehmen beschäftigt.[326] Für die Entsorgung gebrauchter Batterien haben sich die meisten Hersteller in einem "Gemeinsamen Rücknahmesystem" (GRS) zusammengeschlossen. Dieses System läßt seit Inkrafttreten der Batterieverordnung im Jahr 1998 Gerätebatterien von den Händlern und den öffentlich-rechtlichen Entsorgungsträgern durch beauftragte Unternehmen einsammeln, sortieren und entsorgen.[327]

Des weiteren ist ein Trend zu immer größeren Entsorgungsunternehmen festzustellen. Wegen verschärfter Umweltschutzanforderungen mußten private Entsorgungsunternehmen massiv in moderne Entsorgungsinfrastrukturen investieren. Einige Entsorger haben ihre Betriebe verkauft, da sie den steigenden Investitionsanforderungen (z. B. für die DSDAG) nicht gewachsen waren und die Preise für Unternehmensaquisitionen erheblich angestiegen waren.[328] Dennoch ist in der privaten Entsorgungswirtschaft noch eine wettbewerbliche Struktur vorhanden. Die zehn größten Entsorgungsunternehmen kommen im deutschen Abfallmarkt je nach Abgrenzung auf knapp 40 Prozent Marktanteil. Im Jahre 1993

---

323 Durch eine andere Spaltung der Abfallströme, die an den technisch möglichen Verwertungsverfahren orientiert sein soll, will die Landbell AG Kostenvorteile gegenüber dem Konzept der DSDAG erzielen. Ein wesentlicher Unterschied ist, daß große Kunststoffverpackungen in einem eigenen Sack und kleine Kunststoffverpackungen in der Restmülltonne erfaßt werden sollen, wofür die Kommunen eine Kostenerstattung erhalten sollen. Zudem sollen Pappe und Kartonverpackungen einerseits und hochwertige graphische Papiere (z.B. Zeitschriften) andererseits getrennt erfaßt werden. Kosteneinsparungen sollen durch den Wegfall der Sortierung der Kunststoff- und Papierverpackungen, durch höhere PPK-Wertstofferlöse sowie durch die Behandlung des Restabfallstroms mittels Trockenstabilatverfahren, das einen Verkauf des energetisch verwertbaren Trockenstabilats erlaubt, ermöglicht werden. Vgl. die Selbstdarstellung der Landbell AG unter http://www.landbell.de sowie EWERS, H.-J./SCHATZ, M./TEGNER, H. (2001), S. 38 f.

324 Vgl. SCHERTZ, W. (2000), S. 111. Der Rat von Sachverständigen für Umweltfragen geht von einem jährlichen Einsparpotential von rund einer halben Milliarde Euro aus bzw. von 25 Prozent gegenüber dem Status Quo. Vgl. Rat von Sachverständigen für Umweltfragen (2000), Zi. 864 ff.

325 Vgl. KEUNE, K. (1998), S. 35.

326 Vgl. DSDAG (2001b), S. 18.

327 Vgl. ebenda, S. 22.

328 Vgl. RUTKOWSKY, S. (1998), S. 480.

wurden insgesamt 4 500 Anbieter identifiziert.[329] Allein der Bundesverband der Deutschen Entsorgungswirtschaft (BDE) umfaßt rund 1 000 Entsorgungsunternehmen, die im Jahr 2000 einen Umsatz von 17 Milliarden Euro erzielten.[330]

Abbildung 9: Struktur des Monopols der Duales System Deutschland AG

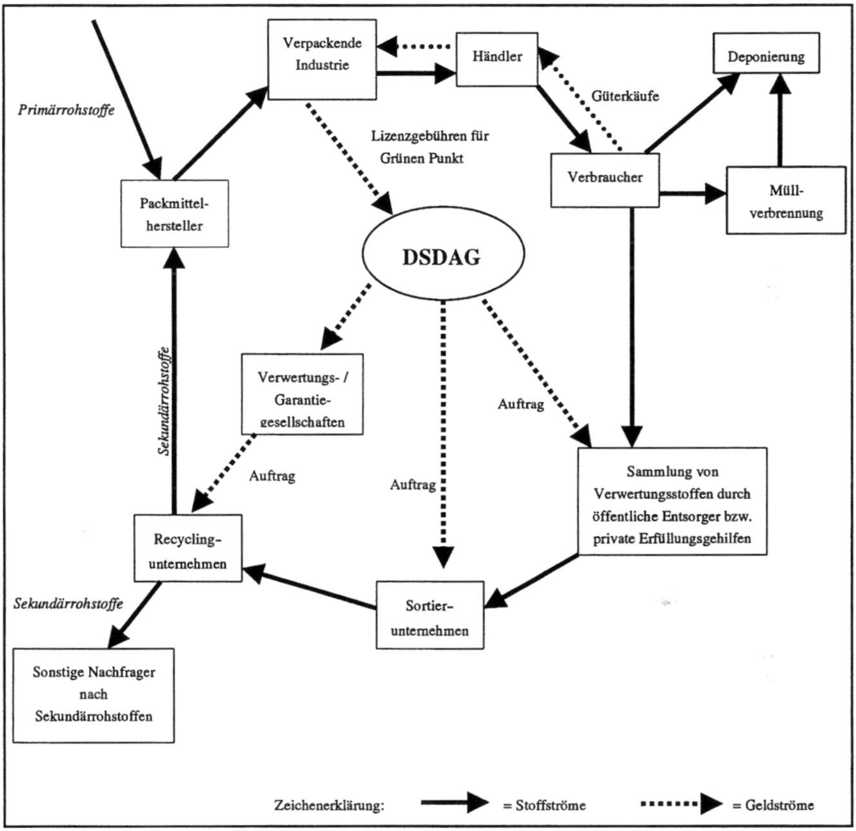

Quelle: Eigene Darstellung in Anlehnung an BARTLING (1995), S. 4.

---

329 Vgl. BENZLER, G./HALSTRICK-SCHWENK, M./KLEMMER, P./LÖBBE, K. (1995), S. 39 ff.

330 Vgl. BDE (2001c), S. 412. Die RWE Umwelt AG kam als führendes deutsches und drittgrößtes europäisches Entsorgungsunternehmen mit zwei Milliarden Euro Umsatz nur auf einen Anteil von rund fünf Prozent am privaten deutschen Abfallmarkt. Vgl. o. V. (2001a). Auch weltweit sind die Entsorgungsunternehmen im Vergleich zu anderen Branchen relativ klein. Der Weltmarktführer Waste Management Technologies (WMX) aus den USA erreichte im Jahre 1996 einen Umsatz von ca. 13 Milliarden US-$. Vgl. RUTKOWSKY, S. (1998), S. 480.

Kritisch zu hinterfragen ist der Markteintritt großer Elektrizitätsversorger (EVU) in den deutschen Abfallmarkt zu Beginn der neunziger Jahre.[331] Die EVU kauften mittelständische Entsorger auf, um ihre Versorgungsmonopole zu ergänzen und abzusichern. Sie können Verbundvorteile in den Geschäftsbeziehungen zu den Kommunen nutzen, für die sie sowohl Strom in die lokalen Netze einspeisen als auch Aufträge für Entsorgungsdienste übernehmen. Gegenüber Endkunden könnten ebenfalls Verbundvorteile entstehen. Dies ist wettbewerbspolitisch allerdings unbedenklich, da nicht der Markteintritt der EVU, sondern der Wettbewerbsausschluß durch die Marktzugangsregulierung zu kritisieren ist und die Anzahl der Marktakteure noch ausreichend hoch ist, um ein wettbewerbliches Verhalten zu gewährleisten.

Zwar vollzieht sich das Wachstum zahlreicher großer Entsorger auf der Basis gesicherter Abfallströme durch Verträge mit Kommunen oder mit der DSDAG, so daß die Expansion dieser Entsorgungskonzerne im Bereich der Verwertung, die noch mittelständisch organisiert ist,[332] begünstigt wird. Doch kann die zunehmende Konzentration unter Wettbewerbsgesichtspunkten noch nicht als bedenklich eingestuft werden,[333] zumal eine weitergehende Marktöffnung in Zukunft nicht auszuschließen ist. Schließlich ist die potentielle Konkurrenz als ausreichend hoch einzuschätzen, wie z. B. an den erfolgreichen Marktzutritten ausländischer Entsorgungsunternehmen abzulesen ist.[334]

2.4.2 *Marktverhalten*

Zwei gegenläufige Entwicklungen bestimmen das Marktverhalten. Einerseits begünstigt die gesetzliche Vorrangstellung der Verwertung den weiteren Marktanteilszugewinn der privaten Entsorgungswirtschaft, da vom Prinzip her bei den Verwertungsabfällen die Überlassungspflicht gegenüber der entsorgungspflichtigen Körperschaft entfällt.[335] Andererseits besteht eine Tendenz zur Re-Kommunalisierung bisher privatwirtschaftlich organisierter Entsorgungsleistungen.[336]

---

331 Vgl. BARTLING, H. (1995), S. 9.

332 Rund die Hälfte der bayerischen Verwertungsunternehmen beschäftigten laut einer Befragung im Jahre 1992 weniger als 20 Mitarbeiter. Vgl. GREFERMANN, K./WACKERBAUER, J. (1992), S. 18.

333 Vgl. RUTKOWSKY, S. (1998), S. 481.

334 Der US-amerikanische Konzern Waste Management Technologies, die britisch-niederländische Entsorgungsfirma Cleenaway sowie die französische Gruppe Suez-Lyonaise des Eaux halten teilweise bedeutende Marktanteile mit ihren Tochtergesellschaften im deutschen Abfallmarkt. Vgl. SCHULZ-ELLERMANN, H. (2000), S. 51 f.

335 Vgl. BUSCH, B./VOSS, G. (2000), S. 25.

336 Vgl. ebenda, S. 22 f.

Dabei ist die Re-Kommunalisierung der gegenwärtig dominierende abfallpolitische Trend.

Zwar haben einige Kommunen die Durchführung von Entsorgungsleistungen an private Unternehmen im Wege der Ausschreibung vergeben sowie bisherige kommunale Entsorgungsunternehmen formell und teils auch materiell privatisiert. Aber die Mehrzahl der Kommunen zeigt wenig Interesse, wie im KrW-/AbfG vorgesehen „mehr Freiraum für die private Entsorgungswirtschaft" zu schaffen und „Entlastungen bei der Überwachungsbürokratie" [337] zu ermöglichen. Während das KrW-/AbfG den Kommunen die Möglichkeit zu einer vollständigen Marktöffnung bei der Entsorgung der gewerblichen Beseitigungsabfälle und der Verwertungsabfälle aus Privathaushalten einräumt, verdrängen kommunale Entsorger gerade in diesen Bereichen private Wettbewerber.[338] Kommunen weiten den Umfang der Andienungs- und Überlassungspflichten aus, beispielsweise auf sog. Mischabfälle, um diese in kommunalen Anlagen zu sortieren und zu entsorgen.[339] „Dies gilt insbesondere für den Bereich der hausmüllähnlichen Gewerbeabfälle."[340] Zudem dringen kommunale Entsorger zunehmend in neue, bisher privatwirtschaftlich organisierte Verwertungsmärkte ein - beispielsweise in Form einer kommunalen Recyclinganlage für Altautos.[341]

Im Markt für duale Systeme zeigt die DSDAG das Verhalten eines Nachfragekartells nach Entsorgungsleistungen für Verkaufsverpackungen.[342] Ferner wird der Wettbewerb zwischen dualen Systemanbietern dadurch unterbunden, daß zahlreiche Kommunen eine Vorgabe der Verpackungsverordnung nutzen, wonach die Zulassung eines dualen Systems in einem Bundesland eine Abstimmungserklärung zwischen Systemanbieter und den einzelnen kommunalen Entsorgungsträgern voraussetzt, um Ausschreibungen der DSDAG-Verträge zu verhindern und so ihre kommunalen Entsorger durch direkte Beauftragung durch die DSDAG zu begünstigen.[343]

337 DEUTSCHER BUNDESTAG (1997a), S. 1.

338 Vgl. TETTINGER, P./MANN, T. (1995), S. 154.

339 Vgl. BUSCH, B./VOSS, G. (2000), S. 22 f.

340 DEUTSCHER BUNDESTAG (1997a), Antwort auf Frage Nr. 7.

341 Vgl. BUSCH, B./VOSS, G. (2000), S. 24.

342 Obwohl nach Auffassung des Bundeskartellamts die Voraussetzungen für ein Kartellverbot vorliegen, hat die Beschlußabteilung ihr Ermessen dahingehend ausgeübt, die DSDAG zu tolerieren, solange ihre Tätigkeiten den Umweltzielen der Verpackungsverordnung dienen und die Handhabung des Systems als nicht diskriminierend gewertet wird. Vgl. BUNDESKARTELLAMT (1993), S. 132. Zudem kann die DSDAG nach der 6. GWB-Novelle zu den spezifischen Ausnahmen vom Kartellverbot gezählt werden.

343 Vgl. BARTLING, H. (1995), S. 8.

Schließlich versuchen öffentliche Entsorger auch im Bereich der Sonderabfallwirtschaft, durch dirigistische Maßnahmen ihr Tätigkeitsfeld auszuweiten.[344]

Die Re-Kommunalisierung im Abfallmarkt ist auf zwei Gründe zurückzuführen. Erstens versuchen kommunale Entsorger, durch Umsatzausweitungen dem sinkenden Auslastungsgrad ihrer Sammelnetze und Entsorgungsanlagen entgegenzuwirken. Diese Unterauslastung wird zum einen durch sinkende Mengen an Beseitigungsabfällen infolge des gesetzlichen Verwertungsvorrangs verursacht. Zum anderen führt die Binnenkonkurrenz kommunaler Entsorgungseinrichtungen, die aufgrund der gesetzlich vorgeschriebenen Entsorgungsautarkie Überkapazitäten aufweisen, teilweise zu einem von Branchenbeobachtern als „ruinös“ angesehenen Konkurrenzverhalten der kommunalen Entsorger (Dumpingpreise). Zweitens soll die Re-Kommunalisierung dazu beitragen, Einnahmen für kommunale Gesellschaften auf neuen Märkten zu generieren, wodurch sich Mittel zur Deckung von Defiziten in den kommunalen Haushalten gewinnen ließen.

2.4.3 Marktergebnisse

2.4.3.1 Abfallmengen

Trotz intensiver Regulierung sind in Teilbereichen des Abfallmarktes wettbewerbliche Mechanismen erkennbar. Überkapazitäten, Kostensteigerungen infolge hoher Kapitalintensität, teure Akquisitionen innerhalb der Branche und Marktzutritte von Akteuren außerhalb der Branche und außerhalb Deutschlands haben sich sichtbar in gestiegener Wettbewerbsintensität und geringerer Profitabilität privater Entsorger niedergeschlagen.[345] In den folgenden Unterkapiteln werden die Auswirkungen auf Abfallmengen, Entsorgungskapazitäten sowie Preise und Gebühren analysiert.

Zwar wurde die aktuellste verfügbare Abfallbilanz vom Statistischen Bundesamt für den Zeitraum 1990 bis 1993 vorgelegt,[346] aber dennoch kann die Tendenz der Entwicklung der Abfallmengen aufgezeigt werden. Die Zusammensetzung des globalen Abfallstroms in Deutschland, der im Jahre 1993[347] rund 337 Millionen Tonnen Abfall[348] ausmachte, ist im zeitlichen Verlauf recht stabil. Bezogen auf das Gewicht entfallen rund 40 Prozent aller Abfälle auf den Bauschutt, 25 Prozent auf Produktionsabfälle, etwa 20 Prozent auf Abfälle aus dem

---

344 Vgl. RUTKOWSKY, S. (1998), S. 481.

345 Vgl. ebenda S. 479 f.

346 Vgl. STATISTISCHES BUNDESAMT (1997).

347 Aktuellere Daten für Deutschland sind gegenwärtig nicht verfügbar.

348 Vgl. BUSCH, B./VOSS, G. (2000), S. 17.

Bergbau und etwa zwei Prozent auf die Klärschlämme. Damit verbleibt für den Siedlungsabfall, den Mittelpunkt der abfallpolitischen Diskussion, nur ein Gewichtsanteil von rund 13 Prozent am gesamten Abfallaufkommen.[349] Der Siedlungsabfall umfaßt neben dem Hausmüll auch hausmüllähnliche Gewerbeabfälle, Sperrmüll, Marktabfälle und Straßenkehricht.[350]

Die Gesamtabfallmenge in Deutschland nahm bis zum Jahr 1990 kontinuierlich zu, so daß bereits von einem „Müllnotstand" gesprochen wurde.[351] Umfangreiche Vermeidungs- und Verwertungsanstrengungen führten zu einer Trendwende und zu leicht rückläufigen Abfallmengen.[352] Eine zukünftige Zunahme der Haushaltsabfälle, wie noch Mitte der neunziger Jahre beispielsweise vom DIW prognostiziert,[353] ist aufgrund des steigenden Verwertungsanteils als unwahrscheinlich zu bezeichnen.[354] Der BDE erwartet, daß die Abfallmenge aus privaten Haushaltungen von zur Zeit 28 bis 30 Millionen Tonnen pro Jahr auf ca. 21 Millionen Tonnen im Jahr 2010 sinken wird.[355]

Etwa ein Viertel des Gesamtabfallstroms wird gegenwärtig verwertet, der Rest wird beseitigt.[356] Die Menge der Beseitigungsabfälle sinkt kontinuierlich, während der Anteil der Wertstoffsammlung stetig zunimmt.[357] Beispielsweise lag die Siedlungsabfallmenge pro Kopf seit dem Jahr 1977 relativ konstant zwischen 420 und 455 kg je Einwohner. Dahingegen ist der Anteil der Abfallmengen zur Verwertung im gleichen Zeitraum von jährlich 50 kg je Einwohner auf 230 kg je Einwohner angewachsen.[358]

---

349 Vgl. ebenda, S. 18.

350 Vgl. ebenda. In der Literatur finden sich unterschiedliche Definitionen des Siedlungsabfalls, beispielsweise „Oberbegriff für alle festen Abfälle aus Haushalten sowie gleichwertige aus Handel, Gewerbe und Industrie." BDE (2000), S. 162.

351 Vgl. SCHOCH, F. (1992), S. 1.

352 Vgl. RUTKOWSKY, S. (1998), S. 17 sowie BUSCH, B./VOSS, G. (2000), S. 25. Für den Zeitraum 1990 bis 1995 schätzte das Unternehmerinstitut in Berlin auf Grundlage der Landesabfallbilanzen den Rückgang der Menge an Hausmüll und Sperrmüll von knapp 20 Millionen Tonnen auf unter 13 Millionen Tonnen pro Jahr. Die Menge der hausmüllähnlichen Gewerbeabfälle halbierte sich im gleichen Zeitraum auf jährlich knapp über fünf Millionen Tonnen. Vgl. KEUNE, K. (1998), S. 14. Aus heutiger Sicht erscheinen diese Abfallmengen aber als zu niedrig geschätzt.

353 Vgl. DIW (1995), S. 618 ff.

354 Vgl. RUTKOWSKY, S. (1998), S. 17.

355 Vgl. BDE (2001a), S. 7.

356 Angaben des Statistischen Bundesamts. Vgl. BUSCH, B./VOSS, G. (2000), S. 17.

357 Vgl. KEUNE, K. (1998), S. 20. Allein zwischen 1990 und 1993 stieg der Wertstoffanteil am Aufkommen an Hausmüll, hausmüllähnlichem Gewerbeabfall und Sperrmüll von 14 auf 30 Prozent. Vgl. DEUTSCHER BUNDESTAG (1997a), S. 3.

358 Vgl. BUSCH, B./VOSS, G. (2000), S. 19.

Die einzelnen Abfallarten und Abfallfraktionen entwickeln sich teilweise recht unterschiedlich. Die Gesamtmenge an Verpackungsabfall ist tendenziell rückläufig. Sie betrug im Jahr 2000 6,7 Mio. Tonnen, wovon 80 Prozent bei der DSDAG lizenziert waren.[359] Allein im Zeitraum von 1991 bis 1999 sank in Deutschland der jährliche Pro-Kopf-Verbrauch von Verkaufsverpackungen von 96 auf 83 Kilogramm.[360] Demgegenüber stieg die Menge der Altautos stetig auf mittlerweile knapp vier Mio. stillgelegte Fahrzeuge pro Jahr an, während es im Jahr 1995 erst 2,9 Mio. waren.[361] Da der Letztbesitzer die Kosten der Altautorücknahme zu tragen hat, ist der Rückgang der Zahl der abgegebenen Altautos um rund ein Drittel nach Inkrafttreten der Altautoverordnung und gleichzeitig ein Anstieg des Gebrauchtwagenexports nach Osteuropa nicht verwunderlich.[362] Bei Klärschlämmen ist aufgrund des Ausbaus von Kanalnetzen und strengerer Reinigungsvorgaben mit steigenden Mengen zu rechnen.[363] Ein Anstieg von jährlich fünf bis zehn Prozent wird für die Menge des in Deutschland anfallenden Elektronikschrotts, der gegenwärtig rund zwei Mio. Tonnen pro Jahr umfaßt, in den kommenden zehn Jahren prognostiziert.[364] Gar eine Verzehnfachung weist die Menge der getrennt erfaßten Bioabfälle auf, die seit dem Jahr 1990 von weniger als einer Million Tonnen auf mittlerweile rund zehn Millionen Tonnen pro Jahr angestiegen ist.[365]

Aussagen über die Entwicklung der Bauabfälle sind aus statistischen Gründen in hohem Maße ungenau, jedoch ist festzustellen, daß die Selbstverpflichtung der Bauwirtschaft zur Steigerung des Anteils der Abfallverwertung erfüllt wurde.[366] Die ca. 870 Mio. Batterien und Akkumulatoren, die jährlich in Deutschland verkauft werden, entsprechen mit einem Gewicht von 30.000 Tonnen zwar nur 0,1 Gewichtspromille des Gesamtabfallstroms, dafür enthalten sie gefährliche

---

[359] Vgl. DSDAG (2001a), S. 22.

[360] Im Jahre 1999 verwertete die DSDAG 5,55 Millionen Tonnen gebrauchte Verkaufsverpackungen (Erfassung 5,71 Mio. t) aus Glas (2,7 Mio. t verwertet), PPK (1,5 Mio. t), Kunststoffe (0,6 Mio. t), Verbundmaterialien (0,4 Mio. t), Weißblech (0,3 Mio. t), Aluminium (0,04 Mio. t). Vgl. DSDAG (2001b), S. 7.

[361] Vgl. ebenda, S. 11.

[362] Vgl. ebenda, S. 12.

[363] Vgl. RUTKOWSKY, S. (1998), S. 21.

[364] Vgl. KÖTTER, U. (1999), S. 17 ff.

[365] Vgl. DSDAG (2001b), S. 23.

[366] Laut eigenen Angaben der Bauwirtschaft wurden im Jahre 1996 über 58 Mio. t. Bauschutt, Straßenaufbruch und Baustellenabfälle verwertet, während es 1995 erst 31 Mio. t waren. Vgl. DEUTSCHES VERBÄNDEFORUM (2000).

Abfallstoffe in großen Mengen.[367] Weniger als 30 Prozent der verkauften Nickel-Cadmium-Akkus werden derzeit von Verbrauchern zurückgegeben.[368] Demgegenüber hat das Aufkommen an Altholz und industriellem Restholz mit jährlich 19 Mio. Tonnen und die Menge der Alttextilien mit rund zwei Mio. Tonnen einen hohen Anteil am Gesamtabfallstrom bei vergleichsweise geringem Potential an Umweltschädlichkeit.

2.4.3.2 Entsorgungsanlagen

Regulatorische Eingriffe hatten einen wesentlichen Einfluß auf die Entwicklung der Anzahl und des Auslastungsgrads verschiedener Entsorgungsanlagen. Insgesamt sind im Jahr 2001 nach Angaben des BDE 371 Hausmülldeponien mit höchst unterschiedlichen technischen Standards in Betrieb[369], von denen nur ein geringer Anteil über das Jahr 2005 hinaus genehmigungsfähig sein wird. Zur Erzeugung biologisch stabilisierter Abfälle, die auch künftig deponiert werden dürfen,[370] gibt es im Jahr 2001 zum einen 58 Müllverbrennungsanlagen (MVA), die überwiegend in den alten Bundesländern angesiedelt sind und deren Behandlungskapazität sich je nach Berechnungsweise auf 13 bis 14,5 Millionen Tonnen pro Jahr beläuft. Zum anderen können derzeit 25 mechanisch biologische Anlagen (MBA) zur Vorbehandlung von Beseitigungsabfällen genutzt werden. Ihre Behandlungskapazität beträgt ca. zwei Millionen Tonnen. Wenn im Jahr 2005 nur noch thermisch oder mechanisch-biologisch vorbehandelte Abfälle deponiert werden dürfen, reicht die heutige Vorbehandlungskapazität zuzüglich geplanter Neubauten laut BDE nicht aus, um alle Beseitigungsabfälle gemäß AbfAblV zu entsorgen.[371]

---

[367] Die jährlich verkauften Gerätebatterien enthalten mehr als 600 t Cadmium und 5,5 t Quecksilber und die pro Jahr verkauften Autobatterien enthalten ca. 180 000 t Blei. Vgl. DSDAG (2001b), S. 21.

[368] Auch das GRS-Rücknahmesystem erzielte im Jahr 1999 nur eine Erfassungsquote von rund einem Drittel bezogen auf die Menge von 25 000 t Batterien, die die Hersteller mit GRS-Lizenz in den Verkehr brachten. Vgl. ebenda, S. 22. Hierin sind Autobatterien nicht enthalten, für die ein eigenes Pfandsystem gilt.

[369] Im Jahre 1980 gab es noch 530 Deponien in Deutschland. Vgl. BILETEWSKI, B./HÄRDTLE, G./ MAREK, K. (1993), S. 4.

[370] Siehe die Begründung im Entwurf zur Abfallablagerungsverordnung, vgl. BUNDESMINISTERIUM FÜR UMWELT, NATURSCHUTZ UND REAKTORSICHERHEIT (2000a).

[371] Der BDE prognostiziert die Vorbehandlungskapazität im Jahr 2005 auf 20 Millionen Tonnen. Der Verband erwartet eine zu beseitigende Abfallmenge von jährlich 24 Millionen Tonnen, wobei bereits berücksichtigt ist, daß ein Teil der heutigen Müllmengen nach dem Jahr 2005 als Sekundärrohstoffen verwertet wird (vgl. BDE (2001a), S. 9 sowie o. V. (2001a)), da eine Vorbehandlung und Deponierung teurer wäre als die Aufbereitung zum Sekundärrohstoff.

Darüber hinaus werden in Deutschland über 1 800 Aufbereitungsanlagen betrieben, darunter 570 Bioabfallkompostieranlagen[372] und 780 Sortieranlagen der DSDAG.[373] Schließlich existieren 28 Sonderabfallverbrennungsanlagen.[374] Damit sind in ausreichendem Maße Entsorgungsinfrastrukturen vorhanden, die einen Wettbewerb zwischen Entsorgungswegen und verschiedenen technischen Entsorgungsverfahren ermöglichen würden, wenn sich die Verwertungs- und Beseitigungspreise zwischen Angebot und Nachfrage ohne regulatorische Verzerrung bilden könnten. Doch Regulierungseingriffe haben zu deutlichen Verwerfungen im Entsorgungsmarkt geführt.

Die derzeitigen Überkapazitäten bei den Entsorgungsanlagen, insbesondere im Bereich der Deponien,[375] wurden vor allem durch den Zwang zur kommunalen Entsorgungsautarkie verursacht. Die den kommunalen Deponien und Müllverbrennungsanlagen überlassenen Mengen an Beseitigungsabfällen gingen im vergangenen Jahrzehnt deutlich zurück. Dies ist erstens auf den Ausbau der Wertstoffsammlung und Abfallverwertung zurückzuführen. Zweitens sank das Angebot an öffentlich zu entsorgenden Gewerbe- und Industrieabfällen,[376] wofür zum einen unternehmensinterne Maßnahmen zur Vermeidung von Abfall[377] ursächlich sind und was zum anderen mit der Verlagerung gewerblicher Abfallströme in die kostengünstigere privatwirtschaftliche Verwertung zu erklären ist,[378] da die Nachfrage nach Entsorgungsleistungen für Gewerbeabfälle eine hohe Preiselastizität aufweist.[379]

Gleichzeitig hat die TASi Anreize gesetzt, noch nicht nachgerüstete Deponien möglichst zügig zu verfüllen, da sie nach 2002 bzw. 2005 geschlossen werden müssen. Dies hat zu einem „Verfüllungswettbewerb" dieser Altdeponien geführt, die ihre Preise drastisch gesenkt haben. Erwartete Kapazitätsengpässe bei der

---

372 Im Jahr 1999 gab es nur 458 Bioabfallkompostieranlagen. Vgl. BILETEWSKI, B./HÄRDTLE, G./MAREK, K. (1993), S. 4 f. Im Jahr 1990 betrug die Zahl der Anlagen mit einer Kapazität von mehr als 1 000 Tonnen pro Jahr erst 130. Vgl. DSDAG (2001b), S. 23.

373 Vgl. BDE (2001a), S. 12.

374 Vgl. BILETEWSKI, B./HÄRDTLE, G./MAREK, K. (1993), S. 5.

375 Vgl. BUSCH, B./VOSS, G. (2000), S. 25.

376 Diese werden nicht mit der Hausmüllabfuhr, sondern getrennt bei den Unternehmen eingesammelt oder von den Unternehmen selbst angeliefert.

377 Im produzierenden Gewerbe sank das Abfallaufkommen zwischen 1990 und 1993 um etwa elf Prozent, obwohl die Produktionsleistung zunahm. Vgl. UMWELTBUNDESAMT (1997), S. 431. Dies spricht dafür, daß eine Entkopplung der Abfallentwicklung vom volkswirtschaftlichen Wachstum stattfindet.

378 Vgl. UMWELTBUNDESAMT (1997), S. 443.

379 Vgl. KEUNE, K. (1998), S. 12 f. Es ist im KrW-/AbfG intendiert und auch in der Praxis zu erwarten, daß künftig die Preisreagibilität der gewerblichen Abfallbesitzer zunimmt. Vgl. SCHAUFLER, H. (1997), S. 1.

Hausmüllentsorgung ab dem Jahre 2005 sind deshalb nur scheinbar paradox. Der Bau neuer MVA und MBA wird durch die heutige Nichtauslastung bestehender Vorbehandlungsanlagen infolge der Billigangebote der Altdeponien behindert. In Reaktion auf die unsichere Kapazitätsplanung in der Beseitigung bemühen sich private Betreiber von Deponien, die Auslastungsrisiken durch langfristige Verträge auf die öffentlichen Entsorgungsträger zu verlagern.[380]

Des weiteren entwickelte sich ein intensiver Wettbewerb zwischen Anlagen der thermischen Vorbehandlung und mechanisch-biologischen Verfahren, die in der AbfAblV als ökologisch gleichwertig definiert wurden. Auch in der Aufbereitung bei den von der DSDAG erfaßten Wertstoffen zeichnen sich Überkapazitäten ab.[381]

Für die Sonderabfälle stellt sich eine ähnliche Situation wie im Hausmüllbereich dar. Noch im Jahr 1987 fehlten Verbrennungskapazitäten, so daß jährlich eine Million Tonnen Sonderabfälle in nicht geeigneten Anlagen bzw. im Ausland entsorgt wurden.[382] Gegenwärtig sind die Sonderabfallverbrennungsanlagen nicht ausgelastet, da Vermeidungserfolge erzielt und kostengünstigere Entsorgungssysteme entwickelt wurden und da Sonderabfälle in den ökologisch „zweifelhaften Bergversatz gehen."[383]

In den neunziger Jahren verzeichnete die Abfallwirtschaft eine beschleunigte technische Entwicklung,[384] nachdem die Innovationsanreize in den Jahren zuvor im Gegensatz zu anderen Branchen aufgrund fehlenden Kosten- und Innovationsdrucks vergleichsweise gering waren. Als wesentliche Ursache für die Innovationen ist der Anstieg der Beseitigungskosten zu nennen, der Anreize zu Kosteneinsparungen und zur Verwertung gab. Insbesondere die Verwertungskapazitäten der Industrie, z. B. der Zementindustrie, führten zu neuen Angeboten im Markt. Der technischen Dynamik der vergangenen Jahre stehen aber weiterhin starre rechtliche Vorgaben zu Techniken und Entsorgungswegen gegenüber, die durch die AbfAblV nur teilweise entschärft wurden. Dies ist als kritisch zu beurteilen, da sich ständig neue Verwertungsoptionen ergeben und Kostenverläufe im Zeitverlauf variieren. Eine optimale Entsorgung, die ökologische und wirt-

---

380 Vgl. RUTKOWSKY, S. (1998), S. 28.

381 Vgl. ebenda, S. 25.

382 Vgl. UMWELTBUNDESAMT (1997).

383 BILETEWSKI, B./HÄRDTLE, G./MAREK, K. (1993), S. 7.

384 Flexiblere Sammel- und Transportsysteme aus der Speditionswirtschaft wurden eingeführt und automatisierte Sortier- und Demontagetechniken entwickelt. Thermische und mechanisch-biologische Vorbehandlungsverfahren wurden zur Einssatzreife weiterentwickelt und die Anlagen zur Kraft-Wärme-Kopplung ausgebaut.

schaftliche Aspekte gleichermaßen berücksichtigt, kann letztlich nur im Einzelfall und unter Nutzung wettbewerblicher Prozesse gesichert werden.[385]

2.4.3.3 Preise

Die Abfallmengen, die Kapazitätsauslastungen und die Preise auf dem Abfallmarkt hängen eng zusammen. Der Anstieg der Entsorgungskosten ist ein wesentlicher Grund für die allmähliche Reduktion der Gesamtabfallmenge, insbesondere der Mengen an Produktionsabfällen, da hier die wettbewerbliche Preisgestaltung und die verursachergerechte Anlastung der Kosten eher funktionieren als bei den Abfällen der privaten Haushalte.[386] In diesem Kapitel wird die Preisentwicklung im Abfallmarkt betrachtet. Zunächst werden die Entwicklungen der Preise bei Entsorgungsanlagen (Verwertung oder Beseitigung), der Entgelte im dualen System der DSDAG sowie der Preise für Abfalltransporte analysiert. Danach wird die Entwicklung der Abfallgebühren untersucht.

Die Preise für die Leistungen von *Entsorgungsanlagen* sind durch einen - teilweise intensiven - Wettbewerb zwischen kommunalen und privaten Anbietern geprägt. Viele Kommunen verfolgen eine Preisdifferenzierungsstrategie. Sie bieten den Deponieraum für gewerbliche Abfälle auch unterhalb der Durchschnittskosten an, wobei sie noch einen Deckungsbeitrag für die recht hohen Fixkosten erzielen. Dies führt einerseits dazu, daß Abfälle nicht der (teureren) Verwertung zugeführt werden, sondern in Billigdeponien beseitigt werden. Andererseits konkurrieren Billigdeponien, in denen ab dem Jahre 2005 nicht mehr abgelagert werden darf, mit technisch nachgerüsteten oder modernen Deponien mit hohen Sicherheitsstandards. Während letztere auf Preise von 200 Euro je Tonne kommen, können einige Billigdeponien die Abfallentsorgung bereits zu Preisen unter 20 Euro/t anbieten. Auch „technisch und ökologisch hochwertige Verbrennungsanlagen“[387] haben mit Preisen zwischen 100 und 300 Euro/t[388] das Nachsehen gegenüber Altdeponien, die zu Preisen anbieten, die „unter den Kosten für die Abfallverbrennung einschließlich Rückstandsentsorgung liegen.“[389]

Im Bereich der Beseitigungsanlagen ist auf der einen Seite mit langfristig steigenden Deponiepreisen zu rechnen, zumal bisher in der Regel weder die Knapp-

---

385 Vgl. RUTKOWSKY, S. (1998), S. 47.

386 Vgl. ebenda, S. 31.

387 WEIDEMANN, C. (1998), S. 32.

388 Vgl. KEUNE, K. (1998), S. 23.

389 BUNDESREGIERUNG (1997a), S. 4.

heitsrelationen des Deponieraums noch die (Risiko-)Kosten der zukünftigen (Altlasten-)Sanierung in die Deponiepreise einfließen. Auf der anderen Seite besteht eine Tendenz zu sinkenden Preisen aufgrund der geringeren Nachfrage nach Deponiekapazitäten infolge der steigenden Vermeidungs- und Verwertungsanstrengungen.[390]

Im Bereich der Verwertungsanlagen für Haushaltsabfälle wird der privatwirtschaftliche Wettbewerb ferner durch zahlreiche Quersubventionierungen innerhalb kommunaler Entsorgungsunternehmen zu Lasten der Beseitigung eingeschränkt. Es gelingt den Kommunen als Gebietsmonopolisten für Beseitigung, die gezwungenermaßen starre Nachfrage nach Beseitigungskapazität zu nutzen, um auf dem Verwertungsmarkt preiselastischere Nachfrager, z. B. Gewerbetreibende, als Kunden zu gewinnen.[391]

Insgesamt sind große Preisunterschiede zwischen den Angeboten der Entsorger bzw. Kommunen festzustellen – sowohl beim Hausmüll, als auch bei den Produktionsabfällen. Die Deponiepreise lagen im Jahr 1994 zwischen 15 Euro/t in Sachsen-Anhalt und 110 Euro/t in Bayern, wo die teuerste Deponie für gewöhnlichen Hausmüll bis zu 230 Euro/t berechnete.[392] Der Nettopreis der Entsorgung einer Tonne unsortierten hausmüllähnlichen Gewerbeabfalls, der direkt an die Entsorgungsanlage angeliefert wird, wies im Jahre 1995 in Nordrhein-Westfalen eine Bandbreite von 13 bis 230 Euro auf.[393]

Auch im *Markt für duale Systeme* müssen Lizenznehmer - und damit auch Verbraucher - gegenwärtig ein hohes Preisniveau hinnehmen, ein Urteil, das sich u. a. aus dem kostengünstigeren Angebot der Landbell AG ableiten läßt (vergleiche Kapitel 2.4.1). Die Effizienz der Rücknahmeverpflichtung muß im Falle der DSDAG als mangelhaft beurteilt werden. Erstens ist die statische Effizienz in der Erfüllung der Verwertungsquoten durch das DSDAG als gering einzuschätzen, da systematisch überhöhte Kosten in den Leistungsverträgen der DSDAG mit den Verwertungs- und Entsorgungsdienstleistern festgeschrieben wurden[394], die an Hersteller und Vertreiber weitergegeben werden. Zweitens ist auch die dynamische Effizienz kritisch zu beurteilen; denn die DSDAG als Monopolist in einem früheren Stadium der technischen Entwicklung kann wesentlich bestimmen, ob und wie eine Innovation zur Marktreife gebracht wird. Die DSDAG will beispielsweise vollautomatisierte Sortiertechniken „zum Standard in Deutsch-

---

390 Vgl. RUTKOWSKY, S. (1998), S. 36.

391 Vgl. ebenda, S. 34.

392 Vgl. Angaben der Zeitschrift „natur“, 10/1994, S. 43, zitiert in RUTKOWSKY, S. (1998), S. 36.

393 Vgl. EWERS, H.-J./TEGNER, H./RUTKOWSKY, S./BRENCK, A./ECKHARD, F. (1996), S. 1 ff.

394 Vgl. EWERS, H.-J./SCHATZ, M./TEGNER, H. (2001), S. 16.

land"[395] machen, während sie andere Verfahrensinnovationen derzeit nicht betrachtet.[396]

Eine weitere Kostenkomponente der Abfallwirtschaft bilden die *Preise für den Abfalltransport*. Die Transportkosten von Abfall werden mit fünf Euro pro Tonne und Stunde[397] bzw. mit 15 bis 30 Cents pro Tonne und Kilometer[398] angegeben. Dies kann als sehr gering gelten[399], da im Vergleich dazu beispielsweise die Verwertung einer Tonne Kunststoff rund 290 Euro kostet.[400] Die OECD hingegen geht von höheren Transportkosten aus, was einem Wettbewerb zwischen Entsorgungseinrichtungen im Wege stünde.[401]

Die *Abfallgebühren für Haushalte* wurden in den vergangenen Jahren von den meisten Kommunen deutlich angehoben.[402] Auch im Vergleich zu den Entsorgungspreisen ist bei den Müllgebühren ein größerer Preisanstieg zu verzeichnen.[403] Je nach Entsorgungsweg divergieren die Gebühren je privatem Haushalt zwischen den Kommunen. Gemeinden, die an Müllverbrennungsanlagen angeschlossen sind und ihre hohen Fixkosten auf sinkende Abfallmengen umlegen, verlangen teilweise ein Vielfaches mehr an Gebühren als Kommunen, die ihre Abfälle lediglich deponieren, oder als Kommunen, die frühzeitig in ausreichendem Maße Rekultivierungsrückstellungen gebildet haben.

Dafür sind verschiedene Entwicklungen ursächlich, die teils ökonomisch gerechtfertigt, teils nicht gerechtfertigt sind. Gebührensteigerungen können dann gerechtfertigt sein, wenn Kostenanstiege unvermeidbar sind, beispielsweise durch die Verschärfung der umweltpolitischen Anforderungen an Verbrennung und Deponierung, durch die Zunahme der gesetzlich gebotenen Entsorgungsleistungen, wie etwa Sperrmüll-, Bio-, Elektronikschrott- und Schadstoffsamm-

---

395 DSDAG (2001b), S. 7. Vgl. außerdem DSDAG (2000), S. 38 ff.

396 Nicht weiterentwickelt wird beispielsweise die Sortierung getrockneter und stabilisierter Mischabfälle. Vgl. EWERS, H.-J./SCHATZ, M./TEGNER, H. (2001), S. 17.

397 Vgl. EWERS, H.-J./TEGNER, H. (1998), S. 16.

398 Vgl. KEUNE, K. (1998), S. 23.

399 Vgl. TEGNER, H. (2001), S. 6. Auch in der betrieblichen Praxis sind die Transportkosten nur von untergeordneter Bedeutung. Einschätzung im Expertengespräch am 08.11.2001 mit Frau Annemarie Becker, Geschäftsführende Gesellschafterin der Jakob Becker GmbH & Co. KG, Mehlingen, und im Expertengespräch am 16.11.2001 mit Vitali Olijnik, Mitarbeiter der Rethmann Recycling GmbH, Berlin.

400 Vgl. DSDAG (2001c), S. 2

401 Vgl. OECD (2000), S. 10.

402 In den neunziger Jahren mußten die Haushalte in etwa eine Verdopplung der Müllgebühren hinnehmen, während das allgemeine Preisniveau nur um ein Fünftel anstieg. Vgl. BUSCH, B./VOSS, G. (2000), S. 33.

403 Vgl. RAT VON SACHVERSTÄNDIGEN FÜR UMWELTFRAGEN (1998a), Tz. 706.

lungen, sowie durch die Reduktion der Abfallmengen, die bei Anwendung von Durchschnittspreisen und hohen Fixkosten[404] zu steigenden Abfallgebühren führen.

Gebührensteigerungen müssen aber kritisch beurteilt werden, wenn sie Ergebnis von Monopolmacht bzw. von X-Ineffizienzen sind. Monopolmacht erleichtert es den Kommunen, an überkommenen Strukturen festzuhalten, anstatt z. B. Beschäftigtenstrukturen an neue Marktverhältnisse anzupassen.[405] Vor allem die kalkulatorischen Kosten (Abschreibungen und kalkulatorische Zinsen) kommunaler Entsorger sind bei der Bewertung der Fixkosten zu hinterfragen.[406] Während private Unternehmen oft nur eine Abschreibung auf den Anschaffungswert am Markt durchsetzen können, ist es öffentlichen Unternehmen durch ihre Monopolmacht möglich, Abschreibungen zu erzielen, die sich auf einen jährlich steigenden Wiederbeschaffungswert zuzüglich kalkulatorischer Kosten beziehen,[407] so daß der ursprüngliche Investitionswert drastisch erhöht werden kann.[408] Ungerechtfertigt hohe Müllgebühren sind eine mögliche Konsequenz, die dazu beiträgt, Kosteneinsparungen zu vermeiden. Überhöhte kalkulatorische Kosten durchbrechen zudem faktisch das Kostendeckungsprinzip und eröffnen den Kommunen die Chance zu verdeckten Überschüssen. Handelt es sich um Ämter oder Regiebetriebe, können die Monopolrenten entweder im allgemeinen Haushalt zur Finanzierung anderer kommunaler Aufgaben oder Zielsetzungen eingesetzt werden (Quersubventionierung), oder sie werden im Abfallmarkt wettbewerbsverzerrend zur Subventionierung von Aktivitäten verwandt, in denen öffentliche Entsorger mit privaten Unternehmen in Konkurrenz stehen, beispielsweise im Markt für gewerbliche Abfälle.[409]

2.4.4 Fazit

Der deutsche Abfallmarkt ist durch das Auffächern des Abfallstroms in verschiedene Teilströme sowie das Zusammenwachsen der Abfall- und Rohstoffmärkte gekennzeichnet. Es ist zu erwarten, daß die Verknappung nichterneuer-

---

404 Analysen kommunaler Kostenstrukturen gehen von einem Fixkostenanteil von 70 bis 85 Prozent aus. Vgl. EWERS, H.-J. (1997), S. 121 f. Demnach sind maximal 15 bis 30 Prozent der Kosten variabel und können evtl. an Veränderungen der Abfallmengen angepaßt werden.

405 Vgl. HOHENTHAL, C. GRAF VON (1996).

406 Vgl. DÄKE, K.-H. (1996), S. 4 ff.

407 Vgl. WITTMANN, R. (1994), S. 182.

408 Vgl. WÖBBEKING, K. (1996), S. 1 ff.

409 Vgl. KEUNE, K. (1998), S. 20 f.

barer Rohstoffe zukünftig den Weg zur Sekundärrohstoff- oder Kreislaufwirtschaft vorantreiben wird.[410]

Ferner ist der Abfallmarkt durch die gesetzlich vorgegebene Dominanz öffentlicher Sammlung und Entsorgung von Abfällen zur Beseitigung geprägt und weist darüber hinaus eine Vielzahl von Entsorgungsaktivitäten durch die Kommunen auf. Die Re-Kommunalisierung bisher privatwirtschaftlich organisierter Bereiche dient der besseren Auslastung kommunaler Entsorgungskapazitäten, um nicht politisch unliebsame Rationalisierungsmaßnahmen bei öffentlichen Entsorgern durchsetzen zu müssen.[411] Insgesamt ist die effizienzfördernde Wirkung des Wettbewerbs weitestgehend ausgeschaltet. Sie kann durch internes Controlling der öffentlichen Entsorger nicht ersetzt werden.

3. Erfahrungen mit geöffneten Abfallmärkten im Ausland

3.1 Überblick

Zur Beurteilung der Frage, ob und wie der Abfallmarkt in Deutschland geöffnet werden sollte, kann der Blick auf die Entwicklungen ausländischer Abfallmärkte in diesem Kapitel empirisch fundierte Hinweise geben. Die Marktordnung ist in den meisten Staaten durch eine hohe Regulierungsdichte gekennzeichnet, wobei zwischen Sammlung und Entsorgung von Abfall zu unterscheiden ist. Im Bereich der Sammlung des privaten Haushaltsmülls setzen nur wenige Länder auf einen Wettbewerb im Markt, wohingegen die Sammlung der Gewerbe- und Produktionsabfälle überwiegend wettbewerblich organisiert ist. Die Beschränkung von Wettbewerb in der Hausmüllsammlung wird mit hohen Dichtevorteilen begründet, die ein natürliches Monopol bedingen, so daß eine dauerhafte Bedienung eines Entsorgungsgebiets durch mehrere Müll einsammelnde Unternehmen gesamtwirtschaftlich als ineffizient angesehen wird.[412] Im allgemeinen wird ein Wettbewerb um das geographisch und zeitlich begrenzte Recht zur exklusiven Hausmüllsammlung ausgeschrieben.[413] Verschiedene Studien haben Kostenvorteile in Höhe von 15 bis 40 Prozent bei einer durch private Unternehmen betriebenen Hausmüllsammlung nach einer Ausschreibung im Ver-

410 Vgl. RUTKOWSKY, S. (1998), S. 2.

411 Vgl. KEUNE, K. (1998), S. 21.

412 Nichtsdestotrotz erlaubt Finnland seit langem Wettbewerb in der Hausmüllsammlung, was zu 20-25 Prozent höheren Kosten im Vergleich zu den Regionen geführt hat, die durch Ausschreibungen ein lokales Sammelmonopol vergeben. Vgl. OECD (2000), S. 7. Weitere Angaben zu dieser finnischen Studie ließen sich bislang vom Verfasser nicht finden.

413 Mehr als zwei Drittel aller Kommunen in Dänemark, Norwegen und Schweden schreiben ihre Hausmüllsammlung aus. Vgl. ebenda.

gleich zu einem öffentlichen Sammelmonopol nachgewiesen. Im Vereinigten Königreich werden die Kostenvorteile in erster Linie mit einer größeren Produktivität privater Unternehmen und nicht mit ihren im Vergleich zu öffentlichen Unternehmen niedrigeren Löhnen erklärt.[414]

In einigen Ländern wird der Zugang zu Entsorgungsanlagen reguliert, um einen diskriminierungsfreien Wettbewerb im vorgelagerten Markt für die Sammelunternehmen zu ermöglichen.[415] In den meisten Ländern besteht überwiegend Wettbewerb im Bereich der Verwertung und Beseitigung von Abfall.

Die einzelnen lokalen und regionalen Märkte für Abfallsammlung (Hausmüll sowie Produktionsabfälle) weisen eine relativ hohe Marktkonzentration auf, wenngleich die jeweils landesweite Anzahl an Anbietern hoch ist. Wettbewerbsbeschränkungen durch Preisabsprachen oder Gebietsaufteilungen zwischen Anbietern auf derselben Wertschöpfungsstufe führten zum Einschreiten der Wettbewerbsbehörden in zahlreichen Ländern.[416] Auch im Bereich der Entsorgungsanlagen ist eine hohe Marktkonzentration zu verzeichnen. Wo Unternehmen sowohl in der Sammlung als auch in der Entsorgung von Abfall tätig waren, mußten Wettbewerbsbehörden einschreiten, um einen diskriminierungsfreien Zugang von konkurrierenden Sammelunternehmen zu den Entsorgungsanlagen zu gewährleisten.[417]

Ob und wieviel die privaten Haushalte für die Abfallsammlung bezahlen müssen, variiert von Stadt zu Stadt. In Kommunen, die eine abfallmengenbezogene Müllgebühr erheben, stieg das Recyclingaufkommen und sank die Abfallmenge, insbesondere bei Verpackungen. Gleichwohl sind in den Kommunen, die die Müllentsorgung nicht entgeltfrei für die Bürger organisieren, „wilde" Abfallablagerungen oder illegales Verbrennen zu beobachten, so daß die Kosten der Durchsetzung des Umweltrechts stiegen.[418]

---

414 Vgl. ebenda, S. 7 f.

415 Vgl. ebenda, S. 10.

416 Verträge zur Sammlung bei gewerblicher Abfallbesitzern hatten beispielsweise unangemessen lange Laufzeiten und automatische Verlängerungsklauseln und stellten damit Marktzutrittsschranken dar.

417 Vgl. OECD (2000), S. 10.

418 Vgl. ebenda.

3.2 *Erfahrungen aus den USA*

Auch in den USA sind die Abfallmärkte kommunal sehr verschieden organisiert und weisen unterschiedliche Grade der Marktöffnung auf. Vornehmlich kulturelle und historische und weniger ökonomische Ursachen begründen die dominierende Stellung öffentlicher Entsorgungsunternehmen in einigen Regionen, beispielsweise in den Großstädten im Nordosten und in kleineren Städten im Süden, während auf den lokalen Abfallmärkten im Westen der USA häufig Wettbewerb zugelassen ist. Seit Ende der achtziger Jahre stieg der Anteil der Kommunen, die ihre Entsorgungsleistungen per Ausschreibung an Privatunternehmen vergeben, deutlich an. Rund die Hälfte der Kommunen vergab im Jahr 1997 die Hausmüllsammlung an Privatunternehmen, bei der Sammlung von gewerblichen Abfällen betrug der Anteil 60 Prozent. Parallel dazu sank von 1988 bis 1997 der Anteil der Kommunen, die ausschließlich öffentliche Entsorgungsunternehmen für die Hausmüll- bzw. die gewerbliche Abfallsammlung einsetzen, von 52 auf 27 Prozent bzw. von 40 auf 23 Prozent. Im gleichen Zeitraum erhöhte sich der Anteil der Kommunen, die ihre Abfälle ausschließlich in privaten Anlagen entsorgen lassen, von 25 auf 41 Prozent.[419] Rund ein Zehntel der Kommunen hat ihre Tätigkeit am Abfallmarkt aufgegeben und die Sammlung und Entsorgung den Marktakteuren überlassen. Insbesondere bei der gewerblichen Abfallsammlung konkurrieren private Entsorger um Vertragsbeziehungen mit den einzelnen Abfallbesitzern.[420]

In den Kommunen, die den Marktzutritt beschränken, werden entweder Müllgebühren erhoben, oder die Entsorgung wird aus dem allgemeinen kommunalen Steueraufkommen finanziert. In vollständig geöffneten Abfallmärkten hingegen rechnen die Entsorgungsunternehmen direkt mit den Kunden ab. Hier sind überwiegend vertikal integrierte Unternehmen tätig, die die gemeinsame Sammlung und Entsorgung von Abfällen anbieten.[421] In den meisten lokalen Abfallmärkten sind die größten Anbieter landesweit agierende Privatunternehmen, die die gesamte Wertschöpfungskette im Entsorgungsmarkt bedienen. Vereinzelt sind Wettbewerbsbeschränkungen durch Absprachen privater Entsorgungsunternehmen zu beobachten gewesen, was durch die meist relativ geringe einstellige Anzahl an Bietern in Ausschreibungsverfahren begünstigt wird. Rund ein Viertel der Kommunen beklagt eine zu geringe Anzahl an kompetenten privaten Entsorgungsunternehmen als Hindernis für eine weitergehende Übertragung der Entsorgungsleistungen an den Privatsektor.[422]

---

419 Vgl. ICMA (1999), chapter 5.

420 Vgl. OECD (2000), S. 162 ff.

421 Vgl. OECD (2000), S. 166.

422 Vgl. ICMA (1996), S. 8.

Die Stadt Phoenix in Arizona ist ein Beispiel für Ausschreibungen. Sie schreibt seit dem Jahr 1978 die Hausmüllsammlung aus. Für jeden der sechs Stadtbezirke gibt es separate Ausschreibungen für einen Exklusivkontrakt zur Abfallsammlung über fünf bis sieben Jahre, so daß es nahezu jährlich zu Ausschreibungen kommt. Sowohl private Unternehmen als auch das kommunale Entsorgungsunternehmen der Stadtverwaltung („public works department") dürfen mitbieten und haben Ausschreibungen gewonnen. Die Angebote des kommunalen Entsorgungsunternehmens werden von einer unabhängigen Verwaltungsinstanz zur Gewährleistung der Kostendeckung geprüft.[423] Die Kommune bezahlt den erfolgreichen Bieter gemäß der Anzahl entsorgter Haushalte, von denen sie eine monatliche Müllgebühr im Gegenwert von rund 20 Euro erhebt.[424] Wettbewerbspolitisch bedenklich ist die sinkende Anzahl an Bietern in Ausschreibungen, die mittlerweile nur noch zwischen drei und sechs liegt (bei einem Durchschnitt von fünf Angeboten),[425] so daß sich die Stadtverwaltung um zusätzliche Anbieter bemüht.

3.3 Erfahrungen aus Polen

3.3.1 Sammlung von Hausmüll

3.3.1.1 Marktordnung

In Polen wurde in den neunziger Jahren der ehemals kommunalwirtschaftlich organisierte Abfallmarkt geöffnet.[426] Erste Marktergebnisse deuten auf eine positive Wettbewerbsentwicklung hin. Den Konsumenten und Unternehmen in Polen brachte die Marktöffnung stabile oder zum Teil sinkende Preise, bessere Leistungen und ein vielfältigeres Angebot. Ökologische Nachteile im Zuge der Öffnung des Marktes für die Müllabfuhr sind nicht festzustellen.[427] Im folgenden werden die Märkte für die Hausmüllabfuhr, für die Wertstoffsammlung und für Entsorgungsanlagen in Polen untersucht.

---

423 Vgl. OECD (2000), S. 163.

424 Im Jahr 2001 betrug die Monatsgebühr für einen Einfamilienhaushalt $19,20. Vgl. Web Site der Stadt Phoenix unter http://www.phoenix.gov/garbage/solidwst.html.

425 Vgl. ICMA (1999), S. 44.

426 Aufgrund des relativ niedrigen Lohnniveaus und der geringen Umweltstandards zahlreicher Deponien werden den Bürgern gegenwärtig für die Hausmüllentsorgung jährlich nur rund 10 Euro pro Einwohner berechnet, so daß bei einer Bevölkerung von 38,7 Millionen Einwohnern der Hausmüllmarkt auf knapp 400 Millionen Euro geschätzt werden kann. Aussage von Torsten Weber, Leiter des Europa-Geschäfts von Rethmann, in einem Telefonat am 01.02.2002.

427 Hierbei sei davon abgesehen, daß es zu erhöhten Schadstoffemissionen kommt, wenn mehrere Müllfahrzeuge statt nur ein Fahrzeug den Abfall einer Straße einsammeln.

In Polen gibt es keinen gesetzlichen Anschluß- und Benutzungszwang gegenüber der Kommune bei der Sammlung und Entsorgung von Hausmüll. Grundstücksbesitzer sind verpflichtet, selber die geregelte Einsammlung und die Entsorgung ihrer Abfälle sicherzustellen. Dazu müssen sie einen Vertrag mit einem zugelassenen Entsorgungsunternehmen abschließen und auf Verlangen der Kommune vorlegen.

Allerdings besteht nach einer Gesetzesänderung vom Herbst 2001 die Möglichkeit, daß Kommunen ein Referendum zur Frage abhalten, ob die Bürger die Hausmüllabfuhr in ihrer Kommune als befristetes Monopol mit Anschluß- und Benutzungszwang im Wege einer Ausschreibung vergeben möchten. Gerade in Dörfern in ländlichen Gebieten könnten die Kommunen so verhindern, daß ein Monopolist die Marktgegenseite ausbeutet.[428]

Sowohl kommunale Unternehmen als auch private Wettbewerber dürfen Hausmüll abfahren. Private Unternehmen müssen eine Konzession zur Müllabfuhr bei der Kommune beantragen. Bislang wurde ihnen eine Konzession gewährt, wenn sie den Nachweis über eine ausreichend hohe technische Ausstattung führen konnten sowie über einen Entsorgungsvertrag mit einer Deponie verfügten oder eigene Entsorgungsanlagen betrieben. Rund 2 500 Kommunen sind zuständig für die Erteilung der Lizenzen für private Abfallsammelunternehmen.[429]

Für private Unternehmen bestanden somit bis zum Jahr 2001 keine relevanten institutionellen Marktzutrittsschranken. Es kam zu zahlreichen Firmenneugründungen und mehrere große ausländische Entsorgungsunternehmen traten auf den polnischen Entsorgungsmarkt.

Bei der Würdigung der konkreten Ausgestaltung der wenig regulierten Marktordnung ist zwischen wettbewerbspolitisch begründeten Einwänden einerseits und der Kritik aus weiteren Politikbereichen andererseits zu unterscheiden. Im folgenden werden zunächst drei wettbewerbspolitische Einwände untersucht.

---

[428] Vitali Olijnik, Projektmanager für Polen und Tschechien der Rethmann Recycling GmbH, Berlin, hält ein Referendum in kleinen Orten für wahrscheinlich, da nicht zu erwarten sei, daß zwei Entsorger um die Müllabfuhr in einzelnen Dörfern konkurrieren. Expertengespräch am 16.11.2001 in Berlin.
Konrad Müller, verantwortlich für den polnischen Markt in der Lobbe Holding GmbH & Co. KG, Iserlohn, hat Bedenken gegen ein Referendum aufgrund der Gefahr politischer und wirtschaftlicher Einflußnahmen gerade in kleinen Kommunen. Dies könne bis hin zu diskriminierenden Ausschreibungsbedingungen, die bestimmte örtliche oder kommunale Unternehmen begünstigen, führen. Expertengespräch am 15.11.2001 in Warschau.

[429] Aussage im Gespräch mit Dariusz Matlak, Geschäftsführer des polnischen Entsorgerverbands PUGO, der nach eigenen Angaben 33 Entsorgungsunternehmen, die den Müll von mehr als neun Millionen Einwohnern abfahren, repräsentiert. Expertengespräch am 15.11.2001 in Warschau.

1. *Ein Entsorgungsvertrag gewährleistet nicht eine geregelte Entsorgung*
Die Kommunen sind verpflichtet, die Grundstücksbesitzer zu kontrollieren, ob sie einen Entsorgungsvertrag haben. Sie kontrollieren nicht, ob alle Abfälle eines Haushalts von dem Entsorgungsvertrag erfaßt sind[430] und ob die Entsorgung einen legalen Weg nimmt. Um Müllgebühren zu sparen, haben Grundstücksbesitzer von Einfamilienhäusern einen Anreiz zur illegalen Ablagerung und zur Müllverbrennung im eigenen Kohleofen.[431] Ein großer Anteil des Abfalls wird dadurch in ländlichen Regionen nicht regulär entsorgt. Demgegenüber dominieren in Städten Wohnungsbaugenossenschaften, so daß die Abfallbesitzer keinen Anreiz haben, Müll illegal zu entsorgen, da die einzelnen Haushalte pauschale Müllgebühren bezahlen. Zur Vermeidung einer illegalen Entsorgung bietet es sich einerseits an, Grundstücksbesitzer zu verpflichten, der Behörde neben einem Vertrag zusätzlich einen Entsorgungsnachweis vorzulegen. Andererseits gibt es Städte, die einen Mindestleistungsumfang vorschreiben, den Entsorgungsverträge zum Inhalt haben müssen.[432] Beispielsweise muß gemäß der Abfallsatzung aus Posen der Hausmüll mindestens alle 14 Tage abgefahren werden. In zahlreichen Kommunen gibt es jedoch noch keine entsprechenden Satzungen, denn erst seit Beginn des Jahres 2002 sind Kommunen verpflichtet, eine kommunale Abfallsatzung zu erlassen.

2. *Bei der Konzessionserteilung sind Diskriminierungen möglich*
Der freie Marktzugang wurde im „Gesetz zur Erhaltung von Sauberkeit und Ordnung in den Gemeinden" vom 18.09.2001 neu geregelt.[433] Private Entsorgungsunternehmen in Polen haben die Sorge, daß durch diese Gesetzesänderung eine Rekommunalisierung droht. Die Kommunen sind nicht länger verpflichtet, Konzessionen zur Müllabfuhr automatisch zu erteilen. Das Ge-

---

430 Der Vertrag über die Leerung eines Abfallsacks pro Monat (eine Leerung kostet 7,5 zu 12 Zloty bei Lobbe in Warschau) reicht bereits, um der individuellen Entsorgungspflicht genüge zu tun. Aussage von Roman Brzezinski, Betriebsleiter und Prokurist von Lobbe Warschau, im Gespräch am 15.11.2001 in Warschau.

431 Gerade in den ländlichen Regionen ist die ungeregelte Entsorgung weitverbreitet, da nur wenige Haushalte über eine Öl- oder Gasheizung verfügen. Die Entsorger merken die Folgen der Müllverbrennung in Kohleöfen an dem hohen Anteil an Asche in den Mülltonnen, deren Gewicht dadurch höher ist als bei gewöhnlichen Hausmüll. Diese Tendenz nimmt aber mit zunehmendem Wohlstand und Installation moderner Heizsysteme ab. Bis 1990 sind rund 40 Prozent der Bevölkerung, insbesondere auf dem Land, von keiner geregelten Entsorgung erfaßt gewesen. Die nicht reguläre Entsorgung ist auch durch die Erfahrung der Polen mit dem unbeliebten Bringsystem für Restmüll verbunden, das erst seit den neunziger Jahren durch ein Abholsystem mit Mülltonnen am Grundstück abgelöst wurde. Zudem reicht die Finanzkraft der meisten Kommunen nicht aus, um kommunal finanzierte 10-qm-Container auf Dorfplätzen aufzustellen, in die die Bürger ihren Restmüll einwerfen.

432 Aussage im Gespräch mit Vitali Olijnik am 16.11.2001 in Berlin.

433 Aussage im Gespräch mit Dariusz Matlak am 15.11.2001 in Warschau.

setz sieht statt dessen nur noch eine Kann-Bestimmung vor.[434] Einige Kommunen nutzen den größeren Entscheidungsspielraum bei der Frage, ob und wem sie unter welchen Bedingungen eine Konzession erteilen. Kommunen mit nicht ausgelasteten kommunalen Deponien könnten beispielsweise vorschreiben, daß ein privater Entsorger sich verpflichten muß, bestimmte kommunale Entsorgungsanlagen zu nutzen, um eine Konzession zu erhalten.[435] Dadurch würde die Entscheidung über den Entsorgungsweg nicht mehr im Wettbewerb getroffen. Kommunen können sich zudem auf die gesetzliche Pflicht zur Abfallentsorgung in der Nähe der Müllentstehung - wie auch in der EU-Verordnung enthalten - berufen.[436] Zudem wird kritisiert, daß eine Konzessionserteilung mit einer Gebühr in Höhe von 600 Zloty verbunden ist, was finanzschwache Marktneulinge spürbar benachteiligt, und daß die Lizenzdauer in der Regel auf 1 bis 3 Jahre begrenzt ist.[437]

3. *Kommunen sind Schiedsrichter und Spieler zugleich*
   Die Kommunen sind durch das "Gesetz zur Erhaltung von Sauberkeit und Ordnung in den Kommunen" verpflichtet sicherzustellen, daß eine Abfallentsorgung erfolgt. Dazu können sie auch eigene kommunale Entsorgungsbetriebe unterhalten. Durch die Prüfung und Vergabe von Konzessionen an private Entsorgungsunternehmen sind sie in vielen Orten Schiedsrichter und Mitspieler in einem, so daß institutionell eine neutrale Prüfung der Konzessionsanträge gefährdet sein könnte. Nach einer materiellen Privatisierung der kommunalen Entsorger wäre dieses Problem nicht mehr gegeben.

Sodann sind drei Einwände gegenüber der Marktöffnung, die zumindest nicht wettbewerbspolitisch begründet werden können, zu erwähnen:

1. *Unterschiedliche technische und soziale Standards der Entsorgungsunternehmen*
   Es ist nicht sichergestellt, daß alle Wettbewerber eine reguläre Werkstatt für ihre Fahrzeugwartung benutzen und daß sie Sozialräume für Mitarbeiter anbieten. Es ist kein Gütesiegel "zertifizierter Entsorgungsfachbetrieb" wie in Deutschland vorhanden. Auch das Lohnniveau ist bei kleinen Wettbewerbern günstiger durch weniger Sozialleistungen. Westeuropäische Unternehmen, die in Polen hohe Sozialstandards ihrer Herkunftsländer anwenden, haben

---

434 Aussage im Telefonat mit Dr. Jurek Golda vom BDE, Köln, am 25.01.2002.

435 Aussage im Gespräch mit Vitali Olijnik, 16.11.2001 in Berlin.

436 Aussage im Gespräch mit Konrad Müller, 15.11.2001 in Warschau: „Hier hoffen wir auf eine Gesetzesänderung, (...) denn generell muß man sagen, die Liberalisierung des Marktes sollte fortgeführt werden."

437 Aussage im Gespräch mit Dariusz Matlak am 15.11.2001 in Warschau.

daher Kostennachteile.[438] Dies ist zumindest wettbewerbspolitisch aber irrelevant, da es sich um freiwillig in Kauf genommene Nachteile handelt und nicht um institutionelle Marktzutrittsschranken.

2. *Illegale Deponien*
Es wird bislang durch die Umweltbehörden nicht gewährleistet, daß alle Abfallbesitzer regulär entsorgen lassen oder daß von Entsorgern nur reguläre Deponien angefahren werden. Nur neu gebaute Deponien verfügen jedoch über ein Umweltschutzniveau auf westeuropäischem Stand der Technik. Auch legale Deponien weisen ökologische Defizite auf, insbesondere Altdeponien. Aber dies ist kein Problem der Marktöffnung, sondern ein Beispiel für Staatsversagen unabhängig von der Marktordnung. Die Umweltbehörden wären verpflichtet, illegale Ablagerungen in nicht genehmigten Deponien zu unterbinden.

3. *Keine Vielfalt der Entsorgungswege - Recycling ist wenig entwickelt.*
Ab dem Jahr 2002 wird eine Umweltabgabe in Höhe von 13,80 Zloty pro Tonne abgelagerten Hausabfalls von den Deponiebetreibern erhoben, um Anreize zum Beschreiten anderer Entsorgungswege zu geben. Doch ist die Steuer zu gering, um die relativen Preise der Entsorgungsalternativen signifikant zu verändern. Unter anderem auch deswegen unterblieben bislang Großinvestitionen in thermische Entsorgungsanlagen und in Recyclinganlagen.[439] Auch dies ist kein Problem der Marktöffnung bei der Müllabfuhr, sondern stellt evtl. einen staatlichen Handlungsbedarf in der ökologischen Rahmenordnung dar.

3.3.1.2 Marktentwicklung

Die Hälfte des Marktes für die Hausmüllabfuhr in Polen ist in der Hand privater Unternehmen - als Ergebnis des Wettbewerbs und nicht wie die Marktstruktur in Deutschland als Ergebnis einer administrativen Vergabe oder einer Ausschreibung einer exklusiven Konzession. Bezogen auf den gesamten polnischen Markt gibt es eine polypolistische Struktur, da die zehn größten Unternehmen nur ca. ein Viertel bis ein Drittel aller Einwohner als Kunden haben.[440]

Die Marktstruktur auf einem regionalen oder lokalen Markt zur Sammlung von Hausabfall ist abhängig von der Größe des relevanten Entsorgungsgebietes. In Großstädten ist der Entsorgungsmarkt meist polypolistisch strukturiert. In Klein-

---

438 Aussage im Gespräch mit Konrad Müller am 15.11.2001 in Warschau.

439 Aussage im Gespräch mit Vitali Olijnik am 16.11.2001 in Berlin.

440 Ebenda.

städten existiert oft ein Oligopol, und es konkurrieren weniger als 5 bis 6 Unternehmen um die Einsammlung des Hausmülls. In ländlichen Regionen hingegen ist die Marktstruktur gekennzeichnet durch örtliche Alleinanbieter.[441]

In Warschau haben mehr als 150 Unternehmen eine Konzession, um Hausmüll abzufahren. In einigen langen Straßen Warschaus kommt es vor, daß Müllfahrzeuge von bis zu zwölf verschiedenen Entsorgern die Mülltonnen leeren. Nach Angaben der Firma Lobbe hält das kommunale Entsorgungsunternehmen, die MPO, in Warschau in der Hausmüllabfuhr einen Marktanteil von 50 Prozent. Danach kommt Lobbe mit 20 Prozent und SITA Polska, die zur französischen Gruppe Suez Lyonnaise des Eaux gehört, mit etwas weniger als 20 Prozent.

Die Hausmüllsammlung in ganz Polen befindet sich zu etwa 70 Prozent in polnischer Hand, wovon 50 Prozentpunkte auf kommunale Entsorger und 20 Prozentpunkte auf private Entsorger entfallen.[442] Private ausländische Entsorger vereinigen auf sich einen Marktanteil von zusammen rund 30 Prozent. Allein die deutschen Firmen haben einen Marktanteil von etwa einem Viertel des polnischen Hausmüllmarktes.[443]

Aufgrund der mindestoptimalen technischen Betriebsgröße der Müllabfuhr von mehreren zehntausend Einwohnern sind ein Anstieg des Konzentrationsgrades und ein Ausscheiden zahlreicher kleiner Entsorger zu erwarten.[444]

---

441 In Dörfern und ländlichen Regionen, in denen Lobbe Alleinanbieter sei, handele sich um bestreitbare Monopole, weil jedes Unternehmen in jeder Stadt eine Konzession beantragen und Müll abfahren könne. Aussage im Gespräch mit Konrad Müller, 15.11.2002 in Warschau.

442 Oftmals erfolgte eine formale, aber keine materielle Privatisierung kommunaler Entsorger. Dort wo materiell privatisiert wurde, geschah dies oft als Personell Buy Out und scheiterte, da die meisten Mitarbeiter ihre Unternehmensanteile an die Geschäftsführung verkauften. So erlangte etwa der Geschäftsführer des ehemaligen kommunalen Entsorgers in Danzig die Anteilsmehrheit an dem Unternehmen. Aussage im Gespräch mit Konrad Müller, 15.11.2001 in Warschau.

443 Lobbe und Rethmann sind die umsatzstärksten deutschen Unternehmen auf dem polnischen Markt für die Sammlung und Entsorgung von Abfall. Danach folgten Alba, Altvater, Tönsmeier, RWE Umwelt und Becker. Fünf Prozent Marktanteil haben die weiteren ausländischen Unternehmen wie SITA Polska und CGEA ONYX, die zur französischen Vivendi-Gruppe gehört. Aussage im Gespräch mit Konrad Müller, 15.11.2002 in Warschau. Im Sommer 2002 übernahm die in Lünen/Deutschland ansässige Rethmann Recycling GmbH, die die internationalen Aktivitäten der Rethmann Entsorgungs AG & Co. bündelt, über ihre polnische Tochtergesellschaft die - mit Ausnahme einer Sonderabfallverbrennungsanlage - gesamten Entsorgungsaktivitäten der Lobbe-Gruppe in Polen. Rethmann in Polen wird damit Umsatz und Mitarbeiterzahl auf rund 86 Millionen Euro bzw. 2.000 Mitarbeiter verdoppeln und zum größten Entsorger in Polen aufsteigen. Vgl. Pressemitteilung von Rethmann vom 02.09.2002, vgl. im Internet unter www.rethmann.de (Presse).

444 Konrad Müller geht davon aus, daß zahlreiche kleine Anbieter aus dem Markt ausscheiden werden, da die meisten es nicht schaffen können, hinreichend schnell zu wachsen und etwa alle drei Jahre ihr Kapital zu verdoppeln. Auch in Warschau und anderen großen Städten erwartet

Das derzeitige Marktverhalten bei der Abfuhr von Hausmüll ist ganz wesentlich durch einen Preiskampf gekennzeichnet. Der Preis ist der wichtigste Wettbewerbsparameter und spielt die entscheidende Rolle für die Kundenakquisition. Kleinere Entsorger versuchen, die Marktführer preislich zu unterbieten. So berechnet der Marktführer Lobbe für vier Leerungen einer 120 l Mülltonne mehr als 60 Zloty im Monat, wohingegen kleine Anbieter den gleichen Dienst schon für unter 50 Zloty anbieten.[445] Die Müllsammelverträge laufen in der Regel unbefristet und haben eine Kündigungszeit von weniger als drei Monaten, was die Wettbewerbsintensität erhöht.

Die vergleichsweise hohen Transaktionskosten der Vertragsabschlüsse sind nach Auskunft von Marktakteuren kein relevantes Wettbewerbshemmnis. Sie treten überwiegend in Wohngebieten mit Einfamilienhäusern – zumeist also im ländlichen Raum – auf. Im Gegensatz dazu dominieren in Ballungsräumen Wohnungsgenossenschaften, die einen großen Wohnungsbestand verwalten und die Vertragspartner für Entsorger sind. Schwierigkeiten bei der Kontrahierung und der Kontrolle der Verträge mit einer sehr großen Anzahl an Kunden sind ebensowenig bekannt wie Befürchtungen davor, daß ein Entsorgungsnotstand infolge von Unternehmenspleiten entstehen könnte. Konkurrenten stehen stets bereit, um frei werdende Entsorgungsgebiete zu übernehmen.[446]

Die strukturellen Marktzutrittsschranken sind vergleichsweise gering: Ein gut erhaltenes, gebrauchtes Müllfahrzeug ist in Polen bereits für 25 000 Euro zu erhalten. Zusätzlich werden rund zehn Wechselbehälter für jeweils weniger als 500 Euro benötigt, um als Kleinunternehmer gewerblichen Abfall abzufahren. Eine übliche Marktzutrittsstrategie liegt beispielsweise darin, den großen Entsorgern Konkurrenz zu machen, da diese weniger rasch auf Marktneulinge reagieren. Vor diesem Hintergrund erklären die Vertreter der deutschen Marktführer Lobbe und Rethmann in Polen, eine erfolgreiche Kartellbildung sei aufgrund des intensiven Wettbewerbsverhaltens und wegen der gegenwärtig großen Anzahl der Marktakteure unmöglich.[447]

Müller, daß lediglich fünf große Unternehmen Bestand haben werden. Aussage im Gespräch am 15.11.2001 in Warschau.

445 Aussage von Roman Brzezinski im Gespräch am 15.11.2001 in Warschau.

446 Expertengespräch mit Dr. Jurek Golda (BDE) am 25.01.2002: „Polens Liberalisierung ist vorbildlich für Deutschland. Nicht nur die tägliche Reinigung der weiß angestrichenen Lobbe-Fahrzeuge könnten sich manche deutsche Entsorgungsunternehmen und Kommunen zum Vorbild nehmen."

447 Aussagen von Konrad Müller im Gespräch am 15.11.2001 in Warschau und von Vitali Olijnik im Gespräch am 16.11.2001 in Berlin.

Die Marktergebnisse sind geprägt durch weitgehend konstante Preise für die Hausmüllabfuhr. Ein Haushalt trägt jährliche Kosten für Müllentsorgung von rund 10 Euro.[448] Preisanstiege für Sammeldienste infolge der Konzentration und des technischen Fortschritts sind auch auf großen Märkten wie in Warschau zu erwarten.[449]

Die Dynamik der Wettbewerbskräfte nach der Marktöffnung läßt sich am Beispiel der Firma Lobbe Sp. z o.o., Warschau, verdeutlichen. Das deutsche Unternehmen ist seit acht Jahren als Entsorgungsunternehmen in Polen tätig. Nach eigenen Angaben sammelt Lobbe den Abfall von 2,2 Millionen Einwohnern in über 150 Kommunen ein. Dazu habe das Unternehmen weit über 100.000 Einzelverträge im Hausmüllbereich abgeschlossen. Allein in der Stadt und dem Umland von Tschenstochau in Südpolen habe Lobbe 40 000 Einzelverträge mit privaten und gewerblichen Kunden für die Einsammlung von 60 000 Müllbehältern abgeschlossen. Dort bediene es ein Gebiet bis zu 100 Kilometer um die Stadt herum. Um Transaktionskosten (Akquisition, Rechnungsstellung, Mahnwesen) zu vermeiden, erhalten die privaten Einzelkunden nur einmal jährlich eine Rechnung. In Großstädten hingegen gebe es Verträge mit Wohnungsbaugesellschaften zur Entleerung von jeweils bis zu mehreren hundert Behältern. In kleinen Orten könne Lobbe als Monopolist agieren, stehe aber in den meisten Orten unter dem Druck potentieller Konkurrenz. Ein Alleinanbieter in einer Kommune habe damit nicht die vergleichsweise günstigen Bedingungen wie in Deutschland, wo ein Entsorgungsunternehmen nach Gewinn einer Ausschreibung langfristig sicher in einer Kommunen agieren kann. Im Jahr 2001 beschäftigte Lobbe 1.200 Mitarbeiter. Es setzte seinen Expansionskurs in neue Geschäftsfelder fort und erzielte – gemessen an der Umsatzrendite – erneut einen „vergleichsweise hohen Gewinn“[450].

3.3.2 Recycling und duale Systeme

Eine flächendeckende Wertstoffsammlung gibt es in Polen nicht. In Kommunen mit geregelter Müllabfuhr wird zumeist der gesamte Hausmüll von den Haushalten in einer Tonne gesammelt. Es gibt insgesamt keine Pflicht zur Mülltrennung, der Bürger darf alles in den Hausmüll werfen. In einigen Städten werden Wertstoffe wie Altglas oder Altpapier über ein Bringsystem in kommunalen

448 Ein Einwohner verursacht durchschnittlich 1,5 Kubikmeter Abfall pro Jahr und das Entsorgungsentgelt für Hausmüll beträgt etwa 6-7 Euro je Kubikmeter.

449 Aussage von Konrad Müller im Gespräch am 15.11.2001 in Warschau.

450 Aussage von Konrad Müller im Gespräch am 15.11.2001 in Warschau.

Containern gesammelt, wozu Aufträge ausgeschrieben worden sind.[451]. Andere Kommunen legen privaten Sammelunternehmen im Rahmen der Konzessionserteilung die Pflicht auf, auch die im Kommunaleigentum befindlichen Container für Verpackungsabfälle zu entleeren, wenn sie Hausmüll abfahren, etwa in der Stadt Lodz. Die Wertstofferfassung und das Recycling sind im allgemeinen ohne kommunale Subvention für ein Entsorgungsunternehmen nicht lohnend. Versuche zur Sammlung von Kunststoffabfällen verliefen erfolglos.

Zu Beginn des Jahres 2002 trat ein Verpackungsgesetz in Kraft, das neben einem Pfandpflichtsystem für Batterien vor allem die Rücknahme von Verpackungsabfällen durch die Hersteller, die Händler oder die Importeure vorschreibt, von der sich diese nur durch Beteiligung an einem flächendeckenden dualen System befreien können. Sechs private duale Systembetreiber (Recyclinggesellschaften), darunter z. B. das Gemeinschaftsunternehmen EcoPunkt der zwei deutschen Entsorger Lobbe und Rethmann, sowie ein Systemanbieter der Verpackungsindustrie, traten bisher auf den Markt für duale Systeme.[452] Die vorgegebenen Recyclingquoten sollen von Jahr zu Jahr erhöht und steigen je nach Material bis zum Jahr 2007 auf rund 50 % aller Verkaufsverpackungen an. Die Recyclingquoten für Kunststoffverpackungen steigen von sieben Prozent im Jahr 2002 auf 25 Prozent im Jahr 2007. Wenn Quoten verfehlt werden, muß ein Unternehmen entsprechend der Quotenunterschreitung materialbezogene Strafgebühren bezahlen.[453] Da bei mehreren dualen Systemanbietern ein individueller Mengenstromnachweis nicht möglich ist, wird mit einem Kontingentehandel an Recyclingnachweisen gerechnet. Das Gesetz konkretisiert aber nicht, wie ein solcher Kontingentehandel stattfinden kann.[454]

3.3.3 Bau und Betrieb von Entsorgungsanlagen

Die zweite bedeutsame abfallpolitische Aufgabe der Kommunen neben der Lizenzerteilung zur Müllabfuhr besteht in der Gewährleistung ausreichender Entsorgungsinfrastrukturen, die auch als kommunaler Betrieb geführt werden dürfen. Die gesamtwirtschaftliche Relevanz zeigt sich etwa am Beispiel der Städte Warschau mit zwei Millionen Einwohnern und Lodz mit fast einer Million Einwohnern, die beide seit Jahren keine eigene Deponie haben. Ihr Hausmüll wird in umliegende Deponien transportiert, teilweise sogar zur mehr als 200 km entfernten Deponie bei Posen. Dies ist wegen der Transportkosten wirt-

---

451 In Warschau gewann beispielsweise Lobbe die Ausschreibung um die Wertstofferfassung.

452 Aussage von Dariusz Matlak im Gespräch am 15.11.2001 in Warschau.

453 Ebenda.

454 Aussage von Vitali Olijnik im Gespräch am 16.11.2001 in Berlin.

schaftlich bedenklich, da der Transportanteil den Deponiekostenanteil zeitweise übertraf.[455] Während die drei größten Deponien in Polen von Privatunternehmen betrieben werden, ist die Mehrzahl der Deponien in kommunalem Eigentum. Fast der gesamte Hausabfall und der meiste Industrieabfall wird mangels Verbrennungskapazitäten deponiert.

Die einzige Müllverbrennungsanlage in ganz Polen befindet sich in Warschau. Sie wurde von der Kommune im Jahr 1999 errichtet, ist aber wegen technischer Mängel nicht voll funktionstüchtig und nicht ausgelastet. Die Stadt hat zudem keine Möglichkeit, die Abfallmengenströme gezielt dorthin zu lenken. Der Preis für die Entsorgung in der MVA liegt für Großkunden bei rund 100 Zloty pro Tonne, wobei die Kommune jede Tonne in der MVA noch mit 150 Zloty subventioniert.[456] Die Beseitigungskosten auf einer Deponie betragen zwischen 40 bis 100 Zloty und sind damit deutlich niedriger als die Kosten der Nutzung der MVA.[457] Gegenwärtig planen private Unternehmen zusätzliche Entsorgungsanlagen und expandieren im Wertstoffgeschäft. Nach Angaben von Lobbe ist es im Jahr 2001 in Polen aber noch nicht möglich gewesen, mit dem Betrieb von hochmodernen Entsorgungsanlagen im Hausmüllbereich alleine Gewinn zu machen. Vielmehr sei eine Mischkalkulation mit verschiedenen Stoffströmen erforderlich.

4. Diskussion eines möglichen Wettbewerbsversagens auf Abfallmärkten

4.1 Vorbemerkungen

Die unbefriedigenden ökonomischen Ergebnisse im deutschen Abfallmarkt sowie die Erfahrungen geöffneter Märkte im Ausland legen Reformen der gesetzlichen Rahmenordnung nahe, die die effizienzsteigernden Kräfte des Wettbewerbs nutzen. Es ist in diesem Kapitel zu prüfen, ob der Abbau staatlicher Marktzutrittsschranken, die nicht aus ökologischen oder gesundheitspolitischen Gründen gerechtfertigt sind, bereits ausreicht, um Wettbewerb im Abfallmarkt zu generieren, oder ob ein Wettbewerbsversagen zu befürchten ist.

---

455 Der Transport einer Tonne Hausmüll über 100 km kostet nach einer Schätzung von Rethmann rund 25-30 Zloty. Bei Lobbe wird sogar geschätzt, daß die Transportkosten zur Deponie und die Deponierung an sich gleich teuer sind. Dies läßt darauf schließen, daß der interregionale Wettbewerb zwischen den Deponien in Polen aufgrund der Transportkosten räumlich begrenzt ist, was aber nur solange gilt, wie die Deponiepreise relativ niedrig sind.

456 Aussage von Vitali Olijnik im Gespräch am 16.11.2001 in Berlin.

457 Ebenda.

Bei der Prüfung eines möglichen Wettbewerbsversagens wird gedanklich eine vollständige Marktöffnung mit freiem Marktzugang im Wettbewerb angenommen. Ferner sei unterstellt, daß Staat und Kommunen nach umfangreichen Privatisierungen keine eigenen Entsorgungsanlagen mehr betreiben und ihre Tätigkeit im Abfallmarkt auf die Festsetzung und Kontrolle von Mindeststandards für umwelt- und gesundheitsgefährdende Stoffe und die Anwendung marktnaher umweltpolitischer Instrumente beschränken.

Zunächst ist zu fragen, ob nach der Marktöffnung in allen Abfallmärkten ein Angebot und eine Nachfrage nach Entsorgungsleistungen zustande kommen. Dazu kann erstens festgestellt werden, daß die Nachfrage nach Entsorgungsdienstleistungen nicht gewährleistet erscheint, wenn Abfallbesitzer Anreize haben, ihren Müll „wild" abzulagern oder zu verbrennen, beispielsweise den Hausmüll im eigenen Ofen. Theoretische Überlegungen zum ‚Ungut' Abfall (vergleiche Kapitel 1.1) sowie empirische Erfahrungen lassen ‚wilde Ablagerungen' in der Realität erwarten. Um die resultierenden Umwelt- und Gesundheitsgefährdungen zu vermeiden, ist eine gesetzliche Pflicht zur geregelten Entsorgung und zu Entsorgungsnachweisen für alle Abfallfraktionen, inklusive des Verpackungsabfalls, durch den Abfallbesitzer angemessen. Beispielsweise könnten Grundstücksbesitzer verpflichtet werden, Entsorgungsverträge mit Abfallsammelunternehmen mit einem vorgeschriebenen Mindestumfang der Entsorgungsleistungen gegenüber den Kommunen vorzulegen. Diese Pflicht zu individuellen Entsorgungsnachweisen soll bei allen weiteren Überlegungen zu Varianten der Marktöffnung als nötig und auch als politisch durchsetzbar angenommen werden.

Des weiteren ist zweitens auf der Angebotsseite zu untersuchen, ob vom Markt Entsorgungsangebote zu erwarten sind, und falls ja, ob dabei mit einem eventuellen Wettbewerbsversagen zu rechnen ist. In den beiden folgenden Kapiteln werden dazu nur zwei derzeit besonders intensiv regulierten Märkte für die Sammlung und Entsorgung von Hausmüll und der Markt für duale Systeme betrachtet.[458] Zu beiden Märkten erfolgt eine Analyse der einzelnen Wertschöpfungsstufen, die jeweils auf ein Wettbewerbsversagen hin untersucht werden.

[458] Für Produktionsabfälle, Bauschutt und Bergbauabfälle sind bereits wettbewerbliche Abfallmärkte vorhanden.

4.2 *Markt für die Sammlung und Entsorgung von Hausmüll*

4.2.1 *Wertschöpfungsstufe Sammlung*

Der Teilmarkt für Hausmüll umfaßt neben Hausmüll auch hausmüllähnlichen Gewerbeabfall, Sperrmüll, Kehricht und Marktabfälle. Beseitigungs- und Verwertungsabfälle werden gemeinsam betrachtet. Die relevanten Wertschöpfungsstufen sind die Sammlung von Abfällen sowie deren Entsorgung, die wiederum die Sortierung, die Verwertung und die Beseitigung umfaßt. Sie werden in den folgenden Unterkapiteln zunächst einzeln und danach zusammen unter Berücksichtigung von möglichen Verbundvorteilen untersucht.

Bei der Sammlung des Hausmülls legen es theoretische Überlegungen nahe zu prüfen, ob ein natürliches Monopol besteht. In Teilen der Literatur und der Praxis wurde es bislang als gesamtwirtschaftlich nicht sinnvoll angesehen, „daß in einem bestimmten Entsorgungsgebiet mehr als ein Anbieter die Müll- und Wertstoffabfuhr betreibt“[459], da die Grenzkosten bis zur Kapazitätsgrenze sehr gering sind und die Durchschnittskosten für einen Anbieter um so kleiner sind, je mehr Müllgefäße erfaßt werden. Älteren empirischen Untersuchungen zufolge führt die Fixkostendegression der Hausmüllsammlung in Gebieten bis zu einer Zahl von 50.000 bis 60.000 Einwohnern zu sinkenden Durchschnittskosten.[460]

Auf die Existenz eines natürlichen Monopols in der Sammlung von Hausmüll deuten im wesentlichen Dichteeffekte hin, die auftreten, weil das Schließen von Lücken in einem Sammelnetz für ein etabliertes Unternehmen nur äußerst geringe Grenzkosten verursacht.[461] Marktneulinge hingegen sehen sich hohen Grenz- und Durchschnittskosten gegenüber. Die Dichtevorteile sind auch dann noch hoch, wenn in einem Straßenzug nur jedes zweite oder dritte Haus angefahren wird. Dadurch ist z. B. in Regionen mit geringer Besiedlungsdichte die Möglichkeit eines natürlichen Kollektivmonopols gegeben,[462] solange zwischen den zu entsorgenden Gebieten keine größeren Strecken zurückzulegen sind. Ein weiteres Indiz für ein natürliches Monopol liefern stochastische Größenvorteile, die dafür sprechen, daß in einem größeren Entsorgungsgebiet mit mehr Abfallbehäl-

---

459 OTT, I./WEIN, T. (1997), S. 18.

460 Vgl. POMMEREHNE, W. (1977), S. 272 ff. und S. 291. Insgesamt ist die in der Literatur beschriebene empirische Basis aber sehr dünn. Ebenfalls findet sich diese Zahlenangabe bei BARTLING, H. (1995), S. 7, RUTKOWSKY, S. (1998), S. 458 und EWERS, H.-J./SCHATZ, M./TEGNER, H. (2001), S. 29.

461 Durch die Zwischenlagerung des Abfalls an Umladestationen vermindern sich die Fahrtrouten der Sammelfahrzeuge beträchtlich. Der Weitertransport zu Behandlungsanlagen oder Deponien weist keine Eigenschaft eines natürlichen Monopols auf, so daß Sammlung und Weitertransport durch unterschiedliche Unternehmen erfolgen könnten.

462 Vgl. EWERS, H.-J./TEGNER, H. (1998), S. 18.

tern eine höhere gesamtwirtschaftliche Effizienz erreicht wird.[463] Die Tendenz zu einem natürlichen (Kollektiv-)Monopol wird noch durch (horizontale) Verbundvorteile abgestützt, die durch die gemeinsame Sammlung verschiedener Abfallarten sowie durch die gemeinsame Sammlung bei Haushalten und Betrieben realisiert werden können.[464]

Somit läßt sich für die Hausmüllsammlung ein natürliches Monopol in sehr dünn besiedelten Regionen bis zu einer Größenordnung von etwa 50 000 bis 60 000 Einwohnern und ein natürliches Kollektivmonopol in ländlichen Regionen mit dem Drei- bis Vierfachen dieser Einwohnerzahl feststellen. Demgegenüber ist in Agglomerationen Wettbewerb in der Hausmüllsammlung möglich, so daß Unternehmen bei der Müllabfuhr einzelner Grundstücke konkurrieren können.[465]

Sodann ist zu fragen, ob Marktzutrittsschranken in der Hausmüllsammlung vorliegen, die im ländlichen Raum zur Nichtbestreitbarkeit eines natürlichen Monopols oder in Agglomerationen zu Wettbewerbsbeschränkungen durch spontan-solidarisches Verhalten im Fall eines engen Oligopols führen könnten. Dabei sind strukturelle von verhaltensbedingten Marktzutrittsschranken zu unterscheiden.

Eine wichtige Ursache struktureller Marktzutrittsschranken sind Irreversibilitäten bei den Investitionen bzw. versunkene Kosten, deren Existenz in der Hausmüllsammlung zu analysieren ist. Bei der Hausmüllsammlung wird insbesondere in Fahrzeuge und Sammelcontainer investiert, die problemlos in jeder Region eingesetzt und zwischen verschiedenen Vertragsbeziehungen transferiert werden können. Auch der Erwerb ortsspezifischer Kenntnisse der Fahrer stellt keine relevanten versunkenen Kosten dar.[466] Weitere Investitionen bilden die Werk-

---

463 Sicherheitsreserven für wartungsbedingte Fahrzeugausfälle sind selbst in großen Entsorgungsgebieten eines Sammlers beträchtlich (20 Prozent) und nehmen mit sinkender Fahrzeugzahl bis auf 50 Prozent zu. Vgl. RUTKOWSKY, S. (1998), S. 461.

464 Fixkosteneffekte hingegen sind bei der Hausmüllsammlung von geringer Bedeutung. Sie entstehen durch Infrastrukturkosten, die, bezogen auf die Zahl angeschlossener Haushalte, sprungfixe Kosten darstellen, beispielsweise Umladestationen, Werkstätten und das Vorhalten bestimmter Zusatzdienstleistungen wie der Abfallberatung. Auch die Größe eines Unternehmens als Wettbewerbsvorteil per se oder Lernvorteile eingesessener Anbieter tragen nur in geringem Maße zur Schaffung eines natürlichen Monopols bei. Somit ist die Höhe der Dichtevorteile das relevante Kriterium, mit dem die Eigenschaft eines natürlichen Monopols in der Abfallsammlung geprüft werden kann.

465 Bei der Einsammlung der hausmüllähnlichen Gewerbeabfälle von Unternehmen und Verwaltungen fallen in aller Regel größere Mengen je Abfallbesitzer an als bei Privathaushalten. Da selbst in Gewerbegebieten die Dichteeffekte begrenzt sind, ist von einem wettbewerblichen Markt für die Sammlung von hausmüllähnlichen Gewerbeabfällen auszugehen.

466 Vgl. EWERS, H.-J., H.-J./TEGNER, H. (1998), S. 18.

stätten zur Reinigung und Wartung der Fahrzeuge sowie Umschlagstationen. Hierbei handelt es sich letztlich um Flächen und Gebäude ohne nennenswerte Anteile an irreversiblen spezifische Anlagen. Insgesamt sind keine relevanten Irreversibilitäten in der Hausmüllsammlung zu erkennen.[467]

Eine verhaltensbedingte Marktzutrittsschranke in der Hausmüllsammlung liegt beispielsweise vor, wenn etablierte Abfallsammler wegen ihrer langfristigen Verträge mit Entsorgungsanlagen auf eine lange Vertragslaufzeit mit Haushalten drängen, um sich gegen Auslastungsrisiken abzusichern. Dies benachteiligt Marktneulinge, die neue Kunden zu akquirieren versuchen. Als wettbewerbspolitischen Gestaltungseingriff bietet es sich an, die Laufzeit der Müllabfuhrverträge zwischen Abfallbesitzern und Sammlern auf ein bis zwei Jahre zu befristen. Durch eine Vorschrift, wonach alle Müllabfuhrverträge zum selben Zeitpunkt auslaufen müssen, würde der Druck durch die potentielle Konkurrenz auf die Anbieter in einem natürlichen Monopol oder in einem Wettbewerbsmarkt bzw. in einem engen Oligopol zusätzlich wirksam erhöht.[468]

Im Ergebnis ist für die Hausmüllsammlung festzustellen, daß in ländlichen Regionen ein bestreitbares natürliches Monopol vorliegt, das durch potentielle Konkurrenz diszipliniert werden kann, und in Agglomerationen[469] ein wettbewerblicher Markt möglich ist, wenn durch eine regulatorische Befristung der Vertragslaufzeiten verhaltensbedingte Marktzutrittsschranken verhindert werden, so daß Neuanbieter problemlos in den Markt eintreten und Etablierte ohne besondere Kosten austreten können.

Da die Bestreitbarkeit eines natürlichen Monopols eventuell nur schwach sein könnte[470] und da bei natürlichen (Kollektiv-) Monopolen und bei engen Oligopolen die Gefahr besteht, daß Anbieter gezielt Absprachen treffen und Regionen unter sich aufteilen, wird gelegentlich diskutiert, ob im ländlichen Raum, insbesondere in dünnbesiedelten Gebieten, eine Ausschreibung eines zeitlich befristeten Exklusivrechts zur Hausmüllsammlung[471] im Sinne einer regionalen Second-

---

467 Vgl. OECD (2000), S. 9.

468 Eine solche Vorschrift hätte eine ähnliche Wirkung wie regelmäßige Neuausschreibungen in einem Wettbewerb um den Markt.

469 In Ballungsräumen „kann die Sammlung getrost dem Wettbewerb überlassen werden." EWERS, H.-J./TEGNER, H. (1998), S. 18.

470 Zudem verursacht ein solcher Wettbewerb um den Markt selbst Durchführungskosten und nutzt den Wettbewerb als Entdeckungsverfahren allein auf der Angebotsseite. Vgl. FINSINGER, J. (1991), S. 165 f. Ebenfalls skeptisch zu beurteilen ist die Lösung in Form von Ausschreibungsverfahren durch Nutzerclubs, in denen sich Bürger zusammenschließen, um kollektiv Verträge mit Entsorgungsunternehmen auszuhandeln. Vgl. RUTKOWSKY, S. (1998), S. 467. Die zu erwartenden Transaktionskostennachteile dürften gravierend sein.

471 Vgl. BARTLING, H. (1995), S. 7. Analog für duale Systeme vgl. EWERS, H.-J./SCHATZ, M./ TEGNER, H. (2001), S. 75 ff.

best-Lösung vorteilhafter ist als die unregulierte Marktlösung. Gegen solche - ungewissen - Gefahren ist aber mit Mitteln des allgemeinen Wettbewerbsrechts vorzugehen. Im Rahmen einer Marktöffnung in bestreitbaren bzw. wettbewerblichen Märkten sollte zunächst allgemein den Marktkräften vertraut werden.[472]

Abbildung 10: Unterschiedliche Marktformen bei der Sammlung von Hausmüll

Dünn besiedeltes Gebiet	**Ländliche Region**	**Agglomeration**
Weniger als 60 000 Einwohner	Zwischen 60 000 und 200 000 Einwohnern	Mehr als 200 000 Einwohner
Ein Anbieter im natürlichen Monopol	Wenige Anbieter im natürlichen Kollektivmonopol	Viele/mehrere Anbieter im Polypol oder weiten Oligopol
Bestreitbarkait durch potentielle Konkurrenz	Bestreitbarkait durch potentielle Konkurrenz	Wettbewerbsdruck durch aktuelle und potentielle Konkurrenz

Quelle: Eigene Darstellung.

4.2.2 Wertschöpfungsstufen Sortierung, Verwertung und Beseitigung

Die Bereiche Sortierung, Verwertung und Beseitigung von Hausmüll sind durch Kostenstrukturen mit hohen Fixkostenanteilen geprägt, die es nahelegen zu prüfen, ob natürliche Monopole für den Bau und Betrieb solcher Entsorgungsanlagen existieren. Um dies entscheiden zu können, muß zunächst der relevante Markt der Abfallentsorgung abgegrenzt werden.

Hierfür ist erstens eine sachliche Marktabgrenzung nötig. Sie führt zu dem Ergebnis, daß ein Substitutionswettbewerb sowohl zwischen Verwertungs- und Beseitigungsanlagen als auch zwischen Sortieranlagen und Sammelsystemen, die vom Abfallbesitzer vorab eine Sortierung und nach Abfallfraktionen getrennte Abfallbereitstellung verlangen, besteht. Zweitens ist eine räumliche Marktabgrenzung vorzunehmen, für die in einem geöffneten Markt die Transport-

---

[472] Gerade in ländlichen Regionen kann im Zuge der Marktöffnung mit dem potentiellen oder aktuellen Marktzutritt kleiner Unternehmen, die mit nur wenigen Fahrzeugen die Müllabfuhr in einer geringen Anzahl an Kommunen anbieten – teils als Vertragspartner der Abfallbesitzer und teils als Subunternehmer größerer Entsorger – gerechnet werden. Einschätzung im Expertengespräch am 08.11.2001 mit Frau Annemarie Becker, Geschäftsführende Gesellschafterin der Jakob Becker GmbH & Co. KG, Mehlingen. Allenfalls in einigen wenigen Landkreisen mit geringer Bevölkerungsdichte erscheinen Pilotprojekte mit Ausschreibungen der Hausmüllsammlung gerechtfertigt.

kosten entscheidend sind. Je niedriger sie sind, desto größer ist das potentielle Gebiet, in dem die Entsorgungsleistungen einer Anlage angeboten werden können, und desto eher ist mit einem direkten Wettbewerb zwischen Entsorgungsanlagen zu rechnen. Die Transportkosten sind in Deutschland relativ zu den Entsorgungskosten sehr gering (vgl. 2.4.3.3 oben),[473] was sich auch selbst bei einer theoretisch denkbaren Verdopplung der Transportkosten nicht ändern würde.

Vor diesem Hintergrund und angesichts des Substitutionswettbewerbs zwischen den Entsorgungswegen ist als relevanter geographischer Raum für die Sortierung, Verwertung und Beseitigung von Hausmüll[474] der deutsche Abfallmarkt zu betrachten, wenn die EU-Vorschriften zu grenzüberschreitenden Abfalltransporten als gegeben vorausgesetzt werden. Gleichwohl sind die jeweils regional vorhandenen Anlagen relevanter aus Sicht der Abfallbesitzer als die in ganz Deutschland entfernter liegenden Anlagen.

Ein natürliches Monopol existiert, wenn im Bereich der relevanten Nachfrage das Angebot für den relevanten Markt einen subadditiven Kostenverlauf aufweist, so daß ein einzelnes Unternehmen die Nachfrage alleine kostengünstiger als mehrere Unternehmen zusammen bedienen kann. Das heißt, daß das Marktvolumen so gering ist, daß nur ein Unternehmen in der mindestoptimalen technischen Betriebsgröße (MOTB) tätig sein kann. Im folgenden wird für den deutschen Markt die MOTB in den Bereichen der Sortierung, der Verwertung und der Beseitigung von Hausmüll analysiert.

Bei der *Sortierung* des Hausmülls sind die Größenvorteile aufgrund der Fixkostenanteile begrenzt, so daß das Volumen des zu sortierenden Abfalls in Deutschland ein Vielfaches der MOTB einer Sortieranlage beträgt. Zudem besteht direkter Wettbewerbsdruck in Form einer evtl. kostengünstigeren Getrenntsammlung beim Abfallbesitzer, durch die eine nachträgliche Sortierung überflüssig würde und ein Müllabfuhrunternehmen Sortierkosten einsparen könnte. Schließlich ist nicht auszuschließen, daß neue Techniken bisherige Sortiertechniken ablösen und/oder die MOTB senken.[475] Statt von einem natürlichen Monopol ist bei der Betrachtung der Wertschöpfungsstufe Sortierung von einer im Prinzip wettbewerblichen Marktstruktur auszugehen. Wie ausgeführt wurde,

---

473 Die OECD hingegen vertritt in der Literatur eine Minderheitsposition und geht von hohen Transportkosten aus, die einem Wettbewerb zwischen Entsorgungseinrichtungen im Wege stehen und als Marktzutrittsschranken wirken können. Vgl. OECD (2000), S. 10.

474 Bauschutt bildet eine Ausnahme, da er aufgrund des hohen Gewichts und Volumens große Transportkosten verursacht und deshalb nur in der Nähe des Entstehungsortes kostengünstig entsorgt werden kann

475 Vgl. EWERS, H.-J./SCHATZ, M./TEGNER, H. (2001), S. 29.

ist vor allem angesichts der in Deutschland geringen Bedeutung der Transportkosten Konkurrenz zwischen den Sortierunternehmen zu erwarten.

Auf der Wertschöpfungsstufe der *Verwertung* von Hausmüll ist ebenfalls kein natürliches Monopol zu erkennen. Zwar liegen die mindestoptimalen Betriebsgrößen von Verwertungsanlagen bei größeren Abfallmengen als bei den Sortieranlagen,[476] doch sind die Größenvorteile bei weitem nicht ausreichend, um den gesamten Verwertungsmarkt kostenminimal bedienen zu können. Die MOTB ist niedrig genug, um zahlreichen Anbietern eine Leistungserbringung im Kostenoptimum zu erlauben. Die hohe Rate der technischen Innovation, die beträchtliche Zahl konkurrierender Verfahren und Betriebsstätten sowie die niedrigen Transportkosten gewährleisten, daß bestehende Anbieter ständig sowohl von neuen Marktzutritten als auch durch aktuelle Konkurrenz bedroht sind.[477] Somit kann auch im Markt für die Hausmüllverwertung im Prinzip von einer Wettbewerbsstruktur statt von einem natürlichen Monopolmarkt ausgegangen werden.

Auch in der *Beseitigung* von Hausmüll ist zu prüfen, ob nach einer Marktöffnung ein Wettbewerbsversagen durch nicht-bestreitbare natürliche Monopole erwartet werden kann. Die Hausmüllbeseitigung kann auf Deponien sowie in Müllverbrennungsanlagen (MVA) oder in mechanisch-biologischen Behandlungsanlagen (MBA) erfolgen. Ein Indiz für ein natürliches Monopol ist der infolge der verschärften Umweltschutzanforderungen seit Jahren ansteigende Fixkostenanteil der Beseitigungsanlagen, der mittlerweile zwischen 60 und 90 Prozent liegt.[478] Dies führt zu nachhaltig sinkenden Durchschnittskosten,[479] so daß das Kostenminimum einer Beseitigungsanlage bei einer hohen Abfallmen-

---

[476] Vgl. ebenda.

[477] Vgl. RUTKOWSKY, S. (1998), S. 475.

[478] Vgl. Vgl. BILETEWSKI, B./HÄRDTLE, G./MAREK, K. (1993), S. 571 f. sowie RUTKOWSKY, S. (1998), S. 469.

[479] Bei der thermischen Abfallbeseitigung (Müllverbrennung) liegen die Ursachen der Kostendegression in den Fixkosten der Genehmigungsverfahren, in rechtlich vorgegeben Mindestgrößen, z. B. bei der Werksfeuerwehr, und in Kostenvorteilen bei den technischen Einrichtungen - beispielsweise folgen Verbrennungskessel und Müllbunker der 2/3-Regel, die besagt, daß die Materialkosten bei einer Verdopplung eines Behältervolumens nur um 2/3 ansteigen (vgl. FRITSCH, M./WEIN, T./EWERS, H.-J. (1999), S. 180). Allein für die Abgasreinigung der Müllverbrennung werden bis zu 50 Prozent der Bausumme investiert. Auch Umladestationen, Verwaltung, Labors, und Steuerstand arbeiten weitgehend unabhängig von der angelieferten Abfallmenge. Vgl. RUTKOWSKY, S. (1998), S. 470.

ge[480] bzw. einer großen Anzahl an zu entsorgenden Haushalten erreicht wird, die bei den meisten Anlagen deutlich größer ist als die Anzahl von etwa 60 000 Einwohnern, auf die in der Hausmüllsammlung das Kostenminimum geschätzt wird. Bei Deponien steigt die Mindestabfallmenge zum Erreichen des Durchschnittskostenminimums seit Jahren an. Es wird gegenwärtig geschätzt, daß sie bei rund einer Million Einwohner je Versorgungsgebiet erreicht wird.[481] Bei Deponien existieren demnach erhebliche Größenvorteile, so daß ohne Berücksichtigung der niedrigen Transportkosten regionale natürliche Monopole identifiziert werden könnten. Da aber wie in der Verwertung der relevante Markt den nationalen Markt umfaßt, besteht tatsächlich weder bei Deponien noch bei den übrigen Beseitigungsanlagen eine Tendenz zum natürlichen Monopol, weil wiederum viele Unternehmen Beseitigungsanlagen in der MOTB betreiben können. Abfallbeseitigungsanlagen stehen vielmehr in einem direkten Wettbewerb untereinander, der durch die geringen Transportkosten ermöglicht wird.

Auf den ersten Blick entsteht der Eindruck, daß bei dem Beseitigungsanlagen und insbesondere den Deponien die Gefahr von Wettbewerbsbeschränkungen in engen regionalen Oligopolen gegeben sein könnte. Deshalb ist zu prüfen, ob ein spontan-solidarisches Marktverhalten bei einer kleinen Anzahl an Betreibern von Deponien, MVA oder MBA in einer Region resultiert, wenn die Marktzutrittsschranken in einem regionalen Beseitigungsmarkt aufgrund hochgradig spezifischer und irreversibler Investitionen hoch sind.

Dieser Vermutung stehen drei Argumente entgegen, die auf einen Wettbewerbsmarkt hindeuten. Erstens kommt in einem geöffneten Abfallmarkt, in dem die Wettbewerbskräfte nicht durch eine kleinräumige Entsorgungsautarkie gebunden sind, den Transportkosten eine zentrale Funktion bei der Auslastung und der geographischen Verteilung der Entsorgungsanlagen zu. Angesichts geringer Transportkosten könnten Entsorgungsanlagen ihre Einzugsgebiete vergrößern und somit in direkten Wettbewerb untereinander eintreten, wodurch abgestimmt hohe Preise in einem regionalen, engen Oligopol unterbunden werden. Zweitens existiert der Substitutionswettbewerb zwischen verschiedenen Entsorgungs-

---

480 Die Mindestmenge zur Erreichung der minimalen Durchschnittskosten in Verbrennungsanlagen ist im Laufe der Jahre gesunken. Während zu Beginn der achtziger Jahre noch etwa 500.000 t/Jahr für das Kostenminimum erforderlich waren, benötigen heutige Rostfeuerungsanlagen mit Rauchgasentschwefelung nur noch Mindestgrößen von über 200.000 t/Jahr. Der Wert für neue integrierte thermische Behandlungsanlagen liegt sogar nur noch bei 40.000 bis 80.000 t/Jahr. Die mindestoptimale Betriebsgröße könnte durch die Nutzung von Abfällen in Blockheizkraftwerken nochmals erheblich sinken. Vgl. ebenda.

481 Die Größenvorteile werden durch Fixkosten der Standortfindung, der Gutachten und der Zulassungsverfahren, die sich über viele Jahre erstrecken, verursacht. Des weiteren verlaufen die Kosten der Abfallannahme, der Sickerwasseraufbereitung und der Sammlung von Deponiegas stark degressiv. Vgl. ebenda.

wegen. Deponien stehen im Wettbewerb mit Abfallverwertungsanlagen. Auch die Abfallvermeidung stellt ein Substitut zur Abfallbeseitigung dar, denn höhere Entsorgungspreise regen die Abfallerzeuger in dem Maße, wie Abfallgebühren von der Abfallmenge abhängen, zu Vermeidungsmaßnahmen an. Drittens entstehen im Substitutionswettbewerb, auch durch hohe Entsorgungspreise getrieben, ständig neue Entsorgungsverfahren,[482] die eine hohe Kollektivmonopolmacht sehr unwahrscheinlich erscheinen lassen.

Aufgrund der isolierten Analyse der Wertschöpfungsstufe der Beseitigung von Hausmüll ist somit zu erwarten, daß auch der Bau und Betrieb von thermischen und biologisch-mechanischen Beseitigungsanlagen sowie von Deponien in einem wettbewerblichen Markt erfolgen kann. Mit einem Wettbewerbsversagen ist nicht zu rechnen und weder aus empirischen noch aus theoretischen Gründen läßt sich eine Notwendigkeit zur wettbewerbspolitischen Regulierung begründen.[483]

Somit bleibt nach der isolierten Analyse der Wertschöpfungsstufen als Zwischenergebnis festzuhalten, daß der Bau und der Betrieb von Anlagen zur Sortierung, Verwertung und Beseitigung der wettbewerblichen Selbststeuerung überlassen werden können.

4.2.3 Verbundvorteile

Die separate Untersuchung einzelner Wertschöpfungsstufen im Markt für die Sammlung und Entsorgung von Hausmüll kam zu dem Ergebnis, daß lediglich in der Hausmüllsammlung im ländlichen Raum ein natürliches Monopol existiert, das so lange bestreitbar ist, wie verhaltensbedingte Marktzutrittsschranken vermieden werden können, z. B. durch kurz befristete, einheitliche Vertragslaufzeiten. Demgegenüber weisen die Hausmüllsammlung in Agglomerationen sowie die übrigen Wertschöpfungsstufen Sortierung, Verwertung und Beseitigung eine wettbewerbliche Marktstruktur auf und können der wettbewerblichen Selbststeuerung überlassen werden. Es bleibt noch zu untersuchen, ob evtl. Verbundvorteile ein nicht-bestreitbares natürliches Monopol bedingen können.

Horizontale Verbundvorteile könnten erstens zwischen verschiedenen Abfallfraktionen auftreten. Sie entstehen durch stochastische Größenvorteile dank der gemeinsamen Nutzung von Fahrzeugen, Personal, Gebäuden und Verwaltung,

---

482 Vgl. RAT VON SACHVERSTÄNDIGEN FÜR UMWELTFRAGEN (1998a), Tz. 569 ff.

483 Es ist allerdings empfehlenswert zu prüfen, ob eine zeitliche Straffung der Planfeststellungsverfahren erforderlich ist, um eine schnellere Anpassung der Kapazitäten an geänderte Nachfragesituation zu erlauben, und ob die Straffung ökologisch und gesundheitspolitisch vertretbar wäre.

was auch eine bessere Auslastung der Kapazitäten ermöglicht.[484] Zusätzlich ist aufgrund der höheren Transaktionskosten nicht zu erwarten, daß Haushalte für verschiedene Abfallarten mit unterschiedlichen Entsorgern kontrahieren, um Unterschiede bei den Entsorgungsentgelten einzelner Abfallfraktionen zu nutzen. Jedoch gibt es keine Hinweise dafür, daß die Verbundvorteile hoch genug sind, um Kostenvorteile in relevante Marketingvorteile zu übersetzen. Somit ist ein Entstehen nicht-bestreitbarer regionaler Sammelmonopole auch im ländlichen Raum auszuschließen, da die strukturellen Marktzutrittsschranken weiterhin niedrig sind und der Markt durch potentielle Konkurrenz diszipliniert werden kann.

Zweitens bestehen vertikale Verbundvorteile zwischen verschiedenen Wertschöpfungsstufen des Abfallmarktes. Die Sammlung und Sortierung[485] durch ein Unternehmen erlaubt es, den Grad der Getrenntsammlung optimal an die Sortiertechnik anzupassen. Vertikal integrierte Unternehmen können daher evtl. billiger anbieten. Da das kostenminimale Abfallvolumen für den Betrieb von Sortieranlagen oberhalb des Optimums der Sammlung liegt, müssen integrierte Sammler versuchen, mehr Haushalte zu bedienen, oder ihre Sortierkapazitäten anderen Entsorgungsunternehmen zur Verfügung stellen. Dadurch ergibt sich zwar eine leichte Tendenz zur marktstrukturellen Konzentration, aber es läßt sich kein Regulierungsbedarf ableiten, da der diskriminierungsfreie Marktzutritt weiterhin gewährleistet ist.

Eine umfassende vertikale Integration über mehrere Wertschöpfungsstufen, die von der Sammlung und Sortierung bis hin zur Durchführung der Verwertung bzw. Beseitigung reicht, könnte zu einer Absenkung der Gesamtkosten führen. Dafür ist es notwendig, daß durch eine unternehmensinterne Koordinierung der Entsorgungsabläufe Transaktionskosten im Vergleich zu marktlichen Vertragsbeziehungen eingespart werden.[486] Dem stehen aber u. a. Nachteile durch X-Ineffizienzen großer Organisationen gegenüber. Im Ergebnis sind keine relevanten vertikalen Verbundvorteile[487] zwischen Wertschöpfungsstufen identifizierbar, die eine Regulierung begründen.

---

484 Vgl. OTT, I./WEIN, T. (1997), S. 33.

485 Hierbei erkennt der SRU vertikale Verbundvorteile, vgl. RAT VON SACHVERSTÄNDIGEN FÜR UMWELTFRAGEN (1998a), Tz. 713.

486 Eventuell lassen sich technische Innovationen schneller durchsetzen und die jeweils günstigsten Entsorgungswege können leichter in Reaktion auf Preisänderungen variiert werden - beispielsweise im Falle niedriger Sekundärrohstoffpreise eine Umstellung von Mülltrennung und Verwertung auf direkte Beseitigung.

487 Weiterhin sind im Rahmen einer vertikalen Integration Anlagenbau und Dienstleistungen im Abfallmarkt unter einem Unternehmensdach vorstellbar, um Verbundvorteile zu generieren. Diese Integration stößt aber rasch an Nachfragegrenzen, da Entsorgungsunternehmen durch den

Drittens ist zu prüfen, ob Verbundvorteile über den Abfallsektor hinausgehen können, beispielsweise durch die Integration von Entsorgung und Versorgung. Zu denken ist beispielsweise an den gemeinsamen Vertrieb von Dienstleistungen und Produkten aus den Bereichen Entsorgung, Abwasser, Trinkwasser, Strom, Wärme und Telekommunikation.[488] Verbundvorteile ließen sich durch Einsparungen an Marketing- und Vertriebskosten realisieren sowie durch die Möglichkeit, Quersubventionierungen entsprechend den Preiselastizitäten und Wettbewerbssituationen vorzunehmen. Letztlich sind die Verbundvorteile zwischen der Bündelungsfunktion und der Erstellung der Einzelleistung aber zu gering, um eine wettbewerbsgefährdende Marktmacht befürchten zu müssen.

Daher lassen sich mit Verbundvorteilen durch horizontale oder vertikale Integration in Kombination mit einem natürlichen Monopol bei der Hausmüllsammlung im ländlichen Raum keine regulatorischen Eingriffe rechtfertigen.

Als Fazit ist festzuhalten, daß in der Sammlung und Entsorgung von Hausmüll kein marktstrukturell bedingtes Wettbewerbsversagen besteht.[489] Lediglich eine gesetzliche Befristung der Vertragslaufzeiten der Müllabfuhr ist zwischen Entsorgern und Grundstücksbesitzern regulatorisch durchzusetzen, um verhaltensbedingte Marktzutrittsschranken zu vermeiden.

4.3 Markt für duale Systeme für Verpackungsabfall

Der Markt für duale Systeme zur Entsorgung von Verpackungsabfall ist der zweite auf Möglichkeiten einer Marktöffnung hin zu untersuchende Teilbereich der Abfallwirtschaft. Dieser Markt wurde aus ökologischen Motiven künstlich geschaffen, indem eine gesonderte Regulierung für eine bestimmte Abfallfraktion – Verpackungen – eingerichtete wurde. Die Existenz eines solchen Marktes für duale Systeme soll für die folgende ökonomische Analyse als gegeben vorausgesetzt und in seinen ökonomischen Grundbestandteilen analysiert werden.

Kauf einer Anlage nicht einen direkten Wettbewerber im Bereich der Entsorgungsdienstleistungen stärken möchten. Zudem herrscht bereits beim Anlagenbau ein intensiver Wettbewerb zwischen großen Unternehmen. Vgl. RUTKOWSKY, S. (1998), S. 478 f.

488 Das umsatzstärkste deutsche Entsorgungsunternehmen, die RWE Umwelt AG, plant ein solches 'Cross Selling' als Komplettanbieter von Wasser, Gas, Strom und Entsorgung. Vgl. o. V. (2001a).

489 Auch der Rat von Sachverständigen für Umweltfragen kommt zu dem Schluß, daß die Gefahr von Marktmacht „praktisch keine Begründung für eine staatliche Beschränkung des Wettbewerbs auf den Abfallmärkten durch Entsorgungsmonopole und Andienungszwänge" (RAT VON SACHVERSTÄNDIGEN FÜR UMWELTFRAGEN (1998a), Tz. 714) bietet.

Der gesetzliche Hintergrund eines Marktes für duale Systeme beinhaltet die Verpflichtung aller Hersteller und Inverkehrbringer von Verkaufsverpackungen, diese entweder individuell zurückzunehmen oder durch ein lizenziertes duales System verwerten zu lassen. Für die Teilnahme an einem dualen System, das eine bestimmte Verwertungsquote bezogen auf die lizenzierte Verpackungsabfallmenge garantiert, erhält der Lizenznehmer einen Nachweis, der ihn von der individuellen Rücknahmepflicht befreit.

Im ersten Schritt der Überprüfung der Möglichkeiten und Grenzen einer Marktöffnung sind die *Wertschöpfungsstufen einzeln* zu identifizieren und zu analysieren. Ein duales System setzt sich aus zwei Wertschöpfungsstufen zusammen:

1. *Nachweis der Erfüllung von Verwertungsquoten (Mengenstromnachweis):* Duale Systemanbieter können mit Sammelunternehmen direkt kontrahieren, um Verpackungsabfall einsammeln und zu den Entsorgungsanlagen transportieren zu lassen, von denen die dualen Systemanbieter Verwertungsgarantien als Basis für den späteren Mengenstromnachweis erhalten. Alternativ lassen sich Verwertungsnachweise direkt von den Betreibern der Entsorgungsanlagen erwerben, wenn diese Verpackungsabfall aus Herkunftsbereichen verwertet haben, bei denen die Erfassungs- und Verwertungsquoten übererfüllt wurden.

2. *Abschluß von Lizenzverträgen mit der verpackenden Industrie:* Zur Finanzierung eines dualen Systems akquirieren die dualen Systemanbieter Verpackungshersteller und Handelsunternehmen als Kunden, denen als Leistungen
   (1) die Freistellung von der individuellen Rücknahmepflicht durch den Mengenstromnachweis sowie
   (2) das Recht zur Kennzeichnung ihrer Verpackungen mit einem einheitlichen Lizenzierungssymbol verkauft werden. Dafür entrichten die Kunden ein Lizenzentgelt, dessen Höhe sich nach Art und Umfang der individuell lizenzierten Verpackungsvolumen bestimmt.

Die Tätigkeiten auf beiden einzelnen Wertschöpfungsstufen bestehen im Kern aus dem Verhandeln von Vertragsabschlüssen als Maklerfunktion zwischen Abfallbesitzern und Verpackungsherstellern bzw. Inverkehrbringern. Angesichts dieses nahezu virtuellen Dienstleistungsmarktes läßt sich die Frage nach der Existenz eines nicht-bestreitbaren natürlichen Monopols rasch klären. Als relevanter Markt ist Deutschland zu identifizieren. Es sind keine relevanten Größenvorteile existent, so daß ein natürliches Monopol auf den einzelnen Wertschöpfungsstufen auszuschließen ist und eine wettbewerbliche Marktstruktur erwartet werden kann. Mangels Marktzutrittsschranken ist die Möglichkeit eines engen

Oligopols auszuschließen, so daß funktionsfähiger Wettbewerb auf den einzelnen Wertschöpfungsstufen möglich ist.

Allerdings ist zu prüfen, ob eventuell der Fortbestand von Bringsystemen für Wertstoffe gefährdet ist, wenn mehrere duale Systemanbieter über die von ihnen mit der Müllabfuhr beauftragten Unternehmen parallele Bringsysteme einrichten lassen, da hier das Ausschlußprinzip noch nicht kostengünstig realisiert werden kann. Doch haben Haushalte, die mit einem Entsorger kontrahieren, der alle Abfallfraktionen im Holsystem einsammelt, keinen ökonomischen Anreiz, Wertstoffe zu einem Container eines dritten Müllabfuhrunternehmens zu transportieren, es sei denn aus Platzmangel, wenn die Abholung am Grundstück nur in großen zeitlichen Abständen erfolgt.[490] Vorstellbar sind vielmehr Kooperationen zwischen Entsorgern zur gemeinsamen Nutzung eines lokalen Bringsystems, das nach dem Umfang des Vertragsvolumens der einzelnen Entsorger mit Grundstücksbesitzern abgerechnet werden könnte. Eine Bestreitbarkeit im ländlichen Raum bzw. Wettbewerbsdruck durch potentielle Konkurrenz sind bei der Müllsammlung durch Bringsysteme also genauso vorhanden wie bei der Hausmüllsammlung (vgl. Kapitel 4.2.1 oben), so daß als Ergebnis die Vermutung wettbewerblicher Wertschöpfungsstufen im Markt für duale Systeme aufrecht erhalten werden kann.

Im zweiten Schritt ist zu fragen, ob bei einem *dualen System als Ganzes* Größen- und Verbundvorteile über die zwei Wertschöpfungsstufen hinweg gegeben sind. Solche Vorteile sind aber nicht zu erkennen, da die Kostenstruktur eines dualen Systems wesentlich durch den hohen variablen Kostenanteil im Bereich des Personalaufwands für die Akquisition neuer Lizenznehmerverträge und für die Kontrahierung und Kontrolle der abfallveräußernden Entsorger gekennzeichnet ist. Zudem ist die mindestoptimale technische Betriebsgröße eines dualen Systems, das weitgehend auch als virtuelles Unternehmen bezeichnet werden kann, hinreichend klein,[491] um einen Wettbewerb zahlreicher Systembetreiber

[490] Genau diese Trittbrettfahrer-Strategie könnten Entsorger wählen, die die Kosten der Wertstoff- und Abfallsammlung dadurch reduzieren wollen, indem sie darauf vertrauen, daß die von ihnen zu entsorgenden Haushalte die Bringsysteme anderer Entsorger benutzen. Dieser spezielle Fall setzt aber einen negativen Wert der im Bringsystem gesammelten Wertstoffe voraus, sonst hätte jeder Entsorger ein ökonomisches Eigeninteresse an der Einsammlung. Zudem werden die so getäuschten Abfallbesitzer einen Preisnachlaß beim Müllentgelt verlangen. Angesichts der Abwesenheit relevanter Marktzutrittsschranken dürfte die Konkurrenzsituation zwischen parallelen Bringsystemen - wenn überhaupt - nur in dem Zeitraum auftreten, in dem ein Marktneuling mit einem etablierten Müllabfuhrunternehmen um ein Entsorgungsgebiet konkurriert, so daß eine etwaige Gefährdung von Bringsystemen in einigen Regionen hinnehmbar sein dürfte.

[491] Die DSDAG beschäftigt als bundesweit tätiger Monopolist lediglich 400 Mitarbeiter.

zuzulassen. Ein natürliches Monopol auf dem Gesamtmarkt für duale Systeme ist nicht erkennbar.[492]

Ein natürliches Monopol kann auch nicht damit begründet werden, wie es Befürworter des DSDAG tun,[493] daß bei nur einem bundesweit tätigen Systembetreiber die Hersteller nur ein Symbol auf ihre Verpackungen drucken müssen. Zwar wäre die Kennzeichnung mit mehreren Symbolen für verschiedene Rücknahmesysteme kostspieliger, doch sind wettbewerbliche Lösungen vorstellbar. Hersteller bräuchten lediglich ein Symbol aufzudrucken und müßten gegenüber einer neutralen Stelle nachweisen, daß alle lizenzierten Teilmengen insgesamt mit der produzierten Menge an Verpackungen übereinstimmen.[494]

Im Ergebnis ist eine wettbewerbliche Marktstruktur bei dualen Systemen möglich. Allerdings ist zu fragen, ob die regulatorische Unterscheidung bestimmter Abfallfraktionen mit nur geringem Schädingungspotential, wie der Verpackungen, von anderen Fraktionen des Hausmülls ökonomisch überhaupt gerechtfertigt und ökologisch erforderlich ist oder ob statt dessen ein Abbau sektor- bzw. abfallfraktionsspezifischer Regulierung auch in diesem Bereich gesamtwirtschaftlich und ökologisch vorteilhafter wäre. Das Verursacherprinzip könnte zur Erreichung von Umweltzielen auch anders als durch Quoten Anwendung finden, wie die Diskussion emissionsabhängiger Umweltabgaben zeigt (siehe Kapitel 5.2).

5. Allgemeine Schlußfolgerungen für eine Marktöffnung

5.1 Vorbemerkungen

Nach einer vollständigen Öffnung für den Wettbewerb wäre der Abfallmarkt nicht mehr als Bereich einer umfassenden staatlichen Daseinsvorsorge zu betrachten. Staatliches und kommunales Handeln kann auf eine Gewährleistungsverantwortung für eine wettbewerbliche und ökologisch effektive Entsorgung beschränkt werden. „Die ‚fürsorgende' und ‚vorsorgende' Kommune ist weder zielführend noch zeitgemäß, denn auch Leistungen der Daseinsvorsorge sind im Wettbewerb zu erbringen."[495] Die Abfallbesitzer wären selbst dafür verantwortlich, daß die in ihrem Besitz befindlichen Abfälle einer sachgerechten Entsorgung zugeführt würden. Jeder Grundstücksbesitzer müßte den Abfallsammler

---

[492] „Es kann als sicher gelten, daß bei der dualen Abfallentsorgung kein bundes- oder auch nur landesweites natürliches Monopol vorliegt." EWERS, H.-J./SCHATZ, M./TEGNER, H. (2001), S. 31.

[493] Vgl. LAMBSDORFF, O. GRAF (2000), S. 70 f.

[494] Vgl. EWERS, H.-J./SCHATZ, M./TEGNER, H. (2001), S. 30.

[495] DIHK (2001a), S. 4.

selbst auswählen und sich vertraglich binden. Flächenverträge könnten durch Individualverträge abgelöst werden. Der Staat und die Kommunen beschränkten sich im Abfallmarkt auf die Festsetzung und Kontrolle ökologischer und technischer Standards, wobei in erster Linie marktwirtschaftliche Instrumente zum Einsatz kämen.[496]

Im folgenden Kapitel wird zunächst der Reformbedarf in der umweltpolitischen Rahmenordnung analysiert. Danach werden aus den vorhergehenden Kapiteln Schlußfolgerungen zur Marktöffnung und zur Öffnung des Abfallmarktes sowie zur Privatisierung kommunaler Entsorgungsbetriebe gezogen.

5.2 Einsatz marktwirtschaftlicher Instrumente zur Erreichung ökologischer Ziele

Die umweltpolitischen Ziele im Abfallmarkt (Ressourcenschonung und umweltverträgliche Entsorgung) werden bisher vor allem durch ordnungsrechtliche Instrumente - wie Anforderungen an regionale Mindestkapazitäten, Verwertungsquoten sowie durch nach Abfallfraktionen differenzierte Regelungen - verfolgt. Die Unterscheidung zwischen Abfällen zur Verwertung und Abfällen zur Beseitigung ist ökologisch bedenklich, da der „Übergang zwischen Beseitigung und Verwertung aus ökonomischer, technischer und organisatorischer Sicht fließend und systematisch ohne ökologischen Belang ist."[497] Die einzel- und gesamtwirtschaftlichen Kosten unterschiedlicher Entsorgungswege und –verfahren werden weitgehend ignoriert, was zu Ausweichreaktionen der Wirtschaftssubjekte führt. Dadurch wird der Grundsatz des Vorrangs der Vermeidung vor der Verwertung und der Beseitigung nur unter Hinnahme hoher ökonomischer und auch ökologischer[498] Kosten verwirklicht.

Statt dessen bietet es sich an, den Ordnungsrahmen so zu verändern, daß einzelwirtschaftlich vorteilhafte Entscheidungen zugleich zu gesamtwirtschaftlich wünschenswerten Lösungen führen. Dazu bedarf es umweltpolitisch der Vorgabe ökologischer Ziele und außerdem der Auswahl von Instrumenten, die einerseits diese Ziele verwirklichen (ökologische Effektivität) und andererseits die Zielverwirklichung zu gesamtwirtschaftlich minimalen und im Zeitverlauf möglichst

---

496 Auch der Rat von Sachverständigen für Umweltfragen befürwortete die Öffnung der Abfallwirtschaft für den Wettbewerb. Vgl. RAT VON SACHVERSTÄNDIGEN FÜR UMWELTFRAGEN (1998, Tz. 440).

497 EWERS, H.-J./TEGNER, H. (1998), S. 20.

498 Die ökologischen Kosten spiegeln sich zum einen in dem Dumping-Wettbewerb der Altdeponien, die noch bis zum Jahre 2005 verfüllt werden dürfen, und zum anderen in den Überkapazitäten aufgrund der gesetzlichen Vorschrift zur kommunalen Entsorgungsautarkie, deren Gewährleistung stets mit der Inanspruchnahme knapper Umweltressourcen verbunden ist.

sinkenden Kosten bewirken (ökonomische Effizienz im statischen und dynamischen Sinn).

Als ökologisches Ziel im Abfallmarkt empfiehlt es sich anzustreben, daß nur solche Abfälle als Endprodukte der Kreislaufwirtschaft entstehen, die entweder deponiefähige inerte Schlacken bilden oder in Abluft umgewandelt werden, von der keine relevanten Umweltbeeinträchtigungen mehr ausgehen.[499]

Als umweltpolitische Instrumente bieten sich zum einen ordnungsrechtliche Maßnahmen zur unmittelbaren Gefahrenabwehr und Schadensvermeidung an, z. B. Verbote bzw. Auflagen zum Umgang mit stark umweltgefährdenden Gegenständen und Stoffen. Zum anderen sind zur Verwirklichung des Verursacherprinzips Umweltabgaben, die je nach dem Abfallvolumen und/oder der Höhe der Emissionen, die von einer Entsorgungsmaßnahme ausgehen, die Verwertung und insbesondere die Beseitigung von Abfällen verteuern, geeignet, um bei Abfällen mit geringem Schädigungspotential die Zielsetzung der Ressourcenschonung in einer Kreislaufwirtschaft zu erreichen. Im Gegensatz zu Auflagen haben Abgaben, die nach den Emissionen bemessen sind, den Vorteil, daß sie umweltschädigende Güter und Verhaltensweisen im Produktions- und Konsumkreislauf verteuern und damit Anreize zu ihrer Vermeidung liefern.[500] Im Idealfall ermöglichen sie eine Internalisierung der kompletten negativen externen Effekte (Kosten der Umweltschädigungen) in die Preise. Zudem setzen sie Anreize, zwecks Verminderung der Abgabenlast den Stand der Umwelttechnik fortzuentwickeln, um dort, wo es am kostengünstigsten ist, Emissionen einzusparen. Ferner ist zu prüfen, ob zusätzlich die negativen ästhetischen Auswirkungen von Entsorgungsanlagen, die insbesondere in Ballungsgebieten zu erheblichen Grundstückswertverlusten in der Nachbarschaft führen, durch Abgaben internalisiert werden können.[501]

---

[499] Vgl. Ebenda. In der Umweltpolitik wird das weitergehende Ziel einer Verminderung der Ressourceninanspruchnahme diskutiert (Konzept der ‚ecological footprints'). Dabei wird angenommen, daß nicht alle relevanten Auswirkungen menschlicher Konsum- und Produktionsweisen auf die natürliche Umwelt bekannt sind und zutreffend beurteilt werden können. Aus Gründen der ökologischen Vorsicht wird empfohlen, den Verbrauch von natürlichen Rohstoffe zu minimieren. Dies läßt sich als Suffizienzstrategie kennzeichnen, während die in dieser Arbeit diskutierte Internalisierung der bekannten negativen externen Effekte in die Preise als Effizienzstrategie zu bezeichnen ist. Eine abschließende Würdigung beider Ansätze ist für die wettbewerbspolitische Beurteilung der Chancen und Risiken der Öffnung staatlicher Monopolmärkte nicht relevant. Die umweltpolitische Diskussion würde den Rahmen dieser Arbeit sprengen und soll daher hier nicht vertieft werden.

[500] Eine wichtige Voraussetzung dafür ist, daß die umweltpolitischen Lenkungsimpulse ohne Wirkungsbrüche in den Wirtschaftskreislauf transmittiert werden.

[501] Vgl. BARTLING, H. (1995), S. 17.

Ökologisch relevant sind zwar nicht die Abfallmengen, sondern vor allem die Emissionen. Da aber im Bereich des Hausmülls und der hausmüllähnlichen Gewerbeabfälle grob zwischen stark umweltgefährdendem Sondermüll und anderen Abfallfraktionen mit nur geringem Schädigungspotential unterschieden werden kann und eine exakte emissionsorientierte Erfassung und Kontrolle aller individuellen Abfallströme nur zu prohibitiv hohen Preisen möglich ist, empfiehlt sich für den Bereich des Hausmülls ein überwiegend volumen- und gewichtsabhängiges Entgelt für die Müllabfuhr ohne weitere Differenzierung nach Umweltauswirkungen.[502] Praktisch können die umweltpolitischen Lenkungseffekte dieses Entgelts durch eine Tarifstruktur mit unterschiedlich großen Müllbehältern, verschiedenen Leerungsintervallen oder langfristig durch Wiegetechniken an den Müllsammelfahrzeugen erreicht werden. Dabei kommt es aber zu gewissen - hinnehmbaren - umweltpolitischen Wirkungsbrüchen infolge der pauschalen Müllgefäßgrößen, da selbst beim Einsatz von Wiegetechnik[503] bei der Müllbehälterentleerung bislang nur eine Gewichtsbestimmung, nicht aber eine Erfassung des ökologischen Schädigungspotentials des Abfalls möglich ist.

Jedoch unterscheiden sich die alltäglich anfallenden Hausmüllfraktionen nicht sonderlich hinsichtlich ihres Schädigungspotentials. Dabei wäre eine weitere Trennung von bestimmten Abfallfraktionen bei der Einsammlung möglich, was aber nur dann erfolgen sollte, wenn der ökologische Nutzen den Mehraufwand übersteigt. Zu bedenken ist ferner, daß das marktwirtschaftliche Instrument der emissionsbezogenen Umweltabgabe die Chance eröffnet, daß sich im Wettbewerb Strukturen herausbilden, die zur Vermeidung der ökologischen Wirkungsbrüche beitragen. Der Gefahr wilder Ablagerungen schließlich könnte durch ein verschärftes Ordnungsrecht in Kombination mit einer intensiven Umweltaufklärung der Öffentlichkeit begegnet werden.

Betreiber von Entsorgungsanlagen würden die finanziellen Belastungen der Umweltabgaben in entsprechend hohen und gestaffelten Entsorgungspreisen an die abfallanliefernden Müllabfuhrunternehmen weitergeben. Diese wiederum könnten die Abgaben über gewichts- oder mengenabhängige Entgelte auf die Abfallbesitzer überwälzen. Preissignale, die die ökonomischen und ökologischen Kosten beinhalten, würden die negativen externen Effekte der Abfallentsorgung in die Kostenrechnung der Abfallerzeuger und -besitzer einfließen lassen und diese - unter Berücksichtigung ökonomischer Kostenwirkungen - zum Überdenken bisheriger Konsum-, Produktions- und Entsorgungsweisen veranlassen.

---

[502] Sofern es ökologisch geboten erscheint, ist eine weitere Trennung von Abfallfraktionen bei der Einsammlung möglich.

[503] Die Wiegetechnik ist noch nicht so weit, daß sie zum regulären Einsatz kommt.

Im günstigsten Fall würde dieses marktwirtschaftliche Instrument der Umweltpolitik als Ergebnis bewirken, daß die volkswirtschaftlichen Grenzkosten der Vermeidung gleich den Grenzkosten des Recycling gleich den Grenzkosten der Verbrennung gleich den Grenzkosten der sofortigen Deponierung werden. Der Anteil der recyclierten Abfälle würde sich je nach Stoffart unterschiedlich und je nach dem Stand des technischen Wissens im Zeitverlauf schwankend entwikkeln.[504] Zudem entstünde Konkurrenz zwischen verschiedenen Techniken der Beseitigung und Verwertung. In diesem System könnte auf starre Erfassungs- und Verwertungsquoten ebenso verzichtet werden wie auf die regulatorische Unterscheidung zwischen Beseitigungs- und Verwertungsabfällen oder den Markt bzw. das Monopol für duale Systeme.

Allerdings ist ein mengenabhängiges Müllentgelt bei Holsystemen wegen der Möglichkeit zur Abfallverdichtung im Müllbehälter nur mit Schwierigkeiten zu realisieren. Zudem besteht die Gefahr vermehrter illegaler Ablagerungen. Gegen beide Nachteile empfiehlt sich zum einen ein zweigliedriger Gebührentarif mit einer mengenunabhängigen Grundgebühr, der allerdings einen umweltpolitischen Wirkungsbruch darstellt. Zum anderen bietet sich gegen die Gefahr „wilder Ablagerungen" die Pflicht der Abfallbesitzer zum Nachweis von Entsorgungsverträgen an.

Als Alternative oder Ergänzung zu einer emissionsabhängigen Umweltabgabe ist eine weitere Umweltabgabe auf den Einsatz von Primärrohstoffen denkbar, was zu einer Verbesserung der Wettbewerbsfähigkeit von recyclierbaren Rohstoffen und damit zu einem Anreiz zur Mülltrennung und Müllverwertung führen könnte. So würde es für Unternehmen vorteilhaft, statt der teurer gewordenen Primärrohstoffe vermehrt Sekundärrohstoffe zu verwenden. Im Vergleich zur Emissionsabgabe könnten theoretisch die gleichen positiven Allokationseffekte zur Vermeidung von Umweltschädigungen erreicht werden.[505]

Allerdings stellen sich erhebliche Probleme der praktischen Umsetzung, da für eine praktisch nicht zu überblickende Anzahl im Inland hergestellter sowie importierter Güter und ihrer im Zeitablauf gewandelten Modellversionen festzusetzen wäre, welchen Anteil an Primärrohstoffen die meist aus Verbundmaterialien bestehenden Güter beinhalten. Fraglich ist ferner das Verfahren der Erhebung einer Primärrohstoffabgabe (beim Grenzübertritt durch den Zoll oder anhand von Steuererklärungen der Importeure bzw. Hersteller). Im Gegensatz zur Primärrohstoffabgabe ließe sich die Umweltabgabe vergleichsweise einfach und transparent durch eine Kontrolle der Emissionen und Stoffbilanzen der wenigen hun-

---

[504] Vgl. BARTLING, H. (1995), S. 18 f.

[505] Vgl. BARTLING, H. (1995), S. 18 f.

dert Verbrennungsanlagen und Deponien erheben. Aufgrund der praktischen und politischen Durchsetzungsschwierigkeiten einer Primärrohstoffabgabe empfiehlt sich deshalb der Ansatz über die Umweltabgabe auf Entsorgungsverfahren.

Das Aufkommen aus Umweltabgaben könnte zumindest teilweise dafür verwendet werden, Kompensationszahlungen an die Eigentümer von Grundstücken in der Nähe von Entsorgungsanlagen zu bezahlen.[506] Angesichts der schwierigen Abgrenzung und Zurechnung von Umweltschädigungen ist alternativ zu überlegen, das Aufkommen dem allgemeinen öffentlichen Haushalt zuzuweisen und verstärkt Sanierungsaufgaben im Abfallbereich sowie Ausgleichsmaßnahmen für Umweltschädigungen zu finanzieren. Regelungen zur Kompensation von Grundstückswertverlusten in der Umgebung von Entsorgungsanlagen sollten eher bilateral zwischen den Betreibern und den Anwohner erfolgen, wobei die Betreiber im Rahmen ihrer Produkthaftung für die Unschädlichkeit ihrer Anlage verantwortlich und nachweispflichtig sein sollten.

Für Sonderabfälle ist aufgrund des hohen Potentials an Gesundheits- und Umweltschädigungen unter Anwendung des Vorsichtsprinzips statt oder zusätzlich zu Umweltabgaben eine Rücknahmepflicht der Hersteller und Vertreiber empfehlenswert. Durch die individuelle Produktverantwortung werden Entsorgungskosten bereits in die Produktionskosten integriert und spiegeln sich in den Verkaufspreisen wider. Spezielle Überwachungspflichten und Entsorgungsnachweise sind zweckmäßig.

5.3 Kontrollbedarf bei der Nachfrage nach Entsorgungsleistungen

Da kein hinreichendes ökonomisches Eigeninteresse an ökologisch zielführenden Entsorgungsleistungen besteht und illegale Abfallablagerungen nicht ausgeschlossen werden können, erscheint es erforderlich, das Entsorgungsverhalten der Abfallbesitzer durch Entsorgungsnachweise zu kontrollieren. Im Bereich des Siedlungsabfalls sollten beispielsweise die Grundstücks- bzw. Hausbesitzer[507] einer Pflicht zum Nachweis einer geregelten Entsorgung der in ihrem Bereich anfallenden Abfälle unterliegen.[508] Somit würden Grundstücksbesitzern und

---

506 Vgl. BARTLING, H. (1995), S. 18 f.

507 Die einzelnen Privathaushalte kommen als entsorgungsnachweispflichtige Einheiten (vgl. den Vorschlag des DIHK (2001a), S. 3) nicht in Betracht, da erstens in den Großwohnanlagen die Anreize zum Trittbrettfahrerverhalten durch illegale Mitbenutzung fremder Müllbehälter zu groß sein dürften und zweitens Transaktionskostenvorteile eine Entscheidung über den Entsorgungsweg durch die Grundstücksbesitzer nahelegen.

508 Diese Lösung hat Ähnlichkeiten mit der Kraftfahrzeughaftpflichtversicherung, bei der der Kfz-Halter zwar gesetzlich verpflichtet ist, eine Versicherung abzuschließen, aber frei ist bei der Wahl der Versicherungsgesellschaft.

damit auch Mietern Spielräume eröffnet, nach zusätzlichen Wegen zur Reduzierung der seit Jahren steigenden Wohnungsnebenkosten zu suchen.[509] Hierbei ist eine Kontrolle durch nachgelagertes Ordnungsrecht der Kommunen vorstellbar wie bei der Lebensmittel- oder der Verkehrsüberwachung. Um Transaktionskosten zu senken, könnte die Kontrolle beispielsweise durch einen Vergleich der grundsteuerpflichtigen Grundstücksbesitzer mit den Kundenlisten der örtlich tätigen Entsorgungsunternehmen erfolgen.

Jede Kommune sollte in ihrer Abfallsatzung die allgemeinen Rechte und Pflichten der privaten Entsorgung von Haushaltsabfällen regeln, insbesondere den Mindestumfang und eine eventuelle Pflicht zur Trennung der Abfallfraktionen bei den Sammlungs- und Entsorgungsleistungen. Die Einführung eines Verzeichnisses der im kommunalen Zuständigkeitsgebiet zugelassenen Entsorgungsunternehmen kann sicherstellen, daß nur für die Abfallsammlung und Entsorgung fachlich qualifizierte Anbieter um die Entsorgungsnachfrage der Abfallbesitzer konkurrieren. Um eine Lizenz zu erhalten, müssen die Unternehmen gegenüber der Kommune ihre technische Ausstattung und ihre organisatorischen Abläufe darlegen. Ferner sind sie regelmäßig Rechenschaft über die Mengen und den Verbleib der eingesammelten Abfälle schuldig.

Die Kontroll- und Ordnungsaufgaben der Kommunen könnten durch eine kostendeckende Gebühr, die die Entsorgungsunternehmen bezahlen und die sie auf die Abfallbesitzer umlegen können, finanziert werden. Die Verfahren und die Gebühren der Prüfung und Lizenzvergabe sowie der Überwachung durch die Kommunen dürfen keine neuen relevanten Marktzutrittsschranken für fachlich geeignete Unternehmen darstellen.[510]

5.4 Privatisierung kommunaler Entsorgungsunternehmen

Die Kommunen sollten nicht länger Abfallsammlungs- und Entsorgungsunternehmen betreiben, da die Abfallwirtschaft durch wettbewerbliche Selbststeuerung effizienter organisiert werden kann. Selbst wenn weiterhin aus politischen

---

[509] Vgl. BDE (2001a), S. 9.

[510] Ferner schlägt der BDE ein Zuweisungsrecht der Kommune gegenüber Lizenznehmern und Grundstücksbesitzern vor, um die kontinuierliche und flächendeckende Entsorgung sicherzustellen. Die Kommune könnte einem Grundstücksbesitzer einen Entsorger zuweisen, wenn er keinen Entsorgungsvertrag geschlossen hat oder wenn der von ihm beauftragte Entsorger die Zulassung verliert, den Betrieb einstellt oder seinen Verpflichtungen nicht nachkommt und er in einem dieser Fälle nicht selbst einen neuen Vertragspartner nachweist. Diese Regelung könnte insbesondere in der Übergangsphase der Marktöffnung erforderlich sein, falls ein hoher Anteil der Grundstücksbesitzer keine Entsorgungsverträge nachweisen kann und ein 'Entsorgungsvakuum' verhindert werden muß. In jedem Fall braucht die Kommune keine Reservekapazitäten für die Abfallsammlung vorzuhalten. Vgl. BDE (2001a), S. 11 f.

Gründen eine Zugehörigkeit der Abfallwirtschaft zum Bereich der Daseinsvorsorge postuliert werden sollte, läßt sich daraus keine Verantwortlichkeit des Staates oder der Kommunen zur Bereitstellung oder gar Erbringung von Entsorgungsdienstleistungen ableiten, sondern bestenfalls eine Gewährleistungsverpflichtung, die durch private Unternehmen ausgefüllt werden kann.

Die Vorteile der Privatisierung liegen in der durch wettbewerbliche Anreize und Sanktionen gewährleisteten höheren Kosteneffizienz und in der Fähigkeit privater Akteure, Deponieraum mit Hilfe des Preisinstrumentariums intertemporal optimal zu verfüllen.[511] Ferner ist zu erwarten, daß private Unternehmen flexibler in der Lage sind, Entsorgungsanlagen in angemessener Frist zu errichten, da sie geringeren politischen Einwirkungsmöglichkeiten der Anlieger ausgesetzt sind, deren Nutzeneinbußen sie zudem landschaftsgestalterisch, baulich oder finanziell leichter kompensieren können.[512] Eine Privatisierung garantiert, daß die Kommunen in Verbindung mit ihren öffentlichen Unternehmen nicht gleichzeitig 'Mitspieler' und 'Schiedsrichter' im Abfallmarkt sind, was bislang zu einem Zurückdrängen privatwirtschaftlicher Aktivitäten geführt hat.

Eine nur formale Privatisierung der Regie- oder Eigenbetriebe, bei denen eine Kommune die Stimmenmehrheit innehat, ist als „Scheinprivatisierung" abzulehnen. Statt dessen ist eine hundertprozentige materielle Privatisierung zweckmäßig.[513] In der Übergangszeit bis zur vollständigen Privatisierung ist die Forderung zu erheben, private und öffentliche Entsorgungsunternehmen steuerrechtlich gleich zu behandeln. Auch öffentliche Entsorger müssen mit Umsatzsteuer belastet werden, um sie nicht gegenüber privaten Wettbewerbern zu privilegieren.[514] Damit einhergehend ist der Dualismus der öffentlichen und privaten Entsorgungsordnungen aufzugeben.

Zusätzlich ist in der Übergangszeit die Transparenz der Kosten der öffentlichen Entsorger, die nicht sofort materiell privatisiert werden, zu erhöhen, um nicht-kostendeckende Angebote zu vermeiden, die durch interne Quersubventionierung innerhalb eines kommunalen Unternehmens oder durch (versteckte) öffentliche Subventionen finanziert werden. Erforderlich ist ein nachprüfbares Verbot der Quersubventionierung. Die den Kommunen übergeordneten Aufsichtsbehörden könnten interkommunale Leistungsvergleiche der öffentlichen Entsorgungsunternehmen ermöglichen, indem sie die Entsorgungsleistungen den

---

511 Vgl. HOLM-MÜLLER, K. (1997), S. 92 ff.

512 Vgl. WERBECK, N. (1993) sowie KARPE, J. (1996).

513 Auch PPP-Modelle, in deren Rahmen zur Zeit ca. sechs Prozent der Entsorgungsleistungen erbracht werden (vgl. BDE (2001a), S.18) sind bestenfalls ein Kompromiß in der Übergangszeit der Marktöffnung.

514 Vgl. CANTER, J. (1997), S. 96 ff.

Kosten für Bürger und Gemeindehaushalte gegenüberstellen und veröffentlichen.[515]

In den folgenden Kapiteln wird angenommen, daß die Kommunen keine Sammel- oder Entsorgungsunternehmen mehr betreiben.

5.5 Abbau von Regulierungen im allgemeinen Abfallmarkt

Im Falle einer vollständigen Öffnung des Abfallmarktes ist nicht mit einem Wettbewerbsversagen beim Angebot von Entsorgungsleistungen zu rechnen. Daher sind institutionelle Marktzutrittsschranken abzubauen:

1. *Beseitigung der Andienungs- und Überlassungspflichten.*
   Dies betrifft die Andienungspflicht zugunsten der Kommunen. Auch die Andienungspflicht für besonders überwachungsbedürftige Abfälle ist aufzuheben, da sie die Abfallentsorgung nicht sicherer macht. Statt dessen soll es privaten Entsorgungsunternehmen gestattet sein, in allen Entsorgungsgebieten ihre Leistungen anzubieten.

2. *Aufgabe des Prinzips der kommunalen Entsorgungsautarkie*
   Statt der kommunalen Entsorgungsautarkie sollte ein uneingeschränkter interregionaler Wettbewerb zwischen Entsorgungsanlagen zugelassen werden. EU-Vorgaben zur Entsorgungsautarkie stehen dem nicht im Wege.[516] Darüber hinaus sind auf internationaler Ebene die Regelungen zum grenzüberschreitenden Abfalltransport weiter zu liberalisieren. Der Vorrang im EU-Recht für die Abfallablagerung in der Region des Abfallbesitzers gegenüber einer grenzüberschreitenden Abfallverbringung sollte aufgegeben werden. Im Wettbewerb würde die Entscheidung über den Ort der Ablagerung von Abfällen sowohl kosteneffizient als auch bei entsprechenden Rahmenregelungen unter Berücksichtigung ökologischer Standards getroffen werden.

3. *Beendigung der Unterscheidung in Abfälle zur Beseitigung und zur Verwertung*
   Statt der bisher gesetzlich festgelegten Aufteilung der Zuständigkeiten zwischen öffentlichen und privaten Unternehmen für bestimmte Abfallfraktionen und Herkunftsbereiche sollen künftig alle privaten Anbieter um den direkten Abschluß eines Abfallsammlungsvertrags mit den Abfallbesitzern konkurrie-

---

[515] Vgl. ADAMASCHEK, B. (1997). Hierbei ist die Perspektive der Nachfrager maßgeblich. Ein Vergleich der Verhältnisse sollte zwischen Output und Preisen erfolgen, da die Unterschiede auf der Inputseite, auf die öffentliche Unternehmen verweisen, für die Nachfrager nicht relevant sind.

[516] Vgl. DIECKMANN, M. (1994), S. 138 ff.

ren können. Den Kommunen bliebe es allerdings unbenommen, für bestimmte Stoffe eine getrennte Abfallsammlung vorzuschreiben. Dies wäre dann mit einer überwiegenden ökologischen Vorteilhaftigkeit in Relation zu den dadurch verursachten Kosten zu begründen.

5.6 Wettbewerb im Markt dualer Systeme für Verpackungen

5.6.1 First-best-Lösung: Abschaffung des künstlichen Markts für duale Systeme

Aus wettbewerbspolitischer Sicht erübrigt sich die regulatorische Unterscheidung innerhalb von Abfallfraktionen mit nur geringem ökologischen Schädigungspotential und damit die spezielle Einrichtung dualer Systeme für Verpakkungen samt Verwertungsquoten, wenn ökologische Ziele durch marktwirtschaftliche Instrumente wie emissionsabhängige Umweltabgaben erreicht werden können[517] (vgl. Kapitel 5.2). Daher ist eine Abschaffung des künstlichen Marktes für duale Systeme und sein Ersatz durch Umweltabgaben grundsätzlich empfehlenswert.

Nach Auflösung des Marktes für duale Systeme und einer Einführung von Umweltabgaben als First-best-Lösung würde Verpackungsabfall wie andere Abfallfraktionen von im Wettbewerb stehenden Unternehmen - eventuell weiterhin separat - eingesammelt und unter Berücksichtigung der ökologischen Schäden dem günstigsten Entsorgungsweg zugeführt werden. Dabei ist erstens zu erwarten, daß die Sekundärrohstoffpreise und die Kosten der Abfallsortierung einerseits und die mit der Umweltabgabe belasteten Entsorgungspreise für die Verbrennung bzw. Deponierung andererseits einen wesentlichen Einfluß auf die Tarifstruktur der von den Abfallbesitzern zu bezahlenden Müllabfuhrentgelte haben. Zweitens wird langfristig über die relativen Preise für alternative Entsorgungswege und –verfahren entschieden, inwieweit Lenkungsimpulse emissionsabhängiger Umweltabgaben in die Kreislaufwirtschaft hineinwirken und ökologisch nachhaltige Produktionsverfahren und Konsumverhaltensweisen induzieren.

---

[517] Wettbewerb würde nicht - wie DSDAG-Vertreter behaupten - zur „Aushebelung der Prinzipien der Nachhaltigkeit – Produktverantwortung, Flächenpräsenz, Umweltverträglichkeit“ führen. Vgl. DSDAG (2001a), S. 14.

5.6.2 *Second-best-Lösungen unter Beibehaltung von Verwertungsquoten*

5.6.2.1 *Wettbewerb im Markt für duale Systeme bei freier Entsorgerwahl*

Falls das zuvor dargestellte Wettbewerbsmodell beim Verpackungsabfall politisch nicht durchsetzbar sein sollte, weil beispielsweise aufgrund des ökologischen Vorsichtsprinzips an den Verwertungsquoten festgehalten wird, dann ist anzustreben, alle wettbewerbsbeschränkenden Verhaltensweisen der DSDAG zu unterbinden und Marktzutrittsschranken für neue duale Systemanbieter abzubauen, um auf der Angebotsseite für duale Systeme Wettbewerb zu ermöglichen. Die Abstimmungspflicht mit den Kommunen und der Zwang zur Flächenabdeckung in einem Bundesland sind in jedem Fall aufzuheben.

Vorstellbar für diese Second-best-Lösung sind drei Marktordnungsszenarien, die im folgenden skizziert werden. Sie werden hinsichtlich der rechtlichen bzw. administrativen Hemmnisse und ökonomischen Restriktionen analysiert sowie hinsichtlich der statischen und dynamischen Effizienz, der fiskalischen Äquivalenz und der Pfadoffenheit beurteilt.[518] Ihre Untersuchung erfolgt unter der Annahme einer Marktöffnung beim übrigen Hausmüll.

Im ersten Modell der freien Entsorgerwahl könnte der Markteintritt neuer dualer Systemanbieter über Verträge mit Entsorgern erfolgen, die im Auftrag des dualen Systemanbieters die zu verwertenden Verpackungsabfälle zu bestimmten Verwertungsanlagen transportieren (vgl. Abbildung 11). Die Entsorger wiederum konkurrieren untereinander um Müllabfuhrverträge mit Grundstücksbesitzern, wobei sie Angebote für einzelne Abfallfraktionen unterbreiten können, jedoch aufgrund der Transaktionskosten[519] wohl überwiegend Komplettangebote für alle Abfallfraktionen anbieten werden.

---

[518] *Fiskalische Effizienz* verlangt, daß ein Konsument Verpackungsabfall ohne weitere Kosten an ein Entsorgungssystem abgeben kann. Existiert diese Möglichkeit nicht in zumutbarer Entfernung, muß er aus dem Aufkommen an Lizenzgebühren entsprechend kompensiert werden. *Pfadoffenheit* beschreibt die Anforderung, daß die Ausgestaltung eines oder mehrerer dualer Systeme künftige effizienzverbessernde Reformoptionen nicht mit prohibitiv hohen Umstellkosten belegen darf. Vgl. EWERS, H.-J./SCHATZ, M./TEGNER, H. (2001), S. 78 f.

[519] Das Beispiel des liberalisierten Strommarktes zeigt die Beharrungskräfte von Privathaushalten, wenn die finanziellen Anreiz zum Anbieterwechsel gering und die (vermuteten) Transaktionskosten sowie die unterstellten Wechselrisiken (Stromausfall) hoch sind.

Abbildung 11: Freie Entsorgerwahl als Second-best-Lösung bei Erhalt des künstlichen Marktes für duale Systeme

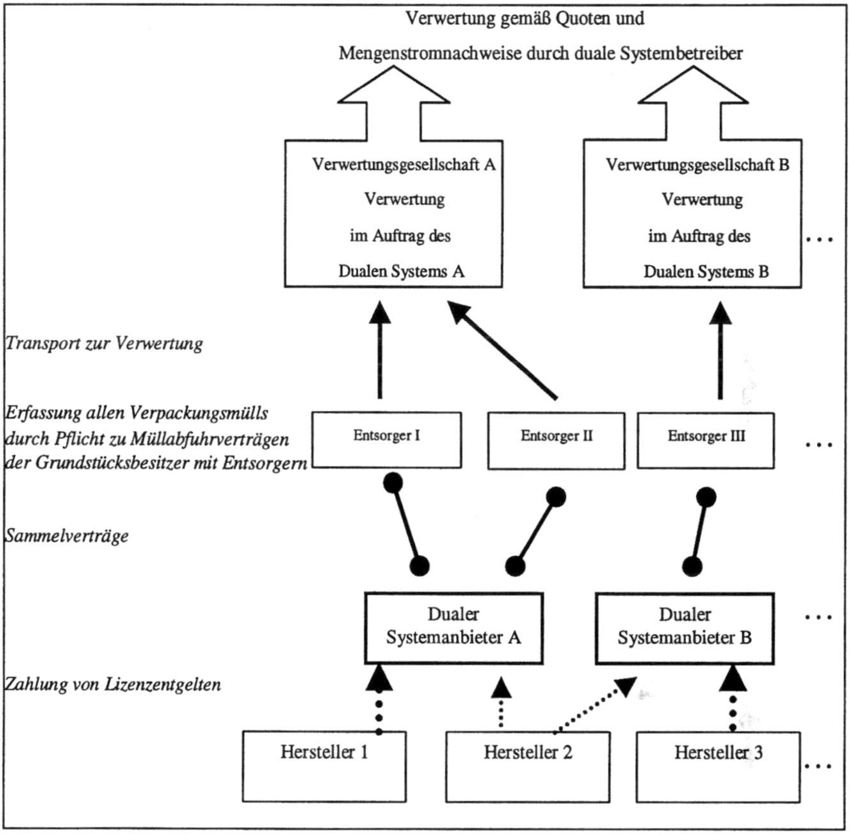

Quelle: Eigene Darstellung.

Der Entsorger könnte dem Grundstücksbesitzer den Austausch[520] der gelben DSDAG-Tonne zugunsten seines eigenen Systems anbieten. Der Grundstücksbesitzer könnte im Falle von Komplettangeboten verringerte Müllentgelte (in Höhe eines geringen zweistelligen Euro-Betrags) für den gesamten Hausmüll

520 Dem stehen bereits heute keine Andienungs- oder Überlassungspflichten nach dem KrW-/AbfG oder Bindungen an die DSDAG entgegen. Allerdings ist rechtlich zu prüfen, ob und wie bestehende Abstimmungsvereinbarungen zwischen Kommunen und DSDAG betroffen sein könnten.

verlangen, um an den gesunkenen Kosten zu partizipieren, die der neue Systemanbieter im Vergleich zur DSDAG annahmegemäß aufweist.

Relevante rechtliche oder administrative Hemmnisse sind nicht zu erkennen, sofern die Pflicht zur landesweiten Versorgung entfällt und die Kommunen nur Überwachungsaufgaben wahrnehmen, die durch Gebühren der dualen Systembetreiber finanziert werden könnten.[521] Auch ökonomische Restriktionen liegen so lange nicht vor, wie begründet davon ausgegangen wird, daß in ländlichen Gebieten die potentielle Konkurrenz für die Sammlung ausreicht und daß in Agglomerationen mit einem aktiven Wettbewerb der Entsorger um die Müllabfuhr einzelner Grundstücke zu rechnen ist.

Die gesamtwirtschaftliche Kosteneffizienz der freien Entsorgerwahl kann vor allem in größeren Städten gegeben sein, wo die Chance besteht, daß die Vorteile des Wettbewerbs eventuelle Ineffizienzen bei Bringsystemen überkompensieren. Die dynamische Effizienz ist aufgrund des Innovationsdrucks für eine kostengünstige Wertstofferfassung und für eine effiziente Verwertungstechnik positiv zu beurteilen. Die fiskalische Äquivalenz ist gewahrt, wenn Verhandlungen über eine Standplatzmiete der dualen Systembehälter auf Privatgrundstücken erfolgen[522] oder die übrigen Müllabfuhrentgelte dies berücksichtigen. Schließlich ist die Pfadoffenheit als gegeben anzusehen.

So ökonomisch überzeugend dieser erste Ansatz auch ist, so schwierig dürfte seine rechtliche Umsetzung angesichts der Ablehnung einer weitergehenden Marktöffnung durch viele Kommunen sein. Die Akzeptanz der Kommunen bleibt eine wichtige Funktionsbedingung für die freie Entsorgerwahl bei Verpackungsabfällen.

---

[521] Die duale Verpackungsentsorgung stützt sich nicht allein auf den Gelben Sack bzw. die Gelbe Tonne, sondern auch auf die gemeinsame Nutzung von Altpapier- und Altglasbehältern durch die DSDAG und den beauftragten Entsorger. Für diese Behälter gilt das kommunale Satzungsrecht, so daß im Falle von Holsystemen ein einseitiger Austausch der Behälter unzulässig ist. Insofern empfiehlt sich eine überörtliche Bestimmung, die die Abfallbesitzer aus bisherigen Verpflichtungen bezüglich dieser Wertstoffe entläßt, um keinen Abstimmungsbedarf zwischen Kommunen und neuen Systemanbietern zu begründen. In einer solchen klärenden Vorschrift sind auch die Konsequenzen der Marktöffnung für den in vielen Orten etablierten Verbund von Hol- und Bringsystemen zu regeln. Vgl. EWERS, H.-J./SCHATZ, M./TEGNER, H. (2001), S. 63 ff.

[522] Anwohner außerhalb geschlossener Siedlungsgebiete werden eine duale Entsorgung zu weniger attraktiven Konditionen erhalten als Bewohner im Siedlungskern, was aus Effizienzgründen gerechtfertigt ist.

5.6.2.2 Ausschreibungen von Gebietskonzessionen für duale Systeme

Beim zweiten Modell im Rahmen eines Second-best-Ansatzes, den Gebietskonzessionen, wird die duale Entsorgung als Infrastrukturverantwortung der entsorgungspflichtigen Körperschaften angesehen, die die Aufgabenerfüllung als zeitlich befristete Konzession ('Systemvertrag') im Wege der Ausschreibung an einen dualen Systembetreiber zu vergeben haben. Um einen solchen Wettbewerb um den lokalen Markt zu intensivieren, würden die Systemverträge in materialspezifischen Einzellosen ausgeschrieben. Größere Städte könnten einzelne Entsorgungsgebiete von etwa 50 000 bis 60 000 Einwohnern ausschreiben.

Außer dem Erfordernis, die Zulassungskriterien für duale Systembetreiber in der Verpackungsverordnung auf wichtige Vergabekriterien zu reduzieren, und dem Mehraufwand der Ausschreibungen durch die Kommunen bestehen keine rechtlichen oder administrativen Restriktionen.[523]

Die gesamtwirtschaftliche Kosteneffizienz ist vom Nachfrageverhalten der Kommunen abhängig, die sich in den Konzessionsbedingungen zwischen hochwertigen Systemen ohne finanzielle Rückerstattung[524] aus den Lizenzeinnahmen des Systembetreibers und kostengünstigen Systemen mit Rückerstattungen, die über sinkende Müllgebühren an die Bürger weitergegeben werden können, entscheiden müssen. Auch die dynamische Effizienz wird durch die Ausschreibungsbedingungen geprägt. Je offener die Ausschreibung formuliert ist, desto innovativer können die Angebote sein.[525] Die fiskalische Äquivalenz ist nur bedingt herstellbar, da Rückerstattungen nicht sicher sind und nur recht undifferenziert an die ansässigen Endverbraucher weitergeleitet werden können. Die Pfadoffenheit ist im Rahmen der periodischen Neuausschreibungen gewährleistet.

Das Modell der Gebietskonzessionen erscheint als geeignet, um Wettbewerb um den lokalen Markt für eine duale Entsorgung zu schaffen. Angesichts des erheblichen administrativen Aufwands, der parallel zum Wettbewerb der Entsorger um Verträge zur Müllabfuhr für die übrigen Abfallfraktionen nötig ist, stellt das Modell insgesamt eine Verbesserung zum Status Quo dar, erreicht aber nicht die Effizienzvorteile des ersten Modells der freien Entsorgerwahl und erst recht nicht die des im folgenden beschriebenen Lizenzmodells.

---

523 Die Gefahr der Diskriminierung privater Entsorger zugunsten kommunaler Entsorgungsunternehmen durch die Kommune wird durch Privatisierungen ausgeschlossen.

524 Eine Rückerstattung an die ausschreibende Gemeinde könnte aufgrund der Kosteneinsparungen innovativer dualer Systemanbieter im Vergleich zum heute als hoch angesehen Kostenniveau der DSDAG möglich werden.

525 Vgl. EWERS, H.-J./SCHATZ, M./TEGNER, H. (2001), S. 83 ff.

5.6.2.3 *Lizenzmodell*

Ein drittes Wettbewerbsszenario ist das *Lizenzmodell*. Hersteller und Vertreiber können sich von der individuellen Pflicht, gebrauchte Verpackungen zurückzunehmen und zu verwerten, befreien, indem sie von speziell zertifizierten Entsorgern Verwertungsnachweise (‚Lizenzen') in Höhe ihrer eigenen Verwertungspflichten erwerben. Der Preis dieser Lizenzen spiegelt auf der Angebotsseite die Knappheit der Entsorgungsanlagen in bezug auf die jeweiligen Verwertungs- und Beseitigungsverfahren wider und reflektiert zudem nachfrageseitig die Kosten der Abfallvermeidung.

Das Lizenzmodell würde offensichtlich umfangreiche rechtliche Änderungen und administrative Vorbereitungen, z. B. zur Kontrolle der Verwertungslizenzen durch eine Behörde, voraussetzen. Insbesondere ist die Behandlung von Verwertungsmengen anderer Herkunftsbereiche, z. B. aus der Industrie oder aus dem Ausland, zu klären. Ökonomische Hemmnisse, insbesondere Übergangsprobleme, könnten von Kritikern vermutet werden, wenn Preise infolge von Kapazitätsengpässen sehr hoch sind oder - wie in Deutschland zu erwarten - wegen Überkapazitäten gering sind. Indessen zeigt sich der Vorteil gerade darin, daß das Lizenzmodell die tatsächlichen einzel- und gesamtwirtschaftlichen Kostenstrukturen transparent macht. Ökonomisch bedenklich wäre hingegen der Markteintritt öffentlicher Entsorgungsunternehmen, die bisher noch über regionale Monopolstellungen verfügen. Sie könnten durch Quersubventionierung zu Lasten der Gebührenzahler ihren Zutritt auf den Markt für Verwertungslizenzen erleichtern, was eine materielle Privatisierung um so dringender erscheinen läßt.

Die statische und dynamische Effizienz des Lizenzmodells ist sehr hoch. Es stellt eine gesamtwirtschaftlich kostenminimale Erreichung der politisch definierten Verwertungsmenge sicher, wenn die Verwertungsmengen auch aus anderen Herkunftsbereichen stammen dürfen. Anderenfalls wäre ein gewisser administrativer Kontrollbedarf nötig. Die fiskalische Äquivalenz konfligiert beim Lizenzmodell mit dem Ziel der gesamtwirtschaftlichen Kosteneffizienz. Die Pfadoffenheit steht und fällt mit der Möglichkeit, auch Verwertungsnachweise aus anderen Herkunftsbereichen zu berücksichtigen.[526]

Entscheidend für die Realisierungschancen des Lizenzmodells ist die Frage, ob und wie für Verwertungsmengen anderer Herkunftsbereiche (außerhalb von Verpackungsabfällen) ebenfalls Verwertungslizenzen ausgestellt werden. Falls ja, würde die Verwertung dort stattfinden, wo sie die geringsten Kosten verursacht.

---

[526] Vgl. EWERS, H.-J./SCHATZ, M./TEGNER, H. (2001), S. 91.

Das Lizenzmodell beinhaltet die höchsten Effizienzvorteile der drei Wettbewerbsszenarien, die zu betrachten sind, falls an den dualen Systemen festgehalten werden sollte. Es schafft die Perspektive, „Verpackungen längerfristig nicht mehr als abfallpolitischen Sonderfall aufzufassen, sondern als eine von mehreren Quellen von verwertungsfähigen Materialien.“[527] Verwertungsquoten sollten materialbezogen sein und nicht nach der Herkunft der Abfälle differenzieren. Das Lizenzmodell gewährleistet, daß diejenigen Materialien vorrangig verwertet werden, die sich am kostengünstigsten erfassen und verwerten lassen.

5.6.2.4 Fazit zu den drei Second-best-Lösungen

Die Gemeinsamkeit der drei Modelle liegt darin, daß sie geeignet sind, Verwertungsquoten zu erfüllen und daß sie es insbesondere mittelständischen Entsorgungsunternehmen ermöglichen würden, duale Systeme anzubieten. Dabei wäre es ökologisch und wettbewerbspolitisch ohne weitere Bedeutung, daß die lizenzierte Verpackungsmenge eines dualen Systemanbieters nur dem Volumen nach, nicht aber dem Inhalt nach identisch wäre mit den erfaßten und verwerteten Abfällen.[528] Bei allen drei Szenarien empfiehlt es sich, den Grundstücksbesitzern einen Kontrahierungszwang und Entsorgungsnachweis mittels Entsorgungsvertrag für alle Verpackungsarten vorzuschreiben,[529] da kein „natürlicher“ Anreiz zur Mülltrennung und Kontrahierung mit einem Entsorger, der mit einem dualen Systemanbieter kooperiert, besteht.

Zusammenfassend sollte aus Gründen der statischen und dynamischen Effizienz einer Kombination des Modells der freien Entsorgerwahl mit dem Lizenzmodell der Vorzug vor dem Konzessionsmodell gegeben werden. Dadurch haben duale Systemanbieter die Option einer „Make or Buy“-Auswahl, wenn sie entscheiden, ob es für sie kostengünstiger ist, durch vertraglich gebundene Entsorger Verpackungsabfälle einsammeln zu lassen oder direkt Lizenzen als Verwertungsnachweise zu kaufen. Doch wäre das nur eine zweitbeste Lösung. Die wettbewerbspolitisch und vermutlich auch ökologisch begründbare Empfehlung ist

---

527 EWERS, H.-J./SCHATZ, M./TEGNER, H. (2001), S. 110.

528 Beispielsweise werden Verpackungen eines einzelnen Herstellers (A), der seine gesamte Verpackungsmenge nur bei einem dualen Systemanbieter (1) lizenziert hat, tatsächlich von verschiedenen dualen Systembetreibern (1, 2, ... 7) an unterschiedlichen Orten gesammelt und verwertet, unabhängig davon, ob sie mit dem Hersteller (A) in einem Vertragsverhältnis stehen. Dafür erzielt der duale Systemanbieter (1) seinen Mengenstromnachweis u. a. dadurch, daß er überschüssige Verpackungsabfälle aufkauft, die von verschiedenen Herstellern (B, C, ... Z) stammen.

529 Gegenwärtig besteht kein rechtlicher Zwang der Verbraucher, sich an einer getrennten Sammlung der Verpackungsabfälle zu beteiligen – mit Ausnahme der Pflicht zur Rückgabe gebrauchter Batterien.

- wie oben ausgeführt - die Abschaffung des künstlichen Marktes für duale Systeme und die Einführung emissionsbezogener Umweltabgaben.

6. Handlungsempfehlungen für eine Marktöffnung in Deutschland

6.1 Abbau der Marktzutrittsschranken, Privatisierung, Erhebung von Umweltabgaben gemäß Schädigungspotential

Als die drei wesentlichen Maßnahmen zur wettbewerblichen Öffnung des Abfallmarktes in Deutschland werden in diesem Kapitel (1) der Abbau von Marktzutrittsschranken, (2) die Privatisierung und (3) der Verzicht auf Verwertungsquoten beim Verpackungsmüll zugunsten von Umweltabgaben abschließend zusammengefaßt und mögliche Auswirkungen untersucht.

Als erster Schritt der Marktöffnung sollte die Deregulierung in Form eines Abbaus institutioneller Marktzutrittsschranken erfolgen. Dazu sind verbindliche zeitliche Fristen empfehlenswert. Zu Beginn könnten die Sammlung und Entsorgung des hausmüllähnlichen Gewerbeabfalls sowie allen Produktionsabfalls für den Wettbewerb geöffnet werden. Gleichzeitig oder etwas später ließe sich die Hausmüllsammlung und –entsorgung von sämtlichen kommunalen Andienungs- und Überlassungspflichten befreien.[530] Eine räumliche Differenzierung - z. B. durch eine frühere Marktöffnung in dicht besiedelten Gebieten im Vergleich zu ländlichen Regionen[531] - ist aufgrund der ausreichenden wettbewerblichen Bestreitbarkeit der Abfallmärkte nicht empfehlenswert. Die bestehenden Andienungs-/Überlassungspflichten für besonders überwachungsbedürftige Abfälle wären aufzuheben.

Gleichzeitig ist eine EU-rechtskonforme Umsetzung des KrW-/AbfG geboten. Bund, Länder und Kommunen dürfen das übergeordnete EU-Recht nicht durch Zusatzregelungen einengen, beispielsweise durch eine Re-Kommunalisierung der Zuständigkeit für gewerbliche Abfälle. Die Verwertungsanforderungen auf EU-Ebene sollten als ausschlaggebend anerkannt werden. Es wäre besser, die nationalen Abgrenzungskriterien, die praktisch nicht justiziabel sind, zu streichen.[532]

Den zweiten Marktöffnungsschritt bildet die materielle Privatisierung kommunaler Unternehmen. Auch hierzu sind verbindliche zeitliche Fristen von Vorteil.

---

530 Der DIHK fordert die Marktöffnung für hausmüllähnliche Gewerbeabfälle bis zum Jahre 2005 und die Marktöffnung der Hausmüllentsorgung spätestens ab dem Jahr 2005. Vgl. DIHK (2001), S. 3.

531 Vgl. BUSCH, B./VOSS, G. (2000), S. 33.

532 Vgl. DIHK (2001), S. 3.

Zwar werden die kommunalen Entsorgungsträger für ihre Investitionen Vertrauensschutz reklamieren,[533] aber letztlich ist wegen der gesamtwirtschaftlichen Bedeutung dem Wettbewerb auf Dauer der Vorrang zu verschaffen. Eine bundeseinheitliche Vorgabe zur Privatisierung kommunaler Entsorger würde allerdings eine Grundgesetzänderung, die die verfassungsrechtlich abgesicherte kommunale Selbstverwaltung[534] einschränkt, voraussetzen. Hierfür würde sich nur schwer die nötige politische Mehrheit finden. Deshalb bleibt der sachlich gebotene Appell an die ordnungspolitische Einsicht der Entscheidungsträger, die Privatisierung voranzutreiben. In der Übergangszeit nach der Marktöffnung und bis zur völligen materiellen Privatisierung lassen sich bereits Anreize für ein wettbewerbliches Marktverhalten der Konkurrenten setzen und frühzeitig wettbewerbliche Rahmenbedingungen schaffen. So wären kommunale Entsorgungsdienstleistungen von den Kommunen auszuschreiben und dürften nicht länger automatisch an die eigenen kommunalen Betriebe vergeben werden. Hinzu kommt der Abbau aller steuerlichen Privilegien für kommunale Entsorger. Führt die Befreiung kommunaler Hoheitsbetriebe von der Mehrwertsteuer und der Körperschaftsteuer zu Vorteilen gegenüber Privaten, die gleiche oder ähnliche Tätigkeiten erbringen, so ist die Tätigkeit der öffentlichen Unternehmen zu besteuern.

Darüber hinaus müssen besondere finanzielle Nachteile, die öffentliche Unternehmen aufgrund bisheriger Gemeinwohlverpflichtungen belasten, abgebaut werden. So ist die Stillegung und Sanierung nicht mehr benötigter kommunaler Entsorgungsanlagen eine kommunale Gemeinschaftsaufgabe, die nach dem Verursacherprinzip aus dem allgemeinen Haushalt der Gebietskörperschaft zu finanzieren ist.[535] Solche Belastungsarten können nicht als Argument gegen Privatisierungen angeführt werden.[536]

Als dritter Schritt der Marktöffnung ist aus wettbewerbspolitischer Sicht die Abschaffung der Bestimmungen in der Verpackungsverordnung, die den Markt für die duale Entsorgung von Verpackungsabfällen schufen, geboten. Der Ver-

---

533 Vgl. BUSCH, B./VOSS, G. (2000), S. 35.

534 Artikel 28, Abs. 2 GG bestimmt: "Den Gemeinden muß das Recht gewährleistet sein, alle Angelegenheiten der örtlichen Gemeinschaft im Rahmen der Gesetze in eigener Verantwortung zu regeln."

535 Dadurch würden die Kommunen begünstigt, die in der Vergangenheit mit TASi-gerechten Deponien notwendige Entsorgungskapazitäten geschaffen haben. "Vormals 'kommunales Nichtstun' darf nicht belohnt werden." DIHK (2001), S. 6.

536 Der Berichterstatter der Arbeitsgruppe Umwelt, Naturschutz, Reaktorsicherheit der SPD-Bundestagsfraktion, Rainer Brinkmann, MdB, fordert: "Wer die Abfallwirtschaft privatisieren will, muß dann auch die Kommunen für ihre geleisteten Investitionen in Milliardenhöhe entschädigen und gleichzeitig die Kosten für die Nachsorgepflichten der Deponien übernehmen." SPD-BUNDESTAGSFRAKTION (2001).

zicht auf willkürlich gesetzte Verwertungsquoten zugunsten von emissionsabhängigen Umweltabgaben könnte die ökologische Effektivität und die ökonomische Effizienz deutlich erhöhen. Gebrauchte Verkaufsverpackungen sollten im Rahmen der allgemeinen Hausmüllabfuhr entsorgt werden. Damit würde das Marktvolumen bei der Hausmüllsammlung steigen und bei gegebener mindestoptimaler Betriebsgröße eine verbesserte Bestreitbarkeit der Hausmüllsammlung im ländlichen Raum erreicht.

Als zweitbeste Lösung könnte die Verpackungsverordnung unter Wahrung der Quoten so novelliert werden, daß die Pflicht zur flächendeckenden Bedienung durch ein System und die Pflicht zur Abstimmung mit den Kommunen entfallen und so eine freie Entsorgerwahl der Abfallbesitzer ermöglicht wird. Darüber hinaus sollte es einem neuen Systemanbieter – wie der DSDAG in der Startphase – in einem Übergangszeitraum von wenigen Jahren erlaubt sein, die vorgegebenen Verwertungsquoten zu unterschreiten, ohne daß er sogleich die Zulassung verliert.[537] So würde innerhalb des bestehenden § 6, Abs. 3 VerpackV der Wettbewerb um die Verpackungsmüllabfuhr einzelner Grundstücke angestoßen. In Verbindung mit der Privatisierung öffentlicher Unternehmen und mit der Abschaffung kommunaler Andienungs- und Überlassungspflichten des übrigen Hausmülls könnten die privaten Entsorger den Grundstücksbesitzern Komplettangebote für die Entsorgung aller Abfallfraktionen unterbreiten.

Um unter Wahrung der Verwertungsquoten die Effizienz der dualen Entsorgung weiter zu erhöhen, bietet sich die Einführung des Lizenzsystems zum Handel mit Verwertungsnachweisen an. Als Alternative zu der Beteiligung an einem dualen System könnten sich Hersteller und Vertreiber von einem Teil oder der gesamten individuellen Rücknahmepflicht befreien, indem sie von zertifizierten Entsorgungsunternehmen unmittelbar Nachweise über die Verwertung von Verpackungsmaterialien kaufen. Als Anbieter solcher Nachweise könnten u. a. Anbieter von Selbstentsorgerlösungen auftreten. Um den beteiligten Akteuren den Einstieg in das neue Lizenzsystem zu erleichtern, könnte der Anteil der - über gekaufte Lizenzen erbrachten - Verwertungsnachweise zunächst auf etwa zehn Prozent des gesamten Verpackungsabfalls beschränkt werden, um binnen fünf Jahren bis auf hundert Prozent erhöht zu werden. Schließlich erfordert ein Lizenzhandel eine exakte Definition der Verwertungsabfälle, die als Nachweise anerkannt werden. Das Material und die Stoffeigenschaften, nicht der Entstehungsort des Abfalls, sollten als Abgrenzungskriterium für die Zulassung zum Lizenzhandel herangezogen werden. Zur Steuerung des Lizenzhandels ist die Einrichtung einer Kontrollbehörde empfehlenswert.

---

537 Vgl. EWERS, H.-J./SCHATZ, M./TEGNER, H. (2001), S. 109.

6.2 *Erwartete Auswirkungen*

Die Öffnung des Abfallmarktes für den Wettbewerb stellt Effizienz- und Qualitätssteigerungen in Aussicht. Es sind erstens niedrigere Entsorgungspreise zu erwarten, und die gestiegenen Qualitäts- und Leistungsansprüche der Bürger dürften besser erfüllt werden. Zweitens wird im einzelnen eine differenzierte Kundenorientierung begünstigt. Die unmittelbaren Verträge zwischen Entsorgungsunternehmen und Grundstücksbesitzern erlauben flexible und kundenorientierte Vereinbarungen. Zumindest werden die Entsorgungskosten für den Bürger transparenter. Außerdem bietet die Individualisierung der Vertragsbeziehungen neue Chancen für den Mittelstand. Die Abhängigkeiten von Nachfrage- bzw. Vergabemonopolen (mit EU-weiter Ausschreibung) enden,[538] und kleinere Entsorger können spezifische regionale Angebote unterbreiten.

Drittens entlastet die Marktöffnung die Kommunen. Trotz eingeleiteter Sparmaßnahmen konnten die Kommunen den drastischen Anstieg der Entsorgungskosten nicht verhindern. Die Marktöffnung im Abfallmarkt trägt dazu bei, kostentreibende Strukturen für Bürger und Unternehmen aufzulösen und eine "Umweltpolitik nach Kassenlage"[539] zu vermeiden. Der gegenwärtig in kommunale und private Aktivitäten mehrfach gespaltene Entsorgungsmarkt wird durch die Marktöffnung harmonisiert, wodurch die Kommunen ihren Kontrollaufwand verringern können.

Schließlich ist zu erwarten, daß die Marktöffnung im ländlichen Raum teils natürliche Kollektivmonopole mit nur ein oder zwei Anbietern hervorbringt, die sich untereinander spontan-solidarisch beim Aktionsparametereinsatz verhalten. Dann kommt es einerseits auf die disziplinierende Wirkung des potentiellen Wettbewerbs an (Bestreitbarkeit der Märkte). Andererseits hätte letztlich die Kartellaufsicht die Aufgabe, wettbewerbsbeschränkendes Verhalten gegenüber möglichen Konkurrenten zu verhindern. Da allerdings mit zahlreichen Firmenneugründungen innovativer Unternehmer zu rechnen ist, steht zu erwarten, daß die etablierten Entsorger stets unter Wettbewerbsdruck stehen werden. Vor allem dieses dynamische Element einer Marktöffnung – nämlich der „Wettbewerb als Entdeckungsverfahren“[540]- verdient für die leistungsfähige Selbststeuerung in einer marktwirtschaftlichen Ordnung besondere Beachtung.

---

538 Vgl. BDE (2001a), S. 21.

539 DIHK (2001), S. 7.

540 HAYEK, F. A. VON (1969).

V. Öffentlicher Personennahverkehr

1. Ökonomische Grundlagen des ÖPNV

1.1 Definitionen

Der öffentliche Personennahverkehr (ÖPNV) wird im allgemeinen durch die Legaldefinition in § 2 Regionalisierungsgesetz bestimmt als „die allgemein zugängliche Beförderung von Personen mit Verkehrsmitteln im Linienverkehr, die überwiegend dazu bestimmt sind, die Verkehrsnachfrage im Stadt-, Vorort- oder Regionalverkehr zu befriedigen. Das ist im Zweifel der Fall, wenn in der Mehrzahl der Beförderungsfälle eines Verkehrsmittels die gesamte Reiseweite 50 Kilometer oder die gesamte Reisezeit eine Stunde nicht übersteigt.“[541]

Die Legaldefinition des ÖPNV unterscheidet sich insofern vom allgemein üblichen Sprachgebrauch[542], als sie nicht nur den Personennahverkehr auf der Straße sowie die Straßenbahnen und U-Bahnen, sondern zusätzlich den gesamten Schienenpersonennahverkehr - insbesondere die regionalen Eisenbahnverkehre - und auch alle anderen Verkehrsmittel des Nahverkehrs, wie etwa Fähren, Bergbahnen und weitere Sonderverkehrsmittel, umfaßt.[543] Dieser neue, erweiterte Oberbegriff trägt dem Gedanken Rechnung, daß alle öffentlichen Nahverkehrsmittel unabhängig von den jeweiligen Verkehrsträgern zu integrieren und aufeinander abzustimmen sind, um ein an die Mobilitätsbedürfnisse der Nutzer angepaßtes Bedienungsangebot zu erbringen.

Die oben zitierte offizielle Abgrenzung beschränkt sich auf die Beförderung, also die Verkehrsleistung, und bezieht die Verkehrswegeinfrastruktur – z. B. das Straßen- und Schienennetz – nicht mit ein.[544] Allerdings muß aus ökonomischer Perspektive stets auch die für den ÖPNV notwendige Infrastruktur betrachtet werden. ÖPNV wird daher in dieser Studie definiert als der gesamte allgemein

---

541 § 2 Gesetz zur Regionalisierung des öffentlichen Personennahverkehrs (Regionalisierungsgesetz) vom 27.12.1993, BGBl. I 2395. Neben dem Linienverkehr kommt der Gelegenheitsverkehr hinzu.

542 Dieser meint mit dem Begriff öffentlicher Personennahverkehr die Personenbeförderung mit Bussen, U- und Straßenbahnen im Orts- und Nachbarortsbereich, vgl. FROMM, G. (1994), S. 425 f.

543 Vgl. Bundesratsdrucksache 131/1/93 vom 26.04.1993, S. 71.

544 Vgl. § 2 Abs. 1 und 2 Allgemeines Eisenbahngesetz (AEG) vom 27.12.1993, BGBl. I S. 2396, zuletzt geändert durch Sechstes Gesetz zur Änderung des Gesetzes gegen Wettbewerbsbeschränkungen vom 26.08.1998, BGBl. I, S. 2521, 2546.

zugängliche Linienverkehr[545] von Personen in einem Nahbereich inklusive der erforderlichen Infrastruktur.

Zwei Arten von ÖPNV sind von besonderer Bedeutung: Zum einen gilt das Interesse dem Schienenpersonennahverkehr (SPNV), der Verkehre mit Eisenbahnzügen umfaßt und im Allgemeinen Eisenbahngesetz (AEG) näher geregelt wird.[546] Mit Ausnahme einiger spezieller Verkehrsarten wie etwa Fähren wird der übrige ÖPNV als öffentlicher Straßenpersonennahverkehr (ÖSPV) bezeichnet. Der Begriff umfaßt die Personenbeförderung in Kraftfahrzeugen (vor allem Omnibusse), Straßenbahnen und Oberleitungsbussen im Liniennahverkehr auf der Straße, wofür sich die maßgeblichen Vorschriften im Personenbeförderungsgesetz (PBefG) finden.[547]

Beim ÖPNV können verschiedene Nahverkehre auf der Basis räumlicher Merkmale unterschieden werden. Die gesetzlichen Bestimmungen differenzieren innerhalb des Nahverkehrs zwischen Stadt-, Vorort- sowie Regionalverkehr[548] und ermöglichen somit eine Abgrenzung des Nahverkehrs vom Fernverkehr. Gemäß der Legaldefinition ist für die Unterscheidung des Regionalverkehrs vom Fernverkehr, die für die Zuordnung der politischen Zuständigkeit der Planung, Organisation und Finanzierung wichtig ist, die Zweckbestimmung der zu befriedigenden Verkehrsnachfrage entscheidend. Offen bleibt im Gesetz aber, wie die Zweckbestimmung von Verkehren vorzunehmen ist.[549] Im Zweifelsfall sind die Reiseweite (unter 50 Kilometer) und die gesamte Reisezeit (weniger als eine Stunde) die Kriterien, um den ÖPNV vom Fernverkehr zu unterscheiden.[550]

---

545 Merkmale des Begriffs Linienverkehr sind (1) regelmäßiger Verkehr auf einer bestimmten Strecke sowie (2) Angebot der Beförderung an einen unbestimmten Personenkreis, vgl. § 42 PBefG.

546 Hierbei geht es um die „allgemein zugängliche Beförderung von Personen in Zügen" im Nahverkehr. Vgl. § 2 Abs. 5 AEG.

547 Vgl. Personenbeförderungsgesetz (PBefG) i. d. F. der Bekanntmachung vom 08.08.1990, BGBl. I S. 1690, zuletzt geändert durch Gesetz vom 26.08.1998, BGBl. I S. 2521, 2546. Mit eingeschlossen sind auch die Verkehre mit Taxen und Mietwagen, wenn sie die oben genannten Verkehrsarten ersetzen, ergänzen oder verdichten. Vgl. § 8 Abs. 2 PBefG. Zu den Straßenbahnen gehören nach § 4 Abs. 2 PBefG auch die U-Bahnen, Hoch- und Schwebebahnen.

548 Vgl. § 2 S. 1 RegG, § 8 Abs. 1 S. 1 PBefG und § 2 Abs. 5 S. 1 AEG. Stadtverkehr bezeichnet den Verkehr innerhalb der Gemeindegebietsgrenzen, während der Vorortverkehr sämtliche Verkehre einschließt, die eine Stadt mit den umliegenden Gemeinden und diese untereinander verbindet. Regionalverkehre verbinden darüber hinaus Orte einer Region.

549 Vgl. BARTH, S. (2000), S. 31 f.

550 Vgl. § 2 S. 2 RegG. Institutionell werden für die verschiedenen Verkehrsträger unterschiedliche öffentliche Stellen mit der Zuordnungskompetenz in Streitfällen betraut.

1.2 Besonderheiten des ÖPNV

Aus ökonomischer Sicht weist der ÖPNV-Markt marktstrukturelle Besonderheiten auf,[551] die in diesem Kapitel analysiert werden. Daraus ergeben sich einige der gesellschaftlichen Zielsetzungen für den ÖPNV-Markt, die im folgenden Kapitel beleuchtet werden.

Beim ÖPNV handelt es sich - wie erläutert - um die Personenbeförderung im Nahbereich. Neben dem Preis und den zeitlichen Aspekten der Beförderung kommt der Pünktlichkeit, der Zuverlässigkeit und dem Beförderungskomfort eine hohe Bedeutung zu. Aus Sicht der Nachfrager ist die Gesamtreisezeit von „Haustür-zu-Haustür" und nicht die reine Fahrzeit in einem Verkehrsmittel entscheidend. Das bringt es mit sich, daß die Vermeidung langer Wartezeiten beim Umsteigen eine entscheidende Rolle für die Attraktivität des ÖPNV spielt. Entsprechend bedeutsam sind das Netzmanagement und die Fahrplankoordinierung.

Der ÖPNV ist ein Netzbereich, bei dem der Nutzen der Nachfrager im Zuge einer geographischen Angebotsausweitung überproportional zunimmt, sofern die einzelnen Beförderungsangebote aufeinander abgestimmt sind. Mit zunehmendem Umfang eines ÖPNV-Angebots steigt der Wertschöpfungsanteil, den die Koordinierungsleistung von Strecken und Fahrplänen in Relation zur Wertschöpfung durch Beförderungsleistungen darstellt. Ob und inwieweit eine wettbewerbliche Marktordnung möglich erscheint, um insbesondere diese Koordinierungsleistung effizient zu erbringen, ist wesentlicher Bestandteil der Analyse der folgenden Kapitel.

Einer besonderen Berücksichtigung bedarf weiter der Umstand, daß in Teilen des ÖPNV eine spezifische Infrastruktur - Schienenwege, Sicherungs- und Steuerungsanlagen, (Bus-)Bahnhöfe - vorhanden sein muß, um überhaupt Verkehrsleistungen erbringen zu können. Die Existenz dieser für ihre Nutzer wesentlichen Einrichtungen kann eine besondere wettbewerbspolitische Rahmensetzung nötig machen.

Die Nachfrage nach ÖPNV-Leistungen ist relativ heterogen. Ihr Umfang und ihre Struktur werden ganz wesentlich von sozio-demographischen Strukturgrößen beeinflußt. Nachfragesteigernde Wirkungen werden im allgemeinen durch eine Erhöhung der Wohnbevölkerung, der Anzahl Erwerbstätiger oder der Schüler, Auszubildenden und Studenten hervorgerufen. Mit zunehmender

---

551 Keine marktstrukturelle Besonderheiten des ÖPNV-Markts sind die im Tagesverlauf schwankende Nachfragehöhe („rush hours"), die Unmöglichkeit, ÖPNV-Leistungen zu speichern', oder die Unterschiede im Angebot zwischen Agglomerationen und ländlichen Gebieten. Ähnliche Merkmale finden sich auch in anderen Dienstleistungsbereichen, ohne daß es deswegen zu Schwierigkeiten oder gar zu einem Wettbewerbsversagen käme.

Arbeitslosigkeit (und deshalb geringerer Nachfrage im Berufsverkehr) und wachsendem Motorisierungsgrad der Bevölkerung (gemessen am Pkw-Bestand je 1000 Einwohner) gehen dem ÖPNV tendenziell Fahrgäste verloren.

Im ÖPNV lassen sich vier Nutzergruppen identifizieren. Sie können danach unterschieden werden, ob ihnen eine Substitution zwischen ÖPNV und motorisiertem Individualverkehr (MIV) möglich ist (siehe Tabelle 5). Im Fall der Substituierbarkeit ist hinsichtlich der Verkehrsverhältnisse zu differenzieren, ob etwa Staus im relevanten Ausmaß oder Parkplatzrestriktionen im MIV die Entscheidung zwischen MIV und ÖPNV einschränken. Im Fall fehlender Substituierbarkeit lassen sich unterschiedliche Gründe dafür anführen und entsprechende Nachfragergruppen differenzieren.

Zunächst ist der Fall zu betrachten, in dem eine vollständige Substitution zwischen MIV und ÖPNV möglich ist. Dabei läßt sich eine erste Gruppe von Nachfragern nach ÖPNV-Leistungen identifizieren, die den MIV prinzipiell nutzen können, aber dennoch ganz oder teilweise ÖPNV-Leistungen nachfragen. Diese ÖPNV-Nachfrage ist mit einem besseren Preis-Leistungs-Verhältnis des ÖPNV im Vergleich zum MIV zu erklären, beispielsweise aufgrund von Präferenzstrukturen („gerne Bahn fahren"), wegen der Möglichkeit zum Lesen während der ÖPNV-Nutzung oder aufgrund von Preisunterschieden, weil sich etwa der Erwerb eines Pkw für einen gegebenen Beförderungsbedarf nicht lohnt.

Davon zu unterscheiden ist eine zweite ÖPNV-Nachfragergruppe, die dadurch charakterisiert ist, daß der MIV verkehrstechnisch keine relevante Alternative zum ÖPNV bietet. Für diese Nutzer sind die Fahrtziele mit dem MIV nicht oder nur in unzureichender Weise erreichbar, etwa aufgrund mangelnden Parkraums oder wegen Staus.[552] Der ÖPNV ist in der Regel frei von solchen Kapazitätsengpässen[553], da der SPNV unabhängig vom Straßenverkehr und möglichen Staus erbracht wird und da für den ÖSPV politisch beabsichtigte Bevorrechtigungen gegenüber dem MIV existieren, beispielsweise in den Innenstädten durch Busspuren oder bevorrechtigte Ampelschaltungen für Straßenbahnen.[554]

Der MIV und der nicht-motorisierte Individualverkehr stellen für die beiden bislang benannten Gruppen ökonomische Substitute zum ÖPNV dar, jedoch existiert in der Realität eine intermodale Konkurrenz zwischen ÖPNV und MIV nur unter der Voraussetzung, daß es keine relevanten Staus im MIV gibt.

---

552 Eine veränderte kommunale Verkehrspolitik (Staureduktion im MIV) könnte die Größe der zweiten ÖPNV-Nachfragergruppe verringern.

553 Allerdings kommt es im Berufsverkehr zu Einbußen in der Beförderungsqualität des ÖPNV durch Überfüllung.

554 Jedoch stellen einige Innenstadtbereiche von Großstädten - z. B. wegen unterlassener Infrastrukturerhaltung - Ausnahmen mit Staus auch im ÖPNV dar.

Tabelle 5: Nachfragergruppen im ÖPNV

Bestimmungs-faktoren der ÖPNV-Nachfrage		**Substituierbarkeit zwischen MIV und ÖPNV**		
		Ja	**Nein*)**	
			Budgetrestriktion	**Nicht-finanzielle Gründe**
Kapazitäts-restriktion im MIV)**	**Gering**	Nr. 1 ÖPNV bietet aus Sicht der Nutzer besseres Preis-Leistungs-Verhältnis als MIV. Intermodale Konkurrenz vorhanden.	Nr. 3 ÖPNV ist einzige Alternative, weil MIV nicht finanzierbar ist, z. B. für Sozialhilfe-empfänger.	Nr. 4 Mangels Führerschein bzw. wegen verminderter körperlicher Leistungsfähigkeit ist ÖPNV einzige Alternative, z. B. für Schüler bzw. Senioren.
	Hoch	Nr. 2 ÖPNV ist z.B. wegen Staus im MIV bevorzugte Alternative. Keine intermodale Konkurrenz existent.		

*) Die Nachfragergruppen 3 und 4 weisen eine Schnittmenge auf, z. B. besitzen Personen u. a. deshalb keinen Führerschein, weil sie den MIV nicht finanzieren können.

**) Graduelle Abgrenzung.

Quelle: Eigene Darstellung.

Davon lassen sich zwei weitere Nachfragergruppen unterscheiden. Der ÖPNV bietet all denjenigen Nachfragern Mobilität, die den MIV nicht nutzen können. Bei der einen (dritten) Nachfragergruppe liegen die Gründe dafür in ihrer nicht ausreichenden Zahlungskraft für den MIV, beispielsweise im Fall von Sozialhilfeempfängern. Eine Substitution zwischen ÖPNV und MIV ist aus finanziellen Gründen ausgeschlossen. Die andere (vierte) Gruppe von Nachfragern ist aus persönlichen, nicht-finanziellen Gründen auf den ÖPNV angewiesen, beispielsweise weil ihnen der Besitz eines Führerscheins nicht möglich oder nicht gestattet ist. Hierzu zählen Schüler und zahlreiche alte und behinderte Menschen. Hinzu kommen Personen, die aus ökologischen Gründen die Benutzung eines Autors ablehnen.

Die Gruppen Nr. 3 und Nr. 4 der Nachfrager unterscheiden sich - wie auch die zweite Nachfragergruppe - von der ersten ÖPNV-Nachfragergruppe dadurch, daß sie - sofern sie mobil sein wollen - den ÖPNV nutzen müssen, während die erste Gruppe den ÖPNV nutzen möchte. Im allgemeinen wird unterstellt, daß es einem großen Teil der dritten und vierten Nachfragergruppe nicht möglich ist oder – aus politischen Gründen - nicht zuzumuten wäre, kostendeckende Entgelte für die ÖPNV-Nutzung zu zahlen.

Staat und Kommunen haben sich aus meritorischen Gründen für eine Subventionierung der ÖPNV-Nutzung entschieden, wobei die Wirkungen nicht nur die dritte und vierte Gruppe besserstellen, sondern den gesamten ÖPNV fördern. Es besteht ein komplexes Geflecht aus Steuervergünstigungen, Investitionshilfen und Zuschüssen aus öffentlichen Haushalten. „Nicht nur die ermäßigten Tarife für bestimmte Nutzergruppen, sondern generell die Beförderungsentgelte im ÖPNV sind so gesehen politische Preise.“[555]

1.3 Ziele im ÖPNV-Markt

Im ÖPNV-Markt verfolgen die verkehrspolitischen Akteure verschiedene Zielsetzungen. In erster Linie geht es im ÖPNV um verkehrspolitische Ziele[556], in zweiter Linie zusätzlich um Ziele der Umwelt-, Sozial- und regionalen Entwicklungspolitik. Auf allen vier föderalen Ebenen (EU, Bund, Länder, Kommunen) werden vor diesem Hintergrund zwei konkrete Ziele für den Nahverkehrsmarkt gesetzt.

1. Effizienz:
   Der Einsatz knapper Ressourcen soll auch im ÖPNV wirtschaftlich erfolgen. Das erste Ziel im ÖPNV-Markt ist daher die Effizienz, die sowohl die statische Effizienz als auch die dynamische Effizienz beinhaltet. Erstere meint vor allem Kosteneffizienz, letztere bezeichnet einen hohen Grad an Anpassungsflexibilität und Innovationsfähigkeit.

   Im Rahmen der Erreichung statischer Effizienz müssen gleichermaßen die internen und externen Kosten berücksichtigt werden. Bei den internen Kosten geht es um die Kosten der Verkehrsunternehmen und um die Transaktionskosten der Fahrgäste. Dabei gewinnen qualitative Standards - etwa Fahrkomfort, Zuverlässigkeit, Integration von Verkehrsträgern, Verkehrssicherheit und Fahrgastinformation - zunehmend einen höheren Stellenwert für die Attraktivität des ÖPNV im Vergleich zu Kostenaspekten.

---

[555] BARTH, S. (2000), S. 38.

[556] Die gemeinsame Verkehrspolitik auf EU-Ebene hat ebenso wie die nationale Verkehrspolitik als Ziel, ein „verbessertes Angebot an Verkehrsleistungen im ÖPNV“ zu ermöglichen. Vgl. EU-KOMMISSION (1996).

Zu den externen Kosten werden vor allem Umweltbeeinträchtigungen infolge der Verkehrsnutzung gezählt. Aufgrund des starken Wachstums des motorisierten Individualverkehrs (MIV) und der dadurch verursachten Schadstoffemissionen sowie der Flächenverbräuche für Verkehrswege und für den ruhenden Verkehr ist die Minderung von Umweltbelastungen zu einer eigenständigen Aufgabe der Verkehrspolitik im Rahmen der Erreichung des Effizienzziels geworden. Im MIV wird die Lösung der Probleme des städtischen Pendlerverkehrs wegen seiner räumlichen und zeitlichen Konzentration und der damit verbundenen größeren Spürbarkeit von vielen verkehrspolitischen Akteuren als vordringlich angesehen. Der ÖPNV wird in der Verkehrspolitik vieler Länder und Kommunen begünstigt, da er im Durchschnitt erheblich geringere Umweltschädigungen als der MIV verursacht.[557] Weit verbreitet ist die Forderung, der ÖPNV solle als möglichst vollwertige Alternative zum MIV zur Verfügung stehen.[558] Jedoch muß die Verkehrspolitik, sofern sie ein effizientes ÖPNV-Abgebot gewährleisten will, gleichzeitig und vollständig die externen und die internen Kosten des ÖPNV berücksichtigen.[559]

2. Sozialverträglichkeit:
   Für den Angebotsumfang auf einem Markt ist die Zahlungsfähigkeit der Nachfrage entscheidend. Dies sollte auch im ÖPNV gelten: „Im Sinne der Konsumentensouveränität sollte das Angebot durch die (potentiellen) Nachfrager gesteuert werden."[560] Allerdings verfügen manche Nachfrager weder im ÖPNV noch im MIV über eine ausreichende Zahlungsfähigkeit, so daß sie ohne staatliche Korrektur des Marktergebnisses wahrscheinlich ihren Mobilitätsbedarf nicht befriedigen könnten. Die Gewährleistung von Mobilität für alle Bürger wird als Teil der öffentlichen Daseinsvorsorge angesehen.[561] Daher kommt dem ÖPNV eine soziale Bedeutung zu, da nur öffentliche Verkehrsformen die Mobilität bestimmter Bevölkerungskreise sichern können. Die ÖPNV-Gesetze der Bundesländer legen im wesentlichen übereinstimmend als ein Ziel die Sicherstellung einer ausreichenden Bedienung mit öffentlichen Personennahverkehrsleistungen fest. Besondere Berücksichti-

---

557 Für eine Quantifizierung externer Effekte existieren bislang keine gesicherten Kriterien, so daß bestenfalls grobe Abschätzungen möglich erscheinen. So werden die negativen externen Grenzkosten durch Luftschadstoffe, Lärm und Unfälle beim Pkw mit 6,8 Pfennig je Personenkilometer und beim ÖPNV mit 1,4 Pf/pkm angegeben. Vgl. STORCHMANN, K.-H. (1999), Tab. 16.

558 Vgl. SCHEELE, U./STERZEL, D. (2000), S. 45. So auch beispielsweise im Bayerischen ÖPNV-Gesetz, vgl. Gesetz über den öffentlichen Personennahverkehr in Bayern vom 24.12.1993, mit Änderung vom 23.12.1995, Neubekanntmachung vom 31.07.1996, GVBl. 1996, S. 336.

559 Eine andere Benennung und Reihenfolge verkehrspolitischer Ziele findet sich bei SCHEELE/STERZEL: Umweltschutz, Sozialverträglichkeit, Mobilitätsoptimierung. Vgl. ebenda, S. 6.

560 MEYER, D. (2001), S. 25.

561 Vgl. BUNDESMINISTERIUM FÜR VERKEHR, BAU UND WOHNUNGSWESEN (1999), S. 1.

gung sollen die „Belange von Personen mit Mobilitätsbeeinträchtigungen“[562] finden, d. h. von Kindern, Schülern, Auszubildenden, behinderten und alten Menschen sowie unter bestimmten Bedingungen, z.B. nachts, von Frauen. Zudem soll das Angebot für einkommensschwache Nutzergruppen erschwinglich sein. Darüber hinaus wird angestrebt, durch den ÖPNV dazu beizutragen, dem Ziel einheitlicher Lebensverhältnisse in verschiedenen Regionen näherzukommen, was bei der Landesplanung und der Raumordnung zu beachten ist.[563]

1.4 Entwicklung des ÖPNV und Reformdiskussion

Die Entwicklung des ÖPNV ist geprägt von einer intensiven staatlichen und kommunalen Regulierung. Nur in den ersten Jahrzehnten nach seiner Entstehung gegen Ende des 19. Jahrhunderts war der ÖPNV-Markt weitgehend offen für neue Unternehmen. Damals umfaßte der ÖPNV im ländlichen Raum hauptsächlich die Eisenbahn und in den Städten die Straßenbahnen. Nach dem Ersten Weltkrieg kam der städtische Omnibusverkehr hinzu, der anfangs von der Reichspost und privaten Unternehmen, später vermehrt auch von den Kommunen selbst betrieben wurde.

Als die technische Entwicklung von Verbrennungsmotoren Überlandverkehre mit Kraftfahrzeugen ermöglichte und eine stärkere Koordination des überörtlichen Verkehrsangebots der verschiedenen Verkehrsträger als notwendig erachtet wurde, wurde eine Marktzutrittsregulierung für den überörtlichen ÖSPV-Linienverkehr in der Zuständigkeit der Landesbehörden eingeführt. Gemäß dem Kraftfahrtliniengesetz von 1925 waren neue überörtliche Buslinien genehmigungspflichtig. Eine Genehmigung durfte nur dann erteilt werden, wenn der Marktneuling nicht den „bereits vorhandenen Verkehrsunternehmen einen unbilligen Wettbewerb bereitet.“[564] Die Genehmigungsvorbehalte und Befugnisse der Landesbehörden wurden im Personenbeförderungsgesetz (PBefG) von 1934 vom Überlandbusverkehr auf die Linienverkehre aller Verkehrsmittel auf der Straße innerhalb und außerhalb der Gemeinde sowie auf die Gelegenheitsverkehre ausgedehnt. Bei der Genehmigung war zu prüfen, ob ein „öffentliches Interesse“ im Sinne eines „volkswirtschaftlichen Bedürfnisses“ für die Verkehrsleistung be-

---

[562] § 3 Gemeindeverkehrsfinanzierungsgesetz (GVFG) i. d. F. der Bekanntmachung vom 28.01.1988, BGBl. I, S. 100, zuletzt geändert durch das Gesetz vom 27.12.1993, BGBl. I; S. 2378, 2417.

[563] Der Erhalt einer hohen Zahl an Beschäftigten bei kommunalen Verkehrsunternehmen wird in der Regel ebenfalls sozialpolitisch begründet, doch handelt es sich hierbei eher um die Verteidigung von Insiderrenten und nicht um eine am Gemeinwohl ausgerichtete Sozialpolitik.

[564] Zitiert nach AMBROSIUS, G. (1997), S. 28.

stand. Dies sollte die wirtschaftliche Existenz der etablierten Verkehrsunternehmen inklusive der Reichsbahn schützen. Parallel erhielten die Genehmigungsbehörden Eingriffsrechte gegenüber den vorhandenen Unternehmen, beispielsweise hinsichtlich der Linienführung, um eine Verkehrsbedienung auch dann sicherzustellen, wenn eine Linie für das Unternehmen im Markt nicht rentabel war.[565] Somit lag dem alten PBefG zwar eine unternehmerorientierte Konzeption zugrunde, die die Beförderungsleistung im wesentlichen den Privaten überließ, doch wurde der Wettbewerb zwischen Unternehmen für die Laufzeit von Genehmigungen ausgeschlossen und die unternehmerische Tätigkeit der behördlichen Regulierung unterworfen.[566]

Auch nach der Neufassung des PBefG von 1955 verlangte der Gesetzgeber eine Bedürfnisprüfung vor Erteilung einer Genehmigung. Allerdings wurde vom Gesetzgeber nun angeführt, das öffentliche Verkehrsinteresse stelle auf die Interessen der Verkehrsnutzer ab. Ohne eine Marktzugangsregulierung drohe ein ruinöser Wettbewerb innerhalb des Verkehrsgewerbes sowie eine Verminderung der Leistungsfähigkeit der Verkehrsunternehmen, so daß die Verkehrsunternehmen nicht mehr ihre „gemeinwirtschaftlichen" Aufgaben erfüllen könnten.[567] Dieser Argumentation ist das Bundesverfassungsgericht für bestimmte Verkehrsarten entgegengetreten[568], da nicht generell, sondern für jede Art der Personenbeförderung gesondert zu prüfen sei, ob es „zur Abwehr nachweisbarer und höchstwahrscheinlicher schwerer Gefahren für ein überragend wichtiges Gemeinschaftsgut zwingend geboten"[569] ist, die Berufsfreiheit nach Art. 12 GG mittels institutioneller Marktzutrittsschranken zu begrenzen. Laut BVerfG läßt sich beim Linienverkehr eine solche Vorschrift der Marktzugangsbeschränkung „mit guten Gründen rechtfertigen"[570].

Diese Rechtsprechung führte zur Neuregelung des PBefG von 1961 (im folgenden als PBefG a.F.), das in seinen genehmigungsrechtlichen Bestimmungen für Linienverkehre an den tradierten Strukturen - Linienkonzessionen, Zustim-

---

565 Vgl. AMBROSIUS, G. (1997), S. 33.

566 Vgl. BARTH, S. (2000), S. 42 f.

567 So der Bundesminister für Verkehr in seiner Stellungnahme vor dem BVerfG. Vgl. BVerfG Beschluß vom 08.06.1960 – 1 BvL 53/55 u.a. – BVerfGE 11, 168, S. 174 ff.

568 Vgl. BVerfG Beschluß vom 08.06.1960 – 1 BvL 53/55 u.a. – BVerfGE 11, 168, S. 183 ff. Dabei wurde im wesentlichen die Rechtsprechung des BVerwG bestätigt, vgl. vor allem BVerwG Urteil vom 10.03.1954 – I C 5.53 – BVerwGE 1, 92, S. 94 ff.

569 BVerfG Beschluß vom 11.06.1958 – 1 BvR 596/56 – BVerfGE 1, 92 S. 94 ff.

570 BVerfG Beschluß vom 08.06.1960 – 1 BvL 53/55 u.a. – BVerfGE 11, 168, S. 185. Aus dem Beschluß wurde allgemein gefolgert, daß objektive Genehmigungsvoraussetzungen im Linienverkehr weiterhin zulässig seien, vgl. die bei BARTH, S. (2000), S. 43 angegebene juristische Literatur.

mungsvorbehalte, behördliche Eingriffsbefugnis hinsichtlich Betrieb, Tarifen und Fahrplan - festhielt und in seinen Grundzügen bis Mitte der neunziger Jahre Bestand hatte.[571] Das PBefG a.F. ging davon aus, daß der Unternehmer, dem die Liniengenehmigung eine Monopolstellung einräumte, aus der Verkehrsbedienung Gewinne erwirtschaftete, so daß ihm in gewissen Grenzen die Erfüllung unrentabler Leistungen zugemutet werden konnte, wenn das öffentliche Interesse dies erforderte. Daher unterwarf das PBefG a.F. die Verkehrsunternehmen einer Gemeinwohlbindung und entsprechenden Befugnissen der Genehmigungsbehörde, ohne ihnen einen Ausgleichsanspruch zuzuerkennen. Tatsächlich ließen sich aber im ÖSPV in der Regel noch nicht einmal die Kosten der Verkehrsleistung durch Beförderungsentgelte decken, so daß auch das genehmigungsrechtliche Instrumentarium und die behördlichen Gestaltungsbefugnisse bedeutungslos wurden.[572]

Angesichts der wirtschaftlichen Misere im ÖSPV und unwirtschaftlich zersplitterter Zuständigkeiten erhoben ab Mitte der 1970er Jahre die Landkreise die Forderung nach einer Regionalisierung der Zuständigkeiten und einer Korrektur der Besitzstandsklausel im ÖSPV, was aber vor allem am Widerstand der etablierten Verkehrsunternehmen scheiterte. Auf die aktuelle Situation wird im Kapitel 2 unten näher eingegangen, da im folgenden zunächst die Entwicklung im Schienenverkehr skizziert werden soll.

Auch Status und Organisation der Eisenbahnen in Deutschland wechselten im Laufe der Jahrzehnte. Im ausgehenden 19. Jahrhundert waren die Bahnen ursprünglich in privatem Eigentum. Während der Weimarer Republik wurden sie zusammengeführt und verstaatlicht, während der NS-Zeit gleichgeschaltet und nach dem Zweiten Weltkrieg in die Deutsche Bundesbahn in der Bundesrepublik Deutschland und die Reichsbahn in der ehemaligen DDR aufgeteilt. Nach dem Zweiten Weltkrieg blieben in Westdeutschland die Bundeseisenbahnen in staatlichem Eigentum und gehörten zur bundeseigenen Verwaltung. Die Bundeseisenbahnen umfaßten das gesamte System Schienenverkehr, die Schieneninfrastruktur und die darauf durchgeführten Beförderungs- und Transportleistungen. Die Gestaltung der Verkehrsbedienung - inklusive des SPNV - war der Bundesbahn als Monopolunternehmen auf ihrem Trassennetz überlassen. Dabei erbrachte die Bundesbahn im öffentlichen Interesse Leistungen, deren Kosten nicht durch Erträge gedeckt waren, beispielsweise im SPNV. Defizite und eine steigende Verschuldung entstanden und ergaben sich auch als Folge vielfach beklagter bürokratischer Ineffizienzen und wegen zunehmender Konkurrenz des MIV. Die Finanzierungsverantwortung für die Bahndefizite lag beim Bund.

---

[571] Vgl. ebenda, S. 44.

[572] Vgl. ebenda, S. 63 f.

Die Organisation und Finanzierung des Schienennahverkehrs war zunehmend umstritten. Der Bund trug die Verantwortung für die Daseinsvorsorge im SPNV und mußte defizitäre Strecken in ländlichen Regionen erhalten. Länder und Kommunen hatten durch die Betriebspflicht der Deutschen Bundesbahn ein weitreichendes Anrecht auf die Aufrechterhaltung des defizitären SPNV. Da sie nicht selbst die Kosten zu tragen hatten, war ihr Interesse an einer effizienten Gestaltung des SPNV - wie auch des übrigen Nahverkehrs - gering.[573] Der Konflikt um Kompetenzen und Finanzierungsverantwortung im SPNV verschärfte sich ab Anfang der 1980er Jahre, als die Bahn dazu überging, immer mehr Strekken stillzulegen. Es standen sich die Forderungen der Länder und Kommunen nach Anbindung ländlicher Gebiete einerseits und die Bemühungen der Bahn und des Bundes um den Abbau des dem SPNV angelasteten Defizits andererseits gegenüber. Im Ergebnis wurden Länder und Kommunen von Bund und Bundesbahn gedrängt, ein finanzielles Engagement auf der Schiene einzugehen und dieses weiter auszubauen. Es kam zu einer allmählichen Regionalisierung.

Bis zur Bahnreform in den 1990er Jahren wurde eine Einigung über eine generelle Neuregelung der Zuständigkeiten und der Verteilung der finanziellen Lasten für den schienengebundenen Nahverkehr allerdings nicht gefunden, so daß auch im ÖSPV keine grundlegenden Reformen eingeleitet werden konnten.

Im Rahmen der Herstellung der Deutschen Einheit wurden die rechtlichen Strukturen im ÖPNV aus den alten auf die neuen Länder übertragen. Die 15 Verkehrskombinate der ehemaligen DDR wurden zum 01.07.1990 in 142 Kraftverkehrs-GmbHs umgewandelt. Bis 31.07.1993 überführte die Treuhandanstalt das Eigentum an den ÖPNV-Betrieben der Kraftverkehrs-GmbHs entgeltfrei an die zuständigen Gebietskörperschaften. Lediglich in sieben Fällen (3 Prozent) wurde das Nahverkehrsunternehmen mit Zustimmung der Kommunen an private Betreiber verkauft.

Erst die Bahnreform ab dem 01.01.1994 und die Regionalisierung des ÖPNV ab dem 01.01.1996, deren Inhalte und Folgen im folgenden Abschnitt dargestellt werden, eröffneten die Möglichkeit, ineffiziente Strukturen teilweise zu überwinden. Dies umfaßte zum einen eine formale Privatisierung und eine beschränkte Aufgabenprivatisierung der Bundeseisenbahnen, um die Leistungsfähigkeit der Bahn zu steigern und sie in unternehmerischen Entscheidungen von politischen Einflüssen zu befreien, was im Ergebnis eine Verringerung des Haushaltsrisikos für den Bund bedeuten sollte.[574] Zum anderen wurde die Aufgabe, die Daseinsvorsorge im ÖPNV zu gewährleisten, den Ländern übertragen,

---

[573] Vgl. LAASER, C.-F. (1994), S. 8.

[574] Vgl. MUTHESIUS, T. (1997), S. 72.

wobei die von ihnen benannten Aufgabenträger eine starke Stellung und einen großen Gestaltungsspielraum gegenüber den Verkehrsunternehmen erhielten.

Die Reformen des ÖPNV in Deutschland erfolgten vor allem als Anpassung des deutschen Personenbeförderungsrechts an das geänderte EG-Recht. Die Europäische Kommission hatte jahrelang auf eine schrittweise Öffnung des ÖPNV-Marktes hingewirkt. Zwar war die Dienstleistungsfreiheit zur Förderung des Wettbewerbs im Verkehrsmarkt schon früh ein erklärtes Ziel auf europäischer Ebene, das der Rat durch die Harmonisierung nationaler Bestimmungen anstrebte.[575] Doch gab und gibt es weiterhin starke Vorbehalte in den einzelnen Mitgliedstaaten gegen die von der Kommission verfolgte weitgehende Marktöffnung. Dies läßt sich erstens damit erklären, daß in der EU sehr verschiedene Organisationsformen im ÖPNV - mit ausgeprägten Unterschieden hinsichtlich Transparenz, Wettbewerb und Ausgleichszahlungen - existieren. Zweitens genießt die besondere Position öffentlicher Unternehmen einen hohen rechtlichen Stellenwert.[576] Die Umsetzung marktwirtschaftlicher Grundsätze im ÖPNV-Markt konnte deshalb bisher auf EU-Ebene nur in kleinen Schritten erfolgen.

2. Marktordnung in Deutschland

2.1 Regulierung

2.1.1 Regulierungskompetenzen

2.1.1.1 Europäische Regelungen

Die Vorschriften der EU-Verkehrspolitik zum ÖPNV bilden den Hintergrund für die Nahverkehrsmarktordnung in Deutschland. Die EU-Verkehrspolitik umfaßte ursprünglich nur Teilbereiche des ÖPNV, etwa den Schienenverkehr. Erst im Zuge der Neuordnung der Rahmenbedingungen für den Verkehrsmarkt zu Beginn der neunziger Jahre[577] wurde auch der öffentliche Nahverkehr auf der Straße explizit in die EU-Verkehrspolitik miteinbezogen.[578]

---

575 Vgl. Entscheidung 65/271 des EG-Rates vom 13.05.1965, Abl. EG Nr. 88 vom 24.05.1965, S. 1500.

576 Vgl. Art. 86 Abs. 2 EGV.

577 Vgl. Verordnung des Rates Nr. 1191/69 über das Vorgehen der Mitgliedstaaten bei mit dem Begriff des öffentlichen Dienstes verbundenen Verpflichtungen auf dem Gebiet des Eisenbahn-, Straßen- und Binnenschiffsverkehrs vom 26.06.1969, Abl. der EG Nr. L 156 vom 28.06.1969, S. 1-7, in der Fassung der Verordnung Nr. 1893/91des Europäisches Rats vom 20.06.1991, Abl. EG Nr. L 196 vom 29.06.1991.

578 Den Mitgliedstaaten blieb es überlassen, Unternehmen, die ausschließlich im Orts- und Regionalverkehr tätig werden, von der Verordnung auszunehmen. Deutschland stellte den ÖPNV bis

Die EG reformierte im Jahr 1991 die wettbewerbspolitische Rahmenordnung für den gesamten Nahverkehrsmarkt in der EG-Verordnung 1893/91[579], die mit ihrem Inkrafttreten unmittelbar geltendes Recht wurde. Ziel war die Stärkung der wirtschaftlichen Eigenständigkeit der Verkehrsunternehmen, wozu folgende Maßnahmen dienten:

- Den Verkehrsunternehmen auferlegte Verpflichtungen zur Erbringung öffentlicher Dienstleistungen mußten aufgehoben werden. In Deutschland betraf dies gemeinwirtschaftliche Verkehrsleistungen, die nicht länger durch eine nachträgliche Defizitfinanzierung durch die öffentlichen Eigentümer der Verkehrsunternehmen ermöglicht werden sollten.
- Eine ausreichende Verkehrsbedienung im ÖPNV sollte künftig über Verträge zwischen den Verkehrsunternehmen und den zuständigen Institutionen, d. h. in Deutschland den Aufgabenträgern, gewährleistet werden, wobei für die Durchführung gemeinwirtschaftlicher Verkehre dem Verkehrsunternehmen ein vorab ausgehandelter Preis zu zahlen ist.
- Gemeinwirtschaftliche Verpflichtungen sollen nur in Ausnahmefällen auferlegt werden, wobei dem betreffenden Verkehrsunternehmen der wirtschaftliche Nachteil auszugleichen ist.
- Gemeinwirtschaftliche Verkehrsleistungen sollen unter den geringsten Kosten für die Allgemeinheit erbracht werden.[580] Eine gegen Entgelt bestellte öffentliche Dienstleistung (Bestellerprinzip) soll im Wettbewerb ausgeschrieben werden (Ausschreibungsprinzip).[581]
- Verkehrsunternehmen, die sowohl eigenwirtschaftliche als auch gemeinwirtschaftliche Verkehrsleistungen durchführen, müssen den gemeinwirtschaftlichen Bereich buchhalterisch gesondert nachweisen. Sie dürfen keinerlei Transfers zwischen den Bereichen vornehmen.[582] Die EG ließ offen, welche Verkehrsleistungen als gemeinwirtschaftlich definiert und wie sie buchhalterisch nachzuweisen sind.

Ende des Jahres 1995 von dieser Verordnung frei. Vgl. SCHEELE, U./STERZEL, D. (2000), S. 29, BARTH, S. (2000), S. 61, Fn. 208.

579 Vgl. Verordnung Nr. 1893/91des Europäisches Rats vom 20.06.1991, Abl. EG Nr. L 196 vom 29.06.1991.

580 Vgl. DIW (1998a), S. 311 f.

581 Vgl. SCHEELE, U./STERZEL, D. (2000), S. 29.

582 Umstritten ist in Deutschland, ob damit ein steuerlicher Querverbund innerhalb von Stadtwerken verboten ist.

Die EG setzte ferner im Jahre 1991 den Mitgliedstaaten durch die EG-Richtlinie 91/440/EWG einen Rahmen für die Entwicklung im Eisenbahnwesen[583] mit den Zielen, daß die Eisenbahnunternehmen der Gemeinschaft leistungsfähiger werden, Wettbewerbsfähigkeit gegenüber anderen Verkehrsträgern erlangen und eigenwirtschaftlich nach den Erfordernissen des Marktes operieren können. [584] Für das Erreichen dieser Ziele wurden folgende Regelungen vorgesehen, die bis Anfang 1993 in nationales Recht umzusetzen waren:

- Unabhängigkeit der Geschäftsführungen der Eisenbahnunternehmen vom Staat,
- Trennung des Fahrwegs vom Betrieb – zumindest rechnerisch, faktisch nur freiwillig,
- Diskriminierungsfreie Öffnung des Fahrwegs für bestimmte Dritte, wobei nicht konkretisiert wurde, was „diskriminierungsfrei" bedeutet,
- Fahrwegabgabe für die Benutzung der Infrastruktur mit der Möglichkeit staatlicher Beihilfen für nicht gedeckte Infrastrukturkosten, aber mit dem Verbot der Quersubventionierung zwischen Fahrweg und Betrieb,
- Sanierung der Finanzstrukturen.

In ihrem Grünbuch zum ÖPNV im Jahr 1995 empfahl die Europäische Kommission Ausschreibungen als Regelfall, da sie der Überzeugung ist, „daß das Konzessionssystem - bei dem die Leistungen innerhalb eines vorgegebenen betrieblichen Rahmens in offener Ausschreibung vergeben werden - den Betreibern die notwendigen Anreize für die Verbesserung ihrer Systeme bietet und zugleich für die erforderliche Systemintegration sorgt, die für den Stadt- und Regionalverkehr von besonderer Bedeutung ist."[585]

2.1.1.2 Regulierung in Deutschland

Bahnreform

Im Zuge der Umsetzung dieser EU-Vorgaben kam es Mitte der neunziger Jahre in Deutschland zu bedeutenden Veränderungen des Regulierungsrahmens im ÖPNV. Erstens erfolgte eine Bahnreform, die im folgenden erläutert wird, und zweitens eine Neuausrichtung der Regulierungskompetenzen zwischen den föde-

---

583 Vgl. Richtlinie 91/440/EWG vom 29.07.1991 zur Entwicklung der Eisenbahnunternehmen der Gemeinschaft, Abl. der EG Nr. L 237 vom 24.08.1991, S. 25-28.

584 Vgl. EG-Richtlinie 91/440 vom 29.07.1991, S. 25.

585 EU-KOMMISSION (1995), Zusammenfassung.

ralen Ebenen, die als Regionalisierung bezeichnet und in diesem Unterkapitel analysiert wird. Die ÖPNV-Regelungen der Länder werden ebenfalls dargestellt. Einen Überblick über die Regulierungskompetenzen bietet Abbildung 12).

Das Gesetz zur Neuordnung des Eisenbahnwesens[586] faßte alle neuen und im Zuge der Bahnreform novellierten Bundesgesetze zusammen. Die Bahnreform hat die Aufgaben, die zuvor bei Deutscher Bundesbahn und Deutscher Reichsbahn lagen, drei neuen Organisationen zugewiesen: der Deutsche Bahn AG, dem Bundeseisenbahnvermögen und dem Eisenbahnbundesamt.

Der neu gefaßte Artikel 87e Abs. 3 GG bestimmt, daß Eisenbahnen des Bundes nicht länger Teil der Bundesverwaltung sind, sondern als Wirtschaftsunternehmen in privatrechtlicher Form geführt werden. Gleiches gilt für Bau und Unterhalt der Schienenwege der vormaligen Bundesbahn. Diese Verfassungsänderung war Grundlage für das Kernelement der Bahnreform - die sogenannte Bahnstrukturreform.[587] Sie ermöglichte in ihrer ersten Stufe die Zusammenführung der Deutschen Bundesbahn und der Deutschen Reichsbahn am 01.01.1994 zu einem nicht rechtsfähigen Sondervermögen des Bundes, dem Bundeseisenbahnvermögen. Aus dem Bundeseisenbahnvermögen wurden die zum Erbringen von Eisenbahnleistungen und zum Betreiben von Eisenbahninfrastruktur notwendigen Teile auf eine neu gegründete Aktiengesellschaft, die Deutsche Bahn AG, ausgegliedert. In der zweiten Stufe der Bahnstrukturreform wurde die Deutsche Bahn AG zum 01.01.1999 in eine Management Holding mit fünf Spartengesellschaften DB Reise & Touristik AG (Personenfernverkehr), DB Regio AG (Personennahverkehr), DB Cargo AG (Güterverkehr), DB Station & Service AG (Personenbahnhöfe), DB Netz AG (Fahrweg) umgewandelt. Dies ermöglichte eine buchhalterische Trennung zwischen dem Netzbereich und den einzelnen Verkehrssparten. Die DB Netz AG, die in mehrere Regionalbereiche untergliedert ist, stellt die erforderlichen Schienentrassen bereit und vermarktet sie. Sie hat insofern eine Sonderstellung innerhalb der DB AG, da sie mehrheitlich und dauerhaft im Eigentum des Bundes bleiben muß.

Zweck dieses Teils der Bahnstrukturreform war es, die Behörde Bahn in ein nach kaufmännischen Grundsätzen geführtes Unternehmen umzuwandeln, das nach betriebswirtschaftlichen Prinzipien agiert und öffentlichen Interessen nicht unmittelbar verpflichtet ist.

---

586 Vgl. Eisenbahnneuordnungsgesetz (ENeuOG) vom 27.12.1993.

587 Dies umfaßt die Art. 1-3 des Eisenbahnneuordnungsgesetz, vgl. Artikel-Gesetz zur Neuordnung des Eisenbahnwesens (Eisenbahnneuordnungsgesetz – ENeuOG) vom 27.12.1993, BGBl. I S. 2378.

Abbildung 12: Rechtliche Grundlagen für die Durchführung des ÖPNV

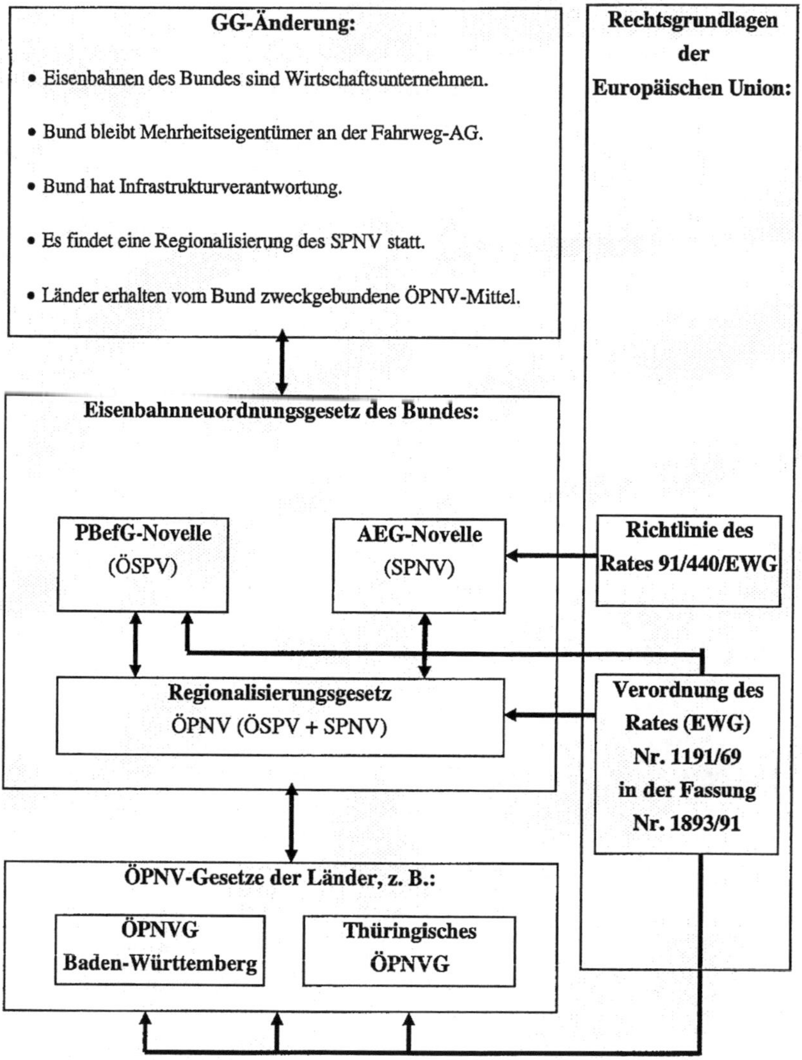

Quelle: Bundesministerium für Verkehr, Bau- und Wohnungswesen (1999), S. 23.

Das Bundeseisenbahnvermögen ist für die Verwaltung und den Verkauf nicht bahnnotwendiger Liegenschaften zuständig, deren Erlöse für die Tilgung und Zinszahlungen dieser als Schuldenfonds[588] konzipierten Institution genutzt werden.

Als dritte Institution neben der Deutschen Bahn AG und dem Bundeseisenhnvermögen ist das Eisenbahnbundesamt geschaffen worden. Ihm fallen im wesentlichen jene hoheitlichen Aufsichts- und Genehmigungsaufgaben zu, die vorher von der Deutschen Bundesbahn und der Deutschen Reichsbahn als Sondervermögen des Bundes mit ihrem Status als Behörde wahrgenommen wurden. Dem Eisenbahnbundesamt obliegen neben der Erteilung und dem Widerruf von Betriebsgenehmigungen (siehe Unterkapitel 2.1.2.3) die Planfeststellung für die Schienenwege, die Ausübung der Eisenbahnaufsicht in bezug auf die Eisenbahnen des Bundes, die Durchführung von Finanzierungsvereinbarungen für Investitionen in Schienenwege und die Entscheidung bei Streitigkeiten über Netzzugangsgewährung.

Im Jahr 2001 kündigte die Bundesregierung an, im Eisenbahnbundesamt eine sogenannte Trassenagentur neu einzurichten, die zusätzlich zur aufsichtsrechtlichen Aufgabenteilung von Eisenbahnbundesamt und Kartellbehörden die Diskriminierungsfreiheit von Trassenpreisen und Trassenvergabe überwachen soll.

Regionalisierung

Der Bundesgesetzgeber hat die „Aufgaben- und Ausgabenverantwortung" für den gesamten ÖPNV im Gesetz zur Regionalisierung des öffentlichen Personennahverkehrs (RegG) den Ländern übertragen[589] und dazu zahlreiche Gesetzesänderungen vorgenommen, die den SPNV und den ÖSPV betreffen. Dabei ist zwischen der Verteilung der Verwaltungskompetenz und der Gewährleistungskompetenz auf die föderalen Ebenen zu unterscheiden.

Für die Eisenbahnen des Bundes liegt die Verwaltungskompetenz gemäß Art. 87a Abs. 1 S. 1 GG grundsätzlich beim Bund. Die nichtbundeseigenen Eisenbahnen zählen grundsätzlich gemäß Art. 30 und Art. 83 GG zur Länderver-

---

[588] Beim Bundeseisenbahnvermögen handelt es sich um einen Schuldenfonds, der über 30 Jahre getilgt werden muß, und nicht, wie es der irreführende Begriff nahelegt, um ein positives Vermögen.

[589] Vgl. Gesetz zur Regionalisierung des öffentlichen Personennahverkehrs (Regionalisierungsgesetz - RegG), in Art. 4 ENeuOG vom 27.12.1993, BGBl. I, S. 2378, 2395.

waltungskompetenz.[590] Für den ÖSPV liegt die Verwaltungskompetenz gemäß Art. 30 GG i. V. m. Art. 83 GG bei den Ländern.

Die Gewährleistungsverantwortung für die Eisenbahnen umfaßt die Pflicht zur Sicherstellung eines ausreichenden Verkehrsangebots. Ihre Aufteilung zwischen Bund und Ländern ist abhängig von der Eigentümerstellung des Bundes. Die Gewährleistungsverantwortung trägt der Bund gemäß Art. 87a Abs. 4 GG für das komplette Schienennetz seiner Eisenbahnen sowie – mit Ausnahme des SPNV – für deren Verkehrsangebot auf dem Netz. Die Gewährleistungsverantwortung für den SPNV sämtlicher Eisenbahnverkehrsunternehmen trifft gemäß Art. 30 GG die Länder, wobei der SPNV der Deutschen Bahn AG hinsichtlich der Ausübung hoheitlicher Befugnisse weiterhin zur Verwaltungskompetenz des Bundes gehört.[591] Für den ÖSPV ist eine ausdrückliche Gewährleistungsverantwortung im Grundgesetz nicht normiert, sie ergibt sich aber als Bestandteil der Aufgabenverantwortung.[592]

Tabelle 6: Gewährleistungsverantwortung für die Eisenbahnen des Bundes

	Infrastruktur	**Verkehrsbetriebsleistung**
Schienenpersonen-fernverkehr (SPFV)	Bund	Bund
Schienenpersonen-nahverkehr (SPNV)	Bund	Länder

Quelle: Eigene Darstellung.

Der neue Art. 143a Abs. 3 GG legte fest, daß die Regionalisierung des SPNV nicht zeitgleich mit der Umwandlung der Staatsbahnen in die privatrechtliche DB AG, sondern erst zwei Jahre später zum 01.01.1996 erfolgen sollte. Gemäß Art. 106a erhalten die Länder ab diesem Zeitpunkt für den ÖPNV zweckgebundene Finanzmittel aus dem Steueraufkommen des Bundes – Näheres siehe Kapitel 2.2 unten.

Die Sicherstellung einer ausreichenden Versorgung der Bevölkerung mit Verkehrsleistungen im ÖPNV wurde in § 1 RegG als Aufgabe der Daseinsvorsorge

590 Gemäß Art. 87 e Abs. 2 GG kann der Bund die Verwaltungskompetenz für nichtbundeseigene Eisenbahnen durch Gesetz übernehmen. Dies ist zum Beispiel im Fall ausländischer Eisenbahnverkehrsunternehmen geschehen, vgl. § 5 Abs. 7 AEG.

591 Vgl. BARTH, S. (2000), S. 70 f.

592 Vgl. ebenda.

definiert. Dabei unterscheidet das Gesetz die Träger der (Daseinsvorsorge-)Aufgabe ÖPNV einerseits und die Verkehrsunternehmen, die die Verkehrsleistungen erbringen, andererseits. Die Länder müssen erstens die Stellen bestimmen, die ÖPNV-Aufgabenträger sind und diese Aufgabe wahrnehmen. Zweitens müssen sie die Stellen bestimmen, die zuständig sind für den Abschluß von Verträgen oder die Erteilung von Auflagen gegenüber Verkehrsunternehmen zur Erbringung gemeinwirtschaftlicher Verkehrsleistungen und die zur Finanzierung gemeinwirtschaftlicher Verkehre in der Lage sind.[593] Gemäß Personenbeförderungsgesetz sollen beide Stellen in identischen Behörden angesiedelt werden.[594] Sie werden im folgenden Aufgabenträger genannt. Das PBefG räumt den Ländern die Möglichkeit ein, vom ÖPNV-Aufgabenträger einen Nahverkehrsplan erstellen zu lassen,[595] der den Rahmen für die Entwicklung des ÖPNV bilden soll.

Neben den Aufgabenträgern bilden die Genehmigungsbehörden eine weitere Regulierungsinstanz. Im Zusammenwirken mit den Aufgabenträgern und den etablierten Verkehrsunternehmen[596] haben sie für Verkehrskooperationen[597] zu sorgen, um eine ausreichende und wirtschaftliche Verkehrsgestaltung sicherzustellen.[598] Damit kommt den Genehmigungsbehörden eine eigenständige und gegenüber dem vorherigen Rechtszustand gestärkte Gestaltungsaufgabe zu.[599] Sie entscheiden gemäß der jeweiligen ÖPNV-Landesgesetze über die Erteilung der Linienkonzessionen im straßengebundenen ÖPNV. Dabei haben sie sich an den Nahverkehrsplänen zu orientieren. (Näheres dazu und in Abgrenzung zu den Aufgaben der Aufgabenträger Unterkapitel 2.1.2 unten). Genehmigungsbehörden sind entweder die Regierungspräsidien oder sie sind in Landesverkehrsministerien oder anderen Behörden angesiedelt.[600]

---

593 Vgl. § 4 Regionalisierungsgesetz.

594 Vgl. § 8 Abs. 4 Satz 4 PBefG i. S. der EWG-Verordnung 1191/69.

595 Vgl. § 8 Abs. 3 Satz 2 PBefG.

596 Eine gewisse Bedeutung im Regulierungsgefüge des ÖPNV-Marktes besitzen folglich auch die etablierten, zumeist öffentlichen Verkehrsunternehmen, da sie von den Aufgabenträgern an der Erstellung der Nahverkehrspläne beteiligt werden müssen und da eine Genehmigungsbehörde die Genehmigung für einen beantragten Verkehr verweigern kann, wenn er nicht mit dem jeweiligen Nahverkehrsplan in Einklang steht.

597 Die intensivste Form der Verkehrskooperation ist der Verkehrsverbund, bestehend aus mehreren Verkehrsunternehmen. Dies betrifft die Koordinierungsaufgabe der Genehmigungsbehörde. Davon zu unterscheiden ist die Kooperation der Aufgabenträger, dessen intensivste Form der Zweckverband ist, der seinerseits die Aufgabenträgerschaft übernimmt. Vgl. PÜTTNER, G. (1997), S. 98.

598 Vgl. § 8 Abs. 3 Satz 1 PBefG.

599 Vgl. MUTHESIUS, T. (1997), S. 80.

600 Vgl. DIW (1998a), S. 313, BARTH, S. (2000), S. 44.

Regelungen der Länder

Die Länder haben Gesetze zum ÖPNV erlassen.[601] Die ÖPNV-Gesetze der Länder[602] enthalten u. a. eine allgemeine Zweckbestimmung, eine Definition des ÖPNV, die Bestimmung der Aufgabenträger, Kooperationsmöglichkeiten untereinander und Regelungen zur Ausgestaltung des Nahverkehrsplans und zur Finanzierung des ÖPNV. Von zentraler Bedeutung ist die Entscheidung über die Aufgabenträgerschaft im ÖPNV. Zwar nimmt der Bundesgesetzgeber im Regionalisierungsgesetz an[603], daß es „zur Stärkung der Wirtschaftlichkeit der Verkehrsbedienung im öffentlichen Personennahverkehr (...) anzustreben [ist], die Zuständigkeiten für Planung, Organisation und Finanzierung des öffentlichen Personennahverkehrs zusammenzuführen."[604] Doch haben nur wenige Länder diesen Weg beschritten und ÖSPV und SPNV zusammen in die Zuständigkeit derselben Gebietskörperschaften übertragen. Die ungleiche Ausgangslage aufgrund bereits existierender großräumiger Kooperationen im ÖPNV, aber auch der Umstand, daß einzelne Länder unterschiedliche Prioritäten setzen, haben zu sehr differenzierten ÖPNV-Konzepten geführt. Daraus resultiert bei der Aufgabenträgerschaft ein sehr unterschiedliches Erscheinungsbild.

Das Prinzip der einheitlichen Aufgabenzuständigkeit für den gesamten ÖPNV wurde nur in den Stadtstaaten Berlin, Bremen und Hamburg verwirklicht. In Hessen, Nordrhein-Westfalen und Rheinland-Pfalz sind die kommunalen Gebietskörperschaften formal sowohl für die Aufgaben des schienengebundenen als auch des straßengebundenen Nahverkehrs zuständig. Während die Kommunen die Aufgabenträgerschaft für den ÖSPV selbst wahrnehmen, haben sie die Zuständigkeit für den schienengebundenen Nahverkehr an ihre Zusammenschlüsse (Verkehrsverbünde oder Zweckverbände) delegiert. In Nordrhein-Westfalen wird von diesen nur bei den flächenmäßig kleineren Zusammenschlüssen die Verantwortung sowohl für den ÖSPV als auch für den SPNV an einer Stelle zusammengeführt. In Rheinland-Pfalz wurden unter der Beteiligung des Landes die Zweckverbände Schienenpersonennahverkehr Rheinland-Pfalz Nord bzw. Süd gebildet.[605] Die übrigen zehn Länder haben die Kreise und kreisfreien Städte lediglich im ÖSPV mit der Aufgabenträgerschaft betraut. Für den SPNV sehen diese Länder primär und unter Ausnahme bestimmter Agglomerationen eine

---

601 In der Freien und Hansestadt Hamburg wurden die erforderlichen Regelungen durch eine Zuständigkeitsanordnung des Senats getroffen. Vgl. SELLMANN, K.-A. (1996), S. 862.

602 Beispielsweise in Rheinland-Pfalz: Landesgesetz über den öffentlichen Personennahverkehr (Nahverkehrsgesetz – Rh.Pf.NVG) vom 17.11.1995, GVBl. S. 450.

603 Vgl. Begründung zu § 1 RegG, Bundestagsdrucksache 12/6269, S. 136.

604 § 3 Regionalisierungsgesetz.

605 Vgl. § 6 Abs. 3 Rh.-Pf.PNVG.

Landeszuständigkeit vor. Die Spannweite reicht allerdings von zeitlich befristeter Landesverantwortung bis zu dauerhafter Wahrnehmung des SPNV als Landesaufgabe. Insgesamt lassen sich im SPNV sechs Gruppen an Länderregelungen bilden (siehe Tabelle 7).

Tabelle 7: Landesregelungen der Aufgabenträgerschaft für den SPNV

Aufgabenträger	Sonstige Regelungen	Land
Stadtstaaten: Kommunale Ebene und Land sind identisch		Berlin, Bremen, Hamburg
Kommunen delegieren an Zusammenschluß der Gebietskörperschaften		Hessen, Nordrhein-Westfalen, Rheinland-Pfalz
Land	Befristete Regelung. Danach Übertragung der Zuständigkeit auf Zusammenschlüsse kommunaler Aufgabenträger	Sachsen[a)]
Land	Prüfung von Voraussetzungen für Übertragung der Zuständigkeit auf Zusammenschlüsse kommunaler Aufgabenträger	Niedersachsen[b)], Sachsen Anhalt
Land	Möglichkeit einer Übertragung der Zuständigkeit von bestimmten Teilräumen auf Kommunen	Baden-Württemberg[c)], Brandenburg, Mecklenburg-Vorpommern, Saarland
Land	Möglichkeit einer Übertragung nicht vorgesehen	Bayern, Schleswig-Holstein, Thüringen

a) Zweckverband Oberelbe ist Aufgabenträger für den SPNV seit dem 24.05.1998;
b) Großraumverbände Hannover und Braunschweig sind Aufgabenträger für den SPNV seit dem 01.01.1996;
c) Verband Region Stuttgart ist Aufgabenträger für die S-Bahn seit dem 01.01.1996.

Quelle: Eigene Darstellung auf Basis von Bundesministerium für Verkehr, Bau- und Wohnungswesen (1999), S. 33.

Alle zehn Länder mit einem zentral verantworteten SPNV haben für die Durchführung der damit verbundenen Aufgaben Landesgesellschaften in der Form einer privatrechtlichen GmbH gegründet. Die Landesgesellschaften sind Managementgesellschaften, deren Hauptaufgabe es u. a. ist, landesweit Leistungen im SPNV zu planen. Sie sind nicht Aufgabenträger im rechtlichen Sinne, sondern sie übernehmen ihre Aufgaben im Auftrag der Länder und unterstützen diese in ihrer Funktion als Aufgabenträger. Nur die Landesbehörden nehmen hoheitliche Aufgaben wahr (siehe Tabelle 8). Die Landesnahverkehrsgesellschaften sollen eine inhaltliche und institutionelle Trennung zwischen der politischen Besteller- und der unternehmerischen Erstellerebene garantieren.

Tabelle 8: Neugegründete Landesnahverkehrsgesellschaften für den SPNV

Land	Name der Landesgesellschaft	Gründung
Baden-Württemberg	NVBW Nahverkehrsgesellschaft Baden-Württemberg mbH	Jan. 1995
Bayern	BEG Bayerische Eisenbahngesellschaft mbH	Aug. 1995
Brandenburg	LEG Landesentwicklungsgesellschaft für Städte, Wohnen und Verkehr des Landes Brandenburg mbH *)	Okt. 1991
Mecklenburg-Vorpommern	VMV Verkehrsgesellschaft Mecklenburg-Vorpommern mbH	Dez. 1995
Niedersachsen	LNVG Landesnahverkehrsgesellschaft Niedersachsen mbH	März 1996
Saarland	VGS Verkehrsverbundgesellschaft Saar mbH	Febr. 1997
Sachsen	Sächsische Landesverkehrsgesellschaft mbH	Jan. 1996
Sachsen-Anhalt	Nahverkehrsservice Sachsen-Anhalt mbH	Sept. 1995
Schleswig-Holstein	LVS Schleswig-Holstein Landesweite Verkehrsservicegesellschaft mbH	Sept. 1995
Thüringen	Nahverkehrsgesellschaft Thüringen mbH	Febr. 1996

*)Die Aufgaben übernahm im Verlauf des Jahres 1997 die Verkehrsverbund Berlin-Brandenburg GmbH.

Quelle: Bundesministerium für Verkehr, Bau- und Wohnungswesen (1999), S. 35.

In den drei Flächenländern mit kommunaler Verantwortung für den SPNV wurden neue Organisationen für die Aufgabenträgerschaft gegründet oder bestehende Verkehrsverbünde an die veränderten Rahmenbedingungen angepaßt (siehe Tabelle 9). Diese Organisationsstrukturen sollen einerseits der für integrierte Verkehrsangebote förderlichen Identität der Aufgabenträger für SPNV und ÖSPV nahekommen und andererseits die SPNV-Aufgabenträgerschaft auf einer Ebene zwischen Kommunen und Land ansiedeln und damit dem überwiegend überregionalen Charakter des SPNV Rechnung tragen.

Tabelle 9: Organisation des SPNV auf kommunaler Ebene

Land	Organisation des SPNV
Nordrhein-Westfalen	Neun Zweckverbände: Zur Aufgabenwahrnehmung bedienen sich die Zweckverbände bestehender (z. B. Verkehrsverbund Rhein-Ruhr) oder neugegründeter Managementeinheiten (z. B. Nahverkehrsverbund Paderborn-Höxter)
Hessen	Zwei Verkehrsverbünde: Rhein-Main-Verkehrsverbund (RMV) und Nordhessischer Verkehrsverbund (NVV)
Rheinland-Pfalz	Zwei Zweckverbände: Zweckverband „Schienenpersonennahverkehr Rheinland-Pfalz Nord“ und Zweckverband „Schienenpersonennahverkehr Rheinland-Pfalz Süd“
Berlin	Senatsverwaltung Berlin 7/Verkehrsverbund Berlin-Brandenburg
Bremen	Senatsverwaltung Bremen
Hamburg*)	Senatsverwaltung Hamburg/Hamburger Verkehrsverbund (HVV)

*) Ohne Landesverkehrsgesetz.

Quelle: Bundesministerium für Verkehr, Bau- und Wohnungswesen (1999), S. 36.

Als Aufgabenträger des SPNV in Rheinland-Pfalz wurden - wie bereits oben erwähnt - die Zweckverbände Rheinland-Pfalz Süd und Rheinland-Pfalz Nord gegründet. Mitglieder dieser Zweckverbände sind alle auf dem jeweiligen Teilgebiet des Landes vertretenen kreisfreien Städte und Landkreise sowie das Land selbst.

In Nordrhein-Westfalen wurden neun Kooperationsräume definiert, deren Kreise und kreisfreien Städte zur gemeinsamen Aufgabenwahrnehmung jeweils einen kommunalen Zweckverband bilden. Der Zweckverband ist Aufgabenträger im SPNV und entscheidet über die Bildung eines Gemeinschaftstarifs. Zur Bewältigung der vielfältigen Aufgaben bedienen sich die Zweckverbände gesonderter Management-Einheiten, die in der Regel als GmbH geführt werden.

In Hessen sind die kreisfreien Städte und Landkreise Aufgabenträger des SPNV. Sie bedienen sich zur Erfüllung der Aufgaben des regionalen Nahverkehrs gemeinsam zweier Verkehrsverbünde. Es handelt sich dabei um den Rhein-Main-Verkehrsverbund (RMV) im südlichen Hessen mit der Stadt Frankfurt als Zentrum und um den Nordhessischen Verkehrsverbund (NVV) bestehend aus fünf Landkreisen und der Stadt Kassel. Die Mitglieder dieser zwei Verkehrsverbünde sind Gebietskörperschaften sowie das Land Hessen. Neben konzeptionellen und planerischen Aufgaben für den SPNV und regionale Buslinien sind die Verbünde die Besteller und Finanzierer dieser Verkehrsleistungen. Sie kooperieren mit den lokalen Nahverkehrsorganisationen in der Verbundstruktur und haben einheitliche Verbundtarife realisiert. Die Verbünde samt ihrer Managementgesellschaften bilden die Regie-Ebene zwischen der politischen Ebene der Gebietskörperschaften und der Ebene der Verkehrsunternehmen.

Unabhängig von den SPNV-Zuständigkeiten und den unterschiedlichen Organisationsformen in den Ländern wird im allgemeinen eine einheitliche Erscheinungsweise des ÖPNV angestrebt, um die Attraktivität für die Kunden zu erhöhen. Dies setzt ein hohes Maß an Koordinierung von Tarifen, Strecken und Fahrplänen sowie bei der Fahrgastinformation voraus. Die für ein derart integriertes ÖPNV-Angebot erforderlichen konzeptionellen Arbeiten und die unverzichtbare laufende Koordinierung waren vielfach nur durch neuartige Organisationsformen erreichbar. Die meisten Länder haben die Einführung einer zusätzlichen, übergeordneten Organisationsebene unterstützt oder vorgeschrieben, um Nahverkehrskooperationen zu befördern. Die vor der Regionalisierung geläufige Vermischung von politischen Aufgaben und unternehmerischer Tätigkeit machte die ÖPNV-Kooperation häufig ineffizient. Voraussetzung für eine erfolgreiche Kooperation ist es, die Aufgabenbereiche inhaltlich und institutionell zu trennen sowie die Beziehungen zwischen ihnen vertraglich zu regeln.

Dazu wurde häufig das Drei-Ebenen-Modell eines Kommunalverbundes gewählt (siehe Tabelle 10). Darin ist die oberste Ebene dem Aufgabenträger vorbehalten, der das Angebot den politischen Zielvorgaben entsprechend festlegt und die Finanzierung garantiert. Es kann sich dabei um einen Zusammenschluß mehrerer Aufgabenträger handeln, z.B. um einen Zweckverband. Die mittlere Regie-Ebene setzt die politischen Vorgaben praktisch um. Sie ist in der Regel eine privatrechtliche GmbH, z. B. eine Verkehrsverbund GmbH, deren Anteile von den kommunalen Aufgabenträgern gehalten werden.[606] Sie sorgt für die konzeptionelle Weiterentwicklung des Verkehrsangebots sowie für ein einheitliches Marketing und Erscheinungsbild der beteiligten Verkehrsunternehmen. Über die untere Ebene der Verkehrsunternehmen wird die Personal- und Fahrzeugeinsatzplanung, die Verkehrsdurchführung sowie das Fahrgeldmanagement und die Qualitätssicherung gewährleistet.

Tabelle 10: ÖPNV-Organisation nach dem Drei-Ebenen-Modell

Politik-Ebene	Landkreise und kreisfreie Städte oder Zweckverband
Regie-Ebene	Verkehrsverbund: bestellt Leistungen von Verkehrsunternehmen
Ersteller-Ebene	Verkehrsunternehmen

Quelle: Eigene Darstellung.

Zahlreiche deutsche Kommunen haben sich entschlossen, die Organisation des ÖSPV in ihrer Stadt beziehungsweise ihrem Landkreis auf der Regie-Ebene nicht länger einem - zumeist kommunalen - Verkehrsunternehmen zu überlassen, sondern einer eigenständigen Institution zu übertragen. Dabei kann es sich zum einen um einen Verkehrsverbund handeln, der von mehreren Gebietskörperschaften getragen wird. Andererseits wurden auch eigenständige Organisationen gegründet, die mit den Aufgaben, die aus der Aufgabenträgerschaft der Kommunen resultieren, betraut wurden. Diese nehmen etwa - soweit dies in den kommunalen Zuständigkeitsbereich fällt - die Bestellung des regionalen ÖPNV (SPNV und / oder regionale Buslinien) beim Verkehrsverbund vor bzw. lassen ihn von einem Zweckverband durchführen, während sie den lokalen ÖPNV selbst vergeben. Wo Kommunen diese Aufgaben an eine lokale Nahverkehrsgesellschaft (LNG) übertragen haben, die nicht selbst Verkehrsleistungen anbie-

---

[606] So gestaltet sich etwa die Mitgliedsstruktur der zwei hessischen Verkehrsverbünde. Es gibt allerdings auch Verkehrsverbünde, die sowohl Kommunen als auch Verkehrsunternehmen als Mitglieder haben. Zum Beispiel der Verkehrsverbund Region Trier (VRT). Der VRT wird von einer gemeinsamen GmbH, an der Verkehrsunternehmen und ÖPNV-Aufgabenträger in der Region Trier mit je 50% beteiligt sind, gesteuert. Die VRT GmbH übernimmt zentrale Aufgaben der Koordination, wie Abwicklung der Ausgleichsberechnungen, gemeinsame Außendarstellung und Information. Unter den 17 Verkehrsunternehmen befinden sich die DB Regio AG, die Rhein-Mosel-Verkehrsgesellschaft, die Stadtwerke Trier GmbH, die Moselbahn GmbH mit ihren Tochterunternehmen und Kooperationspartnern sowie die Regionalbus TrierGmbH als Zusammenschluss neun privater Verkehrsunternehmen. Die Aufgabenträgerseite wird durch vier Landkreise sowie die kreisfreie Stadt Trier vertreten. Demgegenüber hat die GmbH des benachbarten Verkehrsverbunds Rhein-Mosel (VRM) ausschließlich Kommunen als Gesellschafter (acht Landkreise und die Stadt Koblenz).

tet, wie etwa in Frankfurt[607], ist eine wettbewerbspolitisch gebotene organisatorische Trennung zwischen Besteller und Ersteller von Verkehren gewährleistet. Eigentumsrechtlich besteht allerdings weiterhin eine Identität zwischen Be- und Ersteller, wenn beispielsweise im ÖSPV die Kommune Eigentümerin der LNG wie auch des beauftragten kommunalen Verkehrsunternehmens ist. Ohne institutionelle Trennung von Be- und Ersteller kann das effizienzsteigernde Potential von Ausschreibungen durch unabhängige Besteller nicht wirksam ausgeschöpft werden.

2.1.2 Marktzugangsregulierung

2.1.2.1 Überblick

Für die Marktzutrittsregulierung finden sich die allgemeinen Rahmenbedingungen im Wettbewerbsrecht. Da der ÖPNV weder im EU-Recht noch im nationalen Recht als ein wettbewerbsrechtlicher Ausnahmebereich gilt, finden die allgemeinen Wettbewerbsregeln des EG-Vertrags nach Art. 81 (Kartellverbot) und Art. 82 (Mißbrauchsaufsicht) sowie des Gesetzes gegen Wettbewerbsbeschränkungen (GWB) Anwendung. Hierzu zählt insbesondere ein diskriminierungsfreier Zugang zu Netzen und Infrastruktureinrichtungen marktbeherrschender Unternehmen durch Dritte, soweit ein eigener Aufbau nicht möglich ist.[608]

Diese Generalnormen finden jedoch Einschränkungen und Ergänzungen durch zahlreiche sektorspezifische Regelungen, die bewirken, daß in fast keinem Bereich des ÖPNV ein freier Marktzutritt zugelassen wird. Die gesetzlich erforderlichen Konzessionen für Verkehrsleistungen bleiben im öffentlichen Straßenpersonennahverkehr (ÖSPV) praktisch überall den etablierten Altunternehmen

---

607 Die Stadt Frankfurt am Main hat zum 1. September 2001 eine lokale Nahverkehrsgesellschaft, die LNG Lokale Nahverkehrsgesellschaft Frankfurt am Main mbH, gegründet. Das Unternehmen, dessen Namen im August 2002 in „traff*iQ*" (sic!) geändert wurde, ist eine 100-prozentige Tochter der Stadt und nimmt für diese jene Aufgaben im ÖPNV wahr, die dem Aufgabenträger gemäß Hessischem ÖPNV-Gesetz obliegen. Die Stadt Frankfurt bleibt formal Aufgabenträger für ÖSPV und SPNV, hat aber die daraus erwachsenen Aufgaben an die LNG delegiert. Eine Vielzahl dieser Aufgaben wurde bisher von der Verkehrsgesellschaft Frankfurt am Main (VGF), die Bus- und Schienenverkehre anbietet, bewältigt, wodurch Besteller und Ersteller identisch waren. Nach Gründung der LNG nimmt die LNG die Bestellerfunktion im ÖPNV wahr. Sie bestellt den lokalen ÖPNV bei der VGF bzw. schreibt ihn künftig aus. Den regionalen ÖPNV bestellt die LNG beim Verkehrsverbund RMV, den sie auch stellvertretend für die Kommune mitfinanziert. Der RMV bestellt die Leistungen des SPNV und der regionalen Busverkehre, teilweise durch Ausschreibungen und teilweise durch direkte Vergabe, z. B an die DB Regio AG.

608 Vgl. Art. 82 EG-Vertrag und § 19 Abs. 4 Gesetz gegen Wettbewerbsbeschränkungen (GWB) vom 27.07.1957, BGBl. I, S. 1081 in der Fassung vom 20.02.1990, BGBl. I, S. 235, zuletzt geändert durch VgRÄG vom 26.08.1998, BGBl. I, S. 2512 sowie mit Wirkung zum 01.01.1999 durch Gesetz vom 26.08.1998, BGBl. I 1998, S. 2521.

vorbehalten. Lediglich in wenigen Fällen - zumeist im regionalen Busverkehr - fanden Ausschreibungen statt. Im Schienenpersonennahverkehr (SPNV) wurden die meisten Konzessionen ohne Ausschreibung der DB AG gewährt.

In Deutschland ist auf Bundesebene das Personenbeförderungsgesetz (PBefG) für die Marktzutrittsregulierung des straßengebundenen ÖPNV die maßgebliche Rechtsgrundlage, die im folgenden zunächst analysiert wird. Die Marktzutrittsregulierung des schienengebundenen Personennahverkehrs bestimmt sich dagegen vor allem nach dem Allgemeinen Eisenbahngesetz (§ 6 AEG) und wird anschließend behandelt.

2.1.2.2 ÖSPV

Das Personenbeförderungsgesetz wurde mit der Zielsetzung novelliert, das Besitzstandsprinzip im ÖSPV einzuschränken und den Markt teilweise zu öffnen. Doch wurde dieser Liberalisierungsansatz dadurch begrenzt, daß der Gesetzgeber an dem gewerberechtlichen Charakter des PBefG und an dem Erfordernis einer staatlichen Genehmigung für den Verkehr auf einer Linie festgehalten hat. Auch die Verpflichtung der Genehmigungsbehörde, für Verkehrskooperationen unter Mitwirkung der Verkehrsunternehmen zu sorgen, zeigt, daß es nach dem Willen des Gesetzgebers „im Zweifel nicht Wettbewerb zwischen den Verkehrsunternehmen geben soll (...) bei der Durchführung von Verkehren, sondern Kooperation“.[609] Dementsprechend läßt das PBefG im ÖSPV Ausnahmen vom Kartell- und Empfehlungsverbot[610] für Verkehrsverbände zu, soweit sie dem öffentlichen „Interesse einer ausreichenden Bedienung (...) sowie einer wirtschaftlichen Verkehrsgestaltung für eine Integration“[611] dienen. Die von den GWB-Regeln freigestellten Unternehmen bzw. Institutionen unterliegen jedoch weiterhin der Mißbrauchsaufsicht durch die Kartellbehörden. Es ist jedoch nicht zu erwarten, daß die Mißbrauchsaufsicht einen hinreichenden Schutz gegen Ineffizienzen in öffentlichen Monopolunternehmen bietet.

Gemäß dem PBefG richtet sich die Marktzutrittsmöglichkeit zum ÖSPV, d. h. der Erhalt einer Genehmigung von der Genehmigungsbehörde, danach, ob ein sogenannter „eigenwirtschaftlicher“ oder ein „gemeinwirtschaftlicher“ Verkehr angeboten werden soll.

Eigenwirtschaftlichkeit sieht der Gesetzgeber bei Verkehrsleistungen gegeben, „deren Aufwand gedeckt wird durch Beförderungserlöse, Erträge aus gesetz-

---

609 PÜTTNER, G. (1997), S. 101.

610 Vgl. §§ 1; 22 Abs. 1 GWB.

611 § 8 Abs. 3 PBefG.

lichen Ausgleichs- und Erstattungsregelungen im Tarif- und Fahrplanrecht sowie sonstige Unternehmenserträge im handelsrechtlichen Sinne."[612] Dass ÖPNV-Verkehrsleistungen gemäß §8 Abs. 4 Satz 1 PBefG prinzipiell eigenwirtschaftlich zu erbringen sind, ist theoretisch die „Schlüsselvorschrift für einen angemessenen Wettbewerb auch im straßengebundenen ÖPNV."[613] Doch wird mit der Vorschrift Wettbewerb eher verhindert. Denn erstens unterscheidet sich die Inhaltsbestimmung des Begriffs „eigenwirtschaftlich" deutlich von dem marktwirtschaftlich geprägten Verständnis des Begriffs, wonach eine Leistung nur dann eigenwirtschaftlich genannt werden kann, wenn sie durch Bezahlung des Leistungsempfängers abgegolten wird. Zweitens hängt es vom Willen der kommunalen Gebietskörperschaften ab, ob und inwieweit sie ihr eigenes Verkehrsunternehmen im steuerlichen Querverbund und durch Gesellschaftereinlagen unterstützen wollen und ob und inwieweit sich das Verkehrsunternehmen dem Wettbewerb stellen muß.[614]

Ist es nicht möglich, eine Verkehrsbedienung eigenwirtschaftlich im Sinne des PBefG zu erbringen, so kommt eine Genehmigung für eine gemeinwirtschaftliche Verkehrsleistung nach § 13a PBefG in Betracht. Dem muß eine Auferlegung gemeinwirtschaftlicher Verkehrsdienste durch den Aufgabenträger oder eine Vereinbarung zwischen antragstellendem Verkehrsunternehmen und Aufgabenträger vorausgegangenen sein, da die Aufrechterhaltung der Strecken oder Netze vom Aufgabenträger aus regional-, sozial- oder umweltpolitischen Gründen als wichtig eingeschätzt wird. Bei solchen, in jedem Fall defizitären Verkehren leistet der Aufgabenträger eine Zahlung an das Verkehrsunternehmen als Kompensation.

Für eigenwirtschaftliche Verkehre existiert kein freier Marktzutritt. Eigenwirtschaftliche Linienkonzessionen („Normal-Genehmigung"[615]) müssen nicht ausgeschrieben werden, sondern werden von der Genehmigungsbehörde gemäß § 13 PBefG vergeben. In aller Regel wird dem bislang tätigen Altunternehmen eine beantragte Konzession wieder erteilt, sofern ein Konkurrenzantrag nicht vorliegt oder ein solcher kein besseres Verkehrskonzept im Sinne des „öffentlichen Verkehrsinteresses" enthält.[616] Eine Begründung für diese institutionelle Marktzutrittsschranke lautet, daß erstens der ÖPNV als Dienstleistung von allgemeinem

---

[612] § 8 Abs. 4 PBefG.

[613] MUTHESIUS, T. (1997), S. 81.

[614] Vgl. ebenda.

[615] PÜTTNER, G. (1997), S. 92.

[616] Vgl. § 13 Abs. 2 Nr.2 lit. a) bis c) PBefG. „Bei den öffentlichen Verkehrsinteressen handelt es sich um einen unbestimmten Rechtsbegriff mit prognostischen und planerischen Elementen, der einen gerichtlich nur eingeschränkt überprüfbaren Beurteilungsspielraum eröffnet." BARTH, S. (2000), S. 47.

Interesse kontinuierlich, regelmäßig und zuverlässig erbracht werden müsse und daß zweitens die bereits im Markt befindlichen Unternehmen vor ruinöser Konkurrenz geschützt werden sollten, da diese für die Verkehrsbedienung in der Vergangenheit „jahrelang persönliche und sächliche Mittel bereitgestellt und unter anderem damit für einen ordnungsgemäß funktionierenden"[617] Verkehr gesorgt haben, während der Neubewerber noch keine Investitionen getätigt hat. Darüber hinaus besteht mangels objektiver Kriterien zur Identifikation eines „besseren Verkehrsangebots" ein praktisch vollständiger Schutz der etablierten Unternehmen bei eigenwirtschaftlichen Verkehren.[618]

Demgegenüber sieht der Gesetzgeber bei gemeinwirtschaftlichen Verkehren zumindest Ausschreibungen durch den Aufgabenträger und damit Wettbewerb auf der Anbieterseite beim Marktzutritt vor. Dies ergibt sich aus der Vorschrift des § 13a PBefG, wonach diejenige Lösung zu wählen ist, die zu den geringsten Kosten für die Allgemeinheit führt.[619] Nach einer Verordnung des Bundesverkehrsministeriums sind dies die Kosten, die die niedrigsten Haushaltsbelastungen verursachen.[620] Zusätzlich darf bei der Vergabe gemeinwirtschaftlicher Verkehre der Grundsatz der Gleichbehandlung der Verkehrsunternehmen nicht verletzt werden.[621] Somit entfällt der vormalige Bestandsschutz für etablierte Unternehmen. Die Genehmigung kann nur versagt werden, wenn die Genehmigungsbehörde zu der Feststellung gelangen würde, der Aufgabenträger habe die Verkehre nicht zu den geringsten Kosten für die Allgemeinheit oder unter Verletzung des Gleichbehandlungsgrundsatzes vergeben. „Die Genehmigungsbehörde gewinnt damit unter Umständen erheblichen Einfluß auf die Nahverkehrsplanung des Aufgabenträgers, indem sie aus eigenem Antrieb nach kostengünstigeren Alternativen sucht und deren Durchsetzung verlangt."[622]

---

617 VGH BW Urteil vom 20.05.1992 – 14 SPNV 650/90 – NVwZ-RR 1993, S. 292 f.

618 Vgl. DIW (1998a), S. 313. In der Praxis kamen konkurrierende Genehmigungsanträge bislang kaum vor, was mit der im Interesse einer integrierten Verkehrsbedienung geförderten Zusammenarbeit von Verkehrsunternehmen zu begründen ist. Im Rahmen von Demarkationsabsprachen erklären die beteiligten Unternehmen den Verzicht auf konkurrierende Antragstellungen. Die Genehmigungsbehörde erteilt die absprachegemäß beantragten Konzessionen und wird hierbei „letztlich nur noch als Notar tätig." FROMM, G. (1986), S. 73 und S. 79.

619 Die gesetzliche Vorgabe zur Ausschreibungspflicht ist nur in § 12 a PBefG i.V.m Verordnung EWG Nr. 1191/69 des Rates in der Fassung VO (EWG) Nr. 1893/91 enthalten.

620 Vgl. Verordnung zur Anwendung von § 13 a Abs. 1 im Satz 1 des Personenbeförderungsgesetzes vom 15.12.1995, BGBl. I, S. 1705.

621 Vgl. § 13a Abs. 2 PBefG.

622 PÜTTNER, G. (1997), S. 100, der als Beispiel erläutert: „ Das Gesetz schweigt an dieser Stelle zu dem immerhin in §7 RegG verankerten Vorrang des SPNV. Sollte sich herausstellen, daß in vielen Fällen die Heranziehung von Schienenverkehr teurer zu stehen kommt als die Busbedienung, so fragt sich, ob die Genehmigungsbehörde in diesen Fällen über § 13 a PBefG die Bevorzugung des Busverkehrs fördern oder durchsetzen kann oder gar durchsetzen muß."

Folglich ist die Abgrenzung zwischen eigenwirtschaftlichen und gemeinwirtschaftlichen Verkehren höchst bedeutsam. Vor allem die Zuordnung der Unternehmenserträge im handelsrechtlichen Sinne ist umstritten, weil von ihnen wettbewerbshemmende Wirkungen ausgehen können. In der Praxis legen die meisten Kommunen eine sehr weite Interpretation von Unternehmenserträgen im handelsrechtlichen Sinne zugrunde, so daß sie die zu erbringende Verkehrsleistung als eigenwirtschaftlich deklarieren und die Ausschreibungspflicht umgehen können. Private Konkurrenten öffentlicher Unternehmen haben hingegen juristisch Erfolge erzielt, indem ihnen mittlere Gerichtsinstanzen bei einer engen Auslegung des Begriffs „eigenwirtschaftlich" folgten[623] und die oftmals gewährten Betriebskostenzuschüsse nicht zu den „sonstigen Erträgen" zählten. Allerdings bleibt ein - ursprünglich für das Jahr 2002 erwartetes, zwischenzeitlich aber auf das Jahr 2003 terminiertes[624] - Urteil des Europäischen Gerichtshofes (EuGH) abzuwarten, bei dem es um die Frage geht, ob Beihilfen jedweder Art heutige eigenwirtschaftliche Verkehre künftig zu gemeinwirtschaftlichen Verkehren machen, die dann ausgeschrieben werden müßten.[625]

Somit stehen die Rechtslage und die tatsächlichen Marktverhältnisse im ÖSPV in Deutschland faktisch in weitgehendem Konflikt zur intendierten Marktöffnung der Europäischen Kommission, die in ihrem Verordnungsentwurf[626] vorsieht, daß Exklusivrechte zur Erbringung vertraglich definierter Verkehrsleistungen mittels Ausschreibungen vergeben werden (siehe Unterkapitel 2.1.1.1 oben).

2.1.2.3 SPNV

Im SPNV existiert die besondere Problematik, daß im Unterschied zum Busverkehr die Eisenbahnen eine spezifische Infrastruktur (Schienennetz und Bahnhöfe sowie - zumindest in manchen Verkehrsnetzen - bestimmte Fahrzeugtypen) benötigen. Zu unterscheiden ist demnach zwischen Eisenbahnunternehmen, die Verkehrsleistungen erbringen (Eisenbahnverkehrsunternehmen), und solchen, die eine Eisenbahninfrastruktur betreiben (Eisenbahninfrastrukturunternehmen). Bei der Regulierung des Marktzutritts geht es erstens um den generellen Zugang

---

623 Vgl. Entscheidung des OVG Magdeburg vom 07.04.1998, A 1/4 SPNV 221/97 LKV. sowie Beschluß des VG München, A 1/4 SPNV 222/97.

624 Vgl. o.V. (2002).

625 Vgl. KUTTIG, L. (2002), S. 8.

626 Vgl. Verordnungsentwurf zur Neufassung der VO (EWG) 1191/69 in der Fassung der VO (EWG) 1893/91, Stand vom 26.07.2000. Bis Mitte Oktober des Jahres 2002 hat sich der EU-Verkehrsministerrat nicht auf eine gemeinsame Position verständigt, so daß erst im Jahr 2003 mit einer Verabschiedung der neuen Verordnung zu rechnen ist. Vgl. o.V. (2002).

für Eisenbahnverkehrsunternehmen sowie für Eisenbahninfrastrukturunternehmen zum SPNV-Markt an sich und zweitens um den Zugang der Eisenbahnverkehrsunternehmen zur Netzinfrastruktur.

Um überhaupt Eisenbahnverkehrsleistungen erbringen oder den Betrieb der Eisenbahninfrastruktur aufnehmen zu dürfen, muß ein Unternehmen über eine Genehmigung verfügen.[627] Diese erteilt das Eisenbahnbundesamt in den Fällen der Eisenbahnen des Bundes nach Prüfung der fachlichen Eignungsvoraussetzungen. Zuständig für die Genehmigung und Beaufsichtigung von NE mit Sitz in Deutschland sind Landesbehörden. Die Landesregierungen können die Aufgaben dem Eisenbahnbundesamt übertragen.[628]

Im Bereich der Netzinfrastruktur verfolgt die EU das Ziel, die Netzmonopole der Eisenbahnunternehmen aufzubrechen und Wettbewerbern den Zugang zur Eisenbahninfrastruktur zu öffnen[629] und somit den Grundsatz der Dienstleistungsfreiheit gemäß Art. 59 und 61 EG-Vertrag auf dem Eisenbahnmarkt anzuwenden. Die Realisierung der Öffnung der Fahrwege setzt die Trennung zwischen dem Betrieb der Netzinfrastruktur und der Erbringung von Eisenbahnverkehrsleistungen – zumindest in der Rechnungsführung – voraus.[630]

In Deutschland wurde diese EG-Richtlinie bereits im AEG umgesetzt und auf alle öffentlichen deutschen Eisenbahnen ausgedehnt.[631] Im AEG werden die Eisenbahnverkehrsunternehmen zur Kooperation verpflichtet. Jede öffentliche Eisenbahn hat benachbarten öffentlichen Eisenbahnen mit Sitz in Deutschland den Anschluß an ihre Eisenbahninfrastruktur zu gestatten. Alle deutschen und bestimmte ausländische Eisenbahnverkehrsunternehmen haben das Recht auf diskriminierungsfreien Zugang zur Eisenbahninfrastruktur von Eisenbahninfrastrukturunternehmen, die dem öffentlichen Verkehr dienen.[632] Das Recht, auf fremden Eisenbahnstrecken Eisenbahnverkehrsleistungen zu erbringen, gilt auch

---

627 Vgl. §§ 5 und 6 AEG.

628 Vgl. BUNDESMINISTERIUM FÜR VERKEHR, BAU- UND WOHNUNGSWESEN (1999), S. 26.

629 Vgl. Art. 10 des Vorschlags zur Änderung der Richtlinie 91/440/EWG (95 C 321/06) vom 19.09.1995, Abl. der EG Nr. C 321/10 vom 01.12.1995.

630 Vgl. Art. 6 des Vorschlags zur Änderung der Richtlinie 91/440/EWG (95 C 321/06) vom 19.09.1995, Abl. der EG Nr. C 321/10 vom 01.12.1995.

631 Vgl. § 14 AEG. Im Unterschied zur EWG-Richtlinie 91/440 wird im AEG der Netzzugang von Dritten nicht nur zwischenstaatlich, sondern auch für den nationalen Verkehr eingeräumt. Denn während in der Richtlinie nur das Ziel verfolgt wird, den Eisenbahnverkehr im Binnenmarkt durch die Aufhebung der nationalen Abschottung insgesamt zu fördern, wird mit dem AEG darüber hinaus beabsichtigt, auf der Schiene Wettbewerb zuzulassen. Vgl. SCHWALBACH, M. (1996), S. 30.

632 Vgl. § 19 Abs. 4 GWB und § 14 Abs. 1 AEG.

für die Unternehmen des SPNV.[633] Bei der Trassenvergabe hat das Eisenbahnbundesamt die Funktion einer Schiedsstelle, wenn sich Eisenbahnverkehrs- und Eisenbahninfrastrukturunternehmen in bezug auf Einzelheiten des Netzzugangs nicht einigen können.[634] Eine Alternative zur Benutzung fremder Eisenbahninfrastruktur für den SPNV stellt der Erwerb solcher Strecken durch den Aufgabenträger oder den Betreiber (Dienstleistungserbringer) dar. Die Deutsche Bahn AG ist zur Übergabe von Streckeninfrastruktur berechtigt und verpflichtet.[635]

Neben dem Infrastrukturzugang wird die Verteilung der Fahrplantrassen im SPNV stark reguliert. Auslaufende Streckenkonzessionen der Deutschen Bahn AG können für einzelne Strecken oder ganze Netze im SPNV gemäß § 15 Abs. 2 AEG vom Aufgabenträger neu im Rahmen eines Wettbewerbs vergeben werden. Dadurch haben die nichtbundeseigenen Konkurrenten der DB Regio AG theoretisch die Möglichkeit eines Marktzutritts. Maßgeblich für die Bestellung (Vereinbarung oder Auferlegung) gemeinwirtschaftlicher Verkehre durch die Aufgabenträger im SPNV ist die EG-Verordnung 1893/91. Die Aufgabenträger können die gemeinwirtschaftlichen Leistungen ausschreiben, sind dazu europarechtlich aber nicht verpflichtet.[636]

Soll der SPNV auf schwach genutzten Strecken aufgegeben werden, gilt ein gesetzlich vorgeschriebenes Verfahren für Streckenstillegungen bzw. für die deutliche Verringerung der Angebotskapazität. Das Eisenbahninfrastrukturunternehmen, das eine Stillegungsgenehmigung beantragt, muß darlegen, warum eine Aufrechterhaltung unzumutbar wäre und daß es erfolglos mit Dritten über eine Übernahme der Infrastruktureinrichtungen verhandelt hat. Wird die Genehmigung nicht erteilt, muß ein Kostenausgleich zugunsten des Antragstellers erfolgen. Spätestens nach einem Jahr gilt die Genehmigung automatisch als erteilt. Alternativ kann es auf Verlangen einer Gebietskörperschaft zu einem Verfahren zur Übertragung von Liegenschaften auf Dritte kommen.[637]

---

633 Die Rechtsbeziehungen zwischen dem Dienstleistungserbringer und dem Fahrwegbetreiber werden im AEG – wie in der Richtlinie 91/440/EWG – nur knapp geregelt. Anders als diese Richtlinie gelten die Regelungen im AEG auch für Eisenbahnverkehrsunternehmen, deren Tätigkeit auf den Stadtverkehr, Vorortverkehr oder Regionalverkehr beschränkt ist. Vgl. Art. 2 Nr. 2 der Richtlinie 91/440/EWG.

634 Vgl. § 14 Abs. 4 f. AEG.

635 Vgl. Art. 26 des Gesetzes zur Zusammenführung und Neugliederung der Bundeseisenbahnen vom 27.12.1993, BGBl. I, S. 2378.

636 Vgl. EIERMANN, R. (1997), S. 118, PÜTTNER, G. (1997), S. 79.

637 Vgl. BUNDESMINISTERIUM FÜR VERKEHR, BAU- UND WOHNUNGSWESEN (1999), S. 26.

2.1.3 Qualitätsregulierung und Preisregulierung

Das novellierte PBefG sieht für den ÖSPV eine grundsätzliche Verantwortlichkeit des Verkehrsunternehmers für die Wirtschaftlichkeit der von ihm betriebenen Verkehre vor. Jedes Verkehrsunternehmen gestaltet die ihm genehmigten Verkehre aus, hat das Tarifbildungsrecht und legt den Fahrplan fest. Doch existiert daneben eine umfassende Qualitätsregulierung, da die Bundes- und Landesgesetzgeber der Verwirklichung beispielsweise von integrierten ÖPNV-Netzen, abgestimmten Anschlußbeziehungen und tariflicher Kooperation aller Verkehrsträger einen sehr hohen Stellenwert eingeräumt haben. Das PBefG kennt Zustimmungsvorbehalte, behördliche Eingriffsbefugnisse und Unternehmerpflichten. Der Verkehrsunternehmer ist gemäß § 21 PBefG verpflichtet, den genehmigten Linienbetrieb aufzunehmen und aufrechtzuerhalten (Betriebspflicht) und nach Möglichkeit jede Person zu befördern (Beförderungspflicht gemäß § 22 PBefG). Die Beförderungsentgelte und –bedingungen sowie die Fahrpläne bedürfen der vorherigen behördlichen Genehmigung. Den Genehmigungsbehörden obliegt ferner die Abstimmung oder der Verbund der Beförderungsentgelte sowie der Fahrpläne und die Förderung zusammenhängender Liniennetze als Elemente einer integrierten Nahverkehrsbedienung. Damit wird der Gefahr begegnet, daß das Prinzip der Linienkonzessionen zu einem uneinheitlichen Bedienungsangebot im ÖSPV führt.[638]

Wünsche und Vorstellungen des Aufgabenträgers zu Preisen und zur Qualität des ÖSPV-Angebots können die Verkehrsunternehmen im ÖSPV aufgreifen, sie müssen es aber nicht. Allerdings können die zumeist kommunalen Eigentümer der Verkehrsunternehmen im Rahmen des Gesellschaftsrechts auf ihre Unternehmen einwirken – den Aufgabenträger ist dies nicht möglich.[639] Die Aufgabenträger wurden jedoch in den Landesnahverkehrsgesetzen verpflichtet, einen Nahverkehrsplan für ihr Gebiet aufzustellen. Die inhaltlichen Vorgaben gehen teilweise über die Anforderungen des PBefG an den Nahverkehrsplan hinaus. Die kreisfreien Städte und Landkreise haben mit dem Nahverkehrsplan ein Instrument in die Hand bekommen, mit dem sie zumindest einen stärkeren Einfluß auf den ÖPNV ausüben können als vor der Regionalisierung.[640] In den meisten Ländern werden zusätzlich ein landesweiter oder mehrere regionale Nahverkehrspläne für den SPNV aufgestellt.

---

638 Vgl. BARTH, S. (2000), S. 50.

639 Vgl. PÜTTNER, G. (1997), S. 100.

640 Die eigentliche Genehmigung der Linienverkehre obliegt allerdings der staatlichen Genehmigungsbehörde. Vgl. BUNDESMINISTERIUM FÜR VERKEHR, BAU- UND WOHNUNGSWESEN (1999), S. 34.

Im SPNV bedürfen sowohl die Beförderungsbedingungen, als auch die Entgelte einer Genehmigung der Landesverkehrsbehörden.[641] Die Tarifgenehmigung ist eine Maßnahme der Eisenbahnaufsicht, sie wird von der nach § 5 AEG zuständigen Landesbehörde ausgeübt, die in der Regel eine andere Behörde ist als die des Aufgabenträgers.[642] Öffentliche Eisenbahnverkehrsunternehmen sind generell verpflichtet, daran mitzuwirken, daß für die Beförderung von Personen, die sich auf mehrere aneinander anschließende Eisenbahnen des öffentlichen Verkehrs erstreckt, eine direkte Abfertigung eingerichtet wird und daß durchgehende Tarife aufgestellt werden.[643]

Die EG hat die Mitgliedstaaten mit der Richtlinie 95/19/EG verpflichtet, eine Behörde einzurichten, die die Fahrwegkapazität zuweist[644] und die überprüft, daß die Eisenbahnverkehrsunternehmen in der Lage sind, einen gefahrlosen Verkehrsdienst erbringen zu können.[645] Dazu wurde in Deutschland die Eisenbahninfrastruktur-Benutzungsverordnung (EIBV)[646] verabschiedet, die die Benutzung öffentlicher Schienenwege, Zugtrassen, weiterer Anlagen und Einrichtungen sowie Personenbahnsteige und Rangiergleise regelt.[647] Die Kontrollaufgaben liegen beim Eisenbahnbundesamt.

Obwohl es sich um privatrechtliche Entgelte handelt, sind die Trassenpreise der DB Netz AG der Preisregulierung unterworfen, da sie für den Zugang zu einer wesentlichen Einrichtung erhoben werden. Mit dem zum 01.04.2001 in Kraft getretenen neuen Trassenpreissystem reagierte die DB Netz AG auf die Kritik zahlreicher Wettbewerber und des Bundeskartellamts an den seit 1998 geltenden zweistufigen Trassenpreisen. Diese hatten die Wirkung von Mengenrabatten und begünstigten die DB-Verkehrsanbieter. Das neue einstufige System entlastet laut DB Netz AG Geringnutzer gegenüber vorherigen Regelungen. Allerdings wurden sogenannte Regionalfaktoren in die Berechnungsformel der Trassenpreise eingeführt. Laut DB Netz AG werden die Trassenpreissteigerungen durch die Regionalfaktoren zu elf Prozent von den Wettbewerbern der Bahn getragen, während der Marktanteil der Wettbewerber bei nur acht Prozent

---

641 Vgl. §§ 10, 12 AEG.

642 Vgl. EIERMANN, R. (1997), S. 122.

643 Vgl. § 12 Abs. 1 AEG.

644 Vgl. Art 3 der Richtlinie 95/19/EG vom 19.06.1996, Abl. der EG Nr. L 143 vom 27.06.1995, S. 75.

645 Vgl. ebenda, Art. 11.

646 Vgl. Verordnung über die diskriminierungsfreie Benutzung der Eisenbahninfrastruktur und über die Grundsätze zur Erhebung von Entgelten für die Benutzung der Eisenbahninfrastruktur, vom 17.12.1997, BGBl. I, S. 3153.

647 All dies umfaßt der Begriff Eisenbahninfrastruktur, da nur so ein Eisenbahnverkehrsunternehmen seinen Betrieb sicher und zweckmäßig führen kann.

liegt.[648] Ein wesentliches Merkmal der Qualitätsregulierung ist die Vorgabe im AEG, daß bei der Vergabe von Fahrplantrassen vertakteter oder ins Netz eingebundener Verkehr angemessen zu berücksichtigen ist.[649] Da insbesondere die Betriebssparten der Deutsche Bahn AG in das Netz eingebunden sind sowie vertakteten Verkehr anbieten, ist auf die Gefahr hinzuweisen, daß Dritte, die das Netz der Deutsche Bahn AG nutzen möchten, durch die Auslegung der Gesetzesvorschrift im Sinne einer Vorrangstellung der Taktverkehre der Deutschen Bahn AG diskriminiert werden.[650]

2.2 *Finanzierung*

Mit den am Markt erzielten Einnahmen decken die ÖPNV-Unternehmen nur einen kleinen Teil ihrer Kosten. Denn die meisten Nahverkehrsleistungen in Deutschland werden zu Entgelten erbracht, die für eine vollständige Deckung der betriebswirtschaftlichen Kosten bei weitem zu gering sind. Negative externe Effekte (z. B. Umweltbelastungen), die durch die ÖPNV-Nutzung verursacht werden, bleiben ebenfalls weitgehend – wie auch im MIV - unberücksichtigt. Die Subventionierung im ÖPNV erfolgt größtenteils durch direkte Zahlungen an die Verkehrsunternehmen (Objektförderung) und wird - wie auch einige Vorschriften der Preis- und Qualitätsregulierung- vor allem mit distributionspolitischen Zielen begründet.[651] Das finanzielle ÖPNV-Defizit tragen Bund, Ländern und Gemeinden.[652] Neben den direkten Finanzierungshilfen des Staates und der Gebietskörperschaften an Unternehmen finden sich ÖPNV-Vergünstigungen im Steuerrecht.

Die Struktur der Einnahmen und Erträge im ÖPNV ist vielfältig und komplex. Ihr Umfang ist aufgrund von Erfassungs- und Abgrenzungsschwierigkeiten umstritten.[653] Allerdings können für eine wettbewerbspolitische Analyse in hinrei-

---

648 Vgl. DEUTSCHE BAHN AG (2002b), S. 26 f.

649 Vgl. § 14, Abs. 1 AEG. Es wird nicht näher bestimmt, was „angemessen“ bedeutet.

650 Vgl. SCHWALBACH, M. (1996), S. 30.

651 Direkte Finanztransfers an die sozialpolitischen Zielgruppen (Subjektförderung) erfolgen nur in wenigen Ausnahmefällen, etwa indirekt durch Beförderungsgutscheine im Ausbildungsverkehr.

652 Diese politisch gewollten und überwiegend öffentlich finanzierten Verkehrsdienste sollen vom Beihilfeverbot (Art. 73 EG-Vertrag i.V.m. Art. 87 EGV) in der derzeit gültigen EU Sektorrichtlinie 1191/69 zur „ausreichenden Verkehrsbedienung“ und „im Interesse“ bestimmter Bevölkerungsgruppen“ ausgenommen werden (Art. 1 EG-Verordnung 1191/69 i.d.F. der VO (EWG) 1893/91).

653 Hinsichtlich der öffentlichen Finanzierungshilfen sind lediglich die Bundesmittel vollständig darstellbar, während ein Überblick über Umfang und Struktur der jeweiligen Landesmittel bislang nicht vorliegt, was damit zu erklären ist, daß die Länder gegenüber dem Bund oder einer anderen zentralen Stelle nicht meldepflichtig sind. Vgl. BUNDESREGIERUNG (1997b), S. 1.

chendem Maße Tendenzen identifiziert werden. Bei den Einnahmen des ÖPNV lassen sich am Markt erzielte Umsätze von Formen der Defizitfinanzierung unterscheiden.

Die Marktumsätze werden unterschiedlich hoch angegeben. Die Bundesregierung bezifferte die Gesamterträge des ÖPNV im Jahr 1993 mit 12,0 Mrd. Euro, wobei die von den Verkehrsunternehmen unmittelbar erzielten Umsatzerträge (aus Fahrausweisen, freigestelltem Schülerverkehr, erhöhtem Beförderungsentgelt und Werbeeinnahmen) nur mit 6,6 Mrd. Euro angegeben wurden.[654] Nach Berechnungen von Ewers/ Ilgmann beliefen sich die am Markt erzielten Einnahmen im ÖPNV im Jahr 1997 auf rund 9,2 Mrd. Euro.[655] Für den ÖSPV alleine - ÖPNV ohne SPNV - gab Meyer die Marktumsätze mit 6,2 Mrd. Euro im Jahr 1997 an.[656] Über den Umfang der Finanzleistungen der öffentlichen Hand für den ÖPNV gibt es ebenfalls unterschiedliche Angaben. Laut Angaben der Bundesregierung summierte sich die Gesamtbelastung der öffentlichen Haushalte durch Finanzleistungen für den ÖPNV im Jahr 1993 auf 16,6 Mrd. Euro.[657] Die öffentlichen Mittel zur Defizitfinanzierung im ÖPNV betrugen laut Ewers/ Ilgmann im Jahr 1997 knapp 11,2 Mrd. Euro.[658] Die finanziellen Leistungen der öffentlichen Haushalte stammen aus unterschiedlichen Quellen mit verschiedenen rechtlichen Grundlagen, von denen die wichtigsten im folgenden erläutert werden.

Regionalisierungsmittel des Bundes
Mehr als ein Drittel der öffentlichen Finanzleistungen für den ÖPNV in Deutschland trägt der Bund, indem er den Ländern jährlich gemäß Art. 106a GG Zahlungen für die Übernahme der Zuständigkeiten für den ÖPNV leistet. Seit 1997 wurden jährlich etwas mehr als sechs Milliarden Euro an Regionalisierungsmitteln überwiesen. Das Regionalisierungsgesetz legt dazu fest, daß diese Zahlungen aus dem Mineralölsteueraufkommen des Bundes erfolgen.[659]

Die Regionalisierungsmittel bestehen erstens aus einem Sockelbetrag, mit dem das Angebot im SPNV nach dem Fahrplan 1993/94 finanziert werden soll.[660] Im Jahr 1997 wurden dabei 7,9 Mrd. DM - vorwiegend für Betriebsleistungsmittel -

---

654 Vgl. BUNDESREGIERUNG (1997b), S. 1.

655 Vgl. EWERS, H.-J./ILGMANN, G. (2000), S. 134 f.

656 Vgl. MEYER, D. (2001), S. 27.

657 Vgl. BUNDESREGIERUNG (1997b).

658 Vgl. EWERS, H.-J./ILGMANN, G. (2000), S. 134 f.

659 Vgl. §§ 5 ff. RegG. Während es sich vor der Regionalisierung bei den Ausgleichszahlungen um Subventionen handelte, die der Bund an die DB AG zahlte, wurde die Finanzierung des ÖPNV seither ähnlich wie der Finanzausgleich zwischen Bund und Ländern ausgestaltet.

660 Vgl. § 8 I RegG.

gewährt. Zweitens stehen den Ländern Regionalisierungsmittel gemäß § 8 II RegG zu, mit denen betriebliche und investive Verbesserungen im Nahverkehr gegenüber dem Angebot von 1993/94 erreicht werden sollen. Dadurch wurden im Jahr 1997 4,1 Mrd. DM für Betriebsleistungen von Bus und Bahn als auch für Investitionen in Fahrzeuge und Infrastruktur vom Bund gezahlt. Zusammen ergab sich ein Grundbetrag in Höhe von 12 Mrd. DM, der ab dem Jahr 1998 entsprechend der Wachstumsrate des Umsatzsteueraufkommens anstieg. Im Jahr 2002 wurde das Regionalisierungsgesetz reformiert und festgelegt, daß die Länder im Jahr 2002 vom Bund rund 6,75 Mrd. Euro für die Bestellung von Nahverkehrsleistungen erhalten sollen.[661] Bis 2007 steigen die Regionalisierungsmittel bei einer jährlichen Steigerungsrate von 1,5 Prozent auf rund 7,3 Mrd. Euro. Dann soll das Gesetz erneut überprüft werden.

Gemeindeverkehrsfinanzierungsgesetz
Der Bund gewährt den Ländern ferner im Rahmen des Art. 104a Abs. 4 GG Finanzhilfen für Investitionen, um die Verkehrsverhältnisse der Gemeinden im Bereich des kommunalen Straßenbaus (KStB) und des ÖPNV zu verbessern. Die Einzelheiten werden im Gemeindeverkehrsfinanzierungsgesetz (GVFG)[662] geregelt. Aufgrund des GVFG standen im Jahr 2000 insgesamt 3,28 Mrd. DM an Fördermitteln zur Verfügung, wovon für den ÖPNV 1,517 Mrd. DM verausgabt und überwiegend für U-Bahn, Stadtbahn- und S-Bahnvorhaben verwendet wurden.[663] Insgesamt wurden 1.473 ÖPNV-Maßnahmen durch das GVFG gefördert, [664] darunter Infrastrukturmaßnahmen im Umfang von 1,185 Mrd. DM und Investitionen in Fahrzeuge in Höhe von 0,332 Mrd. DM.[665] Die Länder konnten folgende Vorhaben durch Zuwendungen aus den Bundesfinanzhilfen fördern, soweit sie dem ÖPNV dienten:[666]

- Bau oder Ausbau von Verkehrswegen der (1) Straßen-, Hoch- und Untergrundbahnen sowie der Bahnen besonderer Bauart, (2) nichtbundeseigenen Eisenbahnen,

---

661 Im Zuge der Gesetzesänderung verzichtete der Bund auf eine Rückforderung von 750 Millionen Euro, auf die der Bund nach der bisherigen Gesetzeslage einen Rechtsanspruch hatte.

662 Vgl. Gemeindeverkehrsfinanzierungsgesetz (GVFG) i. d. F. der Bek. vom 28.01.1988, BGBl. I, S. 100, geändert durch das Gesetz vom 27.12.1993, BGBl. I; S. 2378, 2417 und zuletzt geändert durch Artikel 3 des Gesetzes zur Änderung des Eisenbahnkreuzzungsgesetzes und anderer Gesetze vom 09.09.1998, BGBl. I S. 2858.

663 Weitere 1,659 Mrd. DM der gesamten GVFG-Mittel wurden im Jahr 2000 für den kommunalen Straßenbau verausgabt. Vgl. BUNDESMINISTERIUM FÜR VERKEHR, BAU- UND WOHNUNGSWESEN (2001), S. 4 f.

664 Vgl. ebenda, S. 5.

665 Vgl. ebenda, S. 18.

666 Vgl. ebenda sowie EWERS, H.-J./ILGMANN, G. (2000), S. 135 ff.

- Bau oder Ausbau von zentralen Omnibusbahnhöfen und Haltestelleneinrichtungen sowie von Betriebshöfen und zentralen Werkstätten,
- Beschleunigungsmaßnahmen für den ÖPNV wie rechnergesteuerte Betriebsleitsysteme oder technische Maßnahmen zur Steuerung von Lichtsignalanlagen,
- Beschaffung standardisierter Linienomnibusse und Gelenkomnibusse, soweit sie der Verbesserung von Linienverkehren dienen, und von ÖPNV-Schienenfahrzeugen.[667]

Der Einsatz der GVFG-Mittel wird ausschließlich bzw. maßgeblich von den Ländern bestimmt. Auch die Durchführung ist Sache der Länder.[668] Sie stellen eigenständig sogenannte Länderprogramme für die Mittelverwendung im ÖPNV (und im KStB) auf. Das Bundesverkehrsministerium stellt auf Vorschlag und im Benehmen mit den Ländern ergänzende Bundesprogramme für einzelne große Schienenvorhaben über 100 Mio. DM in Agglomerationen auf. Rund 80 Prozent der GVFG-Mittel entfallen auf die Länderprogramme und 20 Prozent auf die Bundesprogramme.

Der Einsatz der GVFG-Mittel erfolgt zu rund einem Viertel des Finanzvolumens in den neuen und zu drei Vierteln in den alten Ländern. Seit dem Verkehrsfinanzgesetz von 1971 beträgt der Förderhöchstsatz 60 Prozent. Die Fördersätze in den fünf neuen Flächenländern wurden zeitlich begrenzt auf bis zu 75 Prozent der zuwendungsfähigen Infrastrukturkosten und auf bis zu 37,5 Prozent der Anschaffungskosten bei Bussen angehoben. Mehrere Restriktionen beim Mitteleinsatz wurden in den 1990er Jahren abgeschafft. SPNV-Vorhaben können in Landesprogrammen seitdem auch außerhalb von Agglomerationen gefördert werden. Die Vorgabe für die Aufteilung der GVFG-Mittel zwischen ÖPNV und KStB wurde abgeschafft.[669] Auch die ‚Bagatellgrenze' von 200.000 DM Mindestvolumen je Maßnahme wurde aufgehoben.

---

667 Hinzu kommt in den neuen Ländern die Modernisierung und Umrüstung vorhandener Straßenbahnfahrzeuge.

668 Vgl. §§ 2, 8 und 9 GVFG.

669 Zuvor existierte im GVFG die Vorschrift, die das Verhältnis der Finanzhilfen im ÖPNV und im KStB bestimmte. Es betrug anfangs (Jahr 1967) 40:60 und ab dem Jahr 1972 50:50 samt einer Umschichtungsoption zugunsten des ÖPNV. Vgl. BUNDESMINISTERIUM FÜR VERKEHR, BAU- UND WOHNUNGSWESEN (2001), S. 6 ff.

Tabelle 11: Zweckgebundener Anteil des Mineralölsteueraufkommens, GVFG-Mittel insgesamt und GVFG-Mittel für ÖPNV-Investitionen

Jahr	Zweckgebunder Anteil des Mineralölsteuer-aufkommens (Mrd. DM)	Verausgabte GVFG-Mittel des Bundes	Davon Finanzhilfen für Investitionen im ÖPNV *)
1985	2569	2632	1403
1990	3079	2626	1408
1991	3583	4502	2132
1995	3812	6280	4032
1996	3875	6280	3852
1997	3929	3280	1876
1998*)		3247	1618
1999*)		3173	1593
2000*)		3182	1517

*) Jeweiliger Jahresabschluß.

Quelle: Ratzenberger, R. (1996), S. 210 sowie Bundesministerium für Verkehr, Bau- und Wohnungswesen (2001), S. 21. Ab dem Jahr 1991 Daten für Gesamtdeutschland.

Zur Finanzierung der GVFG-Mittel für ÖPNV und KStB wurden Teile des Mineralölsteueraufkommens zweckgebunden.[670] Nach der Wiedervereinigung stiegen die GVFG-Mittel kräftig und erreichten in den Jahren 1994 bis 1996 eine Höhe von 6,28 Mrd. DM, so daß sie die aus der Zweckbindung des Mineralölsteueraufkommens resultierenden jährlichen Einnahmen erheblich übertrafen[671] (siehe Tabelle 11). Im Zuge der Regionalisierung wurden ab 1997 die Bundesmittel nach dem GVFG um 3,0 Mrd. DM reduziert, da im selben Jahr die

[670] Mit dem Steueränderungsgesetz 1966 wurde die Mineralölsteuer um drei Pfennig je Liter angehoben und das Mehraufkommen für Vorhaben zur Verbesserung der kommunalen Verkehrsverhältnisse zweckgebunden. Nach Steigerungen auf sechs Pfennig pro Liter ab dem Jahr 1972 und einer Kürzung um zehn Prozent nach dem Haushaltsstrukturgesetz ab 1976 wurde mit der Novellierung des GVFG im Jahr 1988 das Volumen der Hilfen auf 2,6 Mrd. DM plafondiert. Vgl. FROMM, G. (1988), S. 330 ff. sowie BUNDESMINISTERIUM FÜR VERKEHR, BAU- UND WOHNUNGSWESEN (2001), S. 6 ff.

[671] Vgl. RATZENBERGER, R. (1997), S. 210.

Regionalisierungsmittel um 3,3 Mrd. DM erhöht wurden.[672] Seit dem Jahr 1997 stand ein jährliches GVFG-Volumen von 3,28 Mrd. DM für ÖPNV und KStB zur Verfügung.[673]

Bundesschienenwegeausbaugesetz

Nach der Bahnreform wurde das Eigentum an den ehemals staatlichen Schienenwegen und den für den Bahnbetrieb notwendigen Anlagen der Deutschen Bahn AG übertragen. Über die Finanzierung der Investitionen für den Neu- und Ausbau sowie die Ersatzmaßnahmen werden Vereinbarungen zwischen dem Bund und der DB AG geschlossen. Der Bund gewährt Investitionszuschüsse und zinslose Darlehen. Grundlage dafür ist innerhalb der Bahnstrukturreform das Bundesschienenwegeausbaugesetz (BSchwAG)[674]. Im BSchwAG ist festgelegt, daß die vom Bund zur Verfügung gestellten Investitionsmittel für die Schienenwege der Eisenbahnen des Bundes zu 20 Prozent dem SPNV dienen. Allerdings ist erstens zu berücksichtigen, daß die Bundesschienenwege überwiegend gemischt von Zügen des SPFV, SPNV und Güterverkehrs genutzt werden, so daß eine Abgrenzung der eingesetzten Mittel nicht eindeutig erfolgen kann. Zweitens macht ein Ausbau von Fernverkehrsstrecken das System Bahn insgesamt attraktiver und dient so auch dem SPNV.

Der laufenden Fünfjahresplan für den Ausbau der Schienenwege der Eisenbahnen des Bundes in den Jahren 1998 bis 2002 geht von einem Finanzierungsvolumen des Bundes in Höhe von 18,4 Mrd. Euro aus, so daß der zwanzigprozentige Anteil für den SPNV 3,7 Mrd. Euro beträgt. Er setzt sich wie folgt zusammen:[675]

- 0,9 Mrd. Euro für reine SPNV-Maßnahmen, die zwischen der DB AG und den Ländern abzustimmen sind,
- 1,6 Mrd. Euro für Ersatzinvestitionen in demjenigen Teil des bestehenden Netzes, der überwiegend von SPNV-Zügen befahren wird,

---

672 Den Ländern stehen mit den 1996 eingeführten Regionalisierungsmitteln nunmehr gemäß Art. 106a GG originäre Ressourcen und nicht nur GVFG-Finanzhilfen des Bundes zur Verfügung.

673 Die Verteilung der Bundesmittel auf die Länderprogramme richtet sich nach den Kfz-Bestandszahlen. Diese werden in den Stadtstaaten Berlin, Hamburg und Bremen mit dem Faktor 1,35 multipliziert.

674 Vgl. Gesetz über den Ausbau der Schienenwege des Bundes (Bundesschienenwegeausbaugesetz, BSchwAG), BGBl. I 1993 S. 1874-1876, zuletzt geändert durch Gesetz vom 27.12.93 (BGBl. I 1993 S. 2378).

675 Vgl. BUNDESMINISTERIUM FÜR VERKEHR, BAU- UND WOHNUNGSWESEN (1999), S. 78.

- 1,2 Mrd. Euro für Anteile an Aus- und Neubauprojekten von Mischverkehrsstrecken.

In diesem Zusammenhang sind auch die Einmaleffekte des Abbaus der Altlasten des ehemaligen Sondervermögens Deutsche Reichsbahn durch den Bund zu nennen. Gemäß dem Deutsche Bahn Gründungsgesetz (DBGrG) hat der Bund der DB AG dafür Finanzmittel zur Verfügung zu stellen, um die Infrastruktur zu modernisieren und auszubauen und um ökologische Lasten zu beseitigen. Im Zeitraum 1994 bis 2002 werden bis zu 16,9 Mrd. Euro bereitgestellt, von denen mindestens 30 Prozent für Investitionen zu verwenden sind, die dem SPNV dienen.[676]

Beförderung von Schülern und schwerbehinderten Personen
Die öffentlichen Haushalte leisten für die entgeltfreie oder verbilligte Beförderung bestimmter Nutzergruppen Ausgleichszahlungen. Für die Schülerbeförderung stellten im Jahr 1997 - in aller Regel - die Schul- oder Kultusressorts der Länder rund 1,0 Mrd. Euro zur Verfügung, wozu sie gemäß § 45a PBefG verpflichtet sind. Die Integration der Schülerbeförderung in den allgemeinen Linienverkehr trägt vor allem im ländlichen Raum maßgeblich zur Finanzierung des ÖPNV bei. Weitere 0,3 Mrd. Euro betrugen die Ausgleichszahlungen der Länder für die Beförderung von schwerbehinderten Personen[677], deren Ansprüche sich aus §§ 59 ff. SchwbG ableiten.

Allerdings ist umstritten, ob die Summe der Erstattungen für die Ausbildungsverkehre und für die Vergünstigungen für die Beförderung schwerbehinderter Personen vollständig als Defizitfinanzierung zu werten ist, da es sich hierbei um Entgelte für erbrachte Leistungen handelt. Es ist aber davon auszugehen, daß ohne diese Erstattungen die zahlungskräftige Nachfrage nach diesen dann teureren Verkehren erheblich geringer ausfiele.

Unternehmenserträge im handelsrechtlichen Sinne u.ä.
Schließlich zählen zu den öffentlichen ÖPNV-Mitteln rund 2,5 Mrd. Euro pro Jahr, die zum einen auf Quersubventionen innerhalb öffentlicher Unternehmen zurückzuführen sind und zum anderen Zuschüsse und Einlagen der Eigentümer der öffentlichen Unternehmen umfassen.[678]

---

676 Vgl. BUNDESMINISTERIUM FÜR VERKEHR, BAU- UND WOHNUNGSWESEN (1999), S. 79.

677 Vgl. EWERS, H.-J./ILGMANN, G. (2000), S. 136.

678 Vgl. ebenda

Tabelle 12: Leistungen der öffentlichen Hand für den ÖPNV nach Leistungsarten

Finanzleistung im Jahr 1993*)	**Mrd. DM**
Investitionen	5,782
Defizitausgleiche und Betriebshilfen für ÖPNV-Betriebe	9,290
SPNV der DB (Ausgleichszahlungen)	7,096
Ausbildungsverkehr (Schülerbeförderung und Ausgleichszahlungen)	4,546
Schwerbehindertenbeförderung (Ausgleichszahlungen)	0,875
Steuererleichterungen (USt-Ermäßigung und Kfz-Steuerbefreiung)	1,060
Kooperationsförderung, Modellversuche, Planungen etc.	0,375
Investive und nichtinvestive Leistungen an die DB/DR (SPNV-Anteil)	3,359
Gesamtbelastung der öffentlichen Haushalte	**32,382**

*) Ähnlich differenzierte Angaben für die jüngste Vergangenheit liegen nicht vor.

Quelle: Bundesregierung (1997a).

Bei einer weiten Abgrenzung des Defizits im ÖPNV- es werden lediglich die am Markt erzielten Umsatzerlöse den Gesamtkosten gegenübergestellt - ergibt sich ein Kostendeckungsgrad im gesamten ÖPNV von nur rund 45 Prozent[679]. Im Jahr 1993 erreichten kommunale und gemischtwirtschaftliche Unternehmen laut Bundesregierung sogar nur einen Kostendeckungsgrad von 40,3 Prozent.[680] Zudem läßt diese Rechnung Einmaleffekte der Bahnreform außer acht. Der Bund hatte im Rahmen der formalen Privatisierung seiner Eisenbahnen eine umfangreiche Bilanzbereinigung vorgenommen. Das Anlagevermögen wurde zum 01.01.1994 um rund 80 Mrd. DM niedriger bewertet als am 31.12.1993 in den Abschlußbilanzen der Bundes- und Reichsbahn, so daß seitdem in geringerem Ausmaß Abschreibungen erwirtschaftet werden mußten. Zudem wurden die Altschulden der Bundes- und Reichsbahn in Höhe von rund 66 Mrd. DM dem Bundeseisenbahnvermögen aufgebürdet. Dem Bundeseisenbahnvermögen wurden auch finanzielle Altverpflichtungen der Bundesbahn und Reichsbahn im Personalbereich übertragen, so daß die Deutsche Bahn AG nicht mit Mehrkosten belastet wird, die aus dem öffentlichen Dienstrecht und den Besitzständen des übernommenen Personals, aus dem Beamtenstatus der Hälfte der Mitarbeiter

---

679 Vgl. ebenda.

680 Vgl. BUNDESREGIERUNG (1997b), Tab. 5.

(ursprünglich 100.000 Beamte) und aus dem Personalüberhang resultieren.[681] „Die Kostenentlastung der DB AG wurde insgesamt mit 247 Mrd. DM errechnet."[682]

Von den öffentlichen Hilfen für den ÖPNV entfallen rund 40 Prozent auf den ÖPNV in der Fläche und rund 60 Prozent auf Agglomerationen (siehe Tabelle 13). Es profitierten also die Agglomerationen in der Pro-Kopf-Betrachtung überproportional, denn sie erhielten 60 Prozent aller öffentlichen Finanzleistungen, während sie einen Bevölkerungsanteil von 42 Prozent aufweisen.

Tabelle 13: Finanzielle Leistungen der öffentlichen Hand für den ÖPNV nach Raumtypen im Jahr 1993

(Mrd. DM)	**Ballungsräume**	**Übrige Fläche**	**Insgesamt**
Bund	10,0	7,5	**17,5**
Länder	3,8	3,2	**7,0**
Gemeinden	5,7	2,2	**7,9**
Zusammen	**19,5**	**12,9**	**32,4**

Quelle: Bundesministerium für Verkehr, Bau- und Wohnungswesen (1999), S. 71, Tab. 11.

Der Bund setzte seine Mittel für den ÖPNV überwiegend zugunsten des SPNV ein. Der Großteil wurde für den SPNV in der Fläche aufgewendet. Dagegen floß die Investitionsförderung des Bundes (GVFG) zu knapp drei Vierteln in die Agglomerationen. Der Schwerpunkt der Länderföderung lag mit rund 55 Prozent bei der Schülerbeförderung. Demgegenüber setzten die Gemeinden mehr als 80 Prozent ihrer gesamten Mittel für den Defizitausgleich der kommunalen Verkehrsunternehmen ein, wovon 75 Prozent in die Agglomerationen und 25 Prozent in die übrigen Räume flossen.[683]

Die Entscheidung über den Einsatz der Finanzmittel innerhalb des Nahverkehrs bleibt weitgehend den Ländern überlassen. Es gibt keine rechtlich verbindlich vorgeschriebene Aufteilung der Fördermittel auf den SPNV und den

---

681 Vgl. LAASER, C.-F. (1994), S. 7 ff.

682 BUNDESMINISTERIUM FÜR VERKEHR, BAU- UND WOHNUNGSWESEN (1999), S. 25. Diese Summe wurde nicht näher aufgeschlüsselt.

683 Vgl. ebenda, S. 71.

ÖSPV,[684] so daß die Länder verschiedene verkehrspolitische Ansätze verfolgen können.

Festzustellen ist eine oftmals unreflektierte Bevorzugung des SPNV, obwohl nicht selten der Betrieb von Buslinien im Vergleich zu einer Reaktivierung von Schienenverbindungen volkswirtschaftlich vorteilhafter wäre. Die Tendenz zum SPNV wird häufig von den Landkreisen unterstützt bzw. gefordert, weil beispielsweise eine wirtschaftlich gebotene Umstellung auf kommunalen ÖSPV ihnen zusätzliche finanzielle Lasten aufbürden würde.[685]

Eine Verpflichtung der Landesebene zum Ausgleich der finanziellen Lasten, die den Kommunen aus der Aufgabenträgerschaft für den ÖPNV erwachsen, wurde in den meisten Landesgesetzen zum ÖPNV vermieden. Die Erfüllung der Sicherstellungsaufgabe des ÖPNV wurde nicht als pflichtige Selbstverwaltungsangelegenheit im Bereich der kommunalen Daseinsvorsorge, sondern als freiwillige Aufgabe bezeichnet.[686] Dies wird in der Literatur als Etikettenschwindel („falsa demonstratio") kritisiert, da der Pflichtcharakter dieser landesgesetzlich vorgenommenen Aufgabenzuweisung verschleiert wird.[687]

2.3 Marktstruktur

Im gesamten öffentlichen Personennahverkehr hat der Straßenpersonennahverkehr (ÖSPV) den größten Anteil an den beförderten Personen und an den Verkehrsleistungen. Im Jahr 1996 war die Zahl der Beförderungsfälle im ÖSPV mit rund 7,8 Mrd. knapp fünfmal höher als im SPNV (1,6 Mrd.). Im Modal Split betrug der Anteil des ÖSPV 14,0 Prozent und der des SPNV 2,9 Prozent bezogen auf die Anzahl der Beförderungsfälle, während der MIV 83,1 Prozent erreichte.[688]

Bei den verschiedenen Fahrtzwecken im ÖPNV hat der Ausbildungsverkehr am ÖPNV in der Fläche den weitaus größten Anteil mit bis zu 80 Prozent der beförderten Personen. Da Schüler nur bedingt auf andere Verkehrsmittel ausweichen können, ist das Niveau des Verkehrsaufkommens im Schülerverkehr kaum

---

684 Nach Art. 106a GG und § 5 Abs. 1 RegG stehen die Finanzierungsmittel den Ländern „für den ÖPNV" zur Verfügung. Nach § 7 RegG sind die Gelder vorrangig für den SPNV einzusetzen.

685 Vgl. WISSENSCHAFTLICHER BEIRAT BEIM BUNDESVERKEHRSMINISTERIUM (1998), S. 215 f.

686 Vgl. SCHEELE, U./STERZEL, D. (2000), S. 49. Lediglich Hessen und Sachsen-Anhalt bringen den pflichtigen Charakter der ÖPNV-Aufgabe in ihren ÖPNV-Landesgesetzen zum Ausdruck. Vgl. § 4 Abs. 1 Hess.ÖPNVG und § 3 Abs. 1 S.-AnhÖPNVG.

687 Vgl. FROMM, H. (1994), S. 429.

688 Vgl. BUNDESMINISTERIUM FÜR VERKEHR, BAU- UND WOHNUNGSWESEN (1999), Anlage 2.

zu beeinflussen und diese Nachfrage - abstrahiert man einmal von den öffentlichen Ausgleichszahlungen - sehr preisunelastisch.

Im deutschen ÖPNV-Markt dominieren die kommunalen und gemeinwirtschaftlichen Verkehrsunternehmen. Diese zumeist umsatzstarken Unternehmen haben sich im Verband deutscher Verkehrsunternehmen (VDV) zusammengeschlossen. Der VDV verzeichnete im Jahr 2001 für den Bereich Personennahverkehr 423 Mitgliedsunternehmen – inklusive der DB Regio AG. Darunter waren 245 reine Busbetriebe. Außerhalb des VDV gibt es knapp 6000 private Busunternehmen, von denen gut zwei Drittel Linienverkehre anbieten. Unter den 115 größten Anbietern im deutschen ÖPNV-Markt befand sich im Jahr 1996 kein privates Unternehmen.[689]

Im Jahr 2000 beförderten die Unternehmen im ÖPNV insgesamt knapp 9,5 Mrd. Fahrgäste, wovon 94 Prozent des Verkehrsaufkommens auf die VDV-Mitgliedsunternehmen entfielen. Die Verkehrsleistung im gesamten ÖPNV summierte sich auf 89,8 Mrd. Personenkilometer (92 Prozent VDV-Anteil). Die DB Regio AG kam auf einen Anteil von 16,5 Prozent der beförderten Fahrgäste und von 42,4 Prozent der Personenkilometer im gesamten ÖPNV.[690]

Drei Viertel der ÖPNV-Unternehmen im VDV befanden sich in öffentlichem Eigentum, die übrigen waren je zur Hälfte in privatem oder gemischtwirtschaftlichem Eigentum. Die Rechtsform von drei Viertel der ÖPNV-Unternehmen im VDV war die GmbH. 15 Prozent wurden als Aktiengesellschaft und lediglich knapp ein Zehntel als Eigenbetrieb geführt.[691]

Der geographische Schwerpunkt der Nutzung des ÖPNV liegt - ebenso wie die Subventionierung - in den Agglomerationen, wo im Jahr 1996 in Gesamtdeutschland 63 Prozent aller ÖPNV-Fahrgäste pro Jahr befördert wurden. In den ländlichen Gebieten - für die sich in der Fachliteratur nicht selten die Bezeichnung „Fläche“ findet - wird der ÖPNV um das 2,5fache weniger als in den Ballungsräumen genutzt. Zur Fläche gehören rund 82 Prozent des Bundesgebietes und etwa 59 Prozent der Bevölkerung. Dort werden aber nur 37 Prozent des Verkehrsaufkommens im ÖPNV erzielt.[692] Die Verkehrsmittelwahl im motorisierten Nahverkehr zeigt, daß der ÖPNV-Anteil an den Fahrten in Agglomerationen mit 22,5 Prozent nahezu doppelt so hoch ist wie in den übrigen Gebieten mit 12 Prozent. Vergleichsweise besonders groß sind die geographischen Unterschiede in der Nutzung des SPNV: In Ballungsräumen beträgt sein Anteil am

---

689 Vgl. NESEMEIER, C. (1997), S. 75.

690 Vgl. VDV (2001), S. 12.

691 Vgl. ebenda, S. 36.

692 Vgl. BUNDESMINISTERIUM FÜR VERKEHR, BAU- UND WOHNUNGSWESEN (1999), S. 89.

Modal Split 4,9 Prozent, während er in den übrigen Räumen nur auf 1,0 Prozent kommt. In den neuen Ländern sind die ÖPNV-Anteile mit 24,5 Prozent (Agglomerationen) bzw. 14,8 Prozent (Fläche) höher als in den alten Ländern mit 21,6 Prozent bzw. 11,3 Prozent.[693]

Die Leistungsfähigkeit der Verkehrsunternehmen stieg in den 1990er Jahren stark an. Insgesamt stand im ÖPNV im Jahr 2000 eine Beförderungskapazität von sieben Millionen Sitz- und Stehplätzen zur Verfügung.[694] Im Bereich der für den ÖPNV nötigen Infrastruktur entfielen bei den Linienlängen[695] im Jahr 2000 knapp zwei Drittel auf Busverkehre (353.500 km), während der Schienenpersonennahverkehr der DB Regio AG mit 205.000 km auf einen Anteil von gut einem Drittel kam. Die Linienlänge der nichtbundeseigenen Eisenbahnen erreichte mit nur 2.200 km einen Anteil von knapp einem halben Prozent. Die Liniennetze von U-, Straßen- und Stadtbahnen hatten mit 5.200 km Länge einen Anteil von knapp ein Prozent.[696]

Bei knapp 99 Prozent aller ÖPNV-Verkehre handelte es sich um allgemeinen Linienverkehr gemäß § 42 PBefG.[697] Die Entwicklung der Linienverkehrsfahrten nach Fahrausweisarten weist seit mehreren Jahren einen Rückgang des Anteils der Einzel- und Mehrfachfahrtenausweise auf 19,2 Prozent im Jahr 2000 auf. Demgegenüber sind die Anteile der Zeitfahrausweise für Erwachsene und für Auszubildende angestiegen und erreichen 40,0 Prozent bzw. 32,4 Prozent aller Fahrausweise.[698]

Im SPNV waren nach der Bahnreform marktstrukturelle Veränderungen festzustellen. Der Eisenbahnbetrieb wird seitdem in vielfältigeren Formen praktiziert. Einerseits gibt es Infrastrukturbetreiber. Andererseits hat sich eine Vielzahl von Verkehrsanbietern herausgebildet, die auf eigener oder fremder Infrastruktur sowie auf eigene Rechnung, im Auftrag Dritter, in Kooperation miteinander oder im Wettbewerb zueinander agieren. Durch die in der Bahnreform angelegte

---

693 Vgl. ebenda, S. 11 sowie Anlage 2.

694 Vgl. VDV (2001), S. 17. Im ÖSPV wurden 42.000 Busse und 7.800 Fahrzeuge der U-, Straßen- und Stadtbahnen eingesetzt, der Fuhrpark im SPNV umfaßte 11.400 Fahrzeuge (mehr als neun Zehntel davon bei der DB Regio AG). Vgl. VDV (2001), S. 13.

695 Das Liniennetz im ÖPNV übersteigt das Streckennetz, da auf einer Strecke mehrere Linien verlaufen können. Ein Vergleich der Verkehrswegelängen im Jahr 2000 zeigt, daß das öffentlichen Straßennetz mit 644.000 km Gesamtlänge das Schienennetz der öffentlichen Eisenbahnen, das 40.200 km umfaßt, deutlich überragt. Vgl. ebenda, S. 11.

696 Vgl. ebenda, S. 13.

697 Die Linienverkehr-Sonderformen gemäß § 43 PBefG, der Gelegenheitsverkehr gemäß § 46 PBefG und der freigestellte Verkehr erreichen jeweils weniger als ein Prozent Anteil. Vgl. ebenda, S. 19.

698 Ohne die Daten der DB Regio AG. Vgl. ebenda, S. 20.

Trennung von Infrastruktur und Betrieb sowie das Prinzip der Regionalisierung stehen die Eisenbahnverkehrsunternehmen (EiVU) – abgesehen von ihrem Verhältnis zum Endverbraucher – zwischen zwei Vertragspartnern: Auf der einen Seite ist das EiVU im Rahmen eines Besteller-Ersteller-Verhältnisses der Auftragnehmer des jeweiligen Aufgabenträgers zur Erbringung einer Verkehrsleistung. Auf der anderen Seite ist das EiVU der Auftraggeber des Infrastrukturbetreibers.

Die Deutsche Bahn AG und zahlreiche neue EiVU haben die erweiterten unternehmerischen Möglichkeiten nach der Bahnreform und der Regionalisierung genutzt. Es kam zu einer kontinuierlichen Ausweitung des Verkehrsangebots. Gegenüber dem Fahrplan 1993/94 stieg die Zahl der Zugkilometer im Fahrplan 2001/2002 um 18 Prozent auf 588 Mio. km. Damit einher ging eine Zunahme der im SPNV tätigen Eisenbahnunternehmen. Gegenüber 25 nichtbundeseigenen Eisenbahnen (NE) in der Periode 1993/94 wurden im Jahr 2001 56 Schienenverkehrsunternehmen gezählt. [699] An der Dominanz der DB AG änderte dies wenig. Die DB Regio AG und ihre Schienentöchter erreichen mit ihren mehr als 29.000 Nahverkehrszügen einen Marktanteil von knapp 92 Prozent im SPNV.[700]

Somit blieb die marktbeherrschende Stellung der Nachfolgeunternehmen der Deutschen Bundesbahn und der Deutschen Reichsbahn im SPNV erhalten. Fast der gesamte Schienenverkehr wird auf dem Netz der DB Netz AG durchgeführt. Bei den Verkehrsleistungen konnten die NE ihren Marktanteil lediglich von drei Prozent auf 7,6 Prozent (Betriebsleistung in Zugkilometer) steigern. Bisher wurden der DB AG und den NE bzw. Bietergemeinschaften jeweils rund die Hälfte der im Wettbewerb vergebenen SPNV-Betriebsleistungen, die zusammen rund ein Zehntel des SPNV repräsentieren[701], zugesprochen.[702]

Im Vergleich zu den vielfältigen Reformen und Aktivitäten im SPNV mit Beginn der Regionalisierung brachte das neue Verhältnis zwischen kommunalen Aufgabenträgern und den Verkehrsunternehmen des ÖSPV zunächst nur wenige Veränderungen mit sich.

Die kommunalen Verkehrsunternehmen dominieren seit Jahren den Markt für Buslinienverkehre, da sie in den meisten Gebieten vom Bestandsschutz für die Altunternehmen profitieren. Vor allem in den Städten reicht ihr Marktanteil oftmals an hundert Prozent heran. In den ländlichen Gebieten ist der Marktanteil privater Busunternehmen hingegen höher, da hier Kommunen den Schülerver-

---

[699] Vgl. HÖHNSCHEID, H. (2001), S. 36.

[700] Vgl. DB REGIO AG (2002), S. 4.

[701] Vgl. HÖHNSCHEID, H. (2001), S. 36.

[702] Vgl. HÖHNSCHEID, H. (2002), S. 35.

kehr häufiger wettbewerblich vergeben und dabei Private zum Zug kommen. Die DB Regio AG erreicht mit ihren regionalen Busgesellschaften im ÖSPV-Markt nur einen Marktanteil von 7 Prozent.[703]

2.4 Marktverhalten

Auch bei der Analyse des Marktverhaltens empfiehlt es sich, zwischen ÖSPV und SPNV zu unterschieden. Im SPNV kam es zu zahlreichen Marktzutritten neuer Unternehmen in Konkurrenz zur marktbeherrschenden DB Regio AG. Eine Gruppe der Marktneulinge setzt auf eine vertikal integrierte Unternehmensstruktur und bietet Schienenverkehr auf eigenen bzw. selbst betriebenen Strecken an, um Verbundvorteile des „Rad-Schiene-Systems" auszuschöpfen. In zahlreichen Fällen wurde (zusätzlich) Infrastruktur von der DB Netz AG übernommen, zum Teil erfolgt der Betrieb der Infrastruktur im Auftrag des Infrastruktureigentümers[704]. Eine andere Gruppe wählte den Marktzutritt durch die eigenständige Verkehrsbedienung auf fremder Infrastruktur, die von einem anderen Unternehmen betrieben wird, gegen Trassenentgelt.[705]

Da ein Wettbewerb *im* Markt weiterhin gesetzlich ausgeschlossen bleibt, ist es im Rahmen des Wettbewerbs *um* einzelne Regionalmärkte zu Kooperationen zwischen Eisenbahnverkehrsunternehmen gekommen. Um als Bietergemeinschaften in Ausschreibungen auftreten zu können, wurden gemeinsame Unternehmen gegründet. Auch die DB AG ist an solchen Joint Ventures beteiligt. Zu den Akteuren, die mit neu gegründeten Unternehmen in den SPNV-Markt eintreten, zählen neben den reinen Eisenbahnen auch Unternehmen aus benachbarten Märkten, insbesondere kommunale Verkehrsunternehmen. Diese versuchen, vorhandene Kompetenzen vor Ort für den gesamten ÖPNV zu nutzen und als umfassender Mobilitätsdienstleister aufzutreten.[706] Dabei handelt es sich um eine aus ordnungspolitischer Perspektive bedenkliche Ausweitung der wirtschaftlichen Betätigung öffentlicher Unternehmen.

Eine hervorgehobene Bedeutung unter den NE hatte die Deutsche Eisenbahngesellschaft (DEG), die im Jahr 1997 vom französischen Mischkonzern Vivendi als Basis für sein Deutschlandgeschäft übernommen wurde. Zur mittlerweile als

---

[703] Vgl. DB REGIO AG (2002), S. 4.

[704] Beispielsweise betreibt die Württembergische Eisenbahn-Gesellschaft mbH im Auftrag des Zweckverbandes Schönbuchbahn die regionale Schieneninfrastruktur.

[705] Als reines Eisenbahnverkehrsunternehmen bietet zum Beispiel die eurobahn Verkehrsgesellschaft mbH & Co. KG im Auftrag der Aufgabenträger SPNV-Leistungen in Nordrhein-Westfalen, Sachsen und Rheinland-Pfalz an.

[706] Vgl. HÖHNSCHEID, H. (2001), S. 38.

Connex Verkehr GmbH firmierenden Gruppe zählen bundesweit 16 Bahnunternehmen im Personen- und Güterverkehr. Damit ist Connex im Jahr 2002 der bedeutenste Konkurrent der DB Regio AG. Ein zweiter großer internationaler Marktteilnehmer auf dem deutschen Markt ist Rhenus Keolis, die zum französischen Transportkonzern Keolis gehört, dessen wesentlicher Anteilseigner die französische Staatsbahn SNCF ist. Daneben sind einige mittelständische Unternehmen in den Eisenbahnmarkt eingestiegen. Anlaß war in vielen Fällen der Rückzug der Bahn aus für sie nicht wirtschaftlichen Marktsegmenten. Doch die Wettbewerbsintensität ist weiterhin gering, da erstens bislang erst ein Zehntel des SPNV-Markts ausgeschrieben wurde und zweitens die Bahn derzeit noch auf knapp der Hälfte der Strecken ihre Leistungen im ÖPNV ohne schriftlich fixierten Vertrag mit der zuständigen Behörde erbringt.

Die DB Regio AG reagierte[707] und setzt auf die verstärkte Integration aller Verkehrsträger im ÖPNV, um vor allem ihren Marktanteil im ÖSPV von rund 7 Prozent zu steigern.[708] Dazu wurde etwa eine strategische Partnerschaft mit den Hannoverschen Verkehrsbetrieben „üstra" eingegangen. Nach Angaben der DB Regio AG solle „erstmals ein Verkehrsunternehmen entstehen, das das gesamte Spektrum des Nahverkehrs von der S-Bahn über Stadtbahn bis zum Bus aus einer Hand anbietet."[709] Ferner bemüht sich die Bahn verstärkt um langfristige Verträge und begründet dieses Ansinnen mit der Notwendigkeit langfristiger Planungen, um den Fuhrpark modernisieren und erweitern zu können – aus wettbewerbspolitischer Sicht ist festzustellen, daß somit die Marktzutrittsschranken für Konkurrenten erhöht würden.

Zu Diskriminierungen bei der Trassenvergabe sei es – im Widerspruch zur Kritik mancher NE – laut Aussage des Wettbewerbsbeauftragten der DB AG bislang bei der DB Netz AG nicht gekommen. Auch Trassenkonflikte zwischen Bahn und Wettbewerbern seien bislang selten gewesen. Sie seien durch geringfügige Abweichungen von der Anmeldung praktisch ausnahmslos einvernehmlich gelöst worden, erklärt die DB AG.[710] Die für den Fall eines unauflöslichen Trassenkonflikts vorgesehene Versteigerung von Trassen habe bislang noch nicht angewendet werden müssen.[711]

---

[707] „Zu den Marktrisiken zählen wir auch die Auswirkungen der fortschreitenden Liberalisierung der europäischen Verkehrsmärkte und eine beträchtliche verkehrsträgerübergreifende Wettbewerbsverschärfung." DB REGIO AG (2002), S. 20.

[708] Vgl. ebenda, S. 26.

[709] Ebenda, S. 23.

[710] Vgl. DEUTSCHE BAHN AG (2002b), S. 21

[711] Allerdings zeichnen sich im laufenden Trassenverfahren für den Jahresfahrplan 2003 – besonders im norddeutschen Raum – einige Trassenkonflikte ab, die erstmals zu Versteigerungen führen könnten. Vgl. ebenda, S. 22.

Im ÖSPV setzen die Verkehrsunternehmen verstärkt auf Rationalisierungsmaßnahmen und eine höhere Kundenorientierung, um Erträge zu steigern und Defizite abzubauen. Insgesamt weist das Marktverhalten der Anbieter im ÖSPV jedoch aufgrund des Besitzstandsschutzes der Altunternehmen keine nennenswerten Wettbewerbsvorstöße auf - die Verkehrslandschaft erscheint eher als verfestigt. Ein Wettbewerb um Verträge für gemeinwirtschaftliche Verkehrsleistungen wird von öffentlichen Altunternehmen dadurch vermieden, daß sie mit Hilfe von Einlagen ihrer kommunalen Eigner und verrechneten Erträgen der Versorgungsbetriebe im kommunalen Querverbund den Anschein der Eigenwirtschaftlichkeit aufrecht erhalten, der ihnen den rechtlichen Besitzstandsschutz sichert. Materiell vollständige Privatisierungen im ÖSPV gab es bislang nur selten. Ein Beispiel ist Bad Kreuznach, wo das kommunale Busverkehrsunternehmen an zwei private Verkehrsunternehmen verkauft wurde.

Ausländische Verkehrsunternehmen haben - wie oben bereits erwähnt - mittlerweile begonnen, in den deutschen ÖSPV-Markt einzutreten. Dabei verfolgen sie unterschiedliche Strategien. In den Grenzregionen werden grenzüberschreitende Linien- und Werkverkehre angeboten. Andere Unternehmen beschränken sich auf eine Marktsondierung und die Präsentation ihrer Firmenprofile. Die direkte Beteiligung an Ausschreibungen war bislang die Ausnahme und führte in zwei Fällen, darunter in Itzehoe, für das ausländische Unternehmen nicht zum Erfolg. Eine erfolgversprechendere Strategie, um auf dem deutschen ÖSPV-Markt Fuß zu fassen, erscheint die Beteiligung an einem deutschen Unternehmen zu sein, um Akzeptanzprobleme bei den Kunden zu vermeiden.[712]

Die meisten Nahverkehrsunternehmen im SPNV und ÖSPV haben in den vergangenen Jahren ihren Personalbestand deutlich reduziert. Die Zahl der Voll- und Teilzeitbeschäftigten ist bei den VDV-Unternehmen - ohne den Bereich SPNV der Deutschen Bahn AG - von 145.000 im Jahr 1991 auf 118.000 im Jahr 2000 gesunken. Bei der DB Regio AG sank die Zahl der Beschäftigten im Zeitraum 1998 bis 2000 um zehn Prozent auf knapp 46.000 Mitarbeiter.[713]

2.5 Marktergebnisse

2.5.1 ÖPNV insgesamt

In diesem Unterabschnitt wird zunächst der ÖPNV insgesamt betrachtet. In den anschließenden Unterkapiteln geht es um die Marktergebnisse im SPNV und im ÖSPV.

---

[712] Vgl. DIW (1998a), S. 316.

[713] Vgl. VDV (2001), S. 16.

Die Beförderungsleistungen im ÖPNV stagnieren seit Jahren, so daß der ÖPNV Anteile im Markt für Personenverkehre verliert. Während der Personenverkehr insgesamt im Zeitraum zwischen 1988 und 1996 um 13,4 Prozent auf 52,4 Mrd. beförderte Personen wuchs, sank die Zahl der im ÖPNV beförderten Personen um 8,5 Prozent auf 9,3 Mrd. Fahrgäste und verharrte seitdem auf diesem Niveau.[714] Bei der Verkehrsleistung weist die Statistik für Gesamtdeutschland im selben Zeitraum einen geringen Anstieg von knapp zwei Prozent auf 85,9 Mrd. Personenkilometer aus. Beide Befunde lassen sich vor allem mit dem starken Einbruch in der ÖPNV-Nutzung in den neuen Ländern erklären, die sich in etwa halbierte und so einen Anstieg in den alten Ländern kompensierte. Berücksichtigt man die Einwohnerentwicklung und die Häufigkeit der Fahrten, so ist ebenfalls ein Rückgang von 131 auf 114 Fahrten je Einwohner und Jahr zwischen 1988 und 1996 festzustellen. Es zeigt sich, daß es nach der Wiedervereinigung zu einer Angleichung der ÖPNV-Nutzung zwischen Ost und West bis zum Jahr 1993[715] gekommen ist. Einem Zuwachs von 106 auf 114 Fahrten pro Einwohner und Jahr im Westen steht die Abnahme von 223 auf ebenfalls 114 Fahrten im Osten gegenüber.[716]

Insgesamt hat sich die Stellung des ÖPNV in Deutschland im Vergleich zu anderen Formen des Personenverkehrs verschlechtert. Der ÖPNV verliert Marktanteile an den MIV. Im Zeitraum von 1988 bis 1996 sank der Anteil des ÖPNV am gesamten Personenverkehr beim Verkehrsaufkommen (beförderte Personen) von 19,5 Prozent auf 15,7 Prozent und bei der Verkehrsleistung (Personenkilometer) von 10,3 Prozent auf 9,4 Prozent.[717] Der Marktanteilsverlust des ÖPNV insgesamt spiegelt sich in einer seit Jahren sinkenden durchschnittlichen Platzausnutzung im ÖPNV wider, die bei den VDV-Unternehmen - ohne Berücksichtigung der DB Regio AG - von 21,8 Prozent im Jahr 1991 auf 18,8 Prozent im Jahr 2000 gefallen ist.[718]

Umfang und Struktur des Angebots an ÖPNV-Leistungen werden zum einen ganz wesentlich von der gegebenen Topographie und von der zumeist politisch festgelegten Größe des Bedienungsgebiets bestimmt. Zum anderen wird der Nahverkehrsmarkt geprägt durch die historisch gewachsene Besiedlungsform, die Bevölkerungsstruktur und die Nachfragedichte.

---

714 Vgl. ebenda, S. 12.

715 Für spätere Jahren liegt keine Unterscheidung in neue und alte Länder vor.

716 Vgl. Bundesverkehrsministerium, Verkehr in Zahlen 1992 und 1997, zitiert in BUNDESMINISTERIUM FÜR VERKEHR, BAU- UND WOHNUNGSWESEN (1999), S. 7 ff.

717 Eigene Berechnungen nach Angaben in BUNDESMINISTERIUM FÜR VERKEHR, BAU- UND WOHNUNGSWESEN (1999), S. 8 f. sowie SCHEELE, U./STERZEL, D. (2000), S. 16.

718 Vgl. VDV (2001), S. 20.

Für die Nachfrage im Nahverkehrsmarkt sind sozio-demographische Veränderungen bedeutsam (vgl. Tabelle 14). Sie vollziehen sich zwar nur langsam, wirken sich aber unmittelbar auf den ÖPNV-Markt aus. Im vergangenen Jahrzehnt profitierten die meisten ÖPNV-Unternehmen von einem kontinuierlichen Anstieg der Wohnbevölkerung in Deutschland um rund 1,5 Millionen Personen auf eine Gesamtzahl von gut 82 Millionen, was die Zahl potentieller Fahrgäste im ÖPNV erhöht. Die Entwicklung verlief in Ost und West gegensätzlich. Während in den alten Ländern seit 1992 die Wohnbevölkerung ebenso wie die Zahl der Erwerbstätigen und der Schüler und Studierenden leicht anstiegen und dadurch die ÖPNV-Nachfrage im Berufsverkehr und im Ausbildungsverkehr erhöhte, verzeichneten die neuen Länder einen leichten Rückgang der Bevölkerungszahl und der Erwerbstätigenzahl sowie einen deutlichen Rückgang an Schülern und Studierenden. Darüber hinaus belasteten in den 1990er Jahren der starke Anstieg der Arbeitslosigkeit von rund 2,5 Millionen auf mehr als 4 Millionen in Gesamtdeutschland und der steigende Motorisierungsgrad der Bevölkerung den ÖPNV-Markt - insbesondere in den neuen Ländern - durch einen negativen Nachfrageeffekt.

Tabelle 14: Sozio-demographische Strukturdaten in Deutschland im Jahr 2000 und prozentuale Veränderung zum Jahr 1992

Wohnbevölkerung	Alte Länder	66,9 Mio.	+ 3,1 %
	Neue Länder	15,2 Mio.	- 3,2 %
Erwerbstätige	Alte Länder	32,7 Mio.	+ 2,5 %
	Neue Länder	5,9 Mio.	- 1,2 %
Schüler/Studierende	Alte Länder	12,2 Mio.	+ 13,5 %
	Neue Länder	2,4 Mio.	- 9,1 %
Arbeitslose	Alte Länder	2,5 Mio.	+ 39,9 %
	Neue Länder	1,4 Mio.	+ 16,1 %

Quelle: VDV (2001), S. 8 f. sowie eigene Berechnungen.

Die VDV-Unternehmen (ohne DB Regio AG) erzielten ein deutliches Wachstum der Erlöse je Fahrgast, die zwischen den Jahren 1991 und 2000 von 1,23 DM auf 1,59 DM pro Fahrgast stiegen.[719] Dabei setzen die Verkehrsunternehmen in den alten Ländern mit durchschnittlich 1,62 DM etwa 0,22 DM mehr

[719] Vgl. VDV (2001), S. 20.

pro Fahrgast um als die in den neuen Ländern.[720] Insgesamt beliefen sich Einnahmen der VDV-Unternehmen (ohne DB Regio AG) auf gut 11,7 Mrd. DM - im Westen auf knapp 10,3 Mrd. DM und im Osten auf knapp 1,5 Mrd. DM.[721]

Die Ertragsrechnungen der VDV-Unternehmen weisen hohe Verluste auf. Kostendeckungsprobleme treten vor allem bei Nahverkehrsunternehmen auf, die Schienenverkehr betreiben.[722] Der betriebswirtschaftliche Kostendeckungsgrad (Nettoertrag im Verhältnis zum Aufwand eines Verkehrsunternehmens) schwankte in den vergangenen Jahren bei den VDV-Unternehmen (ohne DB-Regio AG) in den alten Ländern um etwa 66 Prozent und liegt in den neuen Ländern bei 59 Prozent.[723] Dieses West-Ost-Gefälle der Kostendeckung entspricht dem Produktivitätsrückstand der Verkehrsunternehmen (ohne DB Regio AG) in den neuen Ländern. Dort wird eine Verkehrsleistung von 1,76 Mio. Platzkilometern je Vollbeschäftigtem erbracht, während ein Vollbeschäftigter in den alten Ländern durchschnittlich 2,05 Mio. Platzkilometer erreicht.[724]

Die DB Regio AG – bzw. zuvor die SPNV-Sparte der Deutschen Bahn AG und ihrer Vorgängerinnen – weist zwischen den Jahren 1992 und 2000 Einnahmesteigerungen von 2,2 Mrd. DM auf 3,7 Mrd. DM auf.[725]

Das strukturelle Defizit aller VDV-Unternehmen inklusive DB Regio AG konnte in den neunziger Jahren nicht verringert werden, sondern vergrößerte sich im Zeitraum 1991 bis 1999 von 6,5 Mrd. DM auf 7,2 Mrd. DM. Der Aufwand wuchs von 16,0 Mrd. DM (1991) auf 21,1 Mrd. DM (1999), während der Nettoertrag gleichzeitig von 9,5 Mrd. DM auf 13,9 Mrd. stieg.[726]

Die Gesamtaufwendungen aller VDV-Unternehmen (inklusive DB Regio AG)[727] setzten sich im Jahr 1999 knapp zur Hälfte aus dem Personalaufwand und zu rund einem Viertel aus dem Materialaufwand zusammen. Zinsen und Abschreibungen haben einen Anteil von 11,3 Prozent in den alten Ländern und von

---

720 Vgl. ebenda, S. 15.

721 Vgl. ebenda, S. 19.

722 Vgl. SCHEELE, U./STERZEL, D. (2000), S. 17.

723 Vgl. VDV (2001), S. 21.

724 Vgl. VDV (2001), S. 21.

725 Vgl. ebenda, S. 19.

726 Vgl. ebenda, S. 21. Der offiziellen VDV-Statistik ist keine Erklärung für die Ursachen des Anstiegs des Defizits zu entnehmen.

727 Es zeigen sich deutliche Unterschiede zwischen den Verkehrsunternehmen in der Höhe und der Struktur der Kosten, beispielsweise bei den großen Verkehrsunternehmen in den Agglomerationen: Während in Hannover und Köln die Kosten je Platzkilometer bei 8 Pfennigen und in Berlin, Dresden und Hamburg bei 10 Pfennigen liegen, werden in Stuttgart Platzkilometerkosten von 12 Pfennigen erreicht. Vgl. DIW (1998 b), S. 322 Tab. 2.

17,1 Prozent in den neuen Ländern.[728] Angesichts des hohen Anteils der Personalkosten ist es für die wettbewerbspolitische Bewertung von Marktöffnungsschritten von Bedeutung, daß bei den privaten Busunternehmen die Fahrerkosten um 30 bis 50 Prozent unter denen öffentlicher Verkehrsbetriebe liegen.[729] Die Höhe der Abschreibungen eines Verkehrsunternehmens hängt maßgeblich davon ab, ob die Kommune bzw. der Staat oder das Verkehrsunternehmen für die Errichtung der Infrastruktur und die zu deren Erhaltung notwendigen Ersatzinvestitionen zuständig ist.

Die Brutto-Anlage-Investitionen aller VDV-Unternehmen in Höhe von 4,8 Mrd. DM im Jahr 1999 wurden zu 42 Prozent für Fahrzeuge verwendet. Weitere 15 Prozent entfielen auf Gleisanlagen, elf Prozent auf die Streckenausrüstung und neun Prozent auf Tunnel- und Hochbahnstrecken.[730] Die Investitionsgüter sind durch eine im Vergleich zu anderen Branchen hohe Langlebigkeit gekennzeichnet, was für die spätere Analyse der Möglichkeiten des wettbewerblichen Marktzutritts relevant ist. Zugleich ist ein Teil der Investitionskosten inklusive der Fahrzeugbeschaffung, die - mit Ausnahme des Busbereichs - oftmals spezifische Anforderungen beachten muß, irreversibel.

Über die qualitativen Marktergebnisse lassen sich keine abschließenden Beurteilungen abgeben, da die Qualitätsmerkmale von Verkehrsleistungen sehr heterogen sind und in ihrer Gewichtung von persönlichen Präferenzen abhängen. Offenkundig verbessert wurden die Ausstattungen vieler Fahrzeuge und Stationen sowie die Sauberkeit und - dank technischem Fortschritt wie etwa der Entwicklung des Internets - die Fahrgastinformation im ÖPNV. Auch die Pünktlichkeit entwickelte sich zumindest bei der DB Regio positiv. Tendenziell läßt sich vermuten, daß die Gesamtqualität im ÖPNV nach der Bahnreform und der Regionalisierung eher gestiegen als gesunken ist, da angesichts der Preiserhöhungen im ÖPNV - und trotz fehlender Substitutionsmöglichkeit bei einem Teil der Nachfrager (vgl. Tabelle 5 auf Seite 175) - der Erhalt der Fahrgastnachfrage insgesamt sonst kaum zu erklären wäre.

2.5.2 SPNV

Die Angebotsprofile der heute im SPNV tätigen Unternehmen zeigen, daß in zahlreichen Verkehrsgebieten die Chancen zu strukturellen Veränderungen, die

---

728 Vgl. VDV (2001), S. 22.

729 Vgl. VDV (1997), S. 20 f. Nach wie vor wird der Kostenunterschied zwischen öffentlich und privat beschäftigten Fahrern auf rund ein Drittel geschätzt, wie im Rahmen des Streiks der Fahrer privater Busunternehmen in Hessen im Jahr 2002 verlautete.

730 Vgl. VDV (2001), S. 23.

die Bahnreform ermöglichte, ergriffen wurden. Der Zwang zur vertikalen Integration ist entfallen und durch den Zugang Dritter zum Netz wurde die Bindung der Eisenbahnverkehrsunternehmen an die Infrastruktur aufgehoben. Die Bedeutung der Zugangsrechte für die Marktentwicklung wird daran deutlich, daß 60 Prozent der SPNV-Leistungen der NE auf Netzen anderer Unternehmen erbracht werden. Der größere Spielraum für eine arbeitsteilige Organisation begünstigte das Entstehen neuer Märkte für eisenbahnspezifische Dienstleistungen, zum Beispiel Traktionsdienste, Lok- und Waggonvermietung sowie Instandhaltung und Wartung.[731]

Dieser Prozeß wurde durch Ausschreibungen von Strecken- und Netzkonzessionen gefördert. Im SPNV sind dabei relativ mehr und auch umsatzstärkere Ausschreibungen erfolgt als im ÖSPV. Bis März 2001 sind 27 Ausschreibungsverfahren der Aufgabenträger im SPNV abgeschlossen worden. Teilweise wurden einzelne Regionalbahnstrecken ausgeschrieben, teilweise größere Netze zusammengefaßt. Daher reichten die Lose von wenigen Hundert Zugkilometern bis zu mehreren Mio. Zugkilometern pro Jahr, wie etwa im Jahr 2001 bei der europaweiten Vergabe der Regionalbahn / S-Bahn Rhein-Neckar, die die DB Regio AG gewann. In etwa jeder zweiten Ausschreibung konnten Marktneulinge die bislang etablierte DB Regio AG preislich unterbieten und erhielten den Zuschlug vom Aufgabenträger.[732] Die Laufzeiten der Verträge liegen zwischen 5 und 15 Jahren.[733]

Die wettbewerbliche Vergabe von SPNV-Strecken und der damit verbundene potentielle Konkurrenzdruck in noch nicht ausgeschriebenen Verkehrsgebieten hat zu Kosteneinsparungen für die Aufgabenträger geführt, die vielfach zu einer Angebotsausweitung für die Kunden sowohl in Agglomerationen als auch in ländlichen Gebieten genutzt wurden.

Neben quantitativen kam es auch zu qualitativen Angebotsverbesserungen im SPNV, beispielsweise durch modernere Fahrzeuge, überregional einheitliche Tarife und neue Angebote bei den Zeit- und Mehrfachfahrausweisen. Einen hohen Anteil am Erfolg wird dem Integralen Taktfahrplans (ITF) zugesprochen, der in den meisten Ländern über einen Zeitraum von mehreren Jahren eingeführt

---

731 Vgl. HÖHNSCHEID, H. (2001), S. 37.

732 Das bis zum Jahr 2001 größte zusammenhängende Auftragsvolumen für eine NE wurde an die NordWest-Bahn GmbH für drei Strecken im Raum Osnabrück (2,9 Mio. Zugkilometer pro Jahr) vergeben. Vgl. HÖHNSCHEID, H. (2001), S. 36.

733 Vgl. BUNDESMINISTERIUM FÜR VERKEHR, BAU- UND WOHNUNGSWESEN (1999), S. 65.

wurde.[734] Der ITF eignet sich vor allem für Flächenregionen mit polyzentrischer Siedlungsstruktur. Dies kann u. a. erklären, warum der ITF etwa in Rheinland-Pfalz zu besonders deutlichen Nachfragesteigerungen geführt hat.[735]

Sichtbarste Zeichen erfolgreicher Ausschreibung sind steigende Fahrgastzahlen und Verkehrsleistungen im SPNV, die in vielen Verkehrsgebieten als Ergebnis der Angebotsverbesserungen nach einem Wettbewerb um den Markt registriert wurden. Die DB AG verdankte dieser Entwicklung und der zunächst freihändigen Vergabe ohne förmliche Ausschreibung starke Zuwächse. Die Zugkilometerleistungen der DB AG im SPNV hatten in der Periode des Fahrplans 1997/98 mit 532 Mio. Zugkilometern einen um 49 Mio. Zugkilometer höheren Umfang (+10 Prozent) als 1993/94. [736] Im Jahr 2001 verbuchte die DB Regio AG Umsatzerlöse von 4,7 Mrd. Euro, die zu 68,5 Prozent auf Bestellungen der Länder und zu 27,5 Prozent auf Fahrgeldeinnahmen entfielen.[737]

Die nichtbundeseigenen Eisenbahnen (NE) profitierten von der Aufwertung regionaler Schienenstrecken, von der Betriebsübernahme auf zahlreichen Nebenbahnen, aber auch von einer erfolgreichen Beteiligung an Ausschreibungen. Gegenüber ihren Leistungen im SPNV von 15 Mio. Zugkilometern im Fahrplan 1993/94 verzeichnete der Fahrplan vier Jahre später eine Leistungssteigerung um rund 11 Mio. Zugkilometer (+70 Prozent).[738] Bei den NE waren beträchtliche Erfolge im Sinne von Nachfragesteigerungen sowohl bei der eigenständigen Verkehrsbedienung von Strecken der DB Netz AG zu beobachten (siehe Tabelle 15), als auch bei der Übernahme der Infrastruktur durch NE (siehe Tabelle 16). Die zunehmende Investitionstätigkeit der neuen Eisenbahnunternehmen läßt auf weitere Wachstumspotentiale im SPNV schließen.

---

[734] Gemäß dem ITF-Prinzip fahren alle Zuglinien eines Gebiets nach einem festen vertakteten Fahrplan von morgens bis abends und möglichst an sieben Tagen in der Woche. Dabei hat sich im SPNV der Ein-Stunden-Takt als vorteilhaft für die Erhöhung der Attraktivität des Schienenverkehrs herausgestellt. Neben der Vertaktung müssen mehrere Linien an geeigneten Umsteigebahnhöfen (Knotenbahnhöfen) miteinander verknüpft sein, so daß die Umsteiger nur kurze Übergangszeiten zu den Richtungsanschlüssen haben.

[735] Im Zeitraum 1994 bis 2000 stieg der SPNV in Rheinland-Pfalz (in Personenkilometern) um 90 Prozent. Vgl. MINISTERIUM FÜR WIRTSCHAFT, VERKEHR, LANDWIRTSCHAFT UND WEINBAU IN RHEINLAND-PFALZ (2001), S. 5.

[736] Vgl. BUNDESMINISTERIUM FÜR VERKEHR, BAU- UND WOHNUNGSWESEN (1999), S. 43.

[737] Vier Prozent waren sonstige Umsatzerlöse. Ihr betriebliches Ergebnis nach Zinsen betrug laut Geschäftsbericht 31 Mio. Euro, doch sind die Ergebnisaussagen aufgrund jährlicher Schwankungen und wegen der Spielräume der konzerninternen Rechnungslegung nur begrenzt aussagekräftig. Vgl. DB REGIO AG (2002), S. 10.

[738] Vgl. BUNDESMINISTERIUM FÜR VERKEHR, BAU- UND WOHNUNGSWESEN (1999), S. 52.

Wie hoch Umsatz- und Gewinnanteile der DB Netz AG im SPNV waren, geht aus ihrem Geschäftsbericht nicht hervor. Deutlich wird lediglich die große Abhängigkeit von den Verkehren der übrigen DB AG Töchter, die 96 Prozent des Gesamtumsatzes von knapp 3,5 Mrd. Euro ausmachten[739] und somit aufgrund der eigentumsrechtlichen Verknüpfung einen Anreiz zur Diskriminierung der Wettbewerber der DB AG darstellen.

Tabelle 15: SPNV-Nachfragesteigerungen auf NE-Strecken

Land	Strecke	Verkehrsverbindung	Nachfrageeffekt
Baden-Württem-berg	Freiburg - Breisach	Breisgau-S-Bahn-GmbH, Freiburg	+ 100 % Fahrgäste zwischen 1997 und Mitte 1998
Baden-Württem-berg	Friedrichshafen Hafen - Ravensburg - Aulendorf	Bodensee-Oberschwaben-Bahn GmbH (BOB), Friedrichshafen	+ 118 % Fahrgäste in den ersten drei Betriebsjahren
Baden-Württem-berg	Offenburg - Bad Griesbach Offenburg - Kehl (-Straßburg)	Ortenau-S-Bahn GmbH, Offenburg	+ 13 % Fahrgäste + 40 % im ersten Betriebsjahr
Baden-Württem-berg	Tübingen - Sigmaringen (-Aulendorf) (Zollern-Alb-Bahn)	Hohenzollerische Landesbahn AG, Hechingen, in Zusammenarbeit mit ZugBus Regionalverkehr Alb-Bodensee GmbH, Ulm	+ 30 % Fahrgäste seit 1997
Bayern/ Hessen	Schöllkrippen - Kahl - Hanau (Kahlgrundbahn)	Kahlgrund-Verkehrs-GmbH (KVG), Schöllkrippen	+ 20 % Fahrgäste zwischen 1998 und 1999
NRW	Bielefeld - Lemgo (Lippeländer), Bielefeld - Rahden (Ravensberger Bahn)	eurobahn Verkehrsgesellschaft mbH & Co. KG (eurobahn), Mainz	+ 5 % Fahrgäste + 10 % Fahrgäste
NRW	Dortmund Hbf - Hagen - Lüdenscheid (Volmetalbahn)	Dortmund-Märkische Eisenbahn GmbH (DME), Dortmund	+ 20 % Fahrgäste im ersten Betriebsjahr

Quelle: VDV (2001), S. 38. Die Strecken wurden per Ausschreibung oder anderweitig vergeben.

739 Vgl. DB NETZ AG (2002), S. 10 f.

Tabelle 16: SPNV-Nachfragesteigerungen auf von DB AG übernommenen Strecken

Land	Strecke	Verkehrsbedienung	Nachfrageeffekt
Baden-Württem-berg	Böblingen - Dettenhausen (Schönbuchbahn)	Württembergische Eisenbahn-Gesellschaft mbH (WEG), Waiblingen Infrastruktur: Zweckverband Schönbuchbahn, Böblingen)	120 % über Prognose
	Schorndorf -Rudersberg (Wieslauftalbahn)	Württembergische Eisenbahn-Gesellschaft mbH (WEG), Waiblingen (Infrastruktur: Zweckverband Verkehrsverband Wieslauftalbahn, Waiblingen)	290 % über DB bzw. 105 % über Prognose
	Bad Urach-Metzingen (Ermstalbahn)	ZugBus Regionalverkehr Alb-Bodensee GmbH (RAB), Ulm (Infrastruktur: Erms-Neckar-Bahn AG (ENAG), Bad Urach)	+13 % Fahrgäste für den ÖPNV nach dem ersten Betriebsjahr (gegenüber vorheriger Bedienung mit Bussen)
Hessen	Brandoberndorf –Grävenwiesbach -Friedrichsdorf (Taunusbahn)	Frankfurt-Königsteiner Eisenbahn AG (FKE), Königstein (Infrastruktur: Zweckverband Verkehrsverband Hochtaunus, Bad Homburg)	+473 % seit 1993
	Kassel - Hessisch Lichtenau (Lossetalbahn)	Regionalbahn Kassel GmbH (RBK), Kassel	+16 % Fahrgäste gegenüber vorheriger Bedienung (Bus und Straßenbahn) zwischen 1/1999 und 1/2000
Meckl.-Vorp.	Lauterbach -Putbus - Göhren	Rügensche Kleinbahn GmbH & Co. (RüKB), Putbus	+12 % Fahrgäste

Tabelle 16: SPNV-Nachfragesteigerungen auf von DB AG übernommenen Strecken (Fortsetzung)

Land	Strecke	Verkehrsbedienung	Nachfrageeffekt
Nieder-sachs.	Elbe-Weser-Dreieck	Eisenbahnen und Verkehrsbetriebe Elbe-Weser GmbH (EVB), Zeven	+300 % Fahrgäste
NRW	Heimbach - Düren, Düren - Jülich - Linnich	Dürener Kreisbahn GmbH, Düren	+207 % Fahrgäste zwischen 1993 und 1999
	Neuss - Kaarst -Düsseldorf - Mettmann	Regionale Bahngesellschaft Kaarst-Neuss-Düsseldorf-Erkrath-Wuppertal GmbH (REGIOBAHN), Mettmann	50 % über Prognose
Rhein-land-Pfalz	Betzdorf- Daaden (Daadetalbahn)	Westerwaldbahn des Kreises Altenkirchen GmbH (WEBA), Steinebach-Bindweide	+854 % Fahrgäste zwischen 1994 und 1998
Schles-wig-Holstein	Niebüll - Süderlügum - (Tonder)	Nordfriesische Verkehrsbetriebe AG (NVAG), Niebüll	365 % über Prognose

Quelle: VDV (2001), S. 37.

Die Fahrgastzuwächse sind teilweise auch auf die umfassenden Modernisierungs- und Rationalisierungsmaßnahmen an Regionalstrecken und Bahnhofseinrichtungen zurückzuführen. Ein Teil der bislang unrentablen Strecken wurde stillgelegt. Zwischen 1994 und 1997 wurde von der DB AG auf 194 Abschnitten mit insgesamt 2.166 km Länge der Betrieb eingestellt. Im selben Zeitraum wurde die Streckeninfrastruktur der Eisenbahnen des Bundes auf 15 Strecken mit 259 km Länge an Dritte zur Weiterführung des Betriebs abgegeben. Zu Reaktivierungen geschlossener Strecken kam es vor allem in Rheinland-Pfalz und Baden-Württemberg. Kritikwürdig erscheint demgegenüber der Zustand eines Großteils der 5.700 Kleinstbahnhöfe, deren Modernisierung noch Jahre in Anspruch nehmen wird.

2.5.3 ÖSPV

Im Unterschied zum SPNV werden im ÖSPV die derzeit existierenden rechtlichen Gestaltungsspielräume von den meisten Aufgabenträgern genutzt, um den kommunalen Nahverkehrsunternehmen noch eine Übergangsfrist zur Vorbereitung auf den Wettbewerb einzuräumen. Dementsprechend ist die Zahl der durchgeführten Ausschreibungen vergleichsweise gering. Neben der Vergabe eigenwirtschaftlicher Linienkonzessionen ohne Ausschreibung und gemeinwirtschaftlicher Linienkonzessionen ohne Ausschreibung nach Angebotsvergleich wurden bislang erst wenige Ausschreibungen durchgeführt, die sich in vier Gruppen einteilen lassen:[740]

- Ausschreibung gemeinwirtschaftlicher Linienkonzessionen mit detaillierten Angebotsbedingungen und Qualitätsstandards durch den Aufgabenträger,
- Ausschreibung von Verkehrsleistungen durch Kommunen, die selbst Konzessionsinhaber sind,
- Ausschreibung von Wagenumläufen. Hierbei werden die Linienkonzessionen von einer Managementgesellschaft gehalten, die selbst keine Verkehre durchführt, sondern diese ausschreibt,
- Ausschreibung von Verkehrsleistungen auf Subunternehmerebene.

Bei allen ÖSPV-Ausschreibungen ging der Zuschlag an ein neues Unternehmen. Die Angebote der Gewinner waren kostengünstiger als die der etablierten Unternehmen. In einigen Fällen konnte die Qualität der Verkehre durch verbesserte Fahrpläne (z. B. Itzehoe) und durch Investitionen in neue Fahrzeuge (z. B. Bad Homburg) erhöht werden, in anderen Fällen waren die Qualitätsstandards

[740] Vgl. DIW (1998a), S. 315 f.

der Ausschreibung so detailliert vorgeschrieben, daß ausschließlich der Preiswettbewerb entscheidend war.[741]

Im ÖSPV in der Fläche werden bei geringer Verkehrsnachfrage verstärkt differenzierte Bedienungsformen gewählt, die ein kundenorientierteres und wirtschaftlicheres Angebot bieten als konventionelle Linienbusverkehre. Am meisten eingesetzt werden Anruf-Sammeltaxi, die eine bedarfsorientierte Betriebsweise bieten, sowie verschiedene Formen von Rufbussen, die sich durch hohe Flexibilität auszeichnen, und Bürgerbusse, die wegen der ehrenamtlich tätigen Fahrer sehr wirtschaftlich sind.

Die Schülerbeförderung wird in vielen Gebieten außerhalb der großen Städte im sogenannten Freigestellten Schülerverkehr durchgeführt. Die dafür eingesetzten Fahrzeuge dürfen ausschließlich von Schülern und nicht von anderen Personengruppen benutzt werden. Durch die Umwandlung des Freigestellten Schülerverkehrs in allgemeine Linienverkehre könnte ein erweitertes Grundangebot an öffentlicher Verkehrsbedienung geschaffen werden.[742]

2.6 *Fazit zur Marktordnung in Deutschland*

In Deutschland hat sich in den 1990er Jahren ein Nahverkehrsmarkt auf der Schiene etabliert, der teilweise zu einem potentiellen und auch zu aktuellem Wettbewerb um regionale Märkte geführt hat und dessen Auswirkungen sich schon nach wenigen Jahren positiv durch ein besseres Preis-Leistungs-Verhältnis und durch beträchtliche Nachfrageanstiege bemerkbar machen. Zwar bleiben hier noch erhebliche Verbesserungen möglich. Denn nach wie vor haben die DB Regio AG und die DB Netz AG dominante Marktstellungen inne. Doch konnten Konkurrenten aufgrund von Erfolgen bei Ausschreibungen immerhin erste Marktanteile gewinnen. Allerdings ist die absolute Zahl der von den Aufgabenträgern durchgeführten Ausschreibungen bislang noch gering. Auch bleibt abzuwarten, ob das neue Trassenpreissystem der DB Netz AG die Marktzutrittsbedingungen für neue Eisenbahnverkehrsunternehmen verbessert.

Im ÖSPV entscheiden nach wie vor zumeist die kommunalen Eigentümer der Verkehrsunternehmen sehr restriktiv darüber, ob und unter welchen Umständen sie die eigenen Verkehrsunternehmen dem Wettbewerb aussetzen. Nicht alle kommunalen Verkehrsunternehmen bereiten sich in angemessener Weise auf die Marktöffnung vor, die viele von ihnen möglichst lange hinauszögern möchten.

---

741 Vgl. DIW (1998a), S. 316.

742 Vgl. BUNDESMINISTERIUM FÜR VERKEHR, BAU- UND WOHNUNGSWESEN (1999), S. 54.

Doch spätestens die konsequente Umsetzung und die Entwicklung des europäischen Rechts dürfte zu weiteren Marktöffnungsschritten führen.

3. Erfahrungen auf Nahverkehrsmärkten im Ausland

3.1 Überblick

Angesichts zunehmender Urbanisierungsprozesse und der Annahme, daß der MIV an ökonomische und ökologische Grenzen stößt, wird dem Aufbau und Ausbau eines funktionsfähigen Nahverkehrs weltweit in zahlreichen Ländern ein größerer Stellenwert als bisher eingeräumt. Derzeit sind die Nahverkehrsmärkte in den meisten Ländern durch institutionelle Marktzutrittsschranken, durch regionale und lokale Monopole sowie durch öffentliche Eigentumsformen geprägt. Die Sichtweise des Nahverkehrs als Teil der öffentlichen Daseinsvorsorge ist vorherrschend. Höchst unterschiedlich sind dabei die konkret ausgestalteten Organisationsformen und die erreichten Preis-Leistungsverhältnisse im ÖPNV. Die Ländern verfolgen weltweit verschiedene Strategien zur Modernisierung des ÖPNV. Einige setzen auf eine Ausweitung staatlicher Investitionen, um den Bedeutungsverlust des ÖPNV im Modal Split aufzuhalten. Andere haben frühzeitig Marktöffnungsschritte eingeleitet und ehemals öffentliche Verkehrsunternehmen formal und auch materiell privatisiert. Schließlich sind einige Länder dazu übergegangen, die Bestellung und Finanzierung einerseits und die Erbringung von Verkehrsleistungen andererseits zu trennen und das Recht zur exklusiven Bedienung eines Verkehrsgebiets auszuschreiben.

Ausländische Erfahrungen mit teilweise oder vollständig geöffneten ÖPNV-Märkten bieten ein differenziertes Bild. Der Abbau von Marktzutrittsschranken hat vielfach zu erheblichen Kostensenkungen und einem geringerem Subventionsbedarf geführt. In der Regel waren auch Angebotsverbesserungen festzustellen. Dem stehen jedoch Tendenzen hin zur Konzentration und zur Oligopolisierung gegenüber, die befürchten lassen, daß etablierte große Verkehrsunternehmen nach Festigung ihrer Marktstellung ihre Marktmacht mißbrauchen könnten.[743] Im folgenden werden Erfahrungen einzelner ausländischer Märkte im ÖSPV eingehend untersucht - zuerst aus Großbritannien und danach aus Schweden und Frankreich.

---

[743] Vgl. DIW (1998a), S. 316 f.

3.2 *ÖSPV in Großbritannien*

Im Rahmen einer allgemeinen Politik der Marktöffnungen und der Privatisierungen wurde im Jahr 1985 in Großbritannien[744] in sämtlichen Gebietskörperschaften außerhalb Londons der ÖSPV-Markt vollständig liberalisiert. Seitdem ist der Marktzutritt freigegeben und das ursprüngliche Konzessionsmodell im Busverkehr abgeschafft. Gemeinwirtschaftliche Leistungen, die die privaten Busunternehmen nicht von sich aus anbieten, werden seitdem ausgeschrieben. Bei vorgeschriebenen ermäßigten Tarifen erhalten die Unternehmen einen finanziellen Ausgleich für die dadurch verursachten Einnahmeausfälle. Die vormals staatliche National Bus Company wurde in 72 Unternehmen aufgeteilt und ebenso wie zahlreiche kommunale Busunternehmen formell und materiell privatisiert.[745] Als Begründung für die Marktöffnung hatte die Regierung in ihrem Weißbuch zum ÖSPV im Jahr 1984 die Annahme formuliert, daß es sich im ÖSPV um wettbewerbliche Busmärkte oder zumindest um „extrem bestreitbare" Monopole handele.[746] In dieser Ansicht wurde sie anfangs von zahlreichen Ökonomen unterstützt.[747]

Für den Busverkehr in London wurde abweichend von der landesweiten Regelung ein spezielles Modell umgesetzt, bei dem innerhalb eines integrierten und weiterhin öffentlich koordinierten Liniennetzes Linien und Teilsysteme unter bestimmten Qualitätsvorgaben ausgeschrieben werden.

An (unterschiedlichen) Beurteilungen über die Ergebnisse der Reformen im britischen Busverkehr besteht anderthalb Jahrzehnte nach der Marktöffnung kein Mangel.[748] Im Vergleich zur Situation vor der Marktöffnung lassen sich aus gesamtwirtschaftlicher Perspektive einige Verbesserungen, aber auch bedeutsame Verschlechterungen feststellen.

Als Erfolge der Marktöffnung außerhalb Londons sind Rentabilitätssteigerungen der Verkehrsunternehmen und der um ein Drittel verminderte Subventionsbedarf zu nennen. Ferner wurde die Flächendeckung des Angebots verbessert.[749] In den ersten acht Jahren nach Beginn der Reformen wurden zudem durchschnittliche Kosteneinsparungen in Höhe von 25 bis 35 Prozent realisiert. Ein Teil der Kostenersparnis ist auf einen Einkommensrückgang der Busfahrer zu-

---

744 Dies umfaßt England, Wales und Schottland - nicht Nordirland.

745 Vgl. NITSCHE, R. (2001), S. 257. Unter anderem fanden 162 Management-Buy-out-Verfahren statt. Vgl. SCHOLZ, G. (1998), S. 3.

746 Vgl. DEPARTMENT OF TRANSPORT (1984), S. 1 ff.

747 Vgl. BEESLEY, M./GLAISTER, S. (1985).

748 Vgl. die umfangreiche Literaturliste in WEIß, H.-J. (1999), S. 31, Fußnote 13.

749 Vgl. NITSCHE, R. (2001), S. 258.

rückzuführen, deren realer Stundenlohn seit der Deregulierung um acht Prozent gesunken ist.[750] Der Anstieg der Bus-Kilometerleistung im selben Zeitraum in Höhe von 24 Prozent ist hingegen nicht als allgemeiner Erfolg der Reformen[751] zu werten, da er sich größtenteils auf die am stärksten befahrenen Strecken konzentriert[752] und auch auf den Ersatz großer Busse durch Minibusse zurückzuführen ist.[753]

Den Erfolgen stehen deutliche Mißerfolge gegenüber. Die Fahrgastzahlen sanken in den ersten acht Jahren nach der Reform um 27 Prozent.[754] In den Jahren 1998/99 - 13 Jahre nach der Marktöffnung - betrug der Rückgang der Fahrgastzahlen bereits 34 Prozent.[755] Dafür lassen sich verschiedene Gründe benennen:

- Die Fahrpreise stiegen real um 25 Prozent im Zeitraum 1985 bis 1993[756] bzw. um 29 Prozent bis zum Jahr 1999.[757]
- Die Information der Fahrgäste blieb unzureichend.
- Auf Fahrpläne war kein dauerhafter Verlaß, da es in regelmäßigen Abständen zu Fahrplanwechseln kam.[758]
- Die mangelnde intra- und intermodale Integration der Verkehrssysteme bei völlig freiem Marktzugang schwächte die Attraktivität öffentlicher Busverkehre erheblich.

Ferner war ein starker Konzentrationsprozeß im ÖSPV-Markt zu beobachten.[759] Mittlerweile beherrschen fünf große, international agierende Unternehmen zusammen mehr als zwei Drittel des Busmarktes in Großbritannien. Es haben sich dabei jeweils regional dominante Anbieter herausgebildet.

Umstritten sind Einschätzungen zum Marktverhalten. Während einige deutsche Marktbeobachter die Wettbewerbsintensität im britischen ÖSPV als hoch angeben und kein Kartellverhalten feststellen,[760] erklärt Nitsche, daß es weder

---

750 DEPARTMENT OF THE ENVIRONMENT, TRANSPORT AND THE REGIONS (1999b).

751 Als Erfolg wird der Anstieg von NITSCHE, R. (2001), S. 258 gewertet.

752 EU-KOMMISSION (1995), Anhang A.

753 Vgl. SCHEELE, U./STERZEL, D. (2000), S. 79, sowie LEHMANN, C./RODI, H. (1998), S. 167.

754 EU-KOMMISSION (1995), Anhang A.

755 Vgl. DEPARTMENT OF THE ENVIRONMENT, TRANSPORT AND THE REGIONS (1999b).

756 EU-KOMMISSION (1995), Anhang A.

757 Vgl. DEPARTMENT OF THE ENVIRONMENT, TRANSPORT AND THE REGIONS (1999b).

758 Beispielsweise gab es in der Region West Yorkshire mit etwa 2,5 Millionen Einwohnern allein im Busverkehr pro Jahr rund 800 bis 1.500 Fahrplanänderungen. Vgl. SCHOLZ, G. (1998), S. 3.

759 Vgl. BOCHUM, U. (1998), S. 45.

760 Vgl. KOMPETENZ CENTER WETTBEWERB (2002), Kap. 4.1.

einen aktiven Wettbewerb zwischen den großen Busunternehmen gebe, noch zu rivalisierenden Zutritten auf lokalen, monopolisierten Märkten komme, da aufgrund der Netzeffekte, des Parallelverhaltens der Oligopolisten und der Schwierigkeiten der privaten Koordinierung der Angebote ein natürliches Busverkehrsmonopol nicht bestreitbar sei.[761]

In Londoner ÖSPV wurden mit den Ausschreibungsverfahren vergleichsweise bessere Erfahrungen gemacht. Auch hier kam es zu durchschnittlichen Kosteneinsparungen in Höhe von 25 bis 35 Prozent.[762] Durch Vorgaben in den Ausschreibungsbedingungen in rund der Hälfte aller Ausschreibungen konnten politisch gewünschte Qualitätsstandards gehalten werden. Daß das Fahrgastaufkommen im ersten Jahrzehnt nach der Reform trotz eines realen Preisanstiegs in Höhe von 34 Prozent leicht um fünf Prozent gesteigert werden konnte[763], wird allgemein als empirischer Anhaltspunkt für die Überlegenheit des Ausschreibungsmodells interpretiert, wobei allerdings der starke Bevölkerungszuwachs im Großraum London zu berücksichtigen ist.

Als „herrschende Meinung“ zum freien Marktzutritt auf den ÖSPV-Märkten außerhalb Londons hat sich in der Literatur eine kritische Einschätzung[764] durchgesetzt. Die Ausschreibungsverfahren in London werden demgegenüber weitgehend positiv bewertet.[765] Die Entwicklung der Fahrgastzahlen wird dabei häufig als ein wichtiges Kriterium für die Beurteilung herangezogen. Als Ursache für die unterschiedliche Entwicklung der Fahrgastzahlen in London und im übrigen Großbritannien gelten die recht große Instabilität und die schlechte Koordinierung des Angebots außerhalb Londons aufgrund des Fehlens einer zentralen Planungsbehörde wie in London. Daß das Koordinationsproblem privat (durch Kooperationen) nicht oder nur ungenügend gelöst werden konnte, wird wesentlich der wettbewerbspolitischen Aufsicht und ihrem Bemühen, Wettbewerbsbe-

---

761 Vgl. NITSCHE, R. (2001), S. 260 und S. 265 ff.

762 Vgl. EU-KOMMISSION (1995), Anhang A.

763 Vgl. DEPARTMENT OF THE ENVIRONMENT, TRANSPORT AND THE REGIONS (1997), sowie SCHOLZ, G. (1998), S. 3.

764 Die abschließende Beurteilung der Ergebnisse der Marktöffnung mit Hilfe empirischer Daten hat zum einen zu beachten, daß qualitative Veränderungen, wie Innovationen in Service und Technik, die ex ante nicht konkret prognostizierbar und ex post nur schwer zu erfassen sind, berücksichtigt werden müssen. Zum anderen ist die Bewertung der Marktöffnung des britischen Busverkehrsmarkt kompliziert, da die Wirkungen des Abbaus institutioneller Marktzutrittsschranken von den Wirkungen der Privatisierung und denen der Verringerung der ÖPSV-Subventionen kaum abgegrenzt werden können.

765 „The London example of competitive tendering within a co-ordinated system has workeed much better from the passenger´s point of view.“ White, P. (1990). Kritisch gegenüber dem freien Zugang zu den Busmärkten in Großbritannien außerhalb Londons äußerten sich auch die EU-KOMMISSION (1995), Anhang A, sowie SCHEELE, U./STERZEL, D. (2000), S. 79, HICKMANN, G. (2000), S. 22.

schränkungen durch Absprachen zu unterbinden, zugeschrieben.[766] Die eher interventionistische Wettbewerbspolitik behindert eine private Lösung des Koordinationsproblems. Dementsprechend zitiert auch die EU-Kommission in ihrem Grünbuch die Forderung der britischen Confederation of Passenger Transport (CPT) nach Änderung der Wettbewerbsbestimmungen für „bessere Planungs- und Koordinationsmöglichkeiten."[767]

Vor dem Hintergrund dieser Erfahrungen hat die von der Labour-Partei getragene britische Regierung erstmals im Jahr 1999 angekündigt, den Kommunen künftig eine koordinierende Aufgabe im ÖSPV-Markt zuzuweisen.[768] Diese bislang nicht umgesetzten Pläne umfassen kommunale Qualitätsvorgaben für Angebote von Busunternehmen und die Vergabe von Lizenzen in Ausschreibungsverfahren.

3.3 ÖSPV in Schweden

Im Vergleich zu Großbritannien wurden in Schweden - wie auch in ähnlicher Weise in Dänemark und Finnland - nur moderate Marktöffnungsschritte umgesetzt, die der öffentlichen Hand nach wie vor eine wichtige Stellung im ÖSPV vorbehalten. Der ÖPNV hat in der Verkehrspolitik einen hohen Stellenwert. Bis Ende der 1970er Jahre existierten in Schweden Konzessionen für regionale Busverkehrsmonopole. Im Jahr 1978 wurde die Zuständigkeit für die Gewährleistung des ÖSPV und die finanzielle Verantwortung auf die Kommunen übertragen und ein Marktöffnungsprozeß eingeleitet. In der Anfangsphase erfolgte in den meisten kommunalen Unternehmen eine Neustrukturierung. Häufig wurden sie in ein Bestellerunternehmen und ein Verkehrsunternehmen aufgespalten.[769] Es wurden Zweckverbände gegründet, die seitdem für die Planung des Nahverkehrs, seine Ausgestaltung und für die Preisregulierung zuständig sind.

Im Jahr 1989 erleichterte der nationale Gesetzgeber den Marktzutritt und setzte alle früher erteilten Konzessionen außer Kraft. Die regionalen Aufgabenträger mußten die Busverkehre neu organisieren, wobei sie nach Intention der gesetz-

---

766 „If there is no major operator in the market, a degree of co-operation among operators may be needed for co-ordination. Such co-operation could, in theory, lead to collusion; anti-monopoly legislation may have thus the effect of preventing the degree of co-ordination that the market may demand." TYSON, W. J. (1990), S. 285.

767 EU-KOMMISSION, (1995), Anhang A.

768 Vgl. DEPARTMENT OF THE ENVIRONMENT, TRANSPORT AND THE REGIONS (1999).

769 Vgl. KOMPETENZ CENTER WETTBEWERB (2002), Kap. 4.1. In Stockholm wurde aus dem kommunalen Unternehmen AB Stockholms Lokaltrafik mit 13.000 Mitarbeitern ein Bestellunternehmen mit 1.000 Mitarbeitern ausgegliedert, das auch für die Verwaltung und den Unterhalt der Schienen- und sonstigen Infrastrukturanlagen zuständig ist. Vgl. HICKMANN, G. (2000), S. 23.

lichen Neuregelung Ausschreibungen für einzelne Leistungen durchführen sollten.[770] Die Ausschreibungen beinhalten genaue Leistungsbeschreibungen.[771] Dabei verbleibt das wirtschaftliche Risiko bei den Aufgabenträgern: „Sie definieren das Angebot, die Fahrpreise und die Qualitätsstandards. Sie treten gegenüber den ÖPNV-Nutzern als einheitliche Benutzeroberfläche auf. Sie übernehmen auch den Großteil der Marketingaufgaben, die dadurch praktisch vor die Klammer der gewerblichen Tätigkeit gezogen werden."[772] Somit kaufen die Aufgabenträger lediglich Verkehrsleistungen bei den Verkehrsunternehmen ein, die sich mangels eigener Gestaltungsspielräume in der Rolle von „Lohnkutschern" befinden. In den ersten Jahren wendeten die Aufgabenträger die sogenannte Vollkostenmethode an, d. h. die Betreiber erhielten sämtliche Kosten durch den Aufgabenträger erstattet und mußten alle Einnahmen an den Aufgabenträger abführen.[773] Statt solcher Bruttoverträge werden seit einigen Jahren zunehmend Nettoverträge abgeschlossen,[774] um dem Verkehrsunternehmen Anreize zur Effizienzsteigerung zu geben. Nach wie vor besteht in Schweden ein Nebeneinander von privaten und öffentlichen Unternehmen mit Marktanteilen von 60 bzw. 40 Prozent.[775]

Die Marktergebnisse zeigen nach der Marktöffnung nur relativ geringe, dafür aber überwiegend positive Veränderungen. Die Kostensenkungen fallen mit 5 bis 15 Prozent deutlich niedriger aus als in Großbritannien. Dafür kam es zu Angebots- und Serviceverbesserungen insbesondere im ländlichen Raum. Sie konnten recht problemlos finanziert werden, da die Produktivitätszuwächse einen geringeren Subventionsbedarf zur Folge hatten - die Kosten für die Aufgabenträger sanken um 20 bis 30 Prozent - und so Verbesserungen des Nahverkehrsangebots ermöglichten.[776] Der durchschnittliche Kostendeckungsgrad durch Marktumsätze stieg von 45 Prozent im Jahr 1986 auf 57 Prozent im Jahr 1993.[777] Zudem wird berichtet, daß im allgemeinen die Qualität des ÖPNV gestiegen und beispielsweise die Pünktlichkeit der Busse verbessert wurde.[778]

---

770 Die Aufgabenträger konnten die Verkehre auch selbst durchführen oder erneut den bisherigen Konzessionsinhaber beauftragen.

771 Vgl. JESCHKE J. (1998), S. 128 ff.

772 HICKMANN, G. (2000), S. 23.

773 Vgl. SCHEELE, U./STERZEL, D. (2000), S. 81.

774 Vgl. HICKMANN, G. (2000), S. 23.

775 Vgl. ebenda, S. 24.

776 Vgl. ebenda, S. 23.

777 Vgl. Aussage des Deutschen Instituts für Wirtschaftsforschung ohne weitere Quellenangabe, zitiert in SCHEELE, U./STERZEL, D. (2000), S. 83.

778 Vgl. HICKMANN, G. (2000), S. 23.

„Ähnlich wie in Großbritannien ist aber auch in Schweden ein enormer Konzentrationsprozeß festzustellen."[779] Wenige große Unternehmen und einige kleine Nischenunternehmen teilen sich den Markt, während die Zahl der kommunalen Unternehmen beständig sinkt.[780] Die Besteller geben an, daß sich trotz der Konzentrationstendenz jeweils genügend Teilnehmer für die Ausschreibungen finden.[781]

Die schwedischen Erfahrungen deuten auf Vorteile von Ausschreibungsverfahren sowohl gegenüber öffentlichen Monopolen als auch gegenüber Marktordnungen mit freiem Marktzutritt hin. Positiv zu bewerten ist die Gewährleistung der Koordinierung und Integration der Verkehrsangebote durch eine Trennung der Besteller- und der Erstellerebene und durch kommunale Nahverkehrsplanungen. Fraglich aber bleibt, ob es erforderlich ist, daß öffentliche Stellen so umfassend die Qualität regulieren. Zudem erscheint es marktstrukturell nicht nötig zu sein, daß das wirtschaftliche Risiko vom Aufgabenträger und nicht vom Verkehrsunternehmen getragen wird. Noch fehlen Untersuchungen, in denen eine Bewertung der durchgeführten Reformen unter gesamtwirtschaftlichen Kosten-Nutzen-Aspekten vorgenommen wurde. „Es scheinen Zweifel angebracht, ob die Relation unter allen Bedingungen immer positiv ist."[782]

Während das britische Marktöffnungsbeispiel für eine Marktordnung mit zu wenig - wohl nur öffentlich zu leistender - Koordinierung der Verkehrsangebote steht, legen die schwedischen Erfahrungen die Einschätzung nahe, daß privaten Unternehmen im ÖSPV mehr Aufgaben als nur die reine „Lohnkutscherei" im Auftrag der Kommunen übertragen werden sollte.

3.4 ÖSPV in Frankreich

Auch in Frankreich werden die meisten straßengebundenen Stadtverkehre regelmäßig in Ausschreibungen vergeben, seitdem sie Ende der 1970er Jahre der Zuständigkeit der Kommunen übertragen wurden. Im Unterschied zu Schweden, wo die Managementebene bei den öffentlichen Aufgabenträger verbleibt und nur einzelne Verkehrsleistungen ausgeschrieben werden, vergeben die französischen Kommunen den gesamten Aufgabenbereich des ÖSPV als regionales Exklusivrecht an ein privates Unternehmen, ohne selbst unternehmerisch tätig zu wer-

---

779 SCHEELE, U./STERZEL, D. (2000), S. 82.

780 Vgl. JESCHKE J. (1998), S. 128 ff.

781 Vgl. HICKMANN, G. (2000), S. 24.

782 SCHEELE, U./STERZEL, D. (2000), S. 84.

den.[783] Das Eigentum an der Infrastruktur und häufig auch an den Betriebsmitteln liegt bei den Kommunen. Öffentliche Subventionen für den ÖSPV werden durch eine Nahverkehrsabgabe („versement transport") finanziert.

Sowohl positive als auch negative Marktergebnisse wurden beschrieben. Deutsche Marktbeobachter konstatieren zum einen eine verbesserte Effizienz. Zum anderen kam es „vielerorts zu teilweise erheblichen Angebots- und Qualitätsverbesserungen. Die Fahrgastzahl ist (...) lokal unterschiedlich, im Durchschnitt aber deutlich gestiegen."[784]

Als problematisch schätzen Marktbeobachter den hohen Konzentrationsgrad und die geringe Wettbewerbsintensität bei Ausschreibungen ein. Drei große Unternehmen beherrschen den ÖSPV-Markt. Die Kommunen kritisieren, daß nicht selten nur ein ernsthaftes Angebot bei Ausschreibungen abgegeben wird.[785] „Dies hat in Frankreich dazu geführt, daß wettbewerbliche Strukturen kaum entwickelt sind: Betreiberwechsel finden aufgrund des Know-how-Vorsprungs der bisherigen Unternehmen und wegen der Größe der zu vergebenden Aufträge so gut wie nicht statt. (...) Neue Unternehmen [haben] kaum eine Chance des Markteintritts."[786]

Diese Kritik stellt die gesamtwirtschaftliche Vorteilhaftigkeit von Ausschreibungen an sich nicht in Frage, sondern richtet sich gegen die spezifisch französische Rahmensetzung. Beispielsweise wäre zu prüfen, ob eine Ausschreibung kleinerer Losgrößen oder von Leistungen auf einzelnen Wertschöpfungsstufen zusätzliche Marktzutritte neuer Unternehmen erleichtern würde.

Als Ergebnis ist festzuhalten, daß die Erfahrungen aus Frankreich und Schweden die Abschaffung öffentlicher Monopole im ÖSPV nahelegen. Die Trennung der Ebenen der Besteller und der Ersteller von Verkehrsleistungen sowie die Einführung von Ausschreibungswettbewerb im ÖSPV erscheinen als prüfenswerte Variante einer Marktordnung.

---

783 Eine Ausnahme bildet der ÖSPV in Paris. In der französischen Landeshauptstadt besteht ein gesetzliches Monopol für das Staatsunternehmen Régie autonome de Transport de Paris (RATP). Eine Ende der 1990er Jahre erfolgte Neuregelung sieht eine Trennung zwischen Besteller- und Ersteller-Ebene vor. Die Finanzierung und Leistungsbeschreibung des ÖSPV in Paris muß künftig - zunächst ausschließlich mit dem RATP - vertraglich vereinbart werden. Vertragspartner sind eine neue Bestellerorganisation der Gebietskörperschaften in der Metropolregion Paris (Ile de France) (Syndicat de Transports de Ile de France - STIF). Im Gegenzug wird der RATP gestattet, künftig auch außerhalb der Ile de France - inklusive der Märkte im Ausland - Verkehrsleistungen anzubieten.

784 KOMPETENZ CENTER WETTBEWERB (2002), Kap. 4.1.

785 Vgl. ebenda.

786 HICKMANN, G. (2000), S. 24.

4. Diskussion eines eventuellen Wettbewerbsversagens im ÖPNV

4.1 Überblick

Aufgrund der Ergebnisse der vorangegangenen Kapitel ist es naheliegend zu untersuchen, ob eine weitere Marktöffnung in Deutschland die Erreichung der Ziele im ÖPNV-Markt (vgl. Kapitel 1.3 oben) verbessern kann. Deshalb wird im Kapitel 4.2 zunächst der Frage nachgegangen, ob die Verwirklichung distributionspolitischer Ziele gewährleistet worden ist. Danach wird im Kapitel 4.3 ausführlich analysiert, ob nach einer Marktöffnung Wettbewerb im Markt für ÖPNV-Leistungen möglich ist oder ob ein Wettbewerbsversagen zu befürchten ist.

Bei der Prüfung dieser Fragen wird hier gedanklich eine vollständige Marktöffnung mit freiem Marktzugang angenommen („tabula rasa-Ansatz"). Ferner sei folgendes unterstellt:

1. Staat und Kommunen sind nach umfangreichen Privatisierungen nicht mehr an ÖPNV-Unternehmen beteiligt.
2. Vor den Privatisierungen werden die öffentlichen Unternehmen vertikal separiert und in selbständige und voneinander unabhängige Verkehrsunternehmen und Verkehrsinfrastrukturunternehmen auf den jeweiligen Wertschöpfungsstufen aufgespalten.
3. Der Staat beschränkt seine Tätigkeit im ÖPNV-Markt erstens auf die Durchsetzung des Wettbewerbsrechts und zweitens auf die Anwendung umweltpolitischer Instrumente zur Internalisierung negativer externer Effekte der Verkehrsnutzung.
4. Die Kommunen - ggf. mit Hilfe des Staates - beschränken ihre Tätigkeiten im ÖPNV-Markt auf die Aufgaben als ÖPNV-Aufgabenträger, soweit sie ihnen zugewiesen werden, unter Berücksichtigung distributionspolitischer Ziele.

4.2 Erreichung distributionspolitischer Ziele

Im ÖPNV-Markt werden zwei distributionspolitische Ziele verfolgt. Zum einen geht es um das regionalpolitische Ziel des ökonomischen und sozialen Ausgleichs zwischen verschiedenen Regionen.[787] Zum anderen dient der ÖPNV derzeit der personenbezogenen Sozialpolitik, um das Grundbedürfnis an Mobili-

[787] In Deutschland geht es etwa um die Annäherung an das Ziel der „Herstellung gleichwertiger Lebensverhältnisse im Bundesgebiet" gemäß Art. 72 Abs. 2 GG bzw. der „Einheitlichkeit der Lebensverhältnisse" gemäß Art. 106 Abs. 3 GG.

tät für Personen, die z. B. mangels Zahlungskraft den MIV nicht nutzen können, durch öffentliche Verkehre zu gewährleisten (vgl. Kapitel 1.3). Im folgenden ist zu fragen, ob und wie diese Ziele nach einer Marktöffnung erreicht werden können.

Umfang und Struktur der erbrachten und nachgefragten ÖPNV-Leistungen dürften sich nach einer Marktöffnung erheblich verändern. Es ist zu erwarten, daß ein Streckenangebot künftig im allgemeinen nur zu kostendeckenden Preisen aufrechterhalten würde und daß es nicht zu internen Quersubventionierungen zwischen Strecken käme. Eine stärkere Preisdifferenzierung wäre zu erwarten. Änderungen im Angebot dürften auf den stark frequentierten Strecken in Zeiten der „rush hours“ geringer ausfallen im Vergleich zu zahlreichen Nebenstrecken sowie zu Zeiten außerhalb der Hauptverkehrszeiten. Auf bereits heute nachfrageschwachen ÖPNV-Strecken dürfte ein Angebot wohl nur zu deutlich höheren Preisen möglich sein, wofür kaum Nachfrage zu erwarten ist. Erhebliche Verringerungen des Verkehrsangebots wären die Folge.[788]

Im Ergebnis könnten nach wie vor die Mobilitätswünsche eines Großteils der Nachfrager, die keiner relevanten Budgetrestriktion unterliegen, wie etwa die Mehrzahl der Berufspendler, erfüllt werden. Demgegenüber würde die ÖPNV-Nachfrage bestimmter Bevölkerungsgruppen aufgrund spezifischer Nachfragewünsche bzw. ihrer relativ geringeren Zahlungsfähigkeiten voraussichtlich vom Angebot nicht oder nur zu - aus Sicht der Nutzer - zu hohen Preisen abgedeckt. Daß ein Teil der Nachfrager kein für sie bezahlbares Angebot vorfinden wird, stellt allerdings kein Wettbewerbsversagen dar, sondern ist das Ergebnis einer marktlichen Koordination von Angebot und Nachfrage durch einen wirksamen Wettbewerb. Eine besondere distributionspolitisch motivierte Rahmensetzung wäre deshalb erforderlich.

Um ein für bestimmte Nachfragergruppen bezahlbares ÖPNV-Angebot zu gewährleisten, können Staat und/ oder Kommunen zum einen entweder den entsprechenden Personengruppen direkte Transfers zahlen oder ÖPNV-Gutscheine aushändigen, um sie in die Lage zu versetzen, am Markt ÖPNV-Leistungen einzukaufen (Subjektförderung). Zum anderen kann es die öffentliche Hand durch direkte Zahlungen und weitere Vergünstigungen den Verkehrsunterneh-

---

[788] Vgl. BÖHME, H./SICHELSCHMIDT, H. (1994), S. 6. Die EU-Kommission stellt in ihrem Grünbuch dazu fest: „Wie allgemein bekannt ist, reichen die Marktkräfte im Verkehrsbereich allein nicht aus, um in allen Fällen die Bedarfsdeckung und eine ausreichende Qualität der Verkehrsdienste zu gewährleisten, die zur Erreichung grundlegender Ziele der Wirtschafts-, Sozial- und Regionalpolitik erforderlich sind.“ EU-KOMMISSION (1995), S. 38.

men ermöglichen, verbilligte nicht-kostendeckende Entgelte von den ÖPNV-Nutzern zu erheben (Objektförderung[789]).

Aus gesamtwirtschaftlicher Sicht werden sozialpolitische Ziele im allgemeinen besser durch die Subjektförderung bei freier Verfügung der Begünstigten über die Mittel verfolgt, weil der Nutzen einer gegebenen Umverteilungssumme für die Empfänger um so größer ist, je freier sie darüber verfügen können.

Im Falle wirtschaftsschwacher Regionen oder ländlicher Gebiete mit für den ÖPNV ungünstiger Besiedlungsstruktur können nicht-zweckgebundene Finanzausgleichszahlungen, die ein öffentlicher Haushalt auf einer höheren föderalen Ebene diesen Regionen zahlt, einen größeren Wohlfahrtsseffekt haben als beispielsweise zweckgebundene, direkte Finanzhilfen an einzelne Verkehrsunternehmen dieser Region in gleicher Höhe. Es bliebe den Regionen freigestellt, aus den allgemeinen Finanzausgleichsmitteln Finanzhilfen an die Betreiber oder an die Nutzer im ÖPNV oder auch an alle Haushalte zu zahlen.

Im Falle der personenbezogenen Sozialpolitik würde es die Anwendung des Prinzips der Subjektförderung nahelegen, nicht über generell subventionierte Tarife die ÖPNV-Nutzung zu verbilligen, sondern der Zielgruppe direkte Transfers zu zahlen, die sie in die Lage versetzen, kostendeckende Fahrpreise zu entrichten. Direkte Finanzhilfen an einkommensschwache Personen sind einer ÖPNV-Gutscheinlösung vorzuziehen, da eine Zweckbindung der öffentlichen Unterstützung an die Nutzung bestimmter Verkehrsträger - zumindest gegenüber Fußgängern und Radfahrern - nicht gerechtfertigt wäre, weil sie nur einen Teil der Bedürftigen besserstellt.

Die Vorteilhaftigkeit der Subjektförderung erfährt eine gewisse Einschränkung durch das sogenannte Gemeinkosten- oder Mindestgrößenproblem der Bereitstellung von ÖPNV-Leistungen: Würde eine Gebietskörperschaft einen gegebenen ÖPNV-Subventionsbetrag statt zur Defizitabdeckung an die Verkehrsunterneh-

---

[789] Gelegentlich wurde eine Subventionierung des ÖPNV sogar mit Effizienzargumenten gerechtfertigt. Nach diesem - von den sogenannten Marginalisten in den 1940er Jahren vertretenen Ansatz - ist es gesamtwirtschaftlich anzustreben, daß Verkehrsunternehmen Entgelte in Höhe der Grenzkosten erheben. Die Anwendung dieser u. A. von Hotelling vertretenen Grenzkosten-Preisregel würde zwar zu einem Defizit führen, jedoch die Summe aus Produzenten- und Konsumentenrente - im Vergleich zur Vollkostendeckung - vergrößern. Denn jeder über den Grenzkosten liegende Preis würde die absetzbare Menge an Verkehrsleistungen senken und dazu führen, daß einige Nachfrager nicht bedient werden, obwohl ihre Zahlungsbereitschaft gemessen an der Nachfragekurve über den durch ihre zusätzliche Bedienung verursachten Grenzkosten liegt. Allerdings wäre dazu die Erhebung neutraler Steuern erforderlich, d. h. die Erhebung von Kopfsteuern ohne Berücksichtigung der steuerlichen Leistungsfähigkeit, die in der Realität nicht zur Verfügung stehen. Statt dessen kann Effizienz auch insbesondere dadurch erreicht werden, daß Verkehrsunternehmen zweigliedrige Tarife setzen, die mittels eines Grundbeitrags die Fixkosten abdecken und darüber hinaus die Grenzkosten-Preisregel anwenden.

men künftig direkt an sozialschwache u. a. Fahrgäste auszahlen, so könnten rein rechnerisch kostendeckende Entgelte von den Fahrgästen erhoben werden, ohne daß die Fahrgäste im Durchschnitt schlechter gestellt wären als zuvor. Jedoch wäre zu erwarten, daß nicht alle Personen das empfangene Transfereinkommen ausschließlich für die ÖPNV-Nutzung verwenden würden. Vielmehr dürfte die Zahlungsbereitschaft der Nachfrager um weniger als die Transfersumme ansteigen, so daß - ceteris paribus - ein finanzielles Defizit in Teilen des ÖPNV entstünde. Die Verkehrsunternehmen müßten entweder mit Preiserhöhungen oder einer Angebotsreduktion reagieren, um ihre Kosten zu decken[790], so daß einzelne Fahrgäste, die bereit sind, ihren gesamten Transfer im ÖPNV zu verausgaben, durch die Subjektförderung schlechter gestellt würden als durch die Objektförderung.[791]

Es ist festzuhalten, daß eine Marktöffnung einer Gewährleistung eines Grundbedarfs an öffentlicher Mobilität für bestimmte Bevölkerungsgruppen nicht entgegensteht, wenn die öffentliche Hand durch Subjekt- und/oder Objektförderung die effektive Nachfragekraft dieser Personengruppen erhöht. Eine Marktöffnung und Privatisierung samt explizit verausgabter Sozialtransfers bzw. Finanzzuschüssen an Verkehrsunternehmen würde diesen öffentlich bislang wenig wahrgenommenen Umverteilungsmechanismus transparenter machen.

4.3 Erreichung des Effizienzziels

4.3.1 Korrigierbares Wettbewerbsversagen infolge externer Effekte

In folgenden geht es um die Auswirkungen einer Marktöffnung auf die Effizienz. Zunächst wird im Unterkapitel 4.3.1 geprüft, ob – negative oder positive – externe Effekte im ÖPNV-Markt existieren. Im anschließenden Unterkapitel 4.3.2 wird analysiert, ob ein Wettbewerbsversagen aufgrund eines nicht-bestreitbaren natürlichen Monopols vorliegt.

Als negative externe Effekte sind im Verkehr vor allem Umweltschädigungen und Lärmemissionen - sowie in manchen Stadtgebieten Staueffekte - von Bedeutung. Da der ÖPNV im Durchschnitt mit geringeren negativen externen Effekten als der motorisierte Individualverkehr (MIV) verbunden ist, wäre nach einer

790 Effizienzsteigerungen dürften in der Realität kurzfristig nur begrenzt möglich sein.

791 Diese Kritik an der Subjektförderung führt zu einer Argumentationsweise, die Effizienzüberlegungen bei der Bestimmung distributionspolitisch motivierter Maßnahmen nur noch teilweise berücksichtigt und auch das Kriterium der Zahlungsbereitschaft nach Durchführung einer Umverteilungsmaßnahme nicht länger zur Bestimmung des sozialpolitisch ausreichenden Angebotsumfangs heranzieht. Statt die Konsumentansouveränität zu achten, werden zugunsten der Anwendung des planwirtschaftlichen Bedarfsprinzips neue Umverteilungsinstrumente geschaffen.

Marktöffnung eine gesamtwirtschaftliche Wohlfahrtseinbuße zu befürchten, falls die Marktöffnung eine Verschiebung im Modal Split zu Lasten der ÖPNV-Nutzung und zu Gunsten des MIV bewirken würde.

Als ordnungspolitisch geeignete Rahmensetzung bietet sich zum einen die Einführung von Abgaben an, die die negativen externen Effekte auf die Umwelt in den Preisen aller Verkehrsträger internalisieren. Durch eine Verschiebung der relativen Preise zwischen MIV und ÖSPV sowie zwischen unterschiedlichen Fahrzeugtypen würden Anreize für eine Vermeidung von Schadstoff- und Lärmemissionen gesetzt. Zum anderen könnten neben der Parkraumbewirtschaftung zusätzlich kommunale Abgaben auf die Benutzung bestimmter Straßen zu bestimmter Zeiten (road-pricing) zum Abbau von Staus bei Kapazitätsengpässen beitragen. Allerdings ist trotz der technischen Umsetzbarkeit von road-pricing-Systemen - siehe London City seit dem März 2003 - deren politische Durchsetzbarkeit in deutschen Städten als äußerst gering einzuschätzen. Dennoch stellen zusätzliche Umweltabgaben First-best-Lösungen dar, um zur Erreichung des Ziels Effizienz beizutragen.

Somit lassen sich spezifische staatliche Eingriffe in den ÖPNV-Markt mittels Marktzutrittsbegrenzungen oder einer Bereitstellung von ÖPNV-Dienstleistungen durch staatliche oder kommunale Unternehmen nicht mit externen Effekten rechtfertigen.

4.3.2 Wettbewerbsversagen infolge eines natürlichen Monopols

4.3.2.1 Analyse einzelner Wertschöpfungsstufen

Sodann ist hinsichtlich der Erreichung des Ziels Effizienz zu prüfen, ob bei einer Marktöffnung ein Wettbewerbsversagen aufgrund eines natürlichen Monopols, das nicht bestreitbar ist, zu befürchten wäre. Dazu sind zunächst die einzelnen Wertschöpfungsstufen und anschließend etwaige Verbundvorteile der Produktion - sowohl über mehrere Wertschöpfungsstufen hinweg als auch zwischen unterschiedlichen Verkehrsträgern - zu analysieren. Als relevante Märkte können die regionalen Verkehrsgebiete zugrunde gelegt werden. Generell lassen sich drei Wertschöpfungsstufen im ÖPNV identifizieren:

1. *Beförderungsleistung*
   Dabei ist zwischen einzelnen Strecken bzw. einigen wenigen miteinander verbundenen Strecken einerseits und großen Netzen mit zahlreichen Strecken andererseits zu unterscheiden. Die Wertschöpfung umfaßt sowohl die reine Beförderungsleistung als auch die Angebotsplanung, das Marketing und das Management.

2. *Bereitstellung und Betrieb von Infrastruktur für Schienenverkehre*
   Dies betrifft den SPNV sowie Untergrund- und Straßenbahnverkehre.

3. *Koordinierung der Angebote der Strecken und Netze in einem Nahverkehrsgebiet*

Mit Ausnahme des Fehlens einer umfassenden Wertschöpfungsstufe ‚Infrastruktur' im Busverkehr sind alle drei Wertschöpfungsstufen sowohl im übrigen ÖSPV als auch im SPNV relevant.

Auf der Wertschöpfungsstufe der *Beförderungsleistung* werden erstens Strekken im ÖSPV oder im SPNV betrachtet, die weder bei der Planung noch bei der Vermarktung ein aufwendiges Netzmanagement erfordern und die weitgehend unabhängig von übergeordneten ÖPNV-Netzen betrieben werden können. Dabei geht es zum einen um einzelne Strecken. Beispiele sind Linien zwischen einem Mittelzentrum und einer vereinzelt und abseits gelegenen Ortschaft sowie Zubringerverkehre etwa zwischen einem Bahnhof und weiteren Verkehrsinfrastrukturen. Hierzu zählen auch sogenannte „Sprinter-Strecken" innerhalb von großen ÖPNV-Netzen. Zum anderen kann es sich auch um einige wenige, aufeinander abgestimmte Strecken handeln - etwa ein kleines lokales Busnetz bestehend aus wenigen sich sternförmig schneidenden Linien, wie sie in vielen Kleinstädten vorhanden sind.

Bezogen auf das tägliche Beförderungspotential eines einzelnen Fahrzeuges oder eines Eisenbahnzugs sind relevante Größenvorteile festzustellen. Ob ein natürliches Monopol existiert, hängt vom Verhältnis der mindestoptimalen technischen Betriebsgröße (MOTB) zum Umfang der Nachfrage ab. Ein natürliches Monopol liegt vor, sofern die Beförderungsnachfrage auf einer Strecke relativ klein ist und durch ein Verkehrsunternehmen, das eine der MOTB entsprechende Anzahl an Fahrzeugen einsetzt, alleine befriedigt werden kann. Dies dürfte in der überwiegenden Zahl der Verkehrsgebiete aufgrund der in der Realität meist niedrigen Nachfrage und der daraus resultierenden geringen Taktdichte der Fall sein.

Mangels relevanter Marktzutrittsschranken - die Kosten der Planung und des ersten Marktauftritts sind zwar versunkenen, stellen ihrer Höhe nach aber keine nennenswerte Hürde dar - ist dieses natürliche Monopol als bestreitbar einzustufen. Im Fall eines hohen Fahrgastaufkommens können eventuell mehrere Unternehmen in der MOTB ÖPNV-Dienste anbieten, so daß ein bestreitbares Kollektivmonopol oder sogar ein wettbewerbliches Oligopol auf einzelnen Strecken oder wenigen, miteinander verbundenen Strecken denkbar wären.

In ÖPNV-Netzen, insbesondere im ÖSPV, wird - im Vergleich zu einzelnen Strecken - ein Vielfaches an Verkehrsleistungen erbracht. Beispiele sind die großen städtischen Busnetze sowie die Verkehre auf U-Bahn-Netzen und in Straßenbahnnetzen. Die reine Beförderungsleistung in ÖPNV-Netzen weist stochastische Größenvorteile durch die gemeinsame Nutzung von Wartungseinrichtungen der Fahrzeuge und durch einen geringeren Bedarf an Reservekapazität hinsichtlich Personal und Fahrzeugen auf. Dadurch ist eine leicht subadditive Kostenfunktion anzunehmen, die die Existenz eines natürlichen Monopols nahelegt.

Eine Bestreitbarkeit des natürlichen Monopols von ÖPNV-Netzen kann aus dreierlei Gründen ausgeschlossen werden. Erstens existieren Marktzutrittsschranken in relevanter Höhe. Sie sind Folge versunkener Kosten des Marktzutritts. Im Unterschied zu kleinen Streckennetzen fallen sie in großen Netzen an, da erhebliche Planungs- und Marketingkosten entstehen, wenn ein neues Verkehrsunternehmen ÖPNV-Leistungen in Konkurrenz zu einem etablierten Unternehmen anbietet. Zweitens wird ein großer Teil der Fahrgeldeinnahmen durch die Erlöse von Zeitfahrkarten, insbesondere im lukrativen Berufsverkehr, erzielt, so daß ein Marktneuling neben den Nachfragern, die Einzelfahrscheine lösen, nur einen geringen Teil der Nachfrager zum Wechsel animieren kann. Drittens können Kundenpräferenzvorteile zugunsten eines etablierten Unternehmens bestehen, beispielsweise aufgrund der Kenntnis und der Gewöhnung der Kunden an einen Fahrplan und an Streckenverläufe, und ebenfalls als Marktzutrittsschranken wirken. Somit ist im weiteren davon auszugehen, daß die Beförderungsleistung in einem größeren ÖPNV-Netz ein nicht-bestreitbares natürliches Monopol ist.

Sodann ist als zweite separate Wertschöpfungsstufe der Bau, die Unterhaltung und der Betrieb der *Infrastruktur* von Bedeutung. Diese umfaßt Schienennetze, Signalanlagen, Bahnhöfe und den Betrieb der Sicherungstechnik für den SPNV sowie für U-Bahnen und Straßenbahnen. Da ein paralleler Bau und Betrieb solcher Anlagen unwirtschaftlich wäre und da die Nachfrage in aller Regel die Kapazitätsgrenzen der Schieneninfrastruktur nicht erreicht bzw. eine Kapazitätserweiterung möglich ist, existiert eine subadditive Kostenstruktur und damit ein natürliches Monopol. Dieses ist aufgrund hoher irreversibler Investitionen, die versunkene Kosten darstellen und als relevante Marktzutrittsschranke wirken, nicht bestreitbar.

Schließlich ist als dritte eigenständige Wertschöpfungsstufe - vor allem in Agglomerationen - die *Koordinierung* der Angebote verschiedener Verkehrsunternehmen sowohl hinsichtlich der Strecken und Netze als auch hinsichtlich der Beförderungsleistungen und des Infrastrukturbetriebs erforderlich. Die Zielsetzung besteht darin, in einem Nahverkehrsgebiet zwischen benachbarten wie auch räumlich überlappenden Verkehrsnetzen und Strecken, z. B. mit einem

Radius von 50 bis 100 km um ein siedlungsstrukturelles Zentrum herum, die positiven Netzeffekte im ÖPNV möglichst weitgehend auszuschöpfen.

Der Koordinator legt zum einen die Rahmenbedingungen für den überörtlichen ÖPNV sowie die Schnittstellen zwischen regionalem ÖPNV (meist SPNV und regionale Buslinien) und lokalen ÖPNV fest. Dazu gehört ein einheitliches Tarifsystem und ein Abrechnungsverfahren zwischen den beteiligten Verkehrsträgern und den verschiedenen Netzen. Die Vorgaben des Koordinators sind für die Ersteller der Leistungen auf den beiden anderen Wertschöpfungsstufen - Beförderung und Infrastruktur - verbindlich, was die öffentliche Hand sicherstellen müßte. Zum anderen ist der Koordinator für den gemeinsamen Marketingauftritt der Verkehrsunternehmen in dem Nahverkehrsgebiet verantwortlich. Schließlich erscheint es vorteilhaft, daß der Koordinator die regional einheitlichen Fahrkartenautomaten betreibt.

Legt man einen über die unmittelbaren Produktionskosten hinausgehenden Kostenbegriff zugrunde, wird deutlich, daß gesamtwirtschaftliche Vorteile aufgrund der Vermeidung von Transaktionskosten der Fahrgäste entstehen, wenn ein Unternehmen das ÖPNV-Gesamtnetz alleine organisiert. „Hohe Wartezeiten an Haltestellen, fehlende Informationen über Abfahrtszeiten, nicht abgestimmte Fahrpläne, fehlende oder unzureichende Umsteigemöglichkeiten etc. führen [ansonsten] zu hohen Nutzerkosten und damit zu sinkenden Zahlungsbereitschaften für die ÖPNV-Transportleistung."[792] Diese Nutzerkosten verlängern die Gesamtfahrtzeit und verteuern die ÖPNV-Nutzung. Ohne eine solche Koordinierung könnte der ÖPNV seine spezifischen Vorteile gegenüber dem MIV - insbesondere in Agglomerationen - nicht ausschöpfen und würde Anteile im Modal Split verlieren.

Es handelt sich bei der Koordinierung um Aufgaben, die gegenwärtig meist von (über-) regionalen Verkehrsverbünden wahrgenommen werden. Die Koordinierung unterscheidet sich von den zuvor genannten Wertschöpfungsstufen dadurch, daß hierbei fast keine unmittelbaren Dienstleistungen für die Endkunden erbracht werden, sondern eine nahezu virtuelle Organisation im Dienste von einigen wenigen bis hin zu mehreren Dutzend Verkehrsunternehmen getätigt wird. Vor dem Hintergrund, daß es verkehrstechnisch und gesamtwirtschaftlich sinnvollerweise nur einen regionalen Fahrplan und ein Marketing geben sollte, ist leicht die Feststellung eines natürlichen Monopols zu treffen. Dies wird durch die Kostenstrukturen noch belegt, da die Erstellung der Leistungen der Koordination fast vollständig als Fixkosten zu betrachten ist, was zu sinkenden Durchschnittskosten und damit zum natürlichen Monopol führt.

---

[792] PRIEWASSER, R. (1998), S. 37 f., SCHEELE, U./STERZEL, D. (2000), S. 24.

Insofern ist die Existenz eines natürlichen Monopols in der Koordinierung von Verkehrsleistungen sowohl über die Kostenstruktur i.e.S. als auch über die Gesamtkosten inkl. der Nutzerkosten begründet.

Eine Bestreitbarkeit des Monopols der Koordinierung der Netze ist deshalb ausgeschlossen, weil der Marktneuling praktisch alle Verkehrsunternehmen gleichzeitig als Kunden gewinnen müßte, was auch nach der Privatisierung öffentlicher Unternehmen sehr unwahrscheinlich ist. Zudem reduzieren mehrjährige Kooperationsverträge zwischen regionalem Koordinator und den Netzmanagern der Verkehrsunternehmen die Anzahl der Zeitpunkte, zu denen ein Wechsel überhaupt durchführbar wäre. Schließlich bestehen Marktzutrittsschranken durch versunkene Kosten, die aufgrund des speziellen geographischen Know-hows, das ein Koordinator erwerben muß, verursacht werden. Ein Marktneuling müßte diese Kosten vor Marktzutritt berücksichtigen, während der Etablierte diese Kosten kurzfristig nicht zu berücksichtigen hat und so mit Preissenkungen einen Marktzutritt abwehren könnte. Im Ergebnis kann die Wertschöpfungsstufe der Koordinierung der Verkehrsangebote als ein nicht-bestreitbares natürliches Monopol angesehen werden.

Tabelle 17: Zu erwartende Marktstruktur einzelner Wertschöpfungsstufen im ÖSPV und im SPNV nach einer völligen Marktöffnung

	Busverkehre	**U-Bahn /Straßenbahn**	**SPNV**
Beförderung (einzelne Strecke)	Natürliches Monopol, falls Nachfrage gering. Bestreitbar. Ansonsten evtl. sogar Wettbewerb möglich	Natürliches Monopol, falls Nachfrage gering. Bestreitbar, sofern keine spezifischen Investitionen nötig - ansonsten nicht-bestreitbar Alternativ evtl. sogar Wettbewerb möglich	Natürliches Monopol, falls Nachfrage gering. Bestreitbar. Ansonsten evtl. sogar Wettbewerb möglich
Beförderung (ÖPNV-Netz)	Natürliches Monopol, nicht bestreitbar	Natürliches Monopol, nicht bestreitbar	Natürliches Monopol, nicht bestreitbar
Infrastruktur	(Keine spezifische Netzinfrastruktur)	Natürliches Monopol, nicht bestreitbar	Natürliches Monopol, nicht bestreitbar
Koordinierung	Natürliches Monopol, nicht bestreitbar		

Quelle: Eigene Darstellung.

Einen Überblick über die zu erwartende Marktstruktur auf den einzelnen Wertschöpfungsstufen nach einer Marktöffnung im ÖPNV gibt Tabelle 17.

4.3.2.2 Verbundvorteile

Nach der Untersuchung der einzelnen Wertschöpfungsstufen wird in diesem Unterkapitel die Existenz von Verbundvorteilen untersuchen. Falls Verbundvorteile in der Produktion zweier Güter oder Dienstleistungen gegeben sind, empfiehlt es sich, diese in einem Unternehmen zu erstellen. Hinsichtlich des ÖPNV-Marktes wird im folgenden erstens gefragt, ob Verbundvorteile innerhalb einer Wertschöpfungsstufe zwischen den Verkehrsträgern (Bus, U-Bahn, Straßenbahn, SPNV) auftreten. Zweitens ist zu prüfen, ob es Verbundvorteile zwischen den Wertschöpfungsstufen bezogen auf einen Verkehrsträger gibt.

Verbundvorteile innerhalb einer Wertschöpfungsstufe lassen sich in begrenztem Umfang bei den Beförderungsleistungen feststellen. Verkehrsunternehmen, die sowohl im ÖSPV, als auch im SPNV tätig sind, können zum einen bei der Erbringung der Verkehrsleistungen Verbundvorteile realisieren, etwa durch zentrale Wartungs- und Reinigungsanlagen sowie durch eine gemeinsame Nutzung der Verwaltungsstrukturen. Zum anderen sind Verbundvorteile im Marketing denkbar. Jedoch reichen diese Verbundvorteile nicht aus, um aus gesamtwirtschaftlicher Sicht die Beförderungsleistungen in SPNV und ÖSPV in einem Unternehmen als in jedem Fall vorteilhaft einzustufen.

Auf der Wertschöpfungsstufe des Betriebs der Infrastruktur geht es vor allem um Schienennetze und komplementäre Anlagen wie Bahnhöfe und Signalanlagen. Hier dürften Verbundvorteile zwischen Straßenbahn, U-Bahn und SPNV nur dann relevant sein, falls die Fahrzeuge der Verkehrsträger auf den selben Schienengleisen fahren und Bahnhöfe gemeinsam nutzen können. Solange dies nicht der Fall ist, was typischerweise für Straßenbahnen wegen der kleineren Spurweite sowie U- und S-Bahnen wegen der besonderen Erfordernisse des elektrischen Antriebs gilt, ist eine gemeinsame Produktion in einem Unternehmen nicht geboten.

Auf der dritten Wertschöpfungsstufe, der Koordinierung der Verkehrsangebote, geht es per definitionem um die Ausnutzung von Verbundvorteilen durch eine möglichst vollständige Erfassung aller Strecken und Netze des ÖSPV und SPNV in einem Verkehrsgebiet. Die Ergebnisse zu den Verbundvorteilen zwischen den Verkehrsträgern auf einzelnen Wertschöpfungsstufen sind in Tabelle 18 zusammengefaßt.

Tabelle 18: Ausmaß von Verbundvorteilen zwischen Verkehrsträgern bezogen auf eine Wertschöpfungsstufe

Wertschöpfungsstufe	Relevante Verbundvorteile zwischen Verkehrsträgern des ÖSPV und SPNV?
Beförderung (ÖPNV-Strecken)	Keine relevanten Verbundvorteile
Beförderung (ÖPNV-Netze)	Keine relevanten Verbundvorteile
Infrastruktur (Betrieb)	Verbundvorteile nur bei gemeinsamer Nutzung des Schienennetzes
Koordinierung der Verkehre	Hohe relevante Verbundvorteile

Quelle: Eigene Darstellung

Im folgenden wird gefragt, ob bezogen auf einen Verkehrsträger (Bus, U-Bahn, Straßenbahn, SPNV) relevante Verbundvorteile zwischen den Wertschöpfungsstufen Beförderung, Infrastruktur und Koordinierung identifizierbar sind. Für den Busbetrieb müssen mangels relevanter Infrastruktur lediglich die Beförderungsleistung und die Koordinierung betrachtet werden. Da es sich um sehr verschiedene Aufgaben handelt, sind keine relevanten Verbundvorteile erkennbar.[793] Bei den Verkehren, die auf Schienen fahren, sind hingegen Verbundvorteile zwischen Beförderungsleistung und Infrastrukturbetrieb gegeben, sofern der Kauf und die Instandhaltung des Fuhrparks der Wertschöpfungsstufe Beförderungsleistung zugerechnet werden. Sie resultieren aus den Notwendigkeiten zur technischen Abstimmung zwischen Verkehrsdurchführung und Infrastrukturerfordernissen („Rad-Schiene-System"). Die Erfahrungen mit der organisatorischen Trennung von Fahrweg und Eisenbahnverkehren nach der Bahnreform in Deutschland lassen aber den Schluß zu, daß auch bei U- und S-Bahn sowie Straßenbahn die Verbundvorteile kein relevantes Ausmaß erreichen, so daß eine vertikale Integration in einem Unternehmen nicht erforderlich ist, um eine effiziente Bereitstellung zu gewährleisten. Nicht zu erkennen sind Verbundvorteile zwischen Infrastruktur und Netzmanagement, da es sich um weitgehend

793 In der Praxis vertreten manche Verantwortliche in Verkehrsunternehmen hierzu eine abweichende Meinung.

unterschiedliche Bereiche (‚Technik versus Marketing‘) handelt. Somit lassen sich keine relevanten Verbundvorteile zwischen Wertschöpfungsstufen einzelner Verkehrsträger identifizieren, wie Tabelle 19 veranschaulicht.

Tabelle 19: Ausmaß von Verbundvorteilen zwischen Wertschöpfungsstufen bezogen auf einen Verkehrsträger

Verkehrsträger	**Relevante Verbundvorteile zwischen den Wertschöpfungsstufen ...**		
	Beförderung und Infrastruktur	**Infrastruktur und Koordinierung**	**Gesamte Wertschöpfungskette**
Bus	Keine spezifische Netzinfrastruktur erforderlich	Keine spezifische Netzinfrastruktur erforderlich	Keine
U-Bahn, Straßenbahn	Keine	Keine	Keine
SPNV	Keine	Keine	Keine

Quelle: Eigene Darstellung

4.3.3 Fazit

Insgesamt ist in weiten Teilen des ÖPNV aus marktstrukturellen Gründen mit einem Wettbewerbsversagen zu rechnen. Lediglich auf der Wertschöpfungsstufe der Beförderungsleistung auf einzelnen ÖPNV-Strecken und in kleinen, separaten Netzen sind bestreitbare natürliche Monopole - bzw. bei hohem Fahrgastaufkommen auch eine wettbewerbliche Marktstruktur - in den jeweiligen Verkehrsgebieten vorhanden. Ansonsten ist der ÖPNV-Markt durch nicht-bestreitbare natürliche Monopole auf den einzelnen Wertschöpfungsstufen gekennzeichnet.[794]

[794] Die Nichtbestreitbarkeit des ÖPNV-Marktes und die Gefahr einer Ausbeutung der Marktgegenseite durch den etablierten Netzmanager werden gelegentlich mit dem Hinweis auf die intermodale Substitutionskonkurrenz verneint. Vgl. SCHEELE, U./STERZEL, D. (2000), S. 24. Eine Alternative zum ÖPNV besitzen aber nur wenige Nachfrager, etwa Berufspendler, für die eine Fahrt mit dem eigenen Pkw oder einem Taxi Kosten verursachen würde, die denen im ÖPNV vergleichbar sind. Die Mehrzahl der Berufspendler im ÖPNV hätte – wenn das Fahrtziel überhaupt mit dem MIV binnen einer akzeptablen Zeit erreichbar wäre – hingegen deutlich höhere MIV-Kosten im Vergleich zum ÖPNV, da häufig ein (weiteres) Fahrzeug angeschafft werden müßte, da die Parkraumsituation in Agglomerationen durch Knappheiten und hohe Parkraumbewirtschaftungsentgelte geprägt ist, und da zu den Hauptverkehrszeiten in der Regel die Straßenkapazität erschöpft ist. Mangels Ausweichmöglichkeiten der ÖPNV-Nutzer weisen sie eine geringe Preiselastizität der Nachfrage auf, so daß ein ÖPNV-Monopolist die Marktgegenseite ausbeuten könnte.

Es empfiehlt sich deshalb, eine wettbewerbspolitische Rahmensetzung, die für unabhängige ÖPNV-Strecken und kleine Netze einen freien Marktzutritt ermöglicht und für die übrigen Beförderungsleistungen in ÖPNV-Netzen jeweils spezielle Regulierungen - mangels Verbundvorteilen jeweils separat für einen Verkehrsträger - vorsieht (vgl. Tabelle 20). Zusätzlich ist aus gesamtwirtschaftlicher Sicht eine Regulierung für den Betrieb von ÖPNV-Infrastrukturen - ebenfalls separat je Verkehrssystem - sowie für die Koordinierung sämtlicher ÖPNV-Angebote in einem Nahverkehrsgebiet geboten. Im folgenden Kapitel werden Handlungsempfehlungen untersucht, wie diese Regulierungen ausgestaltet und wie gleichzeitig die distributionspolitischen Ziele im ÖPNV erreicht werden können.

Tabelle 20: Gesamtwirtschaftlich empfehlenswerte Marktordnung im ÖPNV

	ÖSPV		**SPNV**
	Busverkehre	**U-Bahn, Straßenbahn**	
Beförderung (einzelne Strecke/-n außerhalb von ÖPNV-Netzen)	Freier Marktzutritt (solange Regulierungsinstanz nicht widerspricht)	Freier Marktzutritt (solange Regulierungsinstanz nicht widerspricht)	Freier Marktzutritt (solange Regulierungsinstanz nicht widerspricht)
Beförderung (ÖPNV-Netz)	Regulierung	Regulierung	Regulierung
Infrastruktur	(Keine spezifische Netzinfrastruktur erforderlich)	Regulierung	Regulierung
Koordinierung	Regulierung		

Quelle: Eigene Darstellung.

5. Schlußfolgerungen für eine geeignete Rahmensetzung im ÖPNV

5.1 Überblick

Die Ergebnisse der Analyse in den vorangegangenen Kapiteln lassen nach einer vollständigen Marktöffnung ein Wettbewerbsversagen in weiten Teilen des ÖPNV-Marktes erwarten. Darauf aufbauend werden in diesem Kapitel allgemeine Schlußfolgerungen für eine geeignete Marktordnung im ÖPNV gezogen. Es wird in den folgenden Kapiteln untersucht, ob ein staatliches oder kommunales Monopol, ein auf Dauer reguliertes privates Monopol oder ein per Ausschreibung temporär vergebenes privates Monopol als Regulierungsform geeignet ist. Dabei werden jeweils die einzelnen Wertschöpfungsstufen separat untersucht, da mangels relevanter Verbundvorteile eine Regulierung über die Wertschöpfungsstufen hinweg nicht geboten ist. Zuvor wird in Kapitel 5.2 erörtert, auf welcher föderalen Ebene die Regulierungsinstanz angesiedelt sein sollte.

Gelegentlich wird in der Literatur neben den drei genannten Regulierungsformen noch als weitere Option der sogenannte ÖPNV-Nutzerclub diskutiert.[795] Da der ÖPNV die Anwendung des Ausschlußprinzips erlaubt und bis zur Kapazitätsgrenze eine nahezu vollständige Nichtrivalität im Konsum besteht, wird vorgeschlagen, den Nutzerclub nach den zwei folgenden Prinzipien zu gestalten:

- Äquivalenz: Nur diejenigen Wirtschaftssubjekte sollen zur Finanzierung beitragen, die das Gut auch in Anspruch nehmen. Die Finanzierung könnte über einen zweistufigen Tarif erfolgen, der eine Grundgebühr für die Clubmitgliedschaft und eine mengen- oder nutzungsabhängige Leistungsgebühr umfaßt.
- Kontrolle: Um sicherzustellen, daß ein Angebot erstellt wird, das sich an den Präferenzen der Nutzer orientiert, soll das Management möglichst direkt durch die Konsumenten bzw. Clubmitglieder kontrolliert werden. In der Realität wird ein Club ein Aufsichtsgremium benötigen, was – hinnehmbare - Interessenkonflikte zwischen Prinzipal und Agenten hervorruft.

Dieser Ansatz stellt jedoch aufgrund zahlreicher für die Praxis relevanter Umsetzungsschwierigkeiten nicht mehr als ein Referenzmodell dar, an dem sich Reformschritte messen lassen können.[796] Auf den Nutzerclub soll deshalb im weiteren Verlauf der Untersuchung nicht näher eingegangen werden.

5.2 *Institutionelle Ausgestaltung der Regulierung*

Neben den materiellen Regulierungsinhalten sind die institutionellen Aspekte der Regulierung festzulegen. Da es darauf ankommt, den unterschiedlichen Präferenzen der Wirtschaftssubjekte zu entsprechen und da zudem ein Nebeneinander unterschiedlicher Regulierungsansätze Innovationen und Imitationen tendenziell fördert, bietet sich eine dezentrale Organisation der Regulierung an. Konkret könnte auf Ebene der Länder - die hinsichtlich ihrer Größe, Wirtschafts- und Besiedelungsstruktur eine relativ heterogene Gruppe darstellen - über die konkrete Zuweisung von Regulierungs- und Ausschreibungsaufgaben entschieden werden. Angesichts der derzeit zu beobachtenden und für die Zukunft zu erwartenden Mobilitätsbeziehungen ist davon auszugehen, daß die Regulierungs-

795 Vgl. MEYER, D. (2002), S. 69 ff., sowie ders. (2001), S. 40 ff.

796 Beispielsweise ist die Regionalisierung des SPNV ein Schritt hin zur institutionellen Symmetrie von Entscheidungsträgern und Kostenträgern.

instanz oberhalb der Ebene der Landkreise und kreisfreien Städte angesiedelt sein sollte.

In den Aufgabenbereich der Regulierungsinstanz fällt generell die Gewährleistung eines ausreichenden ÖPNV-Angebots. Hierzu wären die weiter unten genauer erläuterten ÖPNV-Leistungen auszuschreiben und die Einhaltung der Ausschreibungsbedingungen zu überwachen. Sofern zumindest teilweise am Prinzip der Objektförderung festgehalten wird, wären der beauftragten Ebene entsprechende finanzielle Mittel zur Verfügung zu stellen. Um die zur Verwirklichung ökonomischer Effizienz erforderliche Identität von Entscheidern über und Trägern von Finanzierungslasten zu erreichen, wären die Mittel auf dezentraler Ebene bereitzustellen, wobei sich die Frage in den Vordergrund drängt, inwieweit zuvor eine generelle Verbesserung der kommunalen Finanzkraft zu erfolgen hat (Gemeindefinanzreform).

Darüber hinaus sollten alle kommunalen Verkehrsunternehmen formell und materiell privatisiert werden, da der öffentlichen Hand lediglich die Aufgabe der Gewährleistung eines ausreichenden und sozialverträglich gestalteten ÖPNV und nicht dessen unmittelbare Bereitstellung zukommt.

5.3 Regulierung der Beförderungsleistungen

Auf der Wertschöpfungsstufe der Beförderungsleistung ist eine Unterscheidung hinsichtlich des Angebotsumfangs der Verkehrsunternehmen zu treffen.

Einerseits gibt es einzelne Strecken und kleinere Systeme, die aus wenigen Einzelstrecken bestehen und außerhalb bzw. unabhängig von großen ÖPNV-Netzen betrieben werden können. Sowohl im ÖSPV als auch im SPNV kann hier die effizienzsteigernde Wirkung wettbewerblicher Prozesse voll zum Tragen kommen, so daß keine wettbewerbspolitisch motivierten institutionellen Marktzutrittsschranken errichtet werden sollten.[797] Das setzt - mit Ausnahme der meisten Busverkehre - voraus, daß der diskriminierungsfreie Zugang zu Infrastrukturen gewährleistet ist, was im anschließenden Kapitel 5.4 behandelt wird.

Andererseits ist in größeren ÖPNV-Netzen eine Regulierung vorteilhaft, die zudem für die unterschiedlichen Verkehrsträger jeweils spezifisch auszugestalten wäre. Dazu bietet sich ein staatlich oder kommunal organisierter Wettbewerb um das exklusive Recht zur Bedienung des lokalen oder regionalen ÖPNV-Marktes

---

[797] Statt einer Streckengenehmigung sollte eine Lizenzerteilung an ein Verkehrsunternehmen ausreichen, um in der Personenbeförderung tätig zu werden. Die Prüfung der Lizenzerteilung dient nicht der Marktzutrittsbeschränkung, sondern der Prüfung der fachlichen Eignung für eine sichere Personenbeförderung.

an. Diese Ausschreibung sollte die Regulierungsinstanz organisieren, wobei ihr auch die Abgrenzung zwischen dem Verkehrsgebiet eines ÖPNV-Netzes und den generell für den Wettbewerb geöffneten übrigen Strecken obliegt. Den Zuschlag für ein temporäres Exklusivrecht zur öffentlichen Personenbeförderung erhält dasjenige Verkehrsunternehmen, das das „beste" Angebot vorlegt.

Das Ausschreibungsverfahren und die Bewertung der Ausschreibungsgebote hat die distributionspolitische Rahmensetzung zu berücksichtigen, wobei zwei Alternativen zu unterscheiden sind: Im Fall der Objektförderung werden distributionspolitische Ziele - wie bisher in Deutschland üblich - durch Finanzzuschüsse und weitere Vergünstigungen für Verkehrsunternehmen verfolgt. Der Regulierungsinstanz obliegt es dabei, durch Festsetzung bestimmter Mindestanforderungen an Streckenverläufe und Bedienungsintervalle sowie an das Tarifsystem die Erreichung der distributionspolitischen Ziele zu gewährleisten. Dann empfiehlt es sich, demjenigen Bieter in der Ausschreibung den Zuschlag zu erteilen, der den geringsten Zuschußbedarf für einen in den Ausschreibungsbedingungen definierten Leistungsumfang fordert.

Im Fall der Subjektförderung werden die distrubutionspolitischen Zielgruppen direkt ökonomisch bessergestellt. Verkehrsunternehmen erhalten keine Zuschüsse und müssen ihre Tarife kostendeckend kalkulieren. Die Regulierungsinstanz müßte in den Ausschreibungsbedingungen verbindlich kundtun, ob und falls ja, in welcher Höhe die Kommunen (oder andere zuständige Stellen) direkte Transfers an einkommensschwache Personen und weitere ÖPNV-Nutzer zahlen und welche Form diese Transfers haben, beispielsweise ob es sich um zweckgebundene Gutscheine oder nicht-zweckgebundene finanzielle Zuschüsse handelt. Den Zuschlag für das zeitlich befristete Monopol sollte der Anbieter erhalten, der das gesamtwirtschaftlich „beste" Angebot unterbreitet.

Anderen Verkehrsunternehmen als dem Ausschreibungsgewinner sollte der Marktzutritt durch institutionelle Schranken verwehrt werden, da ansonsten die gesamtwirtschaftlich bedeutsamen Netzeffekte nicht realisiert werden könnten. Die institutionellen Marktzutrittsschranken sind nötig, um das Auftreten des sogenannten „Rosinenpickerproblems" zu vermeiden. Denn die Gebote der Ausschreibungsteilnehmer und - im Falle der Objektförderung die Ausschreibungsbedingungen selbst - könnten so formuliert sein, daß sich für die Ausschreibungsgewinner die Notwendigkeit zu einer Quersubventionierung ergibt, da eine Kostendeckung bei bestimmten ÖPNV-Leistungen - im Falle der Objektförderung etwa in Folge von Vorgaben zu Preisobergrenzen - nicht möglich ist und das resultierende Defizit durch höhere Entgelte für andere ÖPNV-Leistungen finanziert werden muß. Eine solche Quersubventionierung würde das „Rosinenpickerproblem" hervorrufen: Marktneulinge könnten ihren Marktzutritt auf diejenigen ÖPNV-Leistungen beschränken, für die der Ausschreibungsgewinner relativ hohe Entgelte zur Quersubventionierung anderer Leistungen erheben muß. Dadurch könnte der wirtschaftliche Erfolg des Ausschreibungsgewinners insgesamt in Frage gestellt werden. Daher ist eine institutionelle Marktzutrittsschranke in ÖPNV-Netzen gerechtfertigt, um Marktneulinge vom „Rosinenpicken" abzuhalten.

Eine Ausschreibung von ÖPNV-Beförderungsleistungen nutzt auf der Anbieterseite in regelmäßigen Abständen den Wettbewerb zwischen Unternehmen und dürfte somit Effizienzvorteile gegenüber einem Monopol in öffentlicher Hand oder einem dauerhaften privaten Monopol besitzen. Letztere sind durch Anreize zur Ausbeutung der Marktgegenseite bzw. zur Erzielung von Insiderrenten gekennzeichnet und können in der Regel nur ungenügend durch Regulierungsbehörden bzw. politische Aufsichtsgremien kontrolliert werden. Daher sollte es in regelmäßigen Abständen von etwa fünf bis zehn Jahren zur Ausschreibung des Rechtes einer alleinigen Bedienung des ÖPNV-Netzes in einem Verkehrsgebiet kommen.

5.4 Regulierung des Infrastrukturbetriebs

Da die Infrastrukturen für U-Bahn, Straßenbahn und SPNV jeweils ein nichtbestreitbares natürliches Monopol darstellen, ist eine staatliche Regulierung erforderlich. Im Unterschied zu den Beförderungsleistungen im ÖPNV ist die Wertschöpfungsstufe der Infrastruktur größtenteils durch einen hohen Anteil versunkener Kosten aufgrund langfristiger Investitionen in Schienennetze gekennzeichnet. Es sind hohe Investitionen erforderlich, die über einen langen Zeitraum abgeschrieben werden müssen und zumeist einen größeren Anteil an den jährlichen Gesamtkosten haben als die laufenden Unterhaltskosten.

Würde das Monopol zum Bau, zum Betrieb und zur Unterhaltung der Infrastruktur ausgeschrieben, wäre die effizienzsteigernde Wirkung eines Wettbewerbs um den Markt begrenzt, wenn sich die Vertragslaufzeit an den langen - oft mehrere Jahrzehnte umfassenden - Amortisationszeiträumen der Infrastruktur orientieren würde. Im Falle kürzerer Ausschreibungsfristen hätte der etablierte Monopolist einen Informationsvorsprung über den Zustand und das künftige ökonomische Nutzungspotential der Infrastrukturanlagen und damit einen effizienzhemmenden Vorteil während der Ausschreibung. Daher liegt es nahe, daß ein reguliertes - öffentliches oder privates - Unternehmen dauerhaft für die Infrastruktur zuständig sein sollte. Angesichts der vielfältigen Probleme der Regulierung eines privaten Monopols und aufgrund der zahlreichen hoheitlichen Akte, die dem Bau und der Unterhaltung von ÖPNV-Infrastrukturanlagen vorausgehen, liegt es nahe, einem öffentlichen Monopolisten, der politisch zu kontrollieren ist, die Aufgaben des Baus, Betriebs und Unterhalts der Infrastruktur zu übertragen. Dabei soll er sich sowohl beim Bau als auch bei Betrieb und Unterhaltung der Infrastruktur Dritter bedienen, die über Ausschreibungen auszuwählen wären.

5.5 Regulierung der Verkehrsangebotskoordinierung

Schließlich ist eine angemessene Regulierungsform für die Wertschöpfungsstufe der Koordinierung mehrerer Verkehrsangebote innerhalb eines regionalen Verkehrsgebiets zu finden. Da auf der Wertschöpfungsstufe der Koordination langfristig abzuschreibende Investitionsgüter keine wesentliche Rolle spielen, sondern es vielmehr in erster Linie um eine kreative Dienstleistung geht, bietet sich eine Ausschreibung an. Dabei könnte das Unternehmen ermittelt werden, das aus Sicht der Regulierungsinstanz das beste Preis-Leistungs-Verhältnis als ÖPNV-Koordinator anbietet, wobei das Innovationspotential privater Unternehmen genutzt werden soll. Als Laufzeit kommen Perioden von etwa zehn Jahren in Betracht, um zum einen der langen Vorlaufzeit von Koordinierungsprozessen Rechnung zu tragen und um zum anderen Lernkurveneffekte beim Koordinator zu ermöglichen. Eine vertikale Integration zwischen Koordination und Erbringung regionaler Beförderungsleistungen ist zwar theoretisch denkbar, sollte aber nicht Voraussetzung für einen Ausschreibungserfolg sein, um die Chancen mittelständischer ÖPNV-Planungsbüros bei der wettbewerblichen Vergabe der Koordinationsaufgabe nicht zu schmälern.

Tabelle 21: Geeignete Regulierungsformen auf Wertschöpfungsstufen im ÖPNV

Wertschöpfungsstufe	**Regulierungsform**
Beförderungsleistung auf einzelnen Strecken oder wenigen verbundenen Strecken	Keine Regulierung. Freier Marktzutritt
Beförderungsleistung in ÖPNV-Netzen	Wettbewerb um den Markt alle 5 - 10 Jahre
Bau, Betrieb, Unterhaltung der Infrastruktur für U-Bahn, Straßenbahn und SPNV	Öffentliches Monopol. Bei Betrieb und Unterhaltung der Anlagen evtl. ein Wettbewerb um den Markt alle 5 - 10 Jahre (Anlagen bleiben öffentliches Eigentum)
Koordinierung von Verkehrsangeboten in einem Nahverkehrsgebiet	Wettbewerb um den Markt etwa alle 10 Jahre

Quelle: Eigene Darstellung.

Ein öffentliches Monopol, wie es in Form von Verkehrsverbünden oder Zweckverbänden derzeit vielerorts praktiziert wird, und ein reguliertes dauerhaftes privates Monopol sind abzulehnen, da sie - ohne Grund - auf die Vorteile eines regelmäßigen Wettbewerbs um den Markt verzichten. Die Tabelle 21 zeigt einen Überblick über geeignete Regulierungsformen im ÖPNV.

6. Handlungsempfehlungen für eine Marktöffnung in Deutschland

6.1 Überblick

Die vorangegangenen theoretischen Untersuchungen zum ÖPNV-Markt sowie die Analyse ausländischer Erfahrungen zeigen, daß weder die derzeit übliche Vergabe von ÖPNV-Monopolrechten an öffentliche Verkehrsunternehmen ohne Ausschreibung noch der Wettbewerb im Markt generell befriedigende Ergebnisse zu erzielen vermögen. In Deutschland sollte daher der ÖPNV-Markt weiter geöffnet werden. Zugleich wäre eine neue Rahmenordnung zu schaffen, deren Kernelemente in den folgenden Kapiteln näher erläutert werden. Konkret geht es dabei um die folgenden Bereiche:

- Internalisierung negativer externer Effekte bei allen Verkehrsträgern - u. a. MIV und ÖPNV - z. B. durch schadstoffbezogene Umweltabgaben.
- Wechsel von der distributionspolitisch motivierten Objekt- zur Subjektförderung.
- Formale und materielle Privatisierung von Verkehrsunternehmen und Verbleib der Verkehrsinfrastruktur in öffentlicher Hand.
- Abbau institutioneller Marktzutrittsschranken für einzelne Strecken.
- Regionale Ausschreibungen auf verschiedenen Wertschöpfungsstufen.

6.2 Internalisierung negativer externer Effekte

Generell vorteilhaft im Sinne der Verwirklichung gesamtwirtschaftlicher Effizienz ist die vollständige Internalisierung negativer externer Effekte bei allen Verkehrsträgern. Sowohl im MIV als auch im ÖSPV und im SPNV sollten die mit der Verkehrsnutzung einhergehenden sozialen Kosten (Schadstoffemissionen, Flächenverbräuche, Lärmbelästigungen u. ä.) durch Abgaben oder andere geeignete Instrumente in die Kostenrechnungen der Verkehrsteilnehmer und somit in die relativen Preise eingehen. Stauprobleme in Innenstadtgebieten könnten - wohl erst mittelfristig nach Entwicklung notwendiger Techniken - durch Road Pricing reduziert werden.

Eine solche ökologisch effektive und ökonomisch effiziente Rahmensetzung würde wesentlich dazu beitragen, daß der ÖPNV insgesamt nicht länger aus öffentlichen Mitteln gefördert werden müßte, was derzeit u. a. mit ökologischen Vorteilen des ÖPNV im Vergleich zum MIV begründet wird.

6.3 Subjektförderung statt Objektförderung

Die durch die Förderung des ÖPNV verursachten Belastungen der öffentlichen Haushalte in Deutschland beliefen sich im Jahr 1993 auf rund 16,6 Mrd. Euro (vgl. Kapitel 2.2). Knapp zehn Jahre später dürfte dieser Betrag allein aufgrund der Preissteigerung auf rund 20 Mrd. Euro angestiegen sein. Diese Ressourcen werden derzeit größtenteils für direkte Finanzhilfen an - meist öffentliche - Verkehrsunternehmen sowie für öffentliche Investitionen eingesetzt. Aus gesamtwirtschaftlicher Sicht ist es empfehlenswert, daß statt der Objektförderung eine sozial- und regionalpolitisch begründete Subjektförderung erfolgt.

Dividiert man das bisherige Fördervolumen für den ÖPNV durch die knapp drei Millionen Sozialhilfeempfänger und Schwerbehinderten sowie die rund zwölf Millionen Schüler, so ergibt sich als distributionspolitische Manövriermasse ein rechnerischer Transferbetrag je Empfänger in Höhe von mehr als 1.000 Euro jährlich.[798] Konkret könnte für Sozialhilfeempfänger entweder der Regelsatz oder die Hilfe in besonderen Lebenslagen erhöht werden oder - falls aus politischen Gründen eine direkte finanzielle Hilfe nicht gewünscht wird - eine Gutscheinregelung für ÖPNV-Fahrscheine erfolgen. Im Falle schwerbehinderter Personen sind keine Gründe erkennbar, die gegen eine direkte finanzielle Subjektförderung sprechen. Im Schülerverkehr bietet sich demgegenüber die Ausgabe von Gutscheinen für ÖPNV-Fahrscheine an.[799]

Die neue Regelung würde wesentliche Vorteile mit sich bringen:

1. *Höhere Effektivität sozial- und regionalpolitischer Maßnahmen*
   Die distributionspolitische Zielgenauigkeit würde steigen, da lediglich einkommensschwache Personengruppen oder solche mit Mobilitätshemmnissen bessergestellt würden. Mitnahmeeffekte anderer Nachfrager, die derzeit von allgemeinen ÖPNV-Subventionen profitieren, würden vermieden.

---

798 Dabei wird unterstellt, daß auch die bisherige Infrastrukturförderung für diese Zwecke eingesetzt wird, was gleichzeitig bedeutet, daß für die Infrastrukturnutzung kostendeckende Entgelte zu erheben sind.

799 Dies könnte über die Schulen organisiert werden. Die Alternative der direkten Auszahlung von ÖPNV-Transfers an Schüler bzw. deren Eltern wäre problematisch, da die Transaktionskosten als sehr hoch einzuschätzen sind.

2. *Abbau von Verzerrungen der relativen Preise*
Die relativen Preise im ÖPNV-Markt würden sich spürbar verändern, da alle Leistungen subventionsfrei, das heißt kostendeckend angeboten werden müßten. Die Folge wären effizienzsteigernde Preisdifferenzierungen zwischen den Angeboten - etwa hinsichtlich Verkehrsträgern, Strecken, Tageszeiten, Wochentagen und Fahrkartentypen. Zwar käme es für zahlreiche Nachfrager zu Preissteigerungen, doch wären diese sowohl allokationstheoretisch als auch distributionspolitisch gerechtfertigt, solange die Befriedigung des - politisch zu bestimmenden - Grundbedarfs an Mobilität für alle Personengruppen gewährleistet wäre.

3. *Angebotsausrichtung an Konsumentenwünschen statt an bürokratischen Vorgaben*
Das Angebot im ÖPNV-Markt könnte sich an der zahlungskräftigen Nachfrage ausrichten und so die Konsumentensouveränität wahren. Als sichtbares Zeichen wäre zu erwarten, daß die Angebote zu Spitzenlastzeiten ausgeweitet und die Angebote zu Tageszeiten, in denen eine nur geringe Nachfrage besteht, verringert werden.

4. *Transparenz*
Im Unterschied zu heute würde für die Öffentlichkeit sichtbar, welche Personengruppen durch Leistungen aus öffentlichen Haushalten im ÖPNV begünstigt werden und welche nicht. Dies erleichtert den politischen Diskurs über eine geeignete Verkehrspolitik und erschwert das Ausschöpfen von Insiderrenten, beispielsweise durch Beschäftigte in Verkehrsunternehmen oder Mitglieder in deren Aufsichtsgremien.

6.4 Privatisierung

Die formale und materielle Privatisierung der gegenwärtig überwiegend in kommunalem Eigentum befindlichen Verkehrsunternehmen ist ein weiterer Schritt zur Marktöffnung. Ansonsten wäre das wettbewerbspolitisch konstitutive Prinzip der Trennung der Ebenen der Besteller und der Ersteller von ÖPNV-Verkehren durchbrochen. Ohne eine solche Trennung wäre nicht auszuschließen, daß die Kommunen im Interesse ihrer Verkehrsunternehmen einen wettbewerbsverzerrenden Einfluß auf die Regulierungsinstanz nehmen, etwa wenn es um die Formulierung der Ausschreibungsbedingungen geht. Ferner gilt die Tendenzaussage, daß privatwirtschaftlich geführte Unternehmen eine höhere Effizienz erreichen können und dem Subventionsdruck weniger stark ausgesetzt sind als Unternehmen in öffentlichem Eigentum.

Lediglich formal, aber nicht materiell privatisiert werden sollten die Infrastrukturunternehmen. Nach einer gesellschaftsrechtlichen Ausgliederung aus bestehenden Verkehrsunternehmen empfiehlt es sich, die Verkehrsinfrastruktur in öffentlichem Eigentum zu belassen. Im ÖSPV ist vor Ort im Einzelfall zu prüfen, ob der Betrieb und die Unterhaltung der Infrastrukturanlagen regelmäßig wettbewerblich an Private vergeben werden kann. Im SPNV ist es geboten, die Bereiche Verkehr und Infrastruktur der DB AG zu separieren. Um einen Behinderungsmißbrauch der DB AG im SPNV ausschließen zu können, sollte der Bund als Eigentümer der DB AG das Bahnnetz organisatorisch und gesellschaftsrechtlich von der DB Holding trennen und in einem öffentlichen Unternehmen führen, das nicht auf vor- oder nachgelagerten Wertschöpfungsstufen tätig sein darf. Um die Effizienz zu erhöhen, wäre zu prüfen, ob der Betrieb der Schienennetze, die weiterhin in staatlichem Eigentum verbleiben sollten, regelmäßig in einem Ausschreibungsverfahren an private Unternehmen vergeben werden könnte.

6.5 Abbau institutioneller Marktzutrittsschranken für einzelne Strecken

Gleich zu Beginn einer Marktöffnung ist es möglich, die institutionellen Marktzutrittsschranken für einzelne Strecken oder wenige, miteinander verbundene Strecken, die nicht in ÖPNV-Netze integriert sind, vollständig abzubauen und einen freien Marktzutritt zu gewähren. In diesem Teilmarkt sollte das in Deutschland bestehende Streckengenehmigungsverfahren aufgehoben werden, so daß hier Verkehrsunternehmen jederzeit ihre Dienstleistungen anbieten können, sofern sie über eine Lizenz zur Personenbeförderung im ÖSPV oder im SPNV verfügen. Die Unterscheidung zwischen eigen- und gemeinwirtschaftlichen Verkehren würde obsolet werden.

Im ÖSPV wäre der freie Zutritt zu zahlreichen Märkten für Busverkehre in Kleinstädten, für regionale Buslinien in ländlichen Gebieten und für Expreßbuslinien in Agglomerationen zulässig. Im SPNV wäre - zumindest in ländlichen Regionen - eine im Vergleich zum ÖSPV noch größere Marktöffnung denkbar, da sich dort der SPNV praktisch komplett aus Strecken und nicht aus Netzen zusammensetzt.[800] Demgegenüber sind in Agglomerationen die Strecken des SPNV, insbesondere der S-Bahnen, in aller Regel in größere Netze eingebunden

---

[800] Auch Integrierte Taktverkehre in ländlichen Regionen, wie etwa der Rheinland-Pfalz-Takt, erschließen meist kein abgegrenztes Nahverkehrsgebiet und stellen auch kein regionales ÖPNV-Netz im Sinne dieser Arbeit dar, da die Verkehrsströme - im Unterschied zum SPNV in Agglomeration - zu einem nur geringen Anteil durch die Notwendigkeit zur Vernetzung und zum Umsteigen geprägt sind.

und sollten ausgeschrieben werden (vgl. Kapitel 6.6). Voraussetzung dafür, daß sich außerhalb der gesondert zu regulierenden Netze in Agglomerationen wirksamer Wettbewerb im Markt oder zumindest Rivalität um bestreitbare natürliche Streckenmonopole entwickeln könnte, ist der diskriminierungsfreie Zugang zur Schieneninfrastruktur. Dieser dürfte gewährleistet sein, wenn die Infrastrukturanlagen - wie oben ausgeführt - in öffentlichem Eigentum bleiben.

6.6 Regionale Ausschreibungen

Mit Ausnahme der zuvor behandelten einzelnen Strecken und kleinen Streckenverbünde ist es gesamtwirtschaftlich vorteilhaft, wenn im Zuge einer Marktöffnung der Wettbewerb um einen jeweiligen regionalen Markt die dominierende Marktordnung im ÖPNV wird. Wichtige Voraussetzungen dafür wurden in Deutschland mit der Regionalisierung der ÖPNV-Zuständigkeit bereits geschaffen. Nun sollten die Länder darauf hinwirken, daß die jeweiligen Aufgabenträger organisatorisch und personell in die Lage versetzt werden, in ihrem lokalen Zuständigkeitsbereich bzw. in einem regionalen Nahverkehrsgebiet zügig alle ÖSPV- und SPNV-Verkehre sowie die Infrastrukturbetriebe und die ggf. erforderliche Koordination der Verkehrsangebote ausschreiben zu können.

Wenn distributionspolitische Ziele mittels Subjektförderung verwirklicht und negative externe Effekte ihren jeweiligen Verursachern angelastet werden, können sich die Aufgabenträger auf die Funktion als Regulierungsinstanz zur Vergabe von temporären Monopolrechte an private Verkehrsunternehmen beschränken. Falls umwelt-, sozial- oder regionalpolitische Belange durch allgemeine Rahmensetzungen erfaßt werden, können sich die Regulierungsinstanzen auf die Auswahl des nach Preisen und Leistungen „besten“ ÖPNV-Anbieter beschränken.

VI. Wasserversorgung

1. Ökonomische Grundlagen der Wasserversorgung

1.1 Ziele der Wasserwirtschaftspolitik

Wasser ist das wichtigste Lebensmittel für Menschen. Es bildet die Grundlage allen Lebens. Als wesentlicher Bestandteil einer gesunden Ernährung und für die Körperhygiene wird von jedem Menschen täglich eine bestimmte Menge qualitativ hochwertigen Trinkwassers benötigt.[801]

Neben seiner Funktion als elementare Lebensgrundlage ist Wasser eine bedeutsame Ressource für vielfältige Produktionsprozesse. Wasser wird zum Transport von Waren, Schmutzfrachten und Wärme, zur Gewinnung von Rohstoffen, Energie und Produkten oder auch für Freizeitaktivitäten eingesetzt. Dabei konkurrieren häufig wirtschaftliche und ökologische Interessen.[802]

Angesichts der großen Bedeutung von Wasser für Menschen und Natur werden hohe Ansprüche an die Leistungen der Wasserwirtschaft gestellt. Als die vier Hauptziele der Wasserversorgung werden weitgehend übereinstimmend in den gesetzlichen Vorschriften, in der Fachliteratur und in der politischen Diskussion (1) eine hohe Trinkwasserqualität, (2) die flächendeckende und sichere Versorgung mit Trinkwasser, (3) der Boden- und Gewässerschutz und (4) die Effizienz der Wasserversorgung genannt.[803]

Aus den Zielen lassen sich mehrere Prinzipien als Gestaltungsregeln der Rahmenordnung im Wassermarkt ableiten, die allerdings im Unterschied zu den Zielen nicht unumstritten sind:[804]

---

801 „Aufgrund unmittelbarer Abhängigkeit wird die Würde des Menschen durch Wassermangel verletzt." NIEDERSÄCHSISCHES UMWELTMINISTERIUM (2002), S. 11. Deswegen formulierten Parlament und Rat der Europäischen Union: „Wasser ist keine übliche Handelsware, sondern ein ererbtes Gut, das geschützt (...) und entsprechend behandelt werden muß." EUROPÄISCHES PARLAMENT (2000c), S. 1. Der Deutsche Bundestag stellte fest, „daß Wasser kein handelbares Wirtschaftsgut wie jedes andere ist, sondern vielmehr ein Erbe, das eine nachhaltige, d. h. sparsame, pflegliche und vorsorgende Bewirtschaftung auch im Interesse nachfolgender Generationen verlangt." DEUTSCHER BUNDESTAG (2001), S. 1.

802 Streng genommen wird Wasser üblicherweise nicht verbraucht, sondern genutzt. Im Folgenden soll aber gemäß dem allgemeinen Sprachgebrauch auch von Wasserverbrauch die Rede sein.

803 Vgl. EUROPÄISCHES PARLAMENT (2000c), DEUTSCHER BUNDESTAG (2001), S. 1, BUNDESMINISTERIUM FÜR UMWELT, NATURSCHUTZ UND REAKTORSICHERHEIT (2001c), S. 44, NIEDERSÄCHSISCHES UMWELTMINISTERIUM (2002), S. 9, BGW (2002b), S. 39. Gelegentlich wird noch das Ziel „Bezahlbarkeit für jeden Menschen" (NIEDERSÄCHSISCHES UMWELTMINISTERIUM (2002), S. 9) hinzugefügt, doch stellt diese Forderung kein spezifisch wasserwirtschaftliches Anliegen dar, sondern ist im Rahmen der Sozialpolitik zu verwirklichen.

804 Vgl. NIEDERSÄCHSISCHES UMWELTMINISTERIUM (2002), S. 10 f.

1. Regionalitätsprinzip im Sinne einer verbrauchsortnahen Gewinnung und Aufbereitung von Wasser.
2. Sicherung des öffentlichen und insbesondere des kommunalen Einflusses in der Wasserwirtschaft.
3. Nachhaltigkeit im Sinne einer Berücksichtigung von Interessen künftiger Generationen.
4. Generelle Kostendeckung der Wasserversorgung, wobei es neben den Infrastrukturkosten auch um externe Kosten, etwa im Bereich der Umwelt, geht.

1.2 Historische Entwicklung des Wassermarktes

Mitte des 19. Jahrhunderts entstand die öffentliche Wasserversorgung in deutschen Städten. Infolge ihrer rasanten Entwicklung waren die Städte mit einem hohen Infrastrukturbedarf konfrontiert. Angesichts ihrer finanziellen Engpässe und der sehr langen Amortisationszeiten der Investitionen beauftragten sie private Unternehmen mit dem Bau und Betrieb der Anlagen zur Wasserversorgung. In Berlin wurde beispielsweise 1856 ein Monopol zur Wasserversorgung über 25 Jahre an ein englisches Unternehmen – die Berlin Waterwork Compagnie (BWC) - vergeben.[805]

Noch vor Ende des 19. Jahrhunderts setzte eine Kommunalisierung der Wasserversorgung und anderer städtischer Ver- und Entsorgungsbereiche ein. Die Ursachen dafür lagen erstens in der geringen Leistungsfähigkeit der privaten Wasserversorgungsunternehmen - etwa hinsichtlich Qualität und Preisen - während die Städte über unzureichende Möglichkeiten verfügten, die privaten Monopole zu regulieren und gesellschaftliche Ziele durchzusetzen. Zweitens weigerten sich viele Privatunternehmen, eine flächendeckende Versorgung sicherzustellen und über Vorleistungen die städtebauliche Entwicklung zu stützen. Drittens entwickelte sich die Wasserversorgung zu einem profitablen Geschäft, mit dem die Kommunen beispielsweise Verluste in der Abwasserentsorgung ausgleichen konnten. So waren bis zum Beginn des Ersten Weltkriegs 93 Prozent aller Wasserwerke in Deutschland in kommunalem Eigentum und wurden von den Kommunen betrieben.[806] Diese Marktordnung, in der kommunale Monopolunternehmen dominieren, ist bis heute erhalten.

---

805 Vgl. KLUGE, T./SCHRAMM, E. (1986), S. 41.

806 Vgl. SCHEELE, U. (1995), S. 147.

In den 1990er Jahren ist auf vielfältige Weise eine Diskussion über die Leistungsfähigkeit der deutschen Wasserversorgungsunternehmen in Gang gekommen. Auf der einen Seite werden in Fachkreisen sowie in der Bevölkerung die Leistungen der deutschen Wasserversorgungsunternehmen im allgemeinen als gut bewertet. Die Trinkwasserqualität ist überwiegend gut bis sehr gut – insbesondere im internationalen Vergleich. Die angebotene Trinkwassermenge ist ausreichend und die Versorgungssicherheit ist hoch. Die Anlagenqualität gilt als sehr hoch. Die Wasserverluste in Anlagen und Leitungen sind im Vergleich zum Ausland gering und es wurden umfangreiche Vorkehrungen zum Gewässerschutz getroffen.[807]

Auf der anderen Seite wird kritisiert, daß die Marktordnung lokale bzw. regionale Monopole schütze und mögliche Vorteile einer Marktöffnung verhindere. Dies führe erstens dazu, daß die Trinkwasserpreise in Deutschland im internationalen Vergleich zu hoch seien. Zweitens seien durch die Vielzahl der Wasserversorgungsunternehmen die Strukturen zu kleinräumig und damit ineffizient. Dadurch könnten Synergieeffekte und Kostensenkungspotentiale nicht genutzt werden. Drittens sei die deutsche Wasserwirtschaft im internationalen Wettbewerb um die Konzeption und Finanzierung sowie den Bau und Betrieb von Infrastrukturen in der Wasserversorgung nicht wettbewerbsfähig.[808]

Diese ordnungspolitisch begründete Kritik geht einher mit politischen Bestrebungen zur Marktöffnung. Zum einen erlaubten immer mehr Kommunen private Beteiligungen an öffentlichen Unternehmen, vor allem an Stadtwerken, da sich erstens in den neunziger Jahren auch in Deutschland ein politischer Trend zur Privatisierung etabliert hat und zweitens immer mehr Kommunen in finanzielle Engpässe gerieten. Zum anderen intensivierte die vom Bundeswirtschaftsministerium angestoßene Debatte um die Aufhebung der geschützten Monopole in der Wasserversorgung die ordnungspolitische Diskussion über Ziele und Möglichkeiten der Öffnung des Wassermarkts. Darüber hinaus übte die striktere Anwendung des europäischen Wettbewerbsrechts durch die Europäische Kommission (Verbot der Quersubventionierung, Ausschreibungspflichten) zusätzlichen Druck aus. Hinzu kamen die überwiegend positiven Erfahrungen mit der Öffnung der Märkte für Energieversorgung und Telekommunikation. Insofern ist eine Analyse zu Chancen und Risiken einer Marktöffnung in der deutschen Wasserversorgung, die in den weiteren Abschnitten vorgenommen wird, von aktuel-

---

[807] Vgl. NIEDERSÄCHSISCHES UMWELTMINISTERIUM (2002), S. 3, DEUTSCHER BUNDESTAG (2001), S. 1.

[808] Vgl. EWERS, H.-J./BOTZENHART, K./JEKEL, M./SALZWEDEL, J./KRAEMER, R. A. (2001), S. 1 ff. sowie BRISCOE, J. (1995), S. 422 ff.

ler Bedeutung. Zuvor werden noch Grunddaten der deutschen Wasserwirtschaft dargestellt.

1.3 Grunddaten der Wasserwirtschaft in Deutschland

Das gesamte Wasserdargebot ergibt sich für eine Region oder ein Land aus dem Saldo von Wasserzugängen (Zuflüsse plus Niederschläge) und den Wasserabgängen (natürlicher ober- und unterirdischer oder künstlicher Abfluß plus Verdunstung). In Deutschland stehen im langjährigen Mittel pro Jahr 182 Mrd. m^3 Wasser zur Verfügung. Davon entnehmen alle Wassernutzer jährlich nur 42,6 Mrd. m^3 oder knapp ein Viertel des gesamten Dargebots und führen es dem Wasserkreislauf nach der Nutzung wieder zu.

Mit 26,4 Mrd. m^3 Wasserverbrauch sind die Wärmekraftwerke für die öffentliche Versorgung der mit Abstand größte Wassernutzer. Sie entnehmen nahezu ausschließlich Oberflächenwasser und setzen dieses überwiegend zu Kühlzwekken ein. Zweitgrößte Wassernutzer sind der Bergbau und das verarbeitende Gewerbe, die zusammen 9 Mrd. m^3 Wasser, davon 2,7 Mrd. m^3 Grundwasser, nutzen. Die Landwirtschaft setzt 1,6 Mrd. m^3 Wasser für Bewässerungszwecke ein.

Die öffentliche Wasserversorgung zur Bereitstellung von Trinkwasser nutzte im Jahr 1999 rund 5,5 Mrd. m^3 Wasser oder drei Prozent des gesamten Wasserdargebots in Deutschland, wovon etwa vier Fünftel an private Haushalte und Kleingewerbebetriebe und ein Fünftel an die Industrie und an sonstige Nutzer abgegeben werden.[809] Seit dem Jahr 1990 ist die Wasserförderung für die öffentliche Wasserversorgung um 1,2 Mrd. m^3 bzw. um 18 Prozent zurückgegangen. Grundwasser ist mit einem Anteil von 64 Prozent die überwiegend genutzte Ressource in der öffentlichen Wasserversorgung. Quellwasser (frei zutage tretendes Grundwasser) trägt mit 9 Prozent zur Bedarfsdeckung bei. Weitere 27 Prozent stammen aus Oberflächenwasser, dem neben Fluß-, See- und Talsperrenwasser auch angereichertes Grundwasser und uferfiltriertes Grundwasser zugeordnet sind.[810]

Da die Beschaffenheit von Wasser variiert, ist Wasser - insbesondere Trinkwasser - sowohl aus chemisch-physikalischer als auch aus ökonomischer Perspektive ein heterogenes Gut. Seine Beschaffenheit variiert in Abhängigkeit vom Wasservorkommen und regeneriert sich langfristig im Wasserkreislauf. Lagerung und Transport können die Qualität mindern und Gesundheitsgefahren für die Verbraucher hervorrufen. In der Trinkwasserversorgung können verschiede-

---

[809] Vgl. NIEDERSÄCHSISCHES UMWELTMINISTERIUM (2002), S. 31.

[810] Vgl. BGW (2002a).

ne Wässer nur unter Beachtung hygienischer und chemischer Anforderungen gemischt werden. In der Regel ist eine Aufbereitung erforderlich.[811] Die höchsten Anforderungen hinsichtlich Reinheit, Aussehen und Geschmack sind an Trinkwasser zu stellen, während industrielles Brauchwasser eine geringere Qualität erfordert und die Schiffahrt eher quantitative als qualitative Anforderungen an Wasser stellt.[812] In den weiteren Kapiteln geht es ausschließlich um die öffentliche Wasserversorgung in Trinkwasserqualität, da die übrigen Nutzungsbereiche des Wassers keine relevanten wettbewerbspolitischen Fragen aufwerfen.

Im Markt für die Wasserversorgung[813] in Trinkwasserqualität mit einem Jahresumsatz von rund sieben Milliarden Euro[814] können als Wertschöpfungsstufen (1) die Gewinnung und Aufbereitung von Wasser, (2) ein ggf. erforderlicher Fernleitungstransport sowie (3) die Verteilung im lokalen Leitungsnetz identifiziert werden. Auf jeder Wertschöpfungsstufe gibt es vorgelagerte Märkte, beispielsweise für den Anlagenbau.

Abbildung 13: Wertschöpfungskette im Wassermarkt

	Gewinnung und Aufbereitung des Wassers
Wasserversorgung	Wasserferntransport (soweit erforderlich)
	Verteilung im lokalen Leitungsnetz

Quelle: Eigene Darstellung.

Verschiedene Nachfragergruppen sind zu unterscheiden. Private Haushalte und kleine Gewerbebetriebe haben nur in wenigen Teilbereichen Substitutionsmöglichkeiten für den Anschluß an das öffentliche Versorgungsnetz, beispielsweise durch das Auffangen von Regenwasser. Industriebetriebe hingegen können sich aufgrund ihrer Größe eher für eine Eigenversorgung mit Wasser aus selbst betriebenen Brunnen entscheiden.

Die Gesamtkosten in der öffentlichen Wasserversorgung gelten zu rund 80 Prozent als Fixkosten, die unabhängig von der Auslastung der Anlagen anfal-

811 Vgl. Ewers, H.-J./Botzenhart, K./Jekel, M./Salzwedel, J./Kraemer, R. A. (2001), S. 10.

812 Vgl. Brösse, U. (1996), S. 278.

813 Im folgenden ist stets die Versorgung mit Wasser in Trinkwasserqualität gemeint.

814 Vgl. Scheele, U. (2000b), S. 24.

len.[815] Differenziert nach Kostenarten ergibt sich laut BGW folgendes Bild für die Wasserversorgung: Von den Gesamtkosten entfallen 30-35 Prozent auf Personal, 10-15 Prozent auf Energie und Material, 20-25 Prozent auf Abschreibungen, 5-10 Prozent auf Zinsen, 5-10 Prozent auf Steuern und Abgaben und 10-15 Prozent auf fremdbezogene Dienstleistungen.[816] Die Kostenstruktur der Teilleistungen der Wasserversorgung stellt sich nach einem Betriebsvergleich von Zweckverbänden und Weiterverteilern in Baden-Württemberg wie folgt dar: 33 Prozent der Gesamtkosten entstehen bei der Gewinnung, Beschaffung und Aufbereitung der Wässer. Weitere 56 Prozent der Kosten verursachen Transport, Druckanpassung, Speicherung und örtliche Verteilung. Schließlich haben die Verwaltungskosten einen Anteil von 11 Prozent.[817]

2. Marktordnung in Deutschland

2.1 Regulierung

2.1.1 Regulierungskompetenzen

In der deutsche Wasserwirtschaft sind die Regulierungsaufgaben auf die verschiedenen föderalen Ebenen verteilt. Der Bund und zum Teil auch die Länder setzen den Ordnungsrahmen für den Gesundheits- und Gewässerschutz sowie für die institutionellen Marktzutrittsschranken und für die Preisregulierung. Die konkrete Umsetzung der wasserwirtschaftlichen Regulierungen erfolgt überwiegend innerhalb des Zuständigkeitsbereichs der Kommunen, die aufgrund ihrer Eigentümerfunktion bei den Wasserversorgungsunternehmen eine dominierende Stellung im Wassermarkt innehaben. Auf der Ebene der Europäischen Union existieren nur hinsichtlich der ökologischen Ziele verbindliche Richtlinien, während im Bereich der EU-Wettbewerbspolitik bislang über politische Zielvorgaben für die Wasserwirtschaft lediglich diskutiert wird.

In Deutschland obliegt die Aufgabe der Wasserversorgung den Städten und Gemeinden im Rahmen ihres Selbstverwaltungsrechts. Nach Art. 28 Abs. 2 GG muß „den Gemeinden das Recht gewährleistet sein, alle Angelegenheiten der örtlichen Gemeinschaft im Rahmen der Gesetze in eigener Verantwortung zu regeln." Die Kommunen sind verpflichtet zu gewährleisten, daß eine Wasserver-

---

815 So lautet die allgemeine Einschätzung, etwa auch in einer Studie im Auftrag des Umweltbundesamts. Vgl. KRAEMER, A. et al. (1998), S. 51 sowie NIEDERSÄCHSISCHES UMWELTMINISTERIUM (2002), S. 37, BECKEREIT, M. (1999), S. 112.

816 Vgl. schriftliche Mitteilung des BGW vom 06.10.2000, zitiert in EWERS, H.-J./BOTZENHART, K./JEKEL, M./SALZWEDEL, J./KRAEMER, R. A. (2001), S. 13.

817 Vgl. MEHLHORN, H. (2001), S. 103 ff. Dabei ist davon auszugehen, daß diese Verwaltungskosten in allen Wertschöpfungsstufen anfallen.

sorgung öffentlich angeboten wird. Sie können im Rahmen landesrechtlicher Vorgaben über die Struktur der Wasserversorgung entscheiden.[818] Dies umfaßt die freie Wahl zwischen Eigen- und Fremdversorgung, zwischen verschiedenen Rechtsformen sowie zwischen öffentlich-rechtlicher und zivil-rechtlicher Benutzungsordnung.

Die Kommunen besitzen die Möglichkeit, bei der Aufgabenerfüllung private Unternehmen einzuschalten, sofern sie ausreichende Kontroll- und Eingriffsrechte behalten, um Mängel bei der Aufgabenerfüllung zu vermeiden oder zu unterbinden. Bei der Beteiligung Privater (teilweise oder vollständige materielle Privatisierung) kann eine Kommune zwischen verschiedenen Organisationsmodellen - Betreibermodell, Kooperationsmodell, Betriebsführungsmodell oder Konzessionsmodell - wählen. Wenn keine Beteiligung Privater angestrebt wird, kann eine Kommune entscheiden, ob sie eine öffentlich-rechtliche Unternehmensform oder eine privatrechtliche Unternehmensform (Privatisierung im formellen Sinn) anstrebt. Einer Kommune stehen je nach Landesrecht meist verschiedene Organisationsformen zur Verfügung:[819]

- Regiebetrieb: Betrieb durch die Gemeinde im Rahmen der allgemeinen Gemeindeverwaltung
- Eigenbetrieb: Betrieb durch die Gemeinde als Sondervermögen mit eigenständiger Buchführung
- Eigengesellschaft: Unternehmen in privater Rechtsform in kommunalem Eigentum[820]
- Betreibermodell: Übertragung des Anlagenbetriebs und ggf. auch des Anlagenbaus auf einen privaten Unternehmer, wobei die Verantwortung für die Aufgabenerfüllung bei der Gemeinde verbleibt.

Auf Bundesebene ist vor allem das Gesetz zur Ordnung des Wasserhaushalts (Wasserhaushaltsgesetz - WHG) von 1957 (zuletzt novelliert und neu bekannt

---

818 Ob die Wasserversorgung als eine Selbstverwaltungspflichtaufgabe der Kommunen bezeichnet werden kann, ist umstritten. Während Marktöffnungsbefürworter dies verneinen – vgl. EWERS, H.-J./BOTZENHART, K./JEKEL, M./SALZWEDEL, J./KRAEMER, R. A. (2001), S. 17 - bezeichnet eine Studie im Auftrag des Umweltbundesamts die Wasserversorgung als kommunale Pflichtaufgabe, vgl. BRACKEMANN, H./EPPERLEIN, K./GROHMANN, A./HÖRING, H./KÜLEIS, C./LELL, O./RECHENBERG, J. WEIß, N. (2000), S. 15

819 Vgl. BUNDESMINISTERIUM FÜR UMWELT, NATURSCHUTZ UND REAKTORSICHERHEIT (2001c), S. 11.

820 Vgl. BRACKEMANN, H./EPPERLEIN, K./GROHMANN, A. HÖRING, H./KÜLEIS, C./LELL, O./ RECHENBERG, J./WEIß, N. (2000), S. 16.

gemacht 1996) [821] von Bedeutung. Es trifft grundlegende Bestimmungen für die Gewässerbewirtschaftung (Wassermenge und Wassergüte). Die Gewässer sind nach dem WHG so zu bewirtschaften, daß sie einerseits dem Wohl der Allgemeinheit und im Einklang damit auch dem Nutzen von Individuen dienen und daß andererseits vermeidbare Beeinträchtigungen ihrer ökologischen Funktionen unterbleiben (Vorsorgeprinzip). Die Gewässer – inklusive des Grundwassers und der Küstengewässer – werden der staatlichen Aufsicht unterstellt. Gewässerbenutzungen, wie z. B. die Entnahme von Wasser oder das Einleiten von Stoffen, bedürfen einer behördlichen Genehmigung. Das WHG beruht auf der Rahmengesetzgebungskompetenz des Bundes aus Art. 75 GG und ist als Rahmengesetz des Bundes auf ergänzende Regelungen durch Landesgesetze angelegt.[822] Auf der Bundesebene sind ferner das Abwasserabgabengesetz (AbwAG)[823], welches ebenfalls durch entsprechende landesrechtliche Regelungen ausgefüllt wird[824], sowie das Gesetz über Wasser- und Bodenverbände[825] wasserwirtschaftlich bedeutsam.

Die wasserrechtlichen Regelungen der Länder und insbesondere die Landeswassergesetze (LWG) enthalten vor allem Bestimmungen zur Ausfüllung und zum Vollzug des Wasserhaushaltsgesetzes (WHG). Sie konkretisieren oder ergänzen weitere Bundesvorschriften, beispielsweise die Regelungen des WHG über die Benutzung von Gewässern, über Wasserversorgungs- und Abwasseranlagen, über die Unterhaltung und den Ausbau der Gewässer, über den Hochwasserschutz und die Gewässeraufsicht.[826] Einige Bestimmungen der LWG gehen aber über die Regelungen des WHG hinaus, wie die Vorschriften über das Eigentum an Gewässern und über Zwangsrechte. Die Ausführungsvorschriften

---

821 Vgl. Gesetz zur Ordnung des Wasserhaushalts (Wasserhaushaltsgesetz - WHG) von 1957 in der Fassung vom 12.11.1996 (BGBl. I S. 1695), zuletzt geändert durch Art. 7 des Gesetzes vom 27.07.2001 (BGBl. 2001 I, S 1950 ff: und S. 2004 f.) sowie durch Art. 18 des Gesetzes vom 09.09.01 (BGBl. I S.2331).

822 Seit der Verfassungsnovellierung von 1994 dürfen Rahmenvorschriften im Bereich des Wasserhaushaltes nur noch in Ausnahmefällen in Einzelheiten gehende oder unmittelbar geltende Regelungen enthalten. Die bis dahin ergangenen punktuellen Vollregelungen des WHG gelten gem. Art. 125a Abs. 2 S. 2 GG allerdings auch nach der Novellierung des Art. 75 GG verbindlich fort.

823 Vgl. Abwasserabgabengesetz (AbwAG), BGBl. 1994 I, S. 3370, zuletzt geändert durch Gesetz vom 09.09.2001, BGBl. 2001 I, S. 2334.

824 Gewässerschutzbelangen dienen daneben mittelbar auch das Wasch- und Reinigungsmittelgesetz – WRMG (BGBl. 1987 I, S. 875, zuletzt geändert durch G. v. 03.05.2000, BGBl. 2000 I, S. 632), das auf der konkurrierenden Gesetzgebungskompetenz des Bundes aus Art. 74 Abs. 1 Nr. 11 GG beruht, sowie das ebenfalls stoffbezogene Pflanzenschutzgesetz – PflSchG (BGBl. 1998 I, S. 971, ber. S. 1527, 3512), für dessen Erlaß der Bundesgesetzgeber nach Art. 74 Abs. 1 Nr. 20 GG zuständig war.

825 Vgl. Gesetz über Wasser- und Bodenverbände vom 12.02.1991 (BGBl. I S.405)

826 Vgl. BUNDESMINISTERIUM FÜR UMWELT, NATURSCHUTZ UND REAKTORSICHERHEIT (2001c), S. 17.

der einzelnen LWG sind im bundesweiten Vergleich sehr unterschiedlich.[827] Ferner haben die Länder Rechtsverordnungen für die Wasserversorgung erlassen.

Auf europäischer Ebene existiert im Unterschied zu den Energie- und Telekommunikationsmärkten keine vergleichbare Richtlinie zur Gestaltung der Rahmenordnung des Wassermarkts. Von Bedeutung sind jedoch zum einen für den Gewässerschutz die EG-Wasserrahmenrichtlinie (siehe Unterabschnitt 2.1.4 unten), sowie zum anderen für die künftige Marktordnung die Mitteilung der Kommission vom September 2000 zu den Leistungen der Daseinsvorsorge[828]. In dieser Mitteilung stellte die Kommission fest, dass es in erster Linie Aufgabe der zuständigen Stellen in den Mitgliedsländern sei, die Aufgaben der Leistungen der Daseinsvorsorge sowie die Art, wie diese auf lokaler, regionaler und nationaler Ebene erfüllt werden, festzulegen. Der Europäischen Gemeinschaft wird die Aufgabe zugewiesen, zu gewährleisten, daß Qualität und Preise der Leistungen den Bedürfnissen der Nutzer und der Bevölkerung im ganzen entsprechen.[829]

Die Binnenmarkt- und Wettbewerbsregeln der EU sollen laut dieser Mitteilung der Kommission nur dann angewendet werden, wenn es sich bei den Leistungen um wirtschaftliche Aktivitäten handelt, die den Handel zwischen EU-Mitgliedstaaten betreffen. Offen bleibt, inwiefern es bei der Wasserversorgung um Leistungen geht, auf welche die Binnenmarkt- und Wettbewerbsregeln für grenzüberschreitende Tätigkeiten anwendbar sind. Einerseits stellt die Wasserversorgung eine überwiegend lokale Tätigkeit dar, bei der nur sehr selten nicht-abgefülltes Wasser international gehandelt und ausgeliefert wird. Andererseits operieren die großen Anbieter von Wasserversorgungsleistungen grenzüberschreitend und stehen in einigen EU-Mitgliedsstaaten bei Ausschreibungen um Wasserversorgungsgebiete untereinander in Konkurrenz.

---

827 Soweit sie die Vorschriften des WHG ausfüllen, müssen zur Lösung von Rechtsfragen oftmals das Bundes- und das Landesgesetz nebeneinander herangezogen werden. Zulasten der landesrechtlichen Abwasserabgabengesetze gehen die Vollregelungen des AbwAG sehr weit. Der Abgabetatbestand, die Berechnungsgrundlagen, die Abgabenhöhe sowie die zweckgebundene Verwendung des Abgabeaufkommens für Maßnahmen der Gewässerreinhaltung sind bereits durch das Bundesrecht geregelt. Den Ländern verbleibt aber neben der Regelung der Behördenzuständigkeit und des Verwaltungsverfahrens noch der Erlaß zahlreicher Ausführungsvorschriften.

828 EU-Kommission (2000a), S. 1 ff.

829 Die Frage, was darunter zu verstehen ist und wie die Bedürfnisbefriedigung zu messen ist, wird nicht beantwortet.

Im Zuge einer Zunahme der Zahl an Ausschreibungen von Wasserversorgungsgebieten ist nicht auszuschließen, daß künftig der regionale Charakter der Wasserversorgung in den Hintergrund tritt.[830] Da wegen der Dominanz kommunaler Monopole in vielen ausländischen Wassermärkten mittelfristig zu erwarten ist, daß das internationale Geschäft weiterhin eine untergeordnete Rolle spielt, soll in dieser Studie davon ausgegangenen werden, daß die EU-Wettbewerbsregeln Staatseingriffen im Wassermarkt nicht entgegenstehen. Daher ist davon auszugehen, daß von Seiten der EU kein rechtlicher Druck zur Aufhebung der Monopole ausgehen wird.

2.1.2 *Marktzutrittsregulierung*

Da den gesetzlichen Vorschriften die Annahme zugrunde liegt, daß die Wasserversorgung im Rahmen der Daseinsvorsorge eine Aufgabe der Gebietskörperschaften sei, besitzen die Kommunen umfassende Rechte, den Marktzutritt für private Wasserversorgungsunternehmen zu verhindern.

Ein besonders bedeutsames Element der Regulierung stellen die Anschluß- und Benutzungszwänge dar, die von den Kommunen per Satzung erlassen werden. Darunter versteht man die Verpflichtung von privaten Haushalten, sich an das öffentliche Trinkwassernetz anzuschließen.[831] Dies betrifft auch den Eigenbedarf von Gewerbebetrieben an Trinkwasser sowie in manchen Bundesländern auch den Eigenbedarf an Kühl- und Brauchwasser.[832]

Weitere institutionelle Marktzutrittsschranken finden sich im Wettbewerbsrecht. Nach der Neufassung des Gesetzes gegen Wettbewerbsbeschränkungen (GWB)[833] haben die wesentlichen Vorschriften des GWB und sein Verbot wettbewerbswidrigen Verhaltens auf dem Markt für die leitungsgebundene Versorgung mit Wasser zwar formale Gültigkeit. Doch es bleibt die Monopolstellung der Kommunen gesetzlich geschützt, was § 103 GWB a. F. zum Ausdruck

---

[830] Falls die Binnenmarkt- und Wettbewerbsregeln anwendbar wären, so müßten folgende Prinzipien bei der Regulierung beachtet werden: Keine Eigentumsform (öffentlich-rechtlich versus privat) dürfte bevorzugt werden und die Verhältnismäßigkeit bei der Wettbewerbseinschränkung zugunsten der Aufgabenerfüllung der Daseinsvorsorge müßte gewahrt werden.

[831] Vgl. BRACKEMANN, H./EPPERLEIN, K./GROHMANN, A./HÖRING, H./KÜLEIS, C./LELL, O./ RECHENBERG, J./WEIß, N. (2000), S. 20.

[832] Vgl. BRÜNING, C. (1997), S. 230 f.

[833] Gesetz gegen Wettbewerbsbeschränkungen (GWB), Neufassung vom 26.08.1998, in Kraft getreten am 01.01.1999, BGBl. I, S. 2546.

bringt.[834] Die öffentliche Wasserversorgung ist ein kartellrechtlicher Ausnahmebereich, innerhalb dessen vier Arten wettbewerbsbeschränkender Verträge[835] zulässig sind.[836]

1. Demarkationsverträge:
   Hierbei handelt es sich um Verträge zwischen Kommunen und Wasserversorgungsunternehmen oder zwischen Wasserversorgungsunternehmen untereinander, in denen sich eine Vertragspartei verpflichtet, die Wasserversorgung über feste Leitungswege in einem bestimmten Gebiet zu unterlassen (§ 103 Abs. 1, Nr. 1 GWB a. F.).

2. Konzessionsverträge:
   Kommunen können ausschließliche Wegerechte an Wasserversorgungsunternehmen vergeben. Die Kommune verpflichtet sich, die Nutzung öffentlicher Wege für die Verlegung und den Betrieb von Wasserleitungen zur Versorgung von Endverbrauchern in ihrem Gebiet ausschließlich einem Unternehmen zu gestatten (§ 103 Abs. 1, Nr. 2 GWB a. F.).

3. Preisbindungsverträge:
   Dadurch verpflichtet sich ein Wasserversorgungsunternehmen, seine Abnehmer nicht zu ungünstigeren Preisen oder Bedingungen zu beliefern, als sie das zuliefernde Versorgungsunternehmen seinen Abnehmern gewährt (§ 103 Abs. 1, Nr. 3 GWB a. F.).

4. Verbundverträge:
   Zum Zwecke des Aufbaus und der Unterhaltung des Verbundsystems werden bestimmte feste Leitungen ausschließlich einem oder mehreren Versorgungsunternehmen zur Verfügung gestellt (§ 103 Abs. 1, Nr. 4 GWB a. F.).

Im Bereich der Gewinnung von Wasser ergeben sich weitere relevante Marktzutrittsschranken durch Beschränkungen bei den Wasserentnahmerechten. Aus einem Wasservorkommen kann aus ökologischen Gründen nur eine begrenzte Menge an Wasser in einem gegebenen Zeitraum gewonnen werden. Über die Vergabe von Rechten zur Wasserentnahme wird im allgemeinen in der zeitlichen Reihenfolge des Eingangs der Anträge bei der zuständigen Wasserbehörde ent-

---

[834] In den Übergangs- und Schlußbestimmungen gemäß § 131 Abs. 8 GWB n. F. wurde geregelt, daß hinsichtlich der Wasserversorgung die §§ 103, 103a und 105 GWB in der alten Fassung vom 20.02.1990 weiterhin gelten.

[835] Die Verträge müssen bei der Kartellbehörde angemeldet werden, um vom GWB freigestellt und wirksam zu werden.

[836] Vgl. BRACKEMANN, H./EPPERLEIN, K./GROHMANN, A./HÖRING, H./KÜLEIS, C./LELL, O./ RECHENBERG, J./WEIß, N. (2000), S. 14.

schieden. Im Fall konkurrierender Nutzungsansprüche wird der öffentlichen Wasserversorgung Priorität eingeräumt. [837]

Die Kombination aus dem dezentralen, kommunalen Organisationsprinzip und der Möglichkeit, Gebietsmonopole abzusichern, hat zur Folge, daß die Versorgungsgebiete Deutschlands flächendeckend zwischen den Wasserversorgungsunternehmen aufgeteilt sind. „Unabhängige Erzeuger und Versorger haben derzeit keine Möglichkeit, entweder mit eigenen Leitungen oder über Durchleitungen in die geschlossenen Versorgungsgebiete einzudringen.“[838] Eine rein theoretische Überlegung ist es, wenn behauptet wird, daß „die wettbewerbsbehindernde Wirkung von §103 GWB a. F. nicht überschätzt werden“[839] dürfe, da die Vorschriften der §§ 19 ff. GWB n. F. über das Verbot der mißbräuchlichen Ausnutzung einer marktbeherrschenden Stellung wirksam anwendbar seien und die Weigerung eines Netzbetreibers, Stich- und Durchleitungen zu Abnehmergruppen zuzulassen, nach § 19 Abs. 4 GWB n. F. überwunden werden könne. Diese theoretische Betrachtung suggeriert eine juristische Möglichkeit der Durchleitung, die in der Realität aber derzeit an vielfältigen nicht-institutionellen Marktzutrittsschranken scheitert, wie die Analyse in den weiteren Kapiteln zeigt. Festzuhalten bleibt, daß gegenwärtig kein freier Zutritt zum Wassermarkt für neue Anbieter möglich ist und die Etablierten wettbewerbsverhindernde Gebietsaufteilungen vorgenommen haben.

2.1.3 Preisregulierung

Um trotz der Marktstellung der kommunalen Monopole eine Ausbeutung der Marktgegenseite zu verhindern, kommt auch bei öffentlichen Unternehmen eine Preisregulierung zum Einsatz. Darauf wird im folgenden eingegangen.

Wird die Wasserversorgung von einem kommunalen Unternehmen in öffentlicher Rechtsform erbracht, so kann die Kommune wählen, ob sie Gebühren und Beiträge nach den Kommunalabgabengesetzen der Länder erhebt oder ob sie das Benutzungsverhältnis privatrechtlich ausgestaltet und Entgelte auf zivilrecht-

---

837 Mit Ausnahme von vorhersehbaren Mangelsituationen sind Wasserbehörden nicht befugt, durch ihre Bewilligungspraxis verbindlich festzuschreiben, welches Wasserversorgungsunternehmen welche Gebiete versorgen soll. Wasserrechtliche Bewilligungen für die öffentliche Wasserversorgung werden meist auf dreißig Jahre erteilt. Sie können mit Auflagen zum Umweltschutz verknüpft sein. Eine Reihe von Landeswassergesetzen verpflichten die öffentlichen Wasserversorgungsunternehmen, ortsnahen Vorkommen bei der Wassergewinnung den Vorrang zu geben und nur in Ausnahmefällen auf die Fernversorgung auszuweichen.

838 BRACKEMANN, H. et al. (2000) BRACKEMANN, H./EPPERLEIN, K./GROHMANN, A./HÖRING, H./ KÜLEIS, C./LELL, O./RECHENBERG, J./WEIß, N. (2000), S. 15.

839 EWERS, H.-J./BOTZENHART, K./JEKEL, M./SALZWEDEL, J./KRAEMER, R. A. (2001), S. 15.

licher Basis fordert.[840] Drei von vier Wasserversorgungsunternehmen haben das Benutzungsverhältnis mit den Abnehmern öffentlich-rechtlich ausgestaltet und erheben Gebühren und Beiträge nach den Kommunalabgabengesetzen. Rund 25 Prozent der Unternehmen erheben privatrechtliche Entgelte – auf sie entfällt jedoch die Hälfte der Wasserabgabemenge.[841]

Bei Wasserentgelten, die öffentlich-rechtlich als Gebühren ausgestaltet sind, muß das Kostendeckungsprinzip beachtet werden. Die Gebührensätze unterliegen der Kommunalaufsicht der Länder, die aber lediglich eine formale Kostenkontrolle darstellt und keinerlei Anreize zu Kostensenkungen setzt. Privatrechtlich ausgestaltete Wasserpreise unterliegen der kartellrechtlichen Mißbrauchsaufsicht nach § 103 Abs. 5 GWB a.F.[842], bei der die zuständigen Kartellbehörden die Entgelte vergleichbarer Unternehmen in unterschiedlichen Versorgungsgebieten einander gegenüberstellen. Sie können Preisabschläge verlangen, wenn „ungerechtfertigt" hohe Preise vom Wasserversorgungsunternehmen erhoben werden. Die kartellrechtliche Mißbrauchsaufsicht dient als Gegengewicht zur rechtlich abgesicherten Monopolstellung der Versorgungsunternehmen.[843] Allerdings ist ihre Wirkung begrenzt, da erstens die Mißbrauchskontrolle tendenziell zu spät eingreift und zweitens keine wettbewerblich strukturierten Vergleichsmärkte existieren.

Im Zusammenhang mit der Preisregulierung sind spezielle Abgaben, die Wasserversorgungsunternehmen zahlen müssen, von Bedeutung. Kommunen haben das Recht, von den Wasserversorgungsunternehmen Konzessionsabgaben für die Nutzung öffentlicher Wege zu erheben, deren Höhe sich nach den Einnahmen des Unternehmens bemißt. Die Höchstsätze betragen für den Verkauf an Wassernutzer mit Standardverträgen je nach Gemeindegröße 10 bis 18 Prozent des Erlöses, bei Sonderverträgen für Großabnehmer nur 1,5 Prozent.[844] Diese Abgabe kann nahezu vollständig auf die Endverbraucher überwälzt werden.

---

840 Vgl. ebenda, S. 19.

841 Vgl. BGW, schriftliche Mitteilung vom 06.10.2000, zitiert in EWERS, H.-J./BOTZENHART, K./JEKEL, M./SALZWEDEL, J./KRAEMER, R. A. (2001), S. 13.

842 Vgl. DAIBER, H. (1996), S. 361 ff.

843 Vgl. BRACKEMANN, H./EPPERLEIN, K./GROHMANN, A./HÖRING, H./KÜLEIS, C./LELL, O./RECHENBERG, J./WEIß, N. (2000), S. 14.

844 Die Regierungskommission „Zukunftsfähige Wasserversorgung in Niedersachsen" schätzte alleine für Niedersachsen ein Volumen in Höhe von 35 bis 45 Millionen Euro pro Jahr. Vgl. Niedersächsisches Umweltministerium (2002), S. 44. Die Angabe von Ewers et al., wonach sich im Jahr 1997 die Einnahmen aus Abgaben für Wasserversorgungskonzessionen in Deutschland auf 121 Millionen Euro beliefen (vgl. EWERS, H.-J./BOTZENHART, K./JEKEL, M./SALZWEDEL, J./KRAEMER, R. A. (2001), S. 15) erscheint daher zu niedrig.

Relevant für die Verhältnisse auf dem Wassermarkt ist ferner die steuerliche Ungleichbehandlung von Wasserversorgungs- und Abwasserentsorgungsunternehmen. Während Betriebe, die der Versorgung der Bevölkerung mit Wasser[845] dienen, ausdrücklich den (steuerpflichtigen) Betrieben gewerblicher Art zugeordnet werden[846], gelten Abwasser-entsorgungsunternehmen, die in öffentlich-rechtlicher Form geführt werden, schon traditionell steuerrechtlich als Hoheitsbetriebe, die von der Körperschaft- und der Umsatzsteuer befreit sind, dafür aber auch keinen Vorsteuerabzug bei der Umsatzsteuer geltend machen dürfen. Abwasserentsorgungsunternehmen in privater Rechtsform werden jedoch zu beiden Steuern veranlagt. [847] Zumindest in Einzelfällen könnte dies bewirken, daß vorhandene Kostenvorteile der Leistungserstellung im Verbund nicht genutzt werden, weil „ein Querverbund eines kommunalen Wasserversorgungsbetriebs mit dem die Abwasserentsorgung durchführenden kommunalen Betrieb unter Verrechnung von Verlusten aus dem Versorgungsbereich unzulässig ist.“[848]

Ferner wird in der EG-WRRL die Kostendeckung für Wasserdienstleistungen einschließlich der umwelt- und ressourcenbezogenen Kosten gefordert,[849] was zumindest ein Subventionsverbot beinhaltet. Allerdings wird vielfach kritisiert, dass die WRRL an dieser Stelle sehr vage bleibt und darauf verzichtet, die relevanten Kostenelemente zu konkretisieren.[850]

2.1.4 Qualitätsregulierung

Bei der Darstellung der Qualitätsregulierung im Wassermarkt werden in diesem Unterabschnitt zunächst die Regulierung der Trinkwasserqualität beschrieben und anschließend die Bestimmungen zum Gewässerschutz behandelt.

---

845 Ebenso behandelt werden die Versorgung mit Gas, Strom, Wärme und öffentlichem Verkehr.

846 Vgl. §4 Abs. 3 KStG.

847 Auf Entgelte der öffentlichen Wasserversorgung werden 7 Prozent MwSt., auf solche der Abwasserbeseitigung in privater Trägerschaft 16 Prozent MwSt. und auf solche in kommunaler Trägerschaft – soweit keine privatrechtliche Form gewählt wurde – keine MwSt. erhoben. Vgl. NIEDERSÄCHSISCHES UMWELTMINISTERIUM (2002), S. 54. Als Begründung für diese ökonomisch nicht zu rechtfertigende Unterscheidung wird üblicherweise angeführt, daß die Abwasserentsorgung eine hoheitliche Aufgabe sei, während die Wasserversorgung lediglich eine Aufgabe der Daseinsvorsorge darstelle.

848 DEUTSCHER BUNDESRAT (2002), S. 3.

849 Vgl. Art. 9, Abs. 1, WRRL.

850 Vgl. JEDLITSCHKA, J. (1998), S. 1670 ff., HÖRSGEN, B. (1999), S. 8 ff., SCHMITZ, M. (1998), S. 264 ff.

Für die Qualitätssicherung der Trinkwasserversorgung ist u. a. das Infektionsschutzgesetz (IfSG)[851] relevant. Es enthält Vorschriften für die Beschaffenheit von Wasser für den menschlichen Gebrauch sowie für Abwasser. Gemäß § 37 Abs. 1 IfSG muß Wasser für den menschlichen Gebrauch so beschaffen sein, daß durch seinen Genuß oder Gebrauch eine Schädigung der menschlichen Gesundheit, insbesondere durch Krankheitserreger, nicht zu befürchten ist.

Auf der Grundlage des Infektionsschutzgesetzes sowie des Lebensmittel- und Bedarfsgegenständegesetzes[852] wurde vom Bund die Trinkwasserverordnung[853] erlassen, die zugleich der Umsetzung der EG-Trinkwasserrichtlinie[854] dient. In der Trinkwasserverordnung sind spezielle Anforderungen an die Beschaffenheit von Trinkwasser und an die Trinkwasseraufbereitung festgeschrieben. Sie enthält ein Minimierungsgebot für die Konzentration von chemischen Stoffen, die das Wasser verunreinigen oder nachteilig beeinflussen können. Ferner werden für rund fünfzig mikrobiologische, chemische und physikalische Parameter Grenzwerte oder Richtwerte vorgegeben.[855] Die Erfordernisse gelten als erfüllt, wenn bei der Gewinnung, der Aufbereitung und der Verteilung die allgemein anerkannten Regeln der Technik[856] eingehalten werden und das Wasser den Anforderungen der Trinkwasserverordnung entspricht. Die Aufsicht über die Beschaffenheit des Trinkwassers und über die Wassergewinnungs- und –versorgungsanlagen in hygienischer Hinsicht liegt bei den Behörden der Länder.

Der zweite Teil der Qualitätsregulierung betrifft den Gewässerschutz, für den relevante rechtliche Bestimmungen sowohl auf europäischer Ebene, als auch auf den föderalen Ebenen in Deutschland bestehen. Dabei wird sowohl ein Ausgleich zwischen den verschiedenen Nutzungsinteressen angestrebt als auch versucht, die natürlichen Wasserressourcen vor einer übermäßigen Nutzung zu bewahren. Vor dem Hintergrund dieses Zieldualismus soll durch das Wasser-

---

[851] Vgl. Gesetz zur Verhütung und Bekämpfung von Infektionskrankheiten beim Menschen (Infektionsschutzgesetz - IfSG) vom 20.07.2000, BGBl 2000 I, S. 1045 ff.

[852] Vgl. Gesetz über den Verkehr mit Lebensmitteln, Tabakerzeugnissen, kosmetischen Mitteln und sonstigen Bedarfsgegenständen in der Fassung der Bekanntmachung vom 09.09.1997, BGBl. 1197 I, S. 2296.

[853] Vgl. Verordnung über die Qualität von Wasser für den menschlichen Gebrauch (Trinkwasserverordnung – TrinkwV 2001) vom 21.05.2001, BGBl. 2001 I S. 959.

[854] Vgl. Rat der Europäischen Gemeinschaften (1998b), S. 32 ff.

[855] Beispielsweise liegt der Grenzwert für Nitrat im Trinkwasser bei 50 mg/l.

[856] Die maßgeblichen Regeln der Technik werden neben weiteren Organisationen vor allem vom Deutschen Institut für Normung, vertreten durch den Fachnormenausschuß Wasserwesen (DIN/NAW), von der Deutschen Vereinigung für Wasserwirtschaft, Abwasser und Abfall (ATV-DVWK) und vom Deutschen Verein des Gas- und Wasserfaches (DVGW) vorgegeben, vgl. EWERS, H.-J./BOTZENHART, K./JEKEL, M./SALZWEDEL, J./KRAEMER, R. A. (2001), S. 19 sowie BUNDESMINISTERIUM FÜR UMWELT, NATURSCHUTZ UND REAKTORSICHERHEIT (2001c), S. 13.

haushalts- oder Wasserwirtschaftsrecht ein Ausgleich unterschiedlicher Bewirtschaftungsinteressen an den in der Natur verfügbaren Wasserressourcen sichergestellt werden.[857]

Auf der Ebene der Europäischen Gemeinschaft[858] wurde mit der im Jahr 2000 in Kraft getretenen EG-Wasserrahmenrichtlinie (WRRL)[859] ein einheitlicher Ordnungsrahmen für den Gewässerschutz geschaffen. Hauptziel ist die Sicherstellung eines sogenannten „guten Zustands" der Gewässer. Darunter wird verstanden, daß menschliche Nutzungen Gewässer nur so weit in Anspruch nehmen oder verändern dürfen, daß die ökologischen Funktionen eines Gewässers nicht wesentlich beeinträchtigt werden. Für Oberflächengewässer wird ein „guter ökologischer" und „guter chemischer Zustand" gefordert.[860] Für Grundwasser wird ein „guter quantitativer" und ein „guter chemischer Zustand" vorgeschrieben.[861]

Gemäß der WRRL sollen künftig die Gewässer[862] durch koordinierte Planungen und Maßnahmen bewirtschaftet werden, die an der naturräumlichen Gliederung der Flußeinzugsgebiete orientiert sind und daher über die Grenzen der Mit-

857 Der Begriff des Wasserhaushaltsrechts ist allerdings mit demjenigen des Gewässerschutzrechts nicht völlig deckungsgleich. Zum Gewässerschutzrecht gehören auch Vorschriften aus anderen Rechtsgebieten, soweit sie dem Schutz der Gewässer dienen. Einzelne Vorschriften des Wasserwege- und Wasserverkehrsrechts (vgl. z. B. § 5 S. 3 WaStrG; § 1 Abs. 1 Nr. 2, II BinSchAufG) bezwecken in diesem Zusammenhang ebenso einen Schutz der Gewässer vor Verunreinigung, wie bestimmte strafrechtliche Regelungstatbestände (vgl. §§ 324 Abs. 1; 327 Abs. 2 Nr. 2 StGB). Das Gewässerschutzrecht kann damit als die Summe aller Vorschriften definiert werden, die dem Gewässerschutz dienen können.

858 Im Bereich des Gewässerschutzes wird in der Regel nicht die Europäische Union als Ganzes tätig, sondern vielmehr die Europäische Gemeinschaft (EG) auf der Grundlage des Vertrags zur Gründung der Europäischen Gemeinschaft.

859 Vgl. EUROPÄISCHES PARLAMENT (2000c).

860 Der Anhang V der Wasserrahmenrichtlinie gibt Vorgaben für die Biologie, Chemie und Gewässerstruktur (Hydromorphologie). Die hydromorphologischen Parameter werden ausschließlich als die Fähigkeit definiert, die Lebensgemeinschaft im Gewässer (Biozönose) zu unterstützen. Bezüglich des chemischen Zustandes wird die Kommission für 30 prioritäre Stoffe europaweite Qualitätsstandards definieren.

861 Zur Erreichung des „guten mengenmäßigen Zustandes" darf die Wasserentnahme nicht größer sein als die Neubildung. Auch dürfen oberirdische Gewässer und angrenzende Landökosysteme nicht signifikant geschädigt werden. Der „gute chemische Zustand" ist gegeben, wenn die Qualitätsstandards bestehender Richtlinien flächendeckend für das gesamte Grundwasser eingehalten werden.

862 Der Anwendungsbereich der EG-WRRL umfaßt alle Gewässer der Gemeinschaft, einschließlich Grundwasser und Küstengewässer.

gliedsstaaten hinausreichen.[863] Die Richtlinie verpflichtet die Mitgliedstaaten, in allen Gewässern innerhalb von 15 Jahren einen „guten Zustand“[864] zu erreichen.[865] „Zur Umsetzung dieser Planungserfordernisse werden verstärkt Kooperationen zwischen verschiedenen Verwaltungskörperschaften und Staaten entwickelt werden müssen.“[866] Neben der WRRL existieren noch weitere, eigenständige Gewässerschutzrichtlinien[867] sowie EG-Umweltvorschriften[868], die nicht spezifisch auf den Schutz des Wassers zugeschnitten sind. Diese bestehen fort und sind nach wie vor bedeutsam für die Wasserwirtschaft.

Auf der Ebene des Bundes sind die wichtigsten Regelungen zum Gewässerschutz zum einen im Wasserhaushaltsgesetz (WHG) enthalten. Auf dessen Grundlage hat der Bund einige das WHG konkretisierende Rechtsverordnungen erlassen. Hierzu zählen die Abwasserverordnung (AbwV)[869], die Grundwasserverordnung[870] und die Verordnung über wassergefährdende Stoffe bei der Beförderung in Rohrleitungsanlagen[871]. Zum anderen finden sich weitere bundes-

---

863 Bereits heute erfolgt bei grenzüberschreitenden Fließgewässern in beschränktem Umfang großräumig eine integrierte Bewirtschaftung im Rahmen internationaler Kooperationen. Grundlage für diese Form von Gewässerschutz ist in der Regel ein völkerrechtlicher Vertrag. Deutschland ist mehreren Übereinkommen zum Schutz internationaler Wasserläufe beigetreten und nimmt an der Arbeit der jeweiligen Kommissionen teil. Beispiele sind die Internationale Kommission zum Schutz des Rheins gegen Verunreinigung (IKSR), die Internationale Kommission zum Schutz der Elbe (IKSE), die Internationale Kommission zum Schutz der Oder gegen Verunreinigung (IKSO) oder Internationale Kommission zum Schutz der Donau (IKSD).

864 EG-WRRL, Art. 2, Nr. 17-28.

865 Der Fahrplan der Richtlinie bis zur Erreichung der Ziele kann in verschiedene Phasen gegliedert werden: Phase 1: Umsetzung in nationales Recht und Ausweisung der Flusseinzugsgebiete bis Ende 2003, Phase 2: Charakterisierung der Flusseinzugsgebiete einschließlich der wirtschaftlichen Analyse bis Ende 2004, Phase 3: Inbetriebnahme der Monitoringprogramme bis Ende 2006, Phase 4: Veröffentlichung der Bewirtschaftungspläne einschließlich der Maßnahmenprogramme bis Ende 2009 und Phase 5: Umsetzung der Maßnahmenprogramme und Zielerreichung bis Ende 2015. Darüber hinaus sind zwei Verlängerungen um je sechs Jahre möglich. Weitere Ausnahmemöglichkeiten lassen aber auch die Reduzierung der Ziele zu, wenn ökonomisch-technische oder natürliche Gegebenheiten der Zielerreichung entgegenstehen.

866 BUNDESMINISTERIUM FÜR UMWELT, NATURSCHUTZ UND REAKTORSICHERHEIT (2001c), S. 13.

867 Beispiele sind die Gewässerschutzrichtlinie 76/464/EWG, die Grundwasserrichtlinie 80/86/EWG oder die Trinkwasserrichtlinie 98/83/EG.

868 Beispiele sind die Richtlinien zur integrierten Vermeidung von Umweltverschmutzung (96/61/EG) oder über das Inverkehrbringen von Pflanzenschutzmitteln (91/414/EWG).

869 Vgl. Abwasserverordnung (AbwV) BGBl. 1999 I, S. 86, zuletzt geändert durch VO v. 20.09.2001, BGBl. 2001 I, S. 2440.

870 Vgl. Grundwasserverordnung, BGBl. 1997 I, S. 542.

871 Vgl. Verordnung über wassergefährdende Stoffe bei der Beförderung in Rohrleitungsanlagen, BGBl. 1973 I, S. 1946, geändert durch VO v. 04.05.1976, BGBl 1976 I, S. 915.

rechtliche Vorschriften des Gewässerschutzrechts im Abwasserabgabengesetz (AbwAG)[872].

Da die wichtigsten Gesetze des nationalen Gewässerschutzrechts (WHG und AbwAG) Rahmenvorschriften sind, enthalten auch die wasserrechtlichen Regelwerke der Länder bedeutsame Vorschriften. Sie konkretisieren oder ergänzen die Regelungen des Bundes. Aufgabe der Länder ist es, die Fragen des Vollzugs der bundes- und landesrechtlichen Bestimmungen, insbesondere die Behördenzuständigkeiten und die Verwaltungsverfahren, zu regeln.

Einige Länder haben Bestimmungen über Abgaben getroffen, die für die Entnahme von Grund- und Oberflächenwasser zu entrichten sind.[873] Solche sogenannten Wassernutzungsentgelte werden in zehn der sechzehn Bundesländer erhoben. Sie betragen zwischen 0,02 Euro/m^3 in Sachsen und Mecklenburg-Vorpommern und 0,31 Euro/m^3 in Berlin, wobei die meisten Länder Sätze zwischen 0,05 und 0,06 Euro/m^3 erheben.[874] Durch diese Abgabe besteht ein Instrument zur Umsetzung des neuen Ziels der Europäischen Kommission, kostendeckende Wasserpreise anzustreben, die auch die Belastungen der Umwelt einschließlich ressourcenbezogener Kosten durch die Entnahme von Wasser aus dem natürlichen Wasserkreislauf beinhalten.[875]

Um Gewässer - insbesondere im unmittelbaren Umfeld von Wassergewinnungsanlagen - vor unerwünschten stofflichen Einträgen zu schützen, werden regelmäßig Wasserschutzgebiete ausgewiesen. Handlungen, die die Gewässerqualität beeinträchtigen können, werden dort durch landesrechtliche Verordnungen beschränkt oder untersagt. Die Eigentümer und Nutzungsberechtigten von Grundstücken müssen die mit der Ausweisung von Schutzgebieten verbundenen Auflagen grundsätzlich entschädigungslos dulden. Eine Sonderstellung wird allerdings den Land- und Forstwirtschaftsbetrieben eingeräumt, die bei Einschränkungen einen finanziellen Ausgleich erhalten.

In der Regel übernehmen Wasserversorgungsunternehmen selbst die Aufgaben des Gewässerschutzes, beispielsweise durch Kooperationsverträge mit Landwirten, durch Flächenkauf und -stillegung, durch Uferschutzmaßnahmen sowie

---

872 Vgl. Abwasserabgabengesetz (AbwAG), BGBl. 1994 I, S. 3370, zuletzt geändert durch Gesetz vom 09.09.2001, BGBl. 2001 I, S. 2334.

873 Die Einnahmen aus den Wasserentnahmeentgelten stehen den Ländern zu. Vgl. ROTT, U./ MEYER, C. (1998), S. 772 ff.

874 Vgl. NIEDERSÄCHSISCHES UMWELTMINISTERIUM (2002), S. 45.

875 Vgl. ebenda.

durch Installation und Betrieb von Meßnetzen zur Kontrolle der Gewässergüte.[876]

2.2 *Marktstruktur*

In Deutschland ist die Wasserversorgung, die einen Jahresumsatz von rund sieben Mrd. Euro aufweist[877], durch sehr kleinräumige Strukturen geprägt. Der organisatorische Zuschnitt der Versorgungsgebiete richtet sich nach den Grenzen der Verwaltungsgebiete. Rund 6.600 Wasserversorgungsunternehmen[878] betreiben knapp 18.000 Wasserwerke. Die Wasserversorgung und die Abwasserentsorgung erfolgen meistens durch getrennte Unternehmen. In den neuen Bundesländern sind aus den ehemals sechzehn staatlichen Wasserversorgungs- und Abwasserentsorgungsbetrieben (WAB) nach der Wiedervereinigung 550 Wasserversorgungs- und 1.050 Abwasserentsorgungsunternehmen hervorgegangen.[879]

In der Wasserversorgung sind somit wenige große und zahlreiche kleine Unternehmen tätig. Rund 60 Prozent der bereitgestellten Trinkwassermenge entfallen auf 3,6 Prozent der Unternehmen. Dagegen versorgen rund 4.500 kleine Wasserversorgungsunternehmen jeweils zwischen 50 und 3000 Einwohner. Sie stellen 8,2 Prozent der Wassermenge bereit.[880] Damit hat Deutschland eine im internationalen Vergleich hohe Anzahl an Wasserversorgungsunternehmen.[881]

---

876 Vgl. EWERS, H.-J./BOTZENHART, K./JEKEL, M./SALZWEDEL, J./KRAEMER, R. A. (2001), S. 21. Ewers et al. kritisieren, daß durch die Übernahme von Umweltleistungen durch die Wasserversorgungsunternehmen die Verbraucher mit Kosten belastet werden, die sie nicht zu verantworten haben. „Es kommt zu einer Umkehrung des Verursacherprinzips. Die Zielerreichung wird damit insgesamt teurer, da nicht diejenigen, die über die besten Informationen und die größten Wahlmöglichkeiten bei der Entscheidung über die zur Vermeidung von Umweltbeeinträchtigungen günstigsten Maßnahmen verfügen, in die Pflicht genommen werden." Ebenda, S. 22. Vorgeschlagen wird eine Trennung zwischen den Aufgaben der umwelt- und gesundheitspolitischen Regulierung einerseits und der Leistungserbringung in der Wasserversorgung andererseits. Dadurch werde die Treffsicherheit bei der Zielerreichung erhöht. Zu beachten ist aber, daß aus gesamtwirtschaftlicher Sicht nicht ex ante entschieden werden kann, ob eine Vermeidung von Umweltschädigungen oder eine Beseitigung von eingetretenen Schäden günstiger ist.

877 Vgl. SCHEELE, U. (2000b), S. 24.

878 Ende der sechziger Jahre gab es noch mehr als 15.000 Wasserversorgungsunternehmen in Deutschland. Vgl. KAMPE, H.-J, (2000), S. 63.

879 Vgl. EWERS, H.-J./BOTZENHART, K./JEKEL, M./SALZWEDEL, J./KRAEMER, R. A. (2001), S. 11.

880 Vgl. BGW, schriftliche Mitteilung vom 06.10.2000, zitiert in ebenda.

881 Auf eine Million Einwohner entfallen 88 Wasserversorger. In den Niederlanden sind es 4,4 Wasserunternehmen pro eine Million Einwohner, in Italien 2,3 und in England und Wales nur 0,7. Vgl. WINGRICH, H. (1999), S. 46.

Durch die Errichtung überregionaler Verbände (Zweckverbände, Wasser- und Bodenverbände) und durch die Beauftragung von Dritten mit dem Betrieb von Wasserwerken und Leitungsnetzen versuchen zahlreiche Wasserversorgungsunternehmen, Größenvorteile eines überregionalen Angebots zu nutzen, z. B. in den Bereichen Beschaffung, Personal und Vertrieb. „Ob aber damit eine systematische Optimierung der räumlichen Strukturen des Wasserversorgungsangebots verbunden ist, muß offen bleiben.“[882]

Mehr als drei Viertel der Wasserversorgungsunternehmen werden in öffentlich-rechtlicher Form geführt. Sie geben rund die Hälfte der Gesamtwassermenge ab. Das restliche Viertel der Unternehmen besteht zu 17 Prozentpunkten aus öffentlichen Unternehmen bzw. Eigengesellschaften, die in privatrechtlicher Form geführt werden, sowie zu 6 Prozentpunkten aus gemischt öffentlich-privatwirtschaftlichen Gesellschaften als AG oder GmbH. Nur rund zwei Prozent aller Wasserversorgungsunternehmen sind sowohl formell als auch materiell privatisiert[883] (siehe Tabelle 22).

In den vergangenen Jahren hat eine allmähliche Veränderung der Marktstruktur eingesetzt. In den alten Bundesländern steigt der Anteil von Betrieben in privatrechtlicher Organisationsform zu Lasten des Anteils von Regie- und Eigenbetrieben.[884] Nach der Öffnung der Energiemärkte haben insbesondere Energieversorger damit begonnen, durch Aufkauf von oder Beteiligung an Stadtwerken eine diversifizierte Angebotspalette aufzubauen. Im Rahmen einer „Multi-Utility-Strategie“ versuchen sie, mehrere Ver- und Entsorgungstätigkeiten - möglichst in einer Kommune - gleichzeitig anzubieten.[885] Betreiber- oder Konzessionsmodelle, wie etwa in Rostock und 41 Umlandgemeinden, wo im Jahr 1992 die Wasserversorgung und die Abwasserentsorgung im Rahmen eines Konzessionsvertrags[886] an die private Eurawasser GmbH[887] vergeben wurde, blieben in der Wasserversorgung bislang aber seltene Ausnahmen.

---

882 Ewers, H.-J./Botzenhart, K./Jekel, M./Salzwedel, J./Kraemer, R. A. (2001), S. 23.

883 Vgl. Eiteneyer, H. (2000), S. 105, Ewers, H.-J./Botzenhart, K./Jekel, M./Salzwedel, J./Kraemer, R. A. (2001), S. 11.

884 Vgl. ebenda.

885 Einsparpotentiale werden bei der Zusammenfassung von Handel und Vertrieb mehrerer Leistungen vermutet (Ablesung, Abrechnung, Kundengewinnung, Kundenbindung, Marketing).

886 Die Betreibergesellschaft erhielt vom Warnow Wasser- und Abwasserverband in dem Konzessionsvertrag für 25 Jahre das exklusive Recht, die Wasserversorgung und Abwasserentsorgung durchzuführen. Sie muß für den Erhalt und Ausbau des Netzes, das in kommunalem Eigentum verbleibt, sorgen. Dabei handelte es sich um eine direkte Vergabe an ein Unternehmen, das als ausreichend leistungsfähig beurteilt wurde. Eine Ausschreibung fand nicht statt. Vgl. Scheele, U. (1998), S. 81 f.

Tabelle 22: Unternehmensformen in der deutschen Wasserversorgung

(Angaben in Prozent für das Jahr 1997)	Anteil Wasser-aufkommen	Anteil Gesamt-zahl der Unter-nehmen
Regiebetrieb	0,6	5,0
Eigenbetrieb	23,3	48,3
Zweckverband	18,9	17,1
Wasser- und Bodenverband	5,6	4,0
Eigengesellschaft (AG/GmbH)	21,6	13,6
Öffentliche Gesellschaft als AG/GmbH	6,0	3,7
Gemischte öffentlich-privatwirtschaftliche Gesellschaft als AG/GmbH	19,6	6,1
Sonstige privatrechtliche Unternehmen	4,4	2,2

Quelle: BGW-Wasserstatistik 1999, zitiert in Ewers, H.-J. (2001), S. 12.

Das Verhältnis zwischen Eigengewinnung und Wasserbezug sowie zwischen Wasserabgabe an Endverbraucher und Weiterverteiler weist regional große Unterschiede auf. Im Jahr 1995 haben öffentliche Wasserversorgungsunternehmen insgesamt 35 Prozent des Wasseraufkommens von Dritten bezogen. Rund sechs Prozent des Fremdbezugs (zwei Prozent des Wasseraufkommens) stammten aus der Industrie, der Rest von anderen öffentlichen Versorgern.[888]

Der Anschlußgrad an die Trinkwasserversorgung ist in Deutschland mit 98,6 Prozent im internationalen Vergleich relativ hoch. Gut drei Viertel der von öffentlichen Wasserversorgungsunternehmen an Endverbraucher abgegebenen Wassermenge entfallen auf Haushaltskunden und Kleingewerbe. 16 Prozent

---

887 BECKEREIT, M. (1999), S. 111. An der Eurawasser GmbH waren zum Zeitpunkt der Vergabe in Rostock die französische Lyonnaise des Eaux (gehört zur heutigen Suez-Gruppe) und die deutsche Thyssen Handelsunion zu je 50 Prozent beteiligt. Vgl. SCHEELE, U. (1998), S. 81.

888 Vgl. STATISTISCHES BUNDESAMT (1998c).

erhalten Industriekunden und 8 Prozent fließen an andere Einrichtungen (Schulen, Krankenhäuser etc.)[889] Das produzierende Gewerbe hat seinen Eigenversorgungsgrad im vergangenen Jahrzehnt deutlich auf mittlerweile 90 Prozent erhöht. Nur fünf Prozent werden von der öffentlichen Wasserversorgung bezogen, insbesondere im Ernährungsgewerbe, das Wasser in Lebensmittelqualität benötigt.[890]

Zwar sind die deutschen Wasserversorgungsunternehmen ganz überwiegend auf die Tätigkeit innerhalb der nationalen Grenzen ausgerichtet, doch weist die Geschäftstätigkeit internationaler Versorgungsunternehmen so starke Wachstumsraten auf, daß das Geschehen auf dem Weltwassermarkt zunehmend Einfluß auf den deutschen Markt gewinnt. Bislang ist die Bedeutung der deutschen Wasserversorgungsunternehmen auf dem Markt für den Bau und Betrieb von Anlagen der Wasserversorgung im Ausland, insbesondere in Schwellenländern, vergleichsweise gering. Hier dominieren die zwei großen französischen Versorger Generale des Eaux, der zum Vivendi-Konzern gehört, und Suez Lyonnaise des Eaux. RWE konnte mittlerweile mit der Übernahme des britischen Unternehmens Thames Water in die Spitzengruppe aufrücken.

Die allermeisten deutschen Wasserversorgungsunternehmen sind deutlich zu klein, um auf dem Weltmarkt als Anbieter aktiv zu werden. Die internationale Wettbewerbsfähigkeit ist entscheidend von der Größe sowie der Finanzkraft der Unternehmen abhängig. Deutsche Wasserversorgungsunternehmen verfügen nur selten über Mitarbeiter, die für das Auslandsgeschäft qualifiziert sind. Zudem mangelt es ihnen an Kenntnissen der lokalen Verhältnisse auf den ausländischen Märkten sowie an Referenzprojekten in Deutschland. Den öffentlich-rechtlichen Wasserversorgungsunternehmen fehlt ferner der erforderliche finanzielle und rechtliche Handlungsspielraum für ein risikoreiches und ordnungspolitisch fragwürdiges Auslandsengagement.[891]

2.3 Marktverhalten

Die Anbieter von Wasserversorgungsleistungen sind - wie bereits bei der Darstellung der Marktzustrittsregulierung erläutert - keiner oder nur einer geringen Konkurrenz beim Angebot von Wasserversorgungsleistungen ausgesetzt. „Die Leistungserstellung durch kommunale Unternehmen ist mit (...) mangelnden Kostensenkungsanreizen bei öffentlichen Anbietern verbunden. Anders als pri-

---

889 Vgl. ebenda.

890 Insgesamt haben nur zehn Prozent des selbst gewonnenen industriellen Wasseraufkommens Trinkwasserqualität. Vgl. STATISTISCHES BUNDESAMT (1998c).

891 Vgl. EWERS, H.-J./BOTZENHART, K./JEKEL, M./SALZWEDEL, J./KRAEMER, R. A. (2001), S. 25.

vate Unternehmen unterliegen Unternehmen der öffentlichen Hand nicht dem Konkursrisiko. Eine Kontrolle über den Kapitalmarkt existiert nicht."[892] Zudem setzen weder das Kostendeckungsprinzip bei öffentlich-rechtlichen Wassergebühren noch die Mißbrauchsaufsicht über privatrechtliche Entgelte systematische Anreize zu Kostensenkungen. Die Kartellbehörden beschränken sich darauf, den Mißbrauch einer marktbeherrschenden Stellung nachträglich festzustellen und zu unterbinden, ohne ex ante Anreize zur Kostenminimierung zu setzen.[893] Wasserversorgungsunternehmen können folglich ihre Kosten weitgehend und ohne eigenes Risiko auf die Abnehmer überwälzen. „Zwar unterwerfen sich einzelne Wasserversorgungsunternehmen freiwillig Kosten- und Preisvergleichen. Systematische Anreize, Kostensenkungspotentiale aufzudecken und umzusetzen, entstehen auf diese Weise jedoch nicht."[894]

Neben der eigentlichen Monopolkontrolle durch Aufsichtsbehörden bzw. das Bundeskartellamt sind weitere Mechanismen für das Marktverhalten der Anbieter relevant. Diese Anreize werden im folgenden erläutert:[895]

- Politischer Wettbewerb:
  Eine Überwälzung von Kostenerhöhungen auf die Gebührenzahler führt häufig zu Akzeptanzproblemen.[896] Weil die meisten Gebührenzahler gleichzeitig Wähler sind, ist anzunehmen, daß kommunalpolitische Akteure ein Eigeninteresse haben, den Wählerprotest möglichst zu vermeiden oder ihn selbst zu artikulieren. Doch obwohl sich die Aufsichtsgremien der kommunalen Wasserversorgungsunternehmen überwiegend aus Kommunalpolitikern verschiedener Parteien zusammensetzen, sind überhöhte Wasserpreise nicht immer zu verhindern. Zudem bestehen Anreize für Kommunalpolitiker, Steuer- und Abgabenerhöhungen durch höhere Gebühren für Versorgungsleistungen zu vermeiden, da letztere oftmals weniger transparent sind. Insofern kann dem politischen Wettbewerb nur eingeschränkt und in Abhängigkeit von den örtlichen Gegebenheiten eine gewisse Wirksamkeit zugesprochen werden.

- Wettbewerb um industrielle Großabnehmer:
  Wasserversorgungsunternehmen konkurrieren um die Nachfrage von Industrieunternehmen nach Dienstleistungen und Wasserlieferungen und damit gegen die Eigenversorgung der Unternehmen. Hierbei besteht jedoch die Gefahr, daß kommunale Monopolisten Großabnehmern nicht-kostendeckende

---

892 Ebenda, S. 23.

893 Vgl. ebenda.

894 Ebenda, S. 24.

895 Vgl. SCHEELE, U. (2000b), S. 7 f., EITENEYER, H. (2000), S. 107.

896 Vgl. Rat von SACHVERSTÄNDIGEN FÜR UMWELTFRAGEN (2000), Tz. 192.

günstigere Entgelte einräumen und dies durch Quersubventionierung zu Lasten der Tarifkunden im Bereich privater Haushalte finanzieren.

- Wettbewerb auf der Großhandelsstufe in der öffentlichen Wasserversorgung: Fernversorgungsunternehmen, zum Beispiel die Gelsenwasser AG, konkurrieren mit anderen Lieferanten um Wasserzulieferungen an Stadtwerke oder mit der lokalen Wassergewinnung kommunaler Betriebe. Quantitativ ist diese Form von Wettbewerb jedoch von geringer Bedeutung. Zudem handelt es sich aus Sicht des kommunalen Monopolisten lediglich um eine „Make-or-Buy"-Entscheidung, die zwar in einigen Gebieten Kostensenkungsspielräume eröffnen kann, selbst aber keinen Kostensenkungsdruck erzeugt.

Diese Wettbewerbselemente außerhalb des eigentlichen Marktes der öffentlichen Wasserversorgung sind in keiner Weise ausreichend, um die effizienzsteigernde Wirkung tatsächlichen Konkurrenzverhaltens in einem wettbewerblichen Markt zu ersetzen. Sie bewirken keinen relevanten Druck hin zu Kostendisziplin und Effizienz.[897]

Allerdings leiteten die Wasserversorgungsunternehmen in den neunziger Jahren zunehmend Umstrukturierungsprozesse zur Ausschöpfung von Kostensenkungsspielräumen ein, beispielsweise durch Kooperationen zwischen kommunalen Wasserversorgern sowie durch die Ausgliederung bestimmter Unternehmensfunktionen.[898] Ferner zeichnete sich ein Trend zur Beteiligung Dritter ab, etwa in Form von Minderheitsbeteiligungen oder von zeitlich befristeten Betreiberverträgen.[899] Im Ergebnis kam es zu einem - im internationalen Vergleich eher schwachen - Konzentrationsprozeß auf der Anbieterseite.

Diese Entwicklungen auf Seiten der Anbieter lassen sich im wesentlichen erklären mit den finanziellen Belastungen durch Neubau und Sanierung insbesondere in den neuen Bundesländern[900], durch Engpässe in vielen kommunalen Haushalten und durch wachsende Anforderungen an das Fachpersonal und an die Aufbereitungstechnik. Immer mehr Kommunen betrachten die Einbeziehung privater Anbieter als Chance zu einer raschen und unbürokratischen Mittelbeschaffung. Zwar haben Kommunen zumeist günstigere Fremdfinanzierungsbedingungen als Private, doch finden sich nicht immer die nötigen politischen

---

[897] Vgl. MICHAELIS, P. (2001), S. 437.

[898] Vgl. LUDIN, D./RAHMEYER, F./WÖRNER, D. (2001), sowie SCHEER, H. (2001), S. 69 f.

[899] Vgl. HEIN, A./NEUMANN, F. (2001), S. 279 f.

[900] Der bundesweite Investitionsbedarf in der Wasserversorgung wird auf rund 2,5 Mrd. Euro pro Jahr geschätzt. Vgl. EWERS, H.-J./BOTZENHART, K./JEKEL, M./SALZWEDEL, J./KRAEMER, R. A. (2001), S. 11.

Mehrheiten, um das Kapital alleine aufzubringen. Zudem werden Kostenvorteile bei einer Investitionstätigkeit durch Private gesehen.

2.4 Marktergebnisse

2.4.1 Trinkwasserqualität, Versorgungssicherheit, Gewässerschutz

Im Rahmen der Analyse der Marktergebnisse wird im folgenden untersucht, ob und inwieweit die wasserwirtschaftlichen Ziele im deutschen Wassermarkt erreicht werden. Zunächst geht es um die Qualität des Trinkwassers, um die Versorgungssicherheit und um den Gewässerschutz. Im anschließenden Unterkapitel wird die Effizienz der deutschen Wasserwirtschaft ausführlich diskutiert. Dazu dient eine umfassende Analyse der Preise im Wassermarkt.

In der deutschen Wasserversorgung werden die hoch gesteckten Qualitätsziele erreicht. Gemessen an der Einhaltung strenger Grenzwerte für Schadstoffe und Verunreinigungen ist die Trinkwasserqualität gut bis sehr gut. Lediglich bei kleinen Versorgungssystemen im ländlichen Raum existieren noch Potentiale zur Verbesserung der Qualität, unter anderem deshalb, weil sie vielfach nicht über ausreichend qualifiziertes Fachpersonal verfügen.[901] Große Unternehmen hingegen haben durch die Versorgung mehrerer Gemeinden Größenvorteile beim Einsatz von Fachpersonal.

In Deutschland gibt es eine - gemessen sowohl am absoluten Niveau als auch im internationalen Vergleich - hohe Versorgungssicherheit bei flächendeckender Versorgung.[902] Während in Deutschland und Dänemark unter Hinnahme eines hohen Investitionsaufwands die Wasserverluste der Leitungsnetze auf 9 Prozent begrenzt werden konnten, geht in England, Frankreich und Italien gut ein Viertel des Wassers nach der Gewinnung im Leitungsnetz verloren.[903] Auch sind in Deutschland die Anschlußgrade kontinuierlich angestiegen und erreichen mit rund 99 Prozent ein sehr hohes Niveau.[904]

---

901 Vgl. NISIPEANU, P. (1998), S. 11 f.

902 Vgl. EWERS, H.-J./BOTZENHART, K./JEKEL, M./SALZWEDEL, J./KRAEMER, R. A. (2001), S. 3, BGW (2002), S. 16. NIEDERSÄCHSISCHES UMWELTMINISTERIUM (2002), S. 27 ff. Da in Deutschland keine nachhaltigen Wasserknappheiten drohen, ist die Wassersparpolitik zu überdenken, um zu einem „ausgewogenen Verhältnis zwischen Ökologie und Ökonomie zurückzufinden." BGW (2001), S. 1 f.

903 Vgl. NIEDERSÄCHSISCHES UMWELTMINISTERIUM (2002), S. 44.

904 Beispielsweise betrug der Anschlußgrad der niedersächsischen Haushalte im Jahr 1975 noch 91,4 Prozent. Bis zum Jahr 1991 stieg er auf 98,5 Prozent und beträgt seitdem rund 99 Prozent. Vgl. NIEDERSÄCHSISCHES UMWELTMINISTERIUM (2002), S. 28.

Beim Gewässerschutz ist ein positiver Trend festzustellen. „Die biologischen Untersuchungsbefunde verdeutlichen, dass sich die Gewässergüte der Fließgewässer im Laufe der vergangenen 20 Jahre insgesamt gesehen wesentlich verbessert haben.“[905] Allerdings sind weiterhin eine Reihe von Defiziten festzustellen. Insbesondere außerhalb von Wasserschutzgebieten, die knapp 15 Prozent der Fläche Deutschlands ausmachen, wird der Gewässerschutz von Fachleuten als unzureichend eingeschätzt. Der Rat der Sachverständigen für Umweltfragen (SRU) führte dies erstens auf Mängel im Rechtsrahmen zurück, beispielsweise auf die Privilegierung der Land- und Forstwirtschaft. Zweitens wurden Durchsetzungsschwächen der Verwaltungen bei der Umsetzung des geltenden Rechts gesehen.[906]

Da im allgemeinen das Wassersparen bislang als politisches Ziel befürwortet wird[907], kann es für den Gewässerschutz als positiv gewertet werden, daß seit Ende der achtziger Jahre der private und industrielle Wasserverbrauch in Deutschland rückläufig ist. Der personenbezogene Wasserverbrauch (private Haushalte und Kleingewerbe) hat sich im Zeitraum 1990 bis 2001 um 13 Prozent verringert. Pro Einwohner und Tag wurden im Jahr 1990 durchschnittlich 147 Liter Wasser verbraucht. Seit 1996 liegt dieser personenbezogene Wasserverbrauch bei 127 bis 130 Liter pro Tag.[908] Dies ist zum einen mit verstärkten Anstrengungen zum Wassersparen erklärbar. Zum anderen ist anzumerken, daß der geringere Wasserverbrauch im Bundesdurchschnitt seit der Wiedervereinigung auf die weit unter diesem Durchschnitt liegenden Wasserverbräuche in den fünf neuen Bundesländern zurückzuführen ist.

2.4.2 *Effizienz der Wasserwirtschaft*

Während über die tendenziell positive Bewertung der Marktergebnisse hinsichtlich der Trinkwasserqualität, der Versorgungssicherheit und teilweise auch des Gewässerschutzes weitgehend Einigkeit in Praxis, Politik und Wissenschaft besteht[909], ist es umstritten, wie die gesamtwirtschaftliche Effizienz der deutschen Wasserversorgung zu beurteilen ist. Einerseits bescheinigen Vertreter von Wasserversorgungsunternehmen und Kommunen ihren Unternehmen eine im

---

[905] BUNDESMINISTERIUM FÜR UMWELT, NATURSCHUTZ UND REAKTORSICHERHEIT (2001d), S. 67.

[906] Vgl. RAT VON SACHVERSTÄNDIGEN FÜR UMWELTFRAGEN (1998b).

[907] Zunehmend wird das Ziel Wassersparen aber mit Hinweis auf das ausreichende Wasserdargebot in Frage gestellt. Vgl. BGW (2001), S. 2, NIEDERSÄCHSISCHES UMWELTMINISTERIUM (2002), S. 52.

[908] Vgl. BGW (2001).

[909] Vgl. DEUTSCHER BUNDESRAT (2002), S. 1, EITENEYER, H. (2000), S. 106.

allgemeinen hohe Effizienz. Andererseits wird in der aktuellen wasserwirtschaftlichen Diskussion das Argument angeführt, die kleingliedrige Organisationsstruktur der Branche sowie die öffentlich-rechtliche Organisationsform und die kommunalen Eigentumsverhältnisse der Wasserversorgungsunternehmen verhinderten eine effiziente Wasserversorgung in Deutschland.[910]

Da weder in Deutschland noch im Ausland ein wettbewerblich organisierter Wassermarkt als Vergleichsmaßstab zur Verfügung steht, kann lediglich ein - methodisch problematischer und daher in seiner Aussagekraft eingeschränkter - Vergleich der Effizienz zwischen nicht-wettbewerblichen Märkten im In- und Ausland erfolgen.

Die durchschnittlichen Wasserpreise[911] in Deutschland sind zwischen 1992 und 2000 von 1,18 Euro/m^3 auf 1,69 Euro/m^3 und damit um 43 Prozent gestiegen.[912] Damit ist ihr Anstieg doppelt so hoch wie die allgemeine Steigerung der privaten Lebenshaltungskosten in diesem Zeitraum (20,4 Prozent).[913] Zu Beginn des Jahres 2002 lag der durchschnittliche Wasserpreis bei 1,71 Euro/m^3 (inkl. Grundpreis und 7 Prozent MwSt.).[914] Als Gründe für die Preissteigerungen werden die hohen Investitionen[915] insbesondere in den neuen Ländern, die Einführung und Erhöhung nationaler Sonderlasten (Wasserentnahmeentgelte, Ausgleichszahlungen an die Land- und Forstwirtschaft), die Verschärfung der Trinkwasserverordnung sowie der Rückgang der Nachfrage nach Wasser in Verbindung mit einem hohen Fixkostenanteil angeführt.[916]

Die Wasserpreise weisen erhebliche Preisspannen - bis zum achtfachen zwischen billigstem und teuerstem Wasserversorgungsunternehmen - auf.[917] Abbildung 14 zeigt die unterschiedlich hohen Trinkwasserpreise in den Bundesländern. Auch die Preise für Wasserlieferungen von Fernwasserversorgern an

---

910 Vgl. EWERS, H.-J./BOTZENHART, K./JEKEL, M./SALZWEDEL, J./KRAEMER, R. A. (2001), S. 3, BRISCOE, J. (1995), S. 422 ff.

911 Der Wasserpreis beim Endabnehmer setzt sich in der Regel aus einem mengenabhängigen Arbeitspreis und einem monatlichen Grundpreis zusammen. Der Grundpreisanteil liegt im Bundesdurchschnitt bei gut einem Neuntel. Industriekunden erhalten wegen der geringeren Verteilkosten das Wasser zu Preisen, die zwischen 15 und 23 Prozent unter denen für Haushaltskunden liegen.

912 Vgl. BGW (2002a).

913 Vgl. DEUTSCHE BUNDESBANK (2002).

914 Vgl. BGW (2002a).

915 Die Investitionskosten betrugen in der Wasserversorgung im Jahr 2001 knapp 2,5 Mrd. Euro. Vgl. BGW (2002b).

916 Vgl. EWERS, H.-J./BOTZENHART, K./JEKEL, M./SALZWEDEL, J./KRAEMER, R. A. (2001), S. 14.

917 In Bayern wurden Preisspannen von 0,75 DM/m^3 bis 5,82 DM/m^3 ermittelt. Vgl. LUTZ, H./ GAUGGEL, D. (2000), S. 414 f.

Weiterverteiler bewegen sich innerhalb einer großen Bandbreite (von 0,38 bis 1,28 Euro/m^3 im Jahr 1999).[918]

Ist das Niveau der Wasserpreise in Deutschland nun hoch oder gar zu hoch? Spätestens seit der Kritik der Weltbank ist die deutsche Wasserwirtschaft in die Diskussion geraten.[919] Moniert wurden vor allem im internationalen Vergleich zu hohe Preise. Strittig ist jedoch, ob sich die Aussage empirisch nachweisen läßt. Verschiedene jüngere Preisvergleiche[920] kommen im wesentlichen zwar zu dem Ergebnis, daß die Wasserpreise in der deutschen Wasserversorgung sehr hoch sind. Bei ihrer Interpretation ist aber zu berücksichtigen, daß unterschiedliche Erfassungs- und Abgrenzungsmethoden angewendet wurden.

Abbildung 14: Wasserpreise in Euro/m^3 in den Bundesländern im Jahr 2001

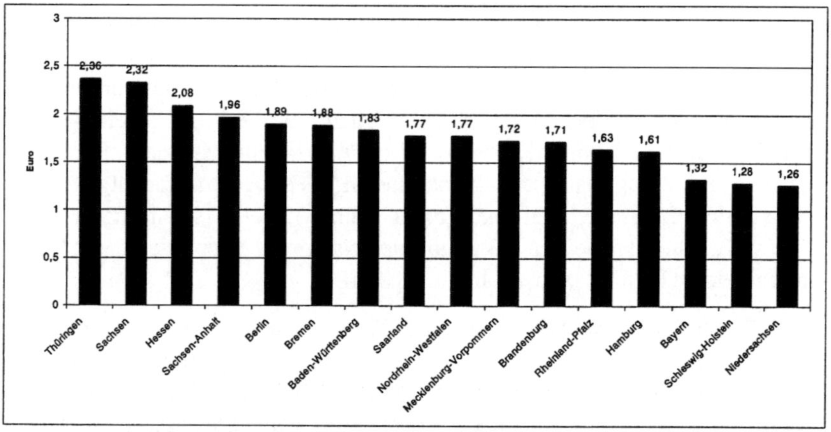

Quelle: BGW-Wassertarifstatistik 2001 (Wasserpreise einschließlich der Grundgebühr in Euro auf der Basis von Durchschnittsverbräuchen der Haushalte)

Im Jahr 1999 ermittelte die amerikanische National Utility Service Inc.[921] in einem ihrer regelmäßig durchgeführten und oftmals zitierten Wasserpreisvergleiche für Deutschland ein Preisniveau von 182 US-Cent pro m^3 Wasser und damit

918 Vgl. BGW, schriftliche Mitteilung vom 06.10.2000, zitiert in EWERS, H.-J./BOTZENHART, K./ JEKEL, M./SALZWEDEL, J./KRAEMER, R. A. (2001), S. 14.

919 Vgl. BRISCOE, J. (1995), S. 422 ff., BARRAQUE, B. (1998), S. 360 ff.

920 Zu einigen älteren Preisvergleichen siehe ACHTTIENRIBBE, G. (1992), S. 360 ff. sowie STADTFELD, R.O./SCHLAWECK, I. K. (1988), S. 173 ff.

921 Vgl. http://www.nusinc.com/surveys/

den höchsten Wert unter 15 westlichen Industrieländern.[922] Jedoch ist das Ergebnis von nur geringer Aussagekraft, da unklar bleibt, welche Kostenelemente (z. B. Betriebs- versus Infrastrukturkosten, externe Kosten) berücksichtigt, welcher Wechselkurs gewählt wurde und welche Preise und Unternehmen mit in den Vergleich eingeflossen sind (in Deutschland wurden die Preise der nicht näher spezifizierten „Ruhr Area“ miteinbezogen).[923]

Auch die OECD untersuchte in einer Studie[924] die Kosten der Bereitstellung von Wasser einschließlich der Abwasserseite. Ermittelt wurden die Preise auf der Basis durchschnittlicher Wasserverbräuche der privaten Haushalte. Neben Mengenpreisen wurden auch Grundgebühren berücksichtigt. Im Ergebnis lag das Preisniveau in Deutschland nur leicht über dem anderer, europäischer Flächenländer, allerdings um das dreifache höher als in den USA und Kanada.

Tabelle 23: Trinkwasserpreise im europäischen Vergleich

Land	Jahr	Trinkwasserpreise in DM je m^3 Bandbreite	Trinkwasserpreise in DM je m^3 Mittelwert
Deutschland	1996	1,81 - 3,96	2,85/2,63
Frankreich	1994	0,12 - 3,63	2,00
England/Wales	1995	1,00 - 2,80	1,70
Niederlande	1995	0,80 - 2,55*	1,70*
Dänemark	1993	0,25 - 1,65	0,80
Italien	1992	0,20 - 1,31	0,70
Spanien	1992	0,01 - 2,50	0,40

* In der Originalquelle des Umweltbundesamts ist ein Wert von 2,70 DM je m^3 ausgewiesen, der auch so mehrfach zitiert wurde. Hierbei handelt es sich möglicherweise um einen Druckfehler, da die Bandbreite niedriger liegt, so daß der Wert von 1,70 DM je m^3 plausibler erscheint.

Quelle: Kraemer, A. et al. (1998), S. 23.

922 Frankreich erreichte in dieser Studie 118 US-Cent/m^3 Wasser, das Vereinigte Königreich 115 US-Cent/m^3, Italien 73 US-Cent/m^3 und die USA 51 US-Cent/m^3. Vgl. ebenda.

923 Vgl. SCHEELE, U. (2000a), S. 4 f.

924 Vgl. OECD (1998b).

Schließlich hat das Umweltbundesamt im Jahr 1998 in einer Studie[925] einen Vergleich der Trinkwasserpreise in Europa durchführen lassen. Auch hier sind die deutschen Wasserpreise als am höchsten ausgewiesen (siehe Tabelle 23). Die Autoren der Studie betonen die erheblichen Schwierigkeiten internationaler Preisvergleiche und verweisen auf die unterschiedlichen Rahmenbedingungen, unter denen Wasserpreise gebildet werden.

Ein direkter Vergleich der Preise je Kubikmeter ist nur von geringer Aussagekraft. „Die Gründe hierfür liegen unter anderem in erhebungstechnischen Unterschieden, in Unterschieden bezüglich Qualität, Versorgungssicherheit und Anschlussgrad, in unterschiedlichen Umweltstandards und in unterschiedlichen Gebühren- beziehungsweise Preisbildungsmodellen, die zudem teilweise durch Subventionen verzerrt sind."[926]

Zudem ist zu beachten, daß die Kosten der Wasserversorgung zu rund 80 Prozent Fixkosten sind. Werden die Fixkosten auf den Wasserpreis pro Kubikmeter umgelegt, so ergibt sich bei rückläufigem Wasserverbrauch ein steigender Preis. Wird der Kubikmeterpreis als Effizienzmaßstab herangezogen, „sieht sich gerade eine Wasserwirtschaft, die im Sinne einer nachhaltigen Entwicklung auf einen geringen pro-Kopf-Verbrauch[927] abzielt, dem Vorwurf der Ineffizienz ausgesetzt."[928] Das hohe Preisniveau in Deutschland wäre „nicht als Hinweis auf eine mangelnde Effizienz des Systems zu werten, sondern eher als Ausdruck einer umweltpolitischen Vorreiterfunktion."[929]

Ferner lassen Preisvergleiche die entscheidenden Unterschiede in den natürlichen wasserwirtschaftlichen Rahmenbedingungen unberücksichtigt. Je geringer die Quantität des nutzbaren Wassers und je ungünstiger seine Verteilung in einem Land ist, desto höher sind die Kosten der Wasserversorgung, entweder weil die Wasserversorgungsunternehmen auf belastetes Oberflächenwasser zurückgreifen oder räumlich ausweichen und teure Fernleitungen unterhalten müssen. Die Europäische Union ließ im Jahr 1992 in einer Studie[930] ermitteln, wie hoch der Anteil der Bevölkerung verschiedener Länder ist, der in Regionen mit Wasserversorgungsproblemen, die aus einer hohen Bevölkerungsdichte oder einer geringen Wasserverfügbarkeit resultieren, lebt. Demnach wohnen in Italien rund 20 Prozent der Bevölkerung in solchen Regionen, in Deutschland 50 Pro-

---

[925] Vgl. KRAEMER, A. et al. (1998).

[926] Michaelis, P. (2001), S. 434 f. Vgl. auch Kraemer, A. et al. (1998), S. 22 ff.

[927] Siehe Angaben dazu in Tabelle 25 auf Seite 296.

[928] Michaelis, P. (2001), S. 435.

[929] Scheele, U. (2000a), S. 22.

[930] Vgl. ECOTEC (1992).

zent, in Belgien 80 Prozent und in den Niederlanden 100 Prozent.[931] Je mehr Menschen in solchen „water stress regions" leben, desto wahrscheinlicher ist ein Einfluß auf die Wasserkosten, was tendenziell durch die Daten zu den Wasserpreisen in Tabelle 23 bestätigt wird. Auch dieser Gesichtspunkt kann die These, Deutschland habe im internationalen Vergleich hohe Wasserpreise, etwas relativieren.

Ein weiterer Erklärungsfaktor für Preisdifferenzen im internationalen Vergleich ist der Grad der Kostendeckung. In vielen Ländern müssen die Wassernutzer nicht die gesamten Kosten ihrer Wassernutzung über die Wasserpreise zahlen, da ein Teil aus öffentlichen Haushalten getragen wird. In den meisten Ländern werden lediglich die Kosten des Betriebs und der Unterhaltung der Wasserversorgungssysteme an die Endkunden weitergegeben, während eine staatliche Subventionierung der Infrastruktur stattfindet. Das Ausmaß der Förderung der Kapitalkosten ist unterschiedlich hoch und kaum transparent. Die OECD schätzt, daß in Spanien 50 Prozent und in Italien 70 Prozent der Infrastrukturkosten öffentlich finanziert werden.[932] In Frankreich bleibt die Infrastruktur vielfach im Eigentum der Kommunen und wird vollständig von ihnen finanziert, so daß die Kapitalkosten in den Wasserpreisen nicht zum Ausdruck kommen.[933]

Zudem werden die Umweltbelastungen, die Wasserentnahmen verursachen, mit verschiedenen Instrumenten und in unterschiedlicher Höhe in den Wasserpreisen berücksichtigt. In der Regel wird jedoch nur ein Teil der Umweltkosten erfaßt. Länder, die versuchen alle Kosten der Ressourcennutzung den jeweiligen Nutzern anzulasten und sie nicht auf zukünftige Generationen zu verschieben, schneiden zwangsläufig schlechter ab, was das Belastungsgefälle zwischen Deutschland, den Niederlanden und Schweden einerseits und angelsächsischen Ländern andererseits mindestens teilweise erklären dürfte.

Aus all diesen Gründen sind internationale Wasserpreisvergleiche herkömmlicher Art, die lediglich Kubikmeterpreise angeben, nur wenig geeignet, eine Beurteilung der Effizienz zu ermöglichen.[934]

Selbst wenn man annimmt, Wasserpreise ließen sich international auf eine vergleichbare Art und Weise ermitteln, stellt sich immer noch die grundsätzliche Frage nach der Aussagefähigkeit solcher Vergleiche. Statt der Preisvergleiche

---

931 Zitiert in SCHEELE, U. (2000a), S. 17.

932 Vgl. OECD (1997), S. 31 ff.

933 Vgl. SCHEELE, U. (2000a), S. 20.

934 „Sie sind unseriös und/oder für die politische Auseinandersetzung um die zukünftige Entwicklung in der Wasserwirtschaft kaum geeignet." SCHEELE, U. (2000a), S. 22.

sind die Wasserkosten eines durchschnittlichen Haushalts[935] sowie diese Kosten im Vergleich zu dessen Zahlungsfähigkeit eher geeignet, um Aussagen über die Leistungsfähigkeit der Wasserwirtschaft zu treffen. Eine Bewertung auf dieser Grundlage, wie sie die OECD in einer weiteren Studie[936] im Jahre 1999 veröffentlichte, zeigte ein anderes Bild (siehe Tabelle 24). In Deutschland lagen die Wasserkosten im Verhältnis zum Bruttosozialprodukt pro Einwohner nur leicht über dem europäischen Mittelfeld (siehe Spalte (1)).[937] Zu diesem Ergebnis kam die Studie auch bei einer Analyse der durchschnittlichen Wasserkosten als Anteil am Haushaltseinkommen (siehe Spalte (2)). Hier lag Deutschland mit 1,0 Prozent des Haushaltseinkommens gleich auf mit Spanien und günstiger als England/Wales, Ungarn und Portugal.

Tabelle 24: Wasserkosten gemessen an BSP und Haushaltseinkommen

Land	**Trinkwasserkosten/BSP je Einwohner** (1)	**Durchschnittliche Trinkwasserkosten in Prozent des Haushaltseinkommens** (2)
Portugal	2,25 %	1,6 %
Deutschland	1,32	1,0 %
Niederlande	1,13	k. A.
Österreich	1,13	1,15 %
Frankreich	1,12	k. A.
England/Wales	1,05	1,3 %
Spanien	1,02	1,0 %
USA	0,46	0,8 %

Quelle: OECD (1999).

935 Die Betrachtung der tatsächlichen Ausgaben pro Einwohner oder Haushalt ist sinnvoller als ein Preisvergleich, denn sie wird der Fixkostenproblematik und unterschiedlichen Preisbildungsmodellen gerecht, läßt aber Subventionstatbestände und Qualitätsunterschiede unberücksichtigt. Vgl. MICHAELIS, P. (2001), S. 436

936 Vgl. OECD (1999b).

937 Die Berechnung erfolgte auf der Grundlage eines angenommenen Verbrauchs von 200 m^3 pro Jahr in einem durchschnittlichen privaten Haushalt (2 Erwachsene, 2 Kinder). Die Kosten bezogen sich nur auf den Trinkwasserbezug und nicht auf die Abwasserbeseitigung. Sie wurden ohne Mehrwertsteuer ausgewiesen. Die so ermittelten Wasserkosten wurden in Bezug zum Bruttosozialprodukt pro Kopf gesetzt, das als ein – wenn auch etwas grober – Kaufkraftindikator herangezogen wurde. Die sich ergebenden Quotienten wurden mit dem Faktor 100 multipliziert. Die OECD erklärte, daß wegen einiger methodischer Probleme der wert von 1,32 für Deutschland noch zu hoch ausgewiesen sein dürfte. Vgl. SCHEELE, U. (2000a), S. 12 f.

Daß in den USA trotz der niedrigeren Wasserpreise die Wasserkosten als Anteil am durchschnittlichen Haushaltseinkommen mit 0,8 Prozent fast dem deutschen Belastungsniveau (1,0 Prozent) entsprechen, erklärt sich aus dem mit 295 Liter pro Einwohner und Tag hohen Verbrauch in den USA, während ein Einwohner in Deutschland durchschnittlich nur 127 l/Tag verbraucht.[938]

Abbildung 15: Trinkwasserverbrauch pro Einwohner und Tag in Litern im internationalen Vergleich im Jahr 1998

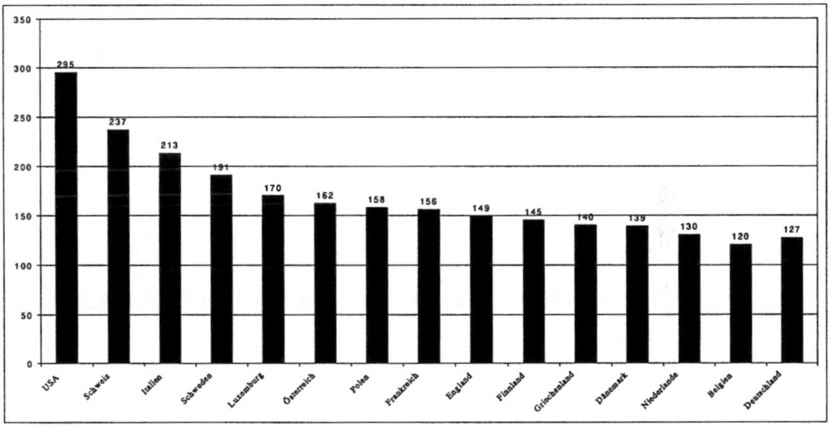

Quelle: OECD (1999) sowie BGW (2002a).

Auch das Umweltbundesamt berechnete die jährlichen Gesamtkosten für Trinkwasser pro Einwohner und ermittelte dabei für Deutschland neben den Niederlanden einen Platz in der Spitzengruppe in Europa (siehe Tabelle 25). Der Abstand zu den beiden Flächenstaaten mit privatisierter Wasserversorgung, England/Wales und Frankreich, ist deutlich geringer als bei einem reinen Preisvergleich.

Aufgrund der methodischen Schwierigkeiten lassen internationale Vergleiche der Wasserversorgung nicht den Schluß zu, die Preise im deutschen Wassermarkt seien zu hoch. Darüber hinaus können auch Untersuchungen der Trinkwasserkosten pro Einwohner nicht als Beleg für eine etwaige Ineffizienz der deutschen Wasserversorgungsunternehmen angesehen werden, da das Leistungsniveau der deutschen Wasserversorgung hinsichtlich der Trinkwasserqualität und der Versorgungssicherheit über dem der meisten europäischen Länder liegt.

938 Vgl. Angaben der OECD für das Jahr 1998 zitiert in NIEDERSÄCHSISCHES UMWELTMINISTERIUM (2002), S. 30.

Tabelle 25: Vergleich der jährlichen Trinkwasserkosten pro Einwohner und der Leistung der Wasserversorgungsunternehmen

Land	Jahr	Trinkwasser-kosten (DM) pro Einwohner/Jahr	Trinkwasser-qualität	Versorgungs-sicherheit	Kosten-deckung
Deutschland	1996	140	hoch	hoch	hoch
Niederlande	1995	135	hoch	hoch	hoch
England/Wales	1995	115	mittel	mittel/schlecht	hoch
Frankreich	1994	105	mittel	mittel	mittel
Italien	1992	75	schlecht	schlecht	schlecht

Quelle: Kraemer, A. et al. (1998), S. 23, Niedersächsisches Umweltministerium (2002), S. 42, Ewers, H.-J. et. al. (2001), S. 66.

3. Erfahrungen auf Wasserversorgungsmärkten im Ausland

3.1 Überblick

In diesem Abschnitt wird gefragt, inwieweit die empirischen Beobachtungen und Erfahrungen in den Wassermärkten im Ausland Aussagen über eine effizienzfördernde Marktordnung zulassen. Bevor in den folgenden drei Unterabschnitten die Wassermärkte in England/Wales, Frankreich und den Niederlanden analysiert werden, sollen zunächst einige Gemeinsamkeiten und Unterschiede der Marktordnungen und der Entwicklungen im Ausland aufgezeigt werden.

In den meisten Ländern wird die Wasserversorgung wie in Deutschland von öffentlichen Unternehmen durchgeführt, die sich im Eigentum der Kommunen befinden. Weltweit besteht aber ein Trend zur formalen und materiellen Privatisierung im Wassermarkt.[939] Oftmals geht der Wechsel der Eigentumsverhältnisse jedoch nicht mit der Schaffung von Wettbewerb einher. In einigen Ländern werden zwar auch Wettbewerbslösungen diskutiert, reale Erfahrungen mit Versuchen, Wettbewerb im oder um den Markt der Wasserversorgung zu etablieren, haben in Europa bislang nur Frankreich und England/Wales.[940] Weltweit bestehen regionale Monopole, die meistens auch durch institutionelle Marktzutrittsschranken gegen konkurrierende Marktzutritte abgesichert sind. In nur wenigen

939 Vgl. MEGGINSON, W. L./NETTER, J.M. (2000).

940 Dies sind auch die Länder, die in der Privatisierung führend sind. Vgl. SCHEELE, U. (2000b), S. 9.

Ländern ist ein freier Marktzutritt rechtlich zulässig - etwa in England. Wie aufgrund der marktstrukturellen Gegebenheiten nicht anders zu erwarten ist, kann bislang in keinem Land eine tatsächliche Bestreitbarkeit eines natürlichen Monopols oder eine Effizienzsteigerung in einem dauerhaft regulierten Markt nach einer Marktöffnung festgestellt werden. Die ausländischen Wassermärkte lassen sich in der Marktstruktur hinsichtlich der Anzahl der Marktteilnehmer unterscheiden und nach der Eigentumsform der Wasserversorgungsunternehmen klassifizieren (vgl. Abbildung 16)

Abbildung 16: Marktstruktur und Eigentumsform auf Wassermärkten in Europa

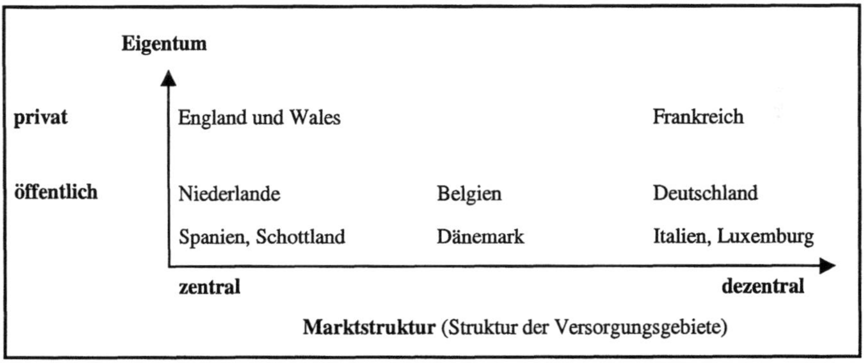

Quelle: Scheele, U. (2000b), S. 6.

Unterschiede bestehen auch beim Einsatz umweltpolitischer Instrumente im Wassermarkt (vgl. Tabelle 26).

Tabelle 26: Wasserentnahmegebühren im internationalen Vergleich

Land	Wasserentnahmegebühr
Dänemark	Steuer auf Trinkwasser
Frankreich	Wasserentnahmegebühr nach Quelle, Kapazität oder Nutzung
Italien	Wasserentnahmegebühr nach der Art der Nutzung, Quelle und Region
Niederlande	Wasserentnahmegebühr nach aktueller Nutzung
Spanien	Wasserentnahmegebühr nach Kapazität, Region, Wasserrechtshierarchie
England	Wasserentnahmegebühr nach Quelle, Verlustrate; saisonale Variation

Finnland, Norwegen, Portugal, Schweden, die Schweiz und die USA erheben keine Abgabe.

Quelle: SCHEELE, U. (2000a), S. 21.

3.2 England und Wales

3.2.1 Marktordnung

Die Wasserversorgung zeigt in Großbritannien eine besondere Ausprägung, da anders als im übrigen europäischen Ausland der Wasserbezug der Industrie fast ausschließlich über die allgemeineWasserversorgung und nicht über Eigenversorgung erfolgt.[941]

In England und Wales wird die Wasserwirtschaft von börsennotierten Privatunternehmen mit regionalen Monopolen dominiert.[942] Ursprünglich war die Wasserwirtschaft dezentral organisiert und bestand aus zahlreichen kommunalen Einzelunternehmen. Im Jahre 1974 wurden diese in Regionale Wasserbehördern (RWA) zusammengefaßt, die der Zentralregierung unterstellt wurden. Sie waren gleichzeitig für die Wasserversorgung, die Abwasserentsorgung und den Gesundheits- und Gewässerschutz verantwortlich. Im Rahmen der angebotsorientierten Wirtschaftspolitik beschloß das von der konservativen Partei dominierte Parlament im Jahre 1988 ein Wassergesetz, das es der Regierung erlaubte, die RWAs in privatrechtliche Unternehmen umzuwandeln und über die Börse an Privatanleger zu verkaufen. Die neuen Unternehmen blieben vertikal integriert und zuständig für Trinkwasser und Abwasser, verloren aber die Zuständigkeit für die umweltpolitische Regulierung. Sie erhielten exklusive Konzessionen in ihren Regionen mit einer Laufzeit von 25 Jahren.[943]

Drei Regulierungsbehörden wurden eingerichtet, um die Kontrollaufgaben der früheren RWAs wahrzunehmen. Das Drinking Water Inspectorate (DWI) ist zuständig für die Trinkwasserqualität. Eine Environment Agency (EA) kontrolliert den Gewässerschutz. Für die Förderung des Wettbewerbs und die Preisregulierung ist das Office of Water Services (OFWAT) verantwortlich, wobei die zwei Hauptziele von OFWAT die Effizienz der Wasserversorgung und die Ermöglichung von Profitabilität der Unternehmen sind.[944]

In der Preisregulierung wendet OFWAT das Price-Cap-Verfahren an, bei dem alle fünf Jahre nach der Formel Inflationsrate (RPI) minus ein bestimmter Faktor

---

[941] Vgl. NIEDERSÄCHSISCHES UMWELTMINISTERIUM (2002), S. 32.

[942] In Schottland und Nordirland liegt der Betrieb und die Kontrolle der Wasserversorgungsunternehmen bei öffentlichen Unternehmen. Das neu geschaffene Schottische Parlament hat sich gegen eine Privatisierung der Wasserwirtschaft ausgesprochen.

[943] Um den Erfolg der materiellen Privatisierung im Jahr 1989 zu sichern, übernahm die Regierung sämtliche Schulden der Wasserversorger in Höhe von rund acht Milliarden Euro, bot die Aktien zu stark ermäßigten Preisen an und führte ein Regime der Preisregulierung ein, das zu Beginn deutliche Preisanhebungen zuließ.

[944] Vgl. JAMIESON, D. (2000), S. 47 f.

(X) der Leistungsstärke eine Preisobergrenze festgesetzt wird (RPI-X-Ansatz).[945] Den Zusatzfaktor X bestimmt OFWAT durch einen Vergleich der Leistungsfähigkeit der Wasserversorgungsunternehmen (Yardstick-Competition). Die pro Jahr zulässigen Preissteigerungsraten (Price Caps) werden auf der Grundlage der Wirtschaftlichkeit des effizientesten Anbieters festgesetzt. Diese zulässigen Preissteigerungsraten beziehen sich auf einen Korb von Dienstleistungen im Wassermarkt und sinken seit Beginn der neunziger Jahre. Sie betrugen im Zeitraum 1990 bis 1995 durchschnittlich 5,2 Prozent, im Zeitraum 1995 bis 2000 immer noch 1,4 Prozent und für den Zeitraum 2000 bis 2005 wurden die Price caps auf minus 2,1 Prozent festgesetzt.[946] Die tatsächliche Bedeutung dieses Wettbewerbssurrogats für die Entwicklung der englischen und walisischen Wasserwirtschaft ist umstritten, da die wachsende Anzahl an Unternehmenszusammenschlüssen die Vergleichsbasis verkleinert und die methodischen Probleme verschärft.[947] Die jährlichen Investitionsvorgaben bleiben mit rund drei Milliarden Pfund sehr hoch.[948]

Der politische Einfluß auf den Regulierer OFWAT war bislang recht groß. Von 1989 bis 1997 verhielt sich OFWAT relativ inaktiv und erlaubte den privaten Wasserversorgungsunternehmen beträchtliche Gewinne. Erst nachdem die Konservativen im Jahr 1997 von Labour in der Regierung abgelöst wurden, führte OFWAT strengere Kontrollen der Wasserversorger ein.[949] Das Bemühen, einen tatsächlichen Wettbewerb zu fördern, hatte OFWAT lange Zeit auf den Ansatz Yardstick-Competition beschränkt. Zwar wurden im Utilities Act von 1992 die Wettbewerbsmöglichkeiten in Form eines Wettbewerbs um Großkunden (Inset Appointments) erweitert. Darin wurde es neuen Wasserversorgungsunternehmen erlaubt, in den Markt einzutreten und Großverbraucher ab einem Jahreswasserverbrauch von 250.000 m^3 zu beliefern, die zuvor vom regionalen Monopolisten versorgt wurden. Das betraf aber nur rund 500 potentielle Kunden.[950] Erst im Competition Act von 1998 wurde die Schwelle auf jährlich 100.000 m^3 Wasser reduziert, so daß nun rund 2000 potentiellen Kunden ein Wechsel des Wasserversorgungsunternehmens erlaubt wurde. Zudem wurde es den etablierten Monopolisten im Competition Act von 1998 verboten, im Falle eines drohenden inset appointments die Preise zu senken (Verbot von predatory pricing), um einen potentiellen Marktneuling vom Marktzutritt abzuhalten.

945 Vgl. HALL, D./LOBINA, E. (2001b), S. 4 ff. sowie SCHEELE, U. (1995), S. 6.

946 Vgl. OFWAT (2000b).

947 Vgl. SCHEELE, U. (2000b), S. 14.

948 Vgl. OFWAT (2000b).

949 Vgl. HALL, D./LOBINA, E. (2001b), S. 18.

950 OFWAT (2000a).

Ferner erhob die neue Labour-Regierung Ende der neunziger Jahre eine einmalige Steuer auf Privatisierungsgewinne von Infrastrukturunternehmen, die sogenannte „windfall tax“, die auch Wasserversorgungsunternehmen abführen mußten. Die Regierung untersagte den Wasserversorgungsunternehmen, Haushalte von der Wasserbelieferung auszuschließen, wenn Zahlungsschwierigkeiten entstanden.[951]

Eine gesetzliche Grundlage, die die Schaffung von Durchleitungswettbewerb („common carriage“) zum Ziel hat, gibt es in England und Wales nicht.[952] In der Praxis bestehen einige freiwillige Vereinbarungen zwischen Wasserversorgungsunternehmen zur Durchleitung. OFWAT hat dazu Prinzipien formuliert, die den Unternehmen als Orientierung dienen sollen, da die Behörde auf Regulierungseingriffe verzichten will. Die Monopolisten wurden lediglich verpflichtet, bis August 2000 die Bedingungen für eine Durchleitung in ihren Netzen zu veröffentlichen (Network Access Codes).[953]

3.2.2 Marktentwicklung

Nach der Privatisierung realisierten die zehn Monopolisten in der Wasserversorgung und Abwasserentsorgung sehr hohe Gewinne. Die Vor-Steuer-Gewinne stiegen um durchschnittlich 227 Prozent nominal und 142 Prozent real zwischen 1989/90 und 1997/98.[954] Noch größere Steigerungen wiesen die Managementgehälter auf. Diese Steigerungen wurden vor allem durch Preiserhöhungen von nominal 102 Prozent und real 46 Prozent in den ersten neun Jahren nach der Privatisierung ermöglicht.[955] Die hohen Gewinnmargen[956] lockten ausländische

---

951 Von den nach der Privatisierung auf das Dreifache angestiegenen Wassersperrungen waren vor allem einkommensschwache Haushalte und insbesondere Familien betroffen. Vgl. HOUSE OF COMMONS (1998).

952 Allerdings sieht OFWAT im Competition Act eine Gesetzesgrundlage, die „die essential facility doctrin“ enthalte. Demnach seien die lokalen Leitungsnetze wesentliche Einrichtungen, zu denen ihr Eigner diskriminierungsfreien Zugang gewähren oder eine Verweigerung objektiv begründen können müsse. Eine ungerechtfertigte Verweigerung wird als Wettbewerbsbehinderung interpretiert, gegen die OFWAT vorgehen müsse. Vgl. OFWAT (2000c).

953 Vielfach entstanden so komplizierte und umfangreiche Texte, daß bereits ihr Umfang als Marktzutrittsschranke wirken kann. Der Network Access Code des Wassermonopolisten Severn Trent Water ist beispielsweise 400 Seiten dick. Vgl. SEVERN TRENT WATER (2000).

954 Vgl. HOUSE OF COMMONS (1998).

955 Vgl. OFWAT (1998). Auffällig ist der Preisunterschied innerhalb von Großbritannien: Während die jährlichen Durchschnittskosten für die privat organisierte Trinkwasserversorgung und Abwasserentsorgung eines Haushalts in England und Wales zwischen 1994 und 1996 bei 225 Pfund lagen, mußten Haushalte in Schottland, wo die Wasserversorgung von öffentlichen Unternehmen erbracht wird, mit 112 Pfund nur die Hälfte bezahlen. Vgl. CIPFA: The UK Water Industry Charges for Water Services, zitiert in HALL, D./LOBINA, E. (2001), S. 14.

Versorgungskonzerne an, so daß sich mittlerweile fünf der zehn Monopolisten vollständig in ausländischem Eigentum befinden.[957]

Im europäischen Vergleich stellen sich die Preisunterschiede weniger dramatisch dar. In England und Wales lagen die Ausgaben pro Kopf der Bevölkerung für die Trinkwasserversorgung in den neunziger Jahren mit 115 DM pro Einwohner und Jahr etwa in der Mitte der Belastungsniveaus von Deutschland und den Niederlanden (140 bzw. 135 DM pro Einwohner und Jahr) einerseits und Frankreich (105 DM) andererseits.[958]

Das Ergebnis des internationalen Vergleichs ist u. a. dadurch erklärbar, daß das Niveau des Gesundheits- und Gewässerschutzes sowie die Versorgungssicherheit auf der britischen Insel spürbar geringer sind als in Kontinentaleuropa. Der Zustand des Leitungsnetzes verschlechterte sich über mehrere Jahre hinweg und die privaten Wasserversorgungsunternehmen kamen ihren Unterhaltungspflichten nur unzureichend nach.[959] In mehreren Versorgungsgebieten kam es zu anhaltenden Wassernotständen. Kritiker der privaten Monopole und zuletzt auch OFWAT[960] führten die geringe Versorgungssicherheit und das nach wie vor hohe Niveau an Leitungsverlusten[961] auf die Politik der Wasserversorgungsunternehmen zurück. Ihnen wurde vorgeworfen, jahrelang zu wenig in das Netz investiert zu haben, um höhere Dividenden ausschütten zu können.

956 Die Gewinnmargen der Wasserversorgungsunternehmen in England und Wales betrugen noch im Jahre 1998 rund 40 Prozent, während vergleichbare Unternehmen in ausländischen Wassermärkten nur Gewinnmargen zwischen 3 Prozent und 13 Prozent erzielten. Vgl. HALL, D./LOBINA, E. (2001), S. 12, EWERS, H.-J./BOTZENHART, K./JEKEL, M./SALZWEDEL, J./ KRAEMER, R. A. (2001), S. 66.

957 Suez aus Frankreich kaufte Northumbrian Water. Welsh Water und Wessex Water wurden an zwei US-amerikanische Unternehmen (WPD und Azurix) verkauft. Die deutsche RWE erwarb Thames Water und der schottische Versorger Scottish Power übernahm Southern Water. Neben diesen Übernahmen der Monopolunternehmen, die sowohl Dienstleistungen in der Wasserversorgung als auch in der Abwasserentsorgung erbringen, kam es zu zahlreichen Beteiligungen ausländischer Versorger an englischen und walisischen Unternehmen die ausschließlich in der Wasserversorgung tätig sind. Hierbei dominierten als Käufer die französischen Konzerne Vivendi und SAUR. Vgl. die Übersicht bei HALL, D./LOBINA, E. (2001), S. 22.

958 Vgl. KRAEMER, A. (2000), S. 23.

959 Vgl. HOUSE OF COMMONS (2000), Introduction.

960 Vgl. HALL, D./LOBINA, E. (2001), S. 18.

961 Als Konsequenz aus der Wasserknappheit in Folge der Trockenheit Mitte der neunziger Jahre setzte OFWAT den einzelnen Wasserversorgungsunternehmen Zielmarken für maximal zulässige Verlustquoten im Wasserleitungsnetz. Im Ergebnis fiel die Verlustquote an Wasser von 31 Prozent im Zeitraum 1994/1995 auf 22 Prozent im Zeitraum 1999/2000. Vgl. HALL, D./ LOBINA, E. (2001), S. 19.

Tabelle 27: Vergleich der Gewinnmargen von Wasserversorgungs- und Abwasserunternehmen

SAUR (Angabe betrifft weltweiten Umsatz bei Wasser und Abwasser)	3,5 %
Vivendi (Angabe betrifft nur Wasserversorgung, weltweit)	6,3 %
Suez-Lyonnaisse (Angabe betrifft nur Wasserversorgung, weltweit)	4,2 %
Suez-Lyonnaisse (Angabe betrifft nur Wasserversorgung in Frankreich)	2,4 %
Debreceni Vizmu (kommunales Unternehmen in Ungarn)	7,1 %
Stockholm Vatten (kommunales Unternehmen in Schweden)	19,2 %
AgBar (Angabe betrifft nur Wasserversorgung, Umsatz nur in Spanien)	13,1 %
Yorkshire Water	42,9 %
United Utilities	46,7 %
Thames Water	43,6 %
South West Water	51,6 %
Southern Water	59,7 %
Severn Trent	43,2 %
Hyder	36,5 %
Anglian Water	43,9 %

Quelle: PSIRU-Datenbasis und Unternehmensberichte für das Jahr 1998, vgl. Hall, D./Lobina, E. (2001), S. 12.

Darüber hinaus wird die Trinkwasserqualität als gering bezeichnet. Die zuständige Kontrollbehörde DWI monierte, daß noch im Jahre 1998 die Wasserversorgungsunternehmen in 80 Prozent der Versorgungsgebiete die Grenzwerte für Nitrat, Eisen, Blei sowie einige Pestizide überschritten.[962] Ein Parlamentsausschuß kam zu dem Schluß, daß die Mängel in der Wasserversorgungsinfrastruktur mit zu geringen Anreizen für eine effiziente Bewirtschaftung zu begründen seien.[963] Diese Betrachtungsweise hat jedoch nur die Symptome, nicht die Ursachen im Blick. Die tatsächliche Ursache der schlechten gesamtwirtschaftlichen Leistungsfähigkeit der Wasserversorgung in England und Wales dürfte wohl

---

962 Vgl. SHAOUL, J. (1998), S. 27.

963 Vgl. HOUSE OF COMMONS (2000), par. 225.

eher in der Marktform der privaten Monopole und in den chronischen Durchsetzungsschwächen der Regulierungsbehörden liegen. Darüber hinaus macht das Beispiel Englands und Wales deutlich, wie eine Privatisierung ohne gleichzeitige Einführung eines hinreichenden Wettbewerbs den Beziehern von Insiderrenten in den privatisierten Unternehmen (Anteilseigner und Vorstände) zugute kommen kann,[964] was Tabelle 27 veranschaulicht.

3.3 Frankreich

3.3.1 Marktordnung

In Frankreich wird die Wasserversorgung in mehreren tausend kleinen und mittleren Versorgungsgebieten ausgeschrieben[965] und in der Mehrzahl der Kommunen von privaten Wasserunternehmen betrieben. Die Netzwerke verbleiben im Eigentum der Städte und Gemeinden, sie werden aber vom Betreiber der Wasserversorgung unterhalten.[966] Rund 75 Prozent der französischen Bevölkerung wird von privaten Unternehmen mit Trinkwasser beliefert[967], wobei die drei großen Versorgungskonzerne Suez, Vivendi und Bouygues (SAUR) [968] praktisch den gesamten von Privaten versorgten Wassermarkt unter sich aufgeteilt haben.[969] In den übrigen meist kleinen Versorgungsgebieten sind kommunale Wasserversorgungsunternehmen tätig.

---

964 Vgl. CRONAUGE, U. (2000), S. 8, sowie Scheele, U. (1997), S. 37 f. Die relativ niedrigen Margen der französischen Versorger im Vergleich zu denen in England bestätigt VAN DE VYVER, P. (2000), S. 59.

965 Rund 32.000 der 36.000 Kommunen in Frankreich haben sich in Wasserverbänden gemeinschaftlich organisiert. Vgl. ebenda, S. 55.

966 Vgl. ebenda, S. 58.

967 Vgl. SCHEELE, U. (2000c), S. 16 f.

968 Ondeo, die Wassersparte des französischen Konzerns Suez (vormals Suez-Lyonnaisse des Eaux), und Vivendi Water, die im Wassermarkt tätige Tochter der französischen Gruppe Vivendi Universal (vormals Générale des Eaux), haben zusammen knapp zwei Drittel Marktanteil in Frankreich. Der dritte Oligopolist im französischen Wassermarkt ist Bouygues (SAUR), dessen Anteilseigner der Baukonzern Bouygues und der französischen Energiekonzern Electricity de France sind. Vgl. HALL, D./LOBINA, E. (2001b), S. 4 sowie MANKEL, B./SCHWARZE, R. (2000), S. 423.

969 Die drei großen französischen Wasserversorgungsunternehmen dominieren den Weltmarkt für Wasserdienstleistungen. Sie haben das Modell der per Ausschreibung vergebenen privaten Wassermonopole – nicht selten zu ihren Gunsten - in andere Länder exportiert und wurden dabei von Institutionen wie der Weltbank unterstützt. Vgl. SCHEELE, U. (2000b), S. 12 sowie HALL, D./ LOBINA, E. (2001b), S. 10 f. In Deutschland ist die Suez-Gruppe über die Beteiligung an der Eurawasser GmbH, die die Konzession zur Wasserversorgung in Rostock gewonnen hat, vertreten. Der Vivendi-Konzern hat eine Beteiligung an den Berliner Wasserwerken erworben und strebt Kooperationen mit den im Wassermarkt aktiven Tochterunternehmen von Eon und RWE an. Vgl. SCHEELE, U. (2000c), S. 18.

Die kommunalen Versorgungsmonopole in Frankreich werden im Falle von Betriebsverwaltungsverträgen für eine Vertragsdauer von sechs bis zehn Jahren vergeben. Pachtverträge laufen in der Regel zehn bis fünfzehn Jahre und Konzessionsverträge haben eine Laufzeit von zwanzig bis dreißig Jahren. Die Verträge unterscheiden sich hinsichtlich des Umfangs der Leistungen, die auf den Privaten übertragen werden. Die Vertragslaufzeit berücksichtigt die Dauer der Abschreibungen für die Investitionen, zu denen der private Betreiber verpflichtet ist.[970]

3.3.2 Marktentwicklung

Wie aufgrund der geringen Anzahl an Wettbewerbern zu erwarten war, ist die Wettbewerbsintensität in Frankreich gering und die Möglichkeiten zu wettbewerbsbeschränkenden Absprachen zwischen den Anbietern sind hoch. Etablierte Wasserversorgungsunternehmen haben bei Neuausschreibungen Vorteile gegenüber Konkurrenten, da Abhängigkeiten zwischen den privaten Betreibern und den Kommunen zu vermuten sind[971] und in Einzelfällen sogar mit Bestechung und Korruption in Verbindung gebracht werden. So verwundert es nicht, daß es in Frankreich bis zum Jahr 1994 bei keiner Neuausschreibung zu einer Neuzuordnung eines einmal zugewiesenen Monopols gekommen ist[972] und daß auch seitdem die Ablösung eines Etablierten eher die Ausnahme bildet.[973]

Der französische Rechnungshof wies wiederholt auf Probleme im Zusammenhang mit Ausschreibungen im Wassermarkt hin. Er kritisierte erstens einen Mangel an Wettbewerbsdruck, der den etablierten Wasserversorgungsunternehmen hohe Gewinnmargen belasse, sowie zweitens eine fehlende Transparenz, was eine öffentliche Kontrolle verhindere und eine mißbräuchliche Ausnutzung der Monopolstellung durch überhöhte Preise begünstige. Der Rechnungshof kam zu dem Schluß, daß viele gewählte Kommunalvertreter gegenüber den drei großen Wasserversorgungsunternehmen und ihrer „immensen politischen, wirtschaftlichen und auch finanziellen Macht" unterlegen und ohne ausreichende fachliche Unterstützung seien.[974] Beispielsweise hat im Jahr 2000 der Stadtrat von Grenoble wegen Bestechungen an Politiker und Parteien im Ausschreibungsverfahren und wegen betrügerischer Abrechnungen des Gewinners der

---

970 Vgl. SPELTHAHN, S. (1994), S. 155.

971 Vgl. MANKEL, B./SCHWARZE, R. (2000), S. 424.

972 Vgl. SPELTHAHN, S. (1994), S. 154.

973 Vgl. MICHAELIS, P. (2001), S. 442.

974 Vgl. Bericht in Le Monde vom 28.01.1997 über eine Untersuchung des Cours de Comptes, zitiert in HALL, D./LOBINA, E. (2001b), S. 11.

Ausschreibung seinen Vertrag mit einem Suez-Unternehmen wieder gekündigt und die Wasserversorgung vollständig und die Abwasserentsorgung in Teilen rekommunalisiert.[975]

3.4 Niederlande

3.4.1 Marktordnung

Wie in Deutschland erfolgt die holländische Wasserversorgung[976] auf der Basis exklusiver Rechte für die Versorgung mit Trinkwasser und - im Gegensatz zu Deutschland - mit Industriewasser in wenigen großen Versorgungsgebieten. Die 20 Wasserversorgungsunternehmen sind fast ausschließlich im öffentlichen Eigentum. Die öffentlichen Wasserversorger werden mehrheitlich in privatrechtlicher Form – meist als Aktiengesellschaften – geführt. Ihre Anteilseigner sind die Kommunen der Versorgungsgebiete und in einigen Fällen auch die Provinzen. Sie erhalten eine geringe Gewinnausschüttung pro Jahr. Die Wasserversorger sind einer Preisregulierung unterworfen.

Die Qualitätsregulierung in den Niederlanden ist im internationalen Vergleich streng[977], was sich zum einen mit der topographischen Lage[978] und zum anderen mit der hohen Bevölkerungsdichte und der intensiv betriebenen Landwirtschaft

---

[975] Das Betreibermodell in der 150.000-Einwohner Stadt im Südosten Frankreichs wurde im Jahr 2000 durch einen Regiebetrieb abgelöst, nachdem eine jahrelange Schmiergeldaffäre aufgedeckt worden war. Manager des Suez-Konzerns und der ehemalige Bürgermeister wurden zu hohen Gefängnisstrafen verurteilt. Vgl. ebenda, S. 5.

[976] Nach Angaben des niederländischen Verbands der Wasserversorgungsunternehmen gaben die niederländischen Wasserversorgungsunternehmen bis Mitte der neunziger Jahre durchschnittlich pro Jahr knapp 1,3 Mrd. m^3 Trinkwasser und rund 0,06 Mrd. m^3 Brauchwasser ab. Der Trinkwasserverbrauch eines privaten Haushalts betrug im Jahr 1996 im Durchschnitt 130 Liter pro Tag. Vgl. VEWIN (1997), S. 13 und S. 21 f. Die Wasserversorger beschäftigten zusammen knapp 7.000 Mitarbeiter. Vgl. ACHTTIENRIBBE, G. E. (2000), S. 37.

[977] Wegen der kritischen Situation der Grundwasservorkommen und im Rahmen einer ökologischen Steuerreform werden seit 1995 Abgaben auf die Grundwasserförderung erhoben. Die von den Provinzen erhobene Steuer beträgt 1 bis 8 Cents/m^3. Sie finanziert einen Teil der Kosten der Grundwasserforschung und der Erstellung von Bewirtschaftungsplänen für Grundwasser. Eine zweite Steuer ist nicht zweckgebunden und fließt in den nationalen Haushalt. Sie beträgt 34 Cents/m^3 bei Wasserversorgungsunternehmen, andere Nutzer zahlen 17 Cents/m^3. Vgl. BUCKLAND, J./ZABEL, T. F. (1997), S. 189 ff. Die Entnahme von Trinkwasser aus Oberflächengewässern ist steuerfrei. Jedoch dürfte der Lenkungseffekt durch die Steuer auf die Grundwasserentnahme gering sein, da sie die Kostennachteile der Oberflächenwassernutzung nicht kompensiert. Vgl. SCHEELE, U. (2001), S. 10.

[978] Große Teile des Landes vor allem in Norden liegen unter dem Meeresspiegel, weitere größere Gebiete sind auf den Schutz von Deichen angewiesen und müssen durch komplexe wasserwirtschaftliche Bauwerke gesichert werden. Den Wasserversorgungsunternehmen bereiten die Versalzung in Küstennähe sowie die allgemeine Absenkung des Grundwasserspiegels erhebliche Probleme.

erklären läßt. Die niederländische Wasserwirtschaft ist durch eine Trennung von Wasserversorgung und Abwasserbeseitigung in unterschiedliche Unternehmen gekennzeichnet. Die Angebote der öffentlichen Wasserversorger gehen häufig über die Wasserversorgung hinaus.[979]

3.4.2 Marktentwicklung

Die Marktstruktur in den Niederlanden hat sich - anders als in Deutschland - in den vergangenen Jahrzehnten stark verändert. Ein staatlich gesteuerter Konzentrationsprozeß hat die Zahl der Wasserversorgungsunternehmen seit den 50er Jahren bis heute von 200 [980] auf nur noch 20 Unternehmen reduziert.[981] Zur Sicherung der Trinkwasserversorgung wurde eine langfristige nationale Bedarfsplanung gesetzlich vorgeschrieben, die für Investitionsprojekte den Rahmen absteckt und Zuständigkeiten festlegt.[982] Seit der Stagnation des Wasserverbrauchs ab den 80er Jahren verlagerten sich die Planung, die umweltpolitischen Maßnahmen und das Grundwassermanagement von der nationalen auf die regionale Ebene. Die Provinzen erhielten die Aufgabe, eine effiziente Organisation der Wasserversorgung zu gewährleisten. Dabei wurden folgende Kriterien zugrunde gelegt:[983]

- Betriebsgröße der Unternehmen: Mindestens zehn Millionen Kubikmeter Wasser müssen pro Jahr und an mindestens 100.000 Haushalte geliefert werden.
- Vertikale Integration: Wassergewinnung und Verteilung müssen in einem Unternehmen erbracht werden.

---

979 Die öffentlichen Unternehmen sind auch in der Versorgung mit Elektrizität, Gas oder Telekommunikationsleistungen tätig oder bieten Umwelt- oder Beratungsdienste an und betreiben auch Kabelnetze. Vgl. ebenda, S. 9.

980 In den neunziger Jahren wurden zahlreiche Reformprozesse zur Verbesserung der internationalen Wettbewerbsfähigkeit eingeleitet. Dabei standen Reformen des öffentlichen Sektors und die Deregulierung öffentlicher Infrastrukturbereiche im Vordergrund. Vgl. Scheele, U. (2000b), S. 11.

981 Als Motivation des Konzentrationsprozesses ist erstens die Erwartung eines drohenden Wassermangels in Folge der steigenden Nachfrage ab den 60er Jahren zu nennen, die durch eine wachsende Bevölkerungszahl und eine zunehmende Industrialisierung bedingt war. Zweitens wurden die Folgen der Umweltverschmutzung spürbar, insbesondere durch die Belastung der Flüsse, die angesichts der begrenzten Grundwasservorkommen als Trinkwasserresourcen an Bedeutung gewannen.

982 Vgl. Broseliske, G. H. (1993), S. 40, Scheele, U. (2001), S. 7.

983 Vgl. Scheele, U. (2001), S. 7.

- Hohe Qualitätsstandards: Jeder Wasserversorger muß über ein eigenes Labor und fachkundiges Personal verfügen.

Im Ergebnis stieg die Effizienz der Organisationsstrukturen erheblich an.[984] Mittelfristig wird eine weitere Verringerung der Zahl der Wasserversorgungsunternehmen erwartet. Einige Veröffentlichungen nennen als anzustrebende Zahl etwa 10-15 Unternehmen statt der derzeitigen zwanzig. In anderen Studien wird sogar von langfristig nur fünf Wasserversorgungsunternehmen ausgegangen.[985]

Das Marktverhalten ist durch Bemühungen von Wasserversorgungsunternehmen um einen Ausbau der Marktanteile im internationalen Wassergeschäft geprägt. Dazu versuchen die Unternehmen, die begrenzten Möglichkeiten zur Privatisierung oder zur Kooperation mit privaten Anbietern weitestmöglich zu nutzen.

Die Marktergebnisse sind in Deutschland und den Niederlanden vergleichbar. Der Wasserversorgung wird in beiden Ländern einerseits ein hohes technisches Niveau, ein hoher Qualitätsstandard und eine große Versorgungssicherheit bescheinigt. Zudem existiert eine gut ausgebaute Infrastruktur, die ein relativ hohes Niveau des Umweltschutzes erreicht. Andererseits werden Spielräume zur Verbesserung der Effizienz vermutet.

3.4.3 Reformdiskussion

Seit Mitte der neunziger Jahre wird in den Niederlanden ein neuer Ordnungsrahmen für die Wasserwirtschaft diskutiert. [986] Eine Forschergruppe der Universitäten Rotterdam und Groningen legte 1997 im Auftrag des Wirtschaftsministeriums eine Studie[987] vor, die die niederländische Wasserversorgung analysierte. Das wichtigste und umstrittenste[988] Ergebnis der Studie war der Hinweis auf mangelnde Kosteneffizienz der gegenwärtigen Marktstruktur. Die Autoren der Studie bezifferten die Kostenineffizienz, die innerhalb der bestehenden Marktordnung der Wasserversorgung überwunden werden könne, auf rund 6 Prozent.

---

984 Vgl. Scheele, U. (2000b), S. 28.

985 Vgl. Achttienribbe, G. E. (1997), S. 548 f., KOPPERS, H. M. M./HEIJMAN (1996), S. S127 ff. sowie Scheele, U. (2000b), S. 10.

986 Vgl. zu den folgenden Ausführungen in diesem Abschnitt SCHEELE, U. (2001) sowie SCHEELE, U. (2000b).

987 Vgl. DIJKRAAF, E./DE JONG, R./VAN DE MORTEL, E.G. et al. (1997).

988 Der niederländische Wasserverband VEWIN protestierte zunächst gegen diesen Befund, stellte aber in einer auf freiwilliger Basis durchgeführten Benchmarking-Studie 1998 fest, daß es Spielräume zur Verbesserung der Effizienz gebe, vor allem im Bereich Personal, Einkauf und betriebsunterstützender Aktivitäten. Vgl. VEWIN (1999).

Sofern Wettbewerb eingeführt werde, sahen sie weitere Effizienzgewinne als möglich an, so daß sich die Effizienz insgesamt im Vergleich zum Status quo um 15 Prozent steigern lasse. Um diese auszuschöpfen, plädierten sie für die Einführung von Wettbewerbselementen und stellten dazu die folgenden Ansätze vor.

Kurzfristig wurde eine Verbesserung der Information über die Wasserwirtschaft als Voraussetzung für die Einführung eines verpflichtenden Benchmarking mit Yardstick-Competition vorgeschlagen.[989] Die Preisregulierung der Wasserversorgungsunternehmen sollte sich laut Regierungsstudie künftig an dem zu erwartenden Kostenanstieg des effizientesten Unternehmens der Branche orientieren. Dadurch hätte jedes Unternehmen einen Anreiz, sich kosteneffizient zu verhalten. Um die Anreizeffekte in öffentlichen Unternehmen, die im Unterschied zu privaten Unternehmen keine Gewinnorientierung haben, zu stärken, wurde vorgeschlagen, daß die Unternehmen in gewissem Umfang auch Gewinne einbehalten dürfen.

Ferner wurde eine weitergehende Marktöffnung innerhalb eines mittelfristigen Zeitraums angeregt. Dabei wurde erstens die Ausschreibung der Wasserversorgung neuer Wohn- und Industrieprojekte befürwortet, wofür eine Aufhebung des gesetzlichen Versorgungsmonopols der bestehenden Unternehmen und eine diskriminierungsfreie Zuteilung der Wassernutzungsrechte erforderlich wäre. Zweitens wurde die Ausschreibung neuer Anschlüsse an den Grenzen von Versorgungsgebieten diskutiert, um vor allem Wettbewerb bei der Versorgung von Großkunden zu ermöglichen. Drittens wurde die Zulassung eines Durchleitungswettbewerbs in den Fällen empfohlen, in denen ganze Gemeinden den Wasserversorger wechseln und das bestehende Leitungsnetz weiterhin nutzen möchten.[990]

Auf lange Sicht sprachen sich die Autoren der Studie für eine Trennung von Netzeigentum und Netzbetrieb aus. Das Leitungsnetz solle staatlich bleiben und die Wasserversorgungsunternehmen sollten untereinander über dieses Netz konkurrieren. Private und öffentliche sowie in- und ausländische Unternehmen sollten Marktzutritt erhalten.

---

[989] Für ein Benchmarking in Form von Yardstick-Competition sah auch eine weitere Studie eines renommierten Forschungsinstituts gute Chancen für eine Umsetzung in der niederländischen Wasserwirtschaft. Vgl. CPB (2000).

[990] Die Autoren der Studie wiesen aber auf zahlreiche Voraussetzungen und Schwierigkeiten für einen diskriminierungsfreien Durchleitungswettbewerb hin und schlußfolgerten, daß eher potentielle statt aktuelle Konkurrenz durch diese Wettbewerbsoption geschaffen werden könne. Zudem könne das Durchleitungsmodell auch Probleme erzeugen, etwa durch die Marktmacht des Netzinhabers oder durch eine Reduzierung des Wettbewerbsdrucks nach einer Verringerung der Zahl der Marktteilnehmer in Folge einer vertikalen Integration.

Nachdem sich im Parlament eine breite Ablehnung gegen diese weitgehenden Marktöffnungsansätze abzeichnete, legte die Regierung 1998 erstmals Grundzüge eines neuen Wassergesetzes vor, das die Effizienz der Wasserversorgungsunternehmen steigern sollte.[991]

In der nachfolgenden Diskussion in Politik und Wasserwirtschaft wurde das Benchmarking und der Wettbewerb um Großkunden gutgeheißen, sofern keine negativen Auswirkungen auf die Tarifkunden eintreten würden. Auf Kritik im Parlament stießen die übrigen vorgeschlagenen Wettbewerbselemente, die Privatisierung sowie die Trennung von Netzeigentum und Betrieb.[992] Die Regierung verzichtete daraufhin sowohl auf die Sanktionen im Falle eines schlechten Abschneidens eines Wasserversorgers beim Benchmarking als auch auf die administrative Trennung von Netzeigentum und Netzbetrieb. Sie faßte im Jahr 2000 einen neuen Kabinettsbeschluß und schlug vor, daß

---

[991] Darin wurde erstens vorgesehen, daß die Wasserversorgung weiterhin in regionalen Monopolen öffentlicher Unternehmen erfolgen soll. Dafür sollten die bisher tätigen Wasserversorgungsunternehmen nach Infrastruktur und Netzbetrieb getrennte exklusive Konzessionen erhalten, wobei die Laufzeit der Infrastrukturkonzessionen 20 Jahre betragen sollten und die der Betriebskonzessionen maximal 10 Jahre.
Zweitens wurde als Ausnahme vom Versorgungsmonopol ein freier Wettbewerb bei der Versorgung von Großkunden ab einer Wassernutzung von 100.000 m^3 pro Jahr vorgesehen. Bei dieser Verbrauchsgrenze würden rund 320 Industrieunternehmen von dieser Regel profitieren. Auf sie entfallen knapp zwei Drittel des gesamten industriellen Leitungswasserverbrauchs und rund 12 Prozent der gesamten Wasserlieferungen der Wasserversorgungsunternehmen. Vgl. CONCURRENTIETOETS (2000), Box 5.
Drittens schlug die Regierung vor, die Unternehmen, die sowohl in monopolisierten als auch in wettbewerblichen Märkten tätig sind, zu einer Trennung der beiden Bereiche zu verpflichten.
Viertens sollte ein verpflichtendes Benchmarking eingeführt werden, das Informationen über Preise, Kosten sowie Qualität der Serviceleistung und des Umweltschutzes veröffentlicht und bewertet.
Fünftens regte das Kabinett an, erst nach einer Überprüfung der Erfahrungen mit dem Benchmarking nach etwa fünf Jahren zu überlegen, ob weitere Wettbewerbselemente im Wassermarkt eingeführt werden sollen. Dabei sollte die Infrastruktur aber in öffentlichen Hand verbleiben, während die Ausschreibung von Betriebskonzessionen - durch den Staat oder durch die öffentlichen Wasserversorgungsunternehmen selbst - zu prüfen sei. Dem Durchleitungswettbewerb wurde keine Priorität beigemessen, zumal erst die Erfahrungen aus anderen Branchen zu analysieren seien. Vgl. MINISTERIE VAN VOLKSHUISVESTING (1998).

[992] Vgl. o.V. (2001), S. 9.

- die Wasserversorgung in öffentlich-rechtlicher Form erfolgen soll,
- es verboten sein soll, Teile öffentlicher Unternehmen an Private zu verkaufen,[993]
- ausschließlich Wasserversorger, die am 01. September 2000 Trinkwasser lieferten, das Recht zur Förderung und Lieferung von Wasser in einem Gebiet haben sollten,
- Benchmarking und Wettbewerb um Großkunden eingeführt werden.

Bis Mai 2002 hat das niederländische Parlament noch keine Novelle des Wassergesetzes verabschiedet.[994]

4. Diskussion eines Wettbewerbsversagens im Wassermarkt

4.1 Überblick

In der aktuellen wasserwirtschaftlichen Diskussion in Deutschland werden vor allem die kommunalen Versorgungsmonopole in Frage gestellt. Um bewerten zu können, ob die rechtlichen Marktzutrittsschranken in der Wasserversorgung ökonomisch gerechtfertigt sind, ist zu untersuchen, ob sich in der deutschen Wasserwirtschaft ein wettbewerblicher Markt schaffen ließe, in dem die Verwirklichung der vier wasserwirtschaftlichen Hauptziele - hohe Trinkwasserqualität, sichere und flächendeckende Versorgung, Gewässerschutz und Effizienz - gewährleistet wäre. Dazu wird im Sinne eines „tabula-rasa"-Ansatzes in

---

993 Dies sollte auch nachträglich für öffentliche Energieversorger gelten, die Anteile an Wasserversorgungsunternehmen halten und privatisiert werden sollen. Die Regierung forderte für solche Fälle eine Ausgliederung der Wassersparte und einen Verkauf an ein öffentliches Unternehmen. Ein Beispiel ist die Übernahme des öffentlichen Wasserversorgungsunternehmen Waterleiding Friesland im Jahr 1999 durch N.V. Nuon, ein Energieversorgungsunternehmen (EVU), das sich noch in öffentlichem Eigentum mehrerer Provinzen und Kommunen befindet und auch über ein Wasserversorgungsunternehmen verfügt. Das erklärte Ziel von Nuon ist die Entwicklung hin zu einem international bedeutsamen Multi Utility Konzern. Vgl. http://www.nuon.nl. Die Regierung sieht die Gefahr, daß im Falle einer Privatisierung eines EVU auch die Wasserversorgung in private Hände gelangen könnte. So lehnten die öffentlichen Anteilseigner der Waterbedrijf Gelderland im Februar 2001 ein hohes Übernahmeangebot durch N.V. Nuon ab. Vgl. die Presseberichte vom 09.02.2001 unter http:www.waterbedrijf-gelderland.nl. Ebenfalls nicht zustande kam ein von der Provinz Gelderland vorgeschlagenes Modell, bei dem die Wasserversorgungsunternehmen in öffentlichem Eigentum bleiben und die Betriebsführung aber von einer von Nuon geführten Managementgesellschaft übernommen würde. Der Umweltminister lehnte dies ab. Allerdings wurde eine Kooperationsvereinbarung geschlossen. Vgl. SCHEELE, U. (2001a). S. 22 ff.

994 Das vorgeschlagene Privatisierungsverbot wird von zahlreichen Wasserversorgungsunternehmen kritisiert, da sie darin eine Gefahr für ihre internationale Wettbewerbsfähigkeit sehen. Kritik üben einige Kommunen und Provinzen, die aus finanziellen Gründen ein Interesse an der Veräußerung von Anteilen an Wasserversorgern haben, zumal der Einfluß vieler kommunaler Anteilseigner auf die Unternehmensleitung als gering gilt.

diesem Kapitel eine Marktordnung angenommen, in der erstens die geschützten Wasserversorgungsmonopole aufgehoben (Marktöffnung) und zweitens bislang kommunale Betriebe mehrheitlich oder vollständig an Private verkauft worden sind (materielle Privatisierung).

Hohe Trinkwasserqualität läßt sich prinzipiell unabhängig von der Marktordnung in Deutschland gewährleisten. Die von den Nachfragern gewünschte hohe Trinkwasserqualität läßt sich über staatliche Mindestauflagen in Verbindung mit geeigneten Kontrollmechanismen sichern.

Auch das zweite Ziel - eine sichere und flächendeckende Versorgung – würde aller Voraussicht nach in einer liberalisierten und privatisierten Marktordnung erreicht. Denn zum einen gibt es eine ausreichend große Zahl von Anbietern, die willens und in der Lage sind, Trinkwasser anzubieten. Zum anderen besitzen die Nachfrager in der Regel eine genügend hohe Zahlungsbereitschaft für die Wasserversorgung.[995]

Der Gewässerschutz als drittes Ziel läßt sich ebenfalls unabhängig von der Marktordnung verwirklichen. Bisher leisten zahlreiche kommunale Wasserversorger aufgrund der Vorgaben der Kommunalpolitik zusätzlich zu den gesetzlichen Vorschriften Beiträge zum Gewässerschutz. Diese direkte kommunalpolitische Einflußmöglichkeit entfällt nach der Privatisierung. Wenn eine Kommune über den gesetzlichen Standard hinaus weitere Maßnahmen zum Gewässerschutz wünscht, kann sie diese entweder selbst erbringen oder beim Wasserversorgungsunternehmen (oder anderen Dienstleistern) „einkaufen“. Dadurch würde die Finanzierung des Gewässerschutzes - im Vergleich zur derzeitigen Finanzierung über die Wasserentgelte - transparenter. In einem liberalisierten Markt mit privatisierten Versorgungsstrukturen wäre aber zu beachten, daß die Kontrollkosten gegenüber der aktuellen Situation tendenziell steigen, da die Gefahr besteht, daß die privaten Wasserversorgungsunternehmen das Ziel der Gewinnmaximierung zu Lasten des Gewässerschutzes verfolgen.

Während also die Erreichung der drei zuvor diskutierten Ziele nach einer umfassenden Marktöffnung und Privatisierung möglich erscheint, ist umstritten, inwieweit das vierte Ziel (volkswirtschaftliche Effizienz) unter dieser Rahmensetzung erreicht würde. Dieser Frage soll in den weiteren Unterabschnitten intensiv nachgegangen werden. Es wird untersucht, ob auf den drei Wertschöpfungsstufen lokale Wasserverteilung, Ferntransport und Wassergewinnung ein natürliches Monopol vorliegt, und falls ja, ob es bestreitbar ist. Falls ein nicht-

[995] Dies gilt auch in dünn besiedelten Gebieten oder in Regionen mit relativem Wassermangel, wo höhere Entgelte für die Wasserversorgung im allgemeinen von den Nachfragern akzeptiert werden.

bestreitbares natürliches Monopol existiert, wäre Wettbewerb nicht möglich und eine staatliche Intervention wäre aus gesamtwirtschaftlicher Sicht geboten, wobei sich dann die Frage nach der geeigneten Regulierung stellt.

4.2 Lokale Wasserverteilung

Aufgrund eines Anteils von 80 Prozent an den Gesamtkosten der Wasserversorgung ist der Bau und Betrieb eines lokalen Leitungsnetzes die für die Kostensituation weitaus bedeutendste Wertschöpfungsstufe im Wassermarkt.[996] Es ist offensichtlich, daß der Bau mehrerer, teilweise paralleler Leitungen in einem Siedlungsgebiet ineffizient wäre.[997] Es liegt eine subadditive Kostenfunktion vor.[998] Folglich handelt es sich beim lokalen Leitungsnetz eindeutig um ein natürliches Monopol.[999]

Wie auch bei anderen erdgebundenen Leitungsnetzen existieren hohe versunkene Kosten, die eine Bestreitbarkeit des natürlichen Monopols im lokalen Leitungsnetz verhindern. Im Ergebnis ist die Wertschöpfungsstufe der lokalen Wasserverteilung ein nicht-bestreitbares natürliches Monopol, was zu Wettbewerbsversagen führt und eine entsprechende staatliche Rahmensetzung erfordert. Ob im gesamten Wassermarkt Wettbewerbsversagen gegeben ist, ist erst nach einer Analyse der vorgelagerten Wertschöpfungsstufen der Gewinnung und Aufbereitung von Wasser und des etwaigen Ferntransports von Wasser festzustellen.

4.3 Gewinnung und Aufbereitung sowie Ferntransport von Wasser

4.3.1 Überblick

Um entscheiden zu können, ob wettbewerbliche Strukturen beim Bau und Betrieb von Anlagen zur Gewinnung und Aufbereitung sowie beim Ferntransport von Wasser denkbar sind, muß zunächst der relevante Markt abgegrenzt werden.

Bei der Marktabgrenzung ist erstens eine Abgrenzung in sachlicher Hinsicht nötig. Aufgrund der vielfältigen Verwendungsarten und der hohen Qualität des über das Leitungsnetz bereitgestellten Trinkwassers besteht kein relevanter Substitutionswettbewerb zu abgefülltem Wasser. Dies gilt auch hinsichtlich des Wassers, das zum Trinken und Kochen verwendet wird, da es einen quantitativ

---

[996] Vgl. MICHAELIS, P. (2001), S. 440. Allein 70 Prozent der Investitionskosten der Wasserversorgung fallen beim Bau des Leitungsnetzes an. Vgl. LÜBBE. E. (1999), S. 30.

[997] Vgl. SCHEELE, U. (2000c), S. 6.

[998] Vgl. KRUSE, J. (1989), S. 15.

[999] Vgl. MANKEL, B./SCHWARZE, R. (2000), S. 419.

unbedeutenden Anteil am täglichen Wasserverbrauch eines Haushalts hat.[1000] Im Ergebnis ist kein Substitut für Leitungswasser vorhanden.

Zweitens ist eine räumliche Marktabgrenzung vorzunehmen. In der leitungsgebundenen Wasserversorgung beschränkt sich der relevante Markt aus der Sicht der Nachfrager auf das Trinkwasser, das in deren Haushalt oder deren Unternehmen bereitgestellt wird. Ein Substitut in Form einer Bereitstellung von Wasser an einem anderen Ort ist für den Endverbraucher nutzlos.

In den weiteren Unterabschnitten wird bei der Analyse eines etwaigen Wettbewerbsversagens im Wassermarkt angenommen, daß die Kommunen ihre Wasserversorgungsunternehmen vor der Privatisierung zum einen vertikal separieren und zum anderen auf der Wertschöpfungsstufe der Wassergewinnung und Aufbereitung horizontal entflechten. Dadurch würden in einem Versorgungsgebiet ein Verteilunternehmen und je nach Anzahl der separat nutzbaren Wasservorkommen mehrere unabhängig voneinander agierende private Wassergewinnungsunternehmen entstehen. Ferner soll angenommen werden, daß dem Verteilunternehmen die Geschäftstätigkeit in der Wassergewinnung untersagt ist, so daß es keinen Anreiz hätte, den Wassergewinnungsunternehmen eine diskriminierungsfreie Einspeisung in das lokale Verteilnetz zu verwehren.

Generell ist bei der Analyse von Möglichkeiten und Grenzen des Wettbewerbs auf Wassermärkten auf den Status quo, d. h. die „historisch gewachsene“ Ausgangslage zu achten. Da es sich sowohl bei Anlagen der Wassergewinnung als auch bei den Leitungen des lokalen Netzes und denen des Wasserferntransports um Investitionsgüter mit sehr langer Nutzungsdauer handelt, ist zum einen eine Situation zu analysieren, in der diese Anlagen existieren, d. h. die volkswirtschaftlichen Ressourcen für den Bau dieser Anlagen zu einem vergangenen Zeitpunkt eingesetzt wurden, so daß nur die relativ geringen Kosten des Betriebs sowohl aus einzel- als auch aus gesamtwirtschaftlicher Perspektive entscheidungsrelevant sind. Zum anderen kann eine Situation analysiert werden, in der neue Investitionen getätigt werden müssen, etwa wenn die bestehenden Anlagen das Ende ihrer technischen bzw. ökonomischen Nutzungsdauer erreicht haben. Unter diesen Voraussetzungen sind nicht nur die laufenden Betriebs-, sondern auch die einmaligen Investitionskosten entscheidungsrelevant.

[1000] Weniger als fünf Prozent des täglich verbrauchten Trinkwassers wird zum Kochen und Trinken verwendet.

4.3.2 Natürliches Individualmonopol in der Wassergewinnung

In diesem Unterabschnitt soll zunächst geprüft werden, ob sich auf der Wertschöpfungsstufe der Gewinnung und Aufbereitung von Wasser nach einer Marktöffnung und einer Privatisierung ein natürliches Monopol herausbilden würde.

Ein natürliches Monopol - wie im Grundlagenteil dieser Studie ausführlich erläutert - liegt vor, wenn im Bereich der relevanten Nachfrage das Angebot einen subadditiven Kostenverlauf aufweist, so daß ein einzelnes Unternehmen die Nachfrage allein kostengünstiger als mehrere Unternehmen zusammen bedienen kann. Das setzt voraus, daß das Marktvolumen so gering ist, daß nur ein Unternehmen die mindestoptimale technische Betriebsgröße (MOTB) erreichen kann. Um dies in bezug auf die Gewinnung und Aufbereitung von Wasser zu entscheiden, müssen die Kostenstruktur der Anlagen sowie die MOTB für den relevanten Markt ermittelt werden. Da dies vor allem von der regional verschiedenen Ressourcenausstattung, d. h. den natürlichen Gegebenheiten, beeinflußt wird, ist keine allgemeingültige Aussage zu treffen. Statt dessen werden in diesem und im folgenden Unterabschnitt die Marktstrukturen zweier typisierter Versorgungsgebiete verglichen, die sich anhand ihrer Ressourcenausstattung unterscheiden. Einerseits könnte ein einzelnes Wasservorkommen, z. B. ein Stausee, so groß sein, daß es quantitativ alle übrigen Wasservorkommen bei weitem übertrifft und alleine die Nachfrage im Versorgungsgebiet befriedigen könnte. Dieser Fall wird in diesem Unterabschnitt behandelt. Andererseits könnten vergleichbare Wasservorkommen, z. B. Grundwasserreservoirs, vorhanden sein, was im anschließenden Unterabschnitt 4.3.3 analysiert wird.

Im ersten Fall wird angenommen, daß in einem Versorgungsgebiet ein großes Wasservorkommen existiert, aus dem bislang die Nachfrage vollständig befriedigt wird. In dieser Konstellation weist die Gewinnung und Aufbereitung von Wasser wegen der hohen Fixkostenanteile eine subadditive Kostenfunktion auf. Das heißt, daß ein Wasserversorgungsunternehmen allein die Gesamtmenge des nachgefragten Wassers kostengünstiger gewinnen und aufbereiten kann als mehrere Unternehmen, die aus verschiedenen Wasservorkommen Teilmengen fördern. Der Bau und Betrieb von Wassergewinnungs- und Wasseraufbereitungsanlagen stellt ein natürliches Monopol dar, sofern - wie hier angenommen - das Wasseraufkommen eines Wasserversorgungsunternehmens für die Gesamtnachfrage ausreicht.

Ein Wettbewerbsversagen und damit ein staatlicher Regulierungsbedarf sind in diesem Fall gegeben, wenn das natürliche Monopol nicht bestreitbar ist. Die Investitionen in Gewinnungs- und Aufbereitungsanlagen setzen sich überwiegend aus Bauten und Bohrungen zusammen, die irreversibel sind, d. h. im Falle eines Marktaustritts nicht anderweitig oder anderenorts eine wirtschaftliche Verwendung finden. Es handelt sich um versunkene Kosten und daher in Verbindung mit dem hohen Fixkostenanteil um relevante Marktzutrittsschranken. Ein natürliches Monopol in der Gewinnung und Aufbereitung von Wasser ist in diesem Fall auch somit nicht bestreitbar.[1001]

4.3.3 Gefahr eines Wettbewerbsversagens bei mehreren Wasservorkommen

Um die Prüfung eines eventuellen Wettbewerbsversagens bei mehreren Wasservorkommen zu erleichtern, werden zunächst mit Hilfe der folgenden Abbildung 17 einige mögliche Kostenverläufe erläutert.

Angesichts der oben beschriebenen Bedeutung der „historischen Komponente" kommt der Unterscheidung zwischen variablen und totalen Durchschnittskosten eine zentrale Bedeutung zu. Dabei soll im folgenden angenommen werden, dass die totalen Durchschnittskosten stets in erheblichem Maße Abschreibungen auf Investitionen enthalten, die in früheren Perioden getätigt wurden.[1002] Abbildung 4 zeigt für eine Region zwei totale Durchschnittskostenkurven, wobei sich die TDK^B-Kurve bei Nutzung mehrerer - hier fünf - kleiner Wasservorkommen (z. B. Brunnen) und die TDK^T-Kurve bei Nutzung eines großen Wasservorkommens (z. B. Talsperre) ergibt.

Fall 1: Keine Infrastruktur in der Ausgangslage vorhanden

In einer hypothetischen Situation, in der eine Wasserversorgung erst noch geschaffen werden muß und in der eine Gesamtnachfrage nach Wasser in Höhe von N besteht[1003], ist es offensichtlich, daß die Nutzung eines großen Wasservorkommens T die geringsten gesamtwirtschaftlichen Kosten verursacht. Die Gesamtkosten der Wassergewinnung aus der Talsperre entsprechen der rechteckigen Fläche MNOP. Diese ist kleiner als die Summe der schraffierten Flächen unter den Durchschnittskostenkurven der fünf Brunnen.

[1001] Im Gegensatz zu dieser Position kommt beispielsweise Kruse zu der - nicht weiter begründeten - Einschätzung, daß in der Wassergewinnung keine Subadditivität und auch keine Irreversibilität der Investitionen vorliegen. Vgl. KRUSE, J. (1989), S. 15.

[1002] Diese Annahme entspricht der tatsächlichen Kostenstruktur in den meisten Versorgungsgebieten.

[1003] Hierbei wird die realitätsnahe Annahme einer geringen Preiselastizität der Nachfrage getroffen.

Abbildung 17: Vergleich der Durchschnittskosten der Wassergewinnung aus kleinen, lokalen Brunnen mit denen eines großen Wasservorkommens

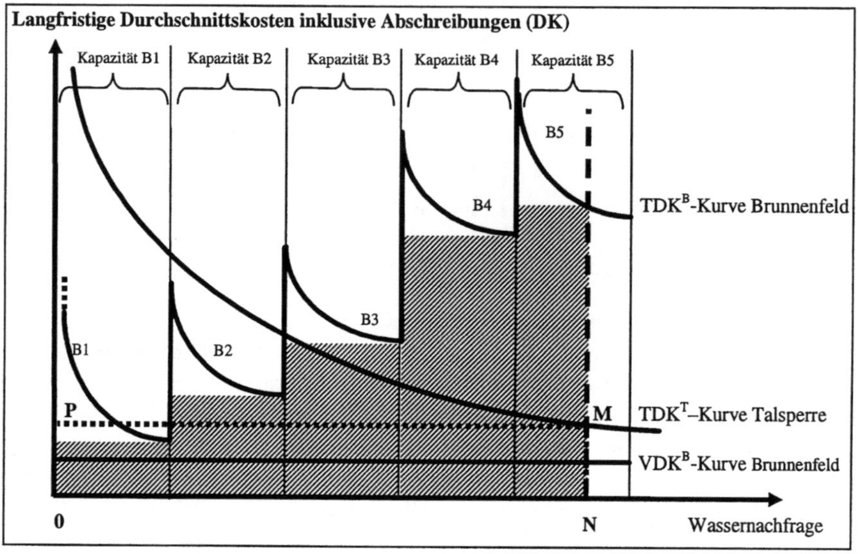

Quelle: Eigene Darstellung.

Fall 2: Mehrere Brunnen in der Ausgangslage in Betrieb bei Kapazitätsauslastung

Etwas komplizierter ist eine Ausgangssituation, in der die Region bereits durch vorhandene Anlagen versorgt wird. Beispielhaft sei die Situation betrachtet, in der mehrere Brunnen in Betrieb sind und der Bau einer Talsperre für einen potenziellen Konkurrenten möglich wäre. Weil die Brunnenbetreiber die Abschreibungen auch bei einem Marktaustritt weiter finanzieren müßten, sind die Abschreibungen nicht entscheidungsrelevant und die Betreiber könnten ihren Preis auf die Höhe der variablen Durchschnittskosten senken, die in der Abbildung 4 aufgrund der vereinfachenden Annahme konstanter und identischer Grenzkosten der fünf Brunnen durchgehend linear eingezeichnet sind. Es käme also nur dann zu einem Marktzutritt eines Talsperrenbetreibers, wenn der nach dem Marktzutritt zu erwartende Preis ein Niveau hätte, das es dem Talsperrenbetreiber erlauben würde, die für ihn entscheidungsrelevanten totalen Durchschnittskosten (TDK^T) decken zu können und gleichzeitig zu einem Preis unterhalb der variablen Durchschnittskosten des Brunnenfeldes anzubieten ($TDK^T < VDK^B$). Letzteres wäre bei der Nachfragemenge N in obiger Abbildung nicht gewährleistet, so daß hier ein Marktzutritt ausbliebe. Selbst wenn der Marktzutritt für den Talsperrenbetreiber lukrativ wäre, so ist doch gesamtwirtschaftlich zu bedenken, daß über mehrere Jahre bis zu wenigen Jahrzehnten die Abschreibungen auf das bestehende Brunnenfeld zu finanzieren wären, was einer Duplizierung volkswirtschaftlicher Kosten gleichkäme.

Auch ist eindeutig, daß es bei Nutzung des Vorkommens T in der Ausgangslage nicht zu einem Marktzutritt durch einzelne Brunnenbetreiber käme, falls die variablen Durchschnittskosten der Talsperre (VDK^T) ebenso niedrig lägen wie die des Brunnenfeldes VDK^B in der Abbildung.

Sobald die technische Nutzungsdauer der Brunnenfelder zu Ende ist, könnte es jedoch zu einem Marktzutritt des Talsperrenbetreibers und damit zu einem Wechsel des Versorgers (als natürlicher Monopolist) kommen. Allerdings wären für eine Aussage über die empirische Relevanz eines solchen Anbieterwechsels mögliche „überlappende" Nutzungsdauern des Brunnenfeldes mit entsprechenden Folgeinvestitionen genau zu analysieren.

Fall 3: Mehrere Brunnenbetreiber bei Überkapazitäten

Als weiterer Fall wird nun eine Marktstruktur untersucht, in der in einem Versorgungsgebiet mehrere Anbieter[1004] in vergleichbarer Größe Wasser in das Verteilnetz einspeisen.[1005] Es wird ferner angenommen, daß die Summe der Kapazitäten der in diesem Markt anbietenden Wassergewinnungsunternehmen die Gesamtnachfrage übertrifft.[1006]

Bei der Analyse wird zunächst gefragt, ob in einer solchen Marktstruktur mit dem Entstehen von Wettbewerb und daraus resultierenden Effizienzgewinnen zu rechnen wäre. Anschließend wird der Frage nachgegangen, ob zusätzlich zu den etwaigen Effizienzverlusten infolge eines durch eine Marktöffnung möglicherweise bedingten Wettbewerbsversagens weitere gesamtwirtschaftliche Kosten

---

1004 Nach wie vor soll von einer vertikalen Separierung ausgegangen werden, d. h., daß das Verteilunternehmen kein Wasser gewinnt oder aufbereitet.

1005 Falls in der Ausgangslage sowohl lokale Brunnen als auch überregionale Verbundleitungen bestehen, ist es für die wettbewerbspolitische Beurteilung unerheblich, ob die Anbieter das Wasser im Versorgungsgebiet selbst fördern und aufbereiten oder ob sie es über Fernleitungen dorthin transportieren, da dann keine Marktzutrittsschranken durch versunkene Kosten des Anlagen- und Leitungsbaus entscheidungsrelevant sind. In der Realität ist jedoch in vielen Versorgungsgebieten kein Anschluß an eine Fernwasserleitung vorhanden, während die lokalen Wasservorkommen genutzt werden.

1006 Bei wirksamen Wettbewerb hätten die Wasserversorgungsunternehmen Anreize, durch Preisunterbietung um größere Marktanteile zu konkurrieren. Ein Unternehmen würde - sofern Wettbewerb besteht - seinen Preis solange senken, bis es das Niveau der variablen Durchschnittskosten erreicht hätte oder keine freien Kapazitäten mehr verfügbar hätte.

entstünden und welche juristischen Hemmnisse bei der Marktöffnung überwunden werden müßten.

Die Möglichkeit eines Effizienzgewinns durch eine Marktöffnung auf der Wertschöpfungsstufe der Wassergewinnung ist aus drei Gründen skeptisch zu beurteilen. Erstens würde auf gesamtwirtschaftliche Vorteile durch die Realisierung von Größenvorteilen verzichtet, wenn vor der Privatisierung das kommunale Wasserversorgungsunternehmen in mehrere kleine Wasserversorgungsunternehmen, die jeweils aus einem Wasservorkommen fördern, horizontal aufgespalten würde. Ohne eine horizontale Separierung könnten Größenvorteile entstehen, wenn

- technisches Fachpersonal in mehreren Betrieben eingesetzt würde, was unter anderem zur Fixkostendegression führte. Ein Wassermeister könnte beispielsweise den Betrieb mehrerer Wasserwerke überwachen. Ebenso müßten Wartungs- und Reparaturausrüstungen nicht für jedes Wasserwerk separat vorgehalten werden.
- Nachfrageschwankungen und vor allem Angebotsschwankungen sich innerhalb eines Unternehmens, das auf mehrere Wasservorkommen zugreifen kann, leichter ausgleichen lassen als durch vertragliche Beziehungen zwischen den Anbietern zweier Wasserversorgungsunternehmen. So ließen sich stochastische Größenvorteile nutzen.

Zweitens wäre wegen der geringen Anzahl verschiedener Wasservorkommen und damit einer nur kleinen Anzahl von Anbietern mit spontan-solidarischem Parallelverhalten zu rechnen. Es bestünde die Gefahr einer marktstrukturellen Wettbewerbsbeschränkung, bzw. es wäre zumindest zu erwarten, daß aufgrund der geringen Wettbewerbsintensität keine bedeutsamen Effizienzgewinne zu realisieren wären.

Drittens wäre, wenn ein Kollektivmonopol existiert, die potentielle Konkurrenz als schwach einzuschätzen. Ein neues Unternehmen würde erst dann den Antrag zur Bohrung eines Brunnens und zum Betrieb eines Wasserwerks stellen, wenn die Kapazitäten der etablierten Unternehmen erschöpft sind oder wenn der Neuling nach dem Markteintritt Preise erwarten könnte, die deutlich über den Produktionskosten liegen. Falls noch keine Verbundleitungen zu anderen Versorgungsgebieten verlegt sind, hätte es ein entfernt liegendes Wasserversorgungsunternehmen schwieriger beim Markteintritt, da zunächst Fernwasserleitungen zu verlegen wären. Angesichts der hohen versunkenen Kosten neuer Wasserwerke und erdgebundener Leitungen,[1007] die Irreversibilitäten darstellen,

[1007] Vgl. MICHAELIS, P. (2001), S. 440.

sowie angesichts der Gefahr eines Preiskampfes - die Etablierten können ihren Preis bis auf die variablen Durchschnittskosten senken und dabei die Investitionskosten unberücksichtigt lassen - ist nicht damit zu rechnen, daß ein Marktneuling in den Markt hinzutritt.[1008] Damit besitzen die lokalen Versorger relevante Startchancenvorteile im Wettbewerb.[1009]

Der Verzicht auf die Realisierung von Größenvorteilen, die kleine Anbieterzahl und die nur schwache potentielle Konkurrenz lassen erwarten, daß in der Gewinnung und Aufbereitung von Wasser sowie im Wasserferntransport kein wirksamer Wettbewerb möglich ist. Falls mehrere Anbieter in einem Versorgungsgebiet Wasser gewinnen und aufbereiten dürften, müßten zusätzlich zur Gefahr einer marktstrukturellen Wettbewerbsbeschränkung zwei weitere Effekte berücksichtigt werden, die langfristig zwar nicht den Wettbewerb beschränken, aber die Effizienz verringern.

Zum einen ist die Schaffung eines Markts für Wasserentnahmerechte eine Voraussetzung für den Versuch, Wettbewerb in der Gewinnung und Aufbereitung sowie im Ferntransport von Wasser zu schaffen, z. B. indem die Behörden die Entnahmerechte nicht länger nach der Reihenfolge ihrer Beantragung vergeben, sondern die zeitlich befristeten Rechte versteigern. Würde eine Übertragbarkeit der Entnahmerechte gestattet, könnte sich ein nachträglicher Handel mit diesen Rechten entwickeln. Derzeit gibt es keinen Markt für Wasserentnahmerechte. Vielmehr haben etablierte Wasserversorgungsunternehmen oftmals auf Jahrzehnte verbriefte Rechte zur exklusiven Nutzung der Wasservorkommen. Dieses Hemmnis ließe sich zwar langfristig beseitigen, doch würde es kurzfristig Marktöffnungsvorhaben erheblich behindern.[1010]

Zum anderen geht es um die Kosten der ökologischen Kontrolle bei Durchleitungsverfahren. Das Mischen von Wässern in Trinkwasserqualität unter-

---

1008 Eine weitere Marktzutrittsschranke ergibt sich aus der Tatsache, daß die Mischung von Wässern unterschiedlicher Herkünfte im Zeitablauf in einem konstanten Verhältnis erfolgen muß, so daß langfristige Lieferverträge zwischen Wasserförderer und Wasserverteiler notwendig sind. Vgl. MANKEL, B. (2002), S. 43. Dies stellt für Marktneulinge, die erst einen Kundenstamm aufbauen müssen, ein hohes Risiko dar und eröffnet dem etablierten Wasserförderer Raum für Preisunterbietungsstrategien.

1009 Vgl. EWERS, H.-J./BOTZENHART, K./JEKEL, M./SALZWEDEL, J./KRAEMER, R. A. (2001), S. 24

1010 Dabei ist zwischen bestehenden und künftig neu zu vergebenden Entnahmerechten zu unterscheiden. Neue Entnahmerechte könnten problemlos im Wege einer Ausschreibung zugeteilt werden. Bestehende Rechte zur Wasserentnahme sind bislang in den allermeisten Versorgungsgebieten im Besitz der öffentlichen Wasserversorgungsunternehmen. Da eine Enteignung kraft Gesetzes oder Verordnung wohl aus juristischen Gründen des Bestandsschutzes und des Rechts zur kommunalen Selbstverwaltung nicht haltbar wäre, müßten sie von ihren Inhabern freiwillig zurückgegeben werden. Anderenfalls müßten die Rahmenbedingungen so gesetzt werden, daß die Wasserentnahmerechte nach einer angemessenen Zeit neu vergeben werden.

schiedlicher Herkunft ist kompliziert. Ein entscheidendes Hemmnis für Durchleitungsverfahren wären weniger die technischen Qualitätsschwierigkeiten[1011], sondern die rechtlichen Probleme. Denn es ist in der Regel nicht ohne weiteres möglich, Qualitätseinbußen oder Spätschäden am Netz nach einer Durchleitung einem eindeutigen Verursacher zuzuordnen[1012], so daß haftungsrechtliche Fragen aufgeworfen würden. Auch die strenge gesamtschuldnerische Haftung liefe bei Multikausalität oder mangelnder Identifizierbarkeit der Verursacher ins Leere.[1013] Denn die Verursacher hätten aufgrund des Trittbrettfahreranreizes in Haftungsgemeinschaften kein ausreichendes Interesse, solche Gefahrenlagen mit allen ihnen zur Verfügung stehenden Mitteln abzuwehren. Es bliebe eventuell nur ein „aufwendiges Genehmigungsverfahren für jede einzelne Einleitung, also ein gewaltiger bürokratischer Überbau"[1014], der nur bei großen Mengen und in der langen Frist rentabel sein könnte. Zu erwarten wäre, daß „die Durchleitung in vielen Fällen an den Kosten für Maßnahmen scheitern wird, die erforderlich sind, um die Anforderungen an eine (...) unbedenkliche Mischung von Wässern zu ermöglichen."[1015] Im Ergebnis würde die zusätzliche ökologische Kontrolle negative Effizienzwirkungen haben.

Zusammenfassend ist die Wertschöpfungsstufe der Gewinnung und Aufbereitung von Wasser somit als nicht bestreitbares natürliches Individual- oder Kollektivmonopol zu bezeichnen, da eine subadditive Kostenstruktur in Verbindung mit hohen Marktzutrittsschranken existiert. Dieses Wettbewerbsversagen wird durch Effizienzverluste in Folge der Kosten der zusätzlich notwendigen ökologischen Kontrolle sowie des Fehlens eines Markts für Wasserentnahmerechte verschärft. Daraus ergibt sich auch ein Wettbewerbsversagen im nachgelagerten Markt für den Wasserferntransport.

1011 Aufgrund seiner Eigenschaft als inhomogenes Gut kann Wasser beträchtliche Qualitätsschwankungen bis hin zu gefährlichen Kontaminationen aufweisen (vgl. SCHWARZE, R. (2001), S. 398), was teuere Vorsichts- und Kontrollmaßnahmen bedingt. Das Mischen von Wässern ist heute möglich und wird auch – vor allem in Großstädten wie etwa Berlin - praktiziert, da „die wasserchemischen, hydraulischen und hygienischen Folgen (...) weitestgehend bekannt sind." MANKEL, B. (2002), S. 42.

1012 Vgl. BENDER, M. (2001), S. 16, BRACKEMANN, H./EPPERLEIN, K./GROHMANN, A./HÖRING, H./ KÜLEIS, C./LELL, O./RECHENBERG, J./WEIß, N. (2000), S. 62.

1013 Vgl. FEESS, E. (1995).

1014 SCHWARZE, R. (2001), S. 398.

1015 MANKEL, B. (2002), S. 42. Hinzu kommt ein großer Bedarf zur Regelung von Fragen der langfristigen Netzstabilität, der Wasserverluste, der Versorgungssicherheit und von Unfällen und Störungen. Vgl. SCHEELE, U. (2000b), S. 20.

Abbildung 18: Mögliche Marktstrukturen in der Wassergewinnung und der Wasseraufbereitung

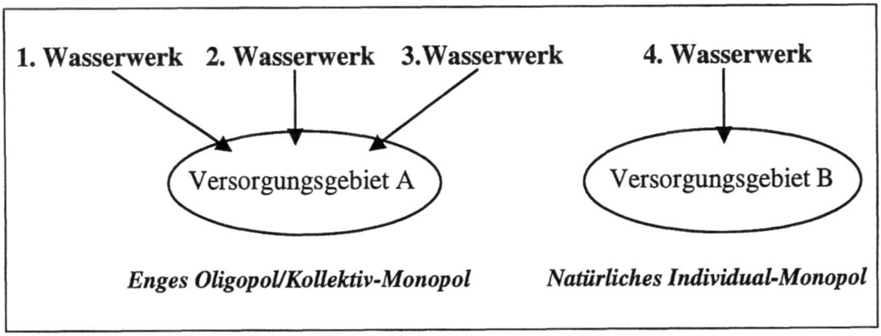

Quelle: Eigene Darstellung.

4.4 Wettbewerb um Großkunden

Zwar ist das natürliche Monopol im lokalen Wasserversorgungsnetz insgesamt nicht bestreitbar, doch was für das Netz als Ganzes gilt, muß nicht für jeden Punkt in einem Versorgungsgebiet gelten. An der Grenze zweier Versorgungsgebiete sind Kostensituationen vorstellbar, in denen eine unmittelbare Konkurrenz von Wasserversorgungsunternehmen um bestimmte Kunden marktstrukturell möglich erscheint.[1016] Dieser Großkundenwettbewerb ist aus gesamtwirtschaftlicher Sicht positiv zu bewerten und könnte als Ausnahme vom Versorgungsmonopol zugelassen werden. Um die gesamtwirtschaftlichen Nachteile von Durchleitungen zu vermeiden, kommt aber nur der Bau von Stichleitungen aus dem benachbarten Gebiet zu Großkunden in Frage.[1017] Ökonomisch steht zu erwarten, daß erst ab einer jährlichen Mindestabnahmemenge an Wasser der Bau und Betrieb von Stichleitungen rational ist. Um den Wettbewerb als Entdeckungsverfahren zu nutzen, sollte - entgegen der Regulierungspraxis in England und den Reformüberlegungen in den Niederlanden - bei der Genehmigung von Stichleitungen auf eine vorgeschriebene Mindestverbrauchsmenge verzichtet werden.

Allerdings ist die Aussicht, daß sich ein wettbewerblicher Markt entwickelt, gering. Denn zum einen ist das Nachfragepotential weitgehend auf industrielle Großverbraucher begrenzt. Zum anderen sind die Risiken für einen privaten

---

1016 Vgl. SCHEELE, U. (2000c), S. 7 f. sowie MANKEL, B./SCHWARZE, R. (2000), S. 421 f.

1017 Dazu wären gesonderte, langfristige Einsetzungsverträge zwischen Großverbraucher und Wasserlieferant abzuschließen („inset appointments").

Anbieter wegen der hohen versunkenen Kosten des Leitungsbaus beträchtlich. Falls der Kunde ausfällt, weil er z. B. in Konkurs geht, hat der Wasserlieferant keine Alternative zur Nutzung der Kapazitäten.[1018]

4.5 Ergebnis

Da sowohl in der lokalen Verteilung als auch in der Gewinnung und Aufbereitung von Wasser ein nicht bestreitbares natürliches Monopol besteht, ist eine vertikale Separierung von Wasserversorgungsunternehmen überflüssig, und es liegt nahe zu prüfen, ob eine vertikale Integration gesamtwirtschaftlich vorteilhaft wäre. In diesem Fall würde ein Unternehmen Wasser gewinnen, aufbereiten und über ein eigenes Netz an die Endverbraucher verteilen. Dabei könnte es Verbundvorteile realisieren, wenn die betriebsinternen Kosten eines integrierten Unternehmens niedriger sind als die Transaktionskosten durch Anbahnung, Verhandlung, Abschluß und Überwachung von Verträgen zwischen liefernden Wasserwerken und dem Wasserversorgungsunternehmen, das die lokale Verteilung innehat. Ob relevante Verbundvorteile existieren, ist nur im Rahmen empirischer Forschungen zu ermitteln.

Angesichts der subadditiven Kostenverläufe auf den einzelnen Wertschöpfungsstufen sowie eventuell aufgrund der Verbundvorteile zwischen den Wertschöpfungsstufen ist davon auszugehen, daß über die gesamte Wertschöpfungskette in der Wasserwirtschaft ein natürliches Monopol besteht.[1019] Da auf den einzelnen Wertschöpfungsstufen praktisch keine Bestreitbarkeit vorliegt, kann auch für den gesamten Wassermarkt - mit Ausnahme des Großkundenwettbewerbs - nicht von einer Bestreitbarkeit ausgegangen werden, so daß ein Wettbewerbsversagen anzunehmen ist. Eine Marktöffnung mit dem Ziel der Schaffung von Wettbewerb im Markt ist daher aus marktstrukturellen Gründen zum Scheitern verurteilt und sollte deshalb nicht angestrebt werden. Lediglich der Bau von Stichleitungen sollte als Ausnahme von den Versorgungsmonopolen zugelassen werden.

[1018] Vgl. ACHTTIENRIBBE, G. E. (2000), S. 39.

[1019] Vgl. MANKEL, B./SCHWARZE, R. (2000), S. 419, MICHAELIS, P. (2001), S. 440, DEUTSCHER BUNDESRAT (2002), S. 2, BDB (2002), S. 17.

5. Allgemeine Schlußfolgerungen für eine geeignete Marktordnung

5.1 Überblick

Da mit Ausnahme des Großkundenwettbewerbs ein Wettbewerbsversagen im Wassermarkt vorliegt, hat die Politik zu entscheiden, welcher Mechanismus anstelle des Wettbewerbs Angebot und Nachfrage in der Wasserversorgung koordinieren soll. Welche Marktstruktur wäre aus gesamtwirtschaftlicher Perspektive anzustreben und welche Marktordnung und welche Instrumente sollten zur Erreichung einer effizienzfördernden Marktstruktur eingesetzt werden? Prinzipiell stehen drei Varianten zur Auswahl: Wettbewerb um den Markt, Dauerregulierung eines privaten Monopols ohne Ausschreibung und Einrichtung eines öffentlichen Monopols.

Die Option Dauerregulierung eines privaten Monopols ohne Ausschreibung kann bereits vorab als ungeeignet ausgeschlossen werden, da sie - wie im Grundlagenteil dieser Studie beschrieben - mit großen Nachteilen behaftet ist.[1020] Statt dessen werden die beiden Alternativen Ausschreibung von Wasserversorgungsmonopolen und Effizienzsteigerung bei öffentlichen Wasserversorgungsmonopolen in den folgenden Unterabschnitten eingehend analysiert. Dabei werden aufgrund möglicher Verbundvorteile zwischen Gewinnung, Aufbereitung und lokaler Verteilung von Trinkwasser nur vertikal integrierte Unternehmen betrachtet.

5.2 Ausschreibung von Wasserversorgungsmonopolen

Die Handlungsoption Ausschreibung von privaten Wasserversorgungsmonopolen wird in diesem Unterabschnitt zunächst auf die Konsequenzen für die ökonomische Effizienz hin untersucht. Wenn „Wettbewerb im Markt" für die Wasserversorgung aus marktstrukturellen Gründen ausscheidet, so bietet sich ein „Wettbewerb um den Markt" an. Dabei wird das zeitlich befristete Recht, ein Gebiet exklusiv mit Wasser zu versorgen und dazu die bestehenden Leitungen zu nutzen, mittels regelmäßig wiederholter Ausschreibungen vergeben. Den Zuschlag bekommt das Unternehmen, das unter Einhaltung der Anforderungen an Trinkwasserqualität, Versorgungssicherheit und Gewässerschutz das preisgün-

[1020] Aufgrund unbefriedigender dynamischer Eigenschaften der traditionellen kostenbasierten Regulierung werden in der Literatur vermehrt Verfahren befürwortet, mit denen gezielt Anreize zur Effizienzsteigerung gesetzt werden sollen. Allerdings wirken diese Verfahren, z. B. Price-Cap-Regulierung, langfristig ähnlich wie die kostenbasierten Ansätze, da bei der turnusmäßigen Neufestlegung der Preisobergrenzen Regulierungsbehörden einen um so größeren Preissenkungsspielraum vermuten, je höher die Gewinne der regulierten Unternehmen sind. Darüber hinaus ergibt sich insbesondere in der Wasserversorgung ein Qualitätsregulierungsbedarf, weil Unternehmen versuchen könnten, Kosteneinsparungen durch starke Qualitätseinschränkungen zu erzielen. Siehe dazu den Grundlagenteil dieser Studie.

stigste Angebot zur Leistungserstellung unterbreitet. Beim „Wettbewerb um den Markt“ könnten sowohl private als auch öffentliche Unternehmen zugelassen werden.

Bei einem wirksamen Ausschreibungswettbewerb könnte die Kommune - wenn sie Eigentümerin der Infrastruktur ist - die Monopolrente des Wasserversorgers weitgehend abschöpfen und - wenn sie die Gebühren von den Nachfragern erhebt - etwa an die Wasserkunden durch niedrigere Gebühren weitergeben.[1021] Allerdings bestehen ökonomische Probleme bei der Anwendung von Ausschreibungen im Wassermarkt.

1. Zu entscheiden ist, ob der Versorgungsmonopolist nur die Betriebsführung in der Gewinnung, Aufbereitung und Verteilung von Wasser übernehmen sollte oder ob und - falls ja - inwieweit auch die Investitionen vom Monopolisten zu tätigen wären. Da die Wasserversorgung einen sehr hohen Fixkostenanteil hat, der überwiegend im Netz und Anlagenbereich entsteht, könnten wesentliche Kostensenkungen durch eine Ausschreibung nur erreicht werden, wenn ein privates Unternehmen nicht lediglich die Betriebsführung übernimmt, sondern auch die Investitionsentscheidungen trifft und realisiert.

   Gerade der hohe Fixkostenanteil der Wasserversorgung erschwert es, mittels Ausschreibungen Effizienzgewinne zu realisieren.[1022] Denn um zu vermeiden, daß sich in der Folgeausschreibung eine Wettbewerbsverzerrung zu Gunsten des etablierten Anbieters ergibt,[1023] müßten sich die Vertragslaufzeiten an der wirtschaftlichen Nutzungsdauer der zu tätigenden Investitionen orientieren. Jedoch wären die Wettbewerbsintensität und der zu erwartende Effizienzgewinn um so geringer, je seltener ein erneuter Ausschreibungswettbewerb stattfände, also je länger die Vertragslaufzeiten wären. Die Wasserwirtschaft erforderte aber „Vertragslaufzeiten von bis zu 30 Jahren, so daß der Wettbewerbscharakter des Ausschreibungsverfahren verloren geht.“[1024] Dieses Problem besteht auf allen Wertschöpfungsstufen.

   Würden hingegen nur Betriebsführungsverträge ausgeschrieben, während die Kommune die Investitionen tätigte, so könnten die Vertragslaufzeiten auf rund fünf Jahre begrenzt werden, was eine höhere Wettbewerbsintensität bewirken würde. Dann hätte der Betreiber nur Einfluß auf die variablen Kosten, und die realisierbaren Kostensenkungsspielräume wären entsprechend sehr

[1021] Vgl. MANKEL, B./SCHWARZE, R. (2000), S. 423.

[1022] Vgl. MICHAELIS, P. (2001), S. 442.

[1023] Vgl. CANTNER, J. (1997), S. 370.

[1024] MICHAELIS, P. (2001), S. 442.

gering. [1025] Zudem müßten die Transaktionskosten sowie die Verluste aufgrund des Verzichts auf die Verbundvorteile zwischen Bau und Betrieb der Anlagen in Rechnung gestellt werden.

2. Bei langen Vertragslaufzeiten ist die konkrete Vertragsgestaltung mit Schwierigkeiten verbunden. Einerseits müssen Art und Umfang der Leistungen sowie die zulässigen Preissetzungsspielräume möglichst genau spezifiziert werden. Andererseits muß ebenfalls vor Vertragsbeginn möglichen Änderungen der Rahmenbedingungen während der Laufzeit Rechnung getragen werden, da allein die Möglichkeit einer nachträglichen Vertragsanpassung die Selektionsfunktion des Ausschreibungswettbewerbs beeinträchtigen würde. Das effizienzsteigernde Potential einer Ausschreibung würde nicht ausgeschöpft werden, wenn die Bieter die Möglichkeit einer Nachverhandlung antizipieren und daher einen Anreiz zur Abgabe von Angeboten mit unrealistisch niedrigen Preisforderungen hätten. Um solche Probleme zu vermeiden, sind in Ausschreibungen komplexe und umfangreiche Verträge notwendig. Die Mehrzahl der kleinen und mittleren Kommunen sind damit vermutlich überfordert.[1026] In der Realität ist es auch für Großstädte und große Landkreise unmöglich, alle für die Leistungserbringung relevanten Tatbestände vertraglich zu spezifizieren, da ein wesentlicher Teil der Infrastruktur im Untergrund liegt. „Der Zustand der oft sehr alten Anlagen ist nur schwer abzuschätzen, und damit dann auch der zeitliche Anfall und Umfang notwendiger Ersatzinvestitionen."[1027]

   Eine Ausschreibung unter solch schwierigen Rahmenbedingungen und ihre nachträgliche Überwachung verursachen Transaktionskosten, die den eventuellen Effizienzgewinn in einer gesamtwirtschaftlichen Betrachtung schmälern oder überkompensieren können. Insbesondere in kleinen Versorgungsgebieten könnten sich die Transaktionskosten als unverhältnismäßig hoch erweisen.

Die theoretisch abgeleiteten Aussagen zu den Problemen von Ausschreibungen im Wassermarkt werden in der Praxis bestätigt. Oftmals ist zu registrieren, daß Abhängigkeiten zwischen den privaten Monopolisten und den Kommunen im Rahmen ausgeübter Konzessionen entstehen, die einen fairen Neuausschrei-

---

[1025] Vgl. ebenda, S. 440.

[1026] Vgl. ebenda, S. 443, BORRMANN, J. (1999), S. 269, sowie HEIN, A. (1998), S. 410 ff.

[1027] SCHEELE, U. (2000b), S 13.

bungswettbewerb verhindern.[1028] In einer Branche, die vor allem durch Investitionsentscheidungen mit regelmäßig erst langfristig spürbaren Wirkungen gekennzeichnet ist, steht die nicht selten kurzfristige Orientierung privater Investoren der Erreichung des Ziels einer dauerhaft hohen Effizinz durch Ausschreibungen entgegen. Angesichts der Komplexität der Verträge und der Unmöglichkeit, sogenannte vollständige Verträge auf lange Frist zu schließen, ist zudem mittelfristig zu erwarten, daß - trotz Regulierung - die Interessen privater Monopolisten die öffentlichen Interessen in einer mittels Ausschreibung organisierten Wasserwirtschaft dominieren werden.

Im Falle einer Ausschreibung privat betriebener Monopole wären flankierende Maßnahmen zur Sicherstellung der Trinkwasserqualität, der Versorgungssicherheit und des Gewässerschutzes einzuleiten, die eine fachliche und personelle Stärkung der zuständigen Behörden erfordern.[1029] Die erhöhten Kontrollkosten würden „die ohnehin nur vergleichsweise bescheidenen Effizienzgewinne, die durch eine Marktöffnung eventuell erzielt werden könnten“[1030], deutlich schmälern.

Vor diesem Hintergrund sind Ausschreibungen keine geeignete Rahmensetzung für den durch Wettbewerbsversagen gekennzeichneten Markt für die Wasserversorgung.[1031]

5.3 Effizienzsteigerung bei öffentlichen Wasserversorgungsmonopolen

5.3.1 Formale Privatisierung

Wenn für die Wasserversorgung aus ökonomischen Gründen sowohl ein Wettbewerb *im* Markt als auch ein Wettbewerb *um* den Markt gesamtwirtschaftlich nicht vorteilhaft ist und ein dauerreguliertes privates Monopol in der Wasserver-

---

[1028] Vgl. MANKEL, B./SCHWARZE, R. (2000), S. 424. „The contract instrument cannot cope with the combined challenge of a long time horizon, high uncertainty, difficult to define service and problematic environment. What results are soft targets, squishy outpits, and endless negotiations.“ BRADBAART, O. (2001), S. 1.

[1029] Dies konzedieren auch Marktöffnungsbefürworter, vgl. EWERS, H.-J./BOTZENHART, K./JEKEL, M./SALZWEDEL, J./KRAEMER, R. A. (2001), S. 4 f.

[1030] MICHAELIS, P. (2001), S. 446.

[1031] Der Vergleich der Wasserversorgung mit dem Betreibermodell und Ausschreibungen im Abwasserbereich läßt keine relevanten Gemeinsamkeiten der beiden Bereiche erkennen. Denn in der Wasserversorgung ist der Anteil an Fixkosten deutlich höher als im Abwasserbereich mit einem hohen variablen Kostenanteil in der Klärung. Ferner spielt der technische Fortschritt in der Abwasserentsorgung eine deutlich größere Rolle als in der Wasserversorgung, so daß hier das höhere Innovationspotential von Privaten gegenüber öffentlichen Unternehmen genutzt werden sollte. Eine Ausschreibung kann lediglich im Abwasserbereich eine geeignete Regulierung sein.

sorgung gesamtwirtschaftlich ebenfalls abzulehnen wäre, dann erscheint offenbar allein ein öffentliches Monopol - mit Ausnahme des Wettbewerbs um Großkunden - als möglicherweise geeignete Regulierungsform.[1032] In diesem Abschnitt wird untersucht, welche Ansätze zur Effizienzsteigerung der öffentlichen Monopole denkbar sind.[1033] Zunächst geht es in diesem Unterabschnitt 5.3.1 um eine formale Privatisierung der Wasserunternehmen, deren Anteilsmehrheit in öffentlicher Hand bleibt. Sodann werden die Chancen der Nutzung von Größen- und Verbundvorteilen in der öffentlichen Wasserversorgung erörtert (siehe Unterabschnitt 5.3.2). Schließlich wird die Einführung verpflichtender Benchmarking-Prozesse thematisiert (siehe Unterabschnitt 5.3.3).

Nach wie vor sind zahlreiche Wasserversorgungsunternehmen als Eigen- oder Regiebetrieb bzw. als Zweckverband organisiert.[1034] Die öffentlich-rechtlichen Strukturen bieten zwar durch ihre Verwaltungsnähe Ansatzstellen für eine politische Kontrolle. Sie sind jedoch gekennzeichnet durch tendenziell schwerfälligere Entscheidungsprozesse und eine geringere Effizienz im Vergleich zu privatrechtlichen Organisationsformen, die aufgrund höherer Flexibilität eine insgesamt effizientere Aufgabenerfüllung erwarten lassen.[1035] Da die politische Kontrolle über die Aufsichtsgremien gewahrt bleibt, empfiehlt sich für die öffentlichen Wasserversorgungsunternehmen im allgemeinen eine private Rechtsform.

Ferner lassen sich externer Sachverstand und privates Kapital zur Steigerung der Effizienz nutzen, wenn Private im Rahmen einer Minderheitsbeteiligung an gemischtwirtschaftlichen Unternehmen einbezogen werden. Dafür ist eine private Rechtsform notwendig.[1036]

1032 Die Eigenversorgung mit Wasser durch Regenauffanganlagen und eigene Brunnen wird nicht näher betrachtet, da diese Möglichkeiten für die allermeisten Haushalte, insbesondere in Städten, nicht gegeben sind.

1033 Der Ansatz einer Modernisierung findet auch in der Politik und in der Praxis deutlich mehr Zustimmung als Vorschläge für eine Marktöffnung. Im Bundestag lehnten SPD, Bündnis90/Die Grünen und CDU/CSU eine Marktöffnung ab. Vgl. DEUTSCHER BUNDESTAG (2001). Auch der Vorstandsvorsitzende der zum Eon-Konzern gehörenden Gelsenwasser AG, Hartmut Griepentrog, „geht davon aus, daß es in der Europäischen Union keine Liberalisierung des Wassermarktes geben wird." o. V. (2002c).

1034 Sie erreichten laut BGW-Wasserstatistik 1999 einen Anteil am Wasseraufkommen von 42,8 Prozent. Vgl. EWERS, H.-J./BOTZENHART, K./JEKEL, M./SALZWEDEL, J./KRAEMER, R. A. (2001), S. 12.
Im Fall eines Regiebetriebs ist die Wasserversorgung ein kameralistisch geführter Teil der kommunalen Verwaltung. Der Eigenbetrieb unterscheidet sich davon insoweit, da er über einen eigenen Haushalt mit eigenem Werksausschuß verfügt und in der Regel eine kaufmännische Buchführung erfolgt.

1035 Vgl. BREE, A./JUNGNICKEL, S./KLINSKI, S. (2001).

1036 Vgl. LANG, V. (2001), S. 167.

Alternativ kann auch eine häufigere Vergabe von Teilleistungsaufträgen an Privatunternehmen empfehlenswert sein. Bestimmte Serviceleistungen, etwa Zählerablesung, Abrechnung oder technische Dienstleistungen, müssen nicht von dem jeweiligen Wasserversorgungsunternehmen selbst erbracht werden, sondern können direkt fremdvergeben oder auch ausgeschrieben werden. Ob eine solche Vergabe von Dienstleistungen kostengünstiger ist als die Ausführung innerhalb des Unternehmen, ist nicht pauschal, sondern jeweils im Einzelfall zu beantworten.[1037] Um eventuelle Vorteile der arbeitsteiligen Spezialisierung zu nutzen, sollte eine Vergabe an Dritte stets miterwogen werden.

Schließlich würde eine privatrechtliche Organisationsform einen Konzentrationsprozeß erleichtern, der möglicherweise Größenvorteile über bestehende Versorgungsgebietsgrenzen hinweg realisieren könnte, was im folgenden Abschnitt analysiert wird.

Allerdings dürfen die Wirkungen einer formalen Privatisierung auf die Effizienz nicht überschätzt werden. Hier geht es lediglich um die interne Effizienz, d. h. die betrieblich kostenminimale Leistungserstellung, nicht aber um die allokative Effizienz, die bei einer gesamtwirtschaftlich kostenminimalen Leistungserstellung vorläge.[1038] Das absolute Potential zur Effizienzsteigerung ist eher begrenzt, wenn man das Kostensenkungspotential nach einer materiellen Privatisierung, die aber aus oben genannten Gründen abzulehnen ist, als Maßstab verwendet. Zudem bewirkt eine veränderte Rechtsform bei weitem nicht den Leistungsdruck, den eine externe Kontrolle mit Sanktionsmöglichkeiten - beispielsweise wirksamer Wettbewerb im Markt - erzeugt.

Als volkswirtschaftlich problematisch erscheint es, wenn verschiedene Rechtsformen unterschiedlich hoch besteuert werden, wie dies in Deutschland der Fall ist und im Ergebnis eine formale Privatisierung benachteiligt (siehe Abschnitt 6 unten).

5.3.2 Nutzung von Größen- und Verbundvorteilen

In der Wasserversorgung geht eine geringe Unternehmensgröße in der Regel mit Kostennachteilen einher, da Größenvorteile („economies of scale") nicht ausgeschöpft werden. Kostensenkungspotentiale durch eine zunehmende Unternehmensgröße liegen etwa in der zentralen Bündelung von Servicefunktionen, in der Zentralisierung des Einkaufs und beim Personal. Weitere Größenvorteile können sich in den technischen Bereichen ergeben, etwa durch eine verbesserte

---

1037 Vgl. SCHEELE, U. (2000c), S. 8.

1038 Vgl. MANKEL, B./SCHWARZE, R. (2000), S. 424.

Auslastung der Anlagen.[1039] Daher kann es aus Gründen der gesamtwirtschaftlichen Effizienz vorteilhaft sein, wenn Wasserversorger aus benachbarten Versorgungsgebieten Kooperationen eingehen oder sogar fusionieren. Zudem ist zu prüfen, ob relevante Verbundvorteile zwischen der Trinkwasserversorgung und der Abwasserentsorgung existieren.

Die Steigerung der internationalen Wettbewerbsfähigkeit wird gelegentlich als Begründung für weitere Unternehmenszusammenschlüsse im Wassermarkt angeführt. Dieses Argument könnte hingegen - wenn überhaupt - erst bei einem stark erhöhten Konzentrationsgrad eine Rolle spielen. Denn es ist unwahrscheinlich, daß Wasserversorger in kommunalem Eigentum auf den weltweiten Wassermärkten agieren. Es wäre ordnungspolitisch auch nicht erwünscht, da die Gefahr bestünde, daß zu hohe unternehmerische Risiken eingegangen würden, die im Fall des Scheiterns letztlich über die Kommunalhaushalte vom Steuerzahler zu finanzieren wären.

Vorschläge zur Bildung von Kooperationen zwischen kommunalen Wasserversorgern, Ingenieurbüros und Anlagenbauern, die mit der Stärkung der internationalen Wettbewerbsfähigkeit begründet werden[1040], sind ebenfalls aus ordnungspolitischen Gründen kritisch zu beurteilen, da sie auf den vorgelagerten Märkten einen Wettbewerb, der marktstrukturell möglich ist, gefährden könnten.

5.3.3 Benchmarking

Im Fall öffentlicher Monopole sollen die kommunalen Aufsichtsgremien anstelle des fehlenden Wettbewerbs eine disziplinierende Wirkung entfalten. Oftmals findet aber keine wirksame bzw. keine unabhängige Kontrolle der Geschäftsführungen der öffentlichen Unternehmen statt, beispielsweise weil diese - wie auch die Aufsichtsgremien - nach parteitaktischem Kalkül besetzt werden oder weil Informationsasymmetrien zwischen Geschäftsführung und Aufsichtsgremien bestehen. Auch der politische Druck von Verbrauchern auf die Kommunalvertreter, die von den Gemeindevertretungen in die Aufsichtsgremien der öffentlichen Wasserversorgungsunternehmen entsandt werden, dürfte in vielen Kommunen nicht ausreichen, um sicherzustellen, daß in den Wasserversorgungsunternehmen konsequent nach Kostensenkungspotentialen gesucht wird und daß diese auch realisiert werden. In der Regel fehlt den Bürgern die nötige Kenntnis, um Kosten und Preise sowie das Niveau des Gesundheits- und Gewässerschutzes des Wasserversorgers in ihrer Region einschätzen und im Vergleich

---

[1039] Vgl. LANG, V. (2001), S. 168 sowie EWERS, H.-J. et al. (2001), S. 14.

[1040] Vgl. MICHAELIS, P. (2001), S. 448 sowie BRACKEMANN, H./EPPERLEIN, K./GROHMANN, A./HÖRING, H./KÜLEIS, C./LELL, O./RECHENBERG, J./WEIß, N. (2000), S. 78 f.

zu anderen Versorgungsgebieten bewerten zu können. Ob eine strenge Kontrolle eines Wasserversorgungsunternehmen stattfindet und auch wirksam wird, hängt zumeist von der Einsatzbereitschaft der Kommunalvertreter und insbesondere von der Artikulationsfähigkeit der jeweiligen Opposition innerhalb einer Gemeindevertretung sowie von der Aufmerksamkeit der örtlichen Medien ab. Doch nicht selten mangelt es auch hier an Informationen und an Fachkenntnissen.

Ein Benchmarking bietet sich als Lösung an. Dabei werden regelmäßig Effizienz und Leistungsfähigkeit verschiedener Wasserversorger anhand ausgewählter Kennziffern durch eine unabhängige Institution erfaßt, bewertet und verglichen, wobei unterschiedliche, zum Beispiel historische, hydrologische und topographische Bedingungen berücksichtigt werden. Die regelmäßige Durchführung und die Veröffentlichung ihrer Ergebnisse soll Transparenz schaffen und Rechtfertigungsdruck gegenüber Gebührenzahlern und Kommunalverwaltungen erzeugen.[1041] Dadurch entsteht ein Anreiz zu einer kostenbewußten Betriebsführung.[1042]

Abbildung 19: Yardstick-Competition mit Price-Cap in Höhe der Durchschnittskosten

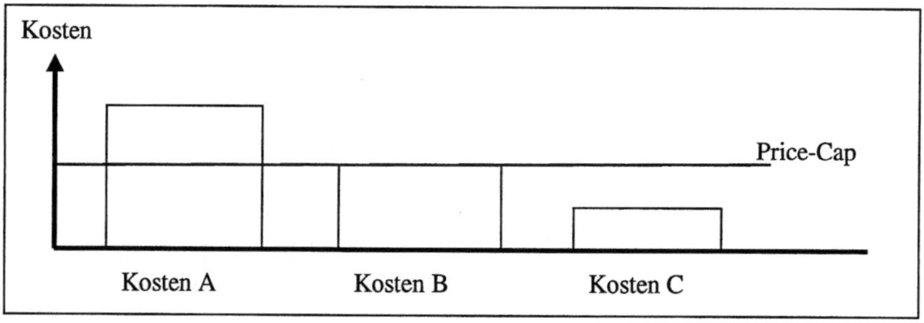

Quelle: Mankel, B./Schwarze, R. (2000), S. 425.

Um den Leistungsdruck auf die Wasserversorgungsunternehmen im Rahmen eines Benchmarkings zusätzlich zu verstärken, könnte eine automatische Preisregulierung eingeführt werden, die die zukünftig zulässigen Preise (Price-Cap) nicht an den Kosten des jeweiligen Unternehmens ausrichtet, sondern an den durchschnittlichen Kosten vergleichbarer Wasserversorgungsunternehmen (siehe

---

1041 Die bisherigen, seit rund 25 Jahren durchgeführten Betriebsvergleiche des VKU werden meist intern und vertraulich zwischen den Unternehmen ausgetauscht. Vgl. BGW (2002b), S. 41.

1042 Vgl. MICHAELIS, P. (2001), S. 448. Dieses Modell ähnelt dem wettbewerbsrechtlichen Konzept des Vergleichsmarkts, ist aber primär als ökonomischer Anreizmechanismus konzipiert und nicht als rechtliches Kontrollverfahren.

Abbildung 19) oder sogar an den Unternehmen mit der höchsten Effizienz. Ein solches Konzept wird unter der Bezeichnung „Yardstick-Competition“ diskutiert[1043] und in England und Wales praktiziert.

In einem solchen Verfahren der Preisregulierung hätte jedes Unternehmen einen permanenten Anreiz, seine Kosten zu senken. Die überdurchschnittlich teuren Wasserversorger wären gezwungen, rationeller zu wirtschaften, weil sie anderenfalls ihre Kosten nicht decken könnten und den öffentlichen Eigentümern und somit den Steuerzahlern zusätzliche Belastungen aufbürden müßten. Von den überdurchschnittlich kostengünstig arbeitenden Unternehmen ist nicht zu erwarten, daß sie aufgrund der Einführung von Benchmarking weniger auf Effizienz achten würden. Um Kostensenkungsanreize zu erhalten, wären Änderungen der Kommunalabgabengesetze zu prüfen, die es den öffentlichen Unternehmen als Ausnahmeregelungen bei Benchmarking-Verfahren gestatten würden, Gewinne zu erzielen.

In der Praxis ist die Durchführung von Benchmarking und Yardstick-Competition allerdings schwierig. Es muß erstens verhindert werden, dass Unternehmen Absprachen treffen, um die Kontrolle zu unterlaufen. In einem Wassermarkt mit einer großen Anzahl an Anbietern wie in Deutschland ist dies derzeit kein ernstes Problem. Allerdings werden Absprachen einfacher und der Anreiz dazu steigt, falls ein Konzentrationsprozeß die Zahl der Wasserversorger deutlich reduzieren würde. Gleichzeitig nimmt die Aussagekraft des Vergleichs von Wasserversorgern ab, wenn es weniger Unternehmen gibt. Zweitens sind Unterschiede, die nicht von den Unternehmen selbst verantwortet werden, herauszurechnen. Dabei können statistische Methoden helfen, wenn genügend Daten vorhanden sind. In der Praxis ist dies oft nicht der Fall.[1044] Positive Erfahrungen mit Benchmarking in den Niederlanden werden im Abschnitt 3.3 oben dargestellt.

6. Handlungsempfehlungen für die Wasserversorgung in Deutschland

Die oben theoretisch begründete Existenz eines Wettbewerbsversagens im Wassermarkt sowie die unbefriedigenden Erfahrungen mit geöffneten Wassermärkten im Ausland legen die Empfehlung nahe, in Deutschland auf Marktöffnungsschritte in der Wasserwirtschaft zu verzichten. Eine Effizienzsteigerung ließe sich weder mittels eines Wettbewerbs im Markt noch mittels eines Wett-

---

[1043] Vgl. SHLEIFER, A. (1985), S. 319 ff.

[1044] Vgl. MANKEL, B./SCHWARZE, R. (2000), S. 426.

bewerbs um den Markt erreichen.[1045] Aus gesamtwirtschaftlicher Sicht ist der Erhalt der kommunalen Monopole naheliegend und zweckmäßig. Der kartellrechtliche Ausnahmetatbestand nach § 103 GWB (a.F.) sollte nicht gestrichen werden.[1046] Allerdings erscheint es empfehlenswert, den Bau und Betrieb von Stichleitungen zu Endkunden in ein Versorgungsgebiet hinein künftig zuzulassen, um zumindest das - wenn auch hinsichtlich möglicher Effizienzverbesserungen sehr begrenzte - Potential für Wettbwerb im Bereich von Großkunden auszuschöpfen. Die auf EU-Ebene diskutierte generelle Ausschreibungspflicht ist für die Wasserversorgung abzulehnen.[1047]

Um in der Wasserwirtschaft Effizienzpotentiale auszuschöpfen, werden mehrere Reformmaßnahmen diskutiert, die zusammengefaßt als „Modernisierung"[1048] bezeichnet und von einer Marktöffnungsstrategie[1049] abgegrenzt werden. Hierbei geht es um (1) Benchmarking, (2) eine formale Privatisierung, (3) eine Nutzung der Größen- und Verbundvorteile und (4) die steuerliche Gleichbehandlung von Wasserver- und Abwasserentsorgung.

Benchmarking

Als erste Handlungsoption empfiehlt sich die Einführung von Benchmarking-Verfahren.[1050] Aufgrund der großen Anzahl von Wasserversorgungsunternehmen und Wasserwerken in Deutschland kann Benchmarking in den meisten Bundesländern auf Landesebene eingeführt werden. Sofern die Teilnahme daran für die Wasserversorgungsunternehmen freiwillig ist und sich genügend Wasserversorgungsunternehmen beteiligen, stellt es ein geeignetes Instrument dar, um vergleichsweise schnell einen zusätzlichen Leistungsdruck auf die kommunalen Monopolisten auszuüben, ohne daß rechtliche Regelungen erforderlich sind. Um

---

1045 STUCHTEY, B. (2002) vertritt hierzu eine konträre Position.

1046 Der Bundestag sprach sich im Oktober 2001 gegen eine Streichung des § 103 GWB (a. F.) aus. Vgl. DEUTSCHER BUNDESTAG (2001), S. 2.

1047 Vgl. MEHLHORN, H. (2002), S. S9.

1048 NIEDERSÄCHSISCHES UMWELTMINISTERIUM (2002), S. 47 ff., DEUTSCHER BUNDESTAG (2001), S. 1, MEHLHORN, H. (2002), S. S10.

1049 Da sich zahlreiche deutsche Wasserversorgungsunternehmen seit Jahren um Rationalisierungen bemühen, ist es nicht überraschend, daß selbst Marktöffnungsbefürworter lediglich eine Effizienzsteigerung von 10–15 Prozent erwarten, wie sie in einer Studie von Deutsche Bank Research im August 2000 prognostiziert wurde (Vgl. DEUTSCHE BANK RESEARCH (2000), S. 1). Bei Ausgaben für Trinkwasser von durchschnittlich 80 Euro pro Kopf und Jahr ergäbe sich eine Kostenersparnis von jährlich maximal 12 Euro je Einwohner - unter Inkaufnahme möglicher Verschlechterungen des Gewässerschutzes.

1050 Es gibt kaum Verbände oder wasserwirtschaftliche Organisationen, die nicht in Stellungnahmen und Statements Benchmarking als Option hervorheben – vgl. etwa BGW (2001), S. 1 oder DEUTSCHER BUNDESTAG (2001), S. 3. Nicht selten findet man zudem explizite Hinweise auf Yardstick Competition.

möglichst viele Anbieter zur Teilnahme zu bewegen, könnte ein Bundesland in allen von ihm beeinflußbaren Richtlinien und Förderbestimmungen die Gewährung von Zuwendungen im Bereich der Wasserversorgung von der Teilnahme an einem Benchmarking abhängig machen.[1051] Kommunen könnten darüber hinaus darauf dringen, daß Wasserentnahmerechte nur an solche Wasserversorgungsunternehmen vergeben werden, die sich einem Benchmarking unterziehen.

Bei der Einführung sollte auf eine externe wissenschaftliche Begleitung zurückgegriffen werden, um ein einheitliches Erhebungsverfahren und eine weitgehende Vergleichbarkeit der Kennzahlen sicherzustellen. Zu befürchten ist ansonsten, daß sich die gegenwärtig abzeichnende Entwicklung zu einer Fülle an unverbunden nebeneinander stehenden Benchmarking-Ansätzen unterschiedlicher Methodik und Erfassungsbereiche fortsetzt und unter Umständen noch verstärken wird. Aufgrund fehlender Verbindlichkeit und konkurrierender methodischer Ansätze besteht die Gefahr, daß Benchmarking schnell an seine Grenzen stößt, wenn im Vergleich schlecht bewertete Unternehmen ihr Abschneiden mit dem Verweis auf methodische Schwierigkeiten rechtfertigen. Das freiwillige Benchmarking sollte in jedem Fall als kontinuierlicher Prozeß und nicht als einmalige Aktion angelegt sein. Es erweist sich dann als erfolgreich, wenn neben der Gegenüberstellung von Leistungsdaten die Optimierungspotentiale dargestellt und ihre Realisation vorangetrieben wurde. Dazu ist ein grundsätzlicher Einstellungswandel in zahlreichen öffentlichen Unternehmen erforderlich, um das nötige Maß an Informationstransparenz zu gewährleisten.

Angesichts der bislang insgesamt noch geringen praktischen Erfahrungen mit Benchmarking-Verfahren in der Wasserwirtschaft sollte eine verbindliche Teilnahme erst nach einer Erprobungsphase freiwilliger Benchmarking-Prozesse in Erwägung gezogen werden. Ein verpflichtendes Benchmarking könnte mit der Einführung des Instituts des Wasserversorgungsfachbetriebs ähnlich dem Vorbild des Entsorgungsfachbetriebs nach §52 Kreislaufwirtschafts- und Abfallgesetz (KrW-/AbfG)[1052] einhergehen. Eine Teilnahme am Benchmarking wäre eine Voraussetzung für die Vergabe der Bezeichnung Wasserversorgungsfachbetrieb. Erst danach ist zu prüfen, ob Benchmarking in der Form des Yardstick-Competition als Instrument der Preisregulierung eingesetzt werden kann und welche weiteren Voraussetzungen hierfür zu schaffen sind. Doch ist letztlich zu bedenken, daß auch ein umfassendes Benchmarking-System eher als komplementäres Instrument zu den übrigen, im folgenden benannten Handlungsoptionen zu sehen ist.

[1051] Vgl. NIEDERSÄCHSISCHES UMWELTMINISTERIUM (2002), S. 51.

[1052] Vgl. NIEDERSÄCHSISCHES UMWELTMINISTERIUM (2002), S. 51.

Formale Privatisierung

Zweitens sollten die kommunalen Wasserversorgungsunternehmen formal privatisiert werden, um verstärkt Möglichkeiten zur Steigerung der innerbetrieblichen Effizienz zu erhalten. Mit Blick auf das kommunale Selbstverwaltungsrecht ist aber eingehend zu prüfen, inwieweit das Bundes- oder Landesrecht den Kommunen die Organisationsform ihrer Wasserversorgungsunternehmen vorschreiben darf. Trotz der angespannten Haushaltslage zahlreicher Kommunen sollte eine materielle Privatisierung der Wasserversorgungsunternehmen nicht angestrebt werden. Erstens wären aufgrund des Wettbewerbsversagens im Wassermarkt gesamtwirtschaftliche Nachteile zu erwarten. Zweitens stellt der Verkauf keine ursachenadäquate Lösung für die kommunalen Haushaltsprobleme dar, weil die strukturellen Ursachen der öffentlichen Haushaltsdefizite nicht angegangen werden. Gegen private Minderheitsbeteiligungen ist hingegen nichts einzuwenden, solange die Kommunen auf die Wahrung öffentlicher Interessen in der Geschäftstätigkeit des kommunalen Wasserversorgungsunternehmens achten.

Nutzung von Größen- und Verbundvorteilen

Drittens legen es die positiven Erfahrungen in den Niederlanden sowie die theoretischen Überlegungen zur Existenz von Größenvorteilen nahe, daß Bund und Länder durch geeignete Anreize den Konzentrationsprozeß in der Wasserwirtschaft fördern. Da Hunderte kleiner Wasserversorgungsunternehmen bestehen, erscheint es in Deutschland aussichtsreich, durch eine Verringerung der Anbieterzahl Effizienzgewinne zu realisieren.[1053] Im ersten Schritt könnten vermehrt Wasserversorgungsunternehmen in Zweckverbänden bzw. Wasser- und Bodenverbänden kooperieren, so daß die Versorgung mehrerer benachbarter Gebiete durch ein Unternehmen erfolgt.[1054]

Vorbehaltlich einer juristischen Prüfung der Vereinbarkeit mit dem kommunalen Selbstverwaltungsrecht könnten in einem zweiten Schritt die Länder zusätzlich - in Abhängigkeit von der Besiedelungsstruktur - Mindestbetriebsgrößen vorschreiben, beispielsweise hinsichtlich der Zahl der angeschlossenen Haushal-

---

[1053] Zu beachten ist allerdings, daß in einem großen Wasserversorgungsunternehmen die unmittelbare Kontrolle durch die Vertreter der kommunalen Anteilseigner in der Regel schwächer ausgeprägt ist als in kleinen kommunalen Wasserversorgungsunternehmen - ein Nachteil, der aber als hinnehmbar erscheint.

[1054] In einem Beschluß zu einer „Modernisierungsstrategie für die deutsche Wasserwirtschaft" erklärte beispielsweise der Bundestag im Herbst 2001: „Kernstück muß die Förderung von Kooperationen bis hin zu Fusionen zwischen benachbarten Wasserver- und -entsorgungssystemen sein." DEUTSCHER BUNDESTAG (2001), S. 3.

te, um Fusionen zwischen kommunalen Wasserversorgungsunternehmen zu bewirken.

Steuerliche Gleichbehandlung

Schließlich ist es viertens geboten zu prüfen, ob der Bundesgesetzgeber die Wasserver- und Abwasserentsorgung steuerlich gleich behandeln sollte. Die erste Möglichkeit wäre eine Befreiung der Betriebe der Wasserversorgung und der Abwasserentsorgung von der Umsatzsteuer und der Körperschaftsteuer. Dies ist gegenüber anderen Versorgungsbereichen jedoch nicht zu rechtfertigen. Für die zweite Möglichkeit - eine Steuerangleichung auf ein einheitliches Niveau - spricht erstens die Steuersystematik, die eine gleiche Besteuerung unabhängig von der Rechtsform erfordert. Zweitens würde eine rechtsformneutrale Besteuerung ein Hemmnis für die Nutzung von Verbundvorteilen der Wasserversorgung und der Abwasserentsorgung in einem Unternehmen abbauen, was Kostensenkungspotentiale eröffnen würde. Bei der Umsatzsteuer käme entweder eine Angleichung auf den Steuersatz der Wasserversorgung, der derzeit in Höhe des ermäßigten Satzes von 7 Prozent liegt, in Frage.[1055] Alternativ ist eine durchgehende Besteuerung in Höhe des regulären Umsatzsteuersatzes von 16 Prozent, den bislang nur die privatrechtlich organisierten Abwasserentsorgungsbetriebe entrichten müssen, denkbar.

Gegen eine Angleichung der maßgeblichen Steuersätze wird das Argument angeführt, daß dadurch privatrechtliche Unternehmen, die frühzeitig die Investitionen in moderne Anlagen der Abwasserentsorgung abgeschlossen haben, von einem eventuell erhöhten Vorsteuerabzugssatz nicht profitieren könnten, während öffentlich-rechtliche Versorger mit einem hohen Modernisierungsbedarf ihrer Anlagen durch einen eventuell erhöhten Vorsteuerabzugssatz begünstigt würden. Diese Ungleichbehandlung könnte durch Übergangsregelungen entschärft werden. Die Folge einer Angleichung wäre, daß Kunden privater Abwasserentsorgungsbetriebe voraussichtlich höhere Entgelte zu entrichten hätten.[1056] Doch ist dies aus einer ordnungspolitischen Perspektive kein relevantes Argument. Daher ist eine steuerliche Angleichung die gebotene Handlungsoption.[1057] Da es sich bei der Wasserversorgung und der Abwasserentsorgung um Leistun-

---

[1055] Diese Forderung erhebt der Bundesverband der deutschen Gas- und Wasserwirtschaft. Vgl. BGW (2001), S. 2.

[1056] Die Landesregierung Baden-Württembergs erklärte, nach - nicht näher bezeichneten - Modellrechnungen aus den neunziger Jahren sei davon auszugehen, daß „die zusätzlichen Belastungen aus der Steuerpflicht [KSt und Ust] bei üblichen Bilanz- und Umsatzrelationen zu Gebührenerhöhungen von ca. 14 bis 20 %, im Fall eines einheitlichen Umsatzsteuersatzes von 16 % sogar (...) bis 25 % führen werden.“ DEUTSCHER BUNDESRAT (2002), S. 3.

[1057] Vgl. WANKA, W. (1999), S. S121.

gen der Daseinsvorsorge handelt, bei denen die Belastung durch indirekte Steuern aufgrund verteilungspolitischer Ziele gering gehalten werden soll, könnte der ermäßigte Steuersatz von derzeit 7 Prozent angewendet werden.

Am Örtlichkeitsprinzip, das die wirtschaftliche Betätigung der kommunalen Wasserversorgungsunternehmen auf ihr Versorgungsgebiet - und eventuell zusätzliche Stichleitungen in umliegende Gebiete - begrenzt, sollte festgehalten werden. Dadurch werden Wettbewerbsverzerrungen gegenüber privaten Anbietern ausgeschlossen, da die Unternehmen im öffentlichen Eigentum von der faktischen Insolvenzunfähigkeit und damit von günstigeren Kreditkonditionen profitieren.[1058] Zudem werden Steuerzahler davor geschützt, Risiken aus größeren wirtschaftlichen Engagements zu übernehmen, die mit den Angelegenheiten der örtlichen Gemeinschaft nichts zu tun haben und mit deren Überprüfung die Kommunalaufsicht fachlich überfordert wäre.

[1058] Vgl. EWERS, H.-J./BOTZENHART, K./JEKEL, M./SALZWEDEL, J./KRAEMER, R. A. (2001), S. 66 f.

VII. Ausblick

Die untersuchten Einzelmärkte für Postdienstleistungen, Abfallentsorgung, öffentlichen Personennahverkehr und Wasserversorgung weisen ein unterschiedliches Marktöffnungspotential auf. Für fast jeden Einzelmarkt lassen sich Empfehlungen formulieren, die (1) den Abbau von Marktzutrittsschranken, (2) die formale bzw. materielle Privatisierung öffentlicher Unternehmen und (3) den Einsatz marktnaher, d. h. nicht ordnungsrechtlicher, Instrumente zur Erreichung distributionspolitischer oder ökologischer Ziele beinhalten.

Die Analyse der Einzelmärkte hat gezeigt, daß es keine generelle First-best-Lösung für eine Marktöffnung gibt, sondern daß die jeweiligen Spezifika unterschiedliche Anforderungen an die Marktordnung mit sich bringen. Es gibt jeweils besondere Merkmale der auf den Einzelmärkten gehandelten Güter und Dienstleistungen. Diese bedingen erstens besondere, z. B. distributionspolitische oder regionalpolitische Zielsetzungen, die neben dem Ziel der Effizienzsteigerung verfolgt werden sollen. Zweitens wird die jeweils erwartete Marktstruktur, die sich bei freiem Marktzutritt ergeben würde, durch die besonderen Merkmale der Güter und Dienstleistungen mitbestimmt. Erst in der Kombination dieser beiden Faktoren - Ziele und erwartete Struktur nach völliger Marktöffnung - läßt sich eine wettbewerbspolitisch begründete, spezifische Ausgestaltung einer Marktordnung für einen Einzelmarkt ableiten:

Abbildung 20: Einflußfaktoren einer geeigneten Marktordnung

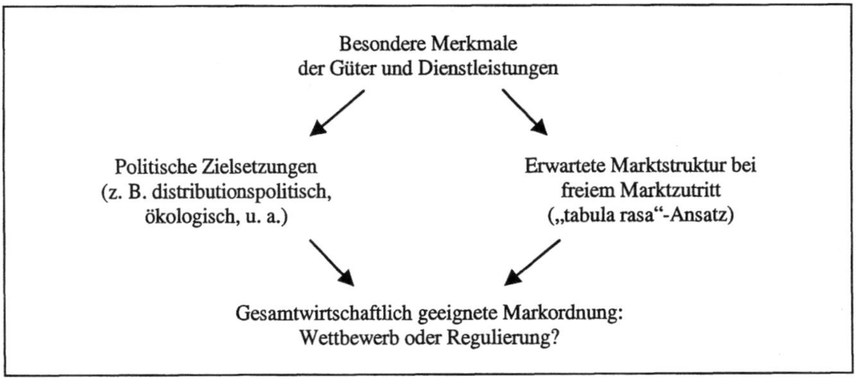

Quelle: Eigene Darstellung.

Mit Ausnahme des Wassermarktes ist in allen Märkten zu erwarten, daß durch den Abbau von institutionellen Marktzutrittsschranken erhebliche Effizienzgewinne realisiert werden können. Auf den meisten Wertschöpfungsstufen dieser

Märkte ist marktstrukturell entweder ein Wettbewerb im Markt möglich, oder es bietet sich - im Falle eines Wettbewerbsversagens aufgrund eines nichtbestreitbaren Monopols - ein regelmäßiger Wettbewerb um den Markt als geeignete Regulierungsform an.

Dabei sollte stets zunächst geprüft werden, ob wirksamer Wettbewerb im Markt möglich ist oder Bestreitbarkeit eines natürlichen Monopols als gegeben angesehen werden kann. Denn im Zuge des Abbaus internationaler Handels- und Dienstleistungsbarrieren sind zunehmend ausländische Unternehmen in der Lage, die dominante Marktposition oder sogar ein scheinbar natürliches Monopol eines auf nationaler oder regionaler Ebene agierenden Unternehmens anzugreifen. Dabei sollte eine etwaige Asymmetrie der Geschwindigkeiten von Marktöffnungen im In- und Ausland nicht von zentraler Bedeutung für die gesamtwirtschaftliche Würdigung sein. Denn solange ein fundamentales Wettbewerbsversagen auszuschließen ist, kann von einem erfolgreichen Markteintritt - unabhängig davon, in welchem Staat das Unternehmen seinen Sitz hat - eine gesamtwirtschaftliche Wohlfahrtssteigerung erwartet werden. Problematisch ist allein, daß ein geschütztes Monopol auf dem jeweiligen Heimatmarkt Quersubventionen ermöglicht, die zu Behinderungs- und Verdrängungsstrategien genutzt werden können. Zur Verhinderung derartiger Praktiken müssen jedoch die allgemeinen wettbewerbspolitischen Regelungen, wie etwa Verhaltensverbote, zum Einsatz kommen.

Angesichts der Vorteilhaftigkeit eines möglichst weitgehenden Abbaus von institutionellen Marktzutrittsschranken ist das derzeit noch weit verbreitete öffentliche Eigentum an Unternehmen in „Infrastrukturmärkten" nicht gerechtfertigt, da es effizienzsteigernde Aktivitäten privater Unternehmen verhindert. Staat und Kommunen sollten umfassende formale und materielle Privatisierungen einleiten, beispielsweise in Form des Verkaufs ihrer Stadtwerke an Private. Von den in dieser Arbeit untersuchten Einzelmärkten ergibt sich lediglich für die Wasserversorgungsunternehmen und für das Eigentum an der ÖPNV-Infrastruktur, daß sie in öffentlicher Hand verbleiben sollten, wobei sie allerdings in privater Rechtsform betrieben werden können.

Schließlich ist es im Rahmen einer Marktöffnung empfehlenswert, daß politische Ziele, die nicht wettbewerbspolitisch begründet und in der allgemeinen Rahmensetzung eines Marktes verankert sind, mit marktkonformen Instrumenten angestrebt werden, die möglichst weitgehend die wettbewerblichen Selbststeuerungskräfte nutzen. Dadurch kann zum einen die Effektivität der - z. B. distributionspolitisch oder ökologisch motivierten - Maßnahmen gesteigert werden, und zum anderen läßt sich eine höhere gesamtwirtschaftliche Effizienz realisieren.

Wenn beispielsweise in der Sozial- und Regionalpolitik verstärkt das derzeit dominierende Prinzip der Objektförderung durch eine Subjektförderung ersetzt würde, ließen sich leichter distributionspolitisch motivierte Argumente gegen eine Marktöffnung entkräften. Denn dadurch könnte eine zielgruppengenaue Förderung stattfinden, und es würden distributionspolitisch nicht gerechtfertigte Insiderrenten in öffentlichen Unternehmen oder in Bürokratien entfallen.

Auch ökologische Ziele - um ein weiteres Beispiel zu nennen - stehen einer Marktöffnung meist nicht entgegen. Sie können in der Regel sogar effektiver und effizienter erreicht werden, wenn Märkte geöffnet sind und möglichst marktnahe Instrumente, wie etwa Umweltabgaben zur Internalisierung negativer externer Effekte, zur Anwendung kommen.

So sehr die Argumente für Marktöffnungen theoretisch auch überzeugen mögen, so begrenzt ist vielfach ihre Wirkung in der politischen Diskussion. Dies wird zum einen daran sichtbar, daß staatlich oder kommunal monopolisierte Märkte zumeist erst dann geöffnet wurden, nachdem die Effizienzdefizite aufgrund der institutionellen Marktzutrittsschranken ein so großes Ausmaß angenommen hatten, daß ein politisch wirksamer „Leidensdruck" spürbar wurde. Ein Beispiel war das hohe Defizit der ehemaligen Bundesbahn, das zur teilweisen Öffnung des Eisenbahnmarktes und über die Öffnung im SPNV auch zur Marktöffnung im ÖSPV führte. Ein weiteres Beispiel stellten die Verluste an internationaler Wettbewerbsfähigkeit des Standorts Deutschland dar, die aufgrund einer veralteten Kommunikationstechnik drohten, falls die innovationshemmenden Monopole in den Post- und Telekommunikationsmärkten aufrechterhalten worden wären. Doch kommt eine Marktöffnung entschieden zu spät, wenn bereits erhebliche Effizienzverluste eingetreten sind.

Zum anderen waren auch auf Ebene der europäischen Politik jahrelange Bemühen erforderlich, um einen maßgeblichen Einfluß zugunsten von Marktöffnungen zu entfalten. Als eine deutliche, wenngleich auch nur über lange Zeiträume wirksame, Erleichterung für Bestrebungen zur Öffnung monopolisierter Märkte erwies sich das Prinzip der Wettbewerbsfreiheit im grenzüberschreitenden europäischen Binnenmarkt. Mit dieser als Generalnorm rechtlich und politisch wirkenden Leitidee war es möglich, institutionelle Marktzutrittsschranken in verschiedenen Märkten schrittweise abzubauen. Das Binnenmarktprinzip hat einen aus gesamtwirtschaftlicher Sicht vorteilhaften, weil effizienzsteigernden Druck zur Öffnung von Monopolmärkten, zur Privatisierung öffentlicher Unternehmen und zum Abbau von Wettbewerbsverzerrungen in den allgemeinen Rahmensetzungen von Märkten geschaffen, der aufrechterhalten werden sollte.

Um auf nationaler Ebene oder auf Ebene der Länder den Druck zur Öffnung von Märkten zu steigern, empfiehlt es sich zu versuchen, ähnlich automatisch wirkende Institutionen zu schaffen. Ein erster Ansatz wäre es etwa, einen regelmäßigen Marktöffnungsbericht herauszugeben, wie ihn die EU-Kommission oder die OECD regelmäßig für unterschiedliche Märkte auf europäischer bzw. internationaler Ebene erstellen. Hierin könnte zum einen aufgeführt werden, welche nationalen Märkte institutionelle Marktzutrittsschranken aufweisen oder durch einen hohen Anteil an öffentlichen Unternehmen gekennzeichnet sind und ob und - falls ja - wie dieser Zustand politisch begründet werden kann. Zum anderen ist daran zu denken, in einem solchen Marktöffnungsbericht darüber zu informieren, welche Schritte zur Öffnung bzw. zur Schließung von Märkten innerhalb einer bestimmten Periode erfolgt sind und wie sich der Umfang staatlicher und kommunaler Aktivitäten in den Märkten sowie die Marktanteile öffentlicher Unternehmen entwickelt haben.

Marktöffnungsberichte könnten turnusmäßig entweder von der Bundesregierung und/ oder von Landesregierungen erstellt, oder regelmäßig von einem regierungsunabhängigen Expertengremium formuliert bzw. zunächst nur einmalig von einer Enquêtekommission eines Parlaments vorgelegt werden. Um einen institutionellen Wettbewerb zwischen verschiedenen Verfahren zu nutzen, wäre es vorteilhaft, wenn in allen sechzehn Ländern regelmäßig Marktöffnungsberichte vorgelegt werden müßten. Eine fruchtbare politische Diskussion über geeignete, weitere Marktöffnungsschritte könnte ein Ergebnis sein.

Mit Hilfe eines zweiten Ansatzes ließen sich zusätzlich Marktöffnungen stimulieren: Den einzelnen Ländern könnte eine Experimentierklausel zugestanden werden, um unter Umgehung des Bundesrechts in ihrem Geltungsbereich einzelne Märkte weiter zu öffnen. Beispielsweise wäre so eine regionale Öffnung des Marktes für die Beförderung von Standardbriefen möglich, oder neue duale Systemanbieter könnten auf der Ebene eines Landkreises Verpackungsabfälle erfassen und verwerten und somit dem Monopolisten DSDAG Konkurrenz machen. Ferner könnte eine Landesregierung eine solche Experimentierklausel nutzen, um Ausschreibungspflichten im ÖPNV zu schaffen oder um die Genehmigungsvorbehalte für den Betrieb einzelner ÖPNV-Strecken aufzuheben. Allein die Möglichkeit für etwaige Experimente zur Öffnung eines Marktes in einem Land würde einen potentiellen institutionellen Wettbewerb hervorrufen und somit dazu beitragen, daß der Stellenwert einer Politik für Marktöffnungen auf der politischen Agenda gestärkt würde.

Literaturverzeichnis

Achttienribbe, G. E. (1992): International Comparison of Drinking Water Prices, in: Aqua, Nr. 6, S. 360-363.

Achttienribbe, G. E. (1997): Die Trinkwasserversorgung in den Niederlanden - strukturelle Veränderungen, in: gwf Wasser/ Abwasser, Nr. 11, S. 548-550.

Achttienribbe, G. E. (2000): Benchmarking - Wettbewerb ohne Markt, in: Oldenburgisch-Ostfriesischer Wasserverband (Hg.): OOWV-Wasserforum 2000, Tagungsband, S. 35-46.

Adamaschek, B. (1997): Interkommunaler Leistungsvergleich - Leistung und Innovation durch Wettbewerb, Gütersloh.

Aktionsforum Mehr Farbe im Postmarkt (2001): Pressemitteilung vom 01.08.2001, http://www.mehr-farbe-im-postmarkt.de.

Ambrosius, G. (1997): Zurück zu den Anfängen? Die institutionelle Entwicklung des öffentlichen Nahverkehrs bis zum Zweiten Weltkrieg unter der Perspektive der aktuellen Regionalisierung, in: Püttner, G. (Hg.): Der regionalisierte Nahverkehr, Baden-Baden, S. 11-49.

Baars, B. (2000a): Zulässigkeit von Alternativen der Verpackungsverordnung, in: Wiemer, K./Kern, M. (Hg.): Optimierung der Verwertung von Verpackungsabfällen, Witzenhausen, S. 25-38.

Baars, B. (2000b): Die Rechtmäßigkeit dualer Systeme gem. § 6 III VerpackV auf dem Prüfstand, in: Neue Zeitschrift für Verwaltungsrecht (NVwZ), Heft 1, S. 42-46.

Barraque, B.(1998): Europäische Antwort auf John Briscoes Bewertung der deutschen Wasserwirtschaft, in: gwf Wasser/Abwasser, Nr. 6, S. 360-366.

Barth, S. (2000): Nahverkehr in kommunaler Verantwortung - der öffentliche Personennahverkehr nach der Regionalisierung, Bielefeld.

Bartling, H. (1992): Schlußfolgerungen aus Entwicklungstendenzen der Wettbewerbstheorie für die Wettbewerbspolitik, Forschungsinstitut für Wirtschaftspolitik an der Universität Mainz e. V., Aufsätze zur Wirtschaftspolitik, Nr. 35; sowie in gekürzter Fassung in: Wirtschaft und Wettbewerb, 43. Jg., Nr. 1, S. 16-30.

Bartling, H. (1995): Mehr Wettbewerb bei der Entsorgung von Verpackungen, Forschungsinstitut für Wirtschaftspolitik an der Universität Mainz e.V., Aufsätze zur Wirtschaftspolitik, Nr. 47, Mainz. Zusätzlich in: Grüner Punkt: Reformbedarf wettbewerblicher Rahmenbedingungen, in: Wirtschaft und Wettbewerb, 1995, Heft 3, S. 183-196.

Baumol, W. J./Panzar, J. C./Willig, R. D. (1988): Contestable Markets And the Theory of Industry Structure, 2. Auflage, San Diego et al.

Baumol, W. J./Panzar, J. C./Willig, R. D. (1988): Contestable Markets and the Theory of Industry Structure, 2. Auflage, San Diego et al.

BDB - Bundesverband deutscher Banken (2002): Wettbewerb in der Daseinsvorsorge, Berlin.

BDE - Bundesverband der Deutschen Entsorgungswirtschaft e.V. (2000): Entsorgung ´00, Taschenbuch der Entsorgungswirtschaft, Bonn.

BDE - Bundesverband der Deutschen Entsorgungswirtschaft e.V. (2001a): Neue Wege der Abfallwirtschaft, Liberalisierung der Entsorgungsstrukturen, Strategiepapier, Köln.

BDE - Bundesverband der Deutschen Entsorgungswirtschaft e.V. (2001b): Veränderung gestalten - Auf „neuen Wegen" in einen „gemeinsamen Markt", Strategiepapier, Köln.

BDE - Bundesverband der Deutschen Entsorgungswirtschaft e.V. (2001c): Entsorgung ´01, Taschenbuch der Entsorgungswirtschaft, Bonn.

BDE - Bundesverband der Deutschen Entsorgungswirtschaft e.V. (2001d): Private gewährleisten Flächendeckung, Pressemitteilung, Nr. 42, 25.06.2001.

BDE - Bundesverband der Deutschen Entsorgungswirtschaft e.V. (2001e): Nicht begeistert, aber man kann wohl damit leben, Pressemitteilung, Nr. 57, 07.11.2001.

Beckereit, M. (1999): Wasserversorgung und Abwasserbeseitigung Rostock in privater Hand, in: Kommunalwirtschaft, Nr. 3, S. 111-113.

Beesley, M./Glaister, S. (1985): Deregulating the Bus Industry in Britain - A Response, in: Transport Reviews, H. 2, S. 133-142.

Bender, M. (2001): „Es ist unser Wasser", Die Privatisierung/ Liberalisierung der Wasserwirtschaft, in: SPD-Landtagsfraktion Brandenburg (Hg.): Wasser und Abwasser in privater Hand – Irrweg oder reale Alternative?, Potsdam, S. 13-19.

Benzler, G./Halstrick-Schwenk, M./Klemmer, P./Löbbe, K. (1995): Wettbewerbskonformität von Rücknahmeverpflichtungen im Abfallbereich, Untersuchungen des Rheinisch-Westfälischen Instituts für Wirtschaftsforschung, Essen.

BGW (2001): Deutsche Wasserwirtschaft – 12 Forderungen an die Politik, Pressemitteilung des Bundesverbands der deutschen Gas- und Wasserwirtschaft vom 26.09.2001.

BGW (2002a): Fakten zum Wassermarkt, siehe http://www.bgw.de

BGW (2002b): Jahresbericht 2001 des Bundesverbands der deutschen Gas- und Wasserwirtschaft, Berlin.

Bickenbach, F. (1999): Regulierung und Wettbewerb im Bereich der Netzinfrastrukturen: Begründung, Regeln und Institutionen, Institut für Weltwirtschaft an der Universität Kiel, Kieler Arbeitspapiere, Nr. 910, Kiel.

Biletewski, B./Härdtle, G./Marek, K. (1993): Abfallwirtschaft, 2. Auflage, Berlin u.a.

Blair, R./Kaserman, D. L. (1983): Law and Economics of Vertical Integration and Control, New York et. al.

Blankart, C. B. (1994): Öffentliche Finanzen in der Demokratie, 2. Auflage, München.

Blankart, C. B./Knieps, G. (1996a): Regulierung von Netzen, in: ifo Studien, Nr. 4, S. 483-504.

Blankart, C. B./Knieps, G. (1996b): Effiziente Instrumente der Infrastrukturfinanzierung. Die Infrastrukturfondslösung im Postbereich, in: Berger, H./ Knauth, P. (Hg.): Marktöffnung und Regulierung der Postmärkte, München.

Blickwedel, P. (1999): Unendliche Geschichte - Die Arbeiten an der Elektronikschrottverordnung dauern seit nunmehr fast zehn Jahren an, in: Müllmagazin, Nr. 3, S. 12-14.

Bochum, U. (1998): Von Buskriegen und fallenden Preisen, in: Mitbestimmung, H. 1-2, S. 45.

Böhme, H./Sichelschmidt, H. (1994): Eine Strategie für den Öffentlichen Personennahverkehr, Institut für Weltwirtschaft, Kieler Diskussionsbeiträge Nr. 122, Kiel 1994, S. 4.

Borrmann, J. (1999): Die Ausschreibung von Monopolstellungen – Probleme und Lösungsansätze, in: Zeitschrift für öffentliche und gemeinwirtschaftliche Unternehmen, Nr. 3, S. 256-273.

Brackemann, H./Epperlein, K./Grohmann, A./Höring, H./Küleis, C./Lell, O./ Rechenberg, J./Weiß, N. (2000): Liberalisierung der deutschen Wasserversorgung, Texte 2/00 des Umweltbundesamtes, Berlin.

Bradbaart, O. (2001): Privatizing Water: The Jakarta Concession and the Limits of contract, Diskussionspapier beim KITLV-JubileeWorkshop „Water as a life-giving and deadly force", 14.-16.06.01 in Leiden.

Bradley, M. D./Colvin, J. (1994): Does the postal service have a natural monopoly in delivery servives? Paper prepared for the Workshop in Postal and Delivery Economics, 01.-04.06.1994, Hakone, Japan.

Braubach, U. (1992): Deregulierung der Postdienste, Köln.

Braubach, U. (1996): Marktversagen im unregulierten Postmarkt?, in: Berger, H./Knauth, P.: Liberalisierung und Regulierung der Postmärkte, München, S. 93-122.

Bree, A./Jungnickel, S./Klinski, S. u.a. (2001): Vor- und Nachteile unterschiedlicher Organisationsformen der Abfallwirtschaft, Forschungsvorhaben des Umweltbundesamtes, Nr. 29931301, Endbericht, Berlin.

Briscoe, J. (1995): Der Sektor Wasser und Abwasser in Deutschland - Qualität seiner Arbeit, Bedeutung für Entwicklungsländer, in: gwf Wasser/Abwasser, Nr. 8, S. 422-432.

Broseliske, G. H. (1993): Verwaltung der Wasserqualität in den Niederlanden, in: awt Abwassertechnik, Nr. 3, S. 40-43.

Brösse, U. (1996): Industriepolitik, München.

Brück, W. (2001): Ökonomisch und ökologisch zukunftsweisend: Das Finanzierungsmodell Grüner Punkt, Kongreßvortrag „Effizienter Staat 2001: Resümee der Modernisierung – Zwischenbilanzen der Verwaltungsreform", DSDAG, 07.02.2001, Berlin.

Brunekreeft, G. (1999): Light-handed Regulierung des Zugangs zu Infrastrukturen: Das Beispiel Neuseeland, Freiburg i. Br.

Brüning, C. (1997): Der Private bei der Erledigung kommunaler Aufgaben insbesondere der Abwasserbeseitigung und der Wasserversorgung, Berlin.

Buckland, J./Zabel, T. F. (1997): Ökonomische Instrumente in der Wasserwirtschaft, in: Correia, F. N./Kraemer, R. A. (Hg.): Institutionen der Wasserwirtschaft in Europa - Eurowater Band 2, Themengebiete, Berlin u.a., S. 175-265.

Bühler, S. (1999): Wettbewerb und flächendeckende Grundversorgung in der Telekommunikation - regulatorische Probleme der Umsetzung des revidierten Fernmeldegesetzes, St. Gallen.

Bundeskartellamt (1993): Bericht des Bundeskartellamts über seine Tätigkeit in den Jahren 1991/92 sowie über die Lage und Entwicklung auf seinem Aufgabengebiet, BT-Drucksache 12/5200, Bonn.

Bundesministerium für Umwelt, Naturschutz und Reaktorsicherheit (1996): Bauwirtschaft übergibt Selbstverpflichtung zur umweltgerechten Verwertung von Bauabfällen, Pressemitteilung vom 11.11.1996, Bonn.

Bundesministerium für Umwelt, Naturschutz und Reaktorsicherheit (1997): Die neue Verordnung über die Entsorgung von Altautos, Informationsbroschüre.

Bundesministerium für Umwelt, Naturschutz und Reaktorsicherheit (1999): Abfallwirtschaft/Deponien, Pressemitteilung vom 20.08.1999, Bonn.

Bundesministerium für Umwelt, Naturschutz und Reaktorsicherheit (2000a): Verordnung über die umweltverträgliche Ablagerung von Siedlungsabfällen und über biologische Abfallbehandlungsanlagen, Entwurf II mit Begründung, Stand 24.08.2000.

Bundesministerium für Umwelt, Naturschutz und Reaktorsicherheit (2000b): Eckpunktepapier zur Änderung der TA Siedlungsabfall (TASi), 09.02.2000.

Bundesministerium für Umwelt, Naturschutz und Reaktorsicherheit (2000c): Referentenentwurf Altholzverordnung, 28.02.2000.

Bundesministerium für Umwelt, Naturschutz und Reaktorsicherheit (2001a). Verordnung über die umweltverträgliche Ablagerung von Siedlungsabfällen und über biologische Abfallbehandlungsanlagen vom 20.02.2001, BGBl I, Nr. 10, 27.02.2001, S. 305.

Bundesministerium für Umwelt, Naturschutz und Reaktorsicherheit (2001b): Gesetzentwurf über die Entsorgung von Altfahrzeugen, 07.08.2001.

Bundesministerium für Umwelt, Naturschutz und Reaktorsicherheit (2001c): Umweltpolitik – Wasserwirtschaft in Deutschland, Teil I, Grundlagen, Berlin.

Bundesministerium für Umwelt, Naturschutz und Reaktorsicherheit (2001d): Umweltpolitik – Wasserwirtschaft in Deutschland, Teil II, Gewässergüte oberirdischer Binnengewässer, Berlin.

Bundesministerium für Verkehr, Bau- und Wohnungswesen (1999): Bericht der Bundesregierung über den öffentlichen Personennahverkehr in Deutschland nach der Vollendung der deutschen Einheit, Berlin.

Bundesministerium für Verkehr, Bau- und Wohnungswesen (2001): Bericht für das Jahr 2000 über die Verwendung der Finanzhilfen des Bundes zur Verbesserung der Verkehrsverhältnisse der Gemeinden nach dem Gemeindeverkehrsfinanzierungsgesetz (GVFG-Bericht), 23.08.2001.

Bundesregierung (1991): Verordnung über die Vermeidung von Verpackungsabfällen, 12.06.1991, BGBl. I 1991, S. 1234, geändert am 27.08.1998, BGBl. I 1998, S. 2379.

Bundesregierung (1997a): Vollzug des neuen Abfallrechts in Deutschland, Antwort auf eine Kleine Anfrage, Deutscher Bundestag, BT-Drucksache 13/8406, 20.08.1997.

Bundesregierung (1997b): Bericht der Bundesregierung über die Entwicklung der Kostenunterdeckung im öffentlichen Personennahverkehr (ÖPNV), Bundestagsdrucksache 13/7552 vom 22.04.1997.

Bundesregierung (1997c): Förderung verschiedener Formen des öffentlichen Personennahverkehrs, Antwort der Bundesregierung auf die Kleine Anfrage der Gruppe der PDS, Bundestagsdrucksache 13/8552.

Bundesregierung (1998a): Verordnung über die Verwertung von Bioabfällen auf landwirtschaftlich, forstwirtschaftlich und gärtnerisch genutzten Böden (Bioabfallverordnung - BioAbfV), 21.09.1998, seit 01.10.1998 in Kraft, BGBl. Nr. 65/1998, S. 2955 ff.

Bundesregierung (1998b): Verordnung über die Entsorgung von Altautos, 01.04.1998.

Bundesregierung (1998c): Verordnung über die Rücknahme und Entsorgung gebrauchter Batterien und Akkumulatoren, 27.03.1998, BGBl. Nr. 20/1998, S. 658 ff.

Bundesregierung (2001): Erste Verordnung zur Änderung der Batterieverordnung, am 01.04.2001 in Kraft getreten.

Bundesverband Deutscher Postdienstleister e.V. (2000): Internationaler Tarifvergleich für Briefleistungen, durchgeführt von Research Services International GmbH, http://www.post-ag.de/ (Presse, Pressearchiv, Pressemeldung vom 16.06.2000).

Busch, B. (2001): Deregulierung der Postmärkte in Deutschland und Europa, Institut der deutschen Wirtschaft Köln, Beiträge zur Wirtschafts- und Sozialpolitik, Nr. 263.

Busch, B./Voss, G. (2000): Deregulierung in der Entsorgungswirtschaft, Institut der deutschen Wirtschaft, Beiträge zur Wirtschafts- und Sozialpolitik, Nr. 256, Köln.

Büscher, E. (2001): Entlastung durch Wettbewerb – gwf Wasser/Abwasser, Nr. 1, S. 72.

Canter, J. (1997): Die Kostenrechnung als Instrument der staatlichen Preisregulierung in der Abfallwirtschaft, Heidelberg.

Casson, R. (2000): Aktuelle Rechtsprobleme der grenzüberschreitenden Abfallverbringung, in: BDE Bundesverband der Deutschen Entsorgungswirtschaft: Entsorgung ´00, Taschenbuch der Entsorgungswirtschaft, Bonn, S. 28-45.

Cazals, C./de Rycke, M./Florens, J.-P./Rouzaud, S. (1997): Scale economies and natural monopoly in the postal delivery: Comparisons between parametric and non parametric specifications, in: Crew, M. A./Kleindorfer, P. R. (Hg.): Managing change in the postal and delivery industries, Boston, S. 65-80.

CityMail Group AB (2001): Annual Report 2000, Stockholm.

CityMail Sweden AB (2000): Annual Report 1999, Stockholm.

Clausen, H./Scheele, U. (2001): Benchmarking und Yardstick Competition – Ansätze vergleichenden Wettbewerbs in der Wasserwirtschaft, Universität Oldenburg, Fachbereich 4 (Wirtschafts- und Rechtswissenschaften), Wirtschaftswissenschaftliche Diskussionsbeiträge, Nr. V.-232-01.

Cohen, R. H./ Chu, E. H. (1996): Benefits to the Letter Monopoly; Measuring returns to scale in delivery, in: Stumpf, U./Elsenbast, W. (Hg.): Cost of Universal Service, WIK Proceedings Nr. 2, Wissenschaftliches Institut für Kommunikationsdienste, Bad Honnef.

Concurrentietoets (2000): Efficientieprikkels in de watersector, Box 5, http://www.ez.nl/nota/ctoets2000/box/box5-6.htm.

Cour de Comptes (1997): La gestion des services publics locoaux d'eau et d'assainissement. Rapport public particulier, http://www.ccomptes.fr/Cour-des-comptes/publications/rapports/eau/cdc72.htm.

Cowan, S. (1997): Competition in the Water Industry, in: Oxford Review of Economic Policy, Nr. 1, S. 17-29.

CPB Netherlands Bureau for Economics Policy Analysis (2000): Yardstick Competition – Theory, Design and Practice, working paper Nr. 133, Den Haag. http://www.cpb.nl.

Crew, M. A./Kleindorfer, P. R. (1996): Incentive regulation in the United Kingdom and the United States: Some Lessons, in: Journal of Regulatory Economics, S. 211-225.

Crew, M. A./Kleindorfer, P. R. (Hg.) (1997): Managing change in the postal and delivery industries, Boston.

Cronauge, U. (2000): Wasserversorgung zwischen Daseinsvorsorge und Wettbewerb, in: Umwelt, Nr. 10/11, S. 8.

Daiber, H. (1996): Wasserpreise und Kartellrecht: Zur Mißbrauchsaufsicht über Wasserversorgungsunternehmen, in: Wirtschaft und Wettbewerb, Nr. 5, S. 361-371.

Däke, K.-H. (1996): Schwachstelle Kameralistik: Mit Müllgebühren Löcher stopfen?, Vortrag beim Kuratorium der Duales System Deutschland GmbH in Wiesbaden am 20.06.1996.

DB Netz AG (2002): Geschäftsbericht 2001, Frankfurt am Main.

DB Regio AG (2002): Geschäftsbericht 2001, Frankfurt am Main.

Demsetz, H. (1967): Toward a Theory of Property Rights, in: American Economic Review, Papers and Proceedings, May, S. 347-359.

Department of the Environment, Transport and the Regions (1997): Developing an Integrated Transport Policy, London.

Department of the Environment, Transport and the Regions (1999a): From Workhorse to Thoroughbred: A better role for bus travel, London.

Department of the Environment, Transport and the Regions (1999b): Bus and Coach Statistics Great Britain 1998/99, http://www.local-transport.dft.gov.uk.

Department of Transport (1984): White Paper on Buses, London.

Deregulierungskommission (1991): Marktöffnung und Wettbewerb, Stuttgart.

Deutsche Bahn AG (2002a): Geschäftsbericht 2001, Berlin.

Deutsche Bahn AG (2002b): Bericht des Wettbewerbsbeauftragten, Juni 2002, Berlin.

Deutsche Bank Research (2000): Wasserwirtschaft im Zeichen der Liberalisierung und Privatisierung, Aktuelle Themen, Nr. 176.

Deutsche Bundesbank (2002): Statistiken zur Preisentwicklung, http://www.bundesbank.de.

Deutsche Post AG (2001a): Erstes Halbjahr 2001: Brieflaufzeiten wieder mit Top-Qualität, Pressemitteilung vom 31.07.2001, Bonn, http://www.deutschepost.de.

Deutsche Post AG (2001b): mediamail der Pressestelle, Nr. 21, Bonn.

Deutsche Post Com GmbH (2001): Pressemitteilung vom 21.08.2001, Köln.

Deutsche Postgewerkschaft (2000): Stellungnahme der Deutschen Postgewerkschaft (DPG) zu den Fragen der öffentlichen Anhörung des Ausschusses für Wirtschaft und Technologie des Deutschen Bundestags am 15. Mai 2000, Frankfurt a. M.

Deutscher Bundesrat (2002): Antrag des Landes Baden-Württemberg vom 24.05.2002 zur Entschließung des Bundesrates zu europäischem Handlungsbedarf nach Abschluß der Währungsumstellung, BR-Drs. 394/1/02.

Deutscher Bundestag (1997a): Vollzug des neuen Abfallrechts in Deutschland, Antwort der Bundesregierung auf eine kleine Anfrage, BT-Drucksache 13/8406, 20.08.1997.

Deutscher Bundestag (1997b): Entwicklung der Eisenbahnverkehrsinfrastruktur, Antwort der Bundesregierung auf eine kleine Anfrage, Bundestagsdrucksache 13/8809 vom 22.10.1997.

Deutscher Bundestag (2001): Nachhaltige Wasserwirtschaft, Antrag von SPD und Bündsnis90/Die Grünen, Drucksache 14/7177 vom 17.10.2001.

Deutscher Verband für Post und Telekommunikation (2000): Stellungnahme des Deutschen Verbands für Post und Telekommunikation (DVPT) zur Anhörung durch das Bundesministerium für Wirtschaft und Technologie zum 13. Hauptgutachten der Monopolkommission am 14.12.2000, (http://www.dvpt.de), S. 5.

Deutsches Verbändeforum (2000): Kreislaufwirtschaftsträger Bau übergibt 1. Monitoring-Bericht an Umweltminister Trittin, Mitteilung, 18.10.2000, http://www.zdb.de.

Dieckmann, M. (1994): Das Abfallrecht der Europäischen Gemeinschaft – Systematische Darstellung der gemeinschaftsrechtlichen Vorgaben für die nationale Rechtsetzung und Rechtspraxis, Baden-Baden.

Diederich, H./Hamm, W./Zohlnhöfer, W. (Hg.) (1987): Die Deutsche Bundespost im Spannungsfeld der Wirtschaftspolitik, Heidelberg.

DIHK – Deutscher Industrie- und Handelskammertag (2001): Privatisierung der Abfallwirtschaft, Positionspapier des DIHK-Vorstands, 20.06.2001.

Dijkraaf, E./De Jong, R./van de Mortel, E.G. et al. (1997): Moeglijkheden tot Marktwerking in de Niederlandse watersector, Ocfeb Erasmus Universiteit Rotterdam.

DIW Deutsches Institut für Wirtschaftsforschung (1995): Zur künftigen Entwicklung des Anfalls von Hausmüll in Deutschland, in: DIW-Wochenbericht 1995, S. 618-621.

DIW - Deutsches Institut für Wirtschaftsforschung (1998a): Wettbewerb im öffentlichen Personennahverkehr unausweichlich, Wochenbericht 19/98, S. 311-317.

DIW - Deutsches Institut für Wirtschaftsforschung (1998b): Einnahmen und Ausgaben städtischer Verkehrsunternehmen: Die Berliner Verkehrsbetriebe im internationalen Vergleich, Wochenbericht 19/98, S. 318-323.

DSDAG Duales System Deutschland AG (2000): Geschäftsbericht 1999, Köln.

DSDAG Duales System Deutschland AG (2001a): Geschäftsbericht 2000, Köln.

DSDAG Duales System Deutschland AG (2001b): Wo steht die Kreislaufwirtschaft?, DS-Dokumente, Ausgabe 4, 01/2001.

DSDAG Duales System Deutschland AG (2001c): Pressemitteilung, 04.07.2001.

ECOTEC Research & Consulting Ltd. (1992): Research and Technological Development for the Supply and Use of Freshwater Resources, Overview Report.

EG-Kommission (1975): Richtlinie über Abfälle, 75/442/EWG i. d. F. der Änderungsrichtlinie 91/156/EWG.

EG-Kommission (1991): Grünbuch über die Entwicklung des Binnenmarktes für Postdienste, Mitteilung der EG-Kommission, KOM(91)476 endg., Brüssel.

Eickhof, Norbert (1986): Theorien des Markt- und Wettbewerbsversagens, in: Wirtschaftsdienst, S. 468-476.

Eiermann, R. (1997): Rechtsbeziehungen im Schienenpersonennahverkehr (SPNV) zwischen Aufgabenträgern, Dienstleistungserbringern und Fahrwegbetreibern, in: Püttner, G. (Hg.): Der regionalisierte Nahverkehr, Baden-Baden.

Eiteneyer, H. (2000): Wasserrecht im Wettbewerb, in Oldenburgisch-Ostfriesischer Wasserverband (Hg.): OOWV-Wasserforum 2000, Tagungsband, S. 105-111.

Elsenbast, W. (1994): Eine Methode zur Bestimmung der Infrastrukturlast im Briefdienst, Wissenschaftliches Institut für Kommunikationsdienste, Diskussionsbeiträge, Nr. 127, Bad Honnef.

Elsenbast, W./Smit, H. (2000): Gesamtwirtschaftliche Auswirkungen der Marktöffnung auf dem deutschen Postmarkt, Wissenschaftliches Instituts für Kommunikationsdienste, Diskussionsbeiträge, Nr. 204, Bad Honnef.

EU-Kommission (1995): Das Bürgernetz: Wege zur Nutzung des Potentials des öffentlichen Personennahverkehrs in Europa, Grünbuch der Europäischen Kommission, KOM(95)601 endg. vom 29.11.1995.

EU-Kommission (1996): Weißbuch Eisenbahn, KOM (96) 421 endg. vom 30.07.1996.

EU-Kommission (1999): Bericht der Kommission an den Rat und das Europäische Parlament – Zwischenbericht gemäß Artikel 6, Absatz 3, Buchstabe a der Richtlinie 94/62/EG über Verpackungen und Verpackungsabfälle, KOM(1999)596 endg., 19.11.1999.

EU-Kommission (2000a): Mitteilung „Leistungen der Daseinsvorsorge in Europa“, KOM(2000) 580 endg.

EU-Kommission (2000b): Vorschlag für eine Richtlinie des Europäischen Parlaments und des Rates zur Änderung der Richtlinie 97/67/EG im Hinblick auf die weitere Liberalisierung des Marktes für Postdienste in der Gemeinschaft, KOM(2000)319 endg., 30.05.2000, Brüssel.

EU-Kommission (2000c): Vorschlag für eine Richtlinie des Europäischen Parlaments und des Rates über Elektro- und Elektronikaltgeräte, 2000/0158 COD.

Europäisches Parlament (1994): Richtlinie des Europäischen Parlaments und des Rates vom 20.12.1994 über Verpackungen und Verpackungsabfälle, 94/62/EG, Abl. Nr. L 365, 31.12.1994, S. 10.

Europäisches Parlament (1997): Richtlinie 97/67/EG des Europäischen Parlaments und des Rates über gemeinsame Vorschriften für die Entwicklung des Binnenmarktes des Postdienstes der Gemeinschaft und die Verbesserung der Dienstequalität, 15.12.1997, Abl. EG Nr. L 15 vom 21.01.1998.

Europäisches Parlament (2000a): Bericht über den Vorschlag für eine Richtlinie des Europäischen Parlaments und des Rates zur Änderung der Richtlinie 97/67/EG im Hinblick auf die weitere Liberalisierung des Marktes für Postdienste in der Gemeinschaft, PE 286.604, 28.11.2000.

Europäisches Parlament (2000b): Richtlinie des Europäischen Parlaments und des Rates über die Entsorgung von Altautos, 2000/53/EG, seit 21.10.2000 in Kraft.

Europäisches Parlament (2000c): Richtlinie 2000/60/EG des europäischen Parlaments und des Rates vom 23.10.2000 zur Schaffung eines Ordnungsrahmens für Maßnahmen der Gemeinschaft im Bereich der Wasserpolitik (Wasserrahmenrichtlinie).

Europäisches Parlament (2002): Änderungsrichtlinie 2002/39/EG des Europäischen Parlaments und des Rates zur Richtlinie 97/67/EG des Europäischen Parlaments und des Rates,10.06.2002.

Ewers, H.-J. (1997): Zwischen Entsorgungsnotstand und Überkapazitäten: Wege zur effizienten Organisation einer umweltverträglichen Abfallwirtschaft, Endbericht zur Studie des Instituts für Verkehrswissenschaft an der Universität Münster, Berlin/Münster.

Ewers, H.-J./Ilgmann, G. (2000): Wettbewerb im ÖPNV: Gefordert, gefürchtet und verteufelt, in: Zeitschrift für Verkehrswissenschaft, Heft 2, S. 133-162.

Ewers, H.-J./Schatz, M./Tegner, H. (2001): Ein Markt für duale Systeme – Optionen für Wettbewerb und Effizienz in der Rücknahme von Verpackungen, Berlin.

Ewers, H.-J./Tegner, H. (1998): Die deutsche Abfallpolitik – ein gordischer Knoten? Vortrag auf dem ENTSORGA-Kongreß, 17.06.1998, Köln. abgedruckt in: Junkernheinrich, M. (1999) [Hg.]: Ökonomisierung der Umweltpolitik, Berlin, S. 213-233.

Ewers, H.-J./Tegner, H./Rutkowsky, S./Brenck, A./Eckhard, F. (1996): Optimierung des Verbrauchs knapper Deponiekapazitäten, vorläufige Kurzfassung des unveröffentlichten Berichts an das BMWi, Berlin.

Ewers, H.-J./Botzenhart, K./ Jekel, M./Salzwedel, J./Kraemer, R. A. (2001): Optionen, Chancen und Rahmenbedingungen einer Marktöffnung für eine nachhaltige Wasserversorgung, Forschungsvorhaben (11/00) des Bundeswirtschaftsministeriums, Endbericht, Berlin.

Feess, E. (1995): Haftungsregeln für multikausale Umweltschäden, Marburg 1995.

Fichert, F. (2002): Postmärkte in Deutschland: Kursbestimmung für die Liberalisierung, Vortrag beim Symposium „National operators in the postal market – experiences and perspectives" der Polnischen Post, 27.-29.09.2002 in Stettin.

Fichert, F./Seitel, H. P. (1995): Briefmonopol als Auslaufmodell: Kritik der EU-Reformansätze mit Schlußfolgerungen für Transformationsstaaten, Forschungsinstitut für Wirtschaftspolitik an der Universität Mainz e.V., Aufsätze zur Wirtschaftspolitik, Nr. 51.

Finsinger, J. (1991): Wettbewerb und Regulierung, München.

FitzRoy, F./Smith, I. (1999): Season Tickets and the Demand for Public Transport, in: Kyklos, Fasc. 2, S. 219-229.

Fredebeul-Krein, M. (2000): Die Regulierungspolitik auf dem Markt für Telekommunikationsdienste: Nationale Gestaltung und internationale Regeln, Institut für Wirtschaftspolitik an der Universität zu Köln, Untersuchungen zur Wirtschaftspolitik, Nr. 117.

Fritsch, M./Wein, T./Ewers, H.-J. (1999): Marktversagen und Wirtschaftspolitik: Mikroökonomische Grundlagen staatlichen Handelns, 3. Auflage, München.

Fromm, G. (1986): Der öffentliche Personennahverkehr (ÖPNV) als pflichtige Selbstverwaltungsaufgabe der Landkreise?, in: Zeitschrift für öffentliche und gemeinwirtschaftliche Unternehmen, S. 73-81.

Fromm, G. (1988): Konsequenzen der Novellierung des Gemeindeverkehrsfinanzierungsgesetzes, in: Nahverkehr, S. 330-335.

Fromm, G. (1994): Zur Neuordnung des Personenbeförderungsrechts, in: TransportR, S. 425-434.

Gerpott, T. (1998): Wettbewerbsstrategien im Telekommunikationsmarkt, 3. Aufl., Stuttgart.

Grefermann, K./Wackerbauer, J. (1992): Neue Prioritäten in der Abfallwirtschaft – neue Strukturen in der Verwertungsindustrie, in: ifo-Schnelldienst, Heft 28, S. 14-19.

Gröner, H. (1996): Property-Rights-Theorie und staatlich regulierte Industrien, in: Gröner, H. (Hg.): Wege zu mehr Wettbewerb, Baden-Baden, S. 35-55.

Hall, D./ Lobina, E. (2001a): UK Water Privatisation – a Briefing, University of Greenwich, Public Services International Research Unit, http://www.psiru.org.

Hall, D./ Lobina, E. (2001b): Private to Public: International Lessons of Water Remunicipalisation in Grenoble (France), University of Greenwich, Public Services International Research Unit, Vortrag bei der AWRA conference der University of Dundee, 06-08.08.2001, http://www.psiru.org.

Hames, H. (1999): Chancen und Risiken des Strukturwandels in der Wasserversorgung, in: gwf Wasser/Abwasser, Nr. 13, S. 141-152.

Hames, H. (2000): Wasserversorgung zwischen Daseinsvorsorge und Wettbewerb, in: gwf Wasser/Abwasser, Nr. 13, S. 8-9.

Hamm, W. (1961): Kollektiveigentum, Heidelberg.

Hayek, F. A. von (1969): Freiburger Studien, Gesammelte Aufsätze, Tübingen.

Hein, A. (1998): Privatisierung durch Ausschreibung: Ein effizientes Instrument zur Sicherung des öffentlichen Auftrags?, in: Zeitschrift für öffentliche und gemeinwirtschaftliche Unternehmen, Nr. 4, S. 397-413.

Hein, A./Neumann, F. (2001): Wasserwirtschaft als Zukunfts- und internationaler Wachstumsmarkt – Steht Deutschland mit regionalen Monopolen im Abseits?, in: gwf Wasser/ Abwasser, Nr. 4, S. 279-286.

Henselder-Ludwig, R. (1992): Verpackungsverordnung – VerpackV -, Köln.

Hentschel, E. (1991): Vom Regiebetrieb zum Eigenbetrieb: Entsorgungsbetrieb der Stadt Mainz, in: Himmelmann, G.: Öffentliche Unternehmen in der Abfallwirtschaft, Baden-Baden.

Herdzina, K. (1993): Wettbewerbspolitik, 4. Aufl., Stuttgart.

Hickmann, G. (2000): Die Zukunft des öffentlichen Personennahverkehrs (ÖPNV), Vorschläge zur effizienzorientierten Weiterentwicklung des ÖPNV-Rechtsrahmens im europäischen Wettbewerbsmarkt, Auftragsgutachten für die Bundestagsfraktion Bündnis 90/Die Grünen, Tübingen.

Hohenthal, C. Graf von (1996): Die Müllabfuhr ist zu teuer, in: F. A. Z., 19.03.1996.

Höhnscheid, H. (2001): Wachstumsmarkt Schienenpersonennahverkehr, in: VDV: Jahresbericht 2000, Köln, S. 36-39.

Höhnscheid, H. (2002): Entwicklung der Eisenbahnen vor dem Hintergrund neuer Ansprüche, in: VDV: Jahresbericht 2001/2002, Köln, S. 35-37.

Holm-Müller, K. (1997): Ökonomische Anreize in der deutschen Abfallwirtschaftspolitik, Heidelberg.

Hörsgen, B. (1999): Konsequenzen aus der Europäischen Wasserrahmenrichtlinie für die deutsche Wasserwirtschaft, in: gwf Wasser/Abwasser Spezial, Nr. 13, S. 8-13.

House of Commons (1998): Water Industry Bill, Research Paper 97/117, 10.12.1998.

House of Commons (2000): Water Prices and the Environment, House of Commons Select Committee on the Environment, Seventh Report, 14.11.2000.

Hunt, L./Lynk, E. (1995): Privatisation and Efficiency in the UK Water Industry: An Empirical Analysis, in: Oxford Bulletin of Economics and Statistics, Nr. 3, S. 371-388.

ICMA (1996): Selecting Services for Public-Private Competition, in MIS report, 28.03.1996.

ICMA (1999): The Municipal Yearbook 1999, International City Management Association, USA.

Jamieson, D. (2000): Sprudelnde Aktien - Trinkwasser an der Börse, in: Oldenburgisch-Ostfriesischer Wasserverband (Hg.): OOWV-Wasserforum, Tagungsband, S. 47-54.

Jedlitschka, J. (1998): Die Wasserrahmenrichtlinie der Europäischen Union und der Grundwasserschutz, in: Korrespondenz Abwasser, Nr. 9, S. 1670-1679.

Jeschke, C. (1998): Stand der Neuorganisation des öffentlichen Personennahverkehrs in Schweden - Erfahrungen aus Stockholm, in: Internationales Verkehrswesen, S. 128-142.

Jevons, W. S. (1965), The Theory of Political Economy, New York.

Joskow, P. R./Noll, R. G. (1981): Regulation in theory and practice: An overview, in: Fromm, G. (Hg.): Studies in Public Regulation, Cambridge (Mass.), S. 1-65.

Kampe, H.-J, (2000): Für eine nachhaltige und wettbewerbsfähige Wasserwirtschaft, in: Oldenburgisch-Ostfriesischer Wasserverband: OOWV-Wasserforum 2000, Tagungsband, S. 63-70.

Karpe, J. (1996): Rationalität und mentale Modelle, Standortkonflikte und Abfallentsorgungsanlagen aus ökonomischer Sicht, Frankfurt am Main.

Keune, K. (1998): Rekommunalisierung im Entsorgungsbereich – Eine Untersuchung im Auftrag des Unternehmerinstituts e.V., Bonn.

Kluge, T./Schramm, E. (1986): Wassernöte. Umwelt- und Sozialgeschichte des Trinkwassers, Aachen.

Knieps, G. (1995): Das Konzept des offenen Netzzugangs, Lösungsansätze einer disaggregierten Regulierungspolitik, Institut für Verkehrswissenschaft und Regionalpolitik, Albert-Ludwigs-Universität Freiburg i. Br., Diskussionsbeiträge, Nr. 24.

Knieps, G. (1996) (Hg.): Reformkonzepte im Nahverkehr: Deregulierung, Privatisierung, Regionalisierung, Freiburg.

Knieps, G. (1997), Wettbewerbspolitik, in: Hagen, J. v./Welfens, P. J. J./Börsch-Supan, A. (Hg.): Springers Handbuch der Volkswirtschaftslehre, Bd. 2, Berlin et al., S. 39-79.

Knieps, G. (2000a): Der disaggregierte Regulierungsansatz der Netzökonomie, in: Knieps, G./Brunekreeft, G. (Hg.): Zwischen Regulierung und Wettbewerb, Netzsektoren in Deutschland, Heidelberg.

Knieps, G. (2000b): Marktkonforme Infrastrukturnutzungsgebühren: Zur Notwendigkeit eines mehrstufigen Tarifkonzepts, Institut für Verkehrswissenschaft und Regionalpolitik, Albert-Ludwigs-Universität Freiburg i. Br., Diskussionsbeiträge, Nr. 70.

Knorr, A. (1993): Monopol oder Wettbewerb bei den Postdiensten? Eine ökonomische Analyse unter besonderer Berücksichtigung des Grünbuchs der EG Kommission und der Reform des neuseeländischen Postwesens, Fuchsstadt, 1993.

Knorr, A. (1998): Das Konzept der „Light Handed Regulation“, in: Wirtschaft und Wettbewerb, Nr. 5, S. 541-553.

Kompetenz Center Wettbewerb (2002): Der Nahverkehrsmarkt in Bewegung, Hamburg, http://www.kcw-online.de.

Koppers, H. M. M./Heijman, S. G. J. (1996): Entsorgung von Wasserwerksrückständen in den Niederlanden, in: gwf Wasser Spezial, Nr. 14, S. S127-S130.

Kötter, U. (1999): Sammlung mit System, in: Müllmagazin, Nr. 3, S. 17-19.

Kraemer, A. et al. (1998): Vergleich der Trinkwasserpreise im europäischen Raum, UBA-Texte 22/98, Berlin.

Krüger, R./Tetens, G./Voß, A. (1995): Markteintrittsmöglichkeiten und ordnungspolitische Alternativen für deutsche Telekommunikationsmärkte, Institut für Wirtschaftsforschung Hamburg, Veröffentlichungen des HWWA, Band 19.

Kruse, J. (1985): Ökonomie der Monopolregulierung, Göttingen.

Kruse, J. (1989): Ordnungstheoretische Grundlagen der Deregulierung, in: Seidenfus, H. (Hg.): Deregulierung - eine Herausforderung an die Wirtschafts- und Sozialpolitik in der Marktwirtschaft, Schriften des Vereins für Socialpolitik, Berlin, S. 9-35.

Kruse, J. (1997): Vertikale Integration als Wettbewerbsproblem, in: Kruse, J./ Stockmann, K./Vollmer, L.: Wettbewerbspolitik im Spannungsfeld nationaler und internationaler Kartellrechtsordnungen, Baden-Baden, S. 247-270.

Kruse, J. (1999): Asymmetrische Regulierung durch vertikale Integration, in: Oberender, P.: Die Dynamik der Telekommunikationsmärkte als Herausforderung an die Wettbewerbspolitik, Berlin, S. 107-120.

Kruse, J./Neu, W. (1993): Monopol-Preiskontrollen in der Telekommunikation, Diskussionsbeiträge aus dem Institut für Volkswirtschaftslehre der Universität Hohenheim, Nr. 520, Stuttgart.

Kuttig, L. (2002): Nahverkehr in Europa – die EU in der Verkehrspolitik, in: Bus & Bahn, Nr. 7-8/02, S. 8-9.

Laaser, C.-F. (1994): Die Bahnstrukturreform – Richtige Weichenstellung oder Fahrt aufs Abstellgleis?, in: Institut für Weltwirtschaft Kiel, Kieler Diskussionsbeiträge, Nr. 239.

Laffont, J-.J./Tirole, J. (1996): Creating Competition Through Interconnection: Theory and Practice, in: Journal of Regulatory Economics, Nr. 10, S. 227-256.

Lambsdorff, O. Graf (2000): Anreize setzen, nicht alles selbst machen, in: DSDAG Duales System Deutschland AG: Geschäftsbericht 1999, Köln, S. 70-71.

Lang, V. (2001): Die künftige Rolle kommunaler Unternehmen in der Wasserwirtschaft, in: Wirtschaftsdienst, Nr. 3, S. 164-169.

Langen, W. (2002): Daseinsvorsorge und Wasserversorgung, in: BGW (2002b): Jahresbericht 2001 des Bundesverbands der deutschen Gas- und Wasserwirtschaft, Berlin, S. 37.

Lehmann, C./Rodi, H. (1998): ÖPNV in der Marktwirtschaft - ein Ordnungsentwurf mit kritischer Würdigung der jüngsten Reformen, in: Zeitschrift für öffentliche und gemeinwirtschaftliche Unternehmen, H. 2, S. 167-179.

Leive, D. M. (1996): Report of the Colloquium, in: ITU (Hg.): Trade Agreement on Telecommunications: Regulatory Implications, Report of the Fifth Regulatory Colloquium held at the ITU Headquarters, 06.-08.12.1995, Genf.

Liston, C. (1993): Price-Cap versus Rate-of-Return Regulation, in: Journal of Regulatory Economics, S. 25-38.

Lübbe, Eiko (1999): BGB-Wasserstatistik 1998, in: Wasser & Boden, Nr. 6, S. 9-35.

Luckenbach, H. (1986): Theoretische Grundlagen der Wirtschaftspolitik, München.

Ludin, D./Rahmeyer, F./Wörner, D. (2001): Nachhaltige Wasserwirtschaft durch Synergie – Mögliche Kooperationen bei der Wasserver- und –entsorgung, Volkswirtschaftliches Institut der Universität Augsburg, Volkswirtschaftliche Diskussionsreihe, Nr. 204.

Lutz, H./Gauggel, D. (2000): Wasserpreise in Bayern aus kartellrechtlicher Sicht, in: Gewerbearchiv, Nr. 10, S. 414-417.

Lyon, T. P. (1996): A Model of Sliding-Scale Regulation, in: Journal of Regulatory Economics, S. 227-247.

Mankel, B. (2002): Marktöffnungsoptionen umfassend nutzen, in: Wirtschaftsdienst, Nr. 1, S. 40-43

Mankel, B./Schwarze, R. (2000): Wettbewerb in der Wasserversorgung – Konzepte, Modelle, Effekte, in: Zeitschrift für öffentliche und gemeinwirtschaftliche
Unternehmen, Nr. 4, S. 418-427.

Maschke, W. (2001): Die Liberalisierung des Postmarktes in Deutschland, in: Zukunft der Wettbewerbsordnung und des Kartellrechts, Forschungsinstitut für Wirtschaftsverfassung und Wettbewerb e.V. Köln, FIW-Schriftenreihe, Heft 182, S. 41-52.

Megginson, W.L./Netter, J. M. (2001): From State to Market: A Survey on Empirical Studies on Privatization, in: Journal of Economic Literature, Nr. 2, S. 123-146.

Mehlhorn, H. (2001): Liberalisierung der Wasserversorgung – Infrastrukturelle und technische Voraussetzungen der Wasserdurchleitung, in: gwf Wasser/ Abwasser, Nr. 2, S. 103-113.

Mehlhorn, H. (2002): Wasserwirtschaft heute und morgen – Unterliegt die Wasserversorgung dem Zwang einer Veränderung?, in: gwf Wasser/Abwasser, Nr. 13, S. S8-11.

Meyer, D. (2001): Hoffnung auf mehr Wettbewerb im ÖPNV – Stellungnahme zum Verordnungsentwurf zur Reform der VO (EWG) 1191/69 der EU-Kommission, in: Zeitschrift für öffentliche und gemeinwirtschaftliche Unternehmen, Nr. 24, S. 53-70.

Meyer, D. (2002): Regulierung versus Deregulierung im Öffentlichen Personennahverkehr – Das Modell eines Nutzerclubs, in: Perspektiven der Wirtschaftspolitik, Nr. 3(1), S. 69-84.

Meyer-Renschhausen, M. (1996): Die Auswirkungen der Privatisierung öffentlicher Dienstleistungen auf die Umwelt am Beispiel von Energiewirtschaft und Abwasserbeseitigung, in: Zeitschrift für öffentliche und gemeinwirtschaftliche Unternehmen, Nr. 1, S. 79-94.

Michaelis, P. (2001): Wasserwirtschaft zwischen Markt und Staat - Zur Diskussion um die Liberalisierung der deutschen Wasserwirtschaft, Zeitschrift für öffentliche und gemeinwirtschaftliche Unternehmen, Nr. 4, S. 432-450.

Ministerie van Volkshuisvesting (1998): De Hooffdlijnen voor en nieuwe Waterleidingwet, Ruimtelijke, Ordering en Milieubeheer (VROM), Den Haag.

Ministerium für Wirtschaft, Verkehr, Landwirtschaft und Weinbau Rheinland-Pfalz (2001): Der Rheinland-Pfalz-Takt 2001, Mainz.

Monopolkommission (1991): Zur Neuordnung der Telekommunikation, Sondergutachten 20, Baden-Baden.

Monopolkommission (1996): Wettbewerbspolitik in Zeiten des Umbruchs, Hauptgutachten 1994/1995 der Monopolkommission XI, Baden-Baden.

Monopolkommission (2000): Wettbewerbspolitik in Netzstrukturen, Hauptgutachten 1998/1999 der Monopolkommission XIII, Baden-Baden.

Monopolkommission (2001): Wettbewerbsentwicklung bei Telekommunikation und Post 2001: Unsicherheit und Stillstand, Sondergutachten der Monopolkommission gemäß § 81 Abs. 3 Telekommunikationsgesetz und § 44 Postgesetz, Dezember 2001.

Müller, J./ Scheele, U. (1993): Kosten und Preise in der europäischen Wasserwirtschaft, in: Zeitschrift für öffentliche und gemeinwirtschaftliche Unternehmen, Nr. 4, S. 409–428.

Musgrave, R. A. (1959): The Theory of Public Finance, New York et al.

Muthesius, T. (1997): Die gesetzlichen Regelungen für den regionalisierten Nahverkehr: Ein Überblick, in: Püttner, G. (Hg.): Der regionalisierte Nahverkehr, Baden-Baden.

National Mail (2000): Pressemitteilung zur Schließung von National Mail, 15.12.2000, http://www.nationalmail.co.nz

NERA (1998): Costing and Financing of Universal Service Obligations in the Postal Sector in the European Union, Final Report for European Commission DGXII, London.

Nesemeier, C. (1997): Organisatorische Effizienzsteigerung im Öffentlichen Personennahverkehr auf Basis eines internationalen Benchmarkings, Berlin.

Neumann, M. (1995): Theoretische Volkswirtschaftslehre II, Produktion, Nachfrage und Allokation, 4. Auflage, München.

Niederprüm, A. (2001): Quersubventionierung und Wettbewerb im Postmarkt, Wissenschaftliches Institut für Kommunikationsdienste, Diskussionsbeiträge, Nr. 225, Bad Honnef.

Niedersächsisches Umweltministerium (2002): Zukunftsfähige Wasserversorgung in Niedersachsen, Abschlußbericht der Regierungskommission.

Nisipeanu, P. (1998): Handlungsbedarf, Handlungsrahmen, Handlungsmöglichkeiten für eine Umorganisation der öffentlichen Abwasserbeseitigung, in: Nisipeanu, P. (Hg.): Privatisierung der Abwasserbeseitigung: Optimierung der kommunalen Abwasserbeseitigung durch Umorganisation und Neukonzeption, Berlin, S. 1-113.

Nitsche, R. (2001): Liberalisierung von Netzökonomien: Herausforderung für die Wettbewerbspolitik, in: Röller L.-H./Wey, C. (Hg.): Die soziale Marktwirtschaft in der neuen Weltwirtschaft, Berlin.

NZP (2000): New Zealand Post, Annual Report 2000, Wellington.

o. V. (1995): „BDE-Entsorger setzten 1994 zirka 30 Milliarden Mark um“, in: Kommunalwirtschaft 1995, S. 144-145.

o.V. (1998): Wasserpreise in Deutschland nicht außergewöhnlich hoch, in: Umwelt, Nr. 7-8, S. 361-362.

o.V. (1999): Wettbewerb nur um Großkunden. Niederlande bevorzugen Wasserversorgung in öffentlicher Hand, in: Zeitung für kommunale Wirtschaft, Nr. 12, S. 19.

o. V. (2001a): „Trübe Stimmung bei Entsorgern“, in: F.A.Z., 19.10.2001.

o. V. (2001b): Niederlande rudern gegen den Strom, in: Zeitung für kommunale Wirtschaft Nr. 5, S. 9.

o. V. (2002a): Verkehrsbetriebe fordern Rechtssicherheit, in: Frankfurter Allgemeine Zeitung, 17.10.2002, S. 12.

o. V. (2002b): Der Wettbewerb um die Wassermärkte beginnt, in Frankfurter Allgemeine Zeitung, 07.05.2002.

o. V. (2002c): Gelsenwasser sucht weitere Beteiligungen, in: Frankfurter Allgemeine Zeitung, 10.05.2002.

OECD (1997): Water Subsidies and the Environment, Paris.

OECD (1998a): Water Consumption and Sustainable Water Resources Management, Paris.

OECD (1998b): Water Management: Performance and Challenges in OECD Countries, Paris.

OECD (1999a): Promoting Competition in Postal Services, Directorate for Financial, Fiscal and Enterprise Affairs – Commitee on Competition Law and Policy, DAFFE/CLP(99)22.

OECD (1999b): Working Party on Economic and Environmental Policy Integration: Household Water Pricing in OECD Countries, ENV/EPOC/GEEI(98)12/FINAL.

OECD (2000): Competition in Local Services – Solid Waste Management, Directorate for Financial, Fiscal and Enterprise Affairs – Commitee on Competition Law and Policy, DAFFE/CLP(2000)13.

OFWAT (1998): OFWAT Memorandum 18. March 1998, House of Commons Research Paper 98/117, December 1998.

OFWAT (2000a): Lowering of Inset Appointment Threshold to 100 Ml per Year – Tariff Basket und Principal Statements, RD 19/00.

OFWAT (2000b): Water and Regulation: Facts and Figures.

OFWAT (2000c): Common Carriage – Statement of Principles, MD 162.

Ott, I./Wein, T. (1997): Markteintrittsbarrieren bei der Ausschreibung eines natürlichen Monopols am Beispiel der Müll- und Wertstoffabfuhr im Landkreis Lüneburg, in: Zeitschrift für öffentliche und gemeinwirtschaftliche Unternehmen, Nr. 1, S. 18-34.

Pfaffenberger, W./Scheele, U. (1988): Wasserpreise in der Bundesrepublik Deutschland - Eine empirische Analyse der Einflußfaktoren der Wasserpreisbildung, Wirtschaftswissenschaftliche Diskussionsbeiträge Nr. V - 37 - 88, Universität Oldenburg.

Pfaffenberger, W/Scheele, U. (1990): Deutsche und europäische Gewässerschutzpolitik, Wirtschaftswissenschaftliche Diskussionsbeiträge Nr. V – 64 - 90, Universität Oldenburg.

Pigou, A. C. (1952): The Economics of Welfare, 4. Aufl., London.

Pommerehne, W. (1977): Private versus öffentliche Müllabfuhr – Ein theoretischer und empirischer Vergleich, in: Finanzarchiv N. F., Jg. 35, S. 272-294.

Post & Telestyrelsen (2001): The Liberalised Swedish Postal Market – The Situation Eight Years After the Abolition of the Monopoly, Mai 2001, Stockholm.

Priewasser, R. (1998): Verkehrsverlagerungen im Personennahverkehr, Ökologische Bedeutung, Strategien und Potentiale, DISP, Nr. 132, S. 35-40.

Püttner, G. (1997): Die künftigen Träger des Nahverkehrs, deren Organisation und Kooperation, in: Püttner, G. (Hg.): Der regionalisierte Nahverkehr, Baden-Baden.

Queitsch, P. (1996): Abfallbegriff und Abfallüberlassungspflicht, in: Städte- und Gemeinderat, Nr. 9, S. 330-336.

Rabe, U. (1997): Konzeptionelle und operative Fragen von Zustellnetzen, Wissenschaftliches Institut für Kommunikationsdienste, Diskussionsbeiträge, Nr. 177, Bad Honnef.

Rat der Europäischen Gemeinschaften (1986). Richtlinie des Rates vom 12.06.1986 über den Schutz der Umwelt und insbesondere der Böden bei der Verwendung von Klärschlämmen in der Landwirtschaft, 86/278/EWG, Abl. L 181 vom 04.07.1986, S. 6-12.

Rat der Europäischen Gemeinschaften (1993): Verordnung des Rates zur Überwachung und Kontrolle der Verbringung von Abfällen in der, in die und aus der Europäischen Gemeinschaft (Abfallverbringungsverordnung), 01.02.1993, 259/93/EWG.

Rat der Europäischen Gemeinschaften (1994): Entschließung über die Entwicklung der Postdienste in der Gemeinschaft, 07.02.1994, EG-Abl., Nr. C 48, 16.02.1994.

Rat der Europäischen Gemeinschaften (1998a): Änderungsrichtlinie zur Anpassung der Richtlinie 91/157/EWG des Rates über gefährliche Stoffe enthaltene Batterien und Akkumulatoren an den technischen Fortschritt, 22.12.1998, 98/101/EG.

Rat der Europäischen Gemeinschaften (1998b): Richtlinie vom 03.11.1998 über die Qualität von Wasser für den menschlichen Gebrauch (Trinkwasserrichtlinie 98/83/EG), Abl. EG Nr. L330.

Rat von Sachverständigen für Umweltfragen (1990): Sondergutachten „Abfallwirtschaft", September 1990, BT-Drucksache 11/8493.

Rat von Sachverständigen für Umweltfragen (1994): Umweltgutachten 1994, Stuttgart.

Rat von Sachverständigen für Umweltfragen (1998a): Flächendeckend wirksamer Grundwasserschutz – Ein Schritt zur dauerhaft umweltgerechten Entwicklung. Umweltgutachten, Stuttgart.

Rat von Sachverständigen für Umweltfragen (1998b): Umweltgutachten 1998, BT-Drucksache 13/10195.

Rat von Sachverständigen für Umweltfragen (2000): Umweltgutachten 2000.

Ratzenberger, R. (1997): Finanzleistungen für den ÖPNV im Jahr 1993, Ifo-Studien zur Verkehrswirtschaft, Heft 28, München.

Regulierungsbehörde für Telekommunikation und Post (1998): Übertragung von Aufgaben der Zulassung von Telekommunikationseinrichtungen an private Unternehmen, Pressemitteilung 8/98, 18.02.1998, Bonn.

Regulierungsbehörde für Telekommunikation und Post (2000): Halbjahresbericht 2000, Bonn.

Regulierungsbehörde für Telekommunikation und Post (2001): Jahresbericht 2000, Bonn.

Regulierungsbehörde für Telekommunikation und Post (2002a): Regulierungsbehörde gibt beabsichtigte Price-Cap-Entscheidung bekannt, Pressemitteilung vom 10.07.2002.

Regulierungsbehörde für Telekommunikation und Post (2002b): Bekanntgabe der endgültigen Price-Cap-Entscheidung, Pressemitteilung vom 29.07.2002.

Regulierungsbehörde für Telekommunikation und Post (2002c): Regulierungsbehörde genehmigt neue Entgelte der Deutschen Post AG, Pressemitteilung vom 12.09.2002.

Rott, U. (Hg.): Liberalisierung-Deregulierung-Privatisierung: Europäische Wassermärkte im Umbruch, München.

Rott, U./Meyer, C. (1998): Aufkommen und Verwendung von Wasserentnahmeentgelten in der Bundesrepublik Deutschland, in: gwf Wasser/Abwasser, Nr. 12, S. 772-782.

Rudolph, K.-U. (1998): Organisatorische Entwicklungsstrategien der kommunalen Wasserwirtschaft, in: Zeitschrift für öffentliche und gemeinwirtschaftliche Unternehmen, Nr. 4, S. 435-446.

Rutkowsky, S. (1998): Abfallpolitik in der Kreislaufwirtschaft, Berlin.

Schäfer, M. (2002): Vortrag beim Symposium „National operators in the postal market - experiences and perspectives“ der Polnischen Post , 27.-29.09.2002 in Stettin.

Schaufler, Hermann (1997): Vorwort, in: Ministerium für Umwelt und Verkehr Baden-Württemberg: Abfallbilanz des Landes Baden-Württemberg 1996, Stuttgart.

Scheele, U. (1994): Privatisierungsmodelle in der Wasserwirtschaft. Anmerkungen zu möglichen umweltpolitischen Implikationen, Universität Oldenburg, Fachbereich 4 (Wirtschafts- und Rechtswissenschaften), Wirtschaftswissenschaftliche Diskussionsbeiträge, Nr. V.-136-94.

Scheele, U. (1995): Organisationsfragen in der kommunalen Wasserwirtschaft: Anmerkungen zu den umweltpolitischen Implikationen von Privatisierungsmodellen, in: Deutsches Institut für Urbanistik (Hg.), Wasserwirtschaftspolitik in den Kommunen - Ansätze für eine nachhaltige Entwicklung, Materialien 10/95, Berlin, S. 146–164.

Scheele, U. (1997): Aktuelle Entwicklungen in der englischen Wasserwirtschaft. Ergebnisse der Privatisierung und Probleme der Regulierung, in: Zeitschrift für öffentliche und gemeinwirtschaftliche Unternehmen, Nr. 1, S. 35 – 57.

Scheele, U. (1998): Privatisierung kommunaler Einrichtungen. Zielsetzungen, Verfahren und Ergebnisse, in: Blanke, T./Trümner, R. (Hg.) Privatisierung. Ein Handbuch, Baden-Baden, S. 33–138.

Scheele, U. (2000a): Zur Aussagefähigkeit internationaler Preisvergleiche in der Wasserwirtschaft, Kurzstudie im Auftrag des Oldenburgisch-Ostfriesischen Wasserverbands, Oldenburg.

Scheele, U. (2000b): Auf dem Wege zu neuen Ufern? Wasserversorgung im Wettbewerb, Universität Oldenburg, Fachbereich 4 (Wirtschafts- und Rechtswissenschaften), Wirtschaftswissenschaftliche Diskussionsbeiträge, Nr. V.-214-2000.

Scheele, U. (2000c): Wettbewerb in der Wasserwirtschaft. Überlegungen zur Chancengleichheit von öffentlichen und privaten Unternehmen, Universität Oldenburg, Fachbereich 4 (Wirtschafts- und Rechtswissenschaften), Diskussionspapier Juli 2000.

Scheele, U. (2001a): Zur Diskussion um einen neuen Ordnungsrahmen in der niederländischen Wasserwirtschaft, Studie im Auftrag des Oldenburgisch-Ostfriesischen Wasserverbands (OOWV), 2. überarbeitete Fassung, Oldenburg.

Scheele, U./Sterzel, D. (2000): Öffentlicher Personennahverkehr zwischen Gemeinwohlinteressen und Markt, Baden-Baden.

Scheer, H. (2001): Kooperation traditioneller Wasserversorgungsunternehmen und Abwasserentsorgungsunternehmen – Exportchancen für deutsches Wasser-Know-How, in: Rott, U. (Hg.): Liberalisierung-Deregulierung-Privatisierung: Europäische Wassermärkte im Umbruch, München, S. 69-71.

Schertz, W. (2000): Verwertung von Verpackungen aus der Sicht der Landbell AG
– Alternative oder Ergänzung?, in: Wiemer, K./Kern, M. (Hg.): Optimierung der Verwertung von Verpackungsabfällen, Witzenhausen, S. 107-120.

Schink, A. (1993): Kommunalverfassungs- und kartellrechtliche Probleme bei der Organisation der öffentlichen Abfallwirtschaft, in: Schink, A./Bauer, J. (Hg.): Organisationsformen in der öffentlichen Abfallwirtschaft, Schriftenreihe des Landkreistages Nordrhein-Westfalen, Band 6, Köln, S. 5-37.

Schmitz, M. (1998): Bürokratie- und Kostenschub durch die neue EU-Wasserrahmenrichtlinie?, in: gwf Wasser/Abwasser, Nr. 5, S. 264-274.

Schneider, J. (1998): Koordinationserfordernisse im bayerischen ÖPNV nach der Regionalisierung des Schienenpersonennahverkehrs, in: ifo-Schnelldienst, Nr. 23.

Schoch, F. (1992): Privatisierung der Abfallentsorgung, Köln u.a.

Scholz, G. (1998): „Ringen um Fahrgäste schreckt Kunden ab“, in: Zeitung für kommunale Wirtschaft, H. 7, S. 3.

Scholz, R. (2001): Rechtsgutachten zur weiteren Privatisierung und Deregulierung des deutschen Postwesens, insbesondere zur verfassungsrechtlichen Begrenzung der Exklusivlizenz im Sinne des § 51 Postgesetz, Januar 2001.

Schöneich, M. (2000): Spannungsfeld zwischen Wettbewerb und Daseinsvorsorge: Verunsicherung beenden und Klarheit schaffen! Statement auf der Pressekonferenz des Verbands kommunaler Unternehmen e.V., 12.10.2000, Homepage: www.vku.de.

Schöttner, H. (1996): Wettbewerb und Regulierung im Postsektor – ein internationaler Vergleich, in: Berger, H./Knauth, P. (Hg.): Liberalisierung und Regulierung der Postmärkte, München, S. 175-198.

Schulz-Ellermann, H. (2000): Globalisierung des Entsorgungsmarktes, in: BDE: Entsorgung ´00, Taschenbuch der Entsorgungswirtschaft, Bonn.

Schwalbach, M. (1996): Wettbewerb auf der Schiene – Die Vergabe von Fahrplantrassen nach der Bahnreform, Mainz.

Schwandt, F. (1996), Internationale Telekommunikation: Der Übergang vom Monopol zum Wettbewerb, Berlin et. al.

Schwarze, R. (2001): Wettbewerb in der Wasserwirtschaft, in: Wirtschaftsdienst, Nr. 7.

Seegers, H. (1993): Droht den Niederlanden ab 1998 ein Wassermangel?, in: gwf Wasser/Abwasser, Nr. 7, S. 394-397.

Sellmann, K.-A. (1996): Die Entwicklung des öffentlichen Verkehrsrechts, in: NVwZ, S. 857-865.

Severn Trent Water (2000): Network Access Code, http://www.stwater.org.uk

Shaoul, J. (1998): Water Clean Up and Transparency: The Accountability of the Regulatory Process in the Water Industry, A Public Interest Report, Manchester University, Dept. of Accounting and Finance.

Shleifer, A. (1985): A Theory of Yardstick Competition, in: The RAND Journal of Economics, Nr. 3, S. 319-327.

Siebert, H. (1982): Neuere Entwicklungen in der ökonomischen Analyse des Umweltschutzes, in: Möller, H./Osterkamp, R./Schneider, W. (Hg.): Umweltökonomik, Königstein/Ts., S. 267-283.

Smit, H. (2000): Regulierung und Wettbewerbsentwicklung auf dem neuseeländischen Postmarkt, Wissenschaftliches Institut für Kommunikationsdienste, Diskussionsbeiträge, Nr. 212, Bad Honnef.

Snethlage, W.-H. (1998): Privatisierung öffentlicher Dienstleistungen durch Ausschreibungsverfahren – Möglichkeiten der Bewältigung praktischer Umsetzungsprobleme, Forschungsinstitut für Wirtschaftspolitik an der Universität Mainz e.V., Gutachten im Auftrag des Bundesministers für Wirtschaft.

SPD-Bundestagsfraktion (2001): Pressemitteilung Nr. 404, Arbeitsgruppe Umwelt, Naturschutz, Reaktorsicherheit, 08.05.2001.

Spelthahn, S. (1994): Privatisierung natürlicher Monopole – Theorie und internationale Praxis am Beispiel Wasser und Abwasser, Wiesbaden.

SPIEGEL (1985): „Sterben, bevor der Morgen graut", Serie, Ausgaben Nr. 39-43.

Stadtfeld, R.O./Schlaweck, I. K. (1988): International Comparison of Water Prices, in: Aqua, Nr. 4, S. 173-177.

Statistisches Bundesamt (1997): Fachserie 19, Reihe 1.2, Abfallbeseitigung, Wiesbaden.

Statistisches Bundesamt (1998a): Umweltökonomische Gesamtrechnungen, Fachserie 19, Reihe 5, Material- und Energieflußrechnungen 1997, Wiesbaden.

Statistisches Bundesamt (1998b): Umwelt – Öffentliche Wasserversorgung und Abwasserbeseitigung, 1995, Fachserie 19, Reihe 2.1., Stuttgart.

Statistisches Bundesamt (1998c): Wasserversorgung und Abwasserbeseitigung im Bergbau und Verarbeitenden Gewerbe und bei Wärmekraftwerken für die öffentliche Versorgung, Fachserie 19, Reihe 2.2., Stuttgart.

Statistisches Bundesamt (1999): Statistisches Jahrbuch 1999 für die Bundesrepublik Deutschland, Wiesbaden.

Statistisches Bundesamt (2001): Statistisches Jahrbuch 2001 für die Bundesrepublik Deutschland, Wiesbaden.

Stephan, G. (1991): Ökologisch-orientierte Wirtschaftsforschung heute: Was kann ein entropietheoretischer Ansatz leisten?, in: Beckenbach, F. (Hg.): Die ökologische Herausforderung für die ökonomische Theorie, Marburg, S. 232-340.

Storchmann, K.-H. (1999): Das Defizit im öffentlichen Personennahverkehr in Theorie und Empirie, in: Schriftenreihe des Rheinisch-Westfälischen Instituts für Wirtschaftsforschung Essen, N. F., Nr. 64, Berlin.

Stuchtey, B. (2002): Wettbewerb auf dem Markt für leitungsgebundene Trinkwasserversorgung - Möglichkeiten und Grenzen, Baden-Baden.

Stumpf, U. (1995): Universaldienst im Postbereich, Wissenschaftliches Institut für Kommunikationsdienste, Newsletter Nr. 21, Dezember 1995, Bad Honnef.

Tegner, H. (2001): Privatisierung als Prozeß rationaler Wirtschaftspolitik, Vortrag beim Kongreß „Effizienter Staat 2001: Resümee der Modernisierung – Zwischenbilanzen der Verwaltungsreform" der Duales System Deutschland AG, 07.02.2001, Berlin.

Tettinger, P./Mann, T. (1995): Privatisierung der Abfallentsorgung, in: Komiensky, K. (Hg.): Management der Kreislaufwirtschaft, Berlin, S. 148-155.

Tyson, W. J. (1990): Effects of deregulation on service co-ordination in the metropolitan areas, in: Journal of Transport Economics and Policy, H. 3, S. 283-293.

Umweltbundesamt (1997): Daten zur Umwelt: Der Zustand der Umwelt in Deutschland, Berlin 1997.

van de Vyver, P. (2000): Private Versorger und lokale Behörden, in: Oldenburgisch-Ostfriesischer Wasserverband (Hg.): OOWV-Wasserforum 2000, Tagungsband, Oldenburg, S. 55-61.

VDV - Verband Deutscher Verkehrsunternehmen (1997): Jahresbericht ´96, Köln.

VDV - Verband Deutscher Verkehrsunternehmen (2001): Jahresbericht 2000, Köln.

VDV - Verband Deutscher Verkehrsunternehmen (2002): Jahresbericht 2001/02, Köln.

Velte, R. (1999): Duale Abfallentsorgung und Kartellverbot, Baden-Baden.

VEWIN (1997): Wateleidingsstatistiek 1996, Rijswijk.

VEWIN (1999): Water in Zicht – Benchmarking in de drinkwatersector, Rijswik.

Wagner, J. (2000): Organisations- und Rechtsformwahl in der öffentlichen Siedlungsabfallwirtschaft, Frankfurt am Main.

Wanka, W. (1999): Privatisierung öffentlich-rechtlicher Unternehmen in der Wasserver- und –entsorgung nach der Novelle des WHG, in gwf Wasser/Abwasser Spezial, Nr. 13, S. S121-S123.

Weidemann, C. (1997): Kreislaufwirtschaft contra dezentrale Verwaltungswirtschaft, in: Gewerbearchiv, Nr. 8, S. 311-319.

Weidemann, C. (1998): Kreislaufwirtschaft – ein Leitfaden zur Privatisierung der Abfallwirtschaft und zur Einbeziehung Privater in die kommunale Abfallentsorgung, Bundesministerium für Wirtschaft, Dokumentation, Nr. 452, Bonn.

Weiland, R. (1993): Der Abfallbegriff, in: Zeitschrift für Umweltpolitik und Umweltrecht, Bd. 2, S. 113-136.

Werbeck, N. (1993): Konflikte um Standorte für Abfallbehandlungs- und -beseitigungsanlagen. Ursachen und Lösungsansätze aus ökonomischer Sicht, Berlin.

White, P. (1990): Bus deregulation: A welfare balance sheet, in: Journal of Transport Economics and Policy, H. 3, S. 311-332.

Wichert-Nick, D. von (1999): Wettbewerb im lokalen Telekommunikationsmarkt, Zwischen sektorspezifischer Regulierung und allgemeinem Wettbewerbsrecht, Baden-Baden.

Williamson, O. E. (1975): Markets and Hierarchies, New York.

Windel, P. (1999): Die Festlegung der gemischtwirtschaftlichen GmbH auf politische Ziele, in: Zeitschrift für öffentliche und gemeinwirtschaftliche Unternehmen, Nr. 1, S. 52-65.

Wissenschaftlicher Beirat beim Bundesverkehrsministerium (1998): Problem der Regionalisierung des ÖPNV und Ansatzpunkte für ihre Lösung, in: Zeitschrift für Verkehrswissenschaft, Heft 4, S. 213-223.

Wissenschaftlicher Beirat der Bundesregierung Globale Umweltveränderungen (2001): Die Chance von Johannesburg - Eckpunkte einer Verhandlungsstrategie, Politikpapier 1 zum Weltgipfel für Nachhaltige Entwicklung (WSSD) in Johannesburg, Berlin.

Wittmann, R. (1994): Die Falle schnappt zu: Preisentwicklung in der Entsorgung, in: Entsorga, 1994, Nr. 5, S. 178-186.

Wöbbeking, K. (1996): Controlling in der kommunalen Abfallwirtschaft, Mainz.

Zohlnhöfer, W. (1968): Wettbewerbspolitik im Oligopol, Tübingen.

Studien zur Wirtschaftspolitik

Herausgeber:
Forschungsinstitut für Wirtschaftspolitik an der Universität Mainz e.V.
55099 Mainz

Band 1 bis 34 im Selbstverlag, Band 35 bis 44 im Verlag Minerva Publikation, München, Band 45 bis 63 im Selbstverlag. Die Bände 45 bis 63 sind noch über das Institut zu beziehen.

Band 80 Liberalisierung von Monopolmärkten von *Clemens Christmann* (2004)

Band 79 Zukunft des Franchising in Deutschland. Analyse von Beschäftigungspotenzialen mit Vorschlägen für verbesserte Wachstumsbedingungen von *Patrick Dieses* (2004)

Band 78 Effizienzfördernde Reformen im Gesundheitswesen. Analytischer Vergleich der gesetzlichen Unfall- und Krankenversicherung von *Dominik Wallau* (2004)

Band 77 Konflikte im Steuerrecht. Empirische Analyse von Streitpotenzialen im Einkommen-, Körperschaft- und Gewerbesteuerrecht mit Vorschlägen zur Konfliktreduzierung von *Bernhard G. Funck* (2004)

Band 76 Erfolgsfaktoren des Stadtmarketing. Eine theoretische und empirische Analyse mit wirtschaftspolitischen Schlußfolgerungen von *Urban Mauer* (2003)

Band 75 Regionalentwicklung durch Konversionspolitik von *Bernd Werner* (2002)

Band 74 Die Umsatzbesteuerung des elektronischen Handels mit digitalen Produkten von *Anja Altmann* (2002)

Band 73 Wirtschaftsräumliche Dezentralisierungstendenzen und ihre Ursachen. Eine Untersuchung unter besonderer Berücksichtigung der wirtschaftlichen Entwicklung ländlicher Räume in der Bundesrepublik Deutschland von *Ralf Stahl* (2002)

Band 72 Strukturwandel im Einzelhandel: Herausforderung für die Raumordnungspolitik von *Stefan Linz* (2002)

Band 71 Nachhaltige Entwicklung. Grenzen monetärer Operationalisierung und konzeptionelle Folgerungen von *Andreas A. Busch* (2001)

Band 70 Entwicklungs- und Beschäftigungsperspektiven für den mittelständischen Einzelhandel. Analyse rechtlicher Rahmensetzungen und wirtschaftspolitische Schlußfolgerungen von *Margarete Keßler* (2001)

Band 69 Abbau der Langzeitarbeitslosigkeit. Auswertung praktischer Erfahrungen von Einrichtungen außerhalb der öffentlichen Arbeitsvermittlung von *Christine M. Helbig* (2001)

Band 68 Verbesserung der Motivation und Wissensvermittlung zur Selbständigkeit. Möglichkeiten der Förderung von unternehmerischem Interesse und unternehmerischem Handeln bei Jugendlichen von *Vera Döring* (2001)

Band 67 Der Dienstleistungsstandort Rheinland-Pfalz. Bestandsanalyse, Perspektiven und wirtschaftspolitische Handlungsempfehlungen von *Claus Bauer* (2001)

Band 66 Mittlere Kommunen als Dienstleistungsstandorte. Empirische Bestandsanalyse, Entwicklungspotentiale und wirtschaftspolitische Handlungsmöglichkeiten von *Alexander Klein* (2001)

Band 65 Die Liberalisierung vergleichender Werbung in Deutschland. Erste empirische Befunde und wettbewerbspolitische Beurteilung von *Dorothea Varlam* (2000)

Band 64 Risikokapital und Neuer Markt. Die Aktie als Instrument der Risikokapitalbeschaffung für junge Wachstumsunternehmen von *Susanne Knips* (2000)

Band 63 Hindernisse für Teilzeitarbeit und flexible Arbeitsorganisation in der Bundesrepublik Deutschland von *Kerstin Altendorf* (1999)

Band 62 Wandel des Verhaltens von Frauen und Männern in Führungspositionen – Ökonomische Analyse empirischer Daten und eigener Befragungsergebnisse von *Birgit Mohneck* (1998)

Band 61 Die Bedeutung der Lohnnebenkosten für die Entwicklung der Arbeitskosten in Deutschland – Empirische Befunde und wirtschaftspolitische Handlungsempfehlungen von *Oliver Fink* (1998)

Band 60 Mittelstandsentwicklung im Transformationsprozeß der Reformstaaten Polen, Ungarn und Tschechien – Bestandsaufnahme, Finanzierungsprobleme und wirtschaftspolitischer Handlungsbedarf von *Arina Freitag* (1998)

Band 59 Lage und Perspektiven der Textil- und Bekleidungsindustrie von *Roman Riesch* (1998)

Band 58 Transfomation der Wirtschaftsordnung und politisches System – Anspruch und Wirklichkeit der Wirtschaftsreformen in Ungarn 1968 – 1996 von *Martin Hock* (1998)

Band 57 Die Glasindustrie in der Bundesrepublik Deutschland von *Peter Willett* (1998)

Band 56 Die Rolle des Mittelstandes beim Aufbau der Marktwirtschaft in der Tschechischen Republik – Eine empirische Analyse im Vergleich mit entwickelten Industrieländern unter besonderer Berücksichtigung des sektoralen Strukturwandels von *Christian Franckenstein* (1997)

Band 55 Aufbau von Altersversorgungssystemen im Transformationsprozeß der Reformstaaten Polen, Ungarn und Tschechien von *Eberhard Boller* (1997)

Band 54 Indikatoren der Systemtransformation – Kritische Analyse unter besonderer Berücksichtigung der Privatisierung in 26 Staaten von *Gunther Quidde* (1997)

Band 53 Arbeitsmarktpolitik in der Systemtransformation – Kritische Analyse für Polen, die Tschechische Republik und Ungarn von *Eckhard Schulte* (1997)

Band 52 Umweltpolitik im Transformationsprozeß der Reformstaaten Tschechien, Polen und Ungarn von *Bettina Naß* (1996)

Band 51 Die Zukunft der deutschen Textil- und Bekleidungsindustrie – Auswirkungen der Integration des Welttextilabkommens in die allgemeinen GATT-Regeln von *Kay M. Rathke* (1996)

Band 50 Lohnpolitik in der Systemtransformation – Kritische Analyse für Polen, die Tschechische Republik und Ungarn von *Mario Müller* (1996)

Band 49 Innerstädtische Standortprobleme von Einzelhandelsbetrieben – Situationsalalyse und wirtschaftspolitischer Handlungsbedarf von *Gabriele Speth* (1994)

Band 48 Die Schaffung wettbewerblicher Strutkuren im Transformationsprozeß – Eine vergleichende Analyse für die Visegrád-Staaten von *Jörg Henzler* (1994)

Band 47 Duales System, Rücknahmepflicht und Pfandregelung – Eine vergleichende Untersuchung unter besonderer Berücksichtigung des Einzelhandels von *Andrea Philipp* (1993)

Band 46 Gesamtwirtschaftliche Wirkungen staatlicher Ausfuhrgewährleistungen – Das Beispiel der Hermes-Deckungen von *Bernd Halfen* (1991)

Band 45 Das Zonenrandgebiet nach der deutschen Einigung – Wirtschaftliche Entwicklung und regionalpolitische Implikationen von *Michael Offer* (1991)

Band 44 Marktwirtschaftliche Innovationspolitik durch Outputorientierung staatlicher Förderung von *Dieter Kern* (1991)

Band 43 Tarifpolitik in strukturschwachen Branchen – Eine empirische Untersuchung der Druckerei- und der Textilindustrie in der Bundesrepublik Deutschland von *Andrea Beyer* (1991)

Band 42 Quantitative und qualitative Beschäftigungswirkungen neuer Technologien – Eine Analyse für Rheinland-Pfalz von *Florian Cantzler* (1991)

Band 41 Die deutsche Rundfunkordnung nach der Zulassung privater Anbieter – Absehbare Entwicklungen und medienpolitischer Handlungsbedarf von *Lukas Weber* (1990)

Band 40 Realisierungschancen einer Privatisierung öffentlicher Dienstleistungen von *Michaela Metzger* (1990)

Band 39 Die Bankdienste der Deutschen Bundespost in ordnungspolitischer Sicht von *Stefan Beckers* (1990)

Band 38 Der Markt für Übertragungseinrichtungen der Telekommunikation – Struktur, Entwicklung, Perspektiven von *Wolfgang Kopp* (1990)

Band 37 Eigenbeteiligung in der ambulanten Gesundheitsvorsorge – Möglichkeiten gesundheitsökonomischer Ausgestaltung von *Stefan Piffl* (1990)

Band 36 Deregulierung im Verkehr als politische Aufgabe von *Walter Hamm* (1989)

Band 35 Strukturwandel ohne Staatshilfe – Das Beispiel der Holzverarbeitenden Industrie in der Bundesrepublik Deutschland (1976-1985) von *Berthold Morschhäuser* (1988)

Band 34 Mitanbieterschaft der Deutschen Bundespost auf Endgerätemärkten von *Harry Rendel* (1988)

Band 33 Staatliche Eingriffe in den Mietwohnungsmarkt – Erfolgskontrolle und Reformvorschläge von *Waltraud Eucker-Herresthal* (1986)

Band 32 Die Gebührenpolitik der Deutschen Bundespost im Kleingut- und Fernmeldebereich – Analyse und kritische Würdigung ihrer Marktgerechtigkeit von *Jörg Rohde* (1986)

Band 31 Wettbewerb und Strukturwandel bei internationaler Marktverflechtung – Das Beispiel der Papier erzeugenden Industrie der Bundesrepublik Deutschland 1970-1983 von *Bernhard Neef* (1985)

Band 30 Die gruppenspezifische Be- und Entlastung von Klein-, Mittel- und Großunternehmen durch staatliche Abgaben und Transferzahlungen von *Gerhard Kern* (1984)

Band 29 Auswirkungen der 1977 neugefaßten Baunutzungsverordnung auf die Ansiedlung von Handelsbetrieben und die räumliche Struktur des Handels von *Kurt Hoffmann* (1984)

Band 28 Markttransparenz in der Lebensversicherung – Analyse bisheriger Erfahrungen und Empfehlungen für die Weiterentwicklung sektorspezifischer Regelungen aus wettbewerbs- und verbraucherpolitischer Sicht von *Michael Stöffler* (1983)

Band 27 Wettbewerbsregeln für den Luftverkehr in der EG von *Michael Hammes* (1982)

Band 26 Wettbewerbliche Wirkungen publizierter Jahresabschlüsse von *Klaus Höflich* (1981)

Band 25 Staatliche Ausbildungsplatzpolitik – Angebots- und Nachfrageanalyse, Überlegungen zum ordnungspolitischen Rahmen, Vorschläge zum Abbau eines Lehrstellenmangels von *Martin Weiblen* (1981)

Band 24 Währungszuschläge in der Seeschiffahrt und ihre Auswirkungen auf die Exportwirtschaft von *Helmut Reitze* (1981)

Band 23 Prämienanpassungsklauseln in der privaten Versicherungswirtschaft – Eine Analyse ihrer gesamtwirtschaftlichen Wirkungen von *Waltraud Eucker* (1980)

Band 22 Auslandsinvestitionspolitik und Außenhandelspolitik im Konflikt – Eine wirtschaftspolitische Studie auf Branchenebene von *Wolfgang Koch* (1980)

Band 21 Die Wettbewerbsverhältnisse auf dem Markt für Papier und Pappe in der Bundesrepublik Deutschland von *Paul Bernhard Mohr* (1977)

Band 20 Schwierigkeiten internationaler Vergleiche von Preisen und Kosten im Post- und Fernmeldebereich von *Bodo Fuchs* (1976)

Band 19 Branchenbezogene Investitionsplanung als Alternative zur unternehmerischen Kapazitätspolitik von *Ulrich Rosenkranz* (1975)

Band 18 Preis- und wettbewerbspolitische Problematik staatlicher Gebührenordnungen für freie Berufe von *Michael Knümann* (1975)

Band 17 Frankostationspreise der deutschen Zementindustrie in wettbewerbspolitischer Sicht von *Rolf Dieter Kretzer* (1969)

Band 16 Kann man mit "armen" Ländern Handel treiben? von *Hans Haupt* (1969)

Band 15 Subventionswirkungen: Ein Beitrag zur Systematisierung und wirtschaftspolitischen Beurteilung von Hilfen aus dem Staatshaushalt von *Rolf Schorn* (1967)

Band 14 Die deutsche Notenbank als Instrument sowjetzonaler Wirtschaftspolitik von *Hans-Joachim Schroeter* (1967)

Band 13 Spannen und Wettbewerb auf den Absatzwegen landwirtschaftlicher Erzeugnisse von *Horst Dohm* (1967)

Band 12 Der Wettbewerb zwischen der Deutschen Bundesbahn und den Luftfahrtunternehmen im innerdeutschen Eisenbahn- und Flugreiseverkehr von *Gerd Müller* (1967)

Band 11 Sachliche Lohnbestimmung – Das Ordnungsproblem auf dem Arbeitsmarkt von *Hans Georg Kloos* (1966)

Band 10 Staatliche Einkaufsmethoden in den Vereinigten Staaten von Amerika von *Sigurd Dülz* (1958)

Band 9 Vom Teilauftrag zum Vollauftrag von *Erich Welter* (1958)

Band 8 Rheinland-Pfalz: Eine Analyse seiner wirtschaftlichen Struktur von *Werner Bosch* (1957)

Band 7 Öffentliche Beteiligung an wirtschaftlichen Unternehmen. Ein Verzeichnis der Beteiligungen der öffentlichen Hand in der Bundesrepublik (1957)

Band 6 Die amerikanische Post als Auftraggeber von *Margaret Berry* (1956)

Band 5 Eifel – Hunsrück – Oberwesterwald: Analyse der Wirtschaftsstruktur, Möglichkeiten der wirtschaftlichen Intensivierung von *Werner Bosch* (1955)

Band 4 Einige Gedanken zum Thema der Preis-Kosten-Schere im Verkehrswesen von *Werner Fricke* (1954)

Band 3 Die Carl-Zeiss-Stiftung im Lichte der Wettbewerbsordnung von *Helmut Troeger* (1954)

Band 2 Mainz – Wiesbaden und das Mainmündungsgebiet – Eine Betrachtung über die wirtschaftliche Struktur und die Möglichkeiten einer engeren Zusammenarbeit von *Werner Bosch* (1954)

Band 1 Kreditorganisation und industrielle Kapitalversorgung von *Max Bliesener* (1953)

www.peterlang.de

FSC
www.fsc.org
MIX
Papier | Fördert gute Waldnutzung
FSC® C083411

Kolibri 360 GmbH
Ferdinand-Jühlke-Straße 7
99095 Erfurt, Deutschland
produktsicherheit@kolibri360.de

Druck:
CPI Druckdienstleistungen GmbH
im Auftrag der
Kolibri 360 GmbH
Ferdinand-Jühlke-Str. 7
99095 Erfurt